教育部哲学社会科学研究后期资助项目（项目编号：18JHQ033）最终成果

西北民族大学"中国语言文学"一流学科建设经费资助项目

国家民委创新团队项目"中华文学遗产与中华民族共同体内涵建设"（民委发〔2020〕76号）资助

西北民族大学2022年中央高校基本科研业务费项目"中华多民族交融视野下的文学遗产研究"（项目编号：31920220008）资助

西北民族大学科研创新团队项目"中华多民族文学遗产与中华民族共同体意识研究"（项目编号：10014606）资助

清代八旗进士群体征录

多洛肯　路凤华　著

中国社会科学出版社

图书在版编目（CIP）数据

清代八旗进士群体征录/多洛肯，路凤华著.—北京：中国社会科学出版社，2022.6
ISBN 978-7-5203-7371-5

Ⅰ.①清… Ⅱ.①多… ②路… Ⅲ.①进士—研究—中国—清代 Ⅳ.①D691.3

中国版本图书馆 CIP 数据核字（2020）第 186556 号

出 版 人	赵剑英
责任编辑	田　文
责任校对	张爱华
责任印制	王　超

出　版	中国社会科学出版社
社　址	北京鼓楼西大街甲 158 号
邮　编	100720
网　址	http://www.csspw.cn
发行部	010-84083685
门市部	010-84029450
经　销	新华书店及其他书店

印　刷	北京君升印刷有限公司
装　订	廊坊市广阳区广增装订厂
版　次	2022 年 6 月第 1 版
印　次	2022 年 6 月第 1 次印刷

开　本	710×1000　1/16
印　张	41
字　数	689 千字
定　价	218.00 元

凡购买中国社会科学出版社图书，如有质量问题请与本社营销中心联系调换
电话：010-84083683
版权所有　侵权必究

凡 例

1. 有清一代，八旗子弟从顺治八年开始参加科举考试，直到光绪三十年，共产生八旗文科进士1417人（不包括翻译科进士）。

2. 本书共收录八旗文科进士1417人，其中八旗满洲进士803人，八旗蒙古进士153人，八旗汉军进士375人，不确定旗属的进士86人。其中确定旗属的八旗进士都说明其旗籍。

3. 八旗进士分文科进士、武科进士、翻译科进士、驻防翻译进士、宗室进士五类，本书八旗进士征录，主要是指八旗文科进士征录，翻译科进士征录（包括驻防翻译进士）作为附录收存。

4. 本书八旗进士征录主要是从历年登科录、会试同年齿录中辑出，按照时间顺序以历科进士年表收录，八旗进士按照《明清进士题名碑录索引》一、二、三甲顺序排名。

5. 本书所收八旗进士，凡知见所及者，均编小传，其内容包括生卒、字号、籍贯、旗属、科第、仕履、三代简介、封谥等情况。

6. 八旗进士生平资料主要依据历年登科录以及《清史稿》《清史列传》《钦定八旗通志》《清代翰林名录》《清代碑传全集》《荆州驻防八旗志》《驻粤八旗志》《杭州绥远京口福州八旗志》《清代硃卷集成》《清朝进士题名录》《词林辑略》等国内和中国台湾地区出版的各类工具书、地方志、年谱、清人别集、家乘等文献，力求翔实准确。

7. 为便于查找，编订八旗进士人名索引，按照汉语拼音顺序编排。

8. 坚持实事求是的原则，客观准确地辑录作者小传，不穿凿附会。有分歧者，必作考证，或采择一说，或存疑待考。

目 录

绪 论 ·· (1)
  第一节 八旗科举考试类型 ·· (2)
    一 八旗文科举 ··· (2)
    二 八旗武科举 ·· (13)
    三 八旗翻译科举 ·· (16)
    四 宗室科考试 ·· (26)
    五 驻防八旗科举考试 ·· (30)
  第二节 八旗科举制度的特点 ·· (41)
    一 门类齐全，体制健全 ·· (41)
    二 内部发展不平衡 ·· (42)
    三 满洲特色渐褪 ·· (42)
    四 考试作弊 ·· (43)
    五 为八旗子弟拓展登进之路 ·· (44)
  第三节 清代八旗进士传世文献述略 ·· (46)
    一 八旗进士文献资料馆藏地 ·· (46)
    二 馆藏八旗进士文献资料重出情况考查 ································ (49)
    三 八旗进士文献资料选用标准 ·· (50)
    四 没有传世科举文献的八旗进士的资料来源情况探颐 ·············· (50)

第一章 清代八旗进士群体徵录 ·· (54)
  顺治九年壬辰科(1652) ·· (54)
  顺治九年策试满洲进士壬辰科(1652) ·· (61)
  顺治十二年乙未科(1655) ·· (73)
  顺治十二年策试满洲进士乙未科(1655) ······································ (82)

康熙九年庚戌科(1670) …… (89)
康熙十二年癸丑科(1673) …… (91)
康熙十五年丙辰科(1676) …… (93)
康熙三十年辛未科(1691) …… (98)
康熙三十三年甲戌科(1694) …… (99)
康熙三十六年丁丑科(1697) …… (102)
康熙三十九年庚辰科(1700) …… (104)
康熙四十二年癸未科(1703) …… (110)
康熙四十五年丙戌科(1706) …… (113)
康熙四十八年己丑科(1709) …… (117)
康熙五十一年壬辰科(1712) …… (119)
康熙五十二年癸巳恩科(1713) …… (120)
康熙五十四年乙未科(1715) …… (122)
康熙五十七年戊戌科(1718) …… (123)
康熙六十年辛丑科(1721) …… (125)
雍正元年癸卯恩科(1723) …… (126)
雍正二年甲辰科(1724) …… (129)
雍正五年丁未科(1727) …… (134)
雍正八年庚戌科(1730) …… (137)
雍正十一年癸丑科(1733) …… (142)
乾隆元年丙辰科(1736) …… (145)
乾隆二年丁巳恩科(1737) …… (149)
乾隆四年己未科(1739) …… (152)
乾隆七年壬戌科(1742) …… (156)
乾隆十年乙丑科(1745) …… (160)
乾隆十三年戊辰科(1748) …… (163)
乾隆十六年辛未科(1751) …… (165)
乾隆十七年壬申恩科(1752) …… (167)
乾隆十九年甲戌科(1754) …… (169)
乾隆二十二年丁丑科(1757) …… (171)
乾隆二十五年庚辰科(1760) …… (172)
乾隆二十六年辛巳恩科(1761) …… (173)

乾隆二十八年癸未科(1763) ……………………………………… (175)
乾隆三十一年丙戌科(1766) ……………………………………… (176)
乾隆三十四年己丑科(1769) ……………………………………… (177)
乾隆三十六年辛卯恩科(1771) …………………………………… (178)
乾隆三十七年壬辰科(1772) ……………………………………… (179)
乾隆四十年乙未科(1775) ………………………………………… (180)
乾隆四十三年戊戌科(1778) ……………………………………… (181)
乾隆四十五年庚子恩科(1780) …………………………………… (182)
乾隆四十六年辛丑科(1781) ……………………………………… (183)
乾隆四十九年甲辰科(1784) ……………………………………… (185)
乾隆五十二年丁未科(1787) ……………………………………… (186)
乾隆五十四年己酉科(1789) ……………………………………… (187)
乾隆五十五年庚戌恩科(1790) …………………………………… (188)
乾隆五十八年癸丑科(1793) ……………………………………… (189)
乾隆六十年乙卯恩科(1795) ……………………………………… (190)
嘉庆元年丙辰科(1796) …………………………………………… (191)
嘉庆四年己未科(1799) …………………………………………… (191)
嘉庆六年辛酉恩科(1801) ………………………………………… (194)
嘉庆七年壬戌科(1802) …………………………………………… (196)
嘉庆十年乙丑科(1805) …………………………………………… (200)
嘉庆十三年戊辰科(1808) ………………………………………… (204)
嘉庆十四年己巳恩科(1809) ……………………………………… (207)
嘉庆十六年辛未科(1811) ………………………………………… (209)
嘉庆十九年甲戌科(1814) ………………………………………… (213)
嘉庆二十二年丁丑科(1817) ……………………………………… (216)
嘉庆二十四年己卯恩科(1819) …………………………………… (221)
嘉庆二十五年庚辰科(1820) ……………………………………… (224)
道光二年壬午恩科(1822) ………………………………………… (228)
道光三年癸未科(1823) …………………………………………… (235)
道光六年丙戌科(1826) …………………………………………… (242)
道光九年己丑科(1829) …………………………………………… (248)
道光十二年壬辰恩科(1832) ……………………………………… (254)

道光十三年癸巳科(1833) …………………………………… (263)
道光十五年乙未科(1835) …………………………………… (270)
道光十六年丙申恩科(1836) ………………………………… (278)
道光十八年戊戌科(1838) …………………………………… (282)
道光二十年庚子科(1840) …………………………………… (290)
道光二十一年辛丑恩科(1841) ……………………………… (293)
道光二十四年甲辰科(1844) ………………………………… (299)
道光二十五年乙巳恩科(1845) ……………………………… (304)
道光二十七年丁未科(1847) ………………………………… (308)
道光三十年庚戌科(1850) …………………………………… (313)
咸丰二年壬子恩科(1852) …………………………………… (318)
咸丰三年癸丑科(1853) ……………………………………… (323)
咸丰六年丙辰科(1856) ……………………………………… (326)
咸丰九年己未科(1859) ……………………………………… (330)
咸丰十年庚申恩科(1860) …………………………………… (333)
同治元年壬戌科(1862) ……………………………………… (334)
同治二年癸亥恩科(1863) …………………………………… (336)
同治四年乙丑科(1865) ……………………………………… (340)
同治七年戊辰科(1868) ……………………………………… (345)
同治十年辛未科(1871) ……………………………………… (348)
同治十三年甲戌科(1874) …………………………………… (354)
光绪二年丙子恩科(1876) …………………………………… (362)
光绪三年丁丑科(1877) ……………………………………… (368)
光绪六年庚辰科(1880) ……………………………………… (375)
光绪九年癸未科(1883) ……………………………………… (379)
光绪十二年丙戌科(1886) …………………………………… (385)
光绪十五年己丑科(1889) …………………………………… (390)
光绪十六年庚寅恩科(1890) ………………………………… (395)
光绪十八年壬辰科(1892) …………………………………… (401)
光绪二十年甲午恩科(1894) ………………………………… (407)
光绪二十一年乙未科(1895) ………………………………… (411)
光绪二十四年戊戌科(1898) ………………………………… (419)

光绪二十九年癸卯科(1903) …………………………… (424)
　　光绪三十年甲辰恩科(1904) …………………………… (429)

第二章　清代八旗科举家族述论 …………………………… (433)
第一节　八旗科举家族概况 …………………………… (434)
　　一　八旗科举家族族别和旗分分布情况 ……………… (495)
　　二　八旗科举家族类型 ………………………………… (496)
　　三　八旗科举家族中式年龄 …………………………… (497)
　　四　八旗科举家族分期 ………………………………… (503)
第二节　八旗科举家族的发展 ………………………… (507)
　　一　八旗科举家族的崛起 ……………………………… (507)
　　二　八旗科举家族的兴盛 ……………………………… (509)
第三节　八旗科举家族形成的原因 …………………… (511)
　　一　生态环境的变化 …………………………………… (511)
　　二　科举制度的倾斜 …………………………………… (512)
　　三　帝王之家教育的积极影响 ………………………… (512)
　　四　各级八旗学校的开设 ……………………………… (514)
　　五　八旗科举家族成员自身的努力 …………………… (518)

第三章　清代八旗进士群体文学创作活动叙略 ………… (520)
第一节　八旗进士群体文学创作演进历程 …………… (520)
第二节　八旗进士文人群体文化特质 ………………… (541)
　　一　家族特点 …………………………………………… (542)
　　二　以诗为主，各体兼备 ……………………………… (546)
　　三　题材广泛，风格多样 ……………………………… (550)
　　四　文学交游广泛 ……………………………………… (554)
第三节　八旗进士群体文学成就原因探析 …………… (556)
　　一　环境因素 …………………………………………… (556)
　　二　母教文化因素 ……………………………………… (557)
　　三　国家政策因素 ……………………………………… (558)

第四章　清代八旗进士群体书画创作叙略……（560）
第一节　八旗进士书法成就考略……（562）
　　一　八旗进士书法发展历程述略……（570）
　　二　八旗进士书法家群体的特色……（572）
　　三　八旗进士书法家的成就……（577）
第二节　八旗进士绘画成就考略……（579）
　　一　八旗进士画家类型……（584）
　　二　八旗进士画家成就……（585）
第三节　八旗进士书家与时人交游考略……（586）

参考文献……（590）

附　录……（599）
　　附录1　八旗翻译进士题名录……（599）
　　附录2　清代八旗进士统计表……（613）
　　附录3　八旗进士征录人名索引……（617）

后　记……（643）

绪 论

1644年清军入关以后，八旗子弟最初是被禁止参加科举考试的，但是为了选拔八旗人才进入国家政权机构，顺治八年（1651）规定允许八旗子弟参加乡试，进而八旗子弟在顺治九年（1652）第一次参加会试考试，此后虽有中断，但是到康熙朝八旗科举考试作为常规考试制度被确定下来，一直延续到清代末期。八旗子弟从顺治九年壬辰科（1652）第一次参加会试考试，到光绪三十年甲辰科（1904）止，共参加102科科举考试。笔者亲赴中国国家图书馆、北京大学图书馆、清华大学图书馆、中国科学院文献情报中心、上海图书馆、南京图书馆和浙江省图书馆等地查阅60余科科举文献资料，并且参照朱保炯、谢沛霖等编《明清进士题名碑录索引》和江庆柏编著《清朝进士题名录》等资料，统计得出清代有八旗进士1417名，这个庞大的数字说明八旗子弟在科举考试中创造了辉煌的成就，因此，八旗科举考试制度是很有研究价值的领域。百年以来，科举制研究方兴未艾，成果蔚为大观。纵观这些研究成果，大多集中在全国性的科举制度研究方面，而对于八旗科举制度的研究只是作为全国科举考试制度的一部分出现，单独研究清代八旗科举制度的文章更是寥若晨星。迄今为止，研究清代科举考试制度的专著仅有4部：1. 王德昭著《清代科举制度研究》（中华书局1984年版），叙述了与清代科举考试相关的问题；2. 张杰著《清代科举家族》（社会科学文献出版社2003年版），利用《清代硃卷集成》资料梳理了清代科举家族的发展过程；3. 王炜编校《〈清实录〉科举史料汇编》（武汉大学出版社2009年版），详细梳理了清代科举考试资料；4. 商衍鎏著《清代科举考试述录》（故宫出版社2014年版），商衍鎏先生以清代最后一名探花的身份，结合自身科考经历叙述了清代科举制度的发展历程。研究论文有6篇：1. 齐红深《清代的八旗科举》（《教育史研究》1994年第4期），叙述了八旗科举考试的类别和内容；2. 张杰

《清代八旗满蒙科举世家述论》(《满族研究》2002年第1期)，主要讲述了八旗子弟通过科举考试形成的科举世家；3.潘洪钢《清代驻防八旗与科举考试》(《江汉论坛》2006年第6期)，阐述了驻防八旗的发展历程；4.王凯旋《试论清代八旗的翻译科考试》(《辽宁大学学报》2011年第6期)，论述了八旗翻译科举考试的特点；5.谢海涛、徐建国《清代八旗科举考试录取名额考论》(《史林》2012年第5期)，考述了八旗科举考试的录取名额及其发展变化；6.王日根、章广《清代八旗科举制度的发展及其影响》(《考试研究》2015年第5期)，详细阐述了清代八旗科举考试制度的发展及其影响。以上文章对八旗科举制度进行了叙述和评论。本书试从科举文献资料的角度全面梳理八旗科举的发展历程、考试类别和考试内容，进而探析八旗科举在中华民族融合过程中所起的重要作用，以及具有的历史意义和现实价值。

  清代八旗科举考试肇兴于顺治八年，作为抡才大典的八旗科举在长期的实践中逐渐形成了门类广泛、体制健全的考试内容，包括八旗文科举、八旗武科举、八旗翻译科举、八旗宗室科举、驻防八旗科举等。八旗科举的考试对象是八旗子弟，其他人不能染指，是特权垄断的产物。清代初期，八旗科举考试虽然有自己的运行机制，但是还不完善，到乾隆中后期，八旗科举考试制度逐渐完善和制度化，并且逐渐向全国科举考试制度靠拢，表现出民族融合的优势。八旗子弟形式上享有的特权减少了，但是在录取名额等本质内容方面的优势依然存在。八旗科举考试在中国科举史上独具时代特色和民族色彩，为了保持满洲的独立性，八旗科举考试在内容方面强化"国语骑射"这一根本内容，并将其贯彻到科举考试过程中。但是随着时代的发展和地理环境的变化，满洲八旗的民族特色也逐渐退化，说明进入中原以后的八旗子弟以学习儒家文化为主，逐渐接受汉文化影响。八旗科举考试制度的设立主观上是清政府吸纳八旗子弟进入统治集团的一种手段，客观上却促进了民族融合和文化交流，具有积极的历史意义和文化传承价值。

第一节 八旗科举考试类型

一 八旗文科举

  八旗科举考试肇兴于清入关以前，当时是针对选拔汉人儒生进行的科举考试。当时的汉人作为满洲贵族的奴隶，有才无位。到皇太极时期，逢皇太极实行"文武并治"的政策，身为奴隶的汉人的命运才得以改变。天聪三年（1629）皇太极谕："自古国家，文武并用，以武功勘祸乱，以文教作太平。朕今欲振兴文教，于诸儒中，考取其文艺明通者优奖之，以昭作人之典。诸贝勒及满、汉、蒙古之家，所有儒生，俱令考试。取中者，别以丁偿之。"① 当时有三百名儒生参加此次考试，二百人中式，这二百人中是内务（包衣）及贝勒大臣家的奴隶者，都尽行拔出，在身份上不再是奴隶，而成为旗人，并且录用为官，本次科举考试虽然没有满洲和蒙古八旗子弟参加，但是在形式上可以说拉开了八旗文科举的序幕。

八旗科举考试在顺治八年（1651）开科，但没有作为定制一直执行，在运行过程中有过两次停考。第一次是顺治十四年（1657），当时全国尚未统一，部分地区仍有战事，八旗子弟需要奋力疆场，政府担心八旗子弟参加科考，就会废弛武艺，因此执行"右武左文"政策，停止八旗科举考试，康熙二年复科八旗科举考试。第二次是康熙十五年（1676），"三藩之乱"爆发后，为了激励八旗子弟戮力疆场，再次停止八旗科举考试，康熙二十六年（1687）复行八旗科举考试，八旗子弟可以与汉人同时参加科举考试，从此八旗子弟和汉人同场考试，同榜发放。至此，八旗乡会试三年一比的制度最终确定，八旗文科考试制度作为定例一直与全国文科举考试相始终。

有清一代，八旗子弟受到国家政策多方面的照顾，独享科举考试红利，从考试难度和录取人数等方面都有汉人无法相比的优势。

八旗文科举分为童试、乡试、会试和殿试。

八旗文科童试。顺治八年规定满洲、蒙古、汉军八旗子弟归顺天府考试，共取生员300名：满洲120名，蒙古60名，汉军120名。其满洲八旗、蒙古八旗子弟令内院礼部会同考试，通满汉文者，翻译汉文一篇；通满文者，作满文一篇。汉军子弟参加顺天学院考试，与民童一体出题。顺治十三年，全国还没有统一，需要八旗子弟效力疆场，于是采取崇武抑文政策，减少了八旗童试录取名额，在顺治八年录取名额的基础上减少满洲40名，蒙古20名，汉军20名，共减少80个名额，录取220名童生。以后逐年下降，到康熙三十三年时，又开始增加八旗童试录取名额，满洲、

---

① 萧一山：《清代通史》，中华书局1986年版，第227页。

蒙古增加20名，达到60名；汉军增加10名，达到30名，共录取90名童生。嘉庆时期，在京八旗满洲、蒙古童生中额60名，核定应试人数，均在五六名内取中一名，录取比例为16.66%。清代后期，咸丰到同治二十年间，国家内忧外患，各省因向国家捐输军饷，可以扩大童试和乡试录取名额，大多数增加的仅仅是童试录取名额，增加的乡试录取名额是很有限的，四川、浙江、湖南、河南、江西、山西、广东、陕西、湖北、安徽、江苏、贵州、广西等十四个省均因多次捐输军饷而得到乡试录取名额的增加，增加最多的是江西、广东、安徽，都为11名，最少的是贵州，增加2名。但与上万人的考试人员相比，增加的录取名额是非常有限的，乡试考试竞争依然激烈。而八旗子弟不用捐饷，就可以扩大乡试和会试录取名额，咸丰十一年（1861），增加八旗乡试录取人数，八旗满洲、蒙古增加6名，汉军增加3名，共增加9名乡试录取名额。同治六年（1867），旗员也开始捐输军饷，于是增加顺天文乡试满洲、蒙古5个录取名额，汉军2个录取名额。这两次八旗乡试录取名额就增加了16名。可见，八旗子弟乡会试录取名额一直在增加，这种优势一直保持到清代末年。八旗童试录取名额也可以通过捐输军饷获得，咸丰九年因奉天捐输军饷，增加了满洲、蒙古童试3个录取名额，汉军4个录取名额。

八旗童试从顺治八年（1651）到嘉庆十四年（1809）的150年间，没有制定八旗童试搜检制度。于是八旗子弟童试考试时容易发生怀挟、传递等作弊情况。为防止作弊，嘉庆十四年（1809）规定，以后八旗文童考试按照考试翻译生员的制度，由王大臣逐名搜检，并令步军统领衙门于围墙外严加巡逻，以清弊源。同时规定各旗参佐领、领催等亲自到考场检查考生是否本人参考，以防顶替、代倩之弊。道光年间，发生了该旗参佐领和领催考试当天竟然不到场检查本旗考生的情况，说明考试制度已成为空文。

八旗文乡试三年举行一次，在子、午、卯、酉年八月举行，分三场举行：初九日第一场，十二日第二场，十五日第三场。八旗满洲、蒙古和汉军在考试场次、考试内容和考试难度等方面都有很大不同，八旗满洲、八旗蒙古乡试仅进行一场考试，考试内容按照是否会汉语为标准，选作翻译一篇汉文，或者写一篇满文。八旗汉军乡试经过三科（顺治八年、顺治十一年和顺治十四年）在试题题量和考试内容方面就与汉人乡试考试内容达到一致，融合速度惊人。八旗考试单独划定录取名额，相对汉人科举考试优势明显。顺治八年，八旗乡试录取满洲50名，蒙古20名，汉军50名，共120名，八旗生员有300人参加乡试，录取比例为1∶3，而汉人的童生考中举人的比例是1∶30，可见，八旗子弟在录取方面有明显的优势。顺治十三年，缩减20名乡试录取名额，为100名。康熙二年，顺天乡试录取满洲21名，蒙古17名，汉军118名，共录取156名举人。康熙八年，顺天乡试取中满洲、蒙古10名，汉军10名，共录取20名八旗举人，录取人数开始大幅减少。嘉庆元年，又增加满洲、蒙古乡试录取人数6名，汉军3名。可见，即使录取名额有波动，但是八旗子弟在录取名额上仍然占有巨大优势，而且八旗内部在科举考试方面受到优惠政策最多的是八旗满洲子弟和八旗蒙古子弟。

八旗文会试在辰、戌、丑、未年二月举行，雍正五年改为三月，到乾隆九年将三月举行会试作为定例。会试分三场举行，初九日第一场，十二日第二场，十五日第三场，这是八旗汉军考试的场次。但是八旗满洲、蒙古会试只进行一场考试即可，满洲、蒙古八旗子弟的考试内容也很简单：懂汉语的翻译一篇汉文和写一篇汉文；不懂汉文、只懂满文的，写两篇满文即可。八旗汉军考试内容在经过三科（顺治八年、顺治十一年和顺治十四年）后，在试题题量和考试内容方面就与汉人会试考试内容达到了一致。八旗会试单独划定录取名额。顺治八年，会试计划录取60名，后又增加25名，共85名，但实际上顺治九年会试只录取了71名八旗进士，当时参加考试的八旗举人有120人，录取比例为59.17%。顺治十二年，八旗会试录取名额缩减10名，为50名，全国文科举八旗子弟中式进士35名，共录取85名八旗进士。顺治九年和顺治十二年是清历史上录取八旗进士最多的两科，录取比例高达15.88%和18.93%。康熙初年以后，八旗进士录取比例一直维持在5%左右，而全国性文科举录取率不到1%，这说明八旗文科举的录取优势与清政权紧密相关，八旗科举是特权制度的产物。

笔者根据李洵、赵德贵、周毓方、薛虹主校点《钦定八旗通志》、（清）乾隆官修《清朝文献通考》（第一册）等资料①，将八旗乡会试和全国乡会试考试内容列简表如下：

---

① 李洵、赵德贵、周毓方、薛虹主校点：《钦定八旗通志》，吉林文史出版社2002年版；（清）乾隆官修：《清朝文献通考》，浙江古籍出版社2000年版。

考试类别	场次	考试时间	考试内容
八旗乡试满洲、蒙古	一场		通汉文者，翻译汉文一篇；惟通满文者，作满文一篇
八旗会试满洲、蒙古	一场		通汉文者，翻译汉文一篇，作汉文一篇；惟通满文者，作满文二篇
八旗汉军乡会试	第一场		书义二篇、经义一篇，如未通经，作书义三篇
	第二场		论一篇
	第三场		策一道
全国乡会试	第一场	八月初九	四书义三篇，经义四篇
	第二场	八月十二	论一篇，诏、诰、表、内科一道，判五条
	第三场	八月十五	策五道

通过比较可以看出：清代初期，八旗乡试和会试的难度大大低于全国乡会试难度，即使汉军的乡会试难度也低于汉人乡会试难度，满洲、蒙古八旗子弟乡试和会试就更容易，只要翻译汉文，或者作满文一篇就可以中式。这就从根本上保证了八旗人员中式的可能，录取数量也大大超过汉人。录取时采取满汉分榜录取：满洲、蒙古一榜，汉军和汉人一榜。康熙六年（1667），实现了八旗满洲、蒙古、汉军与汉人同场考试的一体化政策。康熙八年（1669），在录取方式上，又实现了"满洲、蒙古编满字号，汉军编合字号"同榜录取的结果。至此，八旗士子与汉人士子同场考试，同榜录取，加快了满蒙汉等多民族融合的脚步。

为了进一步分析八旗子弟在会试方面的优势，笔者又根据李洵、赵德贵、周毓方、薛虹主校点《钦定八旗通志》和（清）乾隆官修《清朝文献通考》（第一册）[①]，将八旗会试与全国会试考试内容作比较：

考试类别	场次	考试时间	考试内容
八旗会试满洲、蒙古	一场		通汉文者，翻译汉文一篇，作汉文一篇；惟通满文者，作满文二篇

---

① 李洵、赵德贵、周毓方、薛虹主校点：《钦定八旗通志》，吉林文史出版社2002年版；（清）乾隆官修《清朝文献通考》，浙江古籍出版社2000年版。

续表

考试类别	场次	考试时间	考试内容
八旗汉军	三场	八月初九	书义二篇、经义一篇，如未通经，作书义三篇
		八月十二	论一篇
		八月十五	策一道
全国会试	三场	二月初九	四书义三篇，经义四篇
		二月十二	论一篇，诏、诰、表、内科一道，判五条
		二月十五	策五道

通过比较，可以说明八旗汉军在会试考试内容方面逐渐向全国会试考试内容靠近，最后达到了一致，具体情况参看下表：

考试时间	考试场次	考试内容
顺治九年	第一场	书义二篇、经义一篇，如未通经，作书义三篇
	第二场	论一篇
	第三场	策一道
顺治十二年	第一场	书义三篇、经义二篇
	第二场	论一篇、判五条
	第三场	策三道
顺治十五年	第一场	四书义三篇，经义四篇
	第二场	论一篇，诏、诰、表、内科一道，判五条
	第三场	策五道

从上面几个表格的内容可以看出，八旗子弟分为三类：满洲八旗、蒙古八旗、汉军八旗。满洲和蒙古八旗科举考试难度要远远低于汉军八旗科举考试难度。八旗汉军考试难度逐渐加深，最后和汉人同题考试，说明在八旗里面得到政策倾斜力度最大的是满洲八旗子弟和蒙古八旗子弟。

笔者根据60余科进士登科录、会试同年齿录、会试录，并且参考朱保炯、谢沛霖编《明清进士题名碑录索引》，李洵、赵德贵、周毓方、薛虹主校点《钦定八旗通志》，江庆柏编著《清朝进士题名录》，王炜编校

《〈清实录〉科举史料汇编》等文献资料①，统计出《清代八旗子弟中式会试简表》：

序号	年号	科年	干支	录取总数（人）	录取八旗人数（人）	比例（%）
1	顺治	九年（1652）	壬辰	397	21	合榜为 5.29 + 满榜 100 = 15.88
2	顺治	九年（1652）	壬辰（满榜）	50	50	
3	顺治	十二年（1655）	乙未	399	35	合榜为 8.77 + 满榜 100 = 18.93
4	顺治	十二年（1655）	乙未（满榜）	50	50	
5	康熙	九年（1670）	庚戌	399	8	2.01
6	康熙	十二年（1673）	癸丑	169	6	3.55
7	康熙	十五年（1676）	丙辰	209	14	6.70
8	康熙	三十年（1691）	辛未	157	5	3.19
9	康熙	三十三年（1694）	甲戌	168	7	4.17
10	康熙	三十六年（1697）	丁丑	150	8	5.33
11	康熙	三十九年（1700）	庚辰	305	17	5.57
12	康熙	四十二年（1703）	癸未	166	10	6.02
13	康熙	四十五年（1706）	丙戌	290	12	4.14
14	康熙	四十八年（1709）	己丑	292	6	2.05
15	康熙	五十一年（1712）	壬辰	177	4	2.26
16	康熙	五十二年（1713）	癸巳恩科	196	5	2.55
17	康熙	五十四年（1715）	乙未	190	5	2.63
18	康熙	五十七年（1718）	戊戌	165	5	3.03
19	康熙	六十年（1721）	辛丑	163	6	3.68
20	雍正	元年（1723）	癸卯	246	13	5.28
21	雍正	二年（1724）	甲辰	299	23	7.69
22	雍正	五年（1727）	丁未	226	13	4.88
23	雍正	八年（1730）	庚戌	399	23	5.76
24	雍正	十一年（1733）	癸丑	328	14	4.26
25	乾隆	元年（1736）	丙辰	344	17	4.94

---

① 朱保炯、谢沛霖编：《明清进士题名碑录索引》，上海世纪出版股份有限公司、上海古籍出版社1979年版；李洵、赵德贵、周毓方、薛虹主校点：《钦定八旗通志》，吉林文史出版社2002年版；江庆柏编著：《清朝进士题名录》，中华书局2007年版；王炜编校：《〈清实录〉科举史料汇编》，武汉大学出版社2009年版。

续表

序号	年号	科年	干支	录取总数（人）	录取八旗人数（人）	比例（%）
26	乾隆	二年（1737）	丁巳恩科	324	15	4.62
27	乾隆	四年（1739）	己未	328	16	4.87
28	乾隆	七年（1742）	壬戌	323	13	4.02
29	乾隆	十年（1745）	乙丑	313	11	3.51
30	乾隆	十三年（1748）	戊辰	264	10	3.78
31	乾隆	十六年（1751）	辛未	243	8	3.29
32	乾隆	十七年（1752）	壬申恩科	231	8	3.46
33	乾隆	十九年（1754）	甲戌	241	7	2.90
34	乾隆	二十二年（1757）	丁丑	242	6	2.47
35	乾隆	二十五年（1760）	庚辰	164	4	2.43
36	乾隆	二十六年（1761）	辛巳恩科	217	6	2.76
37	乾隆	二十八年（1763）	癸未	188	5	2.65
38	乾隆	三十一年（1766）	丙戌	213	4	1.87
39	乾隆	三十四年（1769）	己丑	151	4	2.64
40	乾隆	三十六年（1771）	辛卯恩科	161	4	2.48
41	乾隆	三十七年（1772）	壬辰	162	4	2.46
42	乾隆	四十年（1775）	乙未	158	4	2.53
43	乾隆	四十三年（1778）	戊戌	157	4	2.54
44	乾隆	四十五年（1780）	庚子恩科	155	4	2.58
45	乾隆	四十六年（1781）	辛丑	170	5	2.94
46	乾隆	四十九年（1784）	甲辰	112	4	3.57
47	乾隆	五十二年（1787）	丁未	137	4	2.91
48	乾隆	五十四年（1789）	己酉	98	4	4.08
49	乾隆	五十五年（1790）	庚戌恩科	97	4	4.12
50	乾隆	五十八年（1793）	癸丑	81	4	4.93
51	乾隆	六十年（1795）	乙卯恩科	111	5	4.50
52	嘉庆	元年（1796）	丙辰	144	8	5.55
53	嘉庆	四年（1799）	己未	220	10	4.54
54	嘉庆	六年（1801）	辛酉恩科	276	12	4.34
55	嘉庆	七年（1802）	壬戌	248	15	6.04
56	嘉庆	十年（1805）	乙丑	243	15	6.17
57	嘉庆	十三年（1808）	戊辰	261	16	6.13
58	嘉庆	十四年（1809）	己巳恩科	241	15	6.22
59	嘉庆	十六年（1811）	辛未	237	16	6.75

续表

序号	年号	科年	干支	录取总数（人）	录取八旗人数（人）	比例（%）
60	嘉庆	十九年（1814）	甲戌	227	15	6.60
61	嘉庆	二十二年（1817）	丁丑	255	16	6.27
62	嘉庆	二十四年（1819）	己卯恩科	224	18	8.03
63	嘉庆	二十五年（1820）	庚辰	246	18	7.31
64	道光	二年（1822）	壬午恩科	222	20	9.00
65	道光	三年（1823）	癸未	246	23	9.34
66	道光	六年（1826）	丙戌	265	24	9.05
67	道光	九年（1829）	己丑	221	20	9.04
68	道光	十二年（1832）	壬辰恩科	206	20	9.70
69	道光	十三年（1833）	癸巳	220	21	9.54
70	道光	十五年（1835）	乙未	272	21	7.72
71	道光	十六年（1836）	丙申恩科	172	19	11.04
72	道光	十八年（1838）	戊戌	194	17	8.76
73	道光	二十年（1840）	庚子	180	17	9.44
74	道光	二十一年（1841）	辛丑恩科	202	18	8.91
75	道光	二十四年（1844）	甲辰	209	13	6.22
76	道光	二十五年（1845）	乙巳恩科	217	15	6.91
77	道光	二十七年（1847）	丁未	231	15	6.49
78	道光	三十年（1850）	庚戌	212	16	7.54
79	咸丰	二年（1852）	壬子恩科	239	16	6.69
80	咸丰	三年（1853）	癸丑	222	12	5.40
81	咸丰	六年（1856）	丙辰	216	11	5.09
82	咸丰	九年（1859）	己未	180	11	6.11
83	咸丰	十年（1860）	庚申恩科	189	11	5.82
84	同治	元年（1862）	壬戌	193	10	5.18
85	同治	二年（1863）	癸亥恩科	200	15	7.50
86	同治	四年（1865）	乙丑	265	17	6.41
87	同治	七年（1868）	戊辰	270	14	5.18
88	同治	十年（1871）	辛未	323	19	5.88
89	同治	十三年（1874）	甲戌科	337	20	5.93
90	光绪	二年（1876）	丙子恩科	324	17	5.24
91	光绪	三年（1877）	丁丑	328	18	5.48
92	光绪	六年（1880）	庚辰	329	17	5.16
93	光绪	九年（1883）	癸未	308	18	5.84

续表

序号	年号	科年	干支	录取总数（人）	录取八旗人数（人）	比例（%）
94	光绪	十二年（1886）	丙戌	319	19	5.95
95	光绪	十五年（1889）	己丑	296	21	7.09
96	光绪	十六年（1890）	庚寅恩科	326	15	4.60
97	光绪	十八年（1892）	壬辰	317	24	7.57
98	光绪	二十年（1894）	甲午恩科	314	22	7.00
99	光绪	二十一年（1895）	乙未	292	22	7.53
100	光绪	二十四年（1898）	戊戌	346	22	6.35
101	光绪	二十九年（1903）	癸卯	315	12	3.80
102	光绪	三十年（1904）	甲辰恩科	273	8	2.93

从上面的简表中可以看出，有清一代，八旗子弟共参加102科文科会试考试，产生1417名八旗进士，从录取比例上看，超过了各省录取名额，保持了绝对优势。

八旗文科举殿试由皇帝亲自主持，与全国文科殿试同时举行。

清代初期，八旗进士考试录取名单实行满汉分榜发放。分榜发放共实行两科，分别为顺治九年和顺治十二年。康熙六年（1667）规定，八旗满洲、蒙古、汉军与汉人同场考试，满洲、蒙古编满字号，汉军编合字号，与汉人同榜录取。至此，八旗子弟与汉人同场同题，一体考试，说明八旗子弟在知识储备方面与汉人不分轩轾，汉文化水平提速惊人，也证实了八旗子弟是善于学习的民族。康熙八年（1669）规定，顺天乡试，满洲、蒙古编满字号，录取10名满洲、蒙古八旗举人，汉军编合字号，录取10名汉军八旗举人。会试时，满字号录取4名满洲、蒙古八旗进士，录取比例为40%，合字号录取3名八旗汉军进士，录取比例为30%。至此，八旗文科举考试与全国文科乡会试同步进行，同场考试，同榜发放。虽然实行同榜录取，但录取比例要高于全国文科乡会试录取比例。

八旗子弟属于旗人，享有国家俸禄，衣食无忧，可以凭借世袭和戎行入仕。但在国家文教政策的提倡和汉文化的影响下，也开始将科举入仕作为正途，而且发现科举入仕不历数年即可成为显宦，不用经历行伍辛苦。所以八旗文科成为八旗子弟仕进之路的捷径，而且这条路比汉人要容易得多。

八旗子弟乡会试录取名额一直处在动态阶段。顺治二年规定：各省额中举人1名，应试诸生为30名，生员考取举人的比例为3.33%；到了康熙二十九年应试生员60名，只能录取1名举人，录取比例为1.66%；康熙三十年应试生员增加到100名，仍然录取1名举人，录取比例仅为1%。乾隆九年按照大中小省定应试生员，大省应试生员为80名、中省为60名、小省为50名，录取名额都是1名，录取比例分别为1.25%、1.66%、2%。从上面录取比例来看，汉人考中乡试非常难。但是八旗子弟考中举人就容易得多。顺治八年，八旗子弟由300名童生考取120名举人的比例是40%，由120名举人考取70名进士的比例是59%，从康熙朝到光绪朝，八旗文会试录取比例平均在5%左右，远远高出汉人录取比例。康熙三十二年，因为八旗子弟参加科举考试人数日益增多，但是中式名额却很少，于是经议定增加八旗乡试中式人数。满洲、蒙古八旗乡试中式人数在原来10名的基础上又增加6名，达到16名，汉军中式人数在原来5名的基础上，再增加3名，达到8名，八旗乡试中式人数达到24名。康熙三十五年又增加4名满洲、蒙古中式乡试名额，这样，满洲、蒙古乡试中式人数为20名，汉军增加2名，汉军乡试中式人数为10名，八旗乡试中式人数达到30名。康熙四十一年再次增加满洲、蒙古中式乡试人数3名，满洲、蒙古乡试中式人数为23名；汉军增加1名，中式人数达到11名，八旗乡试中式人数达到34名。康熙五十年增加满洲、蒙古中式人数4名，达到27名；汉军增加2名，达到13人，八旗乡试中式人数达到40名。仅康熙中后期就连续四次增加八旗乡试中式人数，这就保证了八旗士子在中式乡试名额方面占有很大优势。到了雍正朝，又增加10名八旗乡试中式名额，达到50名。嘉庆元年，继续增加乡会试录取名额，乡试时增加满洲、蒙古6个举人名额，汉军3个举人名额。会试录取名额临期请旨钦定。道光三十年，增加乡试录取人数，满洲、蒙古增加6名，汉军增加3名。咸丰十一年十月，增加乡试录取名额，满洲、蒙古增加6名，汉军增加3名。光绪十五年，增加乡试取中名额，满洲、蒙古6名，汉军3名。光绪二十年，增加乡试名额，满洲、蒙古6名，汉军3名。可见，从清代初期到清代末期，八旗乡试录取名额一直呈上升发展趋势，这是八旗子弟在乡试考试录取方面具备的巨大优势。

与八旗子弟考试情况相反的是，汉人乡试考试人数众多，录取人数却很少。比如，康熙四十一年，江南、浙江和广东乡试各录取83人，但是应试者在万人以上，录取比例仅为1%，这是相当低的。康熙五十八年，江西参加乡试人数达到12000余人，仅取中99人，121人取中1人，录取比例为0.83%，不足1%。康熙四十五年，就当年进士科考试录取人数，康熙帝说："朕考试八旗举人骑射仅八十余人，即取中进士十余人，未免太过。汉人举人数千人，仅取中一二百名进士。"[①] 于是在当年四月减少八旗进士录取名额，满洲、蒙古录取4名，汉军录取2名，共录取6名，参加会试80余人，录取6人，录取比例为13∶1，当年汉人会试考试人数和录取人数比为130∶1，说明即使减少了八旗子弟进士录取名额，但是八旗子弟在录取方面仍然具有十倍于汉人的优势。八旗子弟在乡试录取方面和汉人相比具有显著优势，会试的录取优势就更大，这是依靠政权得到的优惠，具有明显的政治色彩。但是，这样的优惠政策也出现过波动，乾隆年间出现旗童闹场案，于是规定八旗大臣子弟参加科举考试时需要自己申请，这就导致八旗子弟参加乡会试考试的人数锐减。从乾隆三十年开始，皇帝又允许八旗大臣子弟不经申请就可以直接参加乡试和会试，八旗子弟乡会试才又正常进行。

所以，八旗子弟独享国家政策的支持，其科举考试具有保护满洲政权的政治色彩，这在历史上任何一个朝代都不曾出现过，这是清政府为了国家政权的巩固而推行的专门政策。

二　八旗武科举

清代在统一全国后，国家平稳安定，八旗子弟渐无戎事，于是为拓展八旗子弟登进之路，武科考试应运而生。八旗武科考试始于康熙中期，最初只有汉军八旗参加。从雍正朝开始，满洲八旗和蒙古八旗也可以参加武科考试。

康熙帝认为八旗汉军弓马娴熟，除了用于文职外，还应用于武职。于是，康熙四十八年（1709）规定，八旗汉军包衣、无品级笔帖式、由官学生补授之外郎、闲散人等，有愿考试武生者，该旗开具姓名，移送顺天府照例考取武生80人。乡试时，将所取武生并中书及部院衙门六品、七品、八品笔帖式，不论已上朝未上朝荫生、监生及监生之披甲、护军、领催、拜唐阿，有愿应武乡试者，该旗亦开列姓名，移送顺天府，与武生一体乡

---

① 王炜编校：《〈清实录〉科举史料汇编》，武汉大学出版社2009年版，第113页。

试，取中40名。如不中式，仍令当差。会试取中武进士8名，俱照文场格式，另编合字号考取。这就详细规定了八旗汉军参加武童试、武乡试、武会试的考生生源、取中名额。八旗汉军可以参加武科考试，证明八旗汉军已接受满洲"国语骑射"的习俗，促进了满汉民族的交融和发展。

雍正元年（1723），满洲八旗武科开考，照汉军考取武秀才、举人、进士之例，秀才取40名，举人取20名，进士取4名。外场停其舞刀掇石，俱令射马步箭，有能拉劲弓、马上熟练、样式好者，令其入内场，另编满字号，照汉军例考试，其殿试亦照此例。至此，八旗满洲、八旗蒙古和八旗汉军都可参加武科考试。

八旗武科开考后，并未选拔出绿旗之材，而且满洲人弓马技艺远胜汉人，担心武科外场尽被满洲人所占，又恐八旗武科子弟在考试内场时作弊，于是在雍正十二年停止八旗满洲武科考试，但是汉军八旗武科考试被保留下来。直到嘉庆十八年（1813），才恢复八旗满洲武科考试。至此，八旗武科考试制度确定下来，直到清末。光绪二十七年（1901），认为武科所习硬弓、刀、石、马步射无与兵事，于是废除武科考试，八旗武科也随即停止。八旗武科从康熙四十八年（1709）开科，直到光绪二十七年（1901）止，历经近二百年，走到了历史的尽头，最后被武备学堂取代。笔者根据王炜编校《〈清实录〉科举史料汇编》，统计得出八旗武科会试录取情况简表：

序号	考试年份	录取人数
1	乾隆元年	汉军6名
2	乾隆二年恩科	汉军5名
3	乾隆四年	汉军6名
4	乾隆七年	汉军6名
5	乾隆十年	汉军6名
6	乾隆十三年	汉军6名
7	乾隆十六年	汉军5名
8	乾隆十七年	汉军3名
9	乾隆十九年	汉军3名
10	乾隆二十二年	汉军3名
11	乾隆二十六年	汉军2名
12	乾隆二十八年	汉军2名

续表

序号	考试年份	录取人数
13	乾隆三十一年	汉军3名
14	乾隆三十四年	汉军2名
15	乾隆三十六年	汉军2名
16	乾隆三十七年	汉军2名
17	乾隆四十年	汉军2名
18	乾隆四十三年	汉军2名
19	乾隆四十五年	汉军2名
20	乾隆四十六年	汉军2名
21	乾隆四十九年	汉军2名
22	乾隆五十二年	汉军2名
23	乾隆五十四年	汉军2名
24	乾隆五十五年	汉军2名
25	乾隆五十八年	汉军2名
26	乾隆六十年	汉军1名
27	嘉庆元年	汉军1名
28	嘉庆四年	汉军4名
29	嘉庆六年	汉军4名
30	嘉庆七年	汉军4名
31	嘉庆十年	汉军4名
32	嘉庆十三年	汉军4名
33	嘉庆十六年	汉军4名
34	嘉庆十九年	满洲1名，汉军1名
35	嘉庆二十二年	满洲2名，汉军3名
36	嘉庆二十五年	满洲、蒙古2名，汉军3名
37	道光二年	满洲、蒙古2名，汉军3名
38	道光三年	满洲、蒙古2名，汉军3名
39	道光六年	满洲、蒙古2名，汉军3名
40	道光九年	满洲、蒙古2名，汉军3名
41	道光十二年	满洲、蒙古3名，汉军4名
42	道光十三年	满洲、蒙古4名，汉军3名
43	道光十六年	满洲、蒙古4名，汉军6名
44	道光二十四年	满洲2名，蒙古2名，汉军6名
45	道光二十五年	满洲3名，汉军6名
46	道光二十七年	满洲3名，蒙古1名，汉军5名
47	道光三十年	满洲、蒙古4名，汉军3名

续表

序号	考试年份	录取人数
48	咸丰二年	满洲、蒙古4名，汉军4名
49	咸丰三年	满洲、蒙古2名，汉军3名
50	咸丰六年	满洲、蒙古2名，汉军3名
51	咸丰九年	满洲、蒙古1名，汉军2名
52	同治元年	满洲、蒙古2名，汉军3名
53	同治二年	满洲、蒙古2名，汉军2名
54	同治四年	满洲、蒙古2名，汉军3名
55	同治七年	满洲、蒙古3名，汉军2名
56	同治十年	满洲、蒙古4名，汉军3名
57	光绪二年	满洲、蒙古4名，汉军3名
58	光绪三年	满洲、蒙古4名，汉军3名
59	光绪六年	满洲、蒙古4名，汉军3名
60	光绪九年	满洲、蒙古4名，汉军3名
61	光绪十一年	满洲、蒙古4名，汉军3名
总计		279名

从上表可以看出，乾隆元年首开武科会试，直到清末一共举行八旗武科会试61科，录取279名武科八旗进士，其中满洲、蒙古武科进士81名，汉军武科进士198名，汉军武科进士占武科进士总额的70.96%，成为八旗武科进士的主要来源。汉军编入八旗后，慢慢接受了满洲八旗的旧有传统，是汉人里最先和满洲八旗、蒙古八旗融合的成员，说明满洲八旗、蒙古八旗在接受儒家文化影响的同时，汉族也受到了满洲八旗文化的濡染，证明了民族间的融合是双向的。八旗武科举在选拔八旗武科人才，尤其是汉军人才方面起到了重要的作用，成为八旗科举的一个重要组成部分。

三 八旗翻译科举

八旗翻译科考试只有八旗子弟可以参加，直到清代结束汉人都不能染指，是具有满洲特权性质的考试。清代是以满洲八旗为主体建立的政权，国家政权机构在运行过程当中，同时使用满文、蒙文、汉文三种文字，这样就需要大量满语、蒙语专业人才，因此翻译科举是顺应时代潮流产生的。清代在入关前于1634年、1638年、1641年举行过三次翻译科考试，分别考取16名、11名、7名举人。入关以后，顺治八年（1651）规定，八旗乡试考试时，满洲、蒙古通汉文者，翻译汉文一篇。会试时，满洲、蒙古通汉文者，翻译汉文一篇，作汉文一篇。这实际是入关后八旗翻译科考试的开始，顺治十四年因战事停止。康熙十年（1671），懂得满文和汉文的八旗满洲和八旗汉军监生可以参加翻译科考试，以上考试皆为八旗翻译科举的序幕。翻译科举正式创立的时间是雍正元年（1723），从此翻译科举作为旗人入仕的一个重要途径，培养了大批八旗翻译人才。

笔者根据赵尔巽等撰《清史稿》，朱保炯、谢沛霖编《明清进士题名碑录索引》，（清）希元、祥亨等纂《荆州驻防八旗志》，（清）长善等纂《驻粤八旗志》，王炜编校《〈清实录〉科举史料汇编》[①] 等资料，统计得出清代八旗翻译科会试录取情况简表：

序号	科名	满洲八旗进士	蒙古八旗进士	汉军八旗进士	钦赐进士	不确定旗籍进士	录取人数
1	乾隆四年己未翻译科（1739）	20	2				22
2	乾隆十年乙丑翻译科（1745）	17	2		1（满洲）		20
3	乾隆十三年戊辰翻译科（1748）	17	2	1	1		21
4	乾隆十六年辛未翻译科（1751）	14	2	2			18
5	乾隆十七年壬申翻译科（1752）	11	1	2			14
6	乾隆四十四年己亥翻译科（1779）	3	1				4
7	乾隆五十八年癸丑翻译科（1793）	1					1
8	嘉庆八年癸亥翻译科（1803）	1					1
9	嘉庆十年乙丑翻译科（1805）	1					1
10	嘉庆十九年甲戌翻译科（1814）	1					1
11	嘉庆二十二年丁丑翻译科（1817）		1				1
12	道光二十四年甲辰翻译科（1843）	1					1
13	道光二十七年丁未翻译科（1847）	3	2				5
14	道光三十年庚戌翻译科（1850）	3	2	1			6

[①] 赵尔巽等撰：《清史稿》，中华书局1977年版；朱保炯、谢沛霖编：《明清进士题名碑录索引》，上海世纪出版股份有限公司、上海古籍出版社1979年版；（清）希元、祥亨等纂：《荆州驻防八旗志》，辽宁大学出版社1990年版；（清）长善等纂：《驻粤八旗志》，辽宁大学出版社1992年版；王炜编校：《〈清实录〉科举史料汇编》，武汉大学出版社2009年版。

续表

序号	科名	满洲八旗进士	蒙古八旗进士	汉军八旗进士	钦赐进士	不确定旗籍进士	录取人数
15	咸丰二年壬子翻译科（1852）	5	2				7
16	咸丰三年癸丑翻译科（1853）	1	2	1		2	6
17	咸丰六年丙辰翻译科（1856）	2	1				3
18	咸丰九年己未翻译科（1859）	2				1	3
19	咸丰十年庚申翻译科（1860）	1					1
20	同治二年癸亥翻译科（1863）			2			2
21	同治四年乙丑翻译科（1865）	1					1
22	同治七年戊辰翻译科（1868）	1		2			3
23	同治十年辛未翻译科（1871）			2			2
24	同治十三年甲戌翻译科（1874）	2		2			4
25	光绪二年丙子翻译科（1876）	1				1	2
26	光绪三年丁丑翻译科（1877）	1		1			2
27	光绪六年庚辰翻译科（1880）	2		1			3
28	光绪九年癸未翻译科（1883）	2		1			3
29	光绪十二年丙戌翻译科（1886）	2					2
30	光绪十五年己丑翻译科（1889）	3					3
31	光绪十六年庚寅翻译科（1890）	2	1				3
32	光绪十八年壬辰翻译科（1892）	3					3
33	光绪二十年甲午恩科（1894）	2					2
34	光绪二十一年乙未翻译科（1895）	1	1				2
35	光绪二十四年戊戌翻译科（1898）	1	1				2
36	光绪二十九年癸卯翻译科（1903）	2					2
37	光绪三十年甲辰翻译科（1904）	1					1
总计		131	23	18	2	4	178

从上表可以明确：从乾隆四年（1739）首开满洲和蒙古翻译科会试起，到光绪三十年甲辰科（1904）止，共举行37科翻译科会试，录取178名八旗满洲、八旗蒙古和八旗汉军翻译科进士，其中八旗满洲133人（2人为钦赐进士），八旗蒙古23人，八旗汉军18人，不确定旗籍的有4人。满洲、蒙古八旗翻译科进士录取率高达88%，汉军仅占10%，八旗翻译科举主要由满洲八旗子弟掌控。

翻译科举包括满洲翻译和蒙古翻译两科。

(一) 满洲翻译科考试

雍正元年（1723）谕旨："八旗满洲等，除照常考试汉字秀才、举人、进士外……应将满洲另翻满文考试秀才、举人、进士，武秀才、举人、进士之处，尔等会同该部作何考试，额数多少等处，定议具奏。"① 就翻译科考试相关事宜，当年四月制定出详细的八旗翻译科考试章程："满洲、蒙古能翻译者，三年之内考取秀才二次，举人一次，进士一次。乡试、会试另立一场，于子、午、卯、酉年二月乡试，辰、戌、丑、未年八月会试。"② 明确规定了八旗翻译科举的科举类别、考试时间等项内容，标志着翻译科举的正式确立。

满洲翻译科举分童试、乡试、会试和殿试。

满洲八旗翻译童试。都统将印有三代履历的童生名册由礼部转到兵部，考试马步箭，合格者送顺天府贡院参加童试，试题只有一道，从《四书》直解里出三百字的文章，将其翻译成满文。为了鼓励八旗子弟学习翻译，于雍正元年十月和雍正二年五月连续举行两次秀才考试。童试录取人数由皇帝钦定。从雍正元年到乾隆十三年，应考满洲翻译童生，大概有八九百人到一千二三百人不等，录取人数也不固定，有四五十名、八九十名或一百一二十名的。乾隆十三年（1748）规定，按照八旗文童录取比例，每三名减一名的原则，录取满洲翻译生员 60 名，后沿为例，这就正式规定了满洲翻译童试的录取名额。乾隆十三年（1748）不仅规定满洲翻译和蒙古翻译童试的录取名额，还规定了乡试、会试录取名额：满洲翻译乡试，录取满洲 33 名，蒙古 6 名，会试按照文进士标准由皇帝钦定。

满洲八旗翻译乡试。满洲八旗翻译乡试应考之人，不论是满、汉贡监生员还是现任笔帖式，只要懂满汉翻译，就可以先参加马步箭考试，中式合格后入场参加乡试。执行顺天乡试考试制度，共举行三场考试，初九日第一场，试题从《四书解义》《易经解义》《书经解义》《性理精义》《孝经衍义》《大学衍义》《古文渊鉴》《资治纲目》等书里出三篇文章，每篇文章字数限制在二百字以内，由考生将汉文翻译成满文。十二日第二场，试题是写两篇满文文章，可以写作判论或表策等。十五日第三场，入场后

---

① 李洵、赵德贵、周毓方、薛虹主校点：《钦定八旗通志》，吉林文史出版社 2002 年版，第 1629 页。
② 李洵、赵德贵、周毓方、薛虹主校点：《钦定八旗通志》，吉林文史出版社 2002 年版，第 1629 页。

取现到通本一道题，将其翻译成满文。后来乡试三场考试改为只考一场，一日一夜即结束考试，考试内容只有一道题，从《四书》《五经》里出一道题，将其翻译成满文，首次满洲翻译乡试于雍正二年（1724）十一月举行。八旗翻译乡试从考三场改为只考一场，说明翻译考试不是考查考生写作能力高低，而是考查翻译能力的优劣。

满洲八旗翻译会试。除了八旗翻译举人可以参加会试以外，文举人能翻译者，也准与参加翻译会试，其余规定和八旗翻译乡试一致。

翻译科举考试也要在考试之前参加马步箭考试，马步箭合格后方准入场参加童试、乡试和会试。

满洲八旗翻译殿试。雍正元年规定，殿试题目是写一篇古文、或者作一首律诗、或者作一篇辞赋，具体试题由皇帝钦定。其余制度按照文殿试制度执行。

八旗翻译乡会试的考生来源在最初就显示了广泛性的特点。雍正元年（1723）时，不论是满、汉贡监生员或者是现任笔帖式，只要会满汉翻译的，都可以参加乡试。雍正四年（1726），又进一步扩大翻译乡试考生来源，允许八旗汉军参加翻译乡试。雍正七年（1729），再次扩大乡试考生来源，由贡监生员考取的小京官、笔帖式也可以参加翻译乡试，使其平日所学有所表现。乾隆十一年（1746），连不由贡监生员出身之现任七八品笔帖式、小京官，只要懂满汉翻译的，都可以参加翻译乡试考试。翻译会试的考生来源是不仅翻译举人可以参加会试，懂翻译的文举人也可以参加翻译会试。通过几年的尝试和完善，八旗翻译考试制度基本确定下来，后来通过不断改进，使之逐渐向全国性科举考试制度靠拢合流。

最初满洲翻译乡会试和文乡会试不在同一时间考试，而是另设考试时间。翻译科乡试在子、午、卯、酉年二月举行，翻译科会试在辰、戌、丑、未年八月举行。在执行过程中，满洲翻译科举考试时间逐渐向全国文科乡会试考试时间靠近。乾隆七年（1742）规定，翻译会试，于文闱会试时，另编字号，一同考试，分榜录取。分两场考试，在文会试第二场进行翻译会试头场考试，从满文《四书》和《性理精义》各出一题，用满文写成两篇文章。文会试第三场进行翻译会试第二场考试，只有一道翻译题，将汉文翻译成满文。翻译殿试同全国殿试同时举行，从古文及律诗词赋内出题，与汉人同榜录取，翻译二甲附在二甲名单后，翻译三甲附在三甲名单后。为了鼓励更多八旗子弟学习满洲翻译，雍正元年十月举行第一次满洲翻译童试，雍正二年十一月举行满洲翻译乡试，雍正三年二月举行满洲翻译会试，三月举行满洲翻译殿试。

翻译会试、殿试与全国会试、殿试同时考试，同榜录取，说明八旗翻译考试逐渐与全国科举考试合流，这一情况表明八旗翻译考试在制度上更加完备合理，有章可循。

（二）蒙古翻译科考试

雍正九年创立蒙古翻译科举考试。雍正帝发现，八旗蒙古人会说蒙语及能用蒙古文翻译的甚少，长此以往，蒙语和蒙文必被废弃。为了防止此种情况发生，雍正九年（1731）下令"八旗蒙古人等，能翻译满洲、蒙古文字者，照考试满洲翻译之例，三年之内考取秀才二次，举人一次，进士一次，乡、会试与满洲翻译合为一场。"①

八旗蒙古翻译童试。八旗蒙古翻译童试出一道考题，从《日讲四书》中出三百字满文，考生将其译成蒙文。生员录取名额在乾隆十三年确定下来：参加蒙古翻译童试的人数在八九十名，按照八旗文童十名录取一名的规定录取蒙古翻译生员，录取人数是九名。蒙古翻译乡会试与满洲翻译合为一闱，满洲应试举子在东文场，蒙古应试举子在西文场，考试结果是满洲、蒙古同榜发布。蒙古翻译乡试和会试考两道题：第一道题，从清文《日讲四书》内拟。第二道题，从清文奏疏内拟，这两道题都将满文译成蒙文即可。乾隆二年（1737），八旗翻译童试、乡试和会试考试参考书目有变更，不再从《日讲四书》内出题，改为从《性理精义》《小学》内出题，并于题后总括大义，令士子一起翻译。乾隆三年（1738），翻译乡会试增加一道试题，从清文书内出题，令士子写一篇清文。童试、乡试和会试录取人数由皇帝钦定。乾隆十三年（1748），确定八旗蒙古翻译童试和乡试录取人数，蒙古翻译生员定额取中9名，乡试取中6名，会试按照文进士制度标准执行，由皇帝钦定。首次八旗蒙古童试于雍正九年十月举行。蒙古翻译乡会试与满洲翻译乡会试一同举行。雍正十年壬子科翻译乡试取中满洲翻译举人16名，蒙古翻译举人2名。②咸丰十年（1860），准盛京驻防巴尔虎蒙古旗人参加武童考试和翻译文童考试，可见清代后期东

---

① 李洵、赵德贵、周毓方、薛虹主校点：《钦定八旗通志》，吉林文史出版社2002年版，第1631页。

② （清）乾隆官修：《清朝文献通考》，浙江古籍出版社2000年版，第5319页。

北蒙古八旗学习翻译人员有所增加。

八旗蒙古翻译会试。八旗蒙古翻译会试于乾隆四年首次开科，录取2名。到了嘉庆年间，学习蒙文的八旗蒙古子弟在考中举人后，因别途授职或挑取别项差使，于是心生怠惰，不勤学蒙古文，最后导致只有3人参加蒙古翻译会试。于是，嘉庆十四年（1809）规定，报考人数达到七八人，举行八旗蒙古翻译会试考试，否则停止八旗蒙古翻译会试，因此停止本年蒙古翻译会试，本年只录取5名满洲翻译会试考生。这一情况说明，学习蒙文的八旗子弟逐渐减少，相应地，八旗蒙古翻译进士也仅有25名左右。

（三）八旗满洲、蒙古考试与全国考试合流

满洲翻译乡试、会试与蒙古翻译乡试、会试在一开始就实现合流，这是八旗考试制度迅速完备的突出表现。后来，翻译乡会试与文闱乡会试同场考试的问题也提上议事日程。

乾隆十年（1745）规定："八旗满洲、蒙古会试与文闱会试同场考试……举子坐号……满洲在东文场，蒙古在西文场，毋庸拘定三人编立一号。"① 翻译会试与文闱会试合为同场考试，节省人力、物力、财力，而且更利于维持考场秩序，当年是合闱后的第一次会试考试，八旗文会试取中满洲、蒙古7名，汉军2名；翻译会试取中满洲、蒙古19名，宗室会试取中宗室1名，武会试取中汉军6名。此次八旗文会试、翻译会试、宗室会试和武会试共取中35名八旗进士，而本年文会试录取人数最高的是江南，为36人，武会试江南也录取3人，江南共取取39人，八旗进士人数基本与江南进士人数相等，但是八旗考生要大大少于江南考生。乾隆十六年（1751），八旗文会试取中满洲、蒙古7名，汉军1名；翻译会试取中满洲16名，蒙古2名，本年武会试取中汉军5名，此次八旗文会试、翻译会试、武会试共录取31名八旗进士，本年文会试江南取中30名，八旗进士录取人数超过了江南的录取名额，可见到清代中期八旗子弟通过科举入仕的优势仍然很明显。

因学习翻译的八旗子弟进身之阶较广，可以考取中书和笔帖式。于是，乾隆十九年（1754），翻译乡会试停考，但翻译童试被保留了下来，而且考试内容只作两篇满文文章，不用考试翻译试题。停考翻译乡会试后，学习满文的八旗子弟迅速减少，为了鼓励八旗子弟学习满语，乾隆四十三年（1778）又恢复翻译科乡试和会试考试。乾隆五十二年（1787），

---

① 王炜编校：《〈清实录〉科举史料汇编》，武汉大学出版社2009年版，第294页。

满洲、蒙古翻译乡试和会试由三年一比改为五年一比。嘉庆八年（1803）又规定，八旗翻译乡会试归并文闱春秋两试，改为三年一举，并且考试时间与文闱乡会试一致。翻译乡会试考生与文场举子分号考试，翻译举子坐号为内龙门左右两旁六号。翻译乡试只考一场，所有应试士子于三场点进考试；翻译会试考两场，翻译头场于会试二场点进，翻译二场于会试三场点进。翻译乡试试卷在文华殿阅卷，翻译会试试卷在内廷阅卷，这就从制度上确立了翻译乡会试的考试周期、考试时间、考试场次、考场安排、阅卷地点等重要事宜，而且实现了与文闱乡会试考试时间的合流。翻译乡会试从雍正元年（1723）开科，直到嘉庆八年（1803），经历了近百年的时间才确立了完备的考试制度。

嘉庆二十四年（1819），翻译会试出现倩人代弊的情况，甚至有的中式进士竟然不会满文。于是，规定翻译乡试和会试都要覆试，覆试内容是翻译一篇古今文。因本年满洲翻译乡试中式后新增覆试，宗室子弟恐覆试森严，本年宗室翻译乡试之前参加骑射考试的还有8人，但最后只有1人应考宗室翻译乡试，说明宗室子弟平素不勤学满语，有通过倩人考试等舞弊方式中式的可能。宗室翻译考试形势严峻，普通八旗翻译乡试的报考人数也不容乐观。翻译乡试以前应考人数在四五百人左右，但是，本次考试因畏惧覆试制度森严，使很多翻译士子不敢应试，最后只有99名满洲子弟、7名蒙古士子参加本次翻译乡试，最后取中7名满洲翻译举人，1名蒙古翻译举人。

八旗翻译考试在参考书目方面也与文乡会试达到一致。嘉庆十五年（1820），翻译会试于嘉庆十年议准，照文场乡会试例由武英殿发给书籍存贮备用在案。现查武英殿发给礼部存贮清汉字书籍六种，为数究属无多，尚恐未能周备，酌拟翻译应用清汉字书籍、书目及礼部现存书目，分缮清单，恭呈御览。俟命下行文武英殿，除前经发贮礼部者毋庸再给外，其余各种备办二份，一颁发顺天府预备翻译乡试；一颁发礼部，预备翻译会试，均令敬谨存贮。颁发顺天府《圣谕广训》（清汉各一部）、《日讲书经》（清汉各一部）、《日讲春秋》（清汉各一部）、《日讲四书》（清汉各一部）、《清汉合璧五经》（各一部）、《清汉合璧四书》（一部）、《孝经》（清汉各一部）、《性理精义》（清汉各一部）、《小学》（清汉各一部）、《通鉴纲目》（清汉各一部）、《古文渊鉴》（清汉各一部）、《四体清文鉴》（一部）、《增订清文鉴》（一部）、《蒙古清文鉴》（一部）。又补发礼部《圣谕广训》《日讲易经》《日讲书经》《日讲春秋》《日讲四书》《性理精义》《通鉴纲目》《古文渊鉴》《增订清文鉴》，使八旗翻译乡会试考试有了纲领性的指南。

（四）八旗翻译科考试的没落

设立八旗翻译科考试的最初目的是培养满文、蒙文翻译人才，而且当时八旗子弟考中进士后，入选庶吉士的一半人员都要学习满语，此时，八旗翻译科考试还处在发展期。但是，八旗翻译科考试在乾隆后期就呈现出了没落态势。

1. 翻译能力降低，考试人数减少

乾隆四十四年（1779），八旗翻译会试的满文试卷和蒙文试卷，阅卷官竟然看不明白考生写了什么，同年又出现了译成蒙文的文章，蒙古王公竟然看不懂的情况。乾隆四十九年（1784），盛京招聘翻译助教，七本试卷内竟无一个考卷合格，说明清代龙兴之地的盛京都出现了满语学习严重退步的情况。乾隆五十年（1785），即使由科目出身而入翰林的满洲人，满语、骑射能力也大大减退。乾隆五十五年（1790），满洲翻译童试考试结果非常不理想，满文讹错较多，翻译平常。咸丰四年（1854），国子监满洲司业苏勒布竟然不会满语和满文，说明连国子监的满语教师都已经不会满语和满文了。咸丰九年（1859），学习满语的八旗子弟越来越少，甚至国子监招聘满语教师都成问题，本年国子监招聘满语教师，满文考卷不是文理纰缪，就是满文字画未能端楷，实无合式堪以录取之人。上述种种情况说明，满语、满文随着时代的发展，逐渐被本族人舍弃不用了。

在考试人数减少方面，表现最明显的是蒙古翻译考试。乾隆十三年（1748），规定蒙古翻译录取名额时，对曾经考过的蒙古翻译情况作了统计。当时报考蒙古翻译童试的人数在八九十名左右，最多的时候超过一百名，录取蒙古翻译生员9名，乡试6名。有清一代，蒙古翻译进士仅有25名左右，人数非常少。在历科翻译进士中，蒙古翻译进士每科最多录取2名。嘉庆十四年（1809），报考八旗蒙古翻译会试的人数仅有3人，虽然有考中举人后另选他途的情况存在，但是从报考人数这么少的情况依然可以说明学习蒙文的八旗人员在清代中后期越来越少，已经到了难以为继的地步了。于是，嘉庆十四年（1809）规定八旗蒙古翻译报考人数在七八名时准考进士，不达到此报考人数，禁止举行八旗蒙古翻译进士考试。从嘉庆十四年到清代结束，共举行20次八旗翻译考试，其中竟然有13次因报考人数没有达到规定人数而停考，说明蒙文学习情况非常薄弱。

为了鼓励八旗子弟学习国语骑射，道光八年（1828）下谕旨：

> 我朝抡才取士，于定立制科之外，复设翻译科目，既以广八旗士子登进之阶，亦识不忘本业，立法诚为至善。无如近日旗人力学者少，转视科目为迂途，不复勉图进取。即如从前乾隆年间翻译乡试满洲约五六百人，蒙古约五六十人。本年应试人数，计考满洲翻译者仅一百三十余人，蒙古翻译者仅二十余人，人数既较前多寡悬殊，取中之卷自系简拔其尤。乃昨日覆试中式满洲翻译举子八名，内即有文理欠通，错误太甚者四名，罚令停科，其余未经中式之卷，文义字画概可想见。清语、骑射为旗人根本，近日八旗生齿日繁，而勤学应举者转日见其少，岂国家设立科目本意，特降旨申谕八旗人等，嗣后务当父教其子，兄诫其弟，勤加策励，共效观摩，期于精研本业，以备旁求，毋负朕谆谆告诫至意。①

可以看出，八旗翻译科考试历经一百年后，考试人数没有因为人口的增加而增加，反而大大减少。

清代后期翻译科考试的衰落，证明八旗满洲、八旗蒙古人学习满文、蒙文热情大大下降。八旗子弟不仅翻译水平低，骑射水平也出现很大问题。乾隆四十四年（1779），考试翻译举人马步骑射时，其中九人骑射不合格，禁止其参加会试考试，四十七人骑射合格，可以参加本科会试。鉴于骑射水平低的情况，又规定以后举行八旗童试、乡试和会试之前都要进行马步骑射，合式者才准与试。

清代末期，国家虽然一再提倡八旗子弟学习国语骑射等满洲旧习，但是已难挽整个八旗汉化趋势，八旗满洲、蒙古子弟在入关后一百多年间已渐渐舍弃了旧俗，逐渐融入儒家文化氛围中，使满蒙汉民族融合程度进一步加深。

2. 考试违纪

八旗子弟翻译能力的下降，势必导致考试作弊情况的发生。嘉庆二十四年（1819），翻译乡会试应考之人倩人枪替，甚至出现中式进士不会满文的情况。道光年间，翻译会试也出现冒名顶替等作弊情况。考试过程

---

① 刘锦藻：《清朝续文献通考》，浙江古籍出版社2000年版，第8447页。

中，八旗子弟趁御史点名，亲友和跟役拥挤喧哗时，趁机作弊。为杜绝作弊，特规定：

> 考试八旗翻译着承办场务衙门奏请简派左右翼副都统各一员，届期带领所属官兵在点名之处稽查弹压，令士子等鱼贯入场。如有喧闹冒混者，按例惩办，并着该御史等据实参奏，以肃场规。①

为了防止考试作弊，同治九年（1870）又规定："近日考试翻译归并文场，关防不能严密，士子专占一号，既不免有代倩等弊，且士子十六日出场，十八日始行奏派阅卷。十七日一日竟无关防，亦难保无请托情事……着自明年会试起，翻译乡会试均改复旧制……永远遵行。"② 到清晚期，八旗翻译考试仍然是科举考试中重点关注考试纪律的科试之一。

清代后期，八旗翻译考试一直在走下坡路，虽然国家始终提倡"国语骑射"是满洲根本，但是八旗子弟已经脱离了龙兴之地的地理环境和人文环境，融入中原文化生态环境中，势必导致满洲"国语骑射"旧俗慢慢地被中原儒家文化传统取代，这是历史发展规律决定的。光绪三十年（1904），清政府适应时代发展，开设了满洲翻译学堂，培养翻译人才，八旗翻译科举也就完成了历史任务，退出了历史舞台。

四 宗室科考试

宗室成员是满洲上层代表，宗室科举考试就是为之特设的考试。八旗翻译科举在清代后期江河日下，呈下行趋势。宗室科举却与之相反，在清中后期才开始兴盛。宗室科举考试有宗室乡会试考试和宗室翻译考试。

（一）宗室乡会试

顺治年间，清统治者恐宗室子弟专习文艺，沾染汉人习俗，忘却满洲旧俗，曾禁止宗室子弟学习汉文，只允许学习满文。康熙年间，宗室子弟日益繁衍，为了进一步拓宽宗室子弟的进取之途，康熙三十六年（1697），设立宗室科举，规定宗室子弟可以与满洲子弟同时考试，另外编号取中。仅举行两科，宗室考试在康熙三十九年（1700）即停止，因为康熙认为：

---

① 刘锦藻：《清朝续文献通考》，浙江古籍出版社2000年版，第8445页。
② 刘锦藻：《清朝续文献通考》，浙江古籍出版社2000年版，第8454页。

"朕数加恩，何患无官，嗣后停其考试。"① 康熙认为宗室成员没有必要和他人竞争仕进之途。雍正年间，皇帝始终关心宗室子弟的升阶问题，但是没有找到合适的解决办法。于是乾隆年间，宗室子弟恢复了科举考试的资格，并且于乾隆八年（1743），举行首次宗室会试，这就有效地解决了宗室成员仕进之途的问题。但是经过考试，乾隆发现，宗室子弟汉文水平和满文水平都一般，于是令宗室子弟专攻武艺，宗室科举考试再次中止。直到嘉庆时期，宗室科举考试才复举，至此宗室科举考试常态化，制度也逐渐成熟，体制亦渐趋完善。

最初宗室科举没有童试和乡试，宗室子弟直接参加会试。宗室子弟考试取中人员俱成进士，与会试中式人员一同参加殿试，可以选入翰林，或选为部属官员。原本宗室成员的进身之阶就很广泛，如可以袭封世职，当职侍卫和护军参领，现在又增加科举考试一途，宗室成员的升迁渠道就更宽，前途也就更好。

嘉庆时期，清政府集中制定了宗室科举考试的各项章程，成为宗室科举考试的指南。嘉庆四年（1799），为了增加宗室成员的登进之路，而且不使别生事端，规定从辛酉科（1801）开始恢复宗室科举考试。宗室科举分乡试、会试、殿试。应试之前，也要考试马步箭，合式者入场考试，录取名额由皇帝钦定。乡会试考试另编号舍，试卷编宗字号。盛京闲散宗室也参加乡试和会试，制度与在京宗室考试制度一致。殿试与新进士同日考试，座次及引见排班均列在新进士前以显优待。

宗室考试时间有过几次变化才固定下来。嘉庆五年（1800），宗室子弟科举考试，乡试在八月初四日点名入场，会试于三月初四日点名入场，初五日交卷出场。嘉庆七年（1802），考虑到宗室应试人数较少，如果另外安排一场考试，"一切稽察支应，较多一番经理"②。于是调整了宗室科举考试时间，按照乡会试考试时间办理，于初八日入场，点名在八旗及各省士子之前，另编座号，已足优示体制而省纷繁。嘉庆九年（1804）规定，宗室乡会试和文闱考试分别举行：宗室乡会试于各士子乡会试三场完毕后，十七日点进，当日完场。嘉庆十九年（1814），为了遴拔真才，宗室会试结束增加覆试考试，地点在圆明园正大光明殿，试题仍是一文一诗。

---

① （清）乾隆官修：《清朝文献通考》，浙江古籍出版社2000年版，第5309页。
② 王炜编校：《〈清实录〉科举史料汇编》，武汉大学出版社2009年版，第607页。

宗室科举考试内容和考试纪律：写一篇文章，作一首诗。宗室科举考试应考人员进场前，由宗人府派出章京数员，至龙门外，由御史点名散卷归号，并请于左右宗人，先期简派一员弹压，巡查怀挟乱号等事。这就详细规定了宗室科举的考试时间、考试内容、录取名额、考试纪律等一系列问题。笔者根据朱保炯、谢沛霖编《明清进士题名碑录索引》[①]和王炜编校《〈清实录〉科举史料汇编》资料[②]，统计得出清代宗室乡会试录取情况简表：

序号	乡试考试时间	乡试中式人数	会试考试时间	会试中式人数	乡会试录取比例（%）
1	嘉庆六年	7	嘉庆七年	3	42.86
2	嘉庆九年	8	嘉庆十年	2	25.00
3	嘉庆十三年	7	嘉庆十四年	3	42.86
4	嘉庆十五年	8	嘉庆十六年	3	37.50
5	嘉庆十八年	8	嘉庆十九年	3	37.50
6	嘉庆二十一年	8	嘉庆二十二年	3	37.50
7	嘉庆二十三年	8	嘉庆二十四年	4	50.00
8	嘉庆二十四年	8	嘉庆二十五年	4	50.00
9	道光元年	8	道光二年	4	50.00
10	道光二年	8	道光三年	4	50.00
11	道光五年	9	道光六年	4	44.44
12	缺		道光九年	4	
13	道光十一年	8	道光十二年	3	37.50
14	道光十二年	7	道光十三年	3	42.86
15	道光十四年	6	道光十五年	3	50.00
16	道光十五年	7	道光十六年	2	28.57
17	道光十七年	5	道光十八年	2	40.00
18	道光十九年	4	道光二十年	3	75.00
19	道光二十年	4	道光二十一年	2	50.00
20	道光二十三年	5	道光二十四年	2	40.00
21	缺		道光二十五年	2	
22	道光二十六年	4	道光二十七年	2	50.00
23	道光二十九年	5	道光三十年	2	40.00
24	咸丰元年	5	咸丰二年	2	40.00

① 朱保炯、谢沛霖编：《明清进士题名碑录索引》，上海世纪出版股份有限公司、上海古籍出版社1979年版。
② 王炜编校《〈清实录〉科举史料汇编》，武汉大学出版社2009年版，第598页。

续表

序号	乡试考试时间	乡试中式人数	会试考试时间	会试中式人数	乡会试录取比例（%）
25	咸丰二年	5	咸丰三年	2	40.00
26	缺		咸丰六年	2	
27	咸丰八年	4	咸丰九年	2	50.00
28	咸丰九年	4	咸丰十年	2	50.00
29	缺		同治元年	2	
30	同治元年	4	同治二年	2	50.00
31	同治三年	5	同治四年	2	40.00
32	缺		同治七年	2	
33	同治九年	5	同治十年	2	40.00
34	光绪元年	7	光绪二年	2	28.57
35	光绪二年	6	光绪三年	2	33.33
36	光绪五年	6	光绪六年	2	33.33
37	光绪八年	6	光绪九年	2	33.33
38	光绪十一年	7	光绪十二年	2	28.57
39	光绪十四年	7	光绪十五年	3	42.86
40	光绪十五年	7	光绪十六年	3	42.86
41	光绪十七年	6	光绪十八年	3	50.00
42	光绪十九年	5	光绪二十年	3	60.00
43	光绪二十年	5	光绪二十一年	3	60.00
44	光绪二十三年	5	光绪二十四年	3	60.00
总计		241		115	

从嘉庆七年（1802）到光绪三十年（1904），文闱会试共举行48科。从嘉庆七年到光绪二十九年共举行宗室会试44科，和文闱相比，有四次会试没有宗室子弟参加，分别是嘉庆十三年（1808）、同治十三年（1874）、光绪二十年（1894）、光绪三十年（1904）。这44科宗室会试，共取中115名宗室进士。其中，道光十九年录取比例最高，4名宗室子弟参加会试，3人取中，录取比例高达75.00%，嘉庆九年录取比例最低，8名宗室子弟参加会试，2人取中，录取比例为25.00%，而文闱会试录取率不到1%，悬殊的录取比例更加表明了宗室考试在录取上的绝对优势。

（二）宗室翻译考试

乾隆年间，宗室子弟就开始参加翻译考试，但是后来停止了。嘉庆五年（1800），恢复宗室翻译考试，其制度按照文乡会试制度执行。

嘉庆二十四年（1819），宗室翻译会试仅有9人参加，人数较少，但也加恩中式2名。向来宗室翻译会试，19名内取中3名，11名内取中2名。此次是额外加恩取中2名。嗣后，翻译会试如足9名额数，仍取中2名，如不足9名，停止宗室翻译会试考试。宗室会试录取比例高达45.00%，目的是鼓励满洲宗室子弟在学习汉文和翻译时，以翻译为主。

嘉庆七年（1802），制定了宗室翻译乡会试考试制度。宗室翻译乡试不与八旗士子同题，单独命题。宗室翻译乡会试录取人数按照宗室文场录取规定执行，由皇帝钦定。与宗室文会试考试制度相同，宗室翻译会试只考试一场，考题从翻译乡试出题范围拟定，从满文《四书》里出一题，再出一道翻译题。

嘉庆八年（1803）规定，宗室翻译乡会试与八旗考试归并文闱，三年一举。但是，嘉庆九年（1804），因考场号舍紧张，规定宗室乡会试不再和文闱一起考试，而是在文闱结束后，十七日点进，因只考一文一诗，当日即完场。翻译乡会试也不再和文闱一起考试，而是在十八日进场考试。宗室乡会试和翻译考试与文闱单独举行的制度一直持续到清末。

宗室乡会试考试开展顺利，发展平稳。但是宗室翻译科举因为受到整个翻译科举的影响，实际上是受到汉文化环境的影响，所以学习翻译的宗室人员到后来根本不会说满语，宗室翻译科举也就逐渐衰落下去。宗室科举主观上是为了选拔宗室人才充实到国家政治体制中来，但是客观上提高了满洲上层子弟的文化素养，也说明满洲和中原的融合不仅发生在下层，上层的融合也在积极进行，可以说满洲上层和中原的融合更早和更彻底，这就使得宗室科举考试带有鲜明的时代色彩、政治色彩和民族融合的色彩。

五 驻防八旗科举考试

清朝初期，驻防八旗和京师八旗一样，可以参加文闱、武闱和翻译等科举考试。但是因距离京城遥远，考试手续繁琐，到乾隆中后期驻防八旗子弟已经放弃了八旗科举考试。直到嘉庆十八年才规定，驻防八旗子弟可以在驻防地参加文乡试，这一政策解决了驻防八旗子弟在驻防地参加科举考试的问题，也重新唤起了驻防八旗子弟学习的热情，从而形成了家弦户诵的良好学习氛围。以嘉庆十八年（1813）为分水岭，驻防八旗科考的发展可以分为两个阶段。

（一）驻防八旗科考发展初期——清朝初期至嘉庆十八年

清朝八旗分京师八旗和驻防八旗两部分。清朝入关后，陆续在全国军事要冲设置驻防，派遣满洲、蒙古、汉军八旗长期驻守。当时八旗总兵力约20万人，京师八旗约占一半，驻防八旗占一半。驻防八旗点在全国设有百余处，主要分布在畿辅、东三省、新疆、直省等处，兵力多寡不等，直省驻防兵力最多，每处多达2000余人，畿辅驻防兵力最少，每处仅有350余人。"最初驻防八旗三年一换防，康熙中期以后改为携眷长驻，直至辛亥革命。"[1] 根据旗民分治的原则，驻防八旗在驻防地筑城别居，人们称之为驻防满城。满城虽小，五脏俱全，内有官署、兵房、仓库、学校、庙宇，驻防旗人就生活在全国各地的驻防满城里，形成了大分散、小聚居的居住特点。驻防八旗的设立是为了保障当地社会政治的安全，因此驻防八旗与当地人的关系理应紧张。但是，因驻防八旗人员不能从事工商业活动，他们就必然和当地土著人发生联系，经过长时间的交往，从乾隆中期开始，各地驻防八旗已与土著无异。但是驻防八旗子弟却不能像当地土著子弟一样在当地参加考试，而要远赴京城考试，这就导致驻防八旗科考发展缓慢，步履维艰。

八旗科举考试起于顺治八年（1651）。当时驻防八旗也可参加针对八旗人士组织的科举考试，但是相对于京师八旗子弟而言，驻防八旗参加科考的最大劣势是赴京考试，不能在驻防地参加科举考试。比如，广东距离京师有七千里之遥，广东驻防八旗士子必须有足够的资金才能抵京与试，还不一定中式，这对于普通的驻防八旗人员之家来说是一笔巨额经济支出，往往难以负担。

在八旗开科近百年内，驻防八旗子弟赴京考试，都需要开具一定的手续。清朝初期驻防八旗子弟考试需要的手续还简单，不用携带凭据，向该省将军、城守尉告假后直接到京，在本佐领下告禀咨部考试即可。后来有人认为这会出现代考之弊。于是为了防止弊窦情况之出现，雍正十二年（1734）规定："赴京考试者，该将军、城守尉预先取具本人三代、年貌，造满汉清册，声明某旗、某佐领下人，出具保结咨送该旗。再将该生之年

---

[1] （清）长善等纂，马协弟、陆玉华点校注释：《驻粤八旗志》，辽宁大学出版社1990年版，第6页。

貌注明，出具印文，给发本人亲身投递在京本旗。本旗凭印文查对，造册报部考试。"① 驻防八旗子弟考试的报名手续比以前更加繁琐，这给赴京考试的驻防八旗子弟带来了更大的负担。于是有大臣不断建议驻防八旗子弟应于本省参加乡试，这些建议遭到最高层的极力反对。例如雍正帝严禁驻防八旗子弟在本省与试，目的是使驻防子弟右武左文，以备驻防之用。到了乾隆年间，皇帝对此更是不遗余力地驳斥。乾隆三年七月，上谕：

> 昨据参领金珩奏称："八旗满洲、蒙古、汉军各省驻防官弁子弟离京稍远，应试维艰。请嗣后科岁两试，令该将军考试马步箭，即送附近府院考试。酌量人数多寡，以定去取"等语。朕思此事断不可行。雍正十年间，曾奉皇考谕旨："国家之设驻防弁兵，原令其持戈荷戟以备干城之选，非令其攻习文墨，与文人学士争名于场屋也。在弁兵之子弟有能读书向学通晓文义者，原听其来京应试，以广伊等进取之途。并未尝禁其从事文学。今若悉准其在外考试，则伊等各从其便，竞尚虚名而轻视武事，必致骑射生疏，操演怠忽，将来更有何人充驻防志勇乎？况我圣祖仁皇帝临御六十一年，所有教养弁兵者，至周至渥。如果应行早已著为令典，又何待今日之喋喋敷陈乎？数年以来陈奏朕前者，重见叠出不下百余次。其识见甚为庸鄙，朕悉置之不论，未曾降旨申饬。乃近日仍有不知而妄渎者，是以特行宣谕，以觉愚蒙。钦此"。仰见我皇考睿虑周详，圣谕至为明晰。朕临御以来，亦有以此陈奏者，概未准行。盖以满洲、蒙古、汉军在京者人数众多，就近考试原无碍于操演。至各省驻防官弁子弟为数无几，若科岁考时不必来京，就近在外应试，不但事有难行，且必竟尚虚名荒废骑射，殊失设立驻防之本意，背谬已极。金珩身为参领，乃煌煌圣谕岂竟无见闻，而复混行渎奏，著严行申饬。并将此旨宣谕中外臣工，嗣后不得以此谬论再行妄渎。②

这段话传递出了三个信息：一是申请驻防八旗子弟不去京师考试，就

---

① 李洵、赵德贵、周毓方、薛虹主校点：《钦定八旗通志》，吉林文史出版社2002年版，第1602页。

② 李洵、赵德贵、周毓方、薛虹主校点：《钦定八旗通志》，吉林文史出版社2002年版，第1602页。

近考试的奏折已达到百余次，可见，改变驻防八旗子弟考试现状的愿望是很强烈的。二是最高层禁止驻防八旗子弟就近考试，理由是国家设立驻防八旗是备干城之选，非令其与文人学士争名于场屋，更重要的是康熙皇帝没有同意。三是担心驻防八旗子弟就近应试后，竞尚虚名，人人读书向学，荒废骑射，竟失设立驻防之本意。

驻防八旗科举考试不仅程序繁琐，还须远赴京城，其艰辛可想而知。更艰难的是在争取就近考试的时候遭到了最高层强烈的反对。但与驻防八旗子弟相比，汉族士子在考生居住地就可以参加乡试，会试才须进京考试，而驻防八旗子弟连乡试都需要赴京考试，这无疑大大增加了驻防八旗子弟的经济负担和精神负担，结果只能是浇灭了驻防八旗子弟参加科举考试的热情。虽然国家每到乡会试年，都要下发科举考试通知，但是到了乾隆中后期，已经出现驻防八旗子弟放弃到京考试的情况。驻防八旗子弟由于路途遥远、资斧维艰等客观原因，放弃赴京参加乡试，这就堵住了驻防八旗子弟通过科举入仕的通道，大大限制了驻防八旗子弟向上发展的空间；另外，也说明京师八旗子弟相对于驻防八旗子弟在科举方面有很大地理空间上的优势。因此，直到嘉庆十八年（1813），驻防八旗子弟在科举考试方面鲜有成绩。

（二）驻防八旗科考发展期——嘉庆十八年至清朝末期

驻防八旗子弟之所以要赴京参加乡会试，是因为清朝统治者认为，驻防八旗子弟的旗籍在京师，这些驻防八旗子弟不过是在驻防地维护治安和管理公共事务，所以科举考试应该回旗籍所在地——京师。但是随着时间的推移，驻防八旗子弟在驻防地不再是暂居民，而是常住人口，只有驻防将领才换防，到后来驻防将领换防也很少，这就形成了一个新的情况：驻防八旗子弟已经从外来人员变成土著，于是在当地参加乡试的要求也就越来越强烈。经过多次上疏，嘉庆四年（1799），驻防八旗科举考试的改革首先在童试方面有了突破，迎来了发展的曙光，"嗣后驻防各省分遇岁科两试，如有情愿赴考者，准其就近考试，取进后，再听赴考乡试"[1]，允许驻防八旗子弟在本省参加童试，录取人数比照京师八旗，应试童生五名取进一名，驻防八旗考试冻土状态终于有了融化迹象。驻防八旗子弟在考试

---

[1] （清）希元、祥亨等纂，马协弟、陆玉华点校注释：《荆州驻防八旗志》，辽宁大学出版社1990年版，第107页。

方面有本质变化的是对乡试的改革。嘉庆十八年（1813）规定："自二十一年丙子科为始，各省驻防生员于本省乡试，编立旗字号，另额取中。学政录送十名，准取中一名，其零数过半者，亦准其照官卷例，再取中一名，将来人数增多，总不得过三名，以示限制。并于入场时照依顺天乡试之例，另编坐号，毋令与民籍士子，互相掺混，再查定例，八旗应顺天乡试者，各旗先行咨送兵部考试骑射，合式者方准入场，所有各驻防生员应试时，仍由各该驻防将军、副都统等考试马步箭。合式者，再行咨送学政录科。"① 详细规定了驻防八旗子弟的考试地点、录取名额、先行考试马步箭等内容。驻防八旗子弟在八旗科举考试开科160年后，终于争取到了在驻防地参加科举考试的权利，其走过的艰难历程可以想见。

驻防八旗子弟在驻防地参加乡试，中式举人后，需要参加会试。和全国士子一样，驻防八旗子弟也要赴京参加会试。由于距离京城遥远，国家体恤驻防八旗子弟，给予资金资助。根据驻防地与京师的距离，各省驻防给予八旗子弟的补助金各有等差。道光元年（1821），广东驻防将军孟住联合副都统额图珲、佛安会同总督阮元等上奏："广东驻防八旗……文、武举人进京会试，每名除例赏水脚银二十两零外，加赏银三十两。"② 奏章得到批准。和广东相比，福州距离京师更加遥远，福建驻防给驻防八旗举人进京补助更多，在给水脚银三十余两外，又加赏四十两，共七十两。补助款项于闽海关库贮平余、罚科、截旷三项闲款存银内拨银一万两，发商一分生息。京外汉族举子参加会试，国家也给盘费，但是数额很少，无法与驻防八旗，子弟相比。如雍正二年（1724），赏给福建举子赴京盘费七两，而福建的驻防八旗子弟要赏给七十两，是汉族举子的十倍，可见，国家给驻防八旗子弟赴京参加会试的待遇是很优渥的。

驻防八旗子弟得知可在本省应乡试后，读书热情高涨，积极准备应试，转而轻视旗人本业，怠荒武备，不习满语，甚至到了不认识满文的地步。实际上，清朝后期，不只是驻防八旗子弟，而是所有八旗子弟都已不熟悉满语，这说明满族上层虽然屡次强调"国语骑射"旧俗的重要性，但是在八旗人员当中执行不力，主要是因为八旗子弟已经受到了儒家文化的

---

① 刘锦藻撰：《清朝续文献通考》，浙江古籍出版社2000年版，第8441页。
② （清）长善等纂，马协弟、陆玉华点校注释：《驻粤八旗志》，辽宁大学出版社1992年版，第296页。

长期滋养，逐渐淡化了自己民族的特色，这是民族融合的必经阶段，是八旗子弟对汉文化的认同感进一步增强的表现。清朝政府为了扭转驻防八旗子弟专习汉文，怠荒武备和清语的情况，于道光二十三年（1843）规定："从下科考试，各省驻防应考文乡会试及文童试，俱改翻译考试"①，认为只有专考翻译，才能使驻防八旗子弟不至专习汉文，荒废本业。于是，制定了详细的驻防八旗翻译乡会试章程。

驻防八旗翻译乡试，分满洲翻译和蒙古翻译。各省驻防翻译乡试，按照文乡试考试制度办理，在本省考试。乡试考试前，由该省将军、副都统、城守尉先看骑射，合式者，可以参加驻防八旗翻译乡试。该省文闱士子三场完竣后，于十七日点名入场，并派驻防八旗佐领二人入场维持纪律，十八日发题考试，在卷面上注明应满洲翻译试或蒙古翻译试字样，十九日出场。驻防翻译乡试考试一场，试题为皇帝钦定，共考两题：一题从满文《四书》里出一题，另一题为汉字题一题和清字题一题，满洲士子选汉字题翻译，蒙古士子选清字题翻译。并且规定，各省驻防蒙古翻译，惟蒙古人方准与试，七八名取中一名，如该省无考蒙古翻译之人，或不足开考人数，蒙古翻译试题禁止拆封，要与已拆封的满洲翻译试题一同送回京师。考试前，驻防八旗子弟由该省将军、副都统、城守尉等派员临场识认，以杜顶替。驻防翻译乡试试卷必须缮写，以备参加会试前核对笔记用。驻防翻译乡试每十名取中一名，过半者多录取一名，至多不过三名。可见，在录取名额上较汉族士子录取比例高出很多，这体现了国家对驻防八旗子弟给予了很大的优惠。

驻防八旗翻译会试。各省驻防翻译中式举人，于会试前一月来京，由礼部主持覆试，再由兵部考试骑射，合式者，方准会试。如有不能覆试者，以下三科为限，补行覆试，倘托故不到，三科内未覆试者，永远不准会试，亦不准赴吏部铨选。这个制度的设立是为防止驻防八旗翻译考试出现代考情况，以期选拔出真正的驻防八旗翻译人才。

在驻防八旗翻译考试正常举行的同时，驻防八旗文乡试在咸丰十一年（1861）恢复举行。咸丰十一年（1861），上谕："各省驻防八旗向来本有可取文举人生员之例。自道光年间改为翻译，将旧例停止。原为八旗人员均应谙习国语清文，以为本务，恐其因考试汉文，致有荒废。现在翻译考试

---

① （清）黄曾成纂，马协弟点校：《琴江志》，辽宁大学出版社1990年版，第748页。

各省遵行，已历有年，其驻防八旗中通达汉文积学之士不克观光，诚为可惜。嗣后，着于驻防翻译科甲外，仍复驻防考取文举人生员之例，均准其乡会试，与翻译一体录用，以广登进。该驻防八旗人等仍不得以专骛汉文，致将翻译语，稍涉荒废。"① 说明到清朝末年驻防八旗科举考试的类型实现了向多样化的转型：既有文闱，也有翻译科考试。这大大拓宽了驻防八旗子弟科举考试的路径，也扩大了八旗子弟的仕进之路，驻防八旗子弟实现科举理想又容易了一些。

驻防八旗文试和翻译并行后，出现了驻防八旗子弟是否可以随意在这两种考试间互考的问题。对于这个问题，京师八旗在雍正元年规定："文举人能翻译者，亦准与翻译会试。"② 京师文举人可以参加翻译会试。但是，驻防八旗与京师八旗执行不同标准，明确规定："所有各省驻防，道光二十三年一起取进之文生员，暨道光二十三年以后取进之翻译生员，从前曾经应翻译乡试者，现在或仍应翻译或情愿改应文闱人数无多，均听其自便。嗣后取进之翻译生员，应令其专应翻译，不必兼应文试。其新进之文生员，令其专应文乡试。其中有通晓国语、熟习清文、愿应翻译者，准其自行呈明，改应翻译。自改之后，不得再应文闱。如有任意更改者，概不准行。至中式后，系文举人，专应文会试，系翻译举人，专应翻译会试。"③ 规定驻防八旗子弟从道光二十三年（1843）后，翻译生员专应翻译乡试，文生员专应文乡试，但是，其中有通晓国语和熟习清文的驻防八旗文生员如果主动提出改试翻译乡试，同意其改试翻译乡试，而且改试翻译乡试后不能再应文闱。在中式乡试后，文举人专应文会试，翻译举人专应翻译会试，不得随意更改，这就明确规定了驻防八旗子弟不能在文闱和翻译科之间随意跨考。

驻防八旗文闱乡试虽然复考，但是因遭太平天国之乱，驻防八旗兵丁紧缺，与试人数减少，文闱乡试实际上处于停考状态。根据（清）张大昌辑《杭州八旗驻防营志略·卷十》统计，太平天国运动时期，浙江没有进行文闱科举考试。太平天国运动后，从同治三年（1864）到光绪八年

---

① 刘锦藻：《清朝续文献通考》第一册，浙江古籍出版社2000年版，第8452页。
② 李洵、赵德贵、周毓方、薛虹主校点：《钦定八旗通志》第三册，吉林文史出版社2002年版，第1629页。
③ （清）希元、祥亨等纂，马协弟、陆玉华点校注释：《荆州驻防八旗志》，辽宁大学出版社2000年版，第111页。

(1882)举行文闱乡试八次,但是浙江驻防八旗因开考人数不够,没有开考资格,一直处于停滞状态,直到光绪十一年(1885)才开始举行驻防八旗文闱乡试,中间停考竟达二十年。从光绪十一年(1885)到光绪十九年(1893),杭州驻防八旗共参加文闱乡试5科,分别是光绪十一年乙酉科(1885),取中1名;光绪十四年戊子科(1888),取中2名;光绪十五年己丑恩科(1889),取中3名;光绪十七年辛卯科(1891),取中3名;光绪十九年癸巳科(1893),取中3名,共取中12名文闱举人。驻防八旗文闱乡试虽然可以在驻防地考试,但是因清朝后期战事较多,报考人数不够,常处于举停不定的状态,这使驻防八旗科举考试在发展过程中再次面临困境。

在驻防八旗子弟停止考试文乡试,改应翻译考试后,驻防八旗翻译科考取得了很大的发展。笔者根据王炜编校《〈清实录〉科举史料汇编》[①]统计得出,从道光二十四年(1844)直到光绪三十年(1904),翻译会试共举行十九次,从下表可以看出驻防翻译会试的录取情况:

序号	考试科名	京师录取人数	各驻防录取人数
1	道光二十四年(1844)	取中2名	取中2名
2	道光二十五年(1845)	取中2名	取中3名
3	道光二十七年(1847)	取中2名	取中9名
4	道光三十年(1850)	取中2名	取中8名
5	咸丰二年(1852)	取中3名	取中9名
6	咸丰三年(1853)	取中2名	取中8名
7	咸丰六年(1856)	取中3名	取中4名
8	咸丰九年(1859)	取中1名	取中3名
9	咸丰十年(1860)	取中1名	取中1名
10	同治十年(1871)	取中1名	取中3名
11	光绪二年(1876)	取中1名	取中2名
12	光绪三年(1877)	取中1名	取中2名
13	光绪九年(1883)	取中1名	取中3名
14	光绪十二年(1886)	取中1名	取中2名
15	光绪十五年(1889)	取中2名	取中3名
16	光绪二十年(1894)	取中3名	取中2名
17	光绪二十一年(1895)	取中3名	取中2名

① 王炜编校:《〈清实录〉科举史料汇编》,武汉大学出版社2009年版。

续表

序号	考试科名	京师录取人数	各驻防录取人数
18	光绪二十四年（1898）	取中3名	取中4名
19	光绪三十年（1904）	取中3名	
人数		37名	70名
总计		107名	

从上表可以看出，驻防八旗翻译会试考试结果很理想，19次翻译会试共录取107名八旗翻译进士，其中京师八旗录取37名，驻防八旗录取70名，驻防八旗翻译进士录取人数几乎是京师八旗人数的2倍，这一情况说明，到清朝后期，虽然"国语骑射"这一满洲旧习很难维持，驻防八旗子弟对这一旧俗的保持也呈下滑态势，但是相较于京师八旗子弟而言，驻防八旗子弟却较好地保持了满洲"国语骑射"的旧俗和自己民族的文化特色。

驻防八旗科考的考试制度是很严格的。比如对跨考和代考等弊窦方面处理十分严厉。清朝后期，因太平天国运动，驻防八旗科考受到影响，有的驻防地八旗科考停止考试，于是出现本驻防地八旗子弟到其他驻防地考试的跨考情况，对于此类情况，清政府严禁驻防八旗子弟随意跨考。"同治十二年六月，杭州将军咨称：'镶白旗满洲前锋文生钟奇，原名齐朗阿，同治七年在福州岁试取进，拨入府学。九年，奉调来杭补额，兹届癸酉科乡试，志切观光，惟杭州驻防，自遭兵燹，历届乡试，尚无应试之人，现在仅有文生二名，不敷中额。该生等本系福州驻防，调拨来杭，可否暂令仍回福建驻防应试，俟浙江驻防人数足额，再行改复旧章'。"[①] 针对钟奇欲回福州应乡试的请求，被部驳回："查停止驻防乡试省分，其未能应试士子，从不准赴别省应试。今该生等既经拨入杭州，若仍令回福应试，恐启将来跨考等弊；且停止驻防乡试省分，纷纷效尤，亦复漫无限制。所有调拨杭州文生钟奇等，仍回福州应考之处，应不准行。"[②] 从此可以看出，驻防八旗科举考试内部禁止跨考，制度是非常严格的。

---

① （清）张大昌辑，白辰文点校：《杭州八旗驻防营志略》，辽宁大学出版社1994年版，第102页。

② （清）张大昌辑，白辰文点校：《杭州八旗驻防营志略》，辽宁大学出版社1994年版，第102页。

驻防八旗武科考试也起源于嘉庆十八年，"是科起八旗始准武乡试，初无定额，至道光壬午科起，定为满洲二名，汉军三名。后同治十二年癸酉科起，满汉准其倍额取中"①。正因为驻防八旗武科的开考和录取规模的扩大，所以驻防八旗在各种科举考试中，武科举人中式最多：

驻防八旗科考中式情况简表 （单位：人）

驻防地	文举人	武举人	翻译举人	文会试	武会试	翻译进士	总计
杭州驻防八旗	59			6		1	66
绥远驻防八旗	23	61		1			85
京口驻防八旗	23	53		8	2	2	88
驻粤八旗	72	198	45	8	22	15	360
荆州驻防八旗	85	192	23	4		9	313
总计							912

备注：此表统计数据的资料来源于《荆州驻防八旗志·卷十》[（清）希元、祥亨等纂，马协弟、陆玉华点校注释，辽宁大学出版社1990年出版]、《驻粤八旗志·卷十二》[（清）长善等纂，马协弟、陆玉华点校注释，辽宁大学出版社1992年出版]、《杭州八旗驻防营志略·卷十》[（清）张大昌辑，白辰文点校，马协弟主编，辽宁大学出版社1994年出版]、《绥远旗志·卷六》[（清）贻纂，郭君、邓文英、王乃平、杜希林点校，马协弟主编，辽宁大学出版社1994年出版]、《京口八旗志·选举志》[（清）春光纂，马协弟点校，辽宁大学出版社1994年出版]等文献。

通过上表可知，杭州、绥远、京口、广东、荆州五地共中式举人以上者达到912人，其中武举人共中式504人，占中式总人数的55%，超过二分之一强。驻防八旗武科举在嘉庆十八年之后获得快速发展，也是驻防八旗科举考试里面发展最快最好的一个考试类型。

驻防八旗科考在所有八旗考试中发展最为艰难，在京师八旗科举考试开科160年后，于嘉庆十八年（1813）才取得了在驻防地参加乡试的权利，仅历30年，于道光二十三年（1843）又停止驻防八旗参加文童试和

---

① （清）长善等纂，马协弟、陆玉华点校注释：《驻粤八旗志》，辽宁大学出版社1992年版，第415页。

乡会试，改专考翻译，直到咸丰十一年（1861）恢复文闱考试。到清朝后期，驻防八旗科考在艰难发展的过程中，逐渐形成了驻防八旗文科举、武科举、翻译科举等门类齐全的考试类型。从这一过程可以看出，驻防八旗科考在清朝后期还是获得了比较大的发展空间。

（三）驻防八旗科考的历史意义

清朝后期，整个八旗人口生齿日繁，驻防地八旗生齿也呈现上升趋势。清朝政府禁止旗人从事工商业等活动，驻防八旗子弟自然也包括在内。驻防八旗的生计问题在驻防地就凸显出来。如何解决这一问题，已成为头等大事。恰在此时，驻防八旗争取到在驻防地参加科考的权利，这就为解决驻防八旗子弟的生计问题提供了一个良好的途径，驻防八旗子弟也抓住了这一仕进的机会而努力应考。驻防八旗在当地长期驻防，慢慢地接受了汉人的生活习惯和文化信仰，已与汉人无异。到清朝中后期，驻防八旗子弟读书热情高涨，尤其到清朝结束的前五十年，参加各项考试已成为八旗士子进身的主要途径。通过驻防八旗科考中式情况可以看出：杭州、绥远、京口、广东和荆州五个驻防地八旗科考共中式举人以上者912人，而嘉庆以前获取功名的只有6人次（荆州驻防八旗1人：复蒙，嘉庆十二年丁卯科（1807）中式顺天榜举人。杭州驻防八旗4人：福申，嘉庆十六年辛未科（1811）进士；巴泰，乾隆壬午科中式顺天乡试举人；福申，乾隆某科中式顺天乡试举人；观光，嘉庆某科中式顺天乡试举人。绥远驻防八旗1人：色郎阿，嘉庆癸酉科中式武举人），所占比例不到嘉庆以后总数的1%。可见，这几个地方的科举考试都是在清朝嘉庆以后发展起来的。各地驻防设立时间不一，科举方面的发展水平也参差不齐，驻防八旗科举水平的差异也体现出了驻防各地的文化差异。广东驻防八旗和荆州驻防八旗科考发展速度较快，取得的成绩也较为突出，科考中式情况是其他驻防地的五倍到六倍，这一数字从侧面证明了江南科举文化的发达，是江南形胜在驻防八旗科考方面的体现。

上面论述表明，驻防八旗子弟分布在全国各地，和汉族交流广泛，得到了丰富的汉文化的滋养，到后来已经和当地汉族融为一体，民族间融合的程度较高。随着驻防八旗科考的进一步发展，驻防八旗科考逐渐形成了文闱、武闱、翻译科等各种考试类型，而且在文闱和翻译科考之前都要进行马步箭考试，较好地保持了满族"国语骑射"的传统，并且在清朝后期得到了快速发展，解决了驻防八旗子弟的出路问题，证明了满族和汉族不仅在民族融合方面有了很大的进步，而且在文化方面的融合更加明显。

驻防八旗科考随着全国科举考试的废除而落幕。但是，在清朝后期发展起来的驻防八旗科考，完善了八旗科举考试的内容和范围，也选拔出了优秀的驻防八旗人才进入政权机构，参与国家管理，为满族和汉族之间的民族融合搭建了良好的桥梁，促进了满汉各民族之间的交往，实现了多民族在文化方面的交流和融合。

第二节　八旗科举制度的特点

有清一代，八旗科举先后形成八旗文科举、八旗武科举、八旗翻译科举、八旗宗室科举、驻防八旗科举等门类齐全的科举考试，其体制也逐步臻于完备。八旗科举制度的发展历程体现了清统治阶级在接受儒家文化的同时，为保护本民族传统做出的不懈努力。旗人进入中原文化生态环境后逐渐和汉文化融合，经历了自发到自觉的过程，这种融合的趋势始终伴随着"国语骑射"这一传统而向前发展，从而八旗科举考试在长期的实践当中形成了自己的特点，同时促进了民族间的文化交流和融合。因此，八旗科举考试在中国科举制度中具有时代特色和民族特色，从而使得八旗科举考试有其自身的历史价值和现实意义。

一　门类齐全，体制健全

清初科举悉承明制，八旗科举在实践的过程中不断借鉴明科举体制，同时融合自己民族的特色，逐渐形成了众多的八旗科举考试门类：八旗文科举、八旗武科举、八旗翻译科举、八旗宗室科举、驻防八旗科举等。其中，八旗翻译科举是为培养翻译人才特别设立，宗室科举是为了进一步拓宽宗室登进之路而设立，都具有特别的作用和价值。"国语骑射"是满洲习俗，为了将此习俗一直保持下去，康熙年间，将骑射列入八旗科举考试范围，八旗士子先进行骑射考试，合式者，方准入场考试其他科目。八旗文科举首先将骑射作为考试内容，随之骑射被推广到翻译科举、宗室科举、驻防科举等考试中。满语作为官方通行语言之一，历代皇帝重视满语的学习和满语人才的选拔，于是特设八旗翻译科考试，培养翻译人才。驻防八旗科举在嘉庆后期发展迅速，取得了很大成绩。在长期的实践过程中，通过政权的力量，八旗科举逐渐形成了一套适合自己民族的考试制度，使八旗子弟可以通过不同的途径参与到国家政权机关的建设中来，可以说八旗科举考试制度是将满洲贵族特权和自己民族特色结合起来的考试制度，在中国科举史上形成了一道独特的风景。

二　内部发展不平衡

八旗科举分为八旗文科举、八旗武科举、八旗翻译科举、八旗宗室科举、驻防八旗科举等，这几种科举考试表现出了不同的特色。首先，八旗文科举是最先开科的，虽然经历了最初时举时停的过程，但是到康熙二十六年就稳定下来，而且与全国科举最早接轨，与之并行考试，直到清末。八旗文科举录取的进士也最多，达到了1417人，为清政府机构输送了大批八旗人才，这是八旗文科举取得的最重要成就。八旗文科举中满洲八旗最重要，但是八旗武科举却从汉军开科，而且一直延续到清末，中间没有停考，而八旗满洲、蒙古在雍正元年始入八旗武科举，举行十年即停考，百年以后嘉庆年间才复考，八旗武科举中式的武进士以汉军为主体，这是八旗武科举区别于其他八旗科举的一个显著特点，也证明汉军接受了满洲的骑射习俗，民族融合进一步增强。八旗翻译科举在雍正元年开始，也经历了停考的命运。乾隆中后期复考后，翻译科举的发展一直走下坡路，甚至出现会试仅中式一二人的衰景，证明了八旗满洲和八旗蒙古的汉化程度进一步增强，虽然上层用行政命令一再强调国语的重要性，但是对于八旗满洲和八旗蒙古士子来说汉化趋势不可逆转，自然应试翻译科举的人也就寥寥。八旗宗室科举于康熙中期开科，但随即停考，昙花一现。到乾隆年间才复考，宗室科举在复考后发展平稳，会试中式比例是所有八旗考试里面最高的，充分表明了对满洲宗室的照顾与优待，解决了乾隆中后期因宗室人口增多而引起的仕进问题。

三　满洲特色渐褪

八旗子弟在从龙入关以后，一部分住在京师，一部分以驻防的形式分布在全国军事要冲，形成了八旗人员大分散、小聚居的居住特色。清政府为了防止八旗人员渐染汉俗，实行旗民分治的隔离政策。但是，八旗人员身处中原文化生活环境，早已远离东北塞外环境，加之政府禁止八旗人员从事农工商等活动，他们的生活严重依赖汉人，因此旗民之间实际上是鱼水关系，通过长期交往，八旗子弟渐渐濡染了儒家文化，而对于满洲"国语骑射"旧俗的重视程度愈益减弱。到乾隆中期，八旗士子的骑射能力大大降低就是证明。乾隆四十年（1775），"据派出验看本年会试举人骑射王大臣等奏称：应行考试者一百二十五人内，报近视眼者七十三人。已拣令二十人照常骑射外，其余实属不能之五十三人，俱未令其骑射。"① 参加马步箭考试的举人为一百二十五人，内报近视眼者七十三人，其中除二十人照常骑射外，竟然还有将近一半的八旗举人已经不会骑射了。嘉庆年间八旗文童考试，在测试马步箭时竟然有私减年岁以避马步箭考试的考生，最后查出八人作弊，令其永远不准考试文场，其中还有两名爱新觉罗子弟。这些情况表明，八旗子弟上至公卿下至普通旗人进入中原后，由于生活环境的变化，渐离满洲旧俗。国家上层虽屡次强调"国语骑射"这一根本政策，但是旗人执行不力，到清中后期，旗人汉化程度更高，基本上和汉族没有区别了。

四 考试作弊

八旗子弟在科举考试中出现满汉冒籍、跨考和代考等作弊现象。全国乡试考试按省取中，南方为人文渊薮，竞争激烈，所以就有南人冒入顺天籍参加乡试中式，占顺天籍录取名额。八旗科举在冒籍、跨考和代考等方面的表现与全国科举考试作弊情况有所不同。八旗文科考试冒籍问题和南人冒入北籍中式情况不同。清代八旗包括满洲八旗、蒙古八旗和汉军八旗，但是地位最高的是满洲八旗。满洲、汉军参加科举考试，按例要标明籍贯，但是由于八旗满洲和八旗蒙古考试比八旗汉军录取容易，所以就出现了八旗内部考试冒籍问题，即由八旗汉军籍冒入八旗满洲籍，按八旗满洲籍参加科举考试。冒籍的后果就是占用满洲籍子弟中式名额。针对满汉冒籍情况，雍正十一年（1733）下令："嗣后令各该旗于考试之时，将应考人员详加分别满洲、汉军，开注明晰，咨送顺天府注册考试。如有汉军冒入满洲额内中式者，一经查出，将咨送之该旗都统、佐领等官交部，分别照朦混造册例议处。该员照冒籍考试例，革退举人，庶满洲、汉军不得混行考试。"② 严禁汉军举子占用满洲举子名额，一经查出，取消举人资

---

① 李洵、赵德贵、周毓方、薛虹主校点：《钦定八旗通志》，吉林文史出版社2002年版，第1625页。

② 李洵、赵德贵、周毓方、薛虹主校点：《钦定八旗通志》，吉林文史出版社2002年版，第1617页。

格。乾隆三年（1738）又再次重申："再有将应归汉军考试之人，造入满洲册内咨送者，一经查出，即行参奏。"① 政府为了保证八旗满洲子弟考取乡试和会试的人数，严禁汉军假冒满洲子弟进行科举考试，以避免占用满洲中式名额，说明在八旗内部八旗满洲地位最高，其拥有的特权不容侵犯。

清代后期，因太平天国运动，驻防八旗科举考试受到影响，有的驻防地八旗科举考试停考，于是出现本驻防地士子到其他驻防地考试的跨考情况。但是，清政府严禁驻防八旗士子跨考。"同治十二年六月，杭州将军咨称：'镶白旗满洲前锋文生钟奇，原名齐朗阿，同治七年在福州岁试取进，拨入府学。九年，奉调来杭补额，兹届癸酉科乡试，志切观光，惟杭州驻防，自遭兵燹，历届乡试，尚无应试之人，现在仅有文生二名，不敷中额。该生等本系福州驻防，调拨来杭，可否暂令仍回福建驻防应试，俟浙江驻防人数足额，再行改复旧章。'② 针对钟奇欲回福州应乡试的请求，被部驳称："查停止驻防乡试省分，其未能应试士子，从不准赴别省应试。今该生等既经拨入杭州，若仍令回福应试，恐启将来跨考等弊；且停止驻防乡试省分，纷纷效尤，亦复漫无限制。所有调拨杭州文生钟奇等，仍回福州应考之处，应不准行。"③ 从此可以看出，八旗科举考试虽然是特权制度的产物，但内部的制度是非常严格的。

清代末年，八旗考试的代考现象尤其严重，显示出八旗科举考试已处在风雨飘摇之中。光绪七年（1881），考试八旗童生，查出顶替试卷竟有四十四卷之多，实属不成事体。虽然国家一再强调，童试为士子晋升之始需要重视，但是处于末路的八旗科举考试已难挽颓势。

五　为八旗子弟拓展登进之路

康熙四十七年，康熙帝认为八旗汉军内有很多人都娴习弓马，不仅可以从事文职工作，而且应该在武职上行走。于是，令八旗汉军参加八旗武

---

① 李洵、赵德贵、周毓方、薛虹主校点：《钦定八旗通志》，吉林文史出版社2002年版，第1619页。
② （清）张大昌辑，白辰文点校：《杭州八旗驻防营志略》，辽宁大学出版社1994年版，第102页。
③ （清）张大昌辑，白辰文点校：《杭州八旗驻防营志略》，辽宁大学出版社1994年版，第102页。

科乡试和会试，至此八旗满洲、蒙古、汉军不仅可以参加文科考试，也可以参加武科考试，拓宽了八旗子弟仕进之路。康熙四十八年，对八旗汉军参加武科童试、乡试和会试的人员资格、录取人数作出具体规定：

  八旗汉军、包衣、无品笔帖式、乌林人及闲散人等有愿考试武生者，该旗移送顺天府，照例考取武生八十名。乡试时，将所取武生并中书及部院衙门六品、七品、八品笔帖式，荫生、监生以及监生之披甲、摆牙喇、拨什库、拜唐阿，有愿应武乡试者，该旗移送顺天府，与武生一体乡试，取中武举四十名，如不中式者仍令当差。会试时，取中武进士八名，照文场编合字号考取。①

  八旗武童生录取 80 名，武举人录取 40 名，录取比例为 50%，武进士录取 8 名，乡试到进士的录取比例为 20%，录取比例之高是汉人无法相比的。八旗汉军可以考试武科的制度在康熙五十二年推广到全国，允许文武生员互试，但是效果不佳，容易滋生作弊现象。于是，乾隆七年停止文武乡会试互试，但是八旗汉军参加八旗武科乡会试的制度却保存了下来。笔者根据《〈清实录〉科举史料汇编》统计，乾隆元年到光绪三十年一共举行了 61 科武会试考试，共录取汉军武进士 279 名，使汉军八旗子弟在仕进途径上有更多的选择。

  从顺治到康熙前期的五十年间，八旗子弟科举考试虽时举时停，但八旗子弟读书热情已经高涨。此后，政府也更加重视八旗子弟的学习，在政策上给予大力支持。雍正元年，国家禁止八旗举人、生员当职，而是要求其专心读书，并且每月给予生活补贴，生员给银二两，举人给银三两，令其衣食无忧。在国家大力支持和八旗子弟自身努力的情况下，清代最终培养出了 1417 名八旗进士，而且形成了众多的八旗科举考试类型。虽然八旗科举考试随着全国科举考试的废除而落幕，但是纵观清代八旗科举考试制度，可以看出，清政府通过八旗科举考试选拔出优秀的八旗人才进入政权机构，参与国家的管理，为满汉之间的民族融合搭建了良好的桥梁，不仅促进了民间满汉各民族之间的交往，也推动了上层满洲贵族和汉族官僚集团的融合进程，具有政治意义和历史价值。

---

① 王炜编校：《〈清实录〉科举史料汇编》，武汉大学出版社 2009 年版，第 118 页。

第三节　清代八旗进士传世文献述略

有清一代，科举考试从顺治三年（1646）首次开科，至光绪三十年（1904）最后一科，共举行文科考试112科，顺治九年和顺治十二年实行满汉分榜，加起来共举行114科，共取中进士26849名[①]。其中，八旗子弟共参加102科文科考试，取中1417名文科八旗进士。1417名文科八旗进士均有翔实可靠的进士文献资料作为佐证，下面将简述八旗进士文献资料所藏馆地及其查询过程。

一　八旗进士文献资料馆藏地

八旗进士资料主要存于历科会试同年齿录、历科进士登科录和历科会试录等科举文献资料中，这些文献资料现主要藏于中国国家图书馆、中国科学院文献情报中心、北京大学图书馆、清华大学图书馆、上海图书馆、浙江省图书馆和南京图书馆等地，笔者先后赴上述图书馆查阅进士文献资料，得到了大量翔实可靠的第一手资料。

中国国家图书馆查到49科资料：1.《顺治九年壬辰科会试四百七名进士三代履历便览》（清顺治刻本），2.《顺治十二年乙未科会试三百八十五名进士三代履历便览》（清顺治刻本），3.《康熙十二年癸丑科会试一百五十九名进士三代履历便览》（清康熙刻本），4.《康熙十五年丙辰科会试二百九名进士三代履历便览》（清康熙刻本），5.《康熙三十三年甲戌科会试墨卷》（清康熙刻本），6.《癸未科会试闱墨》（清康熙刻本），7.《乾隆十九年甲戌科会试录》，8.《重订嘉庆七年壬戌科会试齿录》（清嘉庆刻本），9.《嘉庆十九年甲戌科会试录》（清嘉庆刻本），10.《嘉庆己卯恩科会试齿录》（清嘉庆刻本），11.《道光丙戌科会试同年齿录》（清道光刻本），12.《道光九年进士登科录》（清道光刻本），13.《道光十二年壬辰恩科会试录》（清道光刻本），14.《道光癸巳科同年齿录》（清光绪刻本），15.《道光乙未恩科直省同年录》，16.《道光十八年进士登科录》（归安钱氏刊本），17.《道光二十年庚子科会试同年齿录》，18.《道光二十一年辛丑恩科会试齿录》，19.《道光乙巳恩科会试同年齿录》

---

① 此数据来源于江庆柏编著《清朝进士题名录》，中华书局2007年版。

（清刻本），20.《道光三十年庚戌科会试官职录》（清刻本），21.《咸丰壬子恩科会试同年齿录》（清咸丰刻本），22.《咸丰二年壬子恩科同年官职录》（清咸丰刻本），23.《咸丰癸丑科会试同年齿录》（清咸丰刻本），24.《咸丰六年丙辰科会试同年齿录》（清咸丰刻本），25.《咸丰己未科会试同年齿录》（清光绪刻本），26.《同治二年癸亥恩科进士题名录》，27.《重修同治乙丑科齿录》（清同治刻本），28.《同治戊辰科会试同年齿录》（清同治刻本），29.《同治十年辛未科会试录》（清刻本），30.《同治十三年甲戌科会试同年官职录》（清抄本），31.《光绪二年丙子恩科金榜题名录》，32.《光绪丙子恩科会试同年齿录》，33.《光绪丁丑科会试录》（清光绪刻本），34.《光绪三年丁丑科会试同年录》，35.《光绪六年庚辰科会试同年齿录》，36.《光绪九年癸未科会试同年齿录》（清光绪刻本），37.《光绪十二年丙戌科会试同年齿录》（清光绪刻本），38.《光绪己丑科会试同年齿录》（清光绪刻本），39.《光绪己丑科会试官职录》（清光绪铅印本），40.《光绪十六年庚寅恩科会试同年齿录》（清光绪刻本），41.《光绪壬辰科会试同年齿录》（清光绪刻本），42.《光绪乙未科会试录》（清光绪刻本），43.《光绪乙未科登科录》（清光绪刻本），44.《光绪乙未科会试同年齿录》，45.《光绪辛丑壬寅恩正并科会试同年齿录》，46.《光绪二十九年进士登科录》，47.《光绪甲辰恩科会试录》（清光绪刻本），48.《光绪甲辰恩科登科录》，49.《光绪甲辰恩科会试录》（清光绪刻本）。

中国科学院文献情报中心查到5科资料：1.《明清历科进士题名碑录》，2.《嘉庆己未科会试录》，3.《道光甲辰恩科直省同年录》，4.《光绪癸未殿试题名录》，5.《光绪甲午恩科会试同年齿录》。

北京大学图书馆查到36科资料：1.《乾隆四十六年辛丑科会试录》（清乾隆刻本），2.《重订嘉庆七年壬戌科齿录》（嘉庆十九年刻本），3.《嘉庆十年乙丑科会试录》（清道光抄本），4.《嘉庆十三年戊辰科登科录》（清嘉庆十三年刻本），5.《嘉庆戊辰科会试同年齿录》（嘉庆刻本），6.《嘉庆十六年辛未科会试录》（嘉庆刻本），7.《重订嘉庆二十五年庚辰科会试齿录》（道光刻本），8.《道光三年癸未科会试录》（道光抄本），9.《道光六年进士登科录》（道光刻本），10.《道光十二年壬辰科会试录》（道光抄本），11.《道光十八年进士登科录》（民国十一年归安钱氏刻本），12.《道光二十一年辛丑恩科礼部会试同年齿录》（清道光二十一年刻本），13.《道光二十五年己巳科会试录》（清道光抄本），14.《道光二十七年会试齿录》（清道光二十七年北京梓文斋刻本），15.《道光三十年庚戌科会试同年齿录》（清道光三十年北京龙文斋、精华斋刻本），16.《道光三十年庚戌科拔贡朝考同年齿录》（京都宝斋坊刻本），17.《咸丰元年恩荫同年齿录》（北京文馨斋刻本），18.《咸丰六年丙辰科会试同年齿录》，19.《咸丰九年己未科会试同年齿录》（清光绪四年刻本），20.《咸丰九年会试齿录》（清咸丰九年刻本），21.《咸丰十年庚申恩科会试同年齿录》，22.《同治元年壬戌科会试同年齿录》（清光绪刻本），23.《同治四年乙丑科会试同年录》（清同治刻本），24.《重订同治七年戊辰科会试同年齿录》（清光绪元会斋刻本），25.《同治十年辛未科会试同年齿录》（京都龙文斋刻本），26.《同治十三年甲戌科会试同年录》（清同治刻本），27.《光绪二年丙子恩科会试同年齿录》（清光绪刻本），28.《光绪三年丁丑科会试同年齿录》（清光绪三年刻本），29.《光绪六年庚辰科会试同年齿录》（清光绪刻本），30.《光绪九年癸未科会试同年齿录》（清光绪刻本），31.《光绪十二年丙戌科会试同年齿录》（北京会文斋、文奎斋、聚魁斋刻本），32.《光绪十五年己丑科会试同年齿录》（清光绪刻本），33.《光绪十六年庚寅恩科会试同年齿录》（清光绪刻本），34.《光绪壬辰科会试同年齿录》（清刻本），35.《光绪二十年甲午恩科会试同年齿录》（精华斋刻本），36.《光绪二十一年乙未科会试同年齿录》（清光绪二十一年刻本）。

　　清华大学图书馆查到8科资料：1.《嘉庆十年乙丑科会试同年齿录》，2.《嘉庆辛未科会试同年齿录》，3.《道光三年癸未科会试同年齿录》，4.《道光十五年乙未科会试同年齿录》，5.《道光二十一年辛丑恩科会试同年齿录》，6.《道光二十七年会试齿录》，7.《光绪三年丁丑科会试同年齿录》，8.《光绪戊戌科会试同年齿录》。

　　上海图书馆查到20科资料：1.《康熙八年顺天己酉科乡试题名录》，2.《康熙三十九年庚辰科会试中式同年录》，3.《乾隆辛丑科会试同年齿录》，4.《嘉靖二十三年康熙十五年嘉庆十三年道光十五年进士题名录》，5.《嘉庆甲戌科会试同年齿录》，6.《嘉庆癸酉科拔贡年谱》，7.《嘉庆丙子科乡试齿录》，8.《嘉庆己卯科各省乡试同年谱》，9.《道光乙酉科各省乡试齿录》，10.《道光辛卯恩科直省同年录》，11.《道光戊子科直省同年录》，12.《道光甲辰科会试秩录》，13.《道光癸卯科直省同年全录》,14.《道光二十三年癸卯科直省同年全录》,15.《道光三十年庚戌会试题名录》,16.《咸丰丙辰科同年官职录》,17.《同治十年进士登科录》,18.《同治十三年甲戌科会试录》,19.《光绪二年丙子恩科会试录》,20.《光绪乙未殿试题名录》。

南京图书馆查到14科资料:1.《乾隆丁丑科会试同年齿录》(稿本),2.《道光壬午恩科会试同年齿录》,3.《道光二年进士登科录》,4.《道光十三年进士登科录》(刻本),5.《道光十三年癸巳科会试录》(道光刊本),6.《同治元年壬戌恩科各省乡试同年录》,7.《同治二年癸亥恩科会试同年齿录》(清刻本),8.《同治癸亥恩科会试同年录》(刻本),9.《光绪二年丙子恩科登科录》(清光绪刊本),10.《光绪十二年丙戌科会试录》(清光绪刊本),11.《光绪十二年进士登科录》,12.《光绪十六年进士登科录》(清光绪刊本),13.《光绪二十四年进士登科录》,14.《光绪辛丑壬寅恩正并科会试题名录》。

浙江省图书馆查到6科资料:1.《乾隆五十四年进士登科录》,2.《嘉庆六年进士登科录》(清嘉庆刻本),3.《道光三年进士登科录》(清道光刻本),4.《道光十二年壬辰恩科会试同年齿录》,5.《道光十二年直省同年录》(清道光刻本),6.《道光二十四年甲辰科进士同年录》(清抄本)。

综上统计,笔者共赴7个图书馆查阅了近140种八旗会试资料(某科进士文献资料同时会有会试同年齿录、进士登科录和会试录等)。这些八旗进士资料有刻本、稿本、抄本、铅印本等形式,其中以刻本为主,占到三分之二,各种版本形式的存在为完好地保存进士考试资料起到了重要作用。

二 馆藏八旗进士文献资料重出情况考查

笔者在进行了大量的爬梳工作后发现,近140种八旗会试文献资料有33科进士文献资料被多家图书馆同时收藏(详见表0-1:清代八旗历科进士文献多地馆藏情况简表)。33科八旗进士资料被两家图书馆同时收藏的有27科,被三家图书馆收藏的有5科,还有1科即《道光十八年进士登科录》被清华大学图书馆、北京大学图书馆、浙江省图书馆、中国科学院文献情报中心、中国国家图书馆等五家图书馆同时收藏。这33科进士文献资料集中在清代中期的只有5科:乾隆朝2科,嘉庆朝3科;其余28

科都集中在清代后期：道光朝9科，咸丰朝2科，同治朝3科，光绪朝14科。因为清代后期距离现今比较近，所以资料保存下来的就比较多，这是符合情理的。尤其是光绪朝距离现在最近，保存下来的传世进士文献资料最多，达到14科之多，几乎占到了一半。某科考试文献资料被多家图书馆同时收藏，这对于佐证科举文献资料的真实性起到了重要的参考作用。

三 八旗进士文献资料选用标准

八旗进士文献资料主要选用历科会试同年齿录、历科会试录和历科进士登科录。对于重出的八旗进士文献资料，因为内容相同（笔者均已查阅），在录用的时候选用的标准是尽量使用中国国家图书馆馆藏本，对于中国国家图书馆没有收录的，再选用他家图书馆馆藏本。如北京大学图书馆查到36科八旗进士文献资料，其中29科八旗进士文献资料在其他图书馆同时有馆藏，仅有7科是北京大学图书馆独有的：1.《乾隆四十六年辛丑科会试录》（清乾隆刻本），2.《同治元年壬戌科会试同年齿录》（清光绪刻本），3.《同治十年辛未科会试同年齿录》（京都龙文斋、文德斋、翰藻斋刻本），4.《咸丰十年庚申恩科会试同年齿录》，5.《重订嘉庆二十五年庚辰科会试齿录》（道光刻本），6.《嘉庆十三年戊辰科登科录》（清嘉庆十三年刻本）；7.《光绪二年丙子恩科会试同年齿录》。那么，这7科八旗进士文献资料就使用北京大学图书馆馆藏文献资料。这些独有的文件资料尤其具有史料价值和研究价值。

四 没有传世科举文献的八旗进士的资料来源情况探颐

清朝八旗子弟共参加102科文科进士考试，其中没有资料传世的科举考试共有42科。顺治朝1科：顺治十二年策试满洲进士乙未科；康熙朝9科：康熙三十年辛未科（1691）、康熙三十六年丁丑科（1697）、康熙四十五年丙戌科（1706）、康熙四十八年己丑科（1709）、康熙五十一年壬辰科（1712）、康熙五十二年癸巳恩科（1713）、康熙五十四年乙未科（1715）、康熙五十七年戊戌科（1718）、康熙六十年辛丑科（1721）；雍正朝5科：雍正元年癸卯恩科（1723）、雍正二年甲辰科（1724）、雍正五年丁未科（1727）、雍正八年庚戌科（1730）、雍正十一年癸丑科（1733）；乾隆朝23科：乾隆元年丙辰科（1736）、乾隆二年丁巳恩科（1737）、乾隆四年己未科（1739）、乾隆七年壬戌科（1742）、乾隆十年乙丑科（1745）、乾隆十三年戊辰科（1748）、乾隆十六年辛未科（1751）、乾隆十七年壬申恩科（1752）、乾隆二十五年庚辰科（1760）、乾隆二十六年辛巳恩科（1761）、乾隆二十八年癸未科（1763）、乾隆三十一年丙戌科（1766）、乾隆三十四年己丑科（1769）、乾隆三十六年辛卯恩科（1771）、乾隆三十七年壬辰科（1772）、乾隆四十年乙未科（1775）、乾隆四十三年戊戌科（1778）、乾隆四十五年庚子恩科（1780）、乾隆四十九年甲辰科（1784）、乾隆五十二年丁未科（1787）、乾隆五十五年庚戌恩科（1790）、乾隆五十八年癸丑科（1793）、乾隆六十年乙卯恩科（1795）；嘉庆朝2科：嘉庆元年丙辰恩科（1796）、嘉庆十四年己巳恩科（1809）；咸丰朝1科：咸丰十年庚申恩科（1860）；同治朝1科：同治元年壬戌科（1862）。

没有传世科举资料的八旗进士，参考《钦定八旗通志》《清史稿》《清史列传》《清朝进士题名录》《天咫偶闻》《听雨丛谈》《郎潜纪闻》《池北偶谈》《清秘述闻》《枢垣记略》《啸亭杂录》《荆州驻防八旗志》《驻粤八旗志》《杭州绥远京口福州八旗志》《皇清书史》《八旗画录》等相关资料，来辑录相关八旗进士资料。

最后，在统计八旗进士的时候，从近140种进士文献资料中选用了100余种科举文献资料，通过爬梳整理传世八旗进士文献资料和参考其他资料，梳理出清代八旗进士1417名（参见附录2：《清代八旗进士统计表》），其中满洲八旗进士803名，蒙古八旗进士153名，汉军八旗进士375名，不确定旗属的八旗进士86名。这说明，通过科举考试，清代八旗子弟在举业方面取得了巨大成就，不仅提升了自身的文化水平，客观上也使八旗子弟作为群体登上了中国科举考试的舞台，使得这一群体从清初一直到清末都能够在举业方面取得辉煌的成就，成为科举舞台上闪耀的明星。因为举业的成功，使得八旗子弟成为满族知识分子的代表，从而出现了众多的政治家、文学家和艺术家，使清代成为满族在各方面都得到大发展的黄金时代。所以说，科举成为八旗子弟成长的主要途径。

大量清代八旗进士文献资料流传到今天，为清代八旗子弟在举业方面的发展提供了一个完整清晰的脉络，也使得研究八旗子弟在科举考试方面的成就有了更加可靠的文献资料，因此，应该积极地利用好这些八旗进士文献资料研究八旗子弟这一群体在清代的发展情况。

表 0-1　　　清代八旗历科进士文献多地馆藏情况简表

序号	科名	版本	馆藏地
1	乾隆十九年甲戌科会试录	缩微	中国国家图书馆、浙江省图书馆
2	乾隆四十六年辛丑科会试录	清乾隆刻本	北京大学图书馆、上海图书馆
3	重订嘉庆七年壬戌科齿录	嘉庆十九年刻本	中国国家图书馆、北京大学图书馆
4	嘉庆十年乙丑科会试录	清道光抄本	清华大学图书馆、北京大学图书馆
5	嘉庆十六年辛未科会试录	嘉庆刻本	清华大学图书馆、北京大学图书馆
6	道光三年癸未科会试录	道光抄本	清华大学图书馆、北京大学图书馆
7	道光十二年壬辰科会试录	道光抄本	中国国家图书馆、北京大学图书馆
8	道光十八年进士登科录	归安钱氏刊本	中国国家图书馆、中国科学院文献情报中心、清华大学图书馆、北京大学图书馆、浙江省图书馆
9	道光二十年庚子科会试同年齿录	胶片	中国国家图书馆、清华大学图书馆
10	道光二十一年辛丑恩科礼部会试同年齿录	清道光二十一年刻本	中国国家图书馆、清华大学图书馆、北京大学图书馆
11	道光二十五年己巳科会试录	清道光抄本	中国国家图书馆、北京大学图书馆
12	道光二十七年会试齿录	清道光二十七年（1847）北京梓文斋刻本	清华大学图书馆、北京大学图书馆
13	道光三十年庚戌科会试同年齿录	清道光三十年（1850）刻本	中国国家图书馆、北京大学图书馆
14	道光三十年庚戌科拔贡朝考同年齿录	京都宝斋坊刻本	中国国家图书馆、北京大学图书馆
15	咸丰六年丙辰科会试同年齿录	清咸丰刻本	中国国家图书馆、北京大学图书馆
16	咸丰九年己未科会试同年齿录	清光绪刻本	中国国家图书馆、北京大学图书馆

续表

序号	科名	版本	馆藏地
17	同治七年戊辰科会试同年齿录	清同治七年刻本	中国国家图书馆、北京大学图书馆、中国科学院文献情报中心
18	同治十三年甲戌科会试同年齿录	清同治刻本	中国国家图书馆、北京大学图书馆
19	同治四年乙丑科会试同年录	清同治四年刻本	中国国家图书馆、北京大学图书馆
20	光绪二年丙子恩科会试同年齿录	清光绪刻本	中国国家图书馆、北京大学图书馆
21	光绪二年丙子恩科登科录	清光绪二年刊本	中国国家图书馆、上海图书馆
22	光绪三年丁丑科会试同年齿录	清光绪三年（1877）刻本	中国国家图书馆、北京大学图书馆
23	光绪六年庚辰科会试同年齿录	清光绪刻本	中国国家图书馆、北京大学图书馆
24	光绪九年癸未科会试同年齿录	清光绪刻本	中国国家图书馆、上海图书馆
25	光绪十二年丙戌科会试同年齿录	清光绪刻本	中国国家图书馆、北京大学图书馆、中国科学院文献情报中心
26	光绪十五年会试同年齿录	清光绪十五年（1889）刻本	中国国家图书馆、北京大学图书馆
27	光绪壬辰科会试同年齿录	清光绪十八年（1892）刻本	中国国家图书馆、北京大学图书馆、清华大学图书馆
28	光绪十六年庚寅恩科会试同年齿录	京都龙文斋刻本	中国国家图书馆、北京大学图书馆
29	光绪二十年甲午恩科会试同年齿录	精华斋刻本	中国科学院文献情报中心、北京大学图书馆
30	光绪二十一年乙未科会试同年齿录	清光绪二十一年刻本	中国国家图书馆、北京大学图书馆
31	光绪戊戌科会试同年齿录	清刻本	清华大学图书馆、北京大学图书馆
32	光绪二十九年癸卯恩科同年齿录	清刻本	中国国家图书馆、清华大学图书馆、北京大学图书馆
33	光绪三十年甲辰恩科会试同年齿录	清刻本	中国国家图书馆、清华大学图书馆

第一章　清代八旗进士群体征录

顺治九年壬辰科（1652）

二甲第十一名　迟　煌　（《明清进士题名碑录索引》）
迟煌，正白旗汉军人。
中国国家图书馆藏《顺治九年壬辰科会试四百七名进士三代履历便览》：东生，礼记房，壬申年九月初六日生，正白旗顺天籍，远东广宁右卫人。史部他赤哈哈□，会试第四百十四名，二甲第十一名，钦授内翰林清书庶吉士。曾祖三让。
中国科学院文献情报中心藏《明清历科进士题名碑录》：汉军正白旗人。
《钦定八旗通志·选举志三》①：汉军正白旗，顺治九年壬辰科进士。
《听雨丛谈》：汉军人。

二甲第二十三名　范承谟　（《明清进士题名碑录索引》）
范承谟，镶黄旗汉军人。
中国国家图书馆藏《顺治九年壬辰科会试四百七名进士三代履历便览》：觐公，礼记房，乙亥年十二月初五日生，镶黄旗顺天籍，辽东沈阳人，辛卯科第七十八名，会试第一百十九名，二甲第二十三名，钦授内翰林清书庶吉士。曾祖沉，指挥使。父文程，现任秘书大学士，加少保。
中国科学院文献情报中心藏《明清历科进士题名碑录》：镶黄旗人。

---

① 《钦定八旗通志·选举志三》，吉林文史出版社2002年版。谨案：满洲、蒙古虽各有中额，但《旧志》所载，合满洲、蒙古为一，但有旗分，并未分注。今亦无从考核，谨各从其旧，后并仿此。

《钦定八旗通志·选举志三》：汉军镶黄旗，顺治九年壬辰科进士。

《钦定八旗通志·选举志四》：汉军镶黄旗，顺治八年辛丑科举人。

《皇清书史》：字觐公，号螺山，一号蒙谷，沈阳人。隶汉军镶黄旗。顺治九年进士，官福建总督。

二甲第三十四名　纪振边　（《明清进士题名碑录索引》）

纪振边，镶红旗汉军人。

中国国家图书馆藏《顺治九年壬辰科会试四百七名进士三代履历便览》：乙丑年四月初七日生，镶红旗顺天籍，辽东海州人，辛卯科第一百七十三名，会试第四百七名，二甲第三十四名，授山西吉州知州。

中国科学院文献情报中心藏《明清历科进士题名碑录》：镶红旗人。

《钦定八旗通志·选举志三》：汉军镶红旗，顺治九年壬辰科进士。

《钦定八旗通志·选举志四》：汉军镶红旗，顺治八年辛卯科举人。

二甲第四十二名　祖泽澜　（《明清进士题名碑录索引》）

祖泽澜，正黄旗汉军人。

中国国家图书馆藏《顺治九年壬辰科会试四百七名进士三代履历便览》：乙卯年二月初五日生，正黄旗顺天籍，辽东宁远人，辛卯科第二百七十六名，会试第一百五十六名，二甲第四十二名，授山西温州知县。

中国科学院文献情报中心藏《明清历科进士题名碑录》：正黄旗人。

《钦定八旗通志·选举志三》：作"祖泽润"，祖应宣佐领下汉军正黄旗，顺治九年壬辰科进士。

《钦定八旗通志·选举志四》：作"祖泽润"，祖应宣佐领下汉军正黄旗，顺治八年辛卯科举人。

二甲第五十名　郎廷弼　（《明清进士题名碑录索引》）

郎廷弼，镶黄旗汉军人。

中国国家图书馆藏《顺治九年壬辰科会试四百七名进士三代履历便览》：镶黄旗，顺天籍，会试第三百八十六名，二甲第五十名。

中国科学院文献情报中心藏《明清历科进士题名碑录》：镶黄旗人。

《钦定八旗通志·选举志三》：汉军镶黄旗，顺治九年壬辰科进士。

二甲第五十五名　夏世安　（《明清进士题名碑录索引》）

夏世安，镶蓝旗汉军人。

中国国家图书馆藏《顺治九年壬辰科会试四百七名进士三代履历便览》：庚申年八月十四日生。镶蓝旗顺天籍，肤施人，辛卯科第二百三十名，会试第四百二十八名，二甲第五十五名，授山西平定知州。

中国科学院文献情报中心藏《明清历科进士题名碑录》：镶蓝旗人。

《钦定八旗通志·选举志三》：汉军镶蓝旗曹燫佐领下人，顺治九年壬辰科进士。

《钦定八旗通志·选举志四》：汉军镶蓝旗曹燫佐领下人，顺治八年辛卯科举人。

二甲第六十三名　王　瑞　（《明清进士题名碑录索引》）

王瑞，镶黄旗汉军人。

中国国家图书馆藏《顺治九年壬辰科会试四百七名进士三代履历便览》：丙午年二月二十五日生，镶黄旗顺天籍。辛卯科第八十六名，会试第四十一名，二甲第六十三名，授北直景州知州。

中国科学院文献情报中心藏《明清历科进士题名碑录》：镶黄旗人。

《钦定八旗通志·选举志三》：汉军镶黄旗，顺治九年壬辰科进士。

《钦定八旗通志·选举志四》：汉军镶黄旗，顺治八年辛卯科举人。

三甲第二十一名　齐赞宸　（《明清进士题名碑录索引》）

齐赞宸，正黄旗汉军人。

中国国家图书馆藏《顺治九年壬辰科会试四百七名进士三代履历便览》：正黄旗顺天籍，辛酉科第二百四十六名，会试第三百一名，三甲第二十一名，授江西永宁知县。

中国科学院文献情报中心藏《明清历科进士题名碑录》：正黄旗人。

《钦定八旗通志·选举志三》：汉军正黄旗，顺治九年壬辰科进士。

《钦定八旗通志·选举志四》：汉军正黄旗，顺治八年辛卯科举人。

三甲第四十一名　许重华　（《明清进士题名碑录索引》）

许重华，正白旗汉军人。

中国国家图书馆藏《顺治九年壬辰科会试四百七名进士三代履历便览》：伝牖，礼记房，壬申年五月十六日生，正白旗顺天籍，河南太岁人，辛卯科第三十五名，会试第三百二十七名，三甲第四十一名，授江南山阳知县。曾祖报国，监生。祖尔禄，廪生。父世威，庠生。

中国科学院文献情报中心藏《明清历科进士题名碑录》：正白旗人。

《钦定八旗通志·选举志三》：汉军正白旗，顺治九年壬辰科进士。

《钦定八旗通志·选举志四》：汉军正白旗，顺治八年辛卯科举人。

三甲第六十一名　祖述尧　《明清进士题名碑录索引》

祖述尧，正白旗汉军人。

中国国家图书馆藏《顺治九年壬辰科会试四百七名进士三代履历便览》：性之，诗三房，甲寅年八月十三日生，正白旗顺天籍辽东宁远人，辛卯科第一百八十九名，会试第三百九十九名，三甲第六十一名，授陕西两当知县。

中国科学院文献情报中心藏《明清历科进士题名碑录》：正白旗人。

《钦定八旗通志·选举志三》：汉军正白旗，顺治九年壬辰科进士。

《钦定八旗通志·选举志四》：汉军正白旗，顺治八年辛卯科举人。

三甲第八十一名　阎天祐　（《明清进士题名碑录索引》）

阎天祐，正蓝旗汉军人。

中国国家图书馆藏《顺治九年壬辰科会试四百七名进士三代履历便览》：甲戌年十月十五日生，正白旗顺天籍辽东人。辛卯科第一百十一名，会试第六十七名，三甲第八十一名，授江南晋阳知县。

中国科学院文献情报中心藏《明清历科进士题名碑录》：正蓝旗人。

《钦定八旗通志·选举志三》：汉军正蓝旗，顺治九年壬辰科进士。

《钦定八旗通志·选举志四》：汉军正蓝旗，顺治八年辛卯科举人。

三甲第一百一名　习全史　（《明清进士题名碑录索引》）

习全史，镶蓝旗汉军人。

中国国家图书馆藏《顺治九年壬辰科会试四百七名进士三代履历便览》：庚申年九月十九日生，镶蓝旗顺天籍，同官人。辛卯科第二百二十八名，会试第九十三名，三甲第一百一名，授江南泾县知县。

中国科学院文献情报中心藏《明清历科进士题名碑录》：镶蓝旗人。

《钦定八旗通志·选举志三》：汉军镶蓝旗，高国琇佐领，顺治九年壬辰科进士。

《钦定八旗通志·选举志四》：汉军镶蓝旗，高国琇佐领，顺治八年辛卯科举人。

三甲第一百二十一名　刘景荣　（《明清进士题名碑录索引》）

刘景荣，正白旗汉军人。

中国国家图书馆藏《顺治九年壬辰科会试四百七名进士三代履历便览》：君珮，易一房，甲戌年九月二十七日生，正白旗顺天籍，辽东广宁人，通政司笔帖式。会试第三百九十三名，三甲第一百二十一名。

中国科学院文献情报中心藏《明清历科进士题名碑录》：正白旗人。

《钦定八旗通志·选举志三》：汉军正白旗，顺治九年壬辰科进士。

三甲第一百四十一名　张希颜　（《明清进士题名碑录索引》）

张希颜，正蓝旗汉军人。

中国国家图书馆藏《顺治九年壬辰科会试四百七名进士三代履历便览》：丁卯年十一月十八日生，正蓝旗顺天籍，长垣人，辛卯科第八十七名，会试第二百七十五名，三甲第一百四十一名，授雄县知县。

中国科学院文献情报中心藏《明清历科进士题名碑录》：正蓝旗人。

《钦定八旗通志·选举志三》：汉军正蓝旗，顺治九年壬辰科进士。

《钦定八旗通志·选举志四》：汉军正蓝旗，顺治八年辛卯科举人。

三甲第一百六十一名　齐赞枢　（《明清进士题名碑录索引》）

齐赞枢，正黄旗汉军人。

中国国家图书馆藏《顺治九年壬辰科会试四百七名进士三代履历便览》：正黄旗顺天籍，辛卯科第二百八十二名，会试第二百九十七名，三甲第一百六十一名，授山东陵县知县。

中国科学院文献情报中心藏《明清历科进士题名碑录》：正黄旗人。

《钦定八旗通志·选举志三》：汉军正黄旗，顺治九年壬辰科进士。

《钦定八旗通志·选举志四》：汉军正黄旗，顺治八年辛卯科举人。

三甲第一百八十一名　丁思孔　（《明清进士题名碑录索引》）

丁思孔，镶黄旗汉军人。

中国国家图书馆藏《顺治九年壬辰科会试四百七名进士三代履历便览》：甲戌八月初六日生，镶黄旗顺天籍，辽东广宁人，辛卯科第十六名，会试第三百七十九名，三甲第一百八十一名，钦授内翰林清书庶吉士。

中国科学院文献情报中心藏《明清历科进士题名碑录》：镶黄旗人。

《钦定八旗通志·选举志三》：汉军镶黄旗，顺治九年壬辰科进士。

《钦定八旗通志·选举志四》：汉军镶黄旗，顺治八年辛卯科举人。

《皇清书史》：字景行，号泰严，广宁人。隶汉军镶黄旗，顺治九年进士，官云贵总督。

三甲第二百一名　陈永命　（《明清进士题名碑录索引》）

陈永命，镶蓝旗汉军人。

中国国家图书馆藏《顺治九年壬辰科会试四百七名进士三代履历便览》：镶蓝旗顺天籍，辛卯科第一百九十八名，会试第一百八十四名，三甲第二百一名，钦授内翰林清书庶吉士。

中国科学院文献情报中心藏《明清历科进士题名碑录》：镶蓝旗人。

《钦定八旗通志·选举志三》：汉军镶蓝旗，顺治九年壬辰科进士。

《钦定八旗通志·选举志四》：汉军镶蓝旗，顺治八年辛卯科举人。

三甲第二百二十一名　胡献瑶　（《明清进士题名碑录索引》）

胡献瑶，正黄旗汉军人。

中国国家图书馆藏《顺治九年壬辰科会试四百七名进士三代履历便览》：壬子年八月初二日生，正黄旗顺天籍。辽东金州卫人。辛卯科第一百七十一名，会试第二百四十九名，三甲第二百二十一名，授山西翼城知县。

中国科学院文献情报中心藏《明清历科进士题名碑录》：正黄旗人。

《钦定八旗通志·选举志三》：汉军正黄旗，顺治九年壬辰科进士。

《钦定八旗通志·选举志四》：汉军镶蓝旗，顺治八年辛卯科举人。

三甲第二百四十一名　王毓祥　(《明清进士题名碑录索引》)

王毓祥，镶蓝旗汉军人。

中国国家图书馆藏《顺治九年壬辰科会试四百七名进士三代履历便览》：戊辰年二月十一日生，镶蓝旗顺天籍，辽东锦州人，辛卯科第二百六十八名，会试第二百十名，三甲第二百四十一名，授山西阳□知县。

中国科学院文献情报中心藏《明清历科进士题名碑录》：镶蓝旗人。

《钦定八旗通志·选举志三》：汉军镶蓝旗，顺治九年壬辰科进士。

《钦定八旗通志·选举志四》：汉军镶蓝旗，顺治八年辛卯科举人。

三甲第二百六十一名　刘名世　(《明清进士题名碑录索引》)

刘名世，正黄旗汉军人。

中国国家图书馆藏《顺治九年壬辰科会试四百七名进士三代履历便览》：癸亥年闰十月初三日生，正黄旗顺天籍，辽东金州人，辛卯科第二百二十五名，会试第二百六十二名，三甲第二百六十一名，本年授山东沾化知县。

中国科学院文献情报中心藏《明清历科进士题名碑录》：正黄旗人。

《钦定八旗通志·选举志三》：汉军正黄旗，顺治九年壬辰科进士。

《钦定八旗通志·选举志四》：汉军正黄旗，顺治八年辛卯科举人。

三甲第二百八十一名　王彦宾　(《明清进士题名碑录索引》)

王彦宾，镶黄旗汉军人。

中国国家图书馆藏《顺治九年壬辰科会试四百七名进士三代履历便览》：大臣书房，乙丑年八月初七日生，镶黄旗顺天籍，辽东杏山人，辛卯科第二百零八名，会试第十四名，三甲第二百八十一名，钦授陕西隆德知县。

中国科学院文献情报中心藏《明清历科进士题名碑录》：镶黄旗人。

《钦定八旗通志·选举志三》：汉军镶黄旗，顺治九年壬辰科进士。

《钦定八旗通志·选举志四》：汉军镶黄旗，顺治八年辛卯科举人。

三甲第三百一名　李　英　（《明清进士题名碑录索引》）

李英，镶蓝旗汉军人。

中国国家图书馆藏《顺治九年壬辰科会试四百七名进士三代履历便览》：己巳年六月二十五日生，镶蓝旗顺天府籍，扶风人，辛卯科第一百十七名，会试第三百十四名，三甲第三百一名，钦授河南陈留知县。

中国科学院文献情报中心藏《明清历科进士题名碑录》：镶蓝旗人。

《钦定八旗通志·选举志三》：汉军镶蓝旗，顺治九年壬辰科进士。

《钦定八旗通志·选举志四》：汉军镶蓝旗，顺治八年辛卯科举人。

顺治九年策试满洲进士壬辰科（1652）

一甲第一名　麻勒吉　（《明清进士题名碑录索引》）

麻勒吉，正黄旗满洲人。

中国国家图书馆藏《顺治九年壬辰科会试四百七名进士三代履历便览》：正黄旗人。

中国科学院文献情报中心藏《明清历科进士题名碑录》：正黄旗人。

《索引》改名"马中骥"。

《钦定八旗通志·选举志三》：正黄旗人，顺治九年壬辰科进士。

《钦定八旗通志·选举志四》：正黄旗人，顺治八年辛卯科举人。

《词林辑略》：字谦六，正黄旗满洲人。授修撰，历官两江总督，降，复官至步军统领。

一甲第二名　折库纳　（《明清进士题名碑录索引》）

折库纳，镶蓝旗满洲人。

中国国家图书馆藏《顺治九年壬辰科会试四百七名进士三代履历便览》：镶蓝旗人。

中国科学院文献情报中心藏《明清历科进士题名碑录》：镶蓝旗人。

《钦定八旗通志·选举志三》：镶蓝旗人，顺治九年壬辰科进士。

《钦定八旗通志·选举志四》：镶蓝旗人，顺治八年辛卯科举人。

《八旗文经》：纳喇氏，隶满洲镶白旗（原文作此）。顺治八年辛卯科乡试中式第四十一名，顺治壬辰科殿试一甲第二名，授编修。

《词林辑略》：镶蓝旗满洲人，授编修，官至兵部督抚左侍郎。

一甲第三名　巴　海　（《明清进士题名碑录索引》）

巴海，镶蓝旗人。

中国国家图书馆藏《顺治九年壬辰科会试四百七名进士三代履历便览》：镶蓝旗人。

中国科学院文献情报中心藏《明清历科进士题名碑录》：镶蓝旗人。

《钦定八旗通志·选举志三》：镶蓝旗人，顺治九年壬辰科进士。

《钦定八旗通志·选举志四》：镶蓝旗人，顺治八年辛卯科举人。

二甲第一名　杨　官　（《明清进士题名碑录索引》）

杨官，镶白旗人。

中国国家图书馆藏《顺治九年壬辰科会试四百七名进士三代履历便览》：镶白旗人。

中国科学院文献情报中心藏《明清历科进士题名碑录》：镶白旗人。

《钦定八旗通志·选举志三》：镶白旗人，顺治九年壬辰科进士。

《钦定八旗通志·选举志四》：镶白旗人，顺治八年辛卯科举人。

二甲第二名　马　祐　（《明清进士题名碑录索引》）

马祐，镶红旗人。

中国国家图书馆藏《顺治九年壬辰科会试四百七名进士三代履历便览》：镶红旗人。

中国科学院文献情报中心藏《明清历科进士题名碑录》：镶红旗人。

《钦定八旗通志·选举志三》：作"马祐"，镶红旗人，顺治九年壬辰科进士。

《钦定八旗通志·选举志四》：作"马祐"，镶红旗人，顺治八年辛卯科举人。

二甲第三名　何锡谈　（《明清进士题名碑录索引》）

何锡谈，即阿什坦，《索引》作"何锡谈"，字海龙，完颜氏，镶蓝旗满洲人，改隶内务府正黄旗。

中国国家图书馆藏《顺治九年壬辰科会试四百七名进士三代履历便

览》：正黄旗人。

中国科学院文献情报中心藏《明清历科进士题名碑录》：正黄旗人。

《钦定八旗通志·选举志三》：正黄旗人，顺治九年壬辰科进士。

《钦定八旗通志·选举志四》：正黄旗人，顺治八年辛卯科举人。

二甲第四名　三　都　（《明清进士题名碑录索引》）

三都，正红旗人。

中国国家图书馆藏《顺治九年壬辰科会试四百七名进士三代履历便览》：正红旗人。

中国科学院文献情报中心藏《明清历科进士题名碑录》：正红旗人。

《钦定八旗通志·选举志三》：正红旗人，顺治九年壬辰科进士。

《钦定八旗通志·选举志四》：正红旗人，顺治八年辛卯科举人。

二甲第五名　迈因达　（《明清进士题名碑录索引》）

迈因达，正黄旗人。

中国国家图书馆藏《顺治九年壬辰科会试四百七名进士三代履历便览》：正黄旗人。

中国科学院文献情报中心藏《明清历科进士题名碑录》：正黄旗人。

《钦定八旗通志·选举志三》：正黄旗人，顺治九年壬辰科进士。

《钦定八旗通志·选举志四》：正黄旗人，顺治八年辛卯科举人。

二甲第六名　何　讬　（《明清进士题名碑录索引》）

何讬，镶白旗满洲人。

中国国家图书馆藏《顺治九年壬辰科会试四百七名进士三代履历便览》：镶白旗人。

中国科学院文献情报中心藏《明清历科进士题名碑录》：镶白旗人。

《钦定八旗通志·选举志三》：满洲阿颜泰佐领下镶白旗人，顺治九年壬辰科进士。

《钦定八旗通志·选举志四》：满洲阿颜泰佐领下镶白旗人，顺治八年辛卯科举人。

二甲第七名　阿萨里　（《明清进士题名碑录索引》）

阿萨里，正黄旗人。

中国国家图书馆藏《顺治九年壬辰科会试四百七名进士三代履历便览》：正黄旗人。

《钦定八旗通志·选举志三》：正黄旗人，顺治九年壬辰科进士。

《钦定八旗通志·选举志四》：正黄旗人，顺治八年辛卯科举人。

三甲第一名　赛　花　（《明清进士题名碑录索引》）

赛花，正白旗人。

中国国家图书馆藏《顺治九年壬辰科会试四百七名进士三代履历便览》：正白旗人。

《钦定八旗通志·选举志三》：正白旗人，顺治九年壬辰科进士。

《钦定八旗通志·选举志四》：正白旗人，顺治八年辛卯科举人。

三甲第二名　蟒　色　（《明清进士题名碑录索引》）

蟒色，正白旗人。

中国国家图书馆藏《顺治九年壬辰科会试四百七名进士三代履历便览》：正白旗人。

《钦定八旗通志·选举志三》：正白旗人，顺治九年壬辰科进士。

《钦定八旗通志·选举志四》：正白旗人，顺治八年辛卯科举人。

三甲第三名　赛冲阿　（《明清进士题名碑录索引》）

赛冲阿，正黄旗满洲人。

中国国家图书馆藏《顺治九年壬辰科会试四百七名进士三代履历便览》：正黄旗人。

《清代翰林名录》：正白旗满洲人（原文作此）。

《钦定八旗通志·选举志三》：正黄旗人，顺治九年壬辰科进士。

《钦定八旗通志·选举志四》：正黄旗人，顺治八年辛卯科举人。

三甲第四名　折库纳　（《明清进士题名碑录索引》）

折库纳，镶蓝旗人。

中国国家图书馆藏《顺治九年壬辰科会试四百七名进士三代履历便览》：镶蓝旗人。

三甲第五名　吴尔户　（《明清进士题名碑录索引》）

吴尔户，正蓝旗人。

中国国家图书馆藏《顺治九年壬辰科会试四百七名进士三代履历便览》：正蓝旗人。

《索引》：吴尔户，又作"吴尔祜"。

《钦定八旗通志·选举志三》：正蓝旗人，顺治九年壬辰科进士。

《钦定八旗通志·选举志四》：正蓝旗人，顺治八年辛卯科举人。

三甲第六名　朱　三　（《明清进士题名碑录索引》）

朱三，镶蓝旗人。

中国国家图书馆藏《顺治九年壬辰科会试四百七名进士三代履历便览》：镶蓝旗人。

《钦定八旗通志·选举志三》：镶蓝旗人，顺治九年壬辰科进士。

《钦定八旗通志·选举志四》：镶蓝旗人，顺治八年辛卯科举人。

三甲第七名　魏罗浑　（《明清进士题名碑录索引》）

魏罗浑，正黄旗人。《索引》又作"威洛洪"。

中国国家图书馆藏《顺治九年壬辰科会试四百七名进士三代履历便览》：正黄旗人。

《钦定八旗通志·选举志三》：正黄旗人，顺治九年壬辰科进士。

《钦定八旗通志·选举志四》：正黄旗人，顺治八年辛卯科举人。

《清代翰林名录》：正红旗满洲人。

三甲第八名　额库里　（《明清进士题名碑录索引》）

额库里，正白旗人。

中国国家图书馆藏《顺治九年壬辰科会试四百七名进士三代履历便览》：正白旗人。

《钦定八旗通志·选举志三》：正白旗人，顺治九年壬辰科进士。

《钦定八旗通志·选举志四》：正白旗人，顺治八年辛卯科举人。

三甲第九名　舒　书　（《明清进士题名碑录索引》）

舒书，镶蓝旗人。

中国国家图书馆藏《顺治九年壬辰科会试四百七名进士三代履历便览》：镶蓝旗人。

《钦定八旗通志·选举志三》：镶蓝旗人，顺治九年壬辰科进士。

《钦定八旗通志·选举志四》：镶蓝旗人，顺治八年辛卯科举人。

三甲第十名　卢　占　（《明清进士题名碑录索引》）

卢占，正黄旗人。

中国国家图书馆藏《顺治九年壬辰科会试四百七名进士三代履历便览》：正黄旗人。

《钦定八旗通志·选举志三》：正黄旗人，顺治九年壬辰科进士。

《钦定八旗通志·选举志四》：正黄旗人，顺治八年辛卯科举人。

三甲第十一名　色勒步　（《明清进士题名碑录索引》）

色勒步，正黄旗人。

中国国家图书馆藏《顺治九年壬辰科会试四百七名进士三代履历便览》：正黄旗人。

《钦定八旗通志·选举志三》：正黄旗人，顺治九年壬辰科进士。

《钦定八旗通志·选举志四》：正黄旗人，顺治八年辛卯科举人。

三甲第十二名　索　济　（《明清进士题名碑录索引》）

索济，正红旗人。

中国国家图书馆藏《顺治九年壬辰科会试四百七名进士三代履历便览》：正红旗人。

《钦定八旗通志·选举志三》：正红旗人，顺治九年壬辰科进士。

《钦定八旗通志·选举志四》：正红旗人，顺治八年辛卯科举人。

三甲第十三名　图克善　（《明清进士题名碑录索引》）

图克善，正白旗人。

中国国家图书馆藏《顺治九年壬辰科会试四百七名进士三代履历便

览》：正白旗人。

《钦定八旗通志·选举志三》：正白旗人，顺治九年壬辰科进士。

《钦定八旗通志·选举志四》：正白旗人，顺治八年辛卯科举人。

三甲第十四名　纳冷额　（《明清进士题名碑录索引》）

纳冷额，镶黄旗人。

中国国家图书馆藏《顺治九年壬辰科会试四百七名进士三代履历便览》：镶黄旗人。

《钦定八旗通志·选举志三》：镶黄旗人，顺治九年壬辰科进士。

《钦定八旗通志·选举志四》：镶黄旗人，顺治八年辛卯科举人。

三甲第十五名　苏海色　（《明清进士题名碑录索引》）

苏海色，正白旗人。

中国国家图书馆藏《顺治九年壬辰科会试四百七名进士三代履历便览》：正白旗人。

《钦定八旗通志·选举志三》：正白旗人，顺治九年壬辰科进士。

《钦定八旗通志·选举志四》：正白旗人，顺治八年辛卯科举人。

三甲第十六名　鼐音达　（《明清进士题名碑录索引》）

鼐音达，镶白旗人。

中国国家图书馆藏《顺治九年壬辰科会试四百七名进士三代履历便览》：镶白旗人。

《钦定八旗通志·选举志三》：镶白旗人，顺治九年壬辰科进士。

《钦定八旗通志·选举志四》：镶白旗人，顺治八年辛卯科举人。

三甲第十七名　达哈塔　（《明清进士题名碑录索引》）

达哈塔，正白旗人。

中国国家图书馆藏《顺治九年壬辰科会试四百七名进士三代履历便览》：正白旗人。

《钦定八旗通志·选举志三》：达哈塔作"达哈达"，正白旗人，顺治九年壬辰科进士。

《钦定八旗通志·选举志四》：正白旗人，顺治八年辛卯科举人。

三甲第十八名　吉通额　（《明清进士题名碑录索引》）

吉通额，正白旗人。

中国国家图书馆藏《顺治九年壬辰科会试四百七名进士三代履历便览》：正白旗人。

《钦定八旗通志·选举志三》：吉通额作"吉达额"，正白旗人，顺治九年壬辰科进士。

《钦定八旗通志·选举志四》：吉通额作"吉达额"，正白旗人，顺治八年辛卯科举人。

三甲第十九名　宋苏保　（《明清进士题名碑录索引》）

宋苏保，镶红旗人。

中国国家图书馆藏《顺治九年壬辰科会试四百七名进士三代履历便览》：镶红旗人。

《索引》：作"宋祖保"，镶红旗人。

《钦定八旗通志·选举志三》：镶红旗人，顺治九年壬辰科进士。

《钦定八旗通志·选举志四》：镶红旗人，顺治八年辛卯科举人。

三甲第二十名　穆成额　（《明清进士题名碑录索引》）

穆成额，正黄旗人。

中国国家图书馆藏《顺治九年壬辰科会试四百七名进士三代履历便览》：正黄旗人。

《钦定八旗通志·选举志三》：正黄旗人，顺治九年壬辰科进士。

《钦定八旗通志·选举志四》：正黄旗人，顺治八年辛卯科举人。

三甲第二十一名　都尔巴　（《明清进士题名碑录索引》）

都尔巴，镶黄旗人。

中国国家图书馆藏《顺治九年壬辰科会试四百七名进士三代履历便览》：镶黄旗人。

《钦定八旗通志·选举志三》：镶黄旗人，顺治九年壬辰科进士。

《钦定八旗通志·选举志四》：镶黄旗人，顺治八年辛卯科举人。

**三甲第二十二名　讷　布　**（《明清进士题名碑录索引》）

讷布，镶蓝旗满洲人。

中国国家图书馆藏《顺治九年壬辰科会试四百七名进士三代履历便览》：镶蓝旗人。

《钦定八旗通志·选举志三》：讷布作"纳布"，满洲硕塔佐领下镶蓝旗人，顺治九年壬辰科进士。

《钦定八旗通志·选举志四》：讷布作"纳布"，满洲硕塔佐领下镶蓝旗人，顺治八年辛卯科举人。

**三甲第二十三名　云　代　**（《明清进士题名碑录索引》）

云代，镶蓝旗人。

中国国家图书馆藏《顺治九年壬辰科会试四百七名进士三代履历便览》：镶蓝旗人。

《钦定八旗通志·选举志三》：镶蓝旗人，顺治九年壬辰科进士。

《钦定八旗通志·选举志四》：镶蓝旗人，顺治八年辛卯科举人。

**三甲第二十四名　蟒吉六　**（《明清进士题名碑录索引》）

蟒吉六，镶蓝旗人。

中国国家图书馆藏《顺治九年壬辰科会试四百七名进士三代履历便览》：镶蓝旗人。

《钦定八旗通志·选举志三》：蟒吉六作"莽吉六"，镶蓝旗人，顺治九年壬辰科进士。

《钦定八旗通志·选举志四》：蟒吉六作"莽吉六"，镶蓝旗人，顺治八年辛卯科举人。

**三甲第二十五名　额客青额　**（《明清进士题名碑录索引》）

额客青额，正白旗人。

中国国家图书馆藏《顺治九年壬辰科会试四百七名进士三代履历便览》：正白旗人。

三甲第二十六名　赛音达里　（《明清进士题名碑录索引》）

赛音达里，镶黄旗人。

中国国家图书馆藏《顺治九年壬辰科会试四百七名进士三代履历便览》：镶黄旗人。

《钦定八旗通志·选举志三》：镶黄旗人，顺治九年壬辰科进士。

《钦定八旗通志·选举志四》：镶黄旗满洲人，顺治八年辛卯科举人。

三甲第二十七名　苦图克泰　（《明清进士题名碑录索引》）

苦图克泰，镶红旗人。

中国国家图书馆藏《顺治九年壬辰科会试四百七名进士三代履历便览》：镶红旗人。

《钦定八旗通志·选举志三》：苦图克泰作"图克泰"，镶红旗人，顺治九年壬辰科进士。

《钦定八旗通志·选举志四》：苦图克泰作"图克泰"，镶红旗人，顺治八年辛卯科举人。

三甲第二十八名　哈木伦　（《明清进士题名碑录索引》）

哈木伦，镶白旗人。

中国国家图书馆藏《顺治九年壬辰科会试四百七名进士三代履历便览》：镶白旗人。

《钦定八旗通志·选举志三》：镶白旗人，顺治九年壬辰科进士。

《钦定八旗通志·选举志四》：镶白旗人，顺治八年辛卯科举人。

三甲第二十九名　波　勒　（《明清进士题名碑录索引》）

波勒，正黄旗人。

中国国家图书馆藏《顺治九年壬辰科会试四百七名进士三代履历便览》：正黄旗人。

《钦定八旗通志·选举志三》：正黄旗人，顺治九年壬辰科进士。

《钦定八旗通志·选举志四》：正黄旗人，顺治八年辛卯科举人。

三甲第三十名　吴拉代　（《明清进士题名碑录索引》）

吴拉代，镶红旗人。

中国国家图书馆藏《顺治九年壬辰科会试四百七名进士三代履历便览》：镶红旗人。

《钦定八旗通志·选举志三》：镶红旗人，顺治九年壬辰科进士。

《钦定八旗通志·选举志四》：镶红旗人，顺治八年辛卯科举人。

三甲第三十一名　进　州　（《明清进士题名碑录索引》）

进州，正红旗人。

中国国家图书馆藏《顺治九年壬辰科会试四百七名进士三代履历便览》：正红旗人。

《钦定八旗通志·选举志三》：正红旗人，顺治九年壬辰科进士。

《钦定八旗通志·选举志四》：正红旗人，顺治八年辛卯科举人。

三甲第三十二名　合　拉　（《明清进士题名碑录索引》）

合拉，正白旗人。

中国国家图书馆藏《顺治九年壬辰科会试四百七名进士三代履历便览》：正白旗人。

《钦定八旗通志·选举志三》：合拉作"哈拉"，正白旗人，顺治九年壬辰科进士。

《钦定八旗通志·选举志四》：合拉作"哈拉"，正白旗人，顺治八年辛卯科举人。

三甲第三十三名　八达里　（《明清进士题名碑录索引》）

八达里，正黄旗蒙古人。《索引》一作"巴达礼"。

中国国家图书馆藏《顺治九年壬辰科会试四百七名进士三代履历便览》：正黄旗人。

《钦定八旗通志·选举志三》：正黄旗人，顺治九年壬辰科进士。

《钦定八旗通志·选举志四》：正黄旗人，顺治八年辛卯科举人。

《清代翰林名录》：正黄旗蒙古人。

《清代满蒙翰林群体研究》：正黄旗蒙古人。

三甲第三十四名　赛　柱　(《明清进士题名碑录索引》)

赛柱，镶白旗人。

中国国家图书馆藏《顺治九年壬辰科会试四百七名进士三代履历便览》：镶白旗人。

《钦定八旗通志·选举志三》：镶白旗人，顺治九年壬辰科进士。

《钦定八旗通志·选举志四》：镶白旗人，顺治八年辛卯科举人。

三甲第三十五名　高　里　(《明清进士题名碑录索引》)

高里，镶黄旗人。

中国国家图书馆藏《顺治九年壬辰科会试四百七名进士三代履历便览》：镶黄旗人。

《钦定八旗通志·选举志三》：镶黄旗人，顺治九年壬辰科进士。

《钦定八旗通志·选举志四》：镶黄旗人，顺治八年辛卯科举人。

三甲第三十六名　拜达儿　(《明清进士题名碑录索引》)

拜达儿，镶白旗人。

中国国家图书馆藏《顺治九年壬辰科会试四百七名进士三代履历便览》：镶白旗人。

《钦定八旗通志·选举志三》：镶白旗人，顺治九年壬辰科进士。

《钦定八旗通志·选举志四》：镶白旗人，顺治八年辛卯科举人。

三甲第三十七名　郝　善　(《明清进士题名碑录索引》)

郝善，镶黄旗人。

中国国家图书馆藏《顺治九年壬辰科会试四百七名进士三代履历便览》：镶黄旗人。

《钦定八旗通志·选举志三》：镶黄旗人，顺治九年壬辰科进士。

《钦定八旗通志·选举志四》：镶黄旗人，顺治八年辛卯科举人。

三甲第三十八名　门都孙　(《明清进士题名碑录索引》)

门都孙，镶蓝旗人。

中国国家图书馆藏《顺治九年壬辰科会试四百七名进士三代履历便

览》：镶蓝旗人。

《钦定八旗通志·选举志三》：镶蓝旗人，顺治九年壬辰科进士。

《钦定八旗通志·选举志四》：镶蓝旗人，顺治八年辛卯科举人。

三甲三十九名　塔必兔　（《明清进士题名碑录索引》）

塔必兔，正白旗蒙古人。《索引》一作"塔必图"。

中国国家图书馆藏《顺治九年壬辰科会试四百七名进士三代履历便览》：正白旗人。

《钦定八旗通志·选举志三》：塔必兔作"塔必图"，正白旗人，顺治九年壬辰科进士。

《钦定八旗通志·选举志四》：塔必兔作"塔必图"，正白旗人，顺治八年辛卯科举人。

《清代翰林名录》：正白旗蒙古人。

《清代满蒙翰林群体研究》：正白旗蒙古人。

三甲第四十名　沙　记　（《明清进士题名碑录索引》）

沙记，镶红旗人。

中国国家图书馆藏《顺治九年壬辰科会试四百七名进士三代履历便览》：镶红旗人。

《钦定八旗通志·选举志三》：镶红旗人，顺治九年壬辰科进士。

《钦定八旗通志·选举志四》：镶红旗人，顺治八年辛卯科举人。

顺治十二年乙未科（1655）

二甲第二十名　杨　森　（《明清进士题名碑录索引》）

杨森，正黄旗汉军人。

中国国家图书馆藏《顺治十二年乙未科会试三百八十五名进士三代履历便览》：丙子年二月二十一日生，正黄旗顺天籍，江南合肥人，甲午科第二百四十八名，会试第六十二名，殿试二甲第二十名。

《钦定八旗通志·选举志三》：杨森作"杨霖"，汉军正黄旗，顺治十二年乙未科进士。

二甲第三十名　洪士铭　（《明清进士题名碑录索引》）

洪士铭，镶黄旗汉军人。

中国国家图书馆藏《顺治十二年乙未科会试三百八十五名进士三代履历便览》：辛未年正月十二日生，镶黄旗顺天籍，福建南安人，甲午科第九十四名，会试第七十八名，二甲第三十名。授礼部□□司主事。

《钦定八旗通志·选举志三》：汉军镶黄旗，顺治十二年乙未科进士。

二甲第四十名　喻　珩　（《明清进士题名碑录索引》）

喻珩，镶红旗汉军人。

中国国家图书馆藏《顺治十二年乙未科会试三百八十五名进士三代履历便览》：辛酉年六月初五日生，镶红旗顺天籍，甲午科第六十八名，会试第一百四十三名，二甲第四十名，授江南无为知州。

《钦定八旗通志·选举志三》：汉军镶红旗，顺治十二年乙未科进士。

二甲第四十五名　朱麟祥　（《明清进士题名碑录索引》）

朱麟祥，正白旗汉军人。

中国国家图书馆藏《顺治十二年乙未科会试三百八十五名进士三代履历便览》：丁卯年四月初二日生，正白旗顺天籍，阳和人，甲午科第三十二名，会试第三百二十九名，二甲第四十五名。

《钦定八旗通志·选举志三》：汉军正白旗，顺治十二年乙未科进士。

二甲第六十名　任暄猷　（《明清进士题名碑录索引》）

任暄猷，正白旗汉军人。

中国国家图书馆藏《顺治十二年乙未科会试三百八十五名进士三代履历便览》：壬戌年九月十八日生，正白旗顺天籍，息县人，辛卯科第七十一名，会试第一百二十三名，二甲第六十名，庚午授北直来平府推官。

《钦定八旗通志·选举志三》：汉军正白旗，顺治十二年乙未科进士。

二甲第六十六名　戴　斌　（《明清进士题名碑录索引》）

戴斌，镶黄旗汉军人。

中国国家图书馆藏《顺治十二年乙未科会试三百八十五名进士三代履历便览》：镶黄旗，顺天籍，会试第十四名，二甲第六十六名。

《钦定八旗通志·选举志三》：汉军镶黄旗，顺治十二年乙未科进士。

二甲第七十六名　张登举　（《明清进士题名碑录索引》）

张登举，正蓝旗汉军人。

中国国家图书馆藏《顺治十二年乙未科会试三百八十五名进士三代履历便览》：戊寅年三月二十六日生，正蓝旗顺天籍，辽东东宜人，甲午科第六十二名，会试第八十七名，二甲第七十六名。

《钦定八旗通志·选举志三》：汉军正蓝旗，佟国鼐佐领，顺治十二年乙未科进士。

《钦定八旗通志·选举志四》：汉军正蓝旗，佟国鼐佐领，顺治十一年甲午科举人。

三甲第十一名　裴绍宗　（《明清进士题名碑录索引》）

裴绍宗，正黄旗汉军人。

中国国家图书馆藏《顺治十二年乙未科会试三百八十五名进士三代履历便览》：戊午年七月二十四日生，正黄旗顺天籍，扬和府人，甲午科第一百□八名，会试第二百七十四名，三甲第十一名，授□景州知州。

《钦定八旗通志·选举志三》：汉军正黄旗，顺治十二年乙未科进士。

三甲第十四名　年仲隆　（《明清进士题名碑录索引》）

年仲隆，镶白旗汉军人。

中国国家图书馆藏《顺治十二年乙未科会试三百八十五名进士三代履历便览》：壬戌年正月初十日生，镶白旗顺天籍，广宁人，甲午科第二百十九名，会试第三百十九名，三甲第十四名，授江南和州知州。

《钦定八旗通志·选举志三》：汉军镶白旗，顺治十二年乙未科进士。

三甲第二十名　宋国荣　（《明清进士题名碑录索引》）

宋国荣，正白旗汉军人。

中国国家图书馆藏《顺治十二年乙未科会试三百八十五名进士三代履历便览》：戊辰年十二月二十日生，正白旗顺天籍，辽阳人，甲午科第二百二十五名，会试第三百八十四名，三甲第二十名，丙申授山东东平知县。

《钦定八旗通志·选举志三》：汉军正白旗，顺治十二年乙未科进士。

三甲第三十一名　康殿邦　（《明清进士题名碑录索引》）

康殿邦，正黄旗汉军人。

中国国家图书馆藏《顺治十二年乙未科会试三百八十五名进士三代履历便览》：辛未年十二月初二日生，正黄旗顺天籍，辽东复州人，甲午科第二百六十七名，会试第二百四十一名，三甲第三十一名。

《钦定八旗通志·选举志三》：汉军正黄旗，张本堪佐领，顺治十二年乙未科进士。

《钦定八旗通志·选举志四》：汉军正黄旗，张本堪佐领，顺治十一年甲午科举人。

三甲第四十名　宁心祖　（《明清进士题名碑录索引》）

宁心祖，正红旗汉军人。

中国国家图书馆藏《顺治十二年乙未科会试三百八十五名进士三代履历便览》：丙子年四月十四日生，正红旗顺天籍，辽东辽阳人，张国栋佐领。甲午科第五十名，会试第一百五十二名，三甲第四十名。己亥授陕西□阳知县。

《钦定八旗通志·选举志三》：汉军正红旗，张国栋佐领，顺治十二年乙未科进士。

三甲第八十三名　张恩斌　（《明清进士题名碑录索引》）

张恩斌，正黄旗汉军人。

中国国家图书馆藏《顺治十二年乙未科会试三百八十五名进士三代履历便览》：甲戌年八月十二日生，正黄旗顺天籍，河内人，甲午科第一百三十二名，会试第一百三十六名，三甲第八十三名，授河南延津知县。

《钦定八旗通志·选举志三》：汉军正黄旗，顺治十二年乙未科进士。

三甲第八十四名　姚启盛　（《明清进士题名碑录索引》）

姚启盛，镶红旗汉军人。

中国国家图书馆藏《顺治十二年乙未科会试三百八十五名进士三代履历便览》：壬申年五月生，镶红旗顺天籍，辽东杏山人，甲午科第一百四十三名，会试第三百六十五名，三甲第八十四名，授福建建阳知县。

《钦定八旗通志·选举志三》：汉军镶红旗，顺治十二年乙未科进士。

三甲第一百五名　董常国　（《明清进士题名碑录索引》）

董常国，正白旗汉军人。

中国国家图书馆藏《顺治十二年乙未科会试三百八十五名进士三代履历便览》：乙亥年二月初九日生，正白旗顺天籍，辽东辽阳人，甲午科第二百五十四名，会试第二十二名，三甲第一百五名。

《钦定八旗通志·选举志三》：汉军正白旗，顺治十二年乙未科进士。

三甲第一百十八名　迟　炤　（《明清进士题名碑录索引》）

迟炤，正白旗汉军人。

中国国家图书馆藏《顺治十二年乙未科会试三百八十五名进士三代履历便览》：乙亥年正月初八日生，正白旗顺天籍，广宁人，甲午科第一百四十六名，会试第二百五十五名，三甲第一百十八名，己亥授浙江兰□知县。

《钦定八旗通志·选举志三》：汉军正白旗，顺治十二年乙未科进士。

《钦定八旗通志·选举志四》：汉军正白旗，达淳佐领，顺治十一年甲午科举人。

《听雨丛谈》：正白旗汉军人。

三甲第一百十九名　淮　清　（《明清进士题名碑录索引》）

淮清，镶白旗汉军人。

中国国家图书馆藏《顺治十二年乙未科会试三百八十五名进士三代履历便览》：丙寅年九月十三日生，镶白旗顺天籍，宁远人，甲午科第一百名，会试第二百六十三名，三甲第一百十九名，授湖广保康知县。

《钦定八旗通志·选举志三》：汉军镶白旗，顺治十二年乙未科进士。

三甲第一百七十四名　迟　煊　（《明清进士题名碑录索引》）

迟煊，正白旗汉军人。

中国国家图书馆藏《顺治十二年乙未科会试三百八十五名进士三代履历便览》：庚辰年十月初六日生，正白旗顺天籍，辽东广宁人，甲午科第一百九十五名，会试第六十六名，三甲第一百七十四名，己亥授河南□□知县。

《钦定八旗通志·选举志三》：汉军正白旗，顺治十二年乙未科进士。

《钦定八旗通志·选举志四》：汉军正白旗，达淳佐领，顺治十一年甲午科举人。

《听雨丛谈》：正白旗汉军人。

三甲第二百二十四名　罗文瑜　（《明清进士题名碑录索引》）

罗文瑜，正白旗汉军人。

中国国家图书馆藏《顺治十二年乙未科会试三百八十五名进士三代履历便览》：癸酉年八月二十二日生，正白旗顺天籍，甲午科第二百七十四名，会试第一百一名，三甲第二百二十四名，授山东曹县知县。

《钦定八旗通志·选举志三》：汉军正白旗，杨永亨佐领，顺治十二年乙未科进士。

《钦定八旗通志·选举志四》：汉军正白旗，杨永亨佐领，顺治十一年甲午科举人。

三甲第二百五十名　刘广誉　（《明清进士题名碑录索引》）

刘广誉，正红旗汉军人。

中国国家图书馆藏《顺治十二年乙未科会试三百八十五名进士三代履历便览》：辛亥年六月二十二日生，正红旗辽东籍，鲁室人，甲午科第一百五十名，会试第一百七十四名，三甲第二百五十名。授江南六合知县。

《钦定八旗通志·选举志三》：汉军正红旗，顺治十二年乙未科进士。

三甲第二百五十三名　张可立　（《明清进士题名碑录索引》）

张可立，镶黄旗汉军人。

中国国家图书馆藏《顺治十二年乙未科会试三百八十五名进士三代履历便览》：丁丑年四月十四日生，镶黄旗顺天籍，福建福清人，甲午科第九十七名，会试第一百五十名，三甲第二百五十三名，授山东叶阳知县。

《钦定八旗通志·选举志三》：汉军镶黄旗，顺治十二年乙未科进士。

**三甲第二百六十三名　梁　儒　**（《明清进士题名碑录索引》）

梁儒，镶白旗汉军人。

中国国家图书馆藏《顺治十二年乙未科会试三百八十五名进士三代履历便览》：辛未年十一月十四日生，镶白旗顺天籍，辽东义州人，甲午科第二百七十名，会试第一百八十五名，三甲第二百六十三名。

《钦定八旗通志·选举志三》：汉军镶白旗，顺治十二年乙未科进士。

**三甲第二百八十名　鄢翼明　**（《明清进士题名碑录索引》）

鄢翼明，正白旗汉军人。

中国国家图书馆藏《顺治十二年乙未科会试三百八十五名进士三代履历便览》：甲戌年七月初九日生，正白旗顺天籍，甲午科第二百六十六名，会试第一百十九名，三甲第二百八十名，授北直清河知县。

《钦定八旗通志·选举志三》：汉军正白旗，孔傅斌佐领，顺治十二年乙未科进士。

《钦定八旗通志·选举志四》：汉军正白旗，孔傅斌佐领，顺治十一年甲午科举人。

**三甲二百八十三名　张登选　**（《明清进士题名碑录索引》）

张登选，正蓝旗汉军人。

中国国家图书馆藏《顺治十二年乙未科会试三百八十五名进士三代履历便览》：庚午年四月初十日生，正蓝旗顺天籍，辽东东宁人，甲午科第一百十七名，会试第二百三十名，三甲第二百八十三名。

《钦定八旗通志·选举志三》：汉军正蓝旗，佟国甐佐领，顺治十二年乙未科进士。

《钦定八旗通志·选举志四》：汉军正蓝旗，佟国甐佐领，顺治十一年甲午科举人。

《听雨丛谈》：汉军正蓝旗人。

**三甲第二百九十名　耿劲忠　**（《明清进士题名碑录索引》）

耿劲忠，正黄旗汉军人。

《钦定八旗通志·选举志三》：汉军正黄旗。

三甲第三百二名　陈国桢　（《明清进士题名碑录索引》）

陈国桢，镶黄旗汉军人。

中国国家图书馆藏《顺治十二年乙未科会试三百八十五名进士三代履历便览》：甲戌年八月初四日生，镶黄旗顺天籍，辽东沈阳人，甲午科第二百六十九名，会试第一百七名，三甲第三百二名。授福建福安知县。

《钦定八旗通志·选举志三》：汉军镶黄旗，顺治十二年乙未科进士。

三甲第三百六名　孟述绪　（《明清进士题名碑录索引》）

孟述绪，正白旗汉军人。

中国国家图书馆藏《顺治十二年乙未科会试三百八十五名进士三代履历便览》：庚午年十月初四日生，正白旗宁远籍，湖广宜都人，甲午科第二百七十二名，会试第二百八十五名，三甲第三百六名，丙申授江南清溪知县。

《钦定八旗通志·选举志三》：汉军正白旗，顺治十二年乙未科进士。

三甲第三百八名　金玉式　（《明清进士题名碑录索引》）

金玉式，正白旗汉军人。

中国国家图书馆藏《顺治十二年乙未科会试三百八十五名进士三代履历便览》：丁丑年正月初二日生，正白旗顺天籍，辽阳人，甲午科第一百八十六名，会试第一百九十六名，三甲第三百八名。

《钦定八旗通志·选举志三》：汉军正白旗，顺治十二年乙未科进士。

三甲第三百十名　张怀德　（《明清进士题名碑录索引》）

张怀德，镶白旗汉军人。

中国国家图书馆藏《顺治十二年乙未科会试三百八十五名进士三代履历便览》：辛未年闰十一月初七日生，镶白旗顺天籍，辽东海州人，辛卯科第二百五名，会试第三百七名，三甲第三百十名，丁酉授江西分宜知县。

《钦定八旗通志·选举志三》：汉军镶白旗，顺治十二年乙未科进士。

三甲第三百十二名　陈年榖　（《明清进士题名碑录索引》）

陈年榖，正红旗汉军人。

中国国家图书馆藏《顺治十二年乙未科会试三百八十五名进士三代履历便览》：辛酉年十月初十日生，正红旗顺天籍，湖广均州人，甲午科第二百名，会试第一百六十九名，三甲第三百十二名，授北直饶阳知县。

《钦定八旗通志·选举志三》：汉军正红旗人，张宏德佐领，顺治十二年乙未科进士。

三甲第三百十三名　齐洪勋　（《明清进士题名碑录索引》）

齐洪勋，正黄旗汉军人。

中国国家图书馆藏《顺治十二年乙未科会试三百八十五名进士三代履历便览》：丙寅年十二月二十日生，正黄旗籍，直隶高阳人，甲午科第二百二十八名，会试第二百五十二名，三甲第三百十三名，授山西淳县知县。

《钦定八旗通志·选举志三》：汉军正黄旗，顺治十二年乙未科进士。

三甲第三百十四名　张应瑞　（《明清进士题名碑录索引》）

张应瑞，正白旗汉军人。

中国国家图书馆藏《顺治十二年乙未科会试三百八十五名进士三代履历便览》：甲戌年五月初五日生，正白旗顺天籍辽东人，甲午科第一百七十名，会试第一百八名，三甲第三百十四名，丙申授山东郯城知县。

《钦定八旗通志·选举志三》：汉军正白旗，顺治十二年乙未科进士。

三甲第三百十六名　高　瑜　（《明清进士题名碑录索引》）

高瑜，镶黄旗汉军人。

中国国家图书馆藏《顺治十二年乙未科会试三百八十五名进士三代履历便览》：甲戌年十二月十四日生，镶黄旗顺天籍，甲午科第二百六十四名，会试第四十名，三甲第三百十六名。

《钦定八旗通志·选举志三》：汉军镶黄旗，顺治十二年乙未科进士。

三甲第三百十七名　祖之麟　（《明清进士题名碑录索引》）

祖之麟，镶黄旗汉军人。

中国国家图书馆藏《顺治十二年乙未科会试三百八十五名进士三代履历便览》：乙亥年正月十四日生，镶黄旗顺天籍，宁远人，甲午科第一百六名，会试第二百九十六名，三甲第三百十七名，丙申授福建海澄知县。

《钦定八旗通志·选举志三》：汉军镶黄旗，顺治十二年乙未科进士。

三甲第三百十八名　祖泽潜　（《明清进士题名碑录索引》）

祖泽潜，镶黄旗汉军人。

中国国家图书馆藏《顺治十二年乙未科会试三百八十五名进士三代履历便览》：甲戌年四月初六日生，镶黄旗，顺天籍，宁远人，甲午科第一百七十三名，会试第二百七十五名，三甲第三百十八名。

《钦定八旗通志·选举志三》：汉军镶黄旗，顺治十二年乙未科进士。

三甲第三百十九名　银文灿　（《明清进士题名碑录索引》）

银文灿，正红旗汉军人。

中国国家图书馆藏《顺治十二年乙未科会试三百八十五名进士三代履历便览》：乙亥年八月二十三日生，正红旗顺天籍，辽东人，甲午科第二百八名，会试第三百四十四名，三甲第三百十九名，丙申授江南泾县知县。

《钦定八旗通志·选举志三》：汉军正红旗，臧应聘佐领，顺治十二年乙未科进士。

《钦定八旗通志·选举志四》：汉军正红旗，臧应聘佐领，顺治十一年甲午科举人。

顺治十二年策试满洲进士乙未科（1655）

一甲第一名　图尔宸　（《明清进士题名碑录索引》）

图尔宸，正白旗人。

《钦定八旗通志·选举志三》：正白旗，顺治十二年乙未科进士。

一甲第二名　贾　勤　（《明清进士题名碑录索引》）

贾勤，正红旗人。《索引》一作"查亲"。

《钦定八旗通志·选举志三》：正红旗，顺治十二年乙未科进士。

一甲第三名　索　泰　（《明清进士题名碑录索引》）

索泰，正白旗人。

《钦定八旗通志·选举志三》：正白旗，顺治十二年乙未科进士。

二甲第一名　董　色　（《明清进士题名碑录索引》）

董色，正红旗人。

《钦定八旗通志·选举志三》：正红旗，顺治十二年乙未科进士。

二甲第二名　胡西图　（《明清进士题名碑录索引》）

胡西图，正黄旗人。

《钦定八旗通志·选举志三》：正黄旗，顺治十二年乙未科进士。

二甲第三名　乌大禅　（《明清进士题名碑录索引》）

乌大禅，正黄旗人。《索引》一作"吴大阐"

《钦定八旗通志·选举志三》：正黄旗，顺治十二年乙未科进士。

《清代翰林名录》：正红旗人。

二甲第四名　莫乐洪　（《明清进士题名碑录索引》）

莫乐洪，镶红旗人。《索引》作"莫洛洪"。

《钦定八旗通志·选举志三》：镶红旗，顺治十二年乙未科进士。

二甲第五名　门德礼　（《明清进士题名碑录索引》）

门德礼，镶红旗人。

《钦定八旗通志·选举志三》：作"门得礼"，镶红旗，顺治十二年乙未科进士。

二甲第六名　吴把海　（《明清进士题名碑录索引》）

吴把海，正黄旗人。

《钦定八旗通志·选举志三》：正黄旗，顺治十二年乙未科进士。

二甲第七名　马　鼐　（《明清进士题名碑录索引》）

马鼐，正红旗人。

《钦定八旗通志·选举志三》：正红旗，顺治十二年乙未科进士。

三甲第一名　得木图　（《明清进士题名碑录索引》）

得木图，镶蓝旗人。

《钦定八旗通志·选举志三》：镶蓝旗，顺治十二年乙未科进士。

三甲第二名　达尔布　（《明清进士题名碑录索引》）

达尔布，镶蓝旗满洲人。

《钦定八旗通志·选举志三》：镶蓝旗，满洲索塔佐领，顺治十二年乙未科进士。

三甲第三名　阿思哈　（《明清进士题名碑录索引》）

阿思哈，镶蓝旗满洲人。

《钦定八旗通志·选举志三》：镶蓝旗，顺治十二年乙未科进士。

《枢垣记略·题名二》：阿思哈，字□，满洲正白旗人，官至漕运总督。雍正九年七月由内阁中书入直。谥"庄恪"。

三甲第四名　车克出　（《明清进士题名碑录索引》）

车克出，镶蓝旗人。

《钦定八旗通志·选举志三》：镶蓝旗，顺治十二年乙未科进士。

三甲第五名　娃尔答　（《明清进士题名碑录索引》）

娃尔答，镶红旗人。

《钦定八旗通志·选举志三》：镶红旗，顺治十二年乙未科进士。

三甲第六名　伊桑阿　（《明清进士题名碑录索引》）

伊桑阿，正黄旗满洲人。

《钦定八旗通志·选举志三》：满洲正黄旗，顺治十二年乙未科进士。

《履园丛话·科第》十三：弱冠登第者：顺治乙未伊桑阿，年十六。

三甲第七名　萨木哈　（《明清进士题名碑录索引》）

萨木哈，正黄旗满洲人。

《钦定八旗通志·选举志三》：正黄旗满洲，顺治十二年乙未科进士。

三甲第八名　那　鼐　（《明清进士题名碑录索引》）

那鼐，正红旗满洲人。

《钦定八旗通志·选举志三》：正红旗满洲，顺治十二年乙未科进士。

三甲第九名　恩吉图　（《明清进士题名碑录索引》）

恩吉图，镶蓝旗满洲人。

《钦定八旗通志·选举志三》：镶蓝旗，满洲硕塔佐领，顺治十二年乙未科进士。

三甲第十名　达扬阿　（《明清进士题名碑录索引》）

达扬阿，正红旗人。

《钦定八旗通志·选举志三》：作"达杨阿"，正红旗，顺治十二年乙未科进士。

三甲第十一名　能　德　（《明清进士题名碑录索引》）

能德，正白旗人。

《钦定八旗通志·选举志三》：正白旗，顺治十二年乙未科进士。

三甲第十二名　葛色特　（《明清进士题名碑录索引》）

葛色特，正黄旗人。

《钦定八旗通志·选举志三》：正黄旗，顺治十二年乙未科进士。

三甲第十三名　朱马礼　（《明清进士题名碑录索引》）

朱马礼，镶蓝旗满洲人。

《钦定八旗通志·选举志三》：镶蓝旗，满洲阿伦佐领，顺治十二年乙未科进士。

三甲第十四名　舒　书　（《明清进士题名碑录索引》）

舒书，镶白旗人。

《钦定八旗通志·选举志三》：镶白旗，顺治十二年乙未科进士。

三甲第十五名　噶尔噶图　（《明清进士题名碑录索引》）

噶尔噶图，正白旗人。

《钦定八旗通志·选举志三》：正白旗，顺治十二年乙未科进士。

三甲第十六名　库　察　（《明清进士题名碑录索引》）

库察，正红旗人。

《钦定八旗通志·选举志三》：正红旗，顺治十二年乙未科进士。

三甲第十七名　阿达布　（《明清进士题名碑录索引》）

阿达布，镶蓝旗人。

《钦定八旗通志·选举志三》：镶蓝旗，顺治十二年乙未科进士。

三甲第十八名　葛尔特　（《明清进士题名碑录索引》）

葛尔特，正黄旗人。

《钦定八旗通志·选举志三》：正黄旗，顺治十二年乙未科进士。

三甲第十九名　那尔代　（《明清进士题名碑录索引》）

那尔代，镶红旗人。

《钦定八旗通志·选举志三》：镶红旗，顺治十二年乙未科进士。

三甲第二十名　色黑得　（《明清进士题名碑录索引》）

色黑得，镶红旗人。

《钦定八旗通志·选举志三》：镶红旗，顺治十二年乙未科进士。

三甲第二十一名　阿尔达礼　（《明清进士题名碑录索引》）
阿尔达礼，镶白旗人。
《钦定八旗通志·选举志三》：镶白旗，顺治十二年乙未科进士。

三甲第二十二名　达　舒　（《明清进士题名碑录索引》）
达舒，镶黄旗人。
《钦定八旗通志·选举志三》：镶黄旗，顺治十二年乙未科进士。

三甲第二十三名　拉　自　（《明清进士题名碑录索引》）
拉自，正蓝旗满洲人。
《钦定八旗通志·选举志三》：拉自作"拉色"，正蓝旗，满洲永在佐领，顺治十二年乙未科进士。
《钦定八旗通志·选举志四》：拉自作"拉色"，正蓝旗，满洲永在佐领，顺治十一年甲午科举人。

三甲第二十四名　李　柱　（《明清进士题名碑录索引》）
李柱，正红旗人。
《钦定八旗通志·选举志三》：正红旗，顺治十二年乙未科进士。

三甲第二十五名　刘　喜　（《明清进士题名碑录索引》）
刘喜，正黄旗人。
《钦定八旗通志·选举志三》：正黄旗，顺治十二年乙未科进士。

三甲第二十六名　查　汉　（《明清进士题名碑录索引》）
查汉，正蓝旗人。
《钦定八旗通志·选举志三》：正蓝旗，顺治十二年乙未科进士。

三甲第二十七名　托必泰　（《明清进士题名碑录索引》）
托必泰，镶白旗人。《索引》一作"托必泰"。
《钦定八旗通志·选举志三》：镶白旗，顺治十二年乙未科进士。

三甲第二十八名　和　尚　（《明清进士题名碑录索引》）

和尚，镶红旗人。

《钦定八旗通志·选举志三》：镶红旗，顺治十二年乙未科进士。

三甲第二十九名　库三那　（《明清进士题名碑录索引》）

库三那，镶白旗人。

《钦定八旗通志·选举志三》：镶白旗，顺治十二年乙未科进士。

三甲第三十名　特者布　（《明清进士题名碑录索引》）

特者布，镶白旗人。

《钦定八旗通志·选举志三》：镶白旗，顺治十二年乙未科进士。

三甲第三十一名　八　拜　（《明清进士题名碑录索引》）

八拜，镶黄旗人。

《钦定八旗通志·选举志三》：镶黄旗满洲，顺治十二年乙未科进士。

三甲第三十二名　恩克参　（《明清进士题名碑录索引》）

恩克参，镶红旗人。

《钦定八旗通志·选举志三》：镶红旗，顺治十二年乙未科进士。

三甲第三十三名　岂他他　（《明清进士题名碑录索引》）

岂他他，镶黄旗人。

《钦定八旗通志·选举志三》：镶黄旗，顺治十二年乙未科进士。

三甲第三十四名　色　冷　（《明清进士题名碑录索引》）

色冷，正黄旗人。

《钦定八旗通志·选举志三》：正黄旗，顺治十二年乙未科进士。

三甲第三十五名　侯　黑　（《明清进士题名碑录索引》）

侯黑，镶黄旗人。

《钦定八旗通志·选举志三》：镶黄旗，顺治十二年乙未科进士。

三甲第三十六名　阿哈代　（《明清进士题名碑录索引》）

阿哈代，镶黄旗人。

《钦定八旗通志·选举志三》：镶黄旗，顺治十二年乙未科进士。

三甲第三十七名　班　第　（《明清进士题名碑录索引》）

班第，镶蓝旗蒙古人。

中国国家图书馆藏《顺治十二年乙未科会试三百八十五名进士三代履历便览》：蒙古镶蓝旗人。

《钦定八旗通志·选举志三》：镶蓝旗，顺治十二年乙未科进士。

三甲第三十八名　鄂尔介　（《明清进士题名碑录索引》）

鄂尔介，镶蓝旗人。

《钦定八旗通志·选举志三》：镶蓝旗，顺治十二年乙未科进士。

三甲第三十九名　图尔坤　（《明清进士题名碑录索引》）

图尔坤，镶白旗人。

《钦定八旗通志·选举志三》：镶白旗，顺治十二年乙未科进士。

三甲第四十名　占木苏　（《明清进士题名碑录索引》）

占木苏，镶白旗人。

《钦定八旗通志·选举志三》：镶白旗，顺治十二年乙未科进士。

康熙九年庚戌科（1670）

二甲第四十九名　高　璜　（《明清进士题名碑录索引》）

高璜，奉天镶黄旗汉军人。

上海图书馆藏《康熙八年顺天己酉科乡试题名录》：字廷玉，号渭师，辛卯年四月廿七日生，镶黄旗汉军都统高琏佐领下附，习《尚书》。

《钦定八旗通志·选举志三》：汉军镶黄旗，康熙九年庚戌科进士。

《钦定八旗通志·选举志四》：汉军镶黄旗，康熙八年己酉科举人。

二甲第五十一名　王维珍　（《明清进士题名碑录索引》）

王维珍，正蓝旗汉军人。

上海图书馆藏《康熙八年顺天己酉科乡试题名录》：字尚儒，号峒谷，丁亥年正月初四日生。镶蓝旗汉军都统马云程佐领下附，习《诗经》。

《钦定八旗通志·选举志三》：汉军正蓝旗，康熙九年庚戌科进士。

《钦定八旗通志·选举志四》：汉军正蓝旗，马世燉佐领，康熙八年己酉科举人。

三甲第一百三十四名　德格勒　（《明清进士题名碑录索引》）

德格勒，镶蓝旗满洲人。

上海图书馆藏《康熙八年顺天己酉科乡试题名录》：镶蓝旗满洲都统伊图佐领下附，习《易经》，庚戌科。

《钦定八旗通志·选举志三》：镶蓝旗，康熙九年庚戌科进士。

《钦定八旗通志·选举志四》：镶蓝旗，康熙八年己酉科举人。

三甲第一百九十八名　牛　钮　（《明清进士题名碑录索引》）

牛钮，正蓝旗满洲人。

上海图书馆藏《康熙八年顺天己酉科乡试题名录》：字枢臣，号亘山，戊子年九月十一日生。正蓝旗满洲都统图宝太佐领下笔帖式，习《尚书》。

《钦定八旗通志·选举志三》：正蓝旗，钟海佐领，康熙九年庚戌科进士。

《钦定八旗通志·选举志四》：正蓝旗，钟海佐领，康熙八年己酉科举人。

三甲第二百四名　李　玠　（《明清进士题名碑录索引》）

李玠，正白旗汉军人。

上海图书馆藏《康熙八年顺天己酉科乡试题名录》：字周锡，号丹崖，癸巳年六月生。正白旗汉军都统毓荣佐领下监，习《诗经》。

《钦定八旗通志·选举志三》：汉军正白旗，康熙九年庚戌科进士。

《钦定八旗通志·选举志四》：汉军正白旗，康熙八年己酉科举人。

**三甲第二百六名　博　极　**（《明清进士题名碑录索引》）

博极，正蓝旗满洲人。

上海图书馆藏《康熙八年顺天己酉科乡试题名录》：生年不详，正蓝旗满洲都统官布禄佐领下监，习《易经》，庚戌科。

《钦定八旗通志·选举志三》：满洲正蓝旗，康熙九年庚戌科进士。

《钦定八旗通志·选举志四》：满洲正蓝旗，康熙八年己酉科举人。

**三甲第二百三十名　李梦庚　**（《明清进士题名碑录索引》）

李梦庚，镶白旗汉军人。

上海图书馆藏《康熙八年顺天己酉科乡试题名录》：字继白，号仙庵，丁亥年七月廿九日生。镶白旗汉军都统朱延禧佐领下监，习《诗经》，庚戌科。

《钦定八旗通志·选举志三》：汉军镶白旗，康熙九年庚戌科进士。

《钦定八旗通志·选举志四》：汉军镶白旗，康熙八年己酉科举人。

**三甲第二百三十二名　沈独立　**（《明清进士题名碑录索引》）

沈独立，正黄旗满洲人。《索引》一作汉军人，疑误。

上海图书馆藏《康熙八年顺天己酉科乡试题名录》：字柱中，号长吉，丁亥年三月廿六日生，正黄旗满洲都统孙大力巴兔鲁佐领下附，习《诗经》，庚戌。

《钦定八旗通志·选举志三》：满洲正黄旗，康熙九年庚戌科进士。

《钦定八旗通志·选举志四》：满洲正黄旗，康熙八年己酉科举人。

康熙十二年癸丑科（1673）

**二甲第二十七名　周　昌　**（《明清进士题名碑录索引》）

周昌，镶蓝旗汉军人。

中国国家图书馆藏《康熙十二年癸丑科会试一百五十九名进士三代履历便览》：镶蓝旗顺天籍，会试第二十四名，二甲第二十七名，钦授翰林院庶吉士。

《钦定八旗通志·选举志三》：汉军镶蓝旗，陈奇谟佐领，康熙十二年癸丑科进士。

《清代翰林名录》：镶蓝旗汉军人。

三甲第十名　王允琳　（《明清进士题名碑录索引》）

王允琳，镶蓝旗汉军人。

中国国家图书馆藏《康熙十二年癸丑科会试一百五十九名进士三代履历便览》：甲午年六月初一日生，镶蓝旗顺天籍锦县人，壬子科第一百六名，会试第一百二十七名，三甲第十名，钦授翰林院庶吉士。

《钦定八旗通志·选举志三》：汉军镶蓝旗，马云程佐领，康熙十二年癸丑科进士。

三甲第十一名　李基和　（《明清进士题名碑录索引》）

李基和，镶红旗汉军人。

中国国家图书馆藏《康熙十二年癸丑科会试一百五十九名进士三代履历便览》：丙申年八月十五日生，镶红旗顺天籍，广宁人，壬子科第七十六名，会试第四十六名，三甲第十一名，钦授翰林院庶吉士。

《钦定八旗通志·选举志三》：汉军镶红旗，尤国才佐领，康熙十二年癸丑科进士。

三甲第四十三名　徐元梦　（《明清进士题名碑录索引》）

徐元梦[①]，正黄旗满洲人。

中国国家图书馆藏《康熙十二年癸丑科会试一百五十九名进士三代履历便览》：丁酉年十月二十三日生，正黄旗顺天籍，满洲人，壬子科第十八名，会试第十八名，三甲第四十三名，钦授翰林院庶吉士。

《钦定八旗通志·选举志三》：满洲正白旗，郎探佐领，康熙十二年癸丑科进士。

《钦定八旗通志·选举志四》：满洲正白旗，郎探佐领，康熙十一年壬子科举人。

《清代满蒙翰林群体研究》：正黄旗满洲人。

---

① 徐元梦旗籍采用中国国家图书馆藏《康熙十二年癸丑科会试一百五十九名进士三代履历便览》说。

《清代翰林名录》：正黄旗满洲人。

三甲第八十一名　花　尚　（《明清进士题名碑录索引》）

花尚，镶蓝旗满洲人。

中国国家图书馆藏《康熙十二年癸丑科会试一百五十九名进士三代履历便览》：壬辰年三月初一日生，镶蓝旗顺天籍，满洲人，己酉科第七十五名，会试第六十六名，三甲第八十一名。

上海图书馆藏《康熙八年顺天己酉科乡试题名录》：生年不详，镶蓝旗满洲都统都尔巴佐领下附，习《诗经》。

《钦定八旗通志·选举志三》：作"花尚"，满洲镶蓝旗，马占佐领，康熙十二年癸丑科进士。

《钦定八旗通志·选举志四》：满洲镶蓝旗，马占佐领，康熙八年己酉科举人。

三甲第一百十八名　白小子　（《明清进士题名碑录索引》）

白小子，镶红旗满洲人。

中国国家图书馆藏《康熙十二年癸丑科会试一百五十九名进士三代履历便览》：镶红旗顺天籍，满洲人，会试第八十三名，三甲第一百十八名。

上海图书馆藏《康熙八年顺天己酉科乡试题名录》：生年不详，镶红旗满洲都统□树佐领下附，习《尚书》。

《钦定八旗通志·选举志三》：满洲镶红旗，舒书佐领，康熙十二年癸丑科进士。

《钦定八旗通志·选举志四》：满洲镶红旗，舒书佐领，康熙八年己酉科举人。

康熙十五年丙辰科（1676）

二甲第七名　成　德　（《明清进士题名碑录索引》）

成德，正黄旗满洲人。

中国国家图书馆藏《康熙十五年丙辰科会试二百九名进士三代履历便览》：正黄旗人，癸丑会试第三十六名，补殿试二甲第七名。

上海图书馆藏《康熙十五年题名碑录》：正黄旗人。

《钦定八旗通志·选举志三》：改名性德，满洲正黄旗，康熙十五年丙辰科进士。

《钦定八旗通志·选举志四》：改名性德，满洲正黄旗，康熙十一年壬子科举人。

二甲第四十二名　孟缵祖　（《明清进士题名碑录索引》）

孟缵祖，镶红旗汉军人。

中国国家图书馆藏《康熙十五年丙辰科会试二百九名进士三代履历便览》：戊戌年六月二十七日生，镶红旗人，乙卯科第六十七名，会试第八十五名，二甲第四十二名。

上海图书馆藏《康熙十五年题名碑录》：镶黄旗人。

《钦定八旗通志·选举志三》：镶红旗汉军人，孟雄飞佐领，康熙十五年丙辰科进士。

《钦定八旗通志·选举志四》：镶红旗汉军人，孟雄飞佐领，康熙十四年乙卯科举人。

三甲第二十四名　卞永宁　（《明清进士题名碑录索引》）

卞永宁，正白旗汉军人。

中国国家图书馆藏《康熙十五年丙辰科会试二百九名进士三代履历便览》：丁酉年十月十三日生，正白旗人，乙卯科第二十七名，会试第一百十五名，三甲第二十四名。习《诗经》，曾祖大受，庠生，赠封通议大夫，兵部左侍郎兼都察院右副都御史。祖为凤，举人，任内弘文院副理。父三元，举人，任秘书院副理，云贵总督、兵部尚书加从一品诰封，通议大夫，右副都御史。

上海图书馆藏《康熙十五年题名碑录》：正白旗人。

《钦定八旗通志·选举志三》：正白旗汉军人，金声振佐领，康熙十五年丙辰科进士。

《钦定八旗通志·选举志四》：正白旗汉军人，金声振佐领，康熙十四年乙卯科举人。

三甲第五十五名　雷池昆　（《明清进士题名碑录索引》）

雷池昆，镶黄旗满洲人。

中国国家图书馆藏《康熙十五年丙辰科会试二百九名进士三代履历便览》：镶黄旗人，会试第一百六十六名，三甲第五十五名。

上海图书馆藏《康熙十五年题名碑录》：镶黄旗人。

《钦定八旗通志·选举志三》：满洲镶黄旗，长保佐领，康熙十五年丙辰科进士。

《钦定八旗通志·选举志四》：满洲镶黄旗，长保佐领，康熙十四年乙卯科举人。

三甲第六十八名　石　禄　（《明清进士题名碑录索引》）

石禄，正红旗满洲人。

中国国家图书馆藏《康熙十五年丙辰科会试二百九名进士三代履历便览》：壬辰年正月二十三日生，正红旗人，乙卯科第四十九名，会试第一百二十九名，三甲第六十八名。

上海图书馆藏《康熙十五年题名碑录》：正红旗人。

《钦定八旗通志·选举志三》：满洲正红旗，孙布禄佐领，康熙十五年丙辰科进士。

《钦定八旗通志·选举志四》：满洲正红旗，孙布禄佐领，康熙十四年乙卯科举人。

三甲第七十六名　石文桂　（《明清进士题名碑录索引》）

石文桂，正白旗汉军人。

中国国家图书馆藏《康熙十五年丙辰科会试二百九名进士三代履历便览》：正白旗人，会试第五十六名，三甲第七十六名。

上海图书馆藏《康熙十五年题名碑录》：正白旗人。

《钦定八旗通志·选举志三》：汉军正白旗，郑朝兴佐领，康熙十五年丙辰科进士。

《钦定八旗通志·选举志四》：汉军正白旗，郑朝兴佐领，康熙十四年乙卯科举人。

三甲第九十二名　高　琯　（《明清进士题名碑录索引》）

高琯，镶黄旗汉军人。

中国国家图书馆藏《康熙十五年丙辰科会试二百九名进士三代履历便

览》：乙未年三月二十八日生，奉天辽阳人，壬子科第一百十名，会试第一百四十六名，三甲第九十二名，钦选翰林院庶吉士。

上海图书馆藏《康熙十五年题名碑录》：镶黄旗人。

《钦定八旗通志·选举志三》：汉军镶黄旗，康熙十五年丙辰科进士。

三甲第九十七名　索　柱　（《明清进士题名碑录索引》）

索柱，镶蓝旗满洲人。

中国国家图书馆藏《康熙十五年丙辰科会试二百九名进士三代履历便览》：己亥年四月初十日生，镶蓝旗人，壬子科第七十一名，会试第十九名，三甲第九十七名。

上海图书馆藏《康熙十五年题名碑录》：镶蓝旗人，康熙十五年丙辰科进士。

《钦定八旗通志·选举志三》：镶蓝旗满洲人，常寿佐领，康熙十五年丙辰科进士。

《钦定八旗通志·选举志四》：镶蓝旗满洲人，常寿佐领，康熙十一年壬子科举人。

三甲第一百一名　曲　震　（《明清进士题名碑录索引》）

曲震，镶蓝旗满洲人。

中国国家图书馆藏《康熙十五年丙辰科会试二百九名进士三代履历便览》：乙未年五月二十六日生，镶蓝旗人，壬子科第四十六名，会试第二十九名，三甲第一百一名。

上海图书馆藏《康熙十五年题名碑录》：镶蓝旗人。

《钦定八旗通志·选举志三》：满洲镶蓝旗，康熙十五年丙辰科进士。

三甲第一百八名　班达礼　（《明清进士题名碑录索引》）

班达礼，正白旗满洲人。

中国国家图书馆藏《康熙十五年丙辰科会试二百九名进士三代履历便览》：癸巳年十月十四日生，正白旗人，乡试第四十二名，会试第一百一名，三甲第一百八名。

上海图书馆藏《康熙十五年题名碑录》：正白旗人。

《钦定八旗通志·选举志三》：满洲正白旗，康熙十五年丙辰科进士。

《钦定八旗通志·选举志四》：满洲正白旗，康熙十一年壬子科举人。

三甲第一百二十八名　宋　绎　（《明清进士题名碑录索引》）

宋绎，镶蓝旗汉军人。

中国国家图书馆藏《康熙十五年丙辰科会试二百九名进士三代履历便览》：辛卯年十月初五日生，镶蓝旗人，己酉科第一百二十九名，会试第一百八十八名，三甲第一百二十八名。

上海图书馆藏《康熙十五年题名碑录》：镶蓝旗人。

上海图书馆藏《康熙八年顺天己酉科乡试题名录》：字若思，号睿渊，辛卯年十月初五生，镶蓝旗汉军都统马云程佐领下附，习《尚书》。

《钦定八旗通志·选举志三》：汉军镶蓝旗，康熙十五年丙辰科进士。

《钦定八旗通志·选举志四》：汉军镶蓝旗，马世燉佐领，康熙八年己酉科举人。

三甲第一百三十六名　额　滕　（《明清进士题名碑录索引》）

额滕，正白旗满洲人。

中国国家图书馆藏《康熙十五年丙辰科会试二百九名进士三代履历便览》：正白旗人，会试第四十二名，三甲第一百三十六名。

上海图书馆藏《康熙十五年题名碑录》：正白旗人。

《钦定八旗通志·选举志三》：正白旗满洲人，康熙十五年丙辰科进士。

《钦定八旗通志·选举志四》：正白旗满洲人，康熙十一年壬子科举人。

三甲第一百三十九名　保　民　（《明清进士题名碑录索引》）

保民，正蓝旗满洲人。

中国国家图书馆藏《康熙十五年丙辰科会试二百九名进士三代履历便览》：正蓝旗人，会试第七十一名，三甲第一百三十九名。

上海图书馆藏《康熙十五年题名碑录》：正蓝旗人。

《钦定八旗通志·选举志三》：满洲正蓝旗，拉克大佐领，康熙十五年丙辰科进士。

《钦定八旗通志·选举志四》：满洲正蓝旗，拉克大佐领，康熙十四年乙卯科举人。

三甲第一百五十二名　齐体物　（《明清进士题名碑录索引》）

齐体物，正黄旗汉军人。

中国国家图书馆藏《康熙十五年丙辰科会试二百九名进士三代履历便览》：正黄旗人，会试第二百名，三甲第一百五十二名。

上海图书馆藏《康熙十五年题名碑录》：正黄旗人。

《钦定八旗通志·选举志三》：正黄旗汉军人，李耀祖佐领，康熙十五年丙辰科进士。

《钦定八旗通志·选举志四》：正黄旗汉军人，李耀祖佐领，康熙十四年乙卯科举人。

康熙三十年辛未科（1691）

三甲第三十九名　阿　金　（《明清进士题名碑录索引》）

阿金，镶白旗满洲人。

《钦定八旗通志·选举志三》：满洲镶白旗，傅尔敏佐领，康熙三十年辛未科进士。

《钦定八旗通志·选举志四》：满洲镶白旗，傅尔敏佐领，康熙二十九年庚午科举人。

三甲第六十名　胡麟征　（《明清进士题名碑录索引》）

胡麟征，镶红旗汉军人。

《钦定八旗通志·选举志三》：汉军镶红旗，郎化麟佐领，康熙三十年辛未科进士。

《钦定八旗通志·选举志四》：汉军镶红旗，郎化麟佐领，康熙二十九年庚午科举人。

三甲第七十五名　佘松生　（《明清进士题名碑录索引》）

佘松生，正蓝旗汉军人。

《钦定八旗通志·选举志三》：汉军正蓝旗，张枢佐领，康熙三十年辛未科进士。

《钦定八旗通志·选举志四》：汉军正蓝旗，张枢佐领，康熙二十九年庚午科举人。

三甲第七十七名　喀尔喀　（《明清进士题名碑录索引》）
喀尔喀，正白旗满洲人。
《钦定八旗通志·选举志三》：满洲正白旗，乌尔赛佐领，康熙三十年辛未科进士。
《钦定八旗通志·选举志四》：满洲正白旗，吴尔赛佐领，康熙二十九年庚午科举人。
《皇清书史》：字警斋，满洲正白旗人，康熙三十年翰林。书近思翁。

三甲第八十五名　巴　海　（《明清进士题名碑录索引》）
巴海，镶白旗满洲人。
《钦定八旗通志·选举志三》：满洲镶白旗，能格佐领，康熙三十年辛未科进士。
《钦定八旗通志·选举志四》：满洲镶白旗，能格佐领，康熙二十九年庚午科举人。

康熙三十三年甲戌科（1694）

二甲第三十一名　陈梦球　（《明清进士题名碑录索引》）
陈梦球，正白旗汉军人。
中国国家图书馆藏《康熙三十三年甲戌科会试墨卷》：中式举人第六十九名，正白旗汉军都统孙徵澍佐领下学生，习《易经》。
《钦定八旗通志·选举志三》：正白旗汉军人，孙徵澍佐领，康熙三十三年甲戌科进士。
《钦定八旗通志·选举志四》：正白旗汉军人，孙徵澍佐领，康熙三十一年癸酉科举人。

二甲第三十七名　阿锡台　（《明清进士题名碑录索引》）
阿锡台，镶白旗满洲人。
中国国家图书馆藏《康熙三十三年甲戌科会试墨卷》：中式举人第八十三名，阿锡台，镶白旗满洲都统黑都佐领下监生，习《易经》。

《钦定八旗通志·选举志三》：满洲镶白旗，黑都佐领，康熙三十三年甲戌科进士。

《钦定八旗通志·选举志四》：满洲镶白旗，黑都佐领，康熙二十九年庚午科举人。

三甲第十二名　傅　森　（《明清进士题名碑录索引》）

傅森，镶白旗满洲人。

中国国家图书馆藏《康熙三十三年甲戌科会试墨卷》：中式举人第九十七名，傅森，镶白旗满洲都统杜喀禅佐领下监生，习《书尚》。

《钦定八旗通志·选举志三》：满洲镶白旗，杜喀禅佐领，康熙三十三年甲戌科进士。

《钦定八旗通志·选举志四》：满洲镶白旗，杜喀禅佐领，康熙三十一年癸酉科举人。

《枢垣记略·题名一》卷十五：满洲镶黄旗人，官至户部尚书，三甲十二名。

三甲第二十名　拉都立　（《明清进士题名碑录索引》）

拉都立，镶黄旗满洲人。

中国国家图书馆藏《康熙三十三年甲戌科会试墨卷》：中式举人第十八名，拉都立，镶黄旗满洲都统阿苓阿佐领下监生，习《春秋》。

《钦定八旗通志·选举志三》：满洲镶黄旗，阿苓阿佐领，康熙三十三年甲戌科进士。

《钦定八旗通志·选举志四》：满洲镶黄旗，敦多和佐领，康熙二十九年庚午科举人。

三甲第四十五名　（觉罗）满保　（《明清进士题名碑录索引》）

（觉罗）满保，正黄旗满洲人。

中国国家图书馆藏《康熙三十三年甲戌科会试墨卷》：中式举人第六十八名，觉罗满保，正黄旗满洲都统渣蒲图佐领下副榜贡生，习《尚书》。

《钦定八旗通志·选举志三》：满洲正黄旗，查蒲图佐领，康熙三十三年甲戌科进士。

《钦定八旗通志·选举志四》：满洲正黄旗，查蒲图佐领，康熙三十一年癸酉科举人。

三甲第五十二名　五　哥　（《明清进士题名碑录索引》）

五哥，镶黄旗满洲人。

《索引》：一作"五格"。

《钦定八旗通志·选举志三》：满洲镶黄旗，马武佐领，康熙三十三年甲戌科进士。

《钦定八旗通志·选举志四》：满洲镶黄旗，马武佐领，康熙二十九年庚午科举人。

三甲第五十六名　海　宝　（《明清进士题名碑录索引》）

海宝，镶白旗满洲人。

中国国家图书馆藏《康熙三十三年甲戌科会试墨卷》：中式举人第九十五名，海宝，镶白旗满洲都统罗必达佐领下监生，习《易经》。

《钦定八旗通志·选举志三》：海宝作"法宝"，满洲镶白旗，罗必达佐领，康熙三十三年甲戌科进士。

《钦定八旗通志·选举志四》：满洲镶白旗，罗必达佐领，康熙三十一年癸酉科举人。

三甲第八十九名　高其倬　（《明清进士题名碑录索引》）

高其倬，镶白旗汉军人。

中国国家图书馆藏《康熙三十三年甲戌科会试墨卷》：中式举人第十九名，镶白旗汉军都统高其伸佐领下监生，习《诗经》。

《钦定八旗通志·选举志三》：汉军镶白旗，高其伸佐领，康熙三十三年甲戌科进士。

《钦定八旗通志·选举志四》：汉军镶白旗，高其伸佐领，康熙三十一年癸酉科举人。

三甲第一百名　吴　玥　（《明清进士题名碑录索引》）

吴玥，镶红旗汉军人。

中国国家图书馆藏《康熙三十三年甲戌科会试墨卷》：中式举人第八十四名，吴玥，镶红旗汉军都统赵世纶佐领下监生，习《尚书》。

《钦定八旗通志·选举志三》：汉军镶红旗，赵世纶佐领，康熙三十三年甲戌科进士。

《钦定八旗通志·选举志四》：汉军镶红旗，赵世纶佐领，康熙二十九年庚午科举人。

**三甲第一百七名　法　海　**（《明清进士题名碑录索引》）

法海，镶黄旗满洲人。

中国国家图书馆藏《康熙三十三年甲戌科会试墨卷》：中式举人第八十一名，法海，镶黄旗满洲都统唐则尧佐领下附学生，习《春秋》。

《钦定八旗通志·选举志三》：满洲镶黄旗，唐则尧佐领，康熙三十三年甲戌科进士。

《钦定八旗通志·选举志四》：满洲镶黄旗，唐则尧佐领，康熙三十一年癸酉科举人。

康熙三十六年丁丑科（1697）

**二甲第十二名　桑　格　**（《明清进士题名碑录索引》）

桑格，镶黄旗满洲人。

《钦定八旗通志·选举志三》：满洲镶黄旗，达尔查佐领，康熙三十六年丁丑科进士。

《钦定八旗通志·选举志四》：满洲镶黄旗，达尔查佐领，康熙三十五年丙子科举人。

**二甲第二十八名　查　赛　**（《明清进士题名碑录索引》）

查赛，镶蓝旗满洲人。

《钦定八旗通志·选举志三》：长禄佐领，满洲镶蓝旗，康熙三十六年丁丑科进士。

《钦定八旗通志·选举志四》：长禄佐领，满洲镶蓝旗，康熙三十一年癸酉科举人。

**三甲第十一名　阿尔赛　**（《明清进士题名碑录索引》）

阿尔赛，镶蓝旗满洲人。

《钦定八旗通志·选举志三》：满洲镶蓝旗，班第佐领，康熙三十六年丁丑科进士。

《钦定八旗通志·选举志四》：满洲镶蓝旗，班第佐领，康熙三十五年丙子科举人。

三甲第三十三名　蔡　斑　（《明清进士题名碑录索引》）

蔡斑，正白旗汉军人。

《钦定八旗通志·选举志三》：汉军正白旗，蔡毓茂佐领，康熙三十六年丁丑科进士。

《钦定八旗通志·选举志四》：汉军正白旗，蔡毓茂佐领，康熙三十一年癸酉科举人。

《八旗艺文编目》：字若朴，号禹功，又号松山季子。康熙丁丑科进士，散馆授检讨，累官吏部尚书兼掌院学士、直隶总督，降奉天府府尹。蔡毓荣子。

三甲第四十三名　常　哥　（《明清进士题名碑录索引》）

常哥，正白旗满洲人。《索引》一作"常格"。

《钦定八旗通志·选举志三》：满洲正白旗，和尚佐领，康熙三十六年丁丑科进士。

《钦定八旗通志·选举志四》：满洲正白旗，虽里图佐领，康熙三十五年丙子科举人。

三甲第七十名　高尚瑛　（《明清进士题名碑录索引》）

高尚瑛，正白旗汉军人。

《钦定八旗通志·选举志三》：汉军正白旗，陈普佐领，康熙三十六年丁丑科进士。

《钦定八旗通志·选举志四》：汉军正白旗，陈普佐领，康熙三十五年丙子科举人。

三甲第七十二名　阿进泰　（《明清进士题名碑录索引》）

阿进泰，镶黄旗满洲人。

《钦定八旗通志·选举志三》：满洲镶黄旗，常书佐领，康熙三十六年丁丑科进士。

《钦定八旗通志·选举志四》：满洲镶黄旗，尚书佐领，康熙三十五年丙子科举人。

三甲第七十三名　傅　敏　（《明清进士题名碑录索引》）

傅敏，《索引》榜名傅敏。改名福敏，一作富敏。镶白旗满洲人。

《钦定八旗通志·选举志三》：改名福敏，图什希佐领，满洲镶白旗，康熙三十六年丁丑科进士。

《钦定八旗通志·选举志四》：图什希佐领，满洲镶白旗，康熙三十五年丙子科举人。

《八旗文经》：字龙翰，号湘邻，富察氏，世居讷殷地方。隶满洲镶白旗。康熙丁丑科殿试三甲第七十三名，改庶吉士，散馆归班，谥号文端。

《清史稿》卷三百三《列传》九十：福敏，字龙翰，富察氏，满洲镶白旗人。康熙三十六年进士，选庶吉士，散馆，以知县待铨。

康熙三十九年庚辰科（1700）

二甲第五十三名　文　岱　（《明清进士题名碑录索引》）

文岱，镶白旗满洲人。

上海图书馆藏《康熙三十九年庚辰科会试中式同年录》：字岳宗，号震青，丙辰年十二月初三日生，满洲镶白旗监生，习《易经》。丙子科第九十三名，会试第一十九名，二甲第五十三名。授翰林院编修。祖安泰。父文布，户部员外郎。

《钦定八旗通志·选举志三》：尔什希佐领，满洲镶白旗，康熙三十九年庚辰科进士。

《钦定八旗通志·选举志四》：图什希佐领，满洲镶白旗，康熙三十五年丙子科举人。

三甲第三十一名　王允猷　（《明清进士题名碑录索引》）

王允猷，正红旗汉军人。

上海图书馆藏《康熙三十九年庚辰科会试中式同年录》：字大升，号济夫。壬寅年八月初八日生，汉军正红旗监生，习《易经》。己卯科第一百三十一，会试第八十九名，三甲第三十一名。祖麟。父之臣，固山大弟壮猷骁骑校。子布鲁。

《钦定八旗通志·选举志三》：汉军正红旗，孙元吉佐领，康熙三十九年庚辰科进士。

《钦定八旗通志·选举志四》：汉军正红旗，孙元吉佐领，康熙三十八年己卯科举人。

三甲第五十七名　李延恺　（《明清进士题名碑录索引》）

李延恺，镶蓝旗汉军人。

上海图书馆藏《康熙三十九年庚辰科会试中式同年录》：字阜如，丁巳年十二月廿三日生，汉军镶蓝旗附生，习《诗经》。癸酉科第一百三名，会试第二十二名，三甲第五十七名。祖三述，父德灿，子世锦。

《钦定八旗通志·选举志三》：李延恺作"李廷垲"，张朝午佐领，汉军镶蓝旗，康熙三十九年庚辰科进士。

《钦定八旗通志·选举志四》：李延恺作"李廷垲"，王维珍佐领，汉军镶蓝旗，康熙三十一年癸酉科举人。

三甲第八十七名　瓦尔达　（《明清进士题名碑录索引》）

瓦尔达，镶白旗满洲人。

上海图书馆藏《康熙三十九年庚辰科会试中式同年录》：字中孚，满洲镶白旗监生，习《易经》。丙子科乡试第二十九名，会试第□十名，殿试三甲第八十七名。直隶保定府通判。

《钦定八旗通志·选举志三》：满洲镶白旗，郭色佐领，康熙三十九年庚辰科进士。

《钦定八旗通志·选举志四》：满洲镶白旗，郭色佐领，康熙三十五年丙子科举人。

三甲第八十八名　文　明　（《明清进士题名碑录索引》）

文明，正白旗满洲人。

上海图书馆藏《康熙三十九年庚辰科会试中式同年录》：字在兹，号朗斋，壬戌年四月初三日生，满洲正白旗附生。己卯科乡试第一百十二名，会试第二百二十二名，殿试三甲第八十八名。祖阿尔拜，父温代。

《钦定八旗通志·选举志三》：雅尔赛佐领，满洲正白旗，康熙三十九年庚辰科进士。

《钦定八旗通志·选举志四》：了尔赛佐领，满洲正白旗，康熙三十八年己卯科举人。

三甲第一百七名　陈　还　（《明清进士题名碑录索引》）
陈还，正白旗汉军人。

上海图书馆藏《康熙三十九年庚辰科会试中式同年录》：字君锡，号素亭，丁巳年六月十一日生，汉军正白旗廪生，习《易经》，乙卯科乡试第□百廿二名，会试第一百七名，殿试三甲第一百七名。祖永华；父梦炜，章京；叔梦球，编修。

《钦定八旗通志·选举志三》：汉军正白旗，孙徵澍佐领，康熙三十九年庚辰科进士。

《钦定八旗通志·选举志四》：汉军正白旗，孙徵澍佐领，康熙三十八年己卯科举人。

三甲第一百三十七名　（觉罗）逢泰　（《明清进士题名碑录索引》）
（觉罗）逢泰，正黄旗满洲人。

上海图书馆藏《康熙三十九年庚辰科会试中式同年录》：字阶云，八月廿二日生，满洲正黄旗人，鲁石达礼侍卫，习《尚书》，癸酉科会试第二百四十五名，殿试三甲第一百三十七名，授翰林院检讨。祖胡章阿，理事；父鲁参，少詹事。

《钦定八旗通志·选举志三》：满洲正黄旗，查蒲图佐领，康熙三十九年庚辰科进士。

《钦定八旗通志·选举志四》：觉罗耄子，改名"逢泰"，满洲正黄旗，查蒲图佐领，康熙三十一年癸酉科举人。

三甲第一百四十五名　福　寿　（《明清进士题名碑录索引》）
福寿，镶黄旗满洲人。

上海图书馆藏《康熙三十九年庚辰科会试中式同年录》：字以介，号视三。丁巳年八月廿三日生，满洲镶黄旗廪膳生，己卯科乡试第二十三名，会试第一百四十一名，殿试三甲第一百四十五名。父赓泰。

《钦定八旗通志·选举志三》：满洲镶黄旗，席尔登佐领，康熙三十九年庚辰科进士。

《钦定八旗通志·选举志四》：满洲镶黄旗，席尔登佐领，康熙三十八年己卯科举人。

三甲第一百四十七名　常　住　（《明清进士题名碑录索引》）

常住，镶红旗满洲人。

上海图书馆藏《康熙三十九年庚辰科会试中式同年录》：字一庵，己未年五月初一日生，满洲镶红旗监生，习《诗经》，丙子科乡试第九十九名，会试第六十名，殿试三甲第一百四十七名。

《钦定八旗通志·选举志三》：常住作"常柱"，满洲镶红旗，包衣胡萨那佐领，康熙三十九年庚辰科进士。

《钦定八旗通志·选举志四》：满洲镶红旗，包衣胡萨那佐领，康熙三十五年丙子科举人。

三甲第一百五十八名　那　善　（《明清进士题名碑录索引》）

那善，镶黄旗满洲人。

上海图书馆藏《康熙三十九年庚辰科会试中式同年录》：字思兼，辛酉年八月初一日生，满洲镶黄旗附生，习《易经》，己卯科乡试第四十六名，会试第二百三十名，殿试三甲第一百五十八名，授有司理事官。

《钦定八旗通志·选举志三》：满洲镶黄旗，庸善佐领，康熙三十九年庚辰科进士。

《钦定八旗通志·选举志四》：满洲镶黄旗，庸爱佐领，康熙三十八年己卯科举人。

三甲第一百六十八名　郑兴祖　（《明清进士题名碑录索引》）

郑兴祖，正黄旗满洲人。

上海图书馆藏《康熙三十九年庚辰科会试中式同年录》：辛酉年十月初六日生，满洲正黄旗廪生，习《诗经》，丙子科乡试第四十二名，会试第一百四十名，殿试三甲第一百六十八名。祖郑庠，郎中；父堪泰，侍卫子。

《钦定八旗通志·选举志三》：满洲正黄旗，明珠佐领，康熙三十九年庚辰科进士。

《钦定八旗通志·选举志四》：满洲正黄旗，明珠佐领，康熙三十五年丙子科举人。

三甲第一百八十一名　富尔敦　（《明清进士题名碑录索引》）

富尔敦，正黄旗满洲人。

上海图书馆藏《康熙三十九年庚辰科会试中式同年录》：乙丑年正月初五日生，满洲正黄旗廪生，习《诗经》，己卯科乡试第二十四名，会试第二十六名，殿试三甲第一百八十一名。礼科掌印部笔帖式。祖明珠，大学士。父性德，癸丑改侍卫。

《钦定八旗通志·选举志三》：满洲正黄旗，揆叙佐领，康熙三十九年庚辰科进士。

《钦定八旗通志·选举志四》：满洲正黄旗，揆叙佐领，康熙三十八年己卯科举人。

三甲第一百九十六名　朱兰泰　（《明清进士题名碑录索引》）

朱兰泰，正白旗满洲人。

上海图书馆藏《康熙三十九年庚辰科会试中式同年录》：丙寅年三月初九日生，满洲正白旗附生，习《尚书》，己卯科乡试第一百三十五名，会试第三十九名，殿试三甲第一百九十六名，签分刑部。

《钦定八旗通志·选举志三》：满洲正白旗，佛伦佐领，康熙三十九年庚辰科进士。

《钦定八旗通志·选举志四》：满洲正白旗，佛伦佐领，康熙三十八年己卯科举人。

《八旗艺文编目》：字庸伯，一字会侯，氏舒穆鲁，世居朱舍里地方，隶正白旗。康熙庚辰科进士，累官翰林院侍讲学士。

三甲第二百一名　托贤　（《明清进士题名碑录索引》）

托贤，正黄旗满洲人。

上海图书馆藏《康熙三十九年庚辰科会试中式同年录》：字师孟，号椒岩，癸亥年五月十五日生，满洲正黄旗监生，习《尚书》，丙子科乡试第三十六名，会试第一百廿名，殿试三甲第二百一名。

《钦定八旗通志·选举志三》：满洲正黄旗，索勒图佐领，康熙三十九年庚辰科进士。

《钦定八旗通志·选举志四》：满洲正黄旗，索额图佐领，康熙三十五年丙子科举人。

三甲第二百十三名　平　住　（《明清进士题名碑录索引》）

平住，镶黄旗满洲人。

上海图书馆藏《康熙三十九年庚辰科会试中式同年录》：字主立，号擎庵，壬戌年十月初四日生，满洲镶蓝旗增生，习《春秋》，己卯科乡试第八十名，会试第二百一名，殿试三甲第二百十三名。祖额罗洪，父绥色。

《钦定八旗通志·选举志三》：作"平柱"，满洲镶蓝旗，绥色佐领，康熙三十九年庚辰科进士。

《钦定八旗通志·选举志四》：作"平柱"，满洲镶蓝旗，绥色佐领，康熙三十八年己卯科举人。

三甲第二百十六名　高其伟　（《明清进士题名碑录索引》）

高其伟，镶白旗汉军人。

上海图书馆藏《康熙三十九年庚辰科会试中式同年录》：字轶之，庚申年正月初六日生，汉军镶白旗汉军监生，习《诗经》，丙子科乡试第□百十二名，会试第七十一名，殿试三甲第二百十六名，庶常。祖尚豢。父承爵，安徽巡抚。

《钦定八旗通志·选举志三》：汉军镶白旗，高其位佐领，康熙三十九年庚辰科进士。

《钦定八旗通志·选举志四》：汉军镶白旗，高其伸佐领，康熙三十五年丙子科举人。

三甲第二百十八名　年羹尧　（《明清进士题名碑录索引》）

年羹尧，镶白旗汉军人。

上海图书馆藏《康熙三十九年庚辰科会试中式同年录》：字亮工，庚申年二月廿六日生。汉军镶白旗附生，习《易经》，己卯科乡试第四十二名，会试第二百十五名，殿试三甲第二百十八名。祖仲隆，乙未和州知州。父遏龄湖北巡抚。

《钦定八旗通志·选举志三》：汉军镶白旗，陈继范佐领，康熙三十九年庚辰科进士。

《钦定八旗通志·选举志四》：汉军镶白旗，陈继范佐领，康熙三十八年己卯科举人。

《杭州八旗驻防营志略》：汉军正白旗人。

《八旗艺文编目》：字亮工，号双峰。康熙庚辰进士，散馆授检讨。康熙四十八年由侍讲学士迁内阁学士。历官川陕总督、宁远大将军，加太保，封一等公。雍正三年调杭州将军，降防御，伏法。

康熙四十二年癸未科（1703）

二甲第四十一名　伊　太　（《明清进士题名碑录索引》）

伊太，镶白旗满洲人。

《索引》：碑作"伊泰"。

中国国家图书馆藏《癸未科会试闱墨》：镶白旗满洲都统穆塞佐领下监生，习《易经》。中式举人第一百六十二名，会试第十九名。

《钦定八旗通志·选举志三》：满洲镶白旗，穆赛佐领，康熙四十二年癸未科进士。

《钦定八旗通志·选举志四》：满洲镶白旗，鄂奇佐领，康熙三十八年己卯科举人。

三甲第十一名　靳治岐　（《明清进士题名碑录索引》）

靳治岐，镶黄旗汉军人。

中国国家图书馆藏《癸未科会试闱墨》：镶黄旗汉军都统靳治豫佐领下监生，习《诗经》。中式举人第一百六十二名，会试第八十七名。

《钦定八旗通志·选举志三》：汉军镶黄旗，靳治豫佐领，康熙四十二年癸未科进士。

《钦定八旗通志·选举志四》：汉军镶黄旗，靳治豫佐领，康熙三十八年己卯科举人。

三甲第二十名　西　库　（《明清进士题名碑录索引》）

西库，镶黄旗满洲人。

中国国家图书馆藏《癸未科会试闱墨》：中式举人第一百六十二名，会试第一百五十九名，镶黄旗满洲都统钮伦佐领下廪生，习《礼记》。

《钦定八旗通志·选举志三》：满洲镶黄旗，钮伦佐领，康熙四十二年癸未科进士。

《钦定八旗通志·选举志四》：满洲镶黄旗，钮伦佐领，康熙四十一年壬午科举人。

三甲第三十六名　耿古德　（《明清进士题名碑录索引》）

耿古德，镶红旗满洲人。

中国国家图书馆藏《癸未科会试闱墨》：镶红旗满洲都统黑尔金佐领下监生，习《尚书》。中式举人第一百六十二名，会试第六十六名。

《钦定八旗通志·选举志三》：满洲镶红旗，黑尔金佐领，康熙四十二年癸未科进士。

《钦定八旗通志·选举志四》：满洲镶红旗，黑尔金佐领，康熙三十八年己卯科举人。

三甲第五十六名　王士铨　（《明清进士题名碑录索引》）

王士铨，镶蓝旗汉军人。

中国国家图书馆藏《癸未科会试闱墨》：镶蓝旗汉军都统马世宠佐领下岁贡生，习《春秋》。中式举人第一百六十二名，会试第二十名。

《钦定八旗通志·选举志三》：汉军镶蓝旗，马世宠管领，康熙四十二年癸未科进士。

《钦定八旗通志·选举志四》：汉军镶蓝旗，马世宠管领，康熙三十八年己卯科举人。

三甲第五十九名　董　泰　（《明清进士题名碑录索引》）

董泰，镶黄旗满洲人。

中国国家图书馆藏《癸未科会试闱墨》：镶黄旗满洲都统唐保佐领下廪生，习《尚书》。中式举人第一百六十二名，会试第三十五名。

《钦定八旗通志·选举志三》：满洲镶黄旗，唐保佐领，康熙四十二年癸未科进士。

《钦定八旗通志·选举志四》：满洲镶黄旗，伯唐保住佐领，康熙四十一年壬午科举人。

三甲第六十一名　杨万程　（《明清进士题名碑录索引》）

杨万程，正黄旗汉军人。

中国国家图书馆藏《康熙癸未科会试朱卷》：字扶九，号南溟，行一，庚申年六月十七日生，内务府正黄旗汉军包衣伽伦佐领下附生，习《易经》，己卯科乡试中式第一百五十一名，癸未科会试中式第一百二十名，殿试三甲第六十一名，钦授翰林院庶吉士。

中国国家图书馆藏《癸未科会试闱墨》：正黄旗汉军都统包衣佛伦浑托和下附生，习《易经》。中式举人第一百六十二名，会试第一百二十名。

《钦定八旗通志·选举志三》：汉军正黄旗，包衣佛伦管领，康熙四十二年癸未科进士。

《钦定八旗通志·选举志四》：汉军正黄旗，包衣孙柱管领，康熙三十八年己卯科举人。

三甲第七十五名　阿进泰　（《明清进士题名碑录索引》）

阿进泰，正红旗满洲人。

中国国家图书馆藏《康熙癸未科会试朱卷》：字阶平，号静安，行一，癸丑年十二月十五日生，正红旗满洲都统常保佐领下附生，习《易经》。壬午科乡试中式第十七名，癸未科会试中式第一百三十一名，殿试三甲第七十五名。

中国国家图书馆藏《癸未科会试闱墨》：正红旗满洲都统常保佐领下附生，习《易经》。中式举人第一百六十二名，会试第一百三十六名。

《钦定八旗通志·选举志三》：满洲正红旗，常保佐领，康熙四十二年癸未科进士。

《钦定八旗通志·选举志四》：满洲正红旗，存柱佐领，康熙四十一年壬午科举人。

三甲第九十二名　才　住　（《明清进士题名碑录索引》）

才住，正白旗满洲人。

中国国家图书馆藏《癸未科会试闱墨》：镶白旗满洲都统包衣博思泰佐领下监生，习《五经》。中式举人第一百六十二名，会试第七十九名。

《钦定八旗通志·选举志三》：作"才柱"，满洲镶白旗，包衣博思泰佐领，康熙四十二年癸未科进士。

《钦定八旗通志·选举志四》：满洲镶白旗，包衣博思泰佐领，康熙三十八年己卯科举人。

三甲第一百八名　勒腾额　（《明清进士题名碑录索引》）

勒腾额，镶蓝旗满洲人。

中国国家图书馆藏《癸未科会试闱墨》：中式举人第一百六十二名，会试第一百四十四名，镶蓝旗满洲都统常拔士佐领下岁贡生，习《诗经》。

《钦定八旗通志·选举志三》：满洲镶蓝旗，常拔士佐领，康熙四十二年癸未科进士。

《钦定八旗通志·选举志四》：满洲镶蓝旗，常拔士佐领，康熙三十五年丙子科举人。

康熙四十五年丙戌科（1706）

二甲第二十七名　索　泰　（《明清进士题名碑录索引》）

索泰，镶白旗满洲人。

《钦定八旗通志·选举志三》：满洲镶白旗，色尔贝佐领，康熙四十五年丙戌科进士。

三甲第十九名　（觉罗）坡岱　（《明清进士题名碑录索引》）

（觉罗）坡岱，正黄旗满洲人。

《钦定八旗通志·选举志三》：满洲正黄旗，觉罗进宝佐领，康熙四十五年丙戌科进士。

《钦定八旗通志·选举志四》：满洲正黄旗，觉罗进宝佐领，康熙四十一年壬午科举人。

三甲第四十六名　满　保　（《明清进士题名碑录索引》）

满保，镶黄旗满洲人。

《钦定八旗通志·选举志三》：满洲镶黄旗，觉罗佛伦佐领，康熙四十五年丙戌科进士。

《钦定八旗通志·选举志四》：满洲镶黄旗，觉罗佛伦佐领，康熙四十四年乙酉科举人。

三甲第六十二名　奇勒伦　（《明清进士题名碑录索引》）

奇勒伦，正白旗满洲人。

《钦定八旗通志·选举志三》：满洲正白旗，桑阿里佐领，康熙四十五年丙戌科进士。

《钦定八旗通志·选举志四》：满洲正白旗，桑阿里佐领，康熙四十四年乙酉科举人。

三甲第八十名　吴宗阿　（《明清进士题名碑录索引》）

吴宗阿，镶白旗满洲人。

《钦定八旗通志·选举志三》：满洲镶白旗，广哥佐领，康熙四十五年丙戌科进士。

三甲第八十五名　刘之玠　（《明清进士题名碑录索引》）

刘之玠，镶蓝旗汉军人。

《钦定八旗通志·选举志三》：汉军镶蓝旗，刘显位佐领，康熙四十五年丙戌科进士。

《钦定八旗通志·选举志四》：汉军镶蓝旗，刘显位佐领，康熙四十四年乙酉科举人。

三甲第九十一名　刘　植　（《明清进士题名碑录索引》）

刘植，正蓝旗汉军人。

《钦定八旗通志·选举志三》：汉军正蓝旗，佟铨佐领，康熙四十五年丙戌科进士。

《钦定八旗通志·选举志四》：汉军正蓝旗，佟铨佐领，康熙四十四年乙酉科举人。

三甲第一百三十六名　杭宜禄　（《明清进士题名碑录索引》）

杭宜禄，正红旗满洲人。

《钦定八旗通志·选举志三》：满洲正红旗，沙喀佐领，康熙四十五年丙戌科进士。

三甲第一百四十一名　都　麦　（《明清进士题名碑录索引》）

都麦，镶蓝旗满洲人。

《钦定八旗通志·选举志三》：色勒佐领，满洲镶蓝旗，康熙四十五年丙戌科进士。

三甲第一百四十二名　徐　琳　（《明清进士题名碑录索引》）

徐琳，镶白旗汉军人。

《钦定八旗通志·选举志三》：汉军镶白旗，李建勋佐领，康熙四十五年丙戌科进士。

《钦定八旗通志·选举志四》：汉军镶白旗，包衣李建勋佐领，康熙四十一年壬午科举人。

三甲第一百四十三名　常　生　（《明清进士题名碑录索引》）

常生，正白旗满洲人。

《钦定八旗通志·选举志三》：满洲镶蓝旗，色勒佐领，康熙四十五年丙戌科进士。

《钦定八旗通志·选举志四》：满洲镶蓝旗，色勒佐领，康熙四十一年壬午科举人。

三甲第一百七十名　德　弘　（《明清进士题名碑录索引》）

德弘，正白旗满洲人。

《钦定八旗通志·选举志三》：德弘作"德宏"，鄂什吞佐领，满洲正白旗，康熙四十五年丙戌科进士。

《钦定八旗通志·选举志四》：德弘作"德宏"，改名德通，鄂什乔佐领，满洲正白旗，康熙四十四年乙酉科举人。

三甲第一百八十二名　那　山　（《明清进士题名碑录索引》）

那山，正白旗满洲人。

《钦定八旗通志·选举志三》：满洲正白旗，千里保佐领，康熙四十五年丙戌科进士。

《钦定八旗通志·选举志四》：满洲正白旗，包衣千里保佐领，康熙四十四年乙酉科举人。

三甲第一百八十七名　七　十　（《明清进士题名碑录索引》）

七十，正红旗满洲人。

《钦定八旗通志·选举志三》：满洲正红旗，包衣阿达海佐领，康熙四十五年丙戌科进士。

《钦定八旗通志·选举志四》：满洲正红旗，包衣阿达海佐领，康熙四十一年壬午科举人。

三甲第一百九十二名　聂师尧　（《明清进士题名碑录索引》）

聂师尧，镶黄旗汉军人。

《钦定八旗通志·选举志三》：汉军镶黄旗，卢承烈佐领，康熙四十五年丙戌科进士。

《钦定八旗通志·选举志四》：汉军镶黄旗，卢承烈佐领，康熙四十四年乙酉科举人。

三甲第二百名　赵世勋　（《明清进士题名碑录索引》）

赵世勋，镶白旗汉军人。

《钦定八旗通志·选举志三》：汉军镶白旗，雷世俊佐领，康熙四十五年丙戌科进士。

《钦定八旗通志·选举志四》：汉军镶白旗，包衣雷世俊佐领，康熙四十四年乙酉科举人。

三甲第二百二十七名　夸　喀　（《明清进士题名碑录索引》）

夸喀，正红旗满洲人。

《钦定八旗通志·选举志三》：满洲正红旗，三泰佐领，康熙四十五年丙戌科进士。

《钦定八旗通志·选举志四》：满洲正红旗，三泰佐领，康熙四十一年壬午科举人。

三甲第二百二十八名　骚达子　（《明清进士题名碑录索引》）

骚达子，镶蓝旗满洲人。

《钦定八旗通志·选举志三》：满洲镶蓝旗，岳诸岱佐领，康熙四十五年丙戌科进士。

《钦定八旗通志·选举志四》：满洲镶蓝旗，包衣岳诸岱佐领，康熙四十四年乙酉科举人。

康熙四十八年己丑科（1709）

二甲第八名　阿克敦　（《明清进士题名碑录索引》）

阿克敦，正蓝旗满洲人。

《钦定八旗通志·选举志三》：满洲正蓝旗，苏巴立佐领，康熙四十八年己丑科进士。

《钦定八旗通志·选举志四》：满洲正蓝旗，苏巴立佐领，康熙四十七年戊子科举人。

《八旗艺文编目》：字冲和，一字立恒，号恒岩，氏章佳。先世居长白山斐雅郎阿地方，继迁鄂谟和索罗，隶正蓝旗。康熙己丑科进士，改庶吉士，散馆授编修。

三甲第三十六名　色楞阁　（《明清进士题名碑录索引》）

色楞阁，正白旗满洲人。

《钦定八旗通志·选举志三》：满洲正白旗，爱中佐领，康熙四十八年己丑科进士。

《钦定八旗通志·选举志四》：满洲正白旗，爱忠佐领，康熙四十七年戊子科举人。

三甲第一百十六名　哈尔泰　（《明清进士题名碑录索引》）

哈尔泰，镶蓝旗满洲人。

《钦定八旗通志·选举志三》：满洲镶蓝旗，常寿佐领，康熙四十八年己丑科进士。

《钦定八旗通志·选举志四》：满洲镶蓝旗，常寿佐领，康熙四十七年戊子科举人。

三甲第一百七十四名　张鹏翼　（《明清进士题名碑录索引》）

张鹏翼，正白旗汉军人。

《钦定八旗通志·选举志三》：汉军正白旗，夏益佐领，康熙四十八年己丑科进士。

《钦定八旗通志·选举志四》：汉军正红旗，夏益佐领，康熙四十七年戊子科举人。

三甲第二百二十三名　所　住　（《明清进士题名碑录索引》）

所住，正黄旗满洲人。

《钦定八旗通志·选举志三》：所住作"所柱"，汉军正黄旗，包衣七十管领，康熙四十八年己丑科进士。

《钦定八旗通志·选举志四》：汉军正黄旗，包衣孙文成管领，康熙四十四年乙酉科举人。

三甲第二百三十四名　积　善　（《明清进士题名碑录索引》）

积善，镶蓝旗满洲人。

《钦定八旗通志·选举志三》：满洲镶蓝旗，法参佐领，康熙四十八年己丑科进士。

《钦定八旗通志·选举志四》：满洲镶蓝旗，法参佐领，康熙四十七年戊子科举人。

三甲第二百三十五名　车　松　（《明清进士题名碑录索引》）

车松，镶白旗满洲人。

《钦定八旗通志·选举志三》：满洲镶白旗，佛伦佐领，康熙四十八年己丑科进士。

《钦定八旗通志·选举志四》：满洲镶白旗，汉楚翰佐领，康熙四十四年乙酉科举人。

康熙五十一年壬辰科（1712）

二甲第八名　鄂尔奇　（《明清进士题名碑录索引》）

鄂尔奇，镶蓝旗满洲人。《索引》误作"鄂尔泰"。

《八旗文经》：字季正，一字复庵，号臞客。康熙壬辰科殿试二甲第八名，改庶吉士，散馆授编修。累官户部尚书、兵部尚书，兼步军统领。

《钦定八旗通志·选举志三》：满洲镶蓝旗，鄂尔泰佐领，康熙五十一年壬辰科进士。

《钦定八旗通志·选举志四》：满洲镶蓝旗，鄂尔泰佐领，康熙四十七年戊子科举人。

二甲第四十四名　春　山　（《明清进士题名碑录索引》）

春山，镶蓝旗满洲人。

《钦定八旗通志·选举志三》：满洲镶蓝旗，谈巴佐领，康熙五十一年壬辰科进士。

《钦定八旗通志·选举志四》：满洲镶蓝旗，谈巴佐领，康熙四十一年壬午科举人。

《钦定八旗通志·人物志六十三》：满洲镶蓝旗人，姓伊尔根觉罗，康熙五十一年进士，改庶吉士，累官盛京兵部侍郎。

三甲第二十三名　（觉罗）名昌　（《明清进士题名碑录索引》）

（觉罗）名昌，正红旗满洲人。

《钦定八旗通志·选举志三》：满洲正红旗，觉罗隆昌佐领，康熙五十一年壬辰科进士。

《钦定八旗通志·选举志四》：满洲正红旗，觉罗隆昌佐领，康熙四十七年戊子科举人。

三甲第八十五名　迟之金　（《明清进士题名碑录索引》）

迟之金，正白旗汉军人。

《钦定八旗通志·选举志三》：汉军正白旗，石文贤佐领，康熙五十一年壬辰科进士。

《钦定八旗通志·选举志四》：汉军正白旗，石文贤佐领，康熙四十七年戊子科举人。

三甲第九十一名　（觉罗）吴拜　（《明清进士题名碑录索引》）

（觉罗）吴拜，正红旗满洲人。

《钦定八旗通志·选举志三》：满洲正红旗，章保柱佐领，康熙五十一年壬辰科进士。

《钦定八旗通志·选举志四》：满洲正红旗，张保柱佐领，康熙五十年辛卯科举人。

三甲第九十六名　三　格　（《明清进士题名碑录索引》）

三格，正白旗汉军人。

《钦定八旗通志·选举志三》：汉军正白旗，包衣李锳贵佐领，康熙五十一年壬辰科进士。

《钦定八旗通志·选举志四》：满洲正白旗，包衣李锳贵佐领，康熙五十年辛卯科举人。

康熙五十二年癸巳恩科（1713）

二甲第十五名　刘嵩龄　（《明清进士题名碑录索引》）

刘嵩龄，镶白旗汉军人。

《钦定八旗通志·选举志三》：汉军镶白旗，花色佐领，康熙五十二年癸巳科进士。

《钦定八旗通志·选举志四》：汉军镶白旗，花色佐领，康熙四十七年戊子科举人。

三甲第五名　世　禄　（《明清进士题名碑录索引》）

世禄，正黄旗满洲人。

《钦定八旗通志·选举志三》：满洲镶白旗，六哥佐领，康熙五十二年癸巳科进士。

三甲第三十二名　吴孝登　（《明清进士题名碑录索引》）

吴孝登，正红旗满洲人。《索引》作正黄旗满洲，误。

《钦定八旗通志·选举志三》：满洲正红旗，萨尔泰佐领，康熙五十二年癸巳科进士。

《八旗艺文编目》：字夔修。康熙癸巳科进士，散馆授检讨。累官翰林院侍读学士。父吴秉谦。

三甲第五十七名　朱天保　（《明清进士题名碑录索引》）

朱天保，正红旗满洲人。

《钦定八旗通志·选举志三》：满洲正红旗，羊都佐领，康熙五十二年癸巳科进士。

《钦定八旗通志·选举志四》：满洲正红旗，杨都哥佐领，康熙五十年辛卯科举人。

三甲第九十四名　春　台　（《明清进士题名碑录索引》）

春台，正黄旗满洲人。

《钦定八旗通志·选举志三》：满洲正黄旗，巴什佐领，康熙五十二年癸巳科进士。

《钦定八旗通志·选举志四》：满洲正黄旗，巴什佐领，康熙五十年辛卯科举人。

三甲第一百六名　僧格勒　（《明清进士题名碑录索引》）

僧格勒，正黄旗满洲人。

《钦定八旗通志·选举志三》：满洲正黄旗，那哈泰佐领，康熙五十二年癸巳科进士。

三甲第一百七名　王国栋　（《明清进士题名碑录索引》）

王国栋，镶红旗汉军人。

《钦定八旗通志·选举志三》：汉军镶红旗，高宏荣佐领，康熙五十二年癸巳科进士。

《钦定八旗通志·选举志四》：汉军镶红旗，高宏荣佐领，康熙四十七年戊子科举人。

康熙五十四年乙未科（1715）

二甲第三十名　成　文　（《明清进士题名碑录索引》）

成文，正白旗满洲人。

《钦定八旗通志·选举志三》：满洲正白旗，纳延泰佐领，康熙五十四年乙未科进士。

《钦定八旗通志·选举志四》：满洲正白旗，多奇纳佐领，康熙三十八年己卯科举人。

三甲第十七名　德　龄　（《明清进士题名碑录索引》）

德龄，钮祜禄氏，镶黄旗满洲人。

《钦定八旗通志·选举志三》：满洲镶黄旗，森特佐领，康熙五十四年乙未科进士。

《钦定八旗通志·选举志四》：满洲镶黄旗，六十佐领，康熙四十七年戊子科举人。

《八旗艺文编目》：字松如，号栌村，隶镶黄旗。康熙五十同年乙未科进士，散馆授检讨。

三甲第二十一名　博　山　（《明清进士题名碑录索引》）

博山，镶红旗满洲人。

《钦定八旗通志·选举志三》：满洲镶红旗，勒尔图佐领，康熙五十四年乙未科进士。

三甲第三十一名　窦启瑛　（《明清进士题名碑录索引》）

窦启瑛，奉天府正白旗汉军人。

《钦定八旗通志·选举志三》：汉军正白旗，观音保佐领，康熙五十四年乙未科进士。

三甲第三十七名　沈　竹　（《明清进士题名碑录索引》）

沈竹，奉天府镶白旗汉军人。

《钦定八旗通志·选举志三》：汉军镶白旗，冯国相佐领，康熙五十四年乙未科进士。

三甲第一百二十五名　德　新　（《明清进士题名碑录索引》）

德新，镶黄旗满洲人。

《钦定八旗通志·选举志三》：满洲镶黄旗，觉罗佛伦佐领，康熙五十四年乙未科进士。

《钦定八旗通志·选举志四》：满洲镶黄旗，觉罗佛伦佐领，康熙五十年辛卯科举人。

三甲第一百三十九名　索　柱　（《明清进士题名碑录索引》）

索柱，正红旗满洲人。

《钦定八旗通志·选举志三》：满洲正红旗，何保柱佐领，康熙五十四年乙未科进士。

康熙五十七年戊戌科（1718）

二甲第二十名　伊尔敦　（《明清进士题名碑录索引》）

伊尔敦，镶红旗满洲人。

《钦定八旗通志·选举志三》：满洲镶红旗，费扬古佐领，康熙五十七年戊戌科进士。

《钦定八旗通志·选举志四》：满洲镶红旗，温达佐领，康熙五十三年甲午科举人。

二甲第二十九名　徐大枚　（《明清进士题名碑录索引》）

徐大枚，正蓝旗汉军人。

《钦定八旗通志·选举志三》：汉军正蓝旗，佟世寿佐领，康熙五十七年戊戌科进士。

《钦定八旗通志·选举志四》：汉军正蓝旗，佟世鏻佐领，康熙五十三年甲午科举人。

三甲第三十名　（觉罗）思强　（《明清进士题名碑录索引》）

（觉罗）思强，正黄旗满洲人。

《钦定八旗通志·选举志三》：满洲正黄旗，觉罗永平佐领，康熙五十七年戊戌科进士。

《钦定八旗通志·选举志四》：满洲正黄旗，图尔泰佐领，康熙四十七年戊子科举人。

三甲第七十八名　董自超　（《明清进士题名碑录索引》）

董自超，镶白旗汉军人。

《钦定八旗通志·选举志三》：汉军镶白旗，崔澄佐领，康熙五十七年戊戌科进士。

《钦定八旗通志·选举志四》：汉军镶白旗，崔澄佐领，康熙五十六年丁酉科举人。

三甲第八十四名　郭　操　（《明清进士题名碑录索引》）

郭操，镶白旗满洲人。

《钦定八旗通志·选举志三》：改名国琏，满洲镶白旗，黑都佐领，康熙五十七年戊戌科进士。

《钦定八旗通志·选举志四》：改名国琏，满洲镶白旗，黑都佐领，康熙五十年辛卯科举人。

三甲第一百十六名　童　保　（《明清进士题名碑录索引》）

童保，镶蓝旗满洲人。

《钦定八旗通志·选举志三》：满洲镶蓝旗，包衣沙尔漠佐领，康熙五十七年戊戌科进士。

《钦定八旗通志·选举志四》：满洲镶蓝旗，包衣班第佐领，康熙五十年辛卯科举人。

康熙六十年辛丑科（1721）

二甲第十九名　留　保　（《明清进士题名碑录索引》）

留保，镶黄旗满洲人。

《钦定八旗通志·选举志三》：满洲镶黄旗，包衣海章佐领，康熙六十年辛丑科进士。

《钦定八旗通志·选举志四》：满洲镶黄旗，包衣海章佐领，康熙五十三年甲午科举人。

《八旗艺文编目》：字松斋，氏完颜。康熙辛丑与王兰生同恩赐进士，散馆授编修。累迁通政使。历官礼、吏、工三部侍郎，署掌院学士。阿什坦孙。

二甲第三十一名　（觉罗）恩寿　（《明清进士题名碑录索引》）

（觉罗）恩寿，镶红旗满洲人。

《钦定八旗通志·选举志三》：满洲镶红旗，觉罗额理贺佐领，康熙六十年辛丑科进士。

《钦定八旗通志·选举志四》：满洲镶红旗，觉罗朱色吉佐领，康熙五十年辛卯科举人。

三甲第八名　何　溥　（《明清进士题名碑录索引》）

何溥，正黄旗满洲人。

《钦定八旗通志·选举志三》：满洲正黄旗，达尔布佐领，康熙六十年辛丑科进士。

《钦定八旗通志·选举志四》：满洲正黄旗，达尔布佐领，康熙五十六年丁酉科举人。

《八旗艺文编目》：字渊若，一字谦斋，氏何舍里，隶正黄旗。康熙辛丑与兄何浩同榜进士。官刑部主事。从靖边大将军傅尔丹军，与副将军纳尔弼同时死难。

三甲第十八名　牟　瀜　（《明清进士题名碑录索引》）

牟瀜，正白旗汉军人。

《钦定八旗通志·选举志三》：汉军正白旗，陈普佐领，康熙六十年辛丑科进士。

三甲第五十二名　三　格　（《明清进士题名碑录索引》）

三格，镶黄旗满洲人。

《钦定八旗通志·选举志三》：满洲镶黄旗，包衣二达子佐领，康熙六十年辛丑科进士。

《钦定八旗通志·选举志四》：满洲镶黄旗，包衣二达子佐领，康熙五十六年丁酉科举人。

三甲第五十九名　何　浩　（《明清进士题名碑录索引》）

何浩，正黄旗满洲人。

《钦定八旗通志·选举志三》：满洲正黄旗，达尔布佐领，康熙六十年辛丑科进士。

《钦定八旗通志·选举志四》：满洲正黄旗，达尔布佐领，康熙五十三年甲午科举人。

三甲第一百八名　孙国玺　（《明清进士题名碑录索引》）

孙国玺，正白旗汉军人。

《钦定八旗通志·选举志三》：汉军正白旗，宣廷文佐领，康熙六十年辛丑科进士。

雍正元年癸卯恩科（1723）

二甲第二十一名　松　寿　（《明清进士题名碑录索引》）

松寿，正黄旗满洲人。

《索引》：一作"嵩寿"。

《钦定八旗通志·选举志三》：作"嵩寿"，满洲正黄旗，常海佐领，雍正元年癸卯科进士。

《钦定八旗通志·选举志四》：改名"嵩寿"，满洲正黄旗，常海佐领，康熙五十六年丁酉科举人。

二甲第二十四名　尹继善　（《明清进士题名碑录索引》）

尹继善，镶黄旗满洲人。

《钦定八旗通志·选举志三》：申特佐领，满洲镶黄旗，雍正元年癸卯科进士。

《钦定八旗通志·选举志四》：申特佐领，满洲镶黄旗，康熙五十六年年丁酉科举人。

《八旗艺文编目》：字元长，号望山，氏章佳。世居长白山俄漠和苏鲁，继迁宜汉阿拉地方。隶镶黄旗。雍正元年癸卯科进士，散馆授编修。五年由侍讲署广东按察使，一督云贵，三督川陕，四督江南。乾隆十三年以吏部尚书协办大学士，历文华殿大学士、上书房总师傅兼掌院学士。

三甲第三十一名　图　麒　（《明清进士题名碑录索引》）

图麒，正黄旗满洲人。

《钦定八旗通志·选举志三》：满洲正黄旗，赖都佐领，雍正元年癸卯科进士。

三甲第三十四名　保　良　（《明清进士题名碑录索引》）

保良，镶蓝旗满洲人。

《钦定八旗通志·选举志三》：满洲镶蓝旗，雅赖佐领，雍正元年癸卯科进士。

三甲第四十二名　七十一　（《明清进士题名碑录索引》）

七十一，镶白旗满洲人。

《钦定八旗通志·选举志三》：满洲镶白旗，穆参佐领，雍正元年癸卯科进士。

三甲第五十一名　永　世　（《明清进士题名碑录索引》）

永世，镶白旗满洲人。

《钦定八旗通志·选举志三》：满洲镶白旗，七哥佐领，雍正元年癸卯科进士。

三甲第六十二名　牧可登　（《明清进士题名碑录索引》）

牧可登，正白旗蒙古人。

《钦定八旗通志·选举志三》：正白旗蒙古人，拉锡佐领，雍正元年癸卯科进士。

三甲第七十二名　尚　彬　（《明清进士题名碑录索引》）

尚彬，镶黄旗汉军人。

《钦定八旗通志·选举志三》：汉军镶黄旗，包衣佛伦佐领，雍正元年癸卯科进士。

《钦定八旗通志·选举志四》：满洲镶黄旗，包衣佛伦佐领，康熙五十九年庚子科举人。

三甲第七十四名　图　南　（《明清进士题名碑录索引》）

图南，镶白旗满洲人。

《钦定八旗通志·选举志三》：满洲镶白旗，哈达佐领，雍正元年癸卯科进士。

三甲第九十二名　阿成峨　（《明清进士题名碑录索引》）

阿成峨，镶蓝旗满洲人。

《钦定八旗通志·选举志三》：满洲镶蓝旗，福泰佐领，雍正元年癸卯科进士。

三甲第一百三名　喀尔钦　（《明清进士题名碑录索引》）

喀尔钦，镶黄旗满洲人。

《钦定八旗通志·选举志三》：满洲镶黄旗，明通佐领，雍正元年癸卯科进士。

《钦定八旗通志·选举志四》：满洲镶黄旗，明通佐领，康熙五十三年甲午科举人。

三甲第一百五名　张洪谟　（《明清进士题名碑录索引》）

张洪谟，正红旗汉军人。

《钦定八旗通志·选举志三》：汉军正红旗，刘绍熙佐领，雍正元年癸卯科进士。

三甲第一百二十一名　胡良佐　（《明清进士题名碑录索引》）

胡良佐，镶黄旗汉军人。

《钦定八旗通志·选举志三》：汉军镶黄旗，包衣高斌佐领，雍正元年癸卯科进士。

《钦定八旗通志·选举志四》：汉军镶黄旗，包衣董殿邦佐领，康熙五十九年庚子科举人。

三甲第一百三十四名　慧　德　（《明清进士题名碑录索引》）

慧德，镶黄旗满洲人。

《钦定八旗通志·选举志三》：满洲镶黄旗，庆元佐领，雍正元年癸卯科进士。

《钦定八旗通志·选举志四》：满洲镶黄旗，庆元佐领，康熙五十六年丁酉科举人。

三甲第一百三十五名　昌　龄　（《明清进士题名碑录索引》）

昌龄，镶白旗满洲人。

《钦定八旗通志·选举志三》：满洲镶白旗，堆齐佐领，雍正元年癸卯科进士。

三甲第一百七十三名　华实著　（《明清进士题名碑录索引》）

华实著，正红旗满洲人。

《钦定八旗通志·选举志三》：满洲正红旗，包衣关保佐领，雍正元年癸卯科进士。

雍正二年甲辰科（1724）

二甲第十五名　开　泰　（《明清进士题名碑录索引》）

开泰，正黄旗满洲人。

《钦定八旗通志·选举志三》：满洲正黄旗，博启佐领，雍正二年甲辰科进士。

**二甲第四十三名　徐　瑗　**（《明清进士题名碑录索引》）

徐瑗，镶红旗汉军人。

《钦定八旗通志·选举志三》：汉军镶红旗，赵世纶佐领，雍正二年甲辰科进士。

**二甲第四十八名　雅尔纳　**（《明清进士题名碑录索引》）

雅尔纳，正红旗满洲人。

《钦定八旗通志·选举志三》：满洲正蓝旗，岳索立佐领，雍正二年甲辰科进士。

《钦定八旗通志·选举志四》：满洲正蓝旗，吴尔德赫佐领，康熙五十二年癸巳科举人。

**二甲第五十四名　刘　保　**（《明清进士题名碑录索引》）

刘保，正黄旗满洲人。

《钦定八旗通志·选举志三》：改名疏保，满洲正黄旗，永乾佐领，雍正二年甲辰科进士。

**二甲第七十八名　贵　昌　**（《明清进士题名碑录索引》）

贵昌，正黄旗满洲人。

《钦定八旗通志·选举志三》：满洲正黄旗，明奇佐领，雍正二年甲辰科进士。

**三甲第八名　车　柏　**（《明清进士题名碑录索引》）

车柏，镶白旗满洲人。

《钦定八旗通志·选举志三》：满洲镶白旗，马尔泰佐领，雍正二年甲辰科进士。

**三甲第十名　恒　德　**（《明清进士题名碑录索引》）

恒德，正红旗满洲人。

《钦定八旗通志·选举志三》：满洲正红旗，伯伶哥佐领，雍正二年甲辰科进士。

三甲第五十九名　王德纯　（《明清进士题名碑录索引》）

王德纯，镶白旗汉军人。

《钦定八旗通志·选举志三》：汉军镶白旗，白钰佐领，雍正二年甲辰科进士。

三甲第六十四名　运　太　（《明清进士题名碑录索引》）

运太，正黄旗满洲人。

《钦定八旗通志·选举志三》：作"运泰"，满洲正黄旗，萨尔懴佐领，雍正二年甲辰科进士。

《钦定八旗通志·选举志四》：作"运泰"，满洲正黄旗，萨尔产佐领，雍正元年癸卯科举人。

三甲第六十九名　何其忠　（《明清进士题名碑录索引》）

何其忠，正红旗蒙古人。《索引》作正红旗满洲人。

《钦定八旗通志·选举志三》：蒙古正红旗，伯伶哥佐领，雍正二年甲辰科进士。

三甲第八十三名　色　诚　（《明清进士题名碑录索引》）

色诚，正白旗蒙古人。

《钦定八旗通志·选举志三》：改名"色臣"，蒙古正白旗，托克屯佐领，雍正二年甲辰科进士。

《钦定八旗通志·选举志四》：改名"色臣"，蒙古正白旗，西查保佐领，康熙五十九年庚子科举人。

三甲第九十五名　（觉罗）禄保　（《明清进士题名碑录索引》）

（觉罗）禄保，正黄旗满洲人。

《钦定八旗通志·选举志三》：满洲正黄旗，觉罗永平佐领，雍正二年甲辰科进士。

《钦定八旗通志·选举志四》：满洲正黄旗，觉罗永平佐领，康熙五十三年甲午科举人。

三甲第一百六名　长　庚　（《明清进士题名碑录索引》）

长庚，正红旗满洲人。

《钦定八旗通志·选举志三》：满洲正红旗，马腊佐领，雍正二年甲辰科进士。

三甲第一百十五名　蛮　子　（《明清进士题名碑录索引》）

蛮子，正白旗蒙古人。

《钦定八旗通志·选举志三》：改名明善，蒙古正白旗，苏英格佐领，雍正二年甲辰科进士。

三甲第一百三十二名　舒兆夔　（《明清进士题名碑录索引》）

舒兆夔，镶白旗满洲人。

《钦定八旗通志·选举志三》：满洲镶白旗，巴尔虎达佐领，雍正二年甲辰科进士。

《钦定八旗通志·选举志四》：满洲镶白旗，巴尔呼达佐领，康熙五十三年甲午科举人。

三甲第一百五十名　杨文桂　（《明清进士题名碑录索引》）

杨文桂，正白旗汉军人。

《钦定八旗通志·选举志三》：汉军正白旗，董成英佐领，雍正二年甲辰科进士。

《钦定八旗通志·选举志四》：汉军镶白旗，常有佐领，康熙五十九年庚子科举人。

三甲第一百六十四名　文　保　（《明清进士题名碑录索引》）

文保，镶蓝旗满洲人。

《钦定八旗通志·选举志三》：满洲镶蓝旗，九锡佐领，雍正二年甲辰科进士。

《钦定八旗通志·选举志四》：作"交保"，满洲镶蓝旗，九锡佐领，康熙五十三年甲午科举人。

**三甲第一百八十八名　傅　鼐　**（《明清进士题名碑录索引》）

傅鼐，正蓝旗满洲人。

《钦定八旗通志·选举志三》：满洲正蓝旗，敖米佐领，雍正二年甲辰科进士。

《钦定八旗通志·选举志四》：满洲正蓝旗，鄂海佐领，康熙五十三年甲午科举人。

**三甲第一百八十九名　舒　明　**（《明清进士题名碑录索引》）

舒明，正黄旗满洲人。

《钦定八旗通志·选举志三》：满洲正黄旗，赖都佐领，雍正二年甲辰科进士。

《钦定八旗通志·选举志四》：满洲正白旗，赖都佐领，康熙五十六年丁酉科举人。

**三甲第一百九十二名　查克丹　**（《明清进士题名碑录索引》）

查克丹，镶黄旗满洲人。

《钦定八旗通志·选举志三》：满洲镶黄旗，保绩佐领，雍正二年甲辰科进士。

**三甲第二百五名　张圣训　**（《明清进士题名碑录索引》）

张圣训，镶白旗汉军人。

《钦定八旗通志·选举志三》：汉军镶白旗，孔傅斌佐领，雍正二年甲辰科进士。

**三甲第二百九名　岱　金　**（《明清进士题名碑录索引》）

岱金，镶白旗满洲人。

《钦定八旗通志·选举志三》：满洲镶白旗，平珠佐领，雍正二年甲辰科进士。

**三甲第二百十三名　赵士麟　**（《明清进士题名碑录索引》）

赵士麟，正黄旗满洲人。

《钦定八旗通志·选举志三》：改名卓霖，满洲正黄旗，伊独善佐领，雍正二年甲辰科进士。

雍正五年丁未科（1727）

二甲第二十二名　何其惠　（《明清进士题名碑录索引》）

何其惠，正红旗满洲人。

《钦定八旗通志·选举志三》：满洲正红旗，伯伶哥佐领，雍正五年丁未科进士。

《钦定八旗通志·选举志四》：满洲正红旗，伯伶哥佐领，雍正四年丙午科举人。

二甲第三十名　高显贵　（《明清进士题名碑录索引》）

高显贵，镶红旗汉军人。

《钦定八旗通志·选举志三》：汉军镶红旗，周伟佐领，雍正五年丁未科进士。

《钦定八旗通志·选举志四》：汉军正蓝旗，周伟佐领，雍正四年丙午科举人。

二甲第四十三名　常　德　（《明清进士题名碑录索引》）

常德，正红旗满洲人。

《钦定八旗通志·选举志三》：满洲正红旗，胡什纳佐领，雍正五年丁未科进士。

《钦定八旗通志·选举志四》：满洲正红旗，胡什纳佐领，康熙五十三年甲午科举人。

三甲第三十三名　周祖荣　（《明清进士题名碑录索引》）

周祖荣，镶红旗汉军人。

《钦定八旗通志·选举志三》：汉军镶红旗，孟继祖佐领，雍正五年丁未科进士。

《钦定八旗通志·选举志四》：汉军镶红旗，孟继祖佐领，雍正四年丙午科举人。

三甲第五十六名　朱宏亮　（《明清进士题名碑录索引》）

朱宏亮，正蓝旗满洲人。

《钦定八旗通志·选举志三》：满洲正蓝旗，额色立佐领，雍正五年丁未科进士。

三甲第五十九名　瓦尔达　（《明清进士题名碑录索引》）

瓦尔达，正黄旗满洲人。

《钦定八旗通志·选举志三》：满洲正黄旗，江米佐领，雍正五年丁未科进士。

《钦定八旗通志·选举志四》：满洲正黄旗，江朱佐领，雍正四年丙午科举人。

三甲第六十一名　富　魁　（《明清进士题名碑录索引》）

富魁，镶蓝旗满洲人。

《钦定八旗通志·选举志三》：满洲镶蓝旗，马尔锡佐领，雍正五年丁未科进士。

《钦定八旗通志·选举志四》：满洲镶蓝旗，马尔赛佐领，康熙五十六年丁酉科举人。

《清代翰林名录》：镶蓝旗满洲人。

三甲第六十五名　世　臣　（《明清进士题名碑录索引》）

世臣，正白旗满洲人。

《钦定八旗通志·选举志三》：满洲正白旗，佟济佐领，雍正五年丁未科进士。

三甲第九十八名　林　朝　（《明清进士题名碑录索引》）

林朝，正蓝旗满洲人。

《钦定八旗通志·选举志三》：满洲正蓝旗，包衣僧住佐领，雍正五年丁未科进士。

三甲第一百六名　宋文锦　（《明清进士题名碑录索引》）

宋文锦，镶红旗汉军人。

《钦定八旗通志·选举志三》：汉军镶红旗，高焕佐领，雍正五年丁未科进士。

《钦定八旗通志·选举志四》：汉军镶红旗，高焕佐领，雍正四年丙午科举人。

三甲第一百十一名　奈　曼　（《明清进士题名碑录索引》）

奈曼，镶白旗蒙古人。

《钦定八旗通志·选举志三》：蒙古镶白旗，厄尔德木图佐领，雍正五年丁未科进士。

三甲第一百十二名　星　德　（《明清进士题名碑录索引》）

星德，正红旗满洲人。

《钦定八旗通志·选举志三》：满洲正红旗，永寿佐领，雍正五年丁未科进士。

《钦定八旗通志·选举志四》：满洲正红旗，洋度佐领，康熙五十九年庚子科举人。

三甲第一百三十三名　常保住　（《明清进士题名碑录索引》）

常保住，正红旗满洲人。

《钦定八旗通志·选举志三》：满洲正红旗，莫洛森佐领，雍正五年丁未科进士。

《钦定八旗通志·选举志四》：满洲正红旗，莫洛森佐领，康熙五十六年丁酉科举人。

三甲第一百三十八名　吴巴泰　（《明清进士题名碑录索引》）

吴巴泰，镶白旗满洲人。

《钦定八旗通志·选举志三》：满洲镶白旗，伊克坦佐领，雍正五年丁未科进士。

《钦定八旗通志·选举志四》：满洲镶白旗，舒书佐领，康熙四十一年壬午科举人。

雍正八年庚戌科（1730）

二甲第二十九名　鄂　敏　（《明清进士题名碑录索引》）

鄂敏，镶蓝旗满洲人。

《索引》：敕改名"鄂乐舜"。

《钦定八旗通志·选举志三》：满洲镶蓝旗，鄂尔奇佐领，雍正八年庚戌科进士。

二甲第五十名　佟　保　（《明清进士题名碑录索引》）

佟保，正蓝旗满洲人。

《钦定八旗通志·选举志三》：满洲正蓝旗，富兴佐领，雍正八年庚戌科进士。

《钦定八旗通志·选举志四》：满洲正蓝旗，怀成佐领，康熙五十九年庚子科举人。

二甲第六十二名　王宗灿　（《明清进士题名碑录索引》）

王宗灿，正黄旗汉军人。

《钦定八旗通志·选举志三》：汉军正黄旗，王世芳佐领，雍正八年庚戌科进士。

二甲第六十三名　刘弘绪　（《明清进士题名碑录索引》）

刘弘绪，镶红旗汉军人。

《钦定八旗通志·选举志三》：刘弘绪作"刘宏绪"，汉军镶红旗，董国柱佐领，雍正八年庚戌科进士。

《钦定八旗通志·选举志四》：刘弘绪作"刘宏绪"，汉军镶红旗，郭朝恺佐领，雍正七年己酉科举人。

二甲第六十八名　齐　达　（《明清进士题名碑录索引》）

齐达，正白旗满洲人。

《钦定八旗通志·选举志三》：作"七达"，满洲正白旗，富德佐领，雍正八年庚戌科进士。

《钦定八旗通志·选举志四》：满洲正白旗，富德佐领，康熙五十九年庚子科举人。

二甲第八十四名　马　丙　（《明清进士题名碑录索引》）

马丙，正黄旗汉军人。

《钦定八旗通志·选举志三》：汉军正黄旗，左世英佐领，雍正八年庚戌科进士。

三甲第十一名　西　成　（《明清进士题名碑录索引》）

西成，镶黄旗满洲人。

《索引》：碑作"西城"。

《钦定八旗通志·选举志三》：满洲镶黄旗，钮伦佐领，雍正八年庚戌科进士。

《钦定八旗通志·选举志四》：满洲镶黄旗，钮伦佐领，雍正七年己酉科举人。

三甲第十三名　付　德　（《明清进士题名碑录索引》）

付德，正蓝旗满洲人。

《钦定八旗通志·选举志三》：付德作"傅德"，满洲正蓝旗，阿山佐领，雍正八年庚戌科进士。

《钦定八旗通志·选举志四》：付德作"傅德"，满洲正蓝旗，阿山佐领，雍正七年己酉科举人。

三甲第十九名　富　敏　（《明清进士题名碑录索引》）

富敏，镶黄旗满洲人。

《索引》：改名"傅敏"。

《钦定八旗通志·选举志三》：改名敷文，钮伦佐领，满洲镶黄旗，雍正八年庚戌科进士。

《钦定八旗通志·选举志四》：改名敷文，钮伦佐领，满洲镶黄旗，雍正七年己酉科举人。

**三甲第五十名　西　泰　**（《明清进士题名碑录索引》）

西泰，镶黄旗满洲人。

《钦定八旗通志·选举志三》：满洲镶黄旗，钮伦佐领，雍正八年庚戌科进士。

**三甲第五十三名　徐　琰　**（《明清进士题名碑录索引》）

徐琰，正蓝旗汉军人。

《钦定八旗通志·选举志三》：作"徐炎"，汉军正蓝旗，佟鑛佐领，雍正八年庚戌科进士。

《钦定八旗通志·选举志四》：作"徐炎"，汉军正蓝旗，佟鉴佐领，康熙五十九年庚子科举人。

《八旗文经》：字伯钰，号昆山，隶汉军正蓝旗。雍正庚戌科殿试三甲第五十三名。官吏部郎中。

**三甲第七十三名　椿　年　**（《明清进士题名碑录索引》）

椿年，镶白旗满洲人。

《钦定八旗通志·选举志三》：满洲镶白旗，宗室阿林纳佐领，雍正八年庚戌科进士。

《钦定八旗通志·选举志四》：满洲镶白旗，宗室阿林纳佐领，雍正四年丙午科举人。

**三甲第一百二十四名　额尔登额　**（《明清进士题名碑录索引》）

额尔登额，正白旗蒙古人。

《钦定八旗通志·选举志三》：蒙古正白旗，托克屯佐领，雍正八年庚戌科进士。

**三甲第一百四十八名　伊福纳　**（《明清进士题名碑录索引》）

伊福纳，镶红旗满洲人。

《钦定八旗通志·选举志三》：满洲镶红旗，常明佐领，雍正八年庚戌科进士。

三甲第一百六十四名　龙光昱　（《明清进士题名碑录索引》）

龙光昱，正黄旗满洲人。

《索引》：碑作"龙光显"。

《钦定八旗通志·选举志三》：作"龙光昱"，满洲正黄旗，包衣穆克德布佐领，雍正八年庚戌科进士。

《钦定八旗通志·选举志四》：作"龙光昱"，满洲正黄旗，包衣穆克德布佐领，雍正七年己酉科举人。

三甲第一百八十八名　赵　毅　（《明清进士题名碑录索引》）

赵毅，镶白旗满洲人。

《钦定八旗通志·选举志三》：赵毅作"兆毅"，满洲镶白旗，格图肯佐领，雍正八年庚戌科进士。

《钦定八旗通志·选举志四》：满洲镶白旗，常在佐领，雍正四年丙午科举人。

三甲第一百九十九名　成　德　（《明清进士题名碑录索引》）

成德，镶黄旗满洲人。

《钦定八旗通志·选举志三》：满洲镶黄旗，明通佐领，雍正八年庚戌科进士。

《钦定八旗通志·选举志四》：满洲镶黄旗，明通佐领，雍正七年己酉科举人。

三甲第二百四名　明　山　（《明清进士题名碑录索引》）

明山，正蓝旗满洲人。

《钦定八旗通志·选举志三》：满洲正蓝旗，额尔必图佐领，雍正八年庚戌科进士。

《钦定八旗通志·选举志四》：满洲正蓝旗，额尔必图佐领，雍正七年己酉科举人。

三甲第二百九名　石　麟　（《明清进士题名碑录索引》）

石麟，镶白旗满洲人。

《钦定八旗通志·选举志三》：满洲镶白旗，包衣西尔泰管佐领，雍正八年庚戌科进士。

《钦定八旗通志·选举志四》：满洲镶白旗，包衣色勒管领，雍正七年己酉科举人。

三甲第二百二十五名　广　明　（《明清进士题名碑录索引》）

广明，正白旗满洲人。

《钦定八旗通志·选举志三》：满洲正白旗，包衣阿麟管领，雍正八年庚戌科进士。按包衣阿麟"管领"应作"佐领"。

《钦定八旗通志·选举志四》：满洲正白旗，包衣阿麟佐领，雍正七年己酉科举人。

三甲第二百二十七名　和　深　（《明清进士题名碑录索引》）

和深，正黄旗满洲人。

《钦定八旗通志·选举志三》：满洲正黄旗，达色佐领，雍正八年庚戌科进士。

《钦定八旗通志·选举志四》：满洲正黄旗，伊尔哈岱佐领，雍正四年丙午科举人。

三甲第二百四十五名　德　光　（《明清进士题名碑录索引》）

德光，镶白旗满洲人。

《钦定八旗通志·选举志三》：改名德广，满洲镶白旗，包衣艾那佐领，雍正八年庚戌科进士。

三甲第二百六十九名　色通额　（《明清进士题名碑录索引》）

色通额，正黄旗满洲人。

《钦定八旗通志·选举志三》：满洲正黄旗，德山佐领，雍正八年庚戌科进士。

三甲第二百八十一名　黄　煃　（《明清进士题名碑录索引》）

黄煃，正白旗汉军人。

《钦定八旗通志·选举志三》：汉军正白旗，沈铎佐领，雍正八年庚戌科进士。

《钦定八旗通志·选举志四》：汉军正白旗，刘汉杰佐领，雍正七年己酉科举人。

雍正十一年癸丑科（1733）

二甲第六名　赵　瓒　（《明清进士题名碑录索引》）

赵瓒，镶黄旗汉军人。

《钦定八旗通志·选举志四》：汉军镶黄旗，郎应角佐领，雍正十年壬子科举人。

二甲第八名　鄂容安　（《明清进士题名碑录索引》）

鄂容安，镶蓝旗满洲人。

《钦定八旗通志·选举志三》：满洲镶蓝旗，鄂尔奇佐领，雍正十一年癸丑科进士。

《钦定八旗通志·选举志四》：满洲镶蓝旗，鄂尔奇佐领，雍正十年壬子科举人。

《皇清书史》：字休如，号虚亭。鄂尔泰子，雍正十一年进士，官西路参赞大臣。

二甲第十三名　鄂　伦　（《明清进士题名碑录索引》）

鄂伦，镶蓝旗满洲人。

《钦定八旗通志·选举志三》：满洲镶蓝旗，鄂尔奇佐领，雍正十一年癸丑科进士。

二甲第四十二名　肇　敏　（《明清进士题名碑录索引》）

肇敏，正黄旗满洲人。

《钦定八旗通志·选举志三》：满洲正黄旗，哈尔萨佐领，雍正十一年癸丑科进士。

《钦定八旗通志·选举志四》：满洲正黄旗，常海佐领，康熙五十九年庚子科举人。

二甲第六十四名　双　庆　（《明清进士题名碑录索引》）

双庆，镶白旗满洲人。

《钦定八旗通志·选举志三》：满洲镶白旗，达汉佐领，雍正十一年癸丑科进士。

《钦定八旗通志·选举志四》：满洲镶白旗，达汉佐领，雍正十年壬子科举人。

三甲第一名　博通阿　（《明清进士题名碑录索引》）

博通阿，镶黄旗满洲人。

《钦定八旗通志·选举志三》：满洲镶黄旗，觉罗长安保佐领，雍正十一年癸丑科进士。

《钦定八旗通志·选举志四》：满洲镶黄旗，觉罗长安保佐领，雍正七年己酉科举人。

三甲第二十三名　介　福　（《明清进士题名碑录索引》）

介福，镶黄旗满洲人。

《钦定八旗通志·选举志三》：满洲镶黄旗，佟世楹佐领，雍正十一年癸丑科进士。

《钦定八旗通志·选举志四》：满洲镶黄旗，佟世楹佐领，雍正十年壬子科举人。

三甲第二十七名　佟　仑　（《明清进士题名碑录索引》）

佟仑，正白旗满洲人。

《钦定八旗通志·选举志三》：满洲正白旗，喀乂喀佐领，雍正十一年癸丑科进士。

三甲第四十八名　李彤标　（《明清进士题名碑录索引》）

李彤标，镶蓝旗汉军人。

《钦定八旗通志·选举志三》：汉军镶蓝旗，李廷炤佐领，雍正十一年癸丑科进士。

《钦定八旗通志·选举志四》：汉军镶蓝旗，李廷炤佐领，雍正七年己酉科举人。

三甲第五十名　赫成峨　（《明清进士题名碑录索引》）
赫成峨，正黄旗满洲人。

《钦定八旗通志·选举志三》：满洲正黄旗，傅拉纳佐领，雍正十一年癸丑科进士。

《钦定八旗通志·选举志四》：满洲镶白旗，觉罗萨尔太佐领，康熙五十六年丁酉科举人。

三甲第五十七名　王士倧　（《明清进士题名碑录索引》）
王士倧，镶红旗汉军人。

《钦定八旗通志·选举志三》：汉军镶红旗，祝兆龙佐领，雍正十一年癸丑科进士。

《钦定八旗通志·选举志四》：汉军镶红旗，高焕佐领，雍正十年壬子科举人。

三甲第七十八名　多尔技　（《明清进士题名碑录索引》）
多尔技，镶黄旗蒙古人。

《索引》：碑作"多尔枝"。

《钦定八旗通志·选举志三》：作"多尔吉"，蒙古镶黄旗，班第佐领，雍正十一年癸丑科进士。

三甲第一百二十三名　杨殿邦　（《明清进士题名碑录索引》）
杨殿邦，镶红旗汉军人。

《钦定八旗通志·选举志三》：汉军镶红旗，杨继勋佐领，雍正十一年癸丑科进士。

《钦定八旗通志·选举志四》：汉军镶黄旗，杨继勋佐领，雍正四年丙午科举人。

三甲第二百二名　关　霖　（《明清进士题名碑录索引》）
关霖，正白旗满洲人。

《钦定八旗通志·选举志三》：满洲正白旗，萨拉佐领，雍正十一年癸丑科进士。

**三甲第二百二十三名　福　海　**（《明清进士题名碑录索引》）
福海，正红旗满洲人。《索引》作"镶黄旗满洲"。
《钦定八旗通志·选举志三》：作"富海"，满洲正红旗，包衣萨图佐领，雍正十一年癸丑科进士。
《钦定八旗通志·选举志四》：满洲正红旗，包衣萨图佐领，雍正七年己酉科举人。

乾隆元年丙辰科（1736）

**二甲第七十五名　乌尔登额　**（《明清进士题名碑录索引》）
乌尔登额，完颜氏，镶黄旗满洲人。
《钦定八旗通志·选举志三》：满洲镶黄旗，包衣八十佐领，乾隆元年丙辰科进士。
《钦定八旗通志·选举志四》：满洲镶黄旗，包衣八十佐领，雍正十年壬子科举人。

**二甲第八十名　壮　德　**（《明清进士题名碑录索引》）
壮德，正黄旗满洲人。
《钦定八旗通志·选举志三》：满洲正黄旗，博启佐领，乾隆元年丙辰科进士。

**三甲第一名　兴　泰　**（《明清进士题名碑录索引》）
兴泰，正黄旗满洲人。
《钦定八旗通志·选举志三》：满洲正黄旗，德山佐领，乾隆元年丙辰科进士。
《钦定八旗通志·选举志四》：满洲正黄旗，德山佐领，雍正七年己酉科举人。

**三甲第二十一名　刘汝巽　**（《明清进士题名碑录索引》）
刘汝巽，镶红旗汉军人。

《钦定八旗通志·选举志三》：汉军镶红旗，赵宏佐领，乾隆元年丙辰科进士。

《钦定八旗通志·选举志四》：汉军镶红旗，赵宏佐领，雍正十三年乙卯科举人。

三甲第四十四名　鹤　年　（《明清进士题名碑录索引》）

鹤年，镶蓝旗满洲人。

《钦定八旗通志·选举志三》：满洲镶蓝旗，春山佐领，乾隆元年丙辰科进士。

《钦定八旗通志·选举志四》：满洲镶蓝旗，春山佐领，雍正十年壬子科举人。

三甲第四十六名　双　顶　（《明清进士题名碑录索引》）

双顶，正白旗满洲人。

《钦定八旗通志·选举志三》：满洲正白旗，包衣鄂礼管领，乾隆元年丙辰科进士。

《钦定八旗通志·选举志四》：满洲正白旗，包衣鄂礼管领，雍正十三年乙卯科举人。

三甲第四十七名　周祖寿　（《明清进士题名碑录索引》）

周祖寿，镶红旗汉军人。

《钦定八旗通志·选举志三》：汉军镶红旗，孟经祖佐领，乾隆元年丙辰科进士。

《钦定八旗通志·选举志四》：汉军镶红旗，孟经祖佐领，雍正七年己酉科举人。

三甲第五十一名　泰　保　（《明清进士题名碑录索引》）

泰保，镶白旗满洲人。

《钦定八旗通志·选举志三》：满洲镶白旗，喜哥佐领，乾隆元年丙辰科进士。

《钦定八旗通志·选举志四》：满洲镶白旗，喜哥佐领，雍正十三年乙卯科举人。

三甲第五十三名　兆　麟　（《明清进士题名碑录索引》）

兆麟，正白旗蒙古人。

《钦定八旗通志·选举志三》：蒙古正白旗，白雅思瑚朗佐领，乾隆元年丙辰科进士。

《钦定八旗通志·选举志四》：蒙古正白旗，白雅思胡朗佐领，雍正十三年乙卯科举人。

三甲第六十二名　钟　音　（《明清进士题名碑录索引》）

钟音，镶蓝旗满洲人。

《钦定八旗通志·选举志三》：满洲镶蓝旗，额尔图佐领，乾隆元年丙辰科进士。

《钦定八旗通志·选举志四》：满洲镶蓝旗，额尔图佐领，雍正十三年乙卯科举人。

三甲第六十七名　七十四　（《明清进士题名碑录索引》）

七十四，镶黄旗满洲人。

《钦定八旗通志·选举志三》：满洲镶黄旗，包衣八十佐领，乾隆元年丙辰科进士。

《钦定八旗通志·选举志四》：满洲镶黄旗，包衣八十佐领，雍正七年己酉科举人。

三甲第七十九名　观　光　（《明清进士题名碑录索引》）

观光，镶黄旗蒙古人。

《钦定八旗通志·选举志三》：蒙古镶黄旗，巴尔泰佐领，乾隆元年丙辰科进士。

《钦定八旗通志·选举志四》：蒙古镶黄旗，巴尔泰佐领，雍正十年壬子科举人。

三甲第九十三名　执　谦　（《明清进士题名碑录索引》）

执谦，镶黄旗满洲人。

《钦定八旗通志·选举志三》：满洲镶黄旗，包衣五十四佐领，乾隆元年丙辰科进士。

《钦定八旗通志·选举志四》：满洲镶黄旗，包衣五十四佐领，雍正四年丙午科举人。

三甲第一百三十二名　吴达善　（《明清进士题名碑录索引》）

吴达善，正红旗满洲人。

《钦定八旗通志·选举志三》：满洲正红旗，纳钦佐领，乾隆元年丙辰科进士。

《钦定八旗通志·选举志四》：满洲正红旗，纳钦佐领，雍正十三年乙卯科举人。

三甲第一百四十六名　怀荫布　（《明清进士题名碑录索引》）

怀荫布，正黄旗满洲人。

《钦定八旗通志·选举志三》：满洲正黄旗，德山佐领，乾隆元年丙辰科进士。

《钦定八旗通志·选举志四》：满洲正黄旗，德山佐领，雍正十三年乙卯科举人。

三甲第一百八十七名　佛尔清格　（《明清进士题名碑录索引》）

佛尔清格，镶红旗满洲人。

《钦定八旗通志·选举志三》：满洲镶红旗，富海佐领，乾隆元年丙辰科进士。

《钦定八旗通志·选举志四》：满洲镶红旗，富海佐领，雍正七年己酉科举人。

三甲第二百十九名　张足法　（《明清进士题名碑录索引》）

张足法，镶蓝旗汉军人。

《钦定八旗通志·选举志三》：汉军镶蓝旗，柳德增佐领，乾隆元年丙辰科进士。

《钦定八旗通志·选举志四》：汉军镶蓝旗，柳德增佐领，雍正十年壬子科举人。

三甲第二百三十一名　三　格　（《明清进士题名碑录索引》）

三格，镶白旗满洲人。

《钦定八旗通志·选举志三》：满洲镶白旗，沐特恩佐领，乾隆元年丙辰科进士。

《钦定八旗通志·选举志四》：满洲正白旗，包衣李锁贵佐领，康熙五十年辛卯科举人。

乾隆二年丁巳恩科（1737）

二甲第五名　观　保　（《明清进士题名碑录索引》）

观保，正白旗满洲人。

《钦定八旗通志·选举志三》：满洲正白旗，包衣鄂礼管领，乾隆二年丁巳科进士。

《钦定八旗通志·选举志五》：满洲正白旗，乾隆元年丙辰科举人。

《八旗文经》：字伯容，号补亭，索绰络氏，隶满洲正白旗，包衣鄂礼管领，乾隆二年丁巳恩科殿试二甲第五名。改庶吉士，散馆授检讨。曾祖都图，父永宁。

二甲第五十七名　李质颖　（《明清进士题名碑录索引》）

李质颖，正白旗汉军人，《索引》又作"正白旗满洲"。

《钦定八旗通志·选举志三》：汉军正白旗，尚琳佐领，乾隆二年丁巳科进士。

《钦定八旗通志·选举志四》：汉军正白旗，尚琳佐领，雍正十三年乙卯科举人。

三甲第三名　纳国栋　（《明清进士题名碑录索引》）

纳国栋，榜名纳国栋。奉敕改今名国梁。正黄旗满洲人。

《钦定八旗通志·选举志三》：改名国梁，满洲正黄旗，五什佐领，乾隆二年丁巳科进士。

《钦定八旗通志·选举志四》：满洲正黄旗，五十佐领，雍正十三年乙卯科举人。

《八旗艺文编目》：字隆吉，一字丹中，号笠民，氏哈达纳喇，隶正黄旗。乾隆二年丁巳科进士，散馆改吏部主事。历阶宫庶，外授秦粤丞守，荐擢贵州粮驿道。

三甲第三十六名　佟　濬　（《明清进士题名碑录索引》）

佟濬，正蓝旗汉军人。

《钦定八旗通志·选举志三》：汉军正蓝旗，佟钫佐领，乾隆二年丁巳科进士。

《钦定八旗通志·选举志五》：汉军正蓝旗，佟钫佐领，乾隆元年丙辰科举人。

三甲第四十三名　杨文玢　（《明清进士题名碑录索引》）

杨文玢，镶红旗汉军人。

《钦定八旗通志·选举志三》：汉军镶红旗，王殿臣佐领，乾隆二年丁巳科进士。

三甲第六十九名　魁　德　（《明清进士题名碑录索引》）

魁德，正黄旗满洲人。

《钦定八旗通志·选举志三》：满洲正黄旗，福泰管领，乾隆二年丁巳科进士。

《钦定八旗通志·选举志五》：满洲正黄旗，乾隆元年丙辰科举人。

三甲第八十七名　诺　敏　（《明清进士题名碑录索引》）

诺敏，正白旗满洲人。

《钦定八旗通志·选举志三》：满洲正白旗，孟六格管领，乾隆二年丁巳科进士。

《钦定八旗通志·选举志四》：蒙古正白旗，孟六格管领，雍正十三年乙卯科举人。

三甲第一百三名　董　龄　（《明清进士题名碑录索引》）

董龄，镶黄旗满洲人。

《钦定八旗通志·选举志三》：满洲镶黄旗，哲尔金佐领，乾隆二年丁已科进士。

《钦定八旗通志·选举志四》：满洲镶黄旗，伯唐保住佐领，康熙五十六年丁酉科举人。

三甲第一百三十七名　夏时雍　（《明清进士题名碑录索引》）

夏时雍，正红旗满洲人。

《钦定八旗通志·选举志三》：满洲正红旗，哈丰阿管领，乾隆二年丁巳科进士。

《钦定八旗通志·选举志四》：满洲正红旗，包衣四哥佐领，康熙五十六年丁酉科举人。

三甲第一百四十六名　德　保　（《明清进士题名碑录索引》）

德保，索绰络氏，正白旗满洲人。

《钦定八旗通志·选举志三》：满洲正白旗，包衣哈丰阿管领，乾隆二年丁巳科进士。

《钦定八旗通志·选举志五》：满洲正白旗，包衣哈丰阿管领，乾隆元年丙辰科举人。

《八旗艺文编目》：字润亭，一字仲容，号定圃，别号庞村，乾隆二年丁巳科进士，散馆授检讨。累官礼部尚书。

三甲第一百六十六名　苏　德　（《明清进士题名碑录索引》）

苏德，镶白旗满洲人。

《钦定八旗通志·选举志三》：满洲镶白旗，包衣色勒管领，乾隆二年丁巳科进士。

《钦定八旗通志·选举志四》：满洲正红旗，包衣色勒管领，雍正十年壬子科举人。

三甲第一百九十六名　宝　善　（《明清进士题名碑录索引》）

宝善，正红旗满洲人。

《钦定八旗通志·选举志三》：满洲正红旗，尚安图佐领，乾隆二年丁巳科进士。

《钦定八旗通志·选举志四》：满洲正红旗，汤艾佐领，康熙五十九年庚子科举人。

三甲第二百四名　萨穆哈　（《明清进士题名碑录索引》）

萨穆哈，镶黄旗满洲人。

《钦定八旗通志·选举志三》：满洲镶黄旗，增寿佐领，乾隆二年丁巳科进士。

《钦定八旗通志·选举志四》：满洲镶黄旗，端柱佐领，雍正七年己酉科举人。

三甲第二百二十八名　禄　成　（《明清进士题名碑录索引》）

禄成，镶黄旗满洲人。

《钦定八旗通志·选举志三》：满洲镶黄旗，包衣得泰佐领，乾隆二年丁巳科进士。

《钦定八旗通志·选举志五》：满洲镶黄旗，乾隆元年丙辰科举人。

三甲第二百四十名　（觉罗）德成格　（《明清进士题名碑录索引》）

（觉罗）德成格，镶黄旗满洲人。

《钦定八旗通志·选举志三》：满洲镶黄旗，乾隆二年丁巳科进士。

《钦定八旗通志·选举志五》：满洲镶黄旗，乾隆元年丙辰科举人。

乾隆四年己未科（1739）

三甲第十八名　伊贵绶　（《明清进士题名碑录索引》）

伊贵绶，正蓝旗蒙古人。

《钦定八旗通志·选举志三》：蒙古正蓝旗，伊勒尔图佐领，乾隆四年己未科进士。

《钦定八旗通志·选举志四》：作"伊贵寿"，蒙古正蓝旗，伊勒尔图佐领，雍正十年壬子科举人。

三甲第三十四名　兴　国　（《明清进士题名碑录索引》）

兴国，正黄旗满洲人。

《钦定八旗通志·选举志三》：满洲正黄旗，富旺佐领，乾隆四年己未科进士。

《钦定八旗通志·选举志五》：满洲正黄旗，包衣七十佐领，乾隆三年戊午科举人。

三甲第四十九名　勒　福　（《明清进士题名碑录索引》）
勒福，镶白旗满洲人。
《钦定八旗通志·选举志三》：满洲镶白旗，乾隆四年己未科进士。
《钦定八旗通志·选举志五》：满洲镶白旗，乾隆元年丙辰科举人。

三甲第六十四名　伊兴阿　（《明清进士题名碑录索引》）
伊兴阿，正蓝旗满洲人。
《钦定八旗通志·选举志三》：满洲正蓝旗，永在佐领，乾隆四年己未科进士。
《钦定八旗通志·选举志四》：满洲正蓝旗，永在佐领，雍正十三年乙卯科举人。

三甲第六十七名　李景晟　（《明清进士题名碑录索引》）
李景晟，正黄旗汉军人。
《钦定八旗通志·选举志三》：汉军正黄旗，李景唐佐领，乾隆四年己未科进士。
《钦定八旗通志·选举志四》：汉军正黄旗，李景唐佐领，雍正十年壬子科举人。

三甲第九十九名　赵德昌　（《明清进士题名碑录索引》）
赵德昌，正黄旗满洲人。
《钦定八旗通志·选举志三》：满洲正黄旗，富旺佐领，乾隆四年己未科进士。
《钦定八旗通志·选举志五》：满洲正黄旗，乾隆元年丙辰科举人。

三甲第一百六名　陈居易　（《明清进士题名碑录索引》）
陈居易，镶蓝旗汉军人。
《钦定八旗通志·选举志三》：汉军镶蓝旗，尚维邦佐领，乾隆四年己未科进士。

《钦定八旗通志·选举志四》：汉军镶蓝旗，尚维邦佐领，雍正十三年乙卯科举人。

三甲第一百二十名　元　凯　（《明清进士题名碑录索引》）

元凯，镶白旗满洲人。

《钦定八旗通志·选举志三》：满洲镶白旗，月保佐领，乾隆四年己未科进士。

《钦定八旗通志·选举志五》：满洲镶白旗，乾隆元年丙辰科举人。

三甲第一百二十四名　巴金泰　（《明清进士题名碑录索引》）

巴金泰，镶黄旗蒙古人。

《钦定八旗通志·选举志三》：蒙古镶黄旗，明智佐领，乾隆四年己未科进士。

《钦定八旗通志·选举志四》：蒙古镶黄旗，明智佐领，雍正十三年乙卯科举人。

三甲第一百五十五名　廪　格　（《明清进士题名碑录索引》）

廪格，正黄旗满洲人。

《钦定八旗通志·选举志三》：满洲正黄旗，乾隆四年己未科进士。

《钦定八旗通志·选举志五》：满洲正黄旗，恒文佐领，乾隆元年丙辰科举人。

三甲第一百七十名　高其文　（《明清进士题名碑录索引》）

高其文，正蓝旗满洲人。

《钦定八旗通志·选举志三》：满洲正蓝旗，包衣高从孔佐领，乾隆四年己未科进士。

《钦定八旗通志·选举志五》：满洲正蓝旗，包衣高从孔佐领，乾隆三年戊午科举人。

三甲第一百七十八名　傅隆阿　（《明清进士题名碑录索引》）

傅隆阿，镶白旗满洲人。

《钦定八旗通志·选举志三》：满洲镶白旗，乾隆四年己未科进士。

《钦定八旗通志·选举志五》：满洲镶白旗，明德佐领，乾隆三年戊午科举人。

三甲第一百八十五名　舒　瞻　（《明清进士题名碑录索引》）

舒瞻，正白旗满洲人。

《钦定八旗通志·选举志三》：满洲正白旗，祥龄佐领，乾隆四年己未科进士。

《钦定八旗通志·选举志五》：满洲正白旗，阿林佐领，乾隆元年丙辰科举人。

三甲第二百三名　刘廷梁　（《明清进士题名碑录索引》）

刘廷梁，正黄旗满洲人。

《索引》作"正黄旗满洲汉军"。

《钦定八旗通志·选举志三》：满洲正黄旗，乾隆四年己未科进士。

《钦定八旗通志·选举志五》：汉军正黄旗，乾隆元年丙辰科举人。

《清朝进士题目录》：正黄旗满洲汉军人。

三甲第二百二十名　邱仰嶙　（《明清进士题名碑录索引》）

邱仰嶙，正白旗满洲人。

《钦定八旗通志·选举志三》：满洲正白旗，双福佐领，乾隆四年己未科进士。

《钦定八旗通志·选举志四》：汉军正白旗，包衣李彬佐领，雍正十年壬子科举人。

三甲第二百二十九名　达时济　（《明清进士题名碑录索引》）

达时济，正黄旗满洲人。

《钦定八旗通志·选举志三》：满洲正黄旗，乾隆四年己未科进士。

《钦定八旗通志·选举志五》：满洲正黄旗，觉罗永福佐领，乾隆元年丙辰科举人。

乾隆七年壬戌科（1742）

二甲第二十名　查库兰　（《明清进士题名碑录索引》）

查库兰，镶白旗蒙古人。

北京大学图书馆藏《乾隆七年登科录》：贯镶白旗蒙古都统巴什佐领下拔贡生。字树檀，号钁□，行一。戊戌年七月二十二日生，习《易经》。戊午科乡试第五十六名，壬戌科会试第二百七十名。曾祖满韬，祖那穆僧，父巴什，母那拉氏。娶那拉氏。

《钦定八旗通志·选举志三》：蒙古镶白旗，巴什佐领，乾隆七年壬戌科进士。

《钦定八旗通志·选举志五》：满洲镶白旗，巴什佐领，乾隆三年戊午科举人。

二甲第三十二名　德　保　（《明清进士题名碑录索引》）

德保，正蓝旗满洲人。

北京大学图书馆藏《乾隆七年登科录》：贯正蓝旗满洲都统包衣郭兴阿佐领下副榜贡生。字乾和，号慎斋，行一。戊戌年十一月二十七日生，习《诗经》。辛酉科乡试第三十九名，壬戌科会试第一百四十二名。曾祖叶光先，祖茂芳，父永年，母田氏，生母樊氏。娶赵氏。

《钦定八旗通志·选举志三》：满洲正蓝旗，包衣郭兴阿佐领，乾隆七年壬戌科进士。

《钦定八旗通志·选举志五》：满洲正蓝旗，包衣郭兴阿佐领，乾隆六年辛酉科举人。

《皇清书史》：字乾和，号慎斋，别号勺园居士，满洲正蓝旗人。乾隆七年进士，官侍讲。

二甲第五十名　经　闻　（《明清进士题名碑录索引》）

经闻，正白旗满洲人。

北京大学图书馆藏《乾隆七年登科录》：贯正白旗包衣马尔浑佐领下增广生。字薪传，号华亭，行二。□年十月二十六日生，习《书经》。乡试第一百七十一名，壬戌科会试第七十九名。曾祖雅拉逊，祖沙坛，父武格，母许氏。娶瓜尔嘉氏、燕贻氏。

《钦定八旗通志·选举志三》：满洲正白旗，包衣马尔浑佐领，乾隆七年壬戌科进士。

《钦定八旗通志·选举志四》：满洲正白旗，六格佐领，雍正十三年乙卯科举人。

二甲第六十一名　盛　格　（《明清进士题名碑录索引》）

盛格，镶黄旗满洲人。

北京大学图书馆藏《乾隆七年登科录》：贯镶黄旗满洲都统包衣穆隆阿管领下民籍廪生。字际虞，号宜亭，行二。戊戌年二月十五日生，习《书经》。戊午科乡试第二百十四名，壬戌科会试第一百二名。曾祖伍达哈，祖桑格，父萨汉，母吴氏，继母李氏。

《钦定八旗通志·选举志三》：满洲镶黄旗，包衣穆隆阿佐领，乾隆七年壬戌科进士。

《钦定八旗通志·选举志五》：满洲镶黄旗，包衣穆隆阿佐领，乾隆三年戊午科举人。

《词林辑略》：作"觉罗盛格"，镶黄旗满洲，包衣穆隆阿佐领。

二甲第八十三名　刘锡龄　（《明清进士题名碑录索引》）

刘锡龄，正黄旗汉军人。

北京大学图书馆藏《乾隆七年登科录》：正黄旗汉军张奇勋佐领下人，拔贡生。字大年，号松亭，行二，戊子年七月初三日生，习《诗经》。戊午科乡试第一百三十一名，壬戌科会试第二百七十三名。曾祖振馨，祖秉文，父玑，母李氏。娶管氏。

《钦定八旗通志·选举志三》：汉军正黄旗，张奇勋佐领，乾隆七年壬戌科进士。

《钦定八旗通志·选举志五》：汉军正黄旗，张奇勋佐领，乾隆三年戊午科举人。

三甲第六名　（觉罗）奉宽　（《明清进士题名碑录索引》）

（觉罗）奉宽，正蓝旗满洲人。

北京大学图书馆藏《乾隆七年登科录》：正蓝旗满洲都统觉罗永禄佐

领下附生。字彰民，号栗斋，行八。壬寅年十月初九日生，习《书经》。辛酉科乡试第二百四十二名，壬戌科会试第一百五十五名。曾祖哇尔马，祖苏尔马，父佛凝峨，母关氏。娶关氏。

《钦定八旗通志·选举志三》：满洲正蓝旗，永禄佐领，乾隆七年壬戌科进士。

《钦定八旗通志·选举志五》：满洲正蓝旗，觉罗永禄佐领，乾隆六年辛酉科举人。

三甲第三十名　亢　保　（《明清进士题名碑录索引》）

亢保，正蓝旗蒙古人。

北京大学图书馆藏《乾隆七年登科录》：正蓝旗蒙古都统安太佐领下人，附学生。字子佑，号汾溪，行二。己丑年九月初一日生，习《诗经》。乙卯科乡试第一百八十六名，壬戌科会试第六十四名。曾祖达世，祖王锁住，父桑格，母瓜尔佳氏。娶祁木克氏。

《钦定八旗通志·选举志三》：蒙古正蓝旗，安泰佐领，乾隆七年壬戌科进士。

《钦定八旗通志·选举志四》：蒙古正蓝旗，安太佐领，雍正十三年乙卯科举人。

三甲第三十九名　舒　敏　（《明清进士题名碑录索引》）

舒敏，正白旗满洲人。

北京大学图书馆藏《乾隆七年登科录》：正白旗满洲都统王雅图佐领下人，增广生。字乃来，号松一，行一。壬寅年十月十三日生，习《书经》。辛酉科乡试第四十四名，壬戌科会试第九名。曾祖詹布禄，祖葛尔巴，父三格，母李氏。娶王氏。

《钦定八旗通志·选举志三》：满洲正白旗，王雅图佐领，乾隆七年壬戌科进士。

《钦定八旗通志·选举志五》：满洲正白旗，王雅图佐领，乾隆六年辛酉科举人。

三甲第五十三名　良　卿　（《明清进士题名碑录索引》）

良卿，正白旗满洲人。

北京大学图书馆藏《乾隆七年登科录》：正白旗满洲包衣马尔浑佐领下人，附学生。字汝弼，号梦赍，行一。丁酉年十二月十四日生，习《诗经》。乙卯科乡试第七十八名，壬戌科会试第三十五名。曾祖嵩安，祖马桑阿，父马善，母秦氏，继母孔氏。娶赵氏。

《钦定八旗通志·选举志三》：满洲正白旗，包衣马尔浑佐领，乾隆七年壬戌科进士。

《钦定八旗通志·选举志四》：满洲正白旗，六格佐领，雍正十三年乙卯科举人。

三甲第五十八名　国　栋　（《明清进士题名碑录索引》）

国栋，镶黄旗满洲人。

北京大学图书馆藏《乾隆七年登科录》：贯镶黄旗满洲都统国柱佐领下人，监生。字隆吉，号云浦，行二。辛丑年十二月初八日生，习《易经》。辛酉科乡试第二百四十七名，壬戌科会试第五十一名。曾祖塞楞，祖七十五，父对亲，母傅察氏。娶张佳氏。

《钦定八旗通志·选举志三》：满洲镶黄旗，国柱佐领，乾隆七年壬戌科进士。

《钦定八旗通志·选举志五》：满洲镶黄旗，国柱佐领，乾隆六年辛酉科举人。

三甲第九十二名　邦　图　（《明清进士题名碑录索引》）

邦图，正白旗满洲人。

北京大学图书馆藏《乾隆七年登科录》：正白旗满洲都统傅成额佐领下人，附学生。字舆书，号静斋，行四。壬午年八月初七日生，习《诗经》。癸卯科乡试第二百五十八名，壬戌科会试第一百十一名。曾祖爱当阿，祖敦泰，父法喇，母西他拉氏。娶觉罗氏。

《钦定八旗通志·选举志三》：满洲正白旗，博成额佐领，乾隆七年壬戌科进士。

《钦定八旗通志·选举志四》：满洲正白旗，材柱佐领，雍正元年癸卯科举人。

三甲第一百七名　刘　瓒　（《明清进士题名碑录索引》）

刘瓒，正黄旗满洲人。

北京大学图书馆藏《乾隆七年登科录》：正黄旗满洲都统包衣六格管领下汉军廪生。字容五，号柳湄，行五。癸未年正月十六日生，习《易经》。戊午科乡试第七十九名，壬戌科会试第六十名。曾祖继勋，祖文衡，父廷兰，母邵氏。娶衡氏，继娶王氏。

《钦定八旗通志·选举志三》：满洲正黄旗，包衣六合格管领，乾隆七年壬戌科进士。

《钦定八旗通志·选举志五》：满洲正黄旗，包衣六合格管领，乾隆三年戊午科举人。

三甲第二百二十名　吉　禄　（《明清进士题名碑录索引》）

吉禄，正黄旗满洲人。

《钦定八旗通志·选举志三》：满洲正黄旗，常住佐领，乾隆七年壬戌科进士。

《钦定八旗通志·选举志四》：满洲正黄旗，花色佐领，雍正四年丙午科举人。

乾隆十年乙丑科（1745）

二甲第二十五名　国　柱　（《明清进士题名碑录索引》）

国柱，正黄旗满洲人。

《钦定八旗通志·选举志三》：满洲正黄旗，伍尔庆阿佐领，乾隆十年乙丑科进士。

《钦定八旗通志·选举志五》：满洲正黄旗，五十佐领，乾隆九年甲子科举人。

二甲第四十一名　温　敏　（《明清进士题名碑录索引》）

温敏，正蓝旗满洲人。

《钦定八旗通志·选举志三》：满洲正蓝旗，阿拉米佐领，乾隆十年乙丑科进士。

《钦定八旗通志·选举志五》：满洲正蓝旗，阿拉密佐领，乾隆六年辛酉科举人。

二甲第六十四名　积　善　（《明清进士题名碑录索引》）

积善，镶白旗汉军人。

《钦定八旗通志·选举志三》：汉军镶白旗，胡世隆佐领，乾隆十年乙丑科进士。

《钦定八旗通志·选举志五》：汉军镶白旗，胡松龄佐领，乾隆九年甲子科举人。

三甲第十名　梦　麟　（《明清进士题名碑录索引》）

梦麟，正白旗蒙古人。

《钦定八旗通志·选举志三》：蒙古正白旗，噶布唐阿佐领，乾隆十年乙丑科进士。

《钦定八旗通志·选举志五》：蒙古正白旗，明福佐领，乾隆九年甲子科举人。

《八旗艺文编目》：字瑞占，一字文子，号谢山，又号喜堂，又号午塘，又作耦堂，氏西鲁特，隶正白旗。乾隆十年乙丑科进士，散馆授检讨。十五年侍讲学士、祭酒、河南学政。十六年内阁学士。十八年户部侍郎、江苏学政。二十年工部侍郎。二十三年翰林院掌院学士、军机大臣。

三甲第二十四名　石之珂　（《明清进士题名碑录索引》）

石之珂，正白旗汉军人。

《钦定八旗通志·选举志三》：汉军正白旗，谢文玉佐领，乾隆十年乙丑科进士。

《钦定八旗通志·选举志五》：汉军正白旗，谢文玉佐领，乾隆六年辛酉科举人。

三甲第九十名　达麟图　（《明清进士题名碑录索引》）

达麟图，宗室，正蓝旗满洲人。

《钦定八旗通志·选举志三》：满洲正蓝旗，苏昌佐领，乾隆十年乙丑科进士。

三甲第九十五名　哈达翰　（《明清进士题名碑录索引》）

哈达翰，改名哈精阿，镶白旗满洲人。

《钦定八旗通志·选举志三》：改名哈精阿，满洲镶白旗，乾隆十年乙丑科进士。

《钦定八旗通志·选举志五》：作"哈达哈"，满洲镶白旗，阿林佐领，乾隆九年甲子科举人。

三甲第一百七十五名　关　寿　（《明清进士题名碑录索引》）

关寿，改名观文，镶白旗满洲人。

《钦定八旗通志·选举志三》：改名观文，满洲镶白旗，常林佐领，乾隆十年乙丑科进士。

《钦定八旗通志·选举志五》：满洲镶白旗，观音保佐领，乾隆六年辛酉科举人。

三甲第一百八十五名　伊灵阿　（《明清进士题名碑录索引》）

伊灵阿，正白旗满洲人。

《钦定八旗通志·选举志三》：满洲正白旗，富宁佐领，乾隆十年乙丑科进士。

《钦定八旗通志·选举志五》：满洲正白旗，广海佐领，乾隆六年辛酉科举人。

三甲第一百八十九名　舒　禄　（《明清进士题名碑录索引》）

舒禄，镶红旗满洲人。

《钦定八旗通志·选举志三》：满洲镶红旗，九十六佐领，乾隆十年乙丑科进士。

《钦定八旗通志·选举志四》：满洲镶红旗，关禄佐领，雍正七年己酉科举人。

三甲第一百九十六名　年常阿　（《明清进士题名碑录索引》）

年常阿，镶黄旗满洲人。

《钦定八旗通志·选举志三》：满洲镶黄旗，乾隆十年乙丑科进士。

《钦定八旗通志·选举志五》：名作"正常阿"，满洲镶黄旗，弃柱佐领，乾隆九年甲子科举人。

乾隆十三年戊辰科（1748）

二甲第五十七名　平　泰　（《明清进士题名碑录索引》）

平泰，宗室，正蓝旗满洲人。

《钦定八旗通志·选举志三》：满洲正蓝旗，包衣多诺管领，乾隆十三年戊辰科进士。

三甲第二名　寅　保　（《明清进士题名碑录索引》）

寅保，正白旗汉军人。

《钦定八旗通志·选举志三》：汉军正白旗，乾隆十三年戊辰科进士。

《钦定八旗通志·选举志五》：汉军正白旗，包衣庆恩佐领，乾隆六年辛酉科举人。

《八旗艺文编目》：字东宾，一字芝圃，号桐封，隶正白旗，乾隆十三年戊辰科进士，散馆授编修，改内务府郎中。

三甲第十一名　武纳翰　（《明清进士题名碑录索引》）

武纳翰，正黄旗满洲人。

《钦定八旗通志·选举志三》：满洲正黄旗，乾隆十三年戊辰科进士。

《钦定八旗通志·选举志五》：满洲正黄旗，纳德纯佐领，乾隆十二年丁卯科举人。

三甲第十九名　福明安　（《明清进士题名碑录索引》）

福明安，镶红旗蒙古人。

《钦定八旗通志·选举志三》：蒙古镶红旗，穆隆安佐领，乾隆十三年戊辰科进士。

《钦定八旗通志·选举志五》：蒙古镶红旗，萨克萨哈佐领，乾隆六年辛酉科举人。

**三甲第五十七名　良　成　**（《明清进士题名碑录索引》）

良成，宗室，正蓝旗满洲人。

《钦定八旗通志·选举志三》：满洲正蓝旗，包衣何伸佐领，乾隆十三年戊辰科进士。

**三甲第一百三名　傅　清　**（《明清进士题名碑录索引》）

傅清，改名傅靖，镶白旗满洲人。

《钦定八旗通志·选举志三》：改名傅靖，满洲镶白旗，乾隆十三年戊辰科进士。

《钦定八旗通志·选举志五》：满洲镶白旗，石介佐领，乾隆九年甲子科举人。

**三甲第一百六十四名　（觉罗）阿永阿　**（《明清进士题名碑录索引》）

（觉罗）阿永阿，正黄旗满洲人。

《钦定八旗通志·选举志三》：满洲正黄旗，觉罗元禄佐领，乾隆十三年戊辰科进士。

《钦定八旗通志·选举志五》：满洲正黄旗，觉罗葩实佐领，乾隆九年甲子科举人。

**三甲第一百六十六名　福柱礼　**（《明清进士题名碑录索引》）

福柱礼，正蓝旗满洲人。

《钦定八旗通志·选举志三》：满洲正蓝旗，六十五佐领，乾隆十三年戊辰科进士。

《钦定八旗通志·选举志五》：满洲正蓝旗，六十五佐领，乾隆九年甲子科举人。

**三甲第一百七十九名　图靷布　**（《明清进士题名碑录索引》）

图靷布，镶红旗满洲人。

《钦定八旗通志·选举志三》：满洲镶红旗，阿穆胡朗图佐领，乾隆十三年戊辰科进士。

《钦定八旗通志·选举志五》：作"图他布"，满洲镶红旗，增福佐领，乾隆六年辛酉科举人。

《八旗艺文编目》：字裕轩，号德裕，又号漫圃，氏图色里，黑龙江地方人，隶镶红旗，乾隆十三戊辰科进士，散馆授检讨。累官翰林院侍讲学士。

三甲第一百八十九名　纶音惠　（《明清进士题名碑录索引》）

纶音惠，改名博卿额，镶红旗满洲人。

《钦定八旗通志·选举志三》：改名博卿额，满洲镶红旗，乾隆十三年戊辰科进士。

《钦定八旗通志·选举志五》：满洲镶红旗，塞尔登佐领，乾隆九年甲子科举人。

乾隆十六年辛未科（1751）

二甲第十四名　德　瑛　（《明清进士题名碑录索引》）

德瑛，正白旗满洲人。

《钦定八旗通志·选举志三》：满洲正白旗，哈丰阿管领，乾隆十六年辛未科进士。

《钦定八旗通志·选举志五》：满洲正白旗，禧绿管领，乾隆十五年庚午科举人。

二甲第六十三名　雪　格　（《明清进士题名碑录索引》）

雪格，正黄旗满洲人。

《钦定八旗通志·选举志三》：满洲正黄旗，世魁佐领，乾隆十六年辛未科进士。

《钦定八旗通志·选举志五》：满洲正黄旗，巴延泰佐领，乾隆十二年丁卯科举人。

三甲第三十二名　穆　丹　（《明清进士题名碑录索引》）

穆丹，正黄旗满洲人。

《钦定八旗通志·选举志三》：满洲正黄旗，志福佐领，乾隆十六年辛未科进士。

《钦定八旗通志·选举志五》：满洲正黄旗，白启佐领，乾隆十二年丁卯科举人。

三甲第五十八名　郭　兆　（《明清进士题名碑录索引》）

郭兆，改名国隆，镶红旗满洲人。

《钦定八旗通志·选举志三》：改名国隆，满洲镶红旗，阿凤格佐领，乾隆十六年辛未科进士。

《钦定八旗通志·选举志五》：满洲镶红旗，增寿保佐领，乾隆十二年丁卯科举人。

三甲第六十一名　何　栋　（《明清进士题名碑录索引》）

何栋，改名和敏，正黄旗满洲人。

《钦定八旗通志·选举志三》：改名和敏，满洲正黄旗，嵩山佐领，乾隆十六年辛未科进士。

《钦定八旗通志·选举志五》：满洲正黄旗，福成佐领，乾隆九年甲子科举人。

三甲第七十八名　全　魁　（《明清进士题名碑录索引》）

全魁，镶白旗满洲人。

《钦定八旗通志·选举志三》：满洲镶白旗，卓克逊佐领，乾隆十六年辛未科进士。

《钦定八旗通志·选举志五》：满洲镶白旗，达礼佐领，乾隆十五年庚午科举人。

《八旗艺文编目》：字斗南，号穆斋，氏尼奇哩，隶镶白旗。乾隆十六年辛未科进士，散馆授检讨。累官盛京户部侍郎。降侍讲学士。

三甲第九十七名　（觉罗）巴彦学　（《明清进士题名碑录索引》）

（觉罗）巴彦学，镶白旗满洲人。

《钦定八旗通志·选举志三》：满洲镶白旗，觉罗六十保佐领，乾隆十六年辛未科进士。

《钦定八旗通志·选举志五》：满洲镶白旗，觉罗六十保佐领，乾隆十五年庚午科举人。

乾隆十七年壬申恩科（1752）

**二甲第九名　景　福　**（《明清进士题名碑录索引》）

景福，镶白旗满洲人。

《钦定八旗通志·选举志三》：满洲镶白旗，海隆阿佐领，乾隆十七年壬申科进士。

《钦定八旗通志·选举志五》：满洲镶白旗，海隆阿佐领，乾隆十五年庚午科举人。

**二甲第五十四名　博　明　**（《明清进士题名碑录索引》）

博明，镶蓝旗满洲人。

《钦定八旗通志·选举志三》：满洲镶蓝旗，哈克散佐领，乾隆十七年壬申科进士。

《钦定八旗通志·选举志五》：满洲镶蓝旗，哈克散佐领，乾隆十二年丁卯科举人。

《八旗艺文编目》：原名贵明，字希哲，一字晰斋，又号西斋，氏博尔济吉特，隶镶蓝旗。乾隆十七年壬申科进士，散馆授编修。丙子主广东试，累官洗马，外任云南迤西道，降兵部员外郎。祖两江总督邵穆布。外孙穆彰阿。

**二甲第六十一名　王懿德　**（《明清进士题名碑录索引》）

王懿德，正白旗汉军人。

《钦定八旗通志·选举志三》：汉军正白旗，海富佐领，乾隆十七年壬申科进士。

《钦定八旗通志·选举志五》：满洲正蓝旗，庆恩佐领，乾隆十二年丁卯科举人。

**三甲第八名　（觉罗）喜崇福　**（《明清进士题名碑录索引》）

（觉罗）喜崇福，镶黄旗满洲人。

《钦定八旗通志·选举志三》：改名尼堪富什浑，满洲镶黄旗，觉罗常岱佐领，乾隆十七年壬申科进士。

《钦定八旗通志·选举志五》：满洲镶黄旗，觉罗常岱佐领，乾隆十七年壬申科举人。

三甲第九十二名　德　风　（《明清进士题名碑录索引》）

德风，正白旗满洲人。

《钦定八旗通志·选举志三》：满洲正白旗，包衣喜元管领，乾隆十七年壬申科进士。

《钦定八旗通志·选举志五》：满洲正白旗，禧缘管领，乾隆十五年庚午科举人。

三甲第九十五名　多伦五　（《明清进士题名碑录索引》）

多伦五，镶黄旗满洲人。

《钦定八旗通志·选举志三》：满洲镶黄旗，哈达哈佐领，乾隆十七年壬申科进士。

《钦定八旗通志·选举志五》：满洲镶黄旗，哈达哈佐领，乾隆十七年壬申科举人。按原书作十七年壬申科举人，显误。

三甲第一百二十八名　永　安　（《明清进士题名碑录索引》）

永安，镶白旗蒙古人。

《钦定八旗通志·选举志三》：蒙古镶白旗，包衣崔三哥管领，乾隆十七年壬申科进士。

《钦定八旗通志·选举志五》：蒙古镶白旗，包衣崔三格管领，乾隆十七年壬申科举人。按原书作十七年壬申科举人，显误。

三甲第一百四十四名　德克竟额　（《明清进士题名碑录索引》）

德克竟额，镶黄旗满洲人。

《钦定八旗通志·选举志三》：满洲镶黄旗，永安佐领，乾隆十七年壬申科进士。

《钦定八旗通志·选举志五》：作"德克精额"，满洲镶黄旗，永安佐领，乾隆十五年庚午科举人。

乾隆十九年甲戌科（1754）

**二甲第三十名　常　贵　**（《明清进士题名碑录索引》）

常贵，镶白旗蒙古人。

中国国家图书馆藏《乾隆十九年甲戌科会试录》：镶白旗蒙古英保住佐领下附学生，习《易经》，中式举人第一百一十八名。

《钦定八旗通志·选举志三》：蒙古镶白旗，英保住佐领，乾隆十九年甲戌科进士。

《钦定八旗通志·选举志五》：蒙古镶白旗，英保住佐领，乾隆十八年癸酉科举人。

**三甲第五名　富炎泰　**（《明清进士题名碑录索引》）

富炎泰，镶蓝旗满洲人。

中国国家图书馆藏《乾隆十九年甲戌科会试录》：镶蓝旗满洲觉罗西平佐领下廪膳生，习《春秋》，中式举人第一百七十七名。

《钦定八旗通志·选举志三》：满洲镶蓝旗，觉罗西平佐领，乾隆十九年甲戌科进士。

《钦定八旗通志·选举志五》：满洲镶蓝旗，觉罗西平佐领，乾隆十二年丁卯科举人。

**三甲第七名　鼐郎阿　**（《明清进士题名碑录索引》）

鼐郎阿，正红旗满洲人。

中国国家图书馆藏《乾隆十九年甲戌科会试录》：正红旗满洲伊泰佐领下附学生，习《诗经》，中式举人第九名。

《钦定八旗通志·选举志三》：满洲正红旗，伊泰佐领，乾隆十九年甲戌科进士。

《钦定八旗通志·选举志五》：满洲正红旗，伊泰佐领，乾隆九年甲子科举人。

**三甲第四十二名　七十一　**（《明清进士题名碑录索引》）

七十一，正蓝旗满洲人。

中国国家图书馆藏《乾隆十九年甲戌科会试录》：正蓝旗满洲岳什佐领下恩监生，习《诗经》，中式举人第九十四名。

《钦定八旗通志·选举志三》：满洲正蓝旗，岳什佐领，乾隆十九年甲戌科进士。

《钦定八旗通志·选举志五》：满洲正蓝旗，黑寿佐领，乾隆十二年丁卯科举人。

三甲第八十二名　吉郎阿　（《明清进士题名碑录索引》）

吉郎阿，镶蓝旗满洲人。

中国国家图书馆藏《乾隆十九年甲戌科会试录》：镶蓝旗满洲包衣仪住管领下廪膳生，习《书经》，中式举人第一百四十二名。

《钦定八旗通志·选举志三》：满洲镶蓝旗，包衣仪住管领，乾隆十九年甲戌科进士。

《钦定八旗通志·选举志五》：满洲镶蓝旗，包衣仪住管领，乾隆十二年丁卯科举人。

三甲第一百一名　阿　肃　（《明清进士题名碑录索引》）

阿肃，镶白旗满洲人。

中国国家图书馆藏《乾隆十九年甲戌科会试录》：镶白旗满洲赫申佐领下附学生，习《易经》，中式举人第四十五名。

《钦定八旗通志·选举志三》：满洲镶白旗，赫申佐领，乾隆十九年甲戌科进士。

《钦定八旗通志·选举志五》：满洲镶白旗，赫申佐领，乾隆十八年癸酉科举人。

三甲第一百十三名　于宗瑛　（《明清进士题名碑录索引》）

于宗瑛，镶红旗汉军人。

中国国家图书馆藏《乾隆十九年甲戌科会试录》：镶红旗汉军王士仪佐领下增广生，习《书经》，中式举人第七十四名。

《钦定八旗通志·选举志三》：汉军镶红旗，王士仪佐领，乾隆十九年甲戌科进士。

《钦定八旗通志·选举志五》：汉军镶红旗，王士仪佐领，乾隆十七年壬申科举人。

《国朝书人辑略》：字英玉，号紫亭，汉军镶红旗人，襄勤公之孙，乾隆十九年甲戌科进士，官御史。

乾隆二十二年丁丑科（1757）

二甲第四十七名　那穆齐礼　（《明清进士题名碑录索引》）

那穆齐礼，镶红旗满洲人。

南京图书馆藏《乾隆丁丑科会试同年齿录》：瓜尔佳氏，榜姓南，字辅民，号立亭，别号鲤庭，行一，戊申年三月生，镶红旗满洲都统四十八佐领下廪膳生，民籍，习《易经》，乡试顺天癸酉科第二百十四名，会试第三十名，殿试二甲第四十七名，钦点翰林院庶吉士。曾祖顾尔德，祖南泰，父六十七。

《钦定八旗通志·选举志三》：满洲镶红旗，四十八佐领，乾隆二十二年丁丑科进士。

二甲第五十一名　奇　山　（《明清进士题名碑录索引》）

奇山，镶红旗满洲人。

南京图书馆藏《乾隆丁丑科会试同年齿录》：字云峰，号静斋，行一，己酉年五月二十二日生，镶红旗满洲苏拉佐领下增生，民籍，习《诗经》，会试第十六名，殿试二甲第五十一名。曾祖拜唐阿，祖功德保，父立柱。

《钦定八旗通志·选举志三》：满洲镶红旗，苏拉佐领，乾隆二十二年丁丑科进士。

《钦定八旗通志·选举志五》：满洲镶红旗，苏拉佐领，乾隆二十一年丙子科举人。

三甲第二十四名　噶尔萨　（《明清进士题名碑录索引》）

噶尔萨，正蓝旗蒙古人。

《钦定八旗通志·选举志三》：蒙古正蓝旗，安泰佐领，乾隆二十二年丁丑科进士。

《钦定八旗通志·选举志五》：作"噶勒萨"，蒙古正蓝旗，安泰佐领，乾隆十七年壬申科举人。

三甲第九十五名　富森泰　（《明清进士题名碑录索引》）

富森泰，镶红旗满洲人。

《钦定八旗通志·选举志三》：满洲镶红旗，五吉佐领，乾隆二十二年丁丑科进士。

《钦定八旗通志·选举志五》：满洲镶红旗，务基佐领，乾隆十八年癸酉科举人。

三甲第九十六名　门　锜　（《明清进士题名碑录索引》）

门锜，正红旗汉军人。

《钦定八旗通志·选举志三》：汉军正红旗，程国骕佐领，乾隆二十二年丁丑科进士。

《钦定八旗通志·选举志五》：汉军正红旗，陈国骕佐领，乾隆二十一年丙子科举人。

三甲第一百六十三名　（觉罗）福志　（《明清进士题名碑录索引》）

（觉罗）福志，镶蓝旗满洲人。

《钦定八旗通志·选举志三》：满洲镶蓝旗，觉罗明善佐领，乾隆二十二年丁丑科进士。

《钦定八旗通志·选举志五》：满洲镶蓝旗，觉罗明善佐领，乾隆二十一年丙子科举人。

乾隆二十五年庚辰科（1760）

三甲第二十二名　福　兴　（《明清进士题名碑录索引》）

福兴，镶蓝旗蒙古人。

《钦定八旗通志·选举志三》：蒙古镶蓝旗，百禄佐领，乾隆二十五年庚辰科进士。

《钦定八旗通志·选举志五》：蒙古镶蓝旗，庭柱佐领，乾隆十八年癸酉科举人。

三甲第二十四名　王纪曾　（《明清进士题名碑录索引》）

王纪曾，正黄旗汉军人。

《钦定八旗通志·选举志三》：汉军正黄旗，杨超镶佐领，乾隆二十五年庚辰科进士。

《钦定八旗通志·选举志五》：汉军正黄旗，陈铮佐领，乾隆二十四年己卯科举人。

三甲第五十七名　达　椿　（《明清进士题名碑录索引》）

达椿，镶白旗满洲人。

《钦定八旗通志·选举志三》：满洲镶白旗，富顺佐领，乾隆二十五年庚辰科进士。

三甲第六十三名　药师保　（《明清进士题名碑录索引》）

药师保，正蓝旗满洲人。

《钦定八旗通志·选举志三》：满洲正蓝旗，六十佐领，乾隆二十五年庚辰科进士。

《钦定八旗通志·选举志五》：满洲正蓝旗，六十佐领，乾隆十七年壬申科举人。

乾隆二十六年辛巳恩科（1761）

二甲第五十名　嵩　贵　（《明清进士题名碑录索引》）

嵩贵，正黄旗满洲人。

《钦定八旗通志·选举志三》：满洲正黄旗，观音布管领，乾隆二十六年辛巳科进士。

《钦定八旗通志·选举志五》：蒙古正黄旗，观音布管领，乾隆二十一年丙子科举人。

《八旗艺文编目》：字抚棠，号补山，隶正黄旗，乾隆二十六年辛巳科进士，散馆授编修。

二甲第六十名　郭　洁　（《明清进士题名碑录索引》）

郭洁，镶红旗汉军人。

《钦定八旗通志·选举志三》：汉军镶红旗，刘秉忠佐领，乾隆二十六年辛巳科进士。

《钦定八旗通志·选举志五》：汉军镶红旗，刘秉忠佐领，乾隆二十四年己卯科举人。

三甲第四十三名　黄　楷　（《明清进士题名碑录索引》）

黄楷，正红旗汉军人。

《钦定八旗通志·选举志三》：汉军正红旗，吴文芳佐领，乾隆二十六年辛巳科进士。

《钦定八旗通志·选举志五》：汉军正红旗，吴文芳佐领，乾隆二十五年庚辰科举人。

三甲第九十名　敏　保　（《明清进士题名碑录索引》）

敏保，正蓝旗满洲人。

《钦定八旗通志·选举志三》：满洲正蓝旗，永在佐领，乾隆二十六年辛巳科进士。

《钦定八旗通志·选举志五》：满洲正蓝旗，永在佐领，乾隆二十四年己卯科举人。

三甲第九十二名　松　龄　（《明清进士题名碑录索引》）

松龄，正红旗满洲人。

《钦定八旗通志·选举志三》：满洲正红旗，巴扬阿佐领，乾隆二十六年辛巳科进士。

《钦定八旗通志·选举志五》：满洲正红旗，巴扬阿佐领，乾隆二十五年庚辰科举人。

三甲第一百十二名　（觉罗）集兰　（《明清进士题名碑录索引》）

（觉罗）集兰，镶蓝旗满洲人。

《钦定八旗通志·选举志三》：满洲镶蓝旗，觉罗明善佐领，乾隆二十六年辛巳科进士。

《钦定八旗通志·选举志五》：满洲镶蓝旗，觉罗明善佐领，乾隆十八年癸酉科举人。

乾隆二十八年癸未科（1763）

二甲第四十六名　祥　庆　（《明清进士题名碑录索引》）

祥庆，正黄旗满洲人。

《钦定八旗通志·选举志三》：作"详庆"，满洲正黄旗，花尚阿佐领，乾隆二十八年癸未科进士。

《钦定八旗通志·选举志五》：汉军正黄旗，花尚阿管领，乾隆二十五年庚辰科举人。

《清代翰林名录》：正黄旗满洲人。

三甲第十一名　白　麟　（《明清进士题名碑录索引》）

白麟，正白旗满洲人。

《钦定八旗通志·选举志三》：满洲正白旗，思特和莫佐领，乾隆二十八年癸未科进士。

《钦定八旗通志·选举志五》：满洲正白旗，兴泰佐领，乾隆二十五年庚辰科举人。

三甲第二十三名　观　永　（《明清进士题名碑录索引》）

观永，正白旗满洲人。

《钦定八旗通志·选举志三》：满洲正白旗，常安佐领，乾隆二十八年癸未科进士。

《钦定八旗通志·选举志五》：满洲正白旗，常安佐领，乾隆二十五年庚辰科举人。

三甲第四十四名　哲成额　（《明清进士题名碑录索引》）

哲成额，正白旗满洲人。

《钦定八旗通志·选举志三》：满洲正白旗，辉德佐领，乾隆二十八年癸未科进士。

《钦定八旗通志·选举志五》：满洲正白旗，辉德佐领，乾隆二十五年庚辰科举人。

乾隆三十一年丙戌科（1766）

**二甲第九名　善　聪　**（《明清进士题名碑录索引》）

善聪，正红旗满洲人。

《钦定八旗通志·选举志三》：满洲正红旗，巴扬阿佐领，乾隆三十一年丙戌科进士。

《钦定八旗通志·选举志五》：满洲正红旗，巴扬阿佐领，乾隆二十五年庚辰科举人。

**二甲第二十九名　福　保　**（《明清进士题名碑录索引》）

福保，正白旗汉军人①。

《钦定八旗通志·选举志三》：满洲正红旗，包衣常禄管领，乾隆三十一年丙戌科进士。作满洲人，误。

《钦定八旗通志·选举志五》：汉军正白旗，明福管领，乾隆二十七年壬午科举人。

《八旗艺文编目》：字嘉申，号景堂，氏陈，隶正白旗汉军，乾隆三十一年丙戌科进士，散馆授编修，官至奉天府府尹。

**三甲第九十名　（觉罗）祥奈　**（《明清进士题名碑录索引》）

（觉罗）祥奈，正蓝旗满洲人。

《钦定八旗通志·选举志三》：满洲正蓝旗，文绍佐领，乾隆三十一年丙戌科进士。

《钦定八旗通志·选举志五》：满洲正蓝旗，觉罗胡图里佐领，乾隆二十七年壬午科举人。

**三甲第一百三十一名　西　兰　**（《明清进士题名碑录索引》）

西兰，正白旗满洲人。

《钦定八旗通志·选举志三》：满洲正白旗，赫臣佐领，乾隆三十一年丙戌科进士。

---

① 此旗籍采用恩华纂辑，关纪新整理点校《八旗艺文编目》（辽宁民族出版社 2006 年版）说。

《钦定八旗通志·选举志五》：满洲正白旗，赫臣佐领，乾隆二十五年庚辰科举人。

乾隆三十四年己丑科（1769）

二甲第四十九名　梦　吉　（《明清进士题名碑录索引》）

梦吉，正蓝旗满洲人。

《钦定八旗通志·选举志三》：满洲正蓝旗，六格佐领，乾隆三十四年己丑科进士。

《钦定八旗通志·选举志五》：作"吉梦"，满洲正蓝旗，包衣拴住佐领，乾隆二十四年己卯科举人。

三甲第二十五名　奇丰额　（《明清进士题名碑录索引》）

奇丰额，正白旗满洲人。

《钦定八旗通志·选举志三》：满洲正白旗，清海佐领，乾隆三十四年己丑科进士。

《钦定八旗通志·选举志五》：作"奇丰厄"，满洲正白旗，清海佐领，乾隆三十年乙酉科举人。

三甲第五十名　嵩　庆　（《明清进士题名碑录索引》）

嵩庆，正白旗满洲人。《索引》作汉军人，误。

《钦定八旗通志·选举志三》：满洲正白旗，六十五管领，乾隆三十四年己丑科进士。

《钦定八旗通志·选举志五》：满洲正白旗，六十五管领，乾隆三十三年戊子科举人。

三甲第六十八名　特克慎　（《明清进士题名碑录索引》）

特克慎，正黄旗满洲人。

《钦定八旗通志·选举志三》：满洲正黄旗，武尔庆阿佐领，乾隆三十四年己丑科进士。

《钦定八旗通志·选举志五》：满洲正黄旗，武尔清阿佐领，乾隆三十年乙酉科举人。

乾隆三十六年辛卯恩科（1771）

三甲第十二名　敷森布　（《明清进士题名碑录索引》）

敷森布，镶黄旗满洲人。

《钦定八旗通志·选举志三》：满洲镶黄旗，乾隆三十六年辛卯科进士。

《钦定八旗通志·选举志五》：满洲镶黄旗，包衣嘉宏佐领，乾隆二十七年壬午科举人。

三甲第三十三名　马慧裕　（《明清进士题名碑录索引》）

马慧裕，正黄旗汉军人。

《钦定八旗通志·选举志三》：汉军正黄旗，音登厄佐领，乾隆三十六年辛卯科进士。

《钦定八旗通志·选举志五》：汉军正黄旗，马世贤佐领，乾隆三十五年庚寅科举人。

《皇清书史》：字朗山，一字朝曦，汉军正黄旗人，乾隆三十六年进士，官礼部尚书，谥清恪。

三甲第六十五名　佛尔卿额　（《明清进士题名碑录索引》）

佛尔卿额，正红旗满洲人。

《钦定八旗通志·选举志三》：满洲正红旗，觉罗舒宁佐领，乾隆三十六年辛卯科进士。

《钦定八旗通志·选举志五》：满洲正红旗，觉罗富兴佐领，乾隆二十五年庚辰科举人。

三甲第九十六名　和　宁　（《明清进士题名碑录索引》）

和宁，镶黄旗蒙古人。

《钦定八旗通志·选举志三》：蒙古镶黄旗，那彦佐领，乾隆三十六年辛卯科进士。

《钦定八旗通志·选举志五》：蒙古镶黄旗，那彦佐领，乾隆三十三年戊子科举人。

《八旗艺文编目》：字太庵，后更名和瑛。氏额尔德特，隶蒙古镶黄旗。乾隆三十六年辛丑科进士。五十一年，由户部员外郎授安徽太平府知府。累官至西藏办事大臣、乌鲁木齐都统、盛京将军，刑部尚书、军机大臣。子璧昌。

乾隆三十七年壬辰科（1772）

二甲第四十九名　百　龄　（《明清进士题名碑录索引》）

百龄，正黄旗汉军人①。

《索引》碑作"张百龄"。

《钦定八旗通志·选举志三》：作"张百龄"，汉军正黄旗，乾隆三十七年壬辰科进士。

《钦定八旗通志·选举志五》：作"张百龄"，满洲正黄旗，戴保住佐领，乾隆三十三年戊子科举人。

《清史稿》卷三百四十三《列传》一百三十：字菊溪，张氏，汉军正黄旗人。乾隆三十七年进士，选庶吉士，授编修。掌院阿桂重之，曰"公辅器也！"督山西学政，改御史，历奉天、顺天府丞。百龄负才自守，不干进，遭回闲职十余年。②

《八旗艺文编目》：字子颐，号菊溪，承德府张三营人，隶正黄旗，乾隆三十九年壬辰科进士，散馆授编修。嘉庆五年由顺天府丞迁湖南按察使。累官湖广总督。十二年由福建汀漳龙道再为湖南按察使。累官两江总督、协办大学士，封三等男。法良子，桂龄兄。

三甲第四名　图　敏　（《明清进士题名碑录索引》）

图敏，镶黄旗满洲人。

《钦定八旗通志·选举志三》：满洲镶黄旗，乾隆三十七年壬辰科进士。

《钦定八旗通志·选举志五》：满洲镶黄旗，六达塞佐领，乾隆三十五年庚寅科举人。

---

① 百龄旗籍采用赵尔巽等撰《清史稿》（中华书局1977年版）说。
② 赵尔巽等撰《清史稿》卷三百四十三《列传》一百三十，中华书局1977年版，第11133页。

《八旗文经》：字时泉，又字熙文，镶黄旗满洲人，殿试三甲第四名。散馆授编修，累官至内阁学士、副都统，屡充学差及读卷大臣。

三甲第六十二名　傅　通　（《明清进士题名碑录索引》）

傅通，正白旗满洲人。

《钦定八旗通志·选举志三》：满洲正白旗，六十三佐领，乾隆三十七年壬辰科进士。

《钦定八旗通志·选举志五》：满洲正白旗，福善佐领，乾隆三十六年辛卯科举人。

三甲第八十一名　铁　保　（《明清进士题名碑录索引》）

铁保，正黄旗满洲人。

《钦定八旗通志·选举志三》：满洲正黄旗，额勒恒额佐领，乾隆三十七年壬辰科进士。

《钦定八旗通志·选举志五》：满洲镶黄旗，阿尔布英阿佐领，乾隆三十五年庚寅科举人。

《八旗文经》：字冶亭，一字铁卿，号梅庵，旧谱姓觉罗氏，自称赵宋之裔，后改氏栋鄂。隶满洲正黄旗，额勒恒额佐领，壬辰科殿试三甲第八十一名。曾祖赛柱，祖富起，父诚泰（官泰宁镇总兵），母辉赫太夫人，妻宁古塔氏（巴克棠阿之女），子瑞元、瑞恩。

乾隆四十年乙未科（1775）

三甲第二十名　五　泰　（《明清进士题名碑录索引》）

五泰，镶白旗汉军人。

《钦定八旗通志·选举志三》：汉军镶白旗，乾隆四十年乙未科进士。

《钦定八旗通志·选举志五》：汉军镶白旗，包衣郎哈佐领，乾隆三十六年辛卯科举人。

三甲第三十二名　德　昌　（《明清进士题名碑录索引》）

德昌，镶黄旗满洲人。

《钦定八旗通志·选举志三》：满洲镶黄旗，定住佐领，乾隆四十年乙未科进士。

《钦定八旗通志·选举志五》：满洲镶黄旗，兴德佐领，乾隆三十五年庚寅科举人。

三甲第四十九名　瑞　保　（《明清进士题名碑录索引》）

瑞保，镶黄旗满洲人。

《钦定八旗通志·选举志三》：满洲镶黄旗，乌图尔那思图佐领，乾隆四十年乙未科进士。

《钦定八旗通志·选举志五》：满洲镶黄旗，永强阿佐领，乾隆三十九年甲午科举人。

三甲第五十名　（觉罗）长麟　（《明清进士题名碑录索引》）

（觉罗）长麟，正蓝旗满洲人。

《钦定八旗通志·选举志三》：满洲正蓝旗，觉罗麟至佐领，乾隆四十年乙未科进士。

《钦定八旗通志·选举志五》：作"觉罗长林"，满洲正蓝旗，觉罗文绍佐领，乾隆三十三年戊子科举人。

《啸亭杂录》：牧庵相公长麟，景祖翼皇帝裔也。乙未进士，以部曹洊至督抚。

乾隆四十三年戊戌科（1778）

三甲第六名　公　春　（《明清进士题名碑录索引》）

公春，改名恭泰，镶黄旗满洲人。

《钦定八旗通志·选举志三》：改名恭泰，满洲镶黄旗，永安佐领，乾隆四十三年戊戌科进士。

《钦定八旗通志·选举志五》：满洲镶黄旗，永安佐领，乾隆三十九年甲午科举人。

《八旗画录》：改名恭泰，字履安，一字伯震，号兰岩，富察氏，满洲镶黄旗人，乾隆四十三年进士，官盛京兵部侍郎。

三甲第十名　纳麟宝　（《明清进士题名碑录索引》）

纳麟宝，正黄旗满洲人。

《索引》作"那林保"。

《钦定八旗通志·选举志三》：满洲正黄旗，阿克东阿佐领，乾隆四十三年戊戌科进士。

《钦定八旗通志·选举志五》：名作"纳林宝"，满洲正黄旗，舒玉佐领，乾隆三十九年甲午科举人。

三甲第十三名　德　生　（《明清进士题名碑录索引》）

德生，正黄旗汉军人。

《钦定八旗通志·选举志三》：汉军正黄旗，包衣杨作新佐领，乾隆四十三年戊戌科进士。

《钦定八旗通志·选举志五》：汉军正黄旗，包衣杨作新佐领，乾隆三十九年甲午科举人。

三甲第五十二名　广　厚　（《明清进士题名碑录索引》）

广厚，镶黄旗满洲人。

《钦定八旗通志·选举志三》：满洲镶黄旗，善德佐领，乾隆四十三年戊戌科进士。

乾隆四十五年庚子恩科（1780）

三甲第二十二名　徐　鉴　（《明清进士题名碑录索引》）

徐鉴，镶黄旗汉军人。《索引》作镶黄旗满洲人，误。

《钦定八旗通志·选举志三》：汉军镶黄旗，乾隆四十五年庚子科进士。

《钦定八旗通志·选举志五》：满洲镶黄旗，刘淳佐领，乾隆三十九年甲午科举人。

《清代翰林名录》：镶黄旗汉军人。

三甲第七十六名　萨彬图　（《明清进士题名碑录索引》）

萨彬图，镶白旗满洲人。

《钦定八旗通志·选举志三》：满洲镶白旗，富顺佐领，乾隆四十五年庚子科进士。

《钦定八旗通志·选举志五》：名作"萨炳图"，满洲镶白旗，永福佐领，乾隆四十二年丁酉科举人。

三甲第八十七名　运　昌　（《明清进士题名碑录索引》）

运昌，奉旨改名法式善，正黄旗蒙古人。

《钦定八旗通志·选举志三》：奉旨改名法式善，蒙古正黄旗，九格管领，乾隆四十五年庚子科进士。

《钦定八旗通志·选举志五》：蒙古正黄旗，九格管领，乾隆四十四年己亥科举人。

《八旗艺文编目》：原名运昌，诏改法式善，国语"奋勉"也。字开文，号时帆，一号梧门，又号陶庐，自署小西涯居士。氏蒙乌吉，又氏孟，又奉诏氏伍尧。隶内务府正黄旗。乾隆四十五年庚子科进士，散馆授检讨。四十八年任国子监司业。历官侍讲学士。五十九年任祭酒。嘉庆九年以洗马充文渊阁校理。后以庶子致仕。

三甲第九十七名　岳兴阿　（《明清进士题名碑录索引》）

岳兴阿，正黄旗满洲人。

《钦定八旗通志·选举志三》：满洲正黄旗，包衣富旺佐领，乾隆四十五年庚子科进士。

《钦定八旗通志·选举志五》：满洲正黄旗，金辉佐领，乾隆三十九年甲午科举人。

乾隆四十六年辛丑科（1781）

三甲第六名　亮　保　（《明清进士题名碑录索引》）

亮保，镶白旗满洲人。

北京大学图书馆藏《乾隆四十六年辛丑科会试录》：镶白旗满洲都统

恒禄佐领下副榜贡生，习《诗经》，中式举人第十九名。

《钦定八旗通志·选举志三》：满洲镶白旗，恒泰佐领，乾隆四十六年辛丑科进士。

《钦定八旗通志·选举志五》：满洲镶白旗，恒禄佐领，乾隆四十五年庚子科举人。

三甲第九名　玉　保　（《明清进士题名碑录索引》）

玉保，正黄旗满洲人。

北京大学图书馆藏《乾隆四十六年辛丑科会试录》：正黄旗满洲都统额尔恒额佐领下监生，现充国史馆翻录官，习《诗经》。中式举人第七十九名。

上海图书馆藏《乾隆辛丑科会试同年齿录》：字治符，又字阆峰，己卯年五月十八日寅时生，正黄旗满洲额尔恒额佐领下习《诗经》，乡试第一百廿名，会试第九十七名，殿试三甲第九名。钦点庶吉士。曾祖赛桂，祖寅起，父诚泰，母辉赫氏，娶鄂绰氏，子瑞宁。

《钦定八旗通志·选举志三》：满洲正黄旗，额尔恒额佐领，乾隆四十六年辛丑科进士。

《钦定八旗通志·选举志五》：满洲正黄旗，额尔恒额佐领，乾隆四十五年庚子科举人。

三甲第三十七名　阿　林　（《明清进士题名碑录索引》）

阿林，正蓝旗汉军人。

北京大学图书馆藏《乾隆四十六年辛丑科会试录》：正蓝旗汉军都统李焕佐领下恩监生，习《诗经》。中式举人第一百十七名。

《钦定八旗通志·选举志三》：汉军正蓝旗，乾隆四十六年辛丑科进士。

《钦定八旗通志·选举志五》：汉军正蓝旗，李焕佐领，乾隆四十五年庚子科举人。

三甲第四十六名　清安泰　（《明清进士题名碑录索引》）

清安泰，镶黄旗满洲人。

北京大学图书馆藏《乾隆四十六年辛丑科会试录》：镶黄旗满洲都统

常清佐领下附学生，习《春秋》，中式举人第二十九名。

《钦定八旗通志·选举志三》：满洲镶黄旗，富升佐领，乾隆四十六年辛丑科进士。

《钦定八旗通志·选举志五》：满洲镶黄旗，常龄佐领，乾隆三十九年甲午科举人。

《皇清书史》：费莫氏，字平阶，满洲镶黄旗人，乾隆四十六年进士，官浙江巡抚。

乾隆四十九年甲辰科（1784）

二甲第二十八名　文　宁　（《明清进士题名碑录索引》）

文宁，改名文干，正红旗满洲人。

《钦定八旗通志·选举志三》：满洲正红旗，博明佐领，乾隆四十九年甲辰科进士。

《钦定八旗通志·选举志五》：满洲正红旗，百明佐领，乾隆四十八年癸卯科举人。

二甲第三十二名　蒋攸铦　（《明清进士题名碑录索引》）

蒋攸铦，镶蓝旗汉军人。

《钦定八旗通志·选举志三》：汉军镶蓝旗，栗城佐领，乾隆四十九年甲辰科进士。

《钦定八旗通志·选举志五》：汉军镶蓝旗，栗城佐领，乾隆四十八年癸卯科举人。

《八旗艺文编目》：字颖芳，号砺堂。隶镶蓝旗，乾隆四十九甲辰科进士，散馆授编修。道光四年以直隶总督协办大学士。七年授体仁阁大学士、两江总督。十年降，补兵部左侍郎。蒋国祥孙，蒋韶年子。

三甲第五十一名　德　宁　（《明清进士题名碑录索引》）

德宁，镶黄旗蒙古人。

《钦定八旗通志·选举志三》：蒙古镶黄旗，安福佐领，乾隆四十九年甲辰科进士。

《钦定八旗通志·选举志五》：蒙古镶黄旗，安福佐领，乾隆四十八年癸卯科举人。

三甲第六十五名　成　书　（《明清进士题名碑录索引》）

成书，镶白旗满洲人。

《钦定八旗通志·选举志三》：满洲镶白旗，二达色佐领，乾隆四十九年甲辰科进士。

《钦定八旗通志·选举志五》：作"成舒"，满洲镶白旗，二达色佐领，乾隆四十四年己亥科举人。

乾隆五十二年丁未科（1787）

三甲第二十七名　瑚图礼　（《明清进士题名碑录索引》）

瑚图礼，正白旗满洲人。

《钦定八旗通志·选举志三》：满洲正白旗，哲克僧尼佐领，乾隆五十二年丁未科进士。

《钦定八旗通志·选举志五》：满洲正白旗，阿昌阿佐领，乾隆三十九年甲午科举人。

三甲第五十八名　瑚图灵阿　（《明清进士题名碑录索引》）

瑚图灵阿，正白旗满洲人。

《钦定八旗通志·选举志三》：作"胡图灵阿"，满洲正白旗，敏书佐领，乾隆五十二年丁未科进士。

《钦定八旗通志·选举志五》：原名胡图礼，改名瑚图灵阿，满洲正白旗，敏书佐领，乾隆四十二年丁酉科举人。

三甲第六十六名　赵继昌　（《明清进士题名碑录索引》）

赵继昌，正红旗汉军人。

《钦定八旗通志·选举志三》：汉军正红旗，包衣复增佐领，乾隆五十二年丁未科进士。

《钦定八旗通志·选举志五》：汉军正红旗，包衣复增佐领，乾隆五十一年丙午科举人。

**三甲第六十七名　际　良　**（《明清进士题名碑录索引》）

际良，正黄旗满洲人。

《钦定八旗通志·选举志三》：满洲正黄旗，格绷额佐领，乾隆五十二年丁未科进士。

《钦定八旗通志·选举志五》：满洲正黄旗，格绷额佐领，乾隆四十五年庚子科举人。

乾隆五十四年己酉科（1789）

**二甲第三十二名　那彦成　**（《明清进士题名碑录索引》）

那彦成，正白旗满洲人。

浙江省图书馆藏《乾隆五十四年进士登科录》：字韶九，号绎堂，行三，乾隆甲申年十一月十六日生，贯正白旗满洲都统富宁阿佐领下廪膳生，时年二十六岁，用翰林院庶吉士。戊申科乡试第二十八名，己酉科会试第五十三名。曾祖阿克敦。祖阿桂。父阿思达。

《钦定八旗通志·选举志三》：满洲正白旗，富宁阿佐领，乾隆五十四年己酉科进士。

《钦定八旗通志·选举志五》：满洲正白旗，富昌佐领，乾隆五十三年戊申科举人。

**三甲第一名　广　善　**（《明清进士题名碑录索引》）

广善，镶黄旗满洲人。《索引》作镶黄旗汉军人，误。

浙江省图书馆藏《乾隆五十四年进士登科录》：董（佳）氏，字符圃，号瑞峰，又号樵云，行五，乾隆庚辰年三月初三日未时生。年三十岁，贯镶黄旗满洲都统德清管领下人，附学生，用工部额外主事。丙午科乡试第一百五十名，己酉科会试第四十二名。曾祖赫升阿。祖常乐。父五保。

《钦定八旗通志·选举志三》：满洲镶黄旗，德明佐领，乾隆五十四年己酉科进士。

《钦定八旗通志·选举志五》：满洲镶黄旗，安常佐领，乾隆五十一年丙午科举人。

三甲第十三名　达　林　(《明清进士题名碑录索引》)

达林,镶红旗满洲人。

浙江省图书馆藏《乾隆五十四年进士登科录》:达林,贯镶红旗满洲都统凌惠佐领下例监生,戊申科乡试第十一名,己酉科会试第四十一名。曾祖兴葆。祖常钧。父那淳。

《钦定八旗通志·选举志三》:满洲镶红旗,凌惠佐领,乾隆五十四年己酉科进士。

《钦定八旗通志·选举志五》:满洲镶红旗,凌惠佐领,乾隆五十三年戊申科举人。

《清代翰林名录》:镶红旗满洲人。

三甲第二十四名　荣　麟　(《明清进士题名碑录索引》)

荣麟,正蓝旗满洲人。

浙江省图书馆藏《乾隆五十四年进士登科录》:荣麟,字圣瑞,号兰谷,行四,乙亥年十一月十七日生,年二十五岁,贯正蓝旗满洲都统增新佐领下附学生,丙午科乡试第二百一十七名,己酉科会试第十一名。曾祖勒德礼。祖来住。父西拉布。

《钦定八旗通志·选举志三》:满洲正蓝旗,增新佐领,乾隆五十四年己酉科进士。

《钦定八旗通志·选举志五》:名作"荣麒",满洲正蓝旗,那尔史佐领,乾隆五十一年丙午科举人。

乾隆五十五年庚戌恩科(1790年)[①]

三甲第九名　德　文　(《明清进士题名碑录索引》)

德文,正白旗满洲人。

《钦定八旗通志·选举志三》:满洲正白旗,哲克僧额佐领,乾隆五十五年庚戌科进士。

《钦定八旗通志·选举志五》:满洲正白旗,辉德佐领,乾隆三十五年

---

① 本科为清高宗八旬万寿恩科。

庚寅科举人。

三甲第十五名　恩　普　（《明清进士题名碑录索引》）
恩普，镶蓝旗蒙古人。
《钦定八旗通志·选举志三》：蒙古镶蓝旗，多尔吉扎普佐领，乾隆五十五年庚戌科进士。

三甲第四十七名　延　弼　（《明清进士题名碑录索引》）
延弼，正蓝旗满洲人。
《钦定八旗通志·选举志三》：满洲正蓝旗，阿福佐领，乾隆五十五年庚戌科进士。
《钦定八旗通志·选举志五》：名作"闰碧"，满洲正蓝旗，阿福佐领，乾隆四十二年丁酉科举人。

三甲第五十八名　盛　安　（《明清进士题名碑录索引》）
盛安，正白旗满洲人。
《钦定八旗通志·选举志三》：汉军正白旗，广庆佐领，乾隆五十五年庚戌科进士。作汉军人，误。
《钦定八旗通志·选举志五》：满洲正白旗，广庆佐领，乾隆五十四年己酉科举人。
《清代翰林名录》：正白旗满洲人。
《清朝进士题名录》：正白旗满洲人。

乾隆五十八年癸丑科（1793）

二甲第二十五名　英　和　（《明清进士题名碑录索引》）
英和，正白旗满洲人。
《钦定八旗通志·选举志三》：满洲正白旗，包衣哈丰阿管领，乾隆五十八年癸丑科进士。
《钦定八旗通志·选举志五》：满洲正白旗，包衣哈丰阿佐领，乾隆五十七年壬子科举人。
《八旗画录》：幼名石桐，字树琴，更字煦斋，索绰络氏，满洲正白旗人，隶内务府，乾隆五十四年进士，官户部尚书，协办大学士。

乾隆六十年乙卯恩科（1795）

二甲第十六名　玉　麟　（《明清进士题名碑录索引》）

玉麟，满洲正黄旗人，国梁孙。

《钦定八旗通志·选举志三》：满洲正黄旗，武尔庆阿佐领，乾隆六十年乙卯科进士。

《钦定八旗通志·选举志五》：满洲正黄旗，武尔庆阿佐领，乾隆五十三年戊申科举人。

三甲第一名　高　鹗　（《明清进士题名碑录索引》）

高鹗，内务府镶黄旗汉军人。

《钦定八旗通志·选举志三》：汉军镶黄旗，延庆佐领，乾隆六十年乙卯科进士。

《钦定八旗通志·选举志五》：满洲镶黄旗，巴宁阿佐领，乾隆五十三年戊申科举人。

三甲第十六名　多　山　（《明清进士题名碑录索引》）

多山，正蓝旗蒙古人。

《钦定八旗通志·选举志三》：蒙古正蓝旗，伍朗塔布佐领，乾隆六十年乙卯科进士。

《钦定八旗通志·选举志五》：蒙古正蓝旗，武朗塔布佐领，乾隆五十七年壬子科举人。

三甲第五十五名　福　兴　（《明清进士题名碑录索引》）

福兴，正白旗蒙古人。

三甲第八十四名　增　禄　（《明清进士题名碑录索引》）

增禄，正蓝旗满洲人。

《钦定八旗通志·选举志三》：满洲正蓝旗，富伸佐领，乾隆六十年乙卯科进士。

《钦定八旗通志·选举志五》：满洲正蓝旗，富伸佐领，乾隆五十九年甲寅科举人。

嘉庆元年丙辰科（1796）

二甲第三十八名　桂　龄　（《明清进士题名碑录索引》）
桂龄，正黄旗汉军人。

三甲第五名　那尔丰阿　（《明清进士题名碑录索引》）
那尔丰阿，正蓝旗满洲人。

三甲第三十九名　鄂　山　（《明清进士题名碑录索引》）
鄂山，满洲正蓝旗人。

三甲第四十三名　成　格　（《明清进士题名碑录索引》）
成格，正黄旗满洲人。

三甲第六十八名　扎兰泰　（《明清进士题名碑录索引》）
扎兰泰，镶白旗满洲人。

三甲第八十三名　珠隆阿　（《明清进士题名碑录索引》）
珠隆阿，镶白旗蒙古人。

三甲第八十八名　常　泰　（《明清进士题名碑录索引》）
常泰，正蓝旗汉军人。

三甲第九十八名　（觉罗）清昌　（《明清进士题名碑录索引》）
（觉罗）清昌，正红旗满洲人。

嘉庆四年己未科（1799）

二甲第七十四名　象　曾　（《明清进士题名碑录索引》）
象曾，镶黄旗汉军人。

中国科学院文献情报中心藏《嘉庆己未科会试录》：镶黄旗汉军内务府福升廪膳生，中式举人第七十五名。

三甲第五名　寿星保　（《明清进士题名碑录索引》）

寿星保，正蓝旗汉军人。

中国科学院文献情报中心藏《嘉庆己未科会试录》：正蓝旗汉军都统□□□□，中式举人第三十五名。

三甲第三十五名　柏龄阿　（《明清进士题名碑录索引》）

柏龄阿，正白旗满洲人。

中国科学院文献情报中心藏《嘉庆己未科会试录》：正白旗满洲都统六达塞管领下廪膳生，中式举人第一百六十九名。

三甲第三十六名　明　安　（《明清进士题名碑录索引》）

明安，正黄旗蒙古人。

中国科学院文献情报中心藏《嘉庆己未科会试录》：正黄旗蒙古都统穆腾额佐领下附学生，中式举人第一百二十二名。

三甲第四十一名　廉　能　（《明清进士题名碑录索引》）

廉能，正黄旗满洲人。

中国科学院文献情报中心藏《嘉庆己未科会试录》：正黄旗满洲都统平福佐领下例监生，中式举人第三十名。

三甲第五十四名　椿　龄　（《明清进士题名碑录索引》）

椿龄，镶黄旗汉军人。

中国科学院文献情报中心藏《嘉庆己未科会试录》：镶黄旗满洲都统内务府文琳管领下汉军附学生，中式举人第五十名。

三甲第六十九名　珠尔杭阿　（《明清进士题名碑录索引》）

珠尔杭阿，正黄旗蒙古人。

中国科学院文献情报中心藏《嘉庆己未科会试录》：正黄旗蒙古都统巴哈布佐领下例监生，中式举人第一百七十二名。

三甲第七十四名　廉　善　（《明清进士题名碑录索引》）

廉善，正黄旗满洲人。

中国科学院文献情报中心藏《嘉庆己未科会试录》：正黄旗满洲都统平福佐领下例监生，中式举人第一百十五名。

三甲第八十一名　（觉罗）桂芳　（《明清进士题名碑录索引》）

（觉罗）桂芳，镶蓝旗满洲人。

中国科学院文献情报中心藏《嘉庆己未科会试录》：镶蓝旗满洲都统觉罗忠禄佐领下廪膳生，中式举人第十六名。

《皇清书史》：字子佩，号香东，满洲镶蓝旗人。嘉庆四年进士，官漕运总督。

《八旗艺文编目》：字子佩，号根仙，又号香东。嘉庆四年己未科进士，散馆授检讨。累官吏部侍郎兼掌院学士，入直上书房，军机大臣。十九年迁漕运总督。湖广总督图思德孙，恒庆子。

三甲第八十四名　李向荣　（《明清进士题名碑录索引》）

李向荣，镶白旗汉军人。

三甲第九十一名　贵　庆　（《明清进士题名碑录索引》）

贵庆，镶白旗满洲人。

中国科学院文献情报中心藏《嘉庆己未科会试录》：镶白旗满洲都统丰纳春佐领下廪膳生，中式举人第四十一名。

《皇清书史》：字月三（一作山），号云西，一号梦莫。满洲镶白旗人。嘉庆四年进士，官礼部尚书，能诗及书。

三甲第一百二十九名　佛　保　（《明清进士题名碑录索引》）

佛保，镶白旗满洲人。

《索引》改名"佛柱"。

中国科学院文献情报中心藏《嘉庆己未科会试录》：镶白旗满洲都统卓克逊佐领下廪膳生，中式举人第五十一名。

嘉庆六年辛酉恩科（1801）

二甲第六十九名　佟景文　（《明清进士题名碑录索引》）

佟景文，镶黄旗汉军人。

浙江省图书馆藏《嘉庆六年进士登科录》：字质夫，号敬堂，一号镜塘，行一。乾隆丙申年七月二十九日生，贯镶黄旗汉军范树延佐领下人，附学生。年二十六岁。戊午科乡试第一百八十二名，辛酉科会试第一百六十七名，用庶吉士。曾祖佟钧，祖泽霨，父廷柱。

二甲第七十三名　伊里布　（《明清进士题名碑录索引》）

伊里布，镶黄旗满洲人。

《索引》：作"伊礼布"。

浙江省图书馆藏《嘉庆六年进士登科录》：贯镶黄旗满洲觉罗庆昌佐领下府学生。甲寅科乡试第二百十二名，辛酉科会试第四十九名。曾祖阿尔金，祖双保，父亨通。

二甲第七十八名　秀　宁　（《明清进士题名碑录索引》）

秀宁，正蓝旗满洲人。

浙江省图书馆藏《嘉庆六年进士登科录》：他塔喇氏，字琪原，号楚翘，别号竹坪，行二，甲午年十二月二十三日申时生，年二十六岁，贯正蓝旗满洲奇勒炳阿佐领下，增广生。戊午科乡试第一百十六名，辛酉科会试第一百四十一名，用庶吉士。曾祖西图库，祖英德，父瑭玠。

二甲第九十七名　普　保　（《明清进士题名碑录索引》）

普保，正黄旗满洲人。

浙江省图书馆藏《嘉庆六年进士登科录》：纳拉氏，字怀千，号介石，行三。乾隆乙未年六月十九日生，年二十七岁。贯正黄旗满洲五尔青阿佐领下附学生。壬子科乡试第四十七名，辛酉科会试第十一名，用庶吉士。曾祖遗善，祖国梁，父图勒斌。

三甲第九名　法克精额　（《明清进士题名碑录索引》）

法克精额，镶蓝旗满洲人。

浙江省图书馆藏《嘉庆六年进士登科录》：字守愚，号敬一，又号芳圃，别号四如，行五。辛卯年六月二十七日生，年三十一岁，戊午科乡试第二百三名，辛酉科会试第一百二十六名，用中书。曾祖岱衮，祖嵩祝，父塔彰阿。

三甲第七十八名　书通阿　（《明清进士题名碑录索引》）

书通阿，正红旗蒙古人。

浙江省图书馆藏《嘉庆六年进士登科录》：科尔格姓氏，字逢源，号酉山，行三，乾隆甲午年七月十二日亥时生，年二十八岁。贯正红旗蒙古庆亮佐领下廪膳生。戊午科乡试第二百五十八名，辛酉科会试第二十一名，用中书。曾祖努赛，祖八十八，父德舒。

三甲第九十八名　聚　宁　（《明清进士题名碑录索引》）

聚宁，镶蓝旗满洲人。

浙江省图书馆藏《嘉庆六年进士登科录》：马佳氏，字学山，一字奎垣，号需庵，行三。乾隆甲午年六月十二日午时生，年二十八岁，贯镶黄旗满洲都统玉璧佐领下廪膳生。庚申科乡试第九十三名，辛酉科会试第二百十九名，用中书。曾祖希布，祖玛善，父格绷额。

三甲第一百九名　衍　恩　（《明清进士题名碑录索引》）

衍恩，镶黄旗汉军人，又作镶黄旗满洲人。

浙江省图书馆藏《嘉庆六年进士登科录》：董氏，字湛亭，号露萧，又号承轩，行一，乾隆庚寅年八月二十七日卯时生。年三十二岁。贯镶黄旗汉军德禄管领下廪膳生。戊午科乡试第一百九十一名，辛酉科会试第二十五名，殿试三甲第一百九名。曾祖常乐，祖五保，父广霈。

三甲第一百四十三名　凯音布　（《明清进士题名碑录索引》）

凯音布，满洲镶蓝旗人。

浙江省图书馆藏《嘉庆六年进士登科录》：富察氏，字靖侯，号戬卿，行六。乾隆乙未年生，年二十七岁。贯镶蓝旗满洲穆成额佐领下廪膳生。乙卯科乡试第十九名，辛酉科会试第一百五十九名。曾祖达拉岱，祖达尔焕，父观澜。

三甲第一百五十六名　恒　福　（《明清进士题名碑录索引》）

恒福，正白旗满洲人。

浙江省图书馆藏《嘉庆六年进士登科录》：佟佳氏，字纯嘏，号五斋，行一，乾隆戊戌年九月三十日生，年二十四岁。贯正白旗满洲都统永庆佐领下副榜贡生。庚申科乡试第一百十八名，辛酉科会试第六十六名，用知县。曾祖威赫，祖伦拜，父承恩泰。

三甲第一百五十七名　杨书绍　（《明清进士题名碑录索引》）

杨书绍，正红旗汉军人。

浙江省图书馆藏《嘉庆六年进士登科录》：字启庭，号心竹，行十一，庚寅年二月十七日生，年三十二岁。贯正红旗汉军吴纳尔佐领下例监生。戊午科乡试第二十九名，辛酉科会试第一百四十三名，用中书。曾祖琳，祖晏，父铨。

三甲第一百七十三名　常　英　（《明清进士题名碑录索引》）

常英，镶黄旗蒙古人。

浙江省图书馆藏《嘉庆六年进士登科录》：吴朗罕吉勒莫特氏，原名长英，字轶笋，一字子午，号芝岩，行三，乙未年三月廿五日生，年二十七岁。贯镶黄旗蒙古长泰佐领下附学生，甲寅科乡试第一百四十五名，辛酉科会试第一百四十四名，用庶吉士。曾祖常明，祖巴尔泰，父查克三。

嘉庆七年壬戌科（1802）

二甲第六十一名　宁古齐　（《明清进士题名碑录索引》）

宁古齐，镶白旗满洲人。

中国国家图书馆藏《重订嘉庆七年壬戌科会试齿录》：乌苏氏，字尚志，号璞斋，行六，乾隆辛卯年四月十六日生，镶白旗满洲拔贡生。壬子乡试第四十三名，壬戌会试第二十六名，殿试二甲第六十一名，翰林院庶吉士授编修，补左春坊左庶子，改补刑部督捕司郎中。

二甲第八十名　隆　安　（《明清进士题名碑录索引》）

隆安，正黄旗蒙古人。

中国国家图书馆藏《重订嘉庆七年壬戌科会试齿录》：完颜氏，字宅仁，号定斋，行二，乾隆己丑年九月初十日寅时生，正黄旗蒙古恩监生。己酉乡试第二百二十名，壬戌会试第七十三名，殿试二甲第八十名，翰林院庶吉士，候选知县，由实录馆议叙分发福建，补晋江县知县，庚午乡试同考官。

三甲第十五名　善　庆　（《明清进士题名碑录索引》）

善庆，正蓝旗满洲人。

中国国家图书馆藏《重订嘉庆七年壬戌科会试齿录》：博尔济吉特氏，字兴元，号乐斋，行一，乾隆戊子年四月二十八日生，正蓝旗满洲附生。戊申乡试第八十五名，壬戌会试第三十六名，殿试三甲第十五名，刑部汉档房主事，吏部稽勋司员外郎，现任国子监司业兼公中佐领，戊辰会试同考官。

三甲第四十一名　哈　晋　（《明清进士题名碑录索引》）

哈晋，正蓝旗满洲人。

中国国家图书馆藏《重订嘉庆七年壬戌科会试齿录》：萨哈尔察氏，字康侯，号桂堂，行一，乾隆戊子年八月初九日生，正蓝旗满洲廪生，己酉乡试第二百一十四名，七品笔帖式，壬戌会试第四十六名，殿试三甲第四十一名。翰林院庶吉士。

三甲第四十四名　钟　庆　（《明清进士题名碑录索引》）

钟庆，正红旗满洲人。

中国国家图书馆藏《重订嘉庆七年壬戌科会试齿录》：伊尔根觉罗氏，字仲章，号有庭，行二，乾隆辛卯年九月十七日生，正红旗满洲恩监生，刑部笔帖式，辛酉乡试第二百十六名，壬戌会试第六十二名，殿试三甲第四十四名，翰林院庶吉士，候选知县，由实录馆议叙现发河南试用。

三甲第五十二名　果齐斯欢　（《明清进士题名碑录索引》）

果齐斯欢，宗室。镶蓝旗满洲人。

中国国家图书馆藏《重订嘉庆七年壬戌科会试齿录》：字益亭，号味山，行一，乾隆戊子年正月二十七日寅时生，镶蓝旗四品宗室。十五善射，辛酉宗室乡试第五名，壬戌宗室会试第一名，殿试三甲第五十二名，翰林院庶吉士，授检讨，历升内阁学士，现任兵部右侍郎，镶黄旗满洲副都统，戊辰顺天乡试同考官，癸酉顺天乡试副考官。

三甲第九十六名　达清阿　（《明清进士题名碑录索引》）

达清阿，正白旗满洲人。

中国国家图书馆藏《重订嘉庆七年壬戌科会试齿录》：萨克达氏，字际昌，号升之，行一，乾隆甲申年十二月初八日生，正白旗满洲副贡生，国子监助教。甲寅乡试第一百四十六名，壬戌会试第一百二十七名，殿试三甲第九十六名，翰林院庶吉士，改授湖北利川县知县。曾祖乌麻拉，祖伊拉齐，父六十一，前母于氏、母沈氏。

三甲第一百八名　钟　秀　（《明清进士题名碑录索引》）

钟秀，正红旗满洲人。

中国国家图书馆藏《重订嘉庆七年壬戌科会试齿录》：伊尔根觉罗氏，字峰青，号兰浦，行一，乾隆庚寅年四月十七日生，正红旗满洲附生，乙卯乡试第二百三名，户部颜料库库使，壬戌会试第一百八名，殿试三甲第一百八名，即用知县。

三甲第一百十一名　穆隆阿　（《明清进士题名碑录索引》）

穆隆阿，镶蓝旗蒙古人。

中国国家图书馆藏《重订嘉庆七年壬戌科会试齿录》：勒格勒氏，字栋占，号青圃，又号远识，行四，乾隆丁亥年十二月二十二日生，镶蓝旗蒙古恩监生。壬子乡试第八十七名，壬戌会试第八十九名，殿试三甲第一百十一名，工部虞衡司主事。曾祖巴雅思，祖伟善，父德福，母魏琥特氏。

三甲第一百十二名　德朋阿　（《明清进士题名碑录索引》）

德朋阿，宗室，正蓝旗满洲人。

中国国家图书馆藏《重订嘉庆七年壬戌科会试齿录》：宗室，字辅仁，号琢庵，行四，乾隆乙酉年二月初一日生，正蓝旗四品宗室。辛酉宗室乡试第一名，壬戌宗室会试第三名，殿试三甲第一百十二名，翰林院庶吉士，授检讨，现任左春坊左庶子兼佐领。曾祖色楞额，镇国将军。祖五礼图，奉恩将军。父良诚，乾隆戊辰进士，詹事府詹事，母朱佳氏。

三甲第一百二十名　海　龄　（《明清进士题名碑录索引》）

海龄，内务府镶黄旗汉军人。

中国国家图书馆藏《重订嘉庆七年壬戌科会试齿录》：赖氏，字容百，号鹤峰，行一，乾隆戊子年十二月十二日生，镶黄旗内府汉军附生，庚申乡试第一百三十七名，壬戌会试第一百八十二名，殿试三甲第一百二十名，翰林院庶吉士。

三甲第一百二十六名　慧　端　（《明清进士题名碑录索引》）

慧端，宗室，镶蓝旗满洲人。

《索引》：榜名"惠端"。

中国国家图书馆藏《重订嘉庆七年壬戌科会试齿录》：宗室，榜名慧端。字直甫，号容轩，行一，乾隆戊戌年八月十一日生，镶蓝旗四品宗室。辛酉宗室乡试第二名，壬戌宗室会试第二名，殿试三甲第一百二十六名，翰林院庶吉士。改授吏部考功司主事，现任宗人府副理事官。

三甲第一百二十七名　黄　沛　（《明清进士题名碑录索引》）

黄沛，内务府正黄旗汉军人。

中国国家图书馆藏《重订嘉庆七年壬戌科会试齿录》：字汉初，号丰亭，行四，乾隆癸未年正月初一日生，正黄旗内府汉军监生，辛酉乡试第三十九名，壬戌会试第九十五名，殿试三甲第一百二十七名，分发江苏即用补溧水县知县。

三甲第一百四十三名　李成芳　（《明清进士题名碑录索引》）
李成芳，镶红旗汉军人。
中国国家图书馆藏《重订嘉庆七年壬戌科会试齿录》：字光宇，号郁文，行二，乾隆丁酉年三月初四日生，镶红旗汉军附生。庚申乡试第九十一名，壬戌会试第七十九名，殿试三甲第一百四十三名，翰林院庶吉士，改授江西上高县知县。

三甲第一百五十九名　常　山　（《明清进士题名碑录索引》）
常山，镶红旗满洲人。
中国国家图书馆藏《重订嘉庆七年壬戌科会试齿录》：塔塔拉氏，字安仁，号云峰，又号静庵，行一，乾隆戊戌年七月初二日生，镶红旗满洲附生，庚申乡试第三十一名，壬戌会试第八名，殿试三甲第一百五十九名，翰林院庶吉士。现任云南呈贡县知县。

嘉庆十年乙丑科（1805）

二甲第六十四名　和　桂　（《明清进士题名碑录索引》）
和桂，镶白旗满洲人。
清华大学图书馆藏《嘉庆十年乙丑科会试同年齿录》：字丹亭，号仙圃，行七，己丑年八月十七日生，镶白旗满洲都统谟德礼佐领下恩监生民籍。乡试第八十三名，会试第一百十七名，殿试二甲第六十四名。钦点翰林院庶吉士。曾祖巴延泰。祖奇宠格，丙午科举人。父奇臣，己卯科举人。胞叔奇明，癸酉科举人。胞兄和喜，辛卯科举人。胞兄和芬，丁酉科举人。堂兄和亮，甲午科举人。子衍龄，国子监官学生。

二甲第八十六名　（觉罗）宝兴　（《明清进士题名碑录索引》）
（觉罗）宝兴，镶黄旗满洲人。
《清史稿》卷三百六十五《列传》一百五十二：觉罗宝兴，字献山，隶镶黄旗。

二甲第九十三名　崇　弼　(《明清进士题名碑录索引》)

崇弼，宗室，改名秀堃，镶蓝旗满洲人。

清华大学图书馆藏《嘉庆十年乙丑科会试同年齿录》：宗室，字子良，号恬斋，行二。乾隆乙巳年十月初八日子时生，右翼官学生。乡试中式第五名，会试中式第一名，殿试二甲第九十三名，钦点翰林院庶吉士。曾祖敬俨。祖昌杰。父书约。胞兄崇硕，甲子科同榜举人。

三甲第四名　那丹珠　(《明清进士题名碑录索引》)

那丹珠，镶蓝旗满洲人。

清华大学图书馆藏《嘉庆十年乙丑科会试同年齿录》：赫舍哩氏，字绳武，一字墨山，号竹圃，别号偶堂，行一，乾隆癸卯年三月十三日吉时生，镶蓝旗满洲都统明安佐领下俊秀监生，候补笔帖式。乡试第一百七十五名，会试第九十四名，殿试三甲第四名。钦点户部主事。曾祖嵩祝。祖塔彰阿。父英格，乾隆己亥恩科举人。胞叔法克精额，嘉庆戊午科举人，辛酉科进士。

三甲第十五名　敏登额　(《明清进士题名碑录索引》)

敏登额，镶红旗满洲人。

清华大学图书馆藏《嘉庆十年乙丑科会试同年齿录》：瓜尔佳氏，字观我，号芳山，行二，乾隆己亥年二月初六日生，镶红旗满洲都统杨安泰佐领附学生。乡试中式第一百六十九名，会试中式第六十八名，殿试三甲第十五名。钦点即用知县。曾祖常喀。祖期成阿。父文彬。

三甲第二十名　穆彰阿　(《明清进士题名碑录索引》)

穆彰阿，镶蓝旗满洲人。

清华大学图书馆藏《嘉庆十年乙丑科会试同年齿录》：字子朴，号常轩，一号鹤舫，乾隆壬寅年十二月二十九日生，镶蓝旗满洲庆敏佐领下附生，候补笔帖式。乡试第五十五名，会试第一百二名，殿试三甲第二十名。钦点翰林院庶吉士。曾祖巴赛。祖托锦。父广泰。

三甲第二十一名　那清安　（《明清进士题名碑录索引》）

那清安，正白旗满洲人。

清华大学图书馆藏《嘉庆十年乙丑科会试同年齿录》：原名那永阿，字慎修，号竹汀，一号鹤侣，行三，丁亥年十二月二十九日生，正白旗满洲都统富安泰佐领下监生。戊申乡试第二十名，乙丑会试第九名，殿试三甲第二十一名。钦点户部学习主事。曾祖库里。祖旸阿布，雍正丙午科举人。父松龄。胞弟那兴安，监生，咸安宫官学生。

三甲第八十名　色卜星额　（《明清进士题名碑录索引》）

色卜星额，镶红旗蒙古人。

清华大学图书馆藏《嘉庆十年乙丑科会试同年齿录》：林吾特氏，字祥垣，号懋斋，行三，乾隆庚子年六月十六日生，镶红旗蒙古岳岱佐领下附生。乡试戊午科第九十五名，会试第三十二名，殿试三甲第八十名，钦点翰林院庶吉士。曾祖伍拾。祖达色。父噶尔炳阿。

三甲第八十八名　达春布　（《明清进士题名碑录索引》）

达春布，镶黄旗满洲人。

三甲第九十六名　吉　禄　（《明清进士题名碑录索引》）

吉禄，镶白旗蒙古人。

清华大学图书馆藏《嘉庆十年乙丑科会试同年齿录》：吴郎汉吉尔们氏，字祗占，号廉浦，行一，乾隆癸未年二月初二日酉时生，镶白旗蒙古达尔扎佐领下附生，乡试中式第九十三名，会试中式第一百十二名，殿试三甲第九十六名，钦点工部主事。曾祖权宝。祖佛尔清额。父雅达加。

三甲第一百二名　徐　钧　（《明清进士题名碑录索引》）

徐钧，镶黄旗汉军人。

清华大学图书馆藏《嘉庆十年乙丑科会试同年齿录》：字陶夫，号春浦，行一，乾隆癸未年八月十六日生，镶黄旗汉军都统舒明阿佐领下廪膳生。乡试中式第一百八十三名，会试中式第七十九名，殿试三甲第一百二名。钦点即用知县。曾祖璋。祖文炳。父总培。曾伯祖琳，康熙壬午科举人，丙戌科进士。伯叔祖文焕，雍正己酉科拔贡，乙卯科举人。堂叔维城，乾隆乙酉科举人。

三甲第一百三名　崇绶　（《明清进士题名碑录索引》）

崇绶，正白旗满洲人。

清华大学图书馆藏《嘉庆十年乙丑科会试同年齿录》：章佳氏，字雕衔，号丹霞，又号兰坡，行一，乾隆乙巳年八月初十日寅时生，正白旗满洲都统富宁阿佐领下五品荫生。乡试中式第九十九名，会试中式第五十名，殿试三甲第一百三名。钦点翰林院庶吉士。高祖阿克敦，康熙戊子科举人，己丑科进士。曾祖阿桂，乾隆戊午科举人。祖阿必达。父那彦宝。堂叔那彦成，乾隆戊申科举人，己酉科进士。

三甲第一百三十名　姚宝煊　（《明清进士题名碑录索引》）

姚宝煊，镶黄旗汉军人，字应宿，号省斋，行二，乾隆癸未年十二月初六日生，镶红旗汉军都统柯承露佐领下恩监生，乡试中式第一百零一名，会试中式第三十七名，殿试三甲第一百三十名。高祖启圣，字熙之，康熙癸卯奉天解元。太子少保，兵部尚书，兼都察院右都御史，总督福建以军功世袭骑都尉，加一云骑尉。曾祖仪。祖法祖。父楘。堂叔祖述祖，雍正壬子科举人，乾隆丙辰科进士。堂叔祖继祖，乾隆庚辰科举人。从堂伯梅，乾隆丙子科举人。从堂叔樟，乾隆甲寅科举人。从堂叔杰，乾隆戊申科举人，己酉科进士。

三甲第一百三十三名　德遐　（《明清进士题名碑录索引》）

德遐，宗室，镶白旗满洲人。

三甲第一百三十九名　高陞　（《明清进士题名碑录索引》）

高陞，镶黄旗汉军人。

清华大学图书馆藏《嘉庆十年乙丑科会试同年齿录》：字允升，号南轩，一号雨楼，行四，乾隆丁酉年十月初一日生，系镶黄旗汉军都统高炯佐领下副榜贡生，通政使司笔帖式，实录馆校对官。曾祖其佐。祖父豫。父芬，壬午举人。曾伯叔祖其倬，康熙甲戌进士。曾伯叔祖其伟，康熙庚辰进士。伯叔祖书勋，乾隆戊午举人。堂伯叔珣，举人。兄采，庚申同科副榜，辛酉举人。堂兄孝植，举人。堂兄孝埩，举人。

嘉庆十三年戊辰科（1808）

二甲第二十八名　杨　镇　（《明清进士题名碑录索引》）

杨镇，正红旗汉军人。

北京大学图书馆藏《嘉庆戊辰科会试同年齿录》：字莲峰，号静斋，行二。乾隆丙午年三月初三日吉时生。正红旗汉军都统荣玉材佐领下廪膳生。丁卯乡试中式第二百三名，戊辰会试中式第二百三十六名，钦取覆试一等，殿试二甲第二十八名，朝考入选，钦点翰林院庶吉士。曾祖纶，候选知县。祖耀祖，诰封武显将军。父澍增，现任本旗印务参领。

上海图书馆藏《嘉靖二十三年康熙十五年嘉庆十三年道光十五年进士题名录》：正红旗汉军人。

二甲第三十四名　李恩绎　（《明清进士题名碑录索引》）

李恩绎，正白旗汉军人。

北京大学图书馆藏《嘉庆戊辰科会试同年齿录》：字巽甫，号东云，行三，乾隆己亥年二月廿一日未时生。正白旗满洲都统内务府苏章阿管领下汉军监生，嘉庆庚申科举人，先任掌仪司笔帖式。乡试中式第二百十八名，会试中式第一百名，殿试二甲第三十四名，朝考钦取第十九名，钦点翰林院庶吉士。七世祖毓元。高高祖桢。高祖宏勋。曾祖光祖，钦赐六品。祖士通，乾隆甲子科举人，辛未科进士。父法，乾隆壬午科副榜，庚寅科举人。叔曾祖继祖，雍正乙卯科举人。胞伯叔祖士达，乾隆丁卯科举人。堂叔祖秉铨，乾隆己亥科举人。堂叔伯之骏，乾隆庚寅科举人。嫡堂弟兄恩纬，辛酉科举人。堂兄弟文璜，甲子科举人。

上海图书馆藏《嘉靖二十三年康熙十五年嘉庆十三年道光十五年进士题名录》：正白旗汉军人。

二甲第四十七名　恩　宁　（《明清进士题名碑录索引》）

恩宁，正红旗满洲人。

《索引》：改名"恩铭"。

北京大学图书馆藏《嘉庆戊辰科会试同年齿录》：字静庵，号兰生，行一。乾隆丙午年九月二十三日吉时生，正红旗满洲都统德山佐领下监生，候补笔帖式。乡试中式第十名，会试中式第十七名，殿试二甲第四十七名，钦点翰林院庶吉士。曾祖普泰，原任大理寺正卿。祖阿津，原任知县。父阿明阿，原任知府。

上海图书馆藏《嘉靖二十三年康熙十五年嘉庆十三年道光十五年进士题名录》：正红旗满洲人。

三甲第十二名　隆　文　（《明清进士题名碑录索引》）

隆文，正红旗满洲人。

北京大学图书馆藏《嘉庆戊辰科会试同年齿录》：伊尔根觉罗氏，字存质，一字愭卿，号云章，行一，丁未年九月十八日午时生，正红旗满洲都统忠福佐领下附生。乡试中式第一百五十八名，会试中式第八十二名，殿试三甲第十二名，钦点翰林院庶吉士。曾祖兆保，中议大夫。祖长久，原任吏部稽勋司郎中。父德伦，乾隆戊戌科翻译举人。子桂清。

上海图书馆藏《嘉靖二十三年康熙十五年嘉庆十三年道光十五年进士题名录》：正红旗满洲人。

三甲第二十二名　德　启　（《明清进士题名碑录索引》）

德启，正白旗满洲人。

上海图书馆藏《嘉靖二十三年康熙十五年嘉庆十三年道光十五年进士题名录》：正白旗满洲人。

三甲第二十三名　武忠额　（《明清进士题名碑录索引》）

武忠额，正白旗满洲人。

上海图书馆藏《嘉靖二十三年康熙十五年嘉庆十三年道光十五年进士题名录》：正白旗满洲人。

三甲第三十二名　钟　祥　（《明清进士题名碑录索引》）

钟祥，镶黄旗汉军人。

上海图书馆藏《嘉靖二十三年康熙十五年嘉庆十三年道光十五年进士题名录》：镶黄旗汉军人。

三甲第五十九名　敏　勤　（《明清进士题名碑录索引》）

敏勤，宗室，正蓝旗满洲人。

上海图书馆藏《嘉靖二十三年康熙十五年嘉庆十三年道光十五年进士题名录》：正蓝旗满洲人。

三甲第六十名　全　福　（《明清进士题名碑录索引》）

全福，正蓝旗满洲人。《索引》作正黄旗满洲人，误。

上海图书馆藏《嘉靖二十三年康熙十五年嘉庆十三年道光十五年进士题名录》：正蓝旗满洲人。

三甲第七十七名　诚　格　（《明清进士题名碑录索引》）

诚格，镶蓝旗满洲人。

上海图书馆藏《嘉靖二十三年康熙十五年嘉庆十三年道光十五年进士题名录》：镶蓝旗满洲人。

三甲第八十四名　贵　龄　（《明清进士题名碑录索引》）

贵龄，镶黄旗蒙古人。

上海图书馆藏《嘉靖二十三年康熙十五年嘉庆十三年道光十五年进士题名录》：镶黄旗蒙古人。

三甲第八十七名　德刚阿　（《明清进士题名碑录索引》）

德刚阿，宗室，正蓝旗满洲人。

上海图书馆藏《嘉靖二十三年康熙十五年嘉庆十三年道光十五年进士题名录》：正蓝旗满洲人。

三甲第九十一名　荣　庆　（《明清进士题名碑录索引》）

荣庆，正黄旗蒙古人。

上海图书馆藏《嘉靖二十三年康熙十五年嘉庆十三年道光十五年进士题名录》：正黄旗蒙古人。

三甲第九十三名　恒　祥　(《明清进士题名碑录索引》)

恒祥，正红旗满洲人。

北京大学图书馆藏《嘉庆戊辰科会试同年齿录》：来普氏，字旋吉，一字墅春，号麟洲，行一，乾隆辛丑年十二月吉日生，正红旗满洲都统德禄佐领下廪膳生。乡试中式第二十四名，会试中式第九十八名，殿试三甲第九十三名。曾祖三贵，原任护军校。祖麦图。父汝懋。

上海图书馆藏《嘉靖二十三年康熙十五年嘉庆十三年道光十五年进士题名录》：正红旗满洲人。

三甲第九十四名　文　炳　(《明清进士题名碑录索引》)

文炳，镶红旗满洲人。

上海图书馆藏《嘉靖二十三年康熙十五年嘉庆十三年道光十五年进士题名录》：镶红旗满洲人。

三甲第一百十八名　功　袭　(《明清进士题名碑录索引》)

功袭，宗室，正蓝旗满洲人。

上海图书馆藏《嘉靖二十三年康熙十五年嘉庆十三年道光十五年进士题名录》：宗室，正蓝旗满洲人。

嘉庆十四年己巳恩科（1809）

二甲第二十四名　钟　昌　(《明清进士题名碑录索引》)

钟昌，正白旗满洲人。

二甲第四十一名　玉　绶　(《明清进士题名碑录索引》)玉

玉绶，正白旗满洲人。

二甲第六十六名　敏　德　(《明清进士题名碑录索引》)

敏德，镶黄旗汉军人。

《明清进士题名碑录索引》：改名"铭德"。

二甲第六十九名　瑞　林　（《明清进士题名碑录索引》）
瑞林，宗室，正蓝旗满洲人。

三甲第二名　悟勤喜淳　（《明清进士题名碑录索引》）
悟勤喜淳，正红旗满洲人。

三甲第十六名　庆　熙　（《明清进士题名碑录索引》）
庆熙，镶蓝旗汉军人。

三甲第十七名　景　纶　（《明清进士题名碑录索引》）
景纶，镶黄旗满洲人。

三甲第三十四名　永　宁　（《明清进士题名碑录索引》）
永宁，正黄旗蒙古人。

三甲第三十六名　崇　硕　（《明清进士题名碑录索引》）
崇硕，宗室，镶蓝旗满洲人。

三甲第六十一名　（觉罗）硕德　（《明清进士题名碑录索引》）
（觉罗）硕德，镶黄旗满洲人。

三甲第八十四名　惟　勤　（《明清进士题名碑录索引》）
宗室惟勤，镶蓝旗满洲人。

三甲第八十六名　那　峨　（《明清进士题名碑录索引》）
那峨，正白旗满洲人。

三甲第九十三名　麟　庆　（《明清进士题名碑录索引》）
麟庆，内务府镶黄旗满洲人。
《鸿雪因缘图记》：重阳五鼓，闻获俊者报捷，中第一百四十八名；嘉庆己巳，麟庆年十九岁，四月初八日，会试揭晓，中式第二十七名贡士。

覆试二等，殿试三甲第九十三名，赐同进士出身，奉旨以内阁中书用。

《八旗艺文编目》：字伯余，一字振祥，号见亭，氏完颜，隶内务府镶黄旗，嘉庆己巳进士。由兵部主事授中允，累官至江南河道总督、库伦办事大臣。

三甲第九十六名　长　瑞　（《明清进士题名碑录索引》）
长瑞，正黄旗汉军人。

三甲第一百一名　吉　恒　（《明清进士题名碑录索引》）
吉恒，镶白旗蒙古人。

三甲第一百十五名　景　麟　（《明清进士题名碑录索引》）
宗室景麟，镶红旗满洲人。

三甲第一百三十名　福　保　（《明清进士题名碑录索引》）
福保，正白旗满洲人。

嘉庆十六年辛未科（1811）

二甲第二十六名　恩　贵　（《明清进士题名碑录索引》）
恩贵，镶白旗蒙古人。
清华大学图书馆藏《嘉庆辛未科会试同年齿录》：把约特氏，字九思，号鹤田，行四，乾隆乙巳年五月十八日午时生，系镶白旗蒙古都统色布正额佐领下廪膳生，乡试中式第三十八名，会试中式第五十一名，殿试二甲第二十六名，朝考入选，钦点翰林院庶吉士。曾祖梦可。祖老格。父贡楚克札布。

二甲第四十五名　奕　泽　（《明清进士题名碑录索引》）
奕泽，正红旗满洲人。
《明清进士题名碑录索引》：原名"奕溥"。

二甲第四十六名　文　纶　（《明清进士题名碑录索引》）

文纶，正蓝旗满洲人。

清华大学图书馆藏《嘉庆辛未科会试同年齿录》：贯正蓝旗满洲双福佐领下，会试中式第九名。曾祖赫林布，祖永得，父关德。

二甲第五十六名　李恩绥　（《明清进士题名碑录索引》）

李恩绥，正白旗汉军人。

清华大学图书馆藏《嘉庆辛未科会试同年齿录》：字来轩，号定山，行二，乾隆乙未年二月初三日吉时生，正白旗满洲都统内务府苏章阿管领下汉军监生，嘉庆戊辰恩科举人，乡试中式第二百二十九名，会试中式第二十二名，殿试二甲第五十六名。朝考钦取第三名，钦点翰林院庶吉士。曾祖广祖。祖士通，乾隆甲子科举人，辛未科进士。父法，乾隆壬午科举人，副榜，庚寅科举人。叔曾祖继祖，雍正乙卯科举人。胞伯叔祖士达，乾隆丁卯科举人。堂叔祖秉铨，乾隆己亥科举人。堂伯叔之骏，乾隆庚寅科举人。堂伯叔之骐，乙酉科举人。胞兄弟恩纬，嘉庆庚申恩科举人，戊辰科进士。嫡堂兄弟恩纬，嘉庆辛酉科举人。

二甲第八十一名　卢演复　（《明清进士题名碑录索引》）

卢演复，镶黄旗汉人。

三甲第二十名　桂　馨　（《明清进士题名碑录索引》）

桂馨，正黄旗蒙古人。

清华大学图书馆藏《嘉庆辛未科会试同年齿录》：字一山，又字直之，号秋木，别号芗林，行一，乾隆癸丑年八月初一日吉时生，内府正黄旗蒙古恩荫监生官籍。庚午顺天乡试中式第二十八名，辛未会试中式第一百九十九名，殿试三甲第二十名，钦点内阁中书。曾祖平安。祖和顺。本生祖广顺，乾隆庚辰恩科举人。父法式善，乾隆己亥恩科举人，庚子恩科进士。曾叔祖保安，雍正己酉科举人。

三甲第三十三名　希灵阿　（《明清进士题名碑录索引》）

希灵阿，正黄旗满洲人。

清华大学图书馆藏《嘉庆辛未科会试同年齿录》：伊尔根觉罗氏，字毓亭，号秀岩，行一，又行三，乾隆辛丑年正月初四日吉时生，正黄旗满洲都统苏成额佐领下附生。乡试中式第九十一名，会试中式第三十四名，殿试三甲第三十三名。钦点即用知县。曾祖大有。祖赵海。父那达春。

三甲第三十八名　兆　元　（《明清进士题名碑录索引》）

兆元，镶红旗汉军人。

清华大学图书馆藏《嘉庆辛未科会试同年齿录》：镶红旗汉军德克进佐领下附学生。丁卯乡试第九十名，辛未会试第二百二十二名，殿试三甲第三十八名。曾祖郭世隆。祖郭朝岳。父郭淮。

三甲第三十九名　铁　林　（《明清进士题名碑录索引》）

铁林，正白旗满洲人。

清华大学图书馆藏《嘉庆辛未科会试同年齿录》：佟雅氏，字履山，号荔岩，行一，乾隆己亥年二月十五日生，正白旗满洲索观佐领下翻译生员，辛酉科举人，国子监助教。乡试第一百二名，会试第一百七十九名，殿试三甲第三十九名，钦点即用知县。曾祖齐克腾，祖仁德。父西恒。

三甲第四十二名　荣　第　（《明清进士题名碑录索引》）

荣第，正蓝旗满洲人。

清华大学图书馆藏《嘉庆辛未科会试同年齿录》：字赐元，号及亭，一号显堂，别号吟痴，行三，乾隆丙午年六月二十五日寅时生，系正蓝旗满洲发丰阿佐领下廪膳生，乡试第二百二十六名，会试第一百一名，覆试一等第十五名，殿试三甲第四十二名。曾祖李昌。祖英安，原任陕西西安、延安、榆林等府同知，绥德直隶州知州。诰授中宪大夫。祖妣舒氏。貤封承德郎贡生。讳成广公女，乾隆庚午科举人，历任湖北宜城、江陵、京山等县知县。名展公胞妹。诰封恭人。父文庆。嫡堂曾伯祖李瑛康熙戊子科举人。堂伯祖英录，乾隆甲子科举人。从堂伯忠成，乾隆丙午科举人。堂侄春祥，嘉庆戊辰科举人。

《八旗文经》：字赐元，号及亭，一号显堂，别号吟□，行三，乾隆丙午年六月二十五日寅时生，系正蓝旗满洲都统包衣发丰阿佐领下廪膳生，乡试中式第二百二十六名，会试中式第一百一名，覆试一等第十五名，殿试三甲第四十二名。累官赞善。

三甲第五十六名　奎　耀　（《明清进士题名碑录索引》）
奎耀，正白旗满洲人。
清华大学图书馆藏《嘉庆辛未科会试同年齿录》：字仲华，号芝圃，行二，乾隆辛亥年二月二十九日午时生，正白旗满洲常索管领下附学生，官籍。丁卯科乡试第九十七名，会试第一百五十二名，殿试三甲第五十六名。朝考入选，钦点翰林院庶吉士。曾祖明惠。祖德保，乾隆丙辰恩科举人，丁巳恩科进士。父英和，壬子科举人，癸丑科进士。嫡伯曾祖富宁，雍正甲辰恩科举人。堂伯祖观保，雍正己酉科拔贡，乾隆丙辰恩科举人，丁巳恩科进士。胞叔祖德风，乾隆庚午科举人，壬申恩科进士。胞叔祖德隆，乾隆壬申恩科举人。胞叔祖德元，乾隆癸酉科举人。堂叔观瑞，庚午科举人。嫡堂伯英贵，乾隆庚子科举人。堂兄廷瑸，丁卯科举人。胞兄奎照，戊辰恩科举人。

三甲第八十六名　全　奎　（《明清进士题名碑录索引》）
全奎，正红旗满洲人。

三甲第九十七名　金朝观　（《明清进士题名碑录索引》）
金朝观，镶黄旗汉军人。字午亭，一字銮坡，镶黄旗汉军都统内务府□兴阿管领下汉军廪膳生。嘉庆十三年戊辰科举人。官至四川崇庆州知州。

三甲第一百十八名　福　申　（《明清进士题名碑录索引》）
福申，正黄旗满洲人。
清华大学图书馆藏《嘉庆辛未科会试同年齿录》：邵氏，字保之，号禹门，行一，乾隆庚子年五月初十日吉时生。正黄旗满洲都统内务府锡龄阿佐领下廪膳生。乡试第六十七名，会试第七十五名，殿试三甲第一百十八名。朝考选取第五十七名，钦点翰林院庶吉士。曾祖常保住。祖五德。父永泰。
《杭州八旗驻防营志略》卷十：嘉庆辛未科会试中式，殿试三甲第一百十八名。守禹门，满洲正黄旗人。以翰林院庶吉士用，散馆授职检讨，升翰林院侍讲。道光丙戌，督学江西。

**三甲第一百二十名　达　英　**（《明清进士题名碑录索引》）
达英，宗室，镶白旗满洲人。

**三甲第一百三十八名　海　濂　**（《明清进士题名碑录索引》）
海濂，宗室，镶红旗满洲华福佐领下四品宗室。

嘉庆十九年甲戌科（1814）

**二甲第十二名　呈　麟　**（《明清进士题名碑录索引》）
呈麟，正蓝旗满洲人。
上海图书馆藏《嘉庆甲戌科会试同年齿录》：汪佳氏，字玉书，号绂堂，行三，戊申年十月十三日生，正蓝旗满洲恒德佐领下附学生，会试中式第六名。
中国国家图书馆藏《嘉庆十九年甲戌科会试录》：正蓝旗满洲恒德佐领下附学生，会试中式第六名。

**二甲第十六名　奎　照　**（《明清进士题名碑录索引》）
奎照，正白旗满洲人。
上海图书馆藏《嘉庆甲戌科会试同年齿录》：字伯冲，号玉庭，行一，乾隆庚戌年三月初四日生，内务府正白旗满洲寿昌管领下廪膳生官籍。
中国国家图书馆藏《嘉庆十九年甲戌科会试录》：正白旗满洲内务府寿昌管领下廪膳生，会试中式第六十八名。
《八旗画录》：字玉庭，英和子，嘉庆十九年进士，官礼部尚书。

**二甲第十八名　素博通额　**（《明清进士题名碑录索引》）
素博通额，宗室，镶蓝旗满洲玉英佐领下四品宗室，庚午科宗室乡试第一名，甲戌科宗室会试中式第一名。

**二甲第五十五名　明　通　**（《明清进士题名碑录索引》）
明通，镶白旗满洲人。

上海图书馆藏《嘉庆甲戌科会试同年齿录》：字仲德，号理堂，行二，乙亥年六月二十九日午时生，镶白旗满洲都统得祥佐领下增广生，民籍。前任刑部山东司笔帖式。会试中式第一百五十四名。

中国国家图书馆藏《嘉庆十九年甲戌科会试录》：镶白旗满洲得祥佐领下增广生，会试中式第一百五十四名。

二甲第五十八名　德喜保　（《明清进士题名碑录索引》）

德喜保，改名德崇，贯镶蓝旗玉福佐领下四品宗室。甲子科宗室乡试中式第三名，甲戌科宗室会试中式第二名，殿试二甲第五十八名。

二甲第六十一名　（觉罗）德宁　（《明清进士题名碑录索引》）

（觉罗）德宁，改名德厚，正红旗满洲人。

上海图书馆藏《嘉庆甲戌科会试同年齿录》：正红旗满洲人，会试中式第一百九名。

中国国家图书馆藏《嘉庆十九年甲戌科会试录》：觉罗，正红旗满洲觉罗伊通阿佐领下廪膳生，会试中式第一百九名。

《皇清书史》：原名宁，字宗维，号远村，觉罗氏，正红旗满洲人。嘉庆十九年进士，官工部侍郎。

二甲第八十五名　蒋文庆　（《明清进士题名碑录索引》）

蒋文庆，正白旗汉军人。

上海图书馆藏《嘉庆甲戌科会试同年齿录》：字吉云，号蔚亭，一号贲园，行一，癸丑年正月二十日丑时生，正白旗汉军四甲喇陈珠佐领下，候补笔帖式国子监俊秀监生，选徽江调贵阳，仕至安□，会试中式第九十三名。

中国国家图书馆藏《嘉庆十九年甲戌科会试录》：正白旗汉军陈珠佐领下例监生，会试中式第九十三名。

三甲第二名　庆　禄　（《明清进士题名碑录索引》）

庆禄，镶黄旗满洲人。

上海图书馆藏《嘉庆甲戌科会试同年齿录》：镶黄旗满洲人，会试中式第一百五十六名。

中国国家图书馆藏《嘉庆十九年甲戌科会试录》：镶黄旗满洲觉罗阿尔玺佐领下附学生，会试中式第一百五十六名。

三甲第十三名　广　林　（《明清进士题名碑录索引》）

广林，苏穆察氏，内务府正黄旗蒙古人。

上海图书馆藏《嘉庆甲戌科会试同年齿录》：字锄经，号艺圃，一号乔庵，行一，庚戌年六月初一日生，内务府正黄旗富僧额管领下蒙古附学生。会试中式第一百十六名。

中国国家图书馆藏《嘉庆十九年甲戌科会试录》：正黄旗内务府富僧额管领下蒙古附学生，会试中式第一百十六名。

三甲第十五名　鼐满达　（《明清进士题名碑录索引》）

鼐满达，镶黄旗蒙古人。

上海图书馆藏《嘉庆甲戌科会试同年齿录》：字梅村，一字调溪，号仲山，行六，壬寅年五月初二日生，镶黄旗蒙古明勋佐领下廪膳生礼部笔帖式。会试中式第一百四十三名。

中国国家图书馆藏《嘉庆十九年甲戌科会试录》：镶黄旗蒙古明勋佐领下廪膳生，会试中式第一百十六名。

三甲第三十二名　云　麟　（《明清进士题名碑录索引》）

云麟，内务府正黄旗汉军人。

上海图书馆藏《嘉庆甲戌科会试同年齿录》：汉军正黄旗，会试中式第五十五名。

中国国家图书馆藏《嘉庆十九年甲戌科会试录》：正黄旗满洲内务府旗鼓恒泰佐领下汉军廪膳生，会试中式第五十五名。

三甲第六十一名　安　龄　（《明清进士题名碑录索引》）

安龄，正白旗满洲人。

上海图书馆藏《嘉庆甲戌科会试同年齿录》：字景袁，号静轩，行十一，辛丑年又五月初四日子时生，正白旗满洲都统内务府汉军彭年佐领下附监生。会试中式第一百八十四名。

中国国家图书馆藏《嘉庆十九年甲戌科会试录》：正白旗满洲内务府

彭年佐领下汉军例监生,会试中式第一百八十四名。

三甲第六十四名　文　达　(《明清进士题名碑录索引》)

文达,正蓝旗满洲人。

上海图书馆藏《嘉庆甲戌科会试同年齿录》:字聪四,号味书,行二,癸丑年十一月廿八日戌时生,正蓝旗满洲中元佐领下附学生,会试中式第六十五名。

中国国家图书馆藏《嘉庆十九年甲戌科会试录》:正蓝旗满洲中元佐领下附学生,会试中式第六十五名。

三甲第六十五名　绩　兰　(《明清进士题名碑录索引》)

绩兰,正蓝旗满洲德朋阿佐领下四品宗室,庚午科宗室乡试第三名,甲戌科宗室会试中式第三名,殿试三甲第六十五名。

三甲第一百十四名　树　德　(《明清进士题名碑录索引》)

树德,正蓝旗满洲人。

上海图书馆藏《嘉庆甲戌科会试同年齿录》:字号不详,生年不详,正蓝旗满洲人,会试中式第二百六名。

中国国家图书馆藏《嘉庆十九年甲戌科会试录》:正蓝旗满洲花良阿佐领下副贡生,会试中式第一百六名。

嘉庆二十二年丁丑科(1817)

二甲第八名　裕　泰　(《明清进士题名碑录索引》)

裕泰,改名裕谦。镶黄旗蒙古人。

北京大学图书馆藏《嘉庆二十二年进士登科录》:贯镶黄旗蒙古都统穆克登布佐领下附学生。庚午科乡试第二百名,丁丑科会试第三十名。曾祖班第,祖巴禄,父庆麟。

二甲第四十一名　有　庆　(《明清进士题名碑录索引》)

有庆,正白旗汉军人。

北京大学图书馆藏《嘉庆二十二年进士登科录》:贯正白旗汉军高兴

保佐领下拔贡生。丙子科乡试第一百六十名，丁丑科会试第一百六十三名。曾祖金录，祖启明，父多福。

上海图书馆藏《嘉庆癸酉科拔贡年谱》：字号不详，正白旗人。

上海图书馆藏《嘉庆丙子科乡试齿录》：字善阶，号馀斋，正白旗人。

二甲第五十九名　祥　宁　（《明清进士题名碑录索引》）

祥宁，镶白旗满洲人。

北京大学图书馆藏《嘉庆二十二年进士登科录》：贯镶白旗满洲德祥佐领下附学生，庚午科乡试第一百九十五名，丁丑科会试第一百七十九名。曾祖博尔腾，祖额尔泰，父庆锡。

北京大学图书馆藏《嘉庆丁丑科会试同年齿录》：赫舍理氏，字子佶，号云章，又号云斋，行一。乾隆丙午年七月初二日吉时生。镶白旗满洲都统德祥佐领下附生。庚午乡试中式第一百九十五名，丁丑会试中式第一百七十九名，殿试二甲第五十九名，朝考入选第五十六名，钦点翰林院庶吉士。高祖博勒赫，赠宣武大夫。曾祖博尔腾，原任步军协尉。祖鄂尔泰，诰赠文林郎。父庆锡，原在兵部武库司笔帖式。堂兄明通，庚申科举人，甲戌进士。

二甲第七十二名　绳　格　（《明清进士题名碑录索引》）

绳格，镶白旗汉军人。

北京大学图书馆藏《嘉庆二十二年进士登科录》：贯镶白旗满洲包衣乌林泰佐领下汉军选拔生，辛酉科乡试第一百四十八名，甲戌科会试第一百四名。曾祖春布里，祖萨克慎，父五泰。

二甲第七十五名　穆馨阿　（《明清进士题名碑录索引》）

穆馨阿，镶白旗满洲人。

北京大学图书馆藏《嘉庆二十二年进士登科录》：贯镶白旗满洲庆广佐领下廪膳生，戊辰科乡试第三十九名，丁丑科会试第一百四十五名。曾祖索泰，祖同善，父福纶布。

二甲第九十五名　保　瑞　（《明清进士题名碑录索引》）

保瑞，宗室，正蓝旗满洲人。

北京大学图书馆藏《嘉庆二十二年进士登科录》：宗室，贯正蓝旗多永额佐领下四品宗室，癸酉科宗室乡试第一名，丁丑科宗室会试第三名。曾祖杨福，祖窝伦泰，父纯华。

上海图书馆藏《嘉庆己卯科各省乡试同年谱》：正蓝旗满洲人。

三甲第十名　德　玉　（《明清进士题名碑录索引》）

德玉，镶黄旗满洲人。

北京大学图书馆藏《嘉庆二十二年进士登科录》：贯镶黄旗满洲五甲喇常德佐领下廪膳生，癸酉科乡试第一百六十四名，丁丑科会试第五十二名。曾祖额伦特，祖富升，父岳克青阿。

三甲第十六名　德　兴　（《明清进士题名碑录索引》）

德兴，镶黄旗满洲人。

北京大学图书馆藏《嘉庆二十二年进士登科录》：贯镶黄旗满洲瑞麟佐领下翻译生，庚午科乡试第三十三名，丁丑科会试第九名。曾祖董泰，祖翰图，父来誉。

三甲第二十五名　全　钰　（《明清进士题名碑录索引》）

全钰，镶黄旗汉军人。

北京大学图书馆藏《嘉庆二十二年进士登科录》：贯镶黄旗汉军韦俊栋佐领下廪膳生，丙子科乡试第一百五十六名，丁丑科会试第一百二十二名。曾祖建业，祖文耀，父国英。

三甲第二十九名　那丹珠　（《明清进士题名碑录索引》）

那丹珠，镶白旗满洲人。

北京大学图书馆藏《嘉庆二十二年进士登科录》：贯镶白旗满洲都统灵福佐领下拔贡生，癸酉科乡试第八十三名，丁丑科会试第六十九名。曾祖更义纳，祖哈清阿，父成书。

上海图书馆藏《嘉庆癸酉科拔贡年谱》：改名斯洪阿，字闲斋，号万石，满洲镶白旗人。

三甲第三十五名　功　普　（《明清进士题名碑录索引》）

功普，宗室，正蓝旗满洲人。

北京大学图书馆藏《嘉庆二十二年进士登科录》：宗室，贯正蓝旗索明阿署毓光佐领下四品宗室。戊辰科宗室乡试第二名，丁丑科宗室会试第二名。曾祖和龄，祖莽武贲，父来城。

三甲第六十二名　萨尔吉祥　（《明清进士题名碑录索引》）

萨尔吉祥，正黄旗满洲人。

北京大学图书馆藏《嘉庆二十二年进士登科录》：贯正黄旗满洲春福佐领下例监生。丙子科乡试第一百七十二名，丁丑科会试第一百十二名。曾祖萨哈岱，祖萨载，父萨安。

北京大学图书馆藏《嘉庆丁丑科会试同年齿录》：伊尔根觉罗氏，字芝生，号星农，行三。乾隆乙巳年九月二十五日吉时生，正黄旗满洲春福佐领下监生，现任銮仪卫笔帖式。乡试中式第一百七十二名，会试中式第一百十二名，殿试三甲第六十二名，钦点即用知县。高祖萨克素，由主事历任张家口监督、粤海关监督、太常寺正卿，诰授资政大夫，晋赠光禄大夫。高祖母赫锡里氏，晋赠一品夫人。他塔尔氏，晋赠一品夫人。蔡氏，晋赠一品夫人。张氏，晋赠一品夫人，费莫氏，晋赠一品夫人。曾叔祖萨哈布，由武进士恩赏主事，荐升张家口同知。萨哈齐，理藩院笔帖式。萨哈禅，翻译生员。曾祖萨哈岱，曾祖母钮祜禄氏，祖萨载，乾隆丁卯科翻译举人，祖母瓜尔佳氏。父萨荣安，母佟雅氏。

三甲第七十八名　吉　泰　（《明清进士题名碑录索引》）

吉泰，正蓝旗满洲人。

北京大学图书馆藏《嘉庆二十二年进士登科录》：贯正蓝旗满洲包衣傅宁阿佐领下附学生。丙子科乡试第一百九十八名。丁丑科会试第一百五十七名。曾祖而坦，祖季鉫，父明善。

上海图书馆藏《嘉庆丙子科乡试齿录》：字号不详，正蓝旗满洲人。

三甲第八十一名　桂　彬　（《明清进士题名碑录索引》）

桂彬，宗室，镶蓝旗满洲人。

北京大学图书馆藏《嘉庆二十二年进士登科录》：宗室，贯镶蓝旗常龄佐领下四品宗室，庚午科宗室乡试第四名，丁丑科宗室会试第一名。曾祖都祥，祖祥瑞，父德贤。

三甲第一百十三名　侯万福　（《明清进士题名碑录索引》）

侯万福，镶红旗汉军人。

北京大学图书馆藏《嘉庆二十二年进士登科录》：贯镶红旗汉军金世统佐领下恩监生。庚申科乡试第一百八十四名，丁丑科会试第二百十七名。曾祖俨，祖梁，父正乐。

三甲第一百十九名　春　和　（《明清进士题名碑录索引》）

春和，正白旗满洲人。

北京大学图书馆藏《嘉庆二十二年进士登科录》：贯正白旗满洲国寿佐领下附学生。丙子科乡试第二百九名，丁丑科会试第一百二十三名。曾祖萨哈齐，祖久常，父德泰。

上海图书馆藏《嘉庆丙子科乡试齿录》：字怡山，号熙堂，正白旗满洲人。

三甲第一百二十一名　永　泰　（《明清进士题名碑录索引》）

永泰，正黄旗蒙古人。

北京大学图书馆藏《嘉庆二十二年进士登科录》：贯正黄旗蒙古乌云珠管领下附学生，丁卯科乡试第六十五名，丁丑科会试第一百四十七名。曾祖荣桂，祖偏图，父长春。

三甲第一百五十名　黎永赞　（《明清进士题名碑录索引》）

黎永赞，正黄旗汉军人。

北京大学图书馆藏《嘉庆二十二年进士登科录》：贯内务府正黄旗汉军常有管领下廪膳生。庚午科乡试第一百七十六名，丁丑科会试第三十三名。曾祖士龙，祖安保，父德章。

嘉庆二十四年己卯恩科（1819）

**二甲第六十八名　德　春　**（《明清进士题名碑录索引》）

德春，镶黄旗满洲人。

中国国家图书馆藏《嘉庆会试齿录》：栋嘉氏，字爱棠，号午桥，行二，乾隆癸丑年七月十九日生，镶黄旗满洲都统瑞麟佐领下副贡生。戊寅乡试第一百七十二名，会试第一百四十七名，殿试二甲第六十八名。钦点翰林院庶吉士，散馆授职编修，历任侍讲侍读庶子、侍读学士、光禄寺卿，现任太常寺卿。

**二甲第六十九名　明　谊　**（《明清进士题名碑录索引》）

明谊，正黄旗蒙古人。《索引》作正黄旗满洲人，疑误。

中国国家图书馆藏《嘉庆会试齿录》：□氏，字古渔，号兰士，行五，乾隆壬子年四月十七日寅时生，正黄旗蒙古都统普灵保佐领下附生，庚午乡试第七十四名，会试第三十一名，殿试二甲六十九名，钦点主事，签分兵部。

**二甲第七十七名　启　宁　**（《明清进士题名碑录索引》）

启宁，正红旗满洲人。

**二甲第九十三名　图隆阿　**（《明清进士题名碑录索引》）

图隆阿，正黄旗满洲人。

中国国家图书馆藏《嘉庆会试齿录》：伊尔根觉罗氏，字殿扬，号晓山，行十，乾隆庚戌年九月十一日生，正黄旗满洲都统苏勒慎佐领下拔贡生。丙子乡试第一百三十九名，会试第五十四名，殿试二甲第九十三名。钦点主事，签分刑部，援例分发安徽候补知县。

**三甲第二十三名　松　峻　**（《明清进士题名碑录索引》）

松峻，正黄旗满洲人。

中国国家图书馆藏《嘉庆会试齿录》：苏瓦尼瓜尔佳氏，字翰生，号芸樵，行四，乾隆癸卯年八月初一日生，正黄旗满洲都统松寿佐领下廪生。戊寅乡试第一百三十五名，会试第二十三名，殿试三甲第二十三名。朝考入选，钦点翰林院庶吉士，散馆改授主事，签分刑部，历升詹事府右中允右庶子，现任左庶子。

三甲第三十一名　讷勒亨额　（《明清进士题名碑录索引》）

讷勒亨额，宗室，正蓝旗满洲人。

中国国家图书馆藏《嘉庆会试齿录》：宗室，字□，号鲁斋，行五，嘉庆丁巳年正月初十日生，正蓝旗吉勒杭阿佐领下四品宗室。丙子乡试第五名，会试第四名，殿试三甲第三十一名。钦点主事，签分礼部，现任员外郎。

三甲第三十六名　富升额　（《明清进士题名碑录索引》）

富升额，正白旗满洲人。

中国国家图书馆藏《嘉庆会试齿录》：金佳氏，字文绮，号丽阶，行二，乾隆丁未年十二月初九日生，正白旗满洲都统内务府恒玉管领下附生，丁卯乡试第一百七十七名，会试第一百一名，殿试三甲第三十六名。钦点即用知县，前任直隶昌黎县，现任邯郸县。

三甲第四十三名　铁　麟　（《明清进士题名碑录索引》）

铁麟，宗室，正蓝旗满洲人。

中国国家图书馆藏《嘉庆会试齿录》：宗室，字□，号仁山，行二，乾隆丙午年三月二十八日生，正蓝旗吉勒杭阿佐领下四品宗室，戊辰乡试第六名，会试第二名，殿试三甲第四十三名。钦点翰林院庶吉士，散馆授职检讨，历升詹事府洗马祭酒、光禄寺卿、左副都御史，现任盛京礼部侍郎。

三甲第五十一名　庆　善　（《明清进士题名碑录索引》）

庆善，镶黄旗汉军人。

中国国家图书馆藏《嘉庆会试齿录》：孙氏，字蔼仁，号云屏，行一，乾隆癸丑年六月十九日生，镶黄旗满洲都统内务府德清佐领下汉军附生，戊辰乡试第二百三十一名，会试第一百七十六名，殿试三甲五十一名。钦点即用知县，分发四川。

三甲第六十名　伊崇额　（《明清进士题名碑录索引》）

伊崇额，原名宜崇，镶红旗满洲人。

中国国家图书馆藏《嘉庆会试齿录》：博尔济吉特氏，榜名伊崇额。字景姚，号升庵，行一，乾隆壬子年九月初八日生，镶红旗满洲都统德昌佐领下廪生。丙子乡试第二百六名，会试第一百七十五名，殿试三甲第六十名。钦点内阁中书，现任刑部堂主事。

三甲第六十三名　锡　旐　（《明清进士题名碑录索引》）

锡旐，正白旗汉军人。

中国国家图书馆藏《嘉庆会试齿录》：□氏，字建三，号勉斋，行二，乾隆己酉年六月十一日生，正白旗满洲都统内务府寿昌管领下汉军附生。戊辰乡试第二百名，会试第十八名，殿试三甲第六十三名。钦点即用知县，前任四川□县。

三甲第六十四名　希　哲　（《明清进士题名碑录索引》）

希哲，宗室，镶蓝旗满洲人。

中国国家图书馆藏《嘉庆会试齿录》：宗室，字保明，号澹川，行一，乾隆甲辰年正月十五日生，镶黄旗玉英佐领下四品宗室，丁卯翻译乡试第四名，会试第一名，殿试三甲第六十四名，钦点主事，签分宗人府。

三甲第六十九名　鄂尔端　（《明清进士题名碑录索引》）

鄂尔端，宗室，正蓝旗满洲人。

中国国家图书馆藏《嘉庆会试齿录》：宗室，字□，号心斋，行三，乾隆辛亥年九月二十四日生，正蓝旗吉勒杭阿佐领下四品宗室。丙子乡试第八名，会试第三名，殿试三甲第六十九名。钦点主事，签分宗人府。

三甲第七十二名　文　雅　（《明清进士题名碑录索引》）

文雅，正白旗满洲人。

中国国家图书馆藏《嘉庆会试齿录》：克里氏，字以南，号正轩，行一，乾隆乙未年三月二十三日生，正白旗满洲都统索欢佐领下增生，庚申乡试第一百九十八名，会试第五十七名，殿试三甲第七十二名。

三甲第八十三名　托浑布　（《明清进士题名碑录索引》）

托浑布，博尔济吉特氏，正蓝旗蒙古人。

中国国家图书馆藏《嘉庆会试齿录》：博尔济吉特氏，字子元，号安敦，行三，嘉庆庚申年十一月二十八日生，正蓝旗蒙古都统楚尔罕佐领下附生，戊寅乡试第一百八十九名，会试第一百二十二名，殿试三甲第八十三名，钦点即用知县，前任湖南东安湘潭县。援例候选知府，分发福建。

三甲第八十六名　恒　熙　（《明清进士题名碑录索引》）

恒熙，正白旗汉军人。

中国国家图书馆藏《嘉庆会试齿录》：赵氏，字登春，号缉庵、一号宾生，行二，乾隆乙巳年十二月二十五日生，正白旗汉军都统玉瀛佐领下廪生。戊寅乡试第十五名，会试第一百七十二名，殿试三甲第八十六名。现任陕西高陵县知县。

三甲第一百名　德　亮　（《明清进士题名碑录索引》）

德亮，正白旗满洲人。

中国国家图书馆藏《嘉庆会试齿录》：赫舍哩氏，字润之，乾隆辛亥年□月□日生，正白旗满洲都统渤海佐领下江宁驻防增生。丙子乡试第一百一名，会试第一百四十九名，殿试三甲第一百名。

嘉庆二十五年庚辰科（1820）

二甲第五十三名　韦德成　（《明清进士题名碑录索引》）

韦德成，镶黄旗汉军人。

二甲第七十五名　鄂木顺额　（《明清进士题名碑录索引》）

鄂木顺额，正蓝旗满洲人。

北京大学图书馆藏《重订嘉庆二十五年庚辰科会试齿录》：钮祜禄氏，字见吾，号复亭，别号晴雪，行一，乾隆壬子年十一月初一日生，正蓝旗满洲都统宗室廉禄佐领下贡生。癸酉科乡试中式第二百一十一名，庚辰科会试第一百六十五名，殿试二甲第七十五名。朝考入选，钦点翰林院庶吉士，散馆授编修，官至都察院左副都御史。

二甲第七十九名　瑞麟保　（《明清进士题名碑录索引》）
瑞麟保，正蓝旗满洲人。
北京大学图书馆藏《重订嘉庆二十五年庚辰科会试齿录》：宗室，更名瑞晋，字辰吉，号匏生，行二，嘉庆己未年四月二十六日吉时生，己卯科乡试中式第五名，庚辰科会试中式第一名，殿试二甲第七十九名。钦点主事，签分刑部。

二甲第八十一名　成　朗　（《明清进士题名碑录索引》）
成朗，满洲人。
北京大学图书馆藏《重订嘉庆二十五年庚辰科会试齿录》：宗室，字明斋，号润方，行二，乾隆己酉年十二月十三日生，镶蓝旗宗室玉昌佐领下四品宗室，丙子科乡试中式第一名，庚辰科会试中式第二名，殿试二甲第八十一名。钦点主事，现官礼部主事。

二甲第九十四名　明　训　（《明清进士题名碑录索引》）
明训，正黄旗蒙古人。
北京大学图书馆藏《重订嘉庆二十五年庚辰科会试齿录》：托克托莫忒氏，字听彝，号鼎云，行三，乾隆庚戌年十一月二十八日申时生，正黄旗蒙古普录保佐领下，癸酉科乡试中式第一百八十九名，庚辰科会试中式四十三名，殿试二甲第九十四名，朝考入选，钦点翰林院庶吉士，散馆改刑部。

三甲第三十九名　文　蔚　（《明清进士题名碑录索引》）
文蔚，正蓝旗满洲人。
北京大学图书馆藏《重订嘉庆二十五年庚辰科会试齿录》：费莫氏，字豹八，号露轩，行三，嘉庆丙辰年十二月十九日生，正蓝旗满洲恒奎佐领下监生。己卯科乡试中式第五十二名，庚辰科会试中式第一百五十三名，殿试三甲第三十九名。钦点翰林院庶吉士，散馆授检讨。
上海图书馆藏《嘉庆己卯科各省乡试同年谱》：正蓝旗满洲人。

**三甲第四十二名　保　善　**（《明清进士题名碑录索引》）

保善，镶白旗蒙古人。

北京大学图书馆藏《重订嘉庆二十五年庚辰科会试齿录》：字翼之，号和斋，行一，乾隆戊申年正月二十九日生，镶白旗蒙古二保管领下副贡生，己卯科乡试中式第五十八名，庚辰科会试中式第一百七十一名，殿试三甲第四十二名，钦点内阁中书。

上海图书馆藏《嘉庆己卯科各省乡试同年谱》：镶白旗蒙古人。

**三甲第四十九名　重　谦　**（《明清进士题名碑录索引》）

重谦，镶黄旗满洲人。

北京大学图书馆藏《重订嘉庆二十五年庚辰科会试齿录》：钮祜禄氏，字心益，号特庵，行六，乾隆乙巳年十一月二十五日生，镶黄旗满洲都统常福佐领下监生，癸酉科乡试第一百四十名，庚辰科会试第四十五名，殿试三甲第四十九名。钦点主事，签分户部，历任户部主事员外郎。山东司掌印郎中经察一等，现官户部堂主事。

**三甲第五十名　（觉罗）图经阿　**（《明清进士题名碑录索引》）

（觉罗）图经阿，镶蓝旗满洲人。

北京大学图书馆藏《重订嘉庆二十五年庚辰科会试齿录》：字纶堂，号在庵，行六，乾隆癸卯年十二月二十九日生，镶蓝旗满洲都统资罗英硕佐领下廪膳生。戊辰乡试中式第八十七名，庚辰科会试中式第八名，殿试三甲第五十名。钦点内阁中书。

**三甲第八十三名　恒　春　**（《明清进士题名碑录索引》）

恒春，正白旗满洲人。

北京大学图书馆藏《重订嘉庆二十五年庚辰科会试齿录》：字汝占，号宜亭，行三，嘉庆丙辰年八月初六日生，满洲正白旗希兰都佐领下附生。丙子科乡试中式第九十一名，庚辰科会试中式第七十六名，殿试三甲第八十三名。钦点主事，签分刑部，现官刑部员外郎，宝源局监督，记名御史。

三甲第八十六名　德　喜　（《明清进士题名碑录索引》）

德喜，正白旗汉军人。

北京大学图书馆藏《重订嘉庆二十五年庚辰科会试齿录》：缪氏，原名喜。字赓扬，号立亭，行三，又行十二，乾隆乙巳年三月初六日生，盛京正白旗汉军附京都正白旗都统金大德佐领下癸酉选拔贡生，癸酉科乡试中式第一百五十九名，庚辰科会试中试第一百六十八名，殿试三甲第八十六名。钦点主事，签分吏部，现任吏部文选司主事。

三甲第九十一名　复　蒙　（《明清进士题名碑录索引》）

复蒙，字雷泉，镶红旗满洲人。

《荆州驻防八旗志》：荆州驻防镶红旗满洲萨炳阿佐领下附学生。嘉庆十二年丁卯科顺天乡试中式第一百九十三名，嘉庆二十五年庚辰科会试中式第八十四名，殿试三甲第九十一名。归部铨选。父噶勒柱。

三甲第九十二名　保　淳　（《明清进士题名碑录索引》）

保淳，正黄旗汉军人。

北京大学图书馆藏《重订嘉庆二十五年庚辰科会试齿录》：张氏，字厚斋，号朴林，行二，嘉庆丙辰年二月初五日生，内务府正黄旗汉军宝年佐领附学生。丙子科乡试中式第一百七十八名，庚辰科会中式第七十八名，殿试三甲第九十二名。钦点即用知县。

三甲第九十三名　桂　森　（《明清进士题名碑录索引》）

桂森，镶蓝旗满洲人。

北京大学图书馆藏《重订嘉庆二十五年庚辰科会试齿录》：宗室，字子真，号兰友，行九，乾隆辛亥年七月十一日生，镶蓝旗成刚佐领下，庚午科乡试中式第七名，庚辰科会试中式第三名，殿试三甲第九十三名。朝考入选，钦点翰林院庶吉士，散馆授检讨，升右中允洗马右庶子。

三甲第一百五名　德　林　（《明清进士题名碑录索引》）

德林，正黄旗满洲人。

北京大学图书馆藏《重订嘉庆二十五年庚辰科会试齿录》：萨克达氏，

字伯玉，号立亭，行一，乾隆癸丑年十月初三日生，正黄旗满洲都统内务府嵩秀管领下满洲廪膳生。己卯科乡试第六十八名，庚辰科会试第一百四十一名，殿试三甲第一百五名。旧部铨选，现官直隶肥乡县知县。

上海图书馆藏《嘉庆己卯科各省乡试同年谱》：正黄旗满洲人。

三甲第一百七名　英　魁　（《明清进士题名碑录索引》）

英魁，正蓝旗汉军人。

北京大学图书馆藏《重订嘉庆二十五年庚辰科会试齿录》：原名徐泽醇，字星皋，号伟亭，一号梅桥，行三，乾隆丁未年十月十二日生，正蓝旗汉军都统文瑾佐领下附生，庚午科乡试第二百三十名，庚辰科会试第一百七十九名，殿试三甲第一百七名，朝考入选，钦点主事，现官吏部员外郎。

三甲第一百十名　庆　辰　（《明清进士题名碑录索引》）

庆辰，正黄旗满洲人。

北京大学图书馆藏《重订嘉庆二十五年庚辰科会试齿录》：正黄旗满洲德恩佐领下廪膳生。丙子科乡试中式第二百一十五名，庚辰科会试中式第二十二名，殿试三甲第一百十名。钦点即用知县，前任浙江戴康县，现官伊犁理事同知。

三甲第一百二十九名　庆　全　（《明清进士题名碑录索引》）

庆全，正蓝旗满洲人。

北京大学图书馆藏《重订嘉庆二十五年庚辰科会试齿录》：正蓝旗吉尔航阿佐领下四品宗室，庚午科乡试中式第二名，庚辰科会试中式第四名，殿试三甲第一百二十九名。钦点主事，签分吏部。

道光二年壬午恩科（1822）

二甲第二十七名　文　庆　（《明清进士题名碑录索引》）

文庆，镶红旗满洲人。

上海图书馆藏《嘉庆己卯科各省乡试同年谱》：镶红旗满洲人。

南京图书馆藏《道光壬午恩科会试同年齿录》：费莫氏，字笃生，号孔修，行一，嘉庆丙辰年三月二十三日吉时生，镶红旗满洲萨炳阿佐领下廪膳生，己卯举人，会试第一百四十四名，殿试二甲。朝考入选，钦点翰林院庶吉士，散馆授职编修，现官礼部侍郎。曾祖温福，祖永保，父英华。

南京图书馆藏《道光二年进士登科录》：贯镶红旗满洲萨炳阿佐领下廪膳生。己卯科乡试第六十三名，壬午科会试第一百四十四名。曾祖温福，祖永保，父英华。

二甲第三十四名　李希增　（《明清进士题名碑录索引》）

李希增，正白旗汉军人。

南京图书馆藏《道光壬午恩科会试同年齿录》：字肩吾，号芋村，行二，嘉庆庚申年十月十五日吉时生，正白旗满洲都统内务府苏章阿管领下汉军监生，丙子举人，会试第二十五名，殿试二甲。朝考入选，钦点即用知县，现官陕西孝义厅同知。曾祖士通，祖法，父恩绎。

南京图书馆藏《道光二年进士登科录》：贯正白旗满洲都统内务府苏章阿管领下汉军例监生。丙子科乡试第二百一十四名，壬午科会试第二十五名。曾祖士通，祖法，父恩绎。

二甲第四十二名　佛尔国保　（《明清进士题名碑录索引》）

佛尔国保，宗室，正蓝旗满洲人。

南京图书馆藏《道光壬午恩科会试同年齿录》：宗室，字葆辰，号韫之，行一，嘉庆辛酉年七月二十日吉时生，正蓝旗庆凌佐领下，辛巳举人，宗室会试第三名，殿试二甲。钦点主事，现官宗人府右司主事。曾祖瑞成，祖灵椿，父兴朗。

南京图书馆藏《道光二年进士登科录》：贯正蓝旗庆凌佐领下四品宗室。辛巳科宗室乡试第三名，壬午科宗室会试第三名。曾祖瑞成，祖凌春，父兴朗。

二甲第六十六名　恩　桂　（《明清进士题名碑录索引》）

恩桂，宗室，镶蓝旗满洲人。

南京图书馆藏《道光壬午恩科会试同年齿录》：宗室，字步蟾，号小山，行一，嘉庆庚申年八月二十日辰时生，镶蓝旗果良额佐领下候补笔帖式。辛巳举人，宗室会试第二名，殿试二甲。朝考入选，钦点翰林院庶吉士，散馆授职编修，现官内阁学士，兼礼部侍郎。曾祖武壮，祖拜灵额，父吉纯。

南京图书馆藏《道光二年进士登科录》：贯镶蓝旗果良额佐领下四品宗室。辛巳科宗室乡试第八名，壬午科宗室会试第二名。曾祖五壮，祖拜灵额，父吉纯。

二甲第七十八名　继　志　（《明清进士题名碑录索引》）

继志，正白旗汉军人。

南京图书馆藏《道光壬午恩科会试同年齿录》：字绳其，号云鹄，行二，乾隆乙卯年七月初十日吉时生，正白旗满洲都统广礼管领下内务府汉军附学生。乙卯举人，会试第七十七名，殿试二甲。朝考入选，钦点翰林院庶吉士，散馆授职编修，官至翰林院编修。曾祖元宝，祖六十三，父福保。

南京图书馆藏《道光二年进士登科录》：贯正白旗满洲都统广礼管领下内务府汉军附学生。乙卯科乡试第一百四十六名，壬午科会试第七十七名。曾祖元宝，祖六十三，父福保。

上海图书馆藏《嘉庆己卯科各省乡试同年谱》：正白旗满洲人。

《清代翰林名录》：正白旗满洲人。

二甲第八十六名　豫　益　（《明清进士题名碑录索引》）

豫益，内务府镶黄旗汉军人。

南京图书馆藏《道光壬午恩科会试同年齿录》：刘氏，字子虞，号莲塘，行三，嘉庆丙辰年七月初六日吉时生，镶黄旗满洲都统内务府汉军庆龄佐领下优贡生。己卯举人，会试第二百十四名，殿试二甲。朝考入选，钦点翰林院庶吉士，现官江苏扬州府知府。曾祖钟麟，祖淳，父敏逊。

南京图书馆藏《道光二年进士登科录》：贯镶黄旗内务府汉军庆龄佐领下优贡生。己卯科乡试第二十二名，壬午科会试第二百十四名。曾祖钟麟，祖刘淳，父敏逊。

三甲第十一名　德　山　（《明清进士题名碑录索引》）

德山，镶黄旗满洲人。

南京图书馆藏《道光壬午恩科会试同年齿录》：舒舒觉罗氏，字琴南，号小嵩，行二，乾隆甲寅年二月二十一日吉时生，镶黄旗满洲常德佐领下廪膳生。癸酉举人，会试第四十一名，殿试三甲。钦点主事，签分刑部，现官刑部湖广司主事。曾祖额伦特，祖富升，父岳克青阿。

南京图书馆藏《道光二年进士登科录》：贯镶黄旗满洲常德佐领下廪膳生。癸酉科乡试第三十八名，壬午科会试第四十一名。曾祖额伦特，祖富升，父岳克青阿。

三甲第二十一名　恒　祥　（《明清进士题名碑录索引》）

恒祥，镶黄旗满洲人。

南京图书馆藏《道光壬午恩科会试同年齿录》：字善伯，号履庵，行一，嘉庆辛酉年十一月十四日吉时生，镶黄旗满洲内务府中祥佐领下廪膳生。辛巳举人，会试第八十九名，殿试二甲。钦点主事，签分□部。曾祖达塞，祖拴住，父六合。

南京图书馆藏《道光二年进士登科录》：贯镶黄旗满洲内务府中祥佐领下廪膳生。辛巳科乡试第一百七十四名，壬午科会试第八十九名。曾祖达塞，祖拴住，父六合。

三甲第二十七名　文　艺　（《明清进士题名碑录索引》）

文艺，正黄旗满洲人。

南京图书馆藏《道光壬午恩科会试同年齿录》：舒穆鲁氏，字道园，号蕉农，行一，乾隆丁未年二月十三日卯时生，正黄旗满洲文杰佐领下廪膳生。戊辰举人，会试第一百三十一名，殿试三甲。钦点即用知县，前任湖北黄陂县知县。曾祖海成，祖书舒通阿，父德恒。

南京图书馆藏《道光二年进士登科录》：贯正黄旗满洲文杰佐领下廪膳生。戊辰科乡试第二百一十七名，壬午科会试第一百三十一名。曾祖海成，祖舒通阿，父德恒。

三甲第四十名　保　极　（《明清进士题名碑录索引》）

保极，盛京正蓝旗福嵩阿佐领下四品宗室。

南京图书馆藏《道光壬午恩科会试同年齿录》：宗室，字于汝，号汝亭，行一，嘉庆丁巳年二月初十日吉时生，正蓝旗宗室讷勒亨额佐领下。

辛巳举人，宗室会试第一名，殿试三甲。钦点主事，现官宗人府主事。曾祖锡清，祖昆璋，本生祖玳斑，父敏学。

南京图书馆藏《道光二年进士登科录》：贯盛京正蓝旗福嵩阿佐领下四品宗室。辛巳科宗室乡试第一名，壬午科宗室会试第一名。曾祖锡全，祖玳斑，父敏学。

三甲第四十五名　赫特赫讷　（《明清进士题名碑录索引》）

赫特赫讷，镶黄旗满洲人。

南京图书馆藏《道光壬午恩科会试同年齿录》：赫舍里氏，字蔚堂，号伯棠，一号藕香，行一，嘉庆戊午年十一月二十九日吉时生，满洲镶黄旗在京经余佐领下，驻防杭州。辛巳举人，会试第一百九十九名，殿试三甲。朝考入选，钦点翰林院庶吉士，散馆改归吏部铨选。曾祖玛尔图，祖官绅保，父伍哴阿。

南京图书馆藏《道光二年进士登科录》：贯浙江驻防满洲镶黄旗附学生。辛巳科乡试第二十五名，壬午科会试第一百九十九名。曾祖玛尔图，祖官绅保，父伍哴阿。

《杭州八旗驻防营志略》卷十：赫特赫讷，道光壬午恩科会试中式，殿试三甲第四十五名。满洲镶黄旗，字藕香。以翰林院庶吉士用，散馆归班铨选詹事府主簿，升赞善，旋改礼部主事。拣发河南，以道员用，署淮海兵备道，以劳绩，加按察使衔。咸丰九年，赴浙催饷。咸丰十年，以协守杭州驻防营功赏加二品顶戴，并赏戴花翎，授苏、松、常、镇粮储道，奏留杭州帮办军务。

三甲第五十名　受　庆　（《明清进士题名碑录索引》）

受庆，宗室，正蓝旗满洲人。

南京图书馆藏《道光壬午恩科会试同年齿录》：宗室，字应云，号次农，行一，乾隆乙卯年六月二十二日吉时生，正蓝旗多永额佐领下四品宗室。丙子举人，宗室会试第四名，殿试三甲。钦点翰林院庶吉士，现官詹事府詹事。曾祖华龄，祖岳兴阿，父海兰泰。

南京图书馆藏《道光二年进士登科录》：贯正蓝旗多永额佐领下四品宗室。丙子科宗室乡试第二名，壬午科宗室会试第四名。曾祖华龄，祖岳兴阿，父海兰泰。

三甲第七十六名　书　伦　（《明清进士题名碑录索引》）

书伦，正蓝旗汉军人。

南京图书馆藏《道光壬午恩科会试同年齿录》：字紫园，号硕农，行二，乾隆壬寅年八月二十五日吉时生，正蓝旗汉军都统佟枢佐领下例监生。戊辰举人，会试第一百一名，殿试三甲。钦点即用知县，现官四川西昌县知县。曾祖甘国壎，祖士鉴，父际华。

南京图书馆藏《道光二年进士登科录》：贯正蓝旗汉军都统佟枢佐领下俊秀监生。戊辰科乡试第一百四十五名，壬午科会试第一百一名。曾祖甘国壎，祖甘士鉴，父甘际华。

三甲第七十七名　喜　禄　（《明清进士题名碑录索引》）

喜禄，正黄旗满洲人。

南京图书馆藏《道光壬午恩科会试同年齿录》：字心耕，号学庵，又号怡山，行三，乾隆乙巳年七月二十七日吉时生，江宁驻防，正黄旗满洲在京德连佐领下附学生。丙子举人，会试第六十九名，殿试三甲。钦点即用知县，现官直隶正定县知县。曾祖保时福、祖宁柱、父戈勒敏阿。

南京图书馆藏《道光二年进士登科录》：贯江南驻防满洲正黄旗附学生。丙子科乡试第六十九名，壬午科会试第六十九名。曾祖保明福，祖宁柱，父戈勒明阿。

三甲第九十名　那瑛安　（《明清进士题名碑录索引》）

那瑛安，正蓝旗蒙古人。

南京图书馆藏《道光壬午恩科会试同年齿录》：吴济吉特氏，改名英安，字椒甫，号仁山，行三，乾隆己酉年四月初二日吉时生，正蓝旗蒙古苏崇阿佐领下恩监生，戊寅举人，实录馆翻译官。会试第一百十四名，殿试三甲，钦点即用知县，前任河南武安县知县。曾祖那兰保，祖策璘，父德亮。

南京图书馆藏《道光二年进士登科录》：贯正蓝旗蒙古都统苏崇阿佐领下恩监生。戊寅科乡试第二十九名，壬午科会试第一百十四名。曾祖那兰保，祖策璘，父德亮。

三甲第九十一名　吉达善　（《明清进士题名碑录索引》）

吉达善，镶蓝旗满洲人。

南京图书馆藏《道光壬午恩科会试同年齿录》：鄂卓氏，字子兼，号茶农，行三，乾隆辛亥年二月初三日吉时生，镶蓝旗满洲和伦佐领下例监生。乙卯举人，兵部笔帖式，候选主事。会试第七名，殿试三甲，朝考入选，钦点即用知县，前任四川永川县知县。曾祖雅岱，祖德昌，父福舒。

上海图书馆藏《嘉庆己卯科各省乡试同年谱》：镶蓝旗满洲人。

南京图书馆藏《道光二年进士登科录》：贯镶蓝旗满洲和伦佐领下例监生。乙卯科乡试第一百十五名，壬午科会试第七名。曾祖雅岱，祖德昌，父福舒。

三甲第一百四名　王文林　（《明清进士题名碑录索引》）

王文林：内务府镶黄旗汉军人。

南京图书馆藏《道光壬午恩科会试同年齿录》：字翰亭，号瀛客，行三，乾隆庚子年十月十三日吉时生，镶黄旗汉军附学生。癸酉举人，会试第二百一名，殿试三甲，候选知县。曾祖建之，祖祚凝，父六格。

南京图书馆藏《道光二年进士登科录》：贯镶黄旗汉军内务府三旗庄头处郎中舒通阿属下附学生。癸酉科乡试第一百九十一名，壬午科会试第二百一名。曾祖建之，祖祚凝，父六格。

三甲第一百九名　松　福　（《明清进士题名碑录索引》）

松福，正蓝旗蒙古人。

南京图书馆藏《道光壬午恩科会试同年齿录》：巴鲁特氏，字谦吉，号六皆，一号雪庄，行六，乾隆乙卯年十月十二日吉时生，正蓝旗蒙古都统续保佐领下俊秀监生，戊寅举人。会试第三十四名，殿试三甲，钦点主事，签分礼部，现官礼部主客司主事。曾祖成德，祖明庆，父和琫额。

南京图书馆藏《道光二年进士登科录》：贯正蓝旗蒙古都统续保佐领下例监生。戊寅科乡试第八十九名，壬午科会试第三十四名。曾祖成德，祖明庆，父和琫额。

三甲第一百十名　鄂络额湖　（《明清进士题名碑录索引》）

鄂络额湖，正黄旗蒙古人。

南京图书馆藏《道光壬午恩科会试同年齿录》：字其昌，号春圃，行一。乾隆丁酉年五月三十日吉时生。正黄旗蒙古都统玛兴安佐领下俊秀监生。癸酉举人，理藩院额外主事，会试第一百七十三名，殿试三甲，候选知县。曾祖三济，祖哈萨克，父鄂启尔。

南京图书馆藏《道光二年进士登科录》：贯正黄旗蒙古都统玛兴安佐领下例监生。癸酉科乡试第二百二十七名，壬午科会试第一百七十二名。曾祖三济，祖萨哈克，父鄂启尔。

三甲第一百十四名　吉　年　（《明清进士题名碑录索引》）

吉年，镶蓝旗满洲人。

南京图书馆藏《道光壬午恩科会试同年齿录》：鄂卓氏，字秋畲，号碧栖，行四，嘉庆丙辰年九月十九日亥时生，镶蓝旗满洲和伦佐领下例监生。辛巳举人，刑部笔帖式，委署主事。会试第五十八名，殿试三甲。钦点即用知县，奏留本部，现官吏部文选司员外郎。曾祖雅岱，祖德昌，父福舒。

南京图书馆藏《道光二年进士登科录》：贯镶蓝旗满洲和伦佐领下例监生。辛巳科乡试第二百七十九名，壬午科会试第五十八名。曾祖雅岱，祖德昌，父福舒。

道光三年癸未科（1823）

二甲第六十四名　文　光　（《明清进士题名碑录索引》）

文光，内务府正黄旗汉军人。

清华大学图书馆藏《道光三年癸未科会试同年齿录》：贯内务府正黄旗汉军吉顺管领下附学生，辛巳科乡试第八十九名，癸未科会试第一百十二名。

浙江省图书馆藏《道光三年进士登科录》：字焕章，号星槎，行二，嘉庆戊午年六月二十二日生，贯内务府正黄旗汉军吉顺管领下附学生，年二十六岁。钦点即用知县。辛巳科乡试第八十九名，癸未科会试第一百十二名。曾祖得福，祖玉明，父珠尔杭阿。

二甲第七十二名　瑞　光　（《明清进士题名碑录索引》）

瑞光，镶白旗满洲人。

清华大学图书馆藏《道光三年癸未科会试同年齿录》：贯镶白旗满洲二甲讷尔吉佐领下廪膳生，癸酉科乡试第一百三十一名，癸未科会试第一百二十四名。

浙江省图书馆藏《道光三年进士登科录》：贯镶白旗满洲二甲讷尔吉佐领下廪膳生，癸酉科乡试第一百三十一名，癸未科会试第一百二十四名。曾祖六达，祖齐朗阿，父奎永。

二甲第八十一名　何允元　（《明清进士题名碑录索引》）

何允元，镶红旗汉军人。

清华大学图书馆藏《道光三年癸未科会试同年齿录》：字恺庭，号春煦，行一，乾隆辛亥年八月初三日卯时生，镶红旗汉军药王保佐领下官学生，由增广生中式嘉庆丁卯庚午两科副榜。丙子科乡试中式第一百九十七名，会试中式第二百二十三名，殿试二甲第八十一名。钦点分部学习，签掣工部。曾祖庆杞，祖卓焕，乾隆丙子科武举。父世城，嘉庆辛酉科举人。伯祖卓燃，乾隆己卯科举人。

浙江省图书馆藏《道光三年进士登科录》：字恺庭，号春煦，行一，乾隆辛亥年八月初三日卯时生，时年三十三岁，钦用主事分工部。贯镶红旗汉军药王保佐领下副贡生。丙子科乡试第一百九十七名，癸未科会试第二百二十三名。曾祖庆杞，祖卓焕，父世城。

二甲第八十五名　富明阿　（《明清进士题名碑录索引》）

富明阿，正红旗蒙古人。

清华大学图书馆藏《道光三年癸未科会试同年齿录》：巴林氏，字锡汝，号镜堂，又号松轩，行二，乾隆甲辰年又三月二十三日吉时生，系正红旗蒙古都统崇禧佐领下廪膳生，乡试中式第六十名，会试中式第一百七十名，殿试二甲第八十五名。钦点即用知县。曾祖和德，祖多尔吉，父四十九。从堂叔祖忠廉，丙子科举人。

浙江省图书馆藏《道光三年进士登科录》：巴林氏，字锡汝，号镜堂，又号松轩,行二,乾隆甲辰年三月廿三日生,年四十岁即用县。贯正红旗蒙古崇禧佐领下廪膳生。戊寅科乡试第六十名,癸未科会试第一百七十名。曾祖和德,祖多尔吉,父四十九。

二甲第八十六名　(觉罗)普庆　(《明清进士题名碑录索引》)

(觉罗)普庆,正蓝旗满洲人。

浙江省图书馆藏《道光三年进士登科录》:觉罗,贯正蓝旗满洲觉罗玉保佐领下例监生,辛巳科乡试第一百二十七名,壬午科会试第一百二十名,庶吉士。

南京图书馆藏《道光壬午恩科会试同年齿录》:觉罗,字春霖,号晓岩,行二,乾隆乙卯年九月初八日吉时生,正蓝旗满洲都统觉罗玉保佐领下俊秀监生,候补内阁中书。辛巳举人,会试第一百二十名,癸未殿试二甲。朝考入选,钦点翰林院庶吉士。

二甲第九十六名　庆　恩　(《明清进士题名碑录索引》)

庆恩,镶黄旗满洲人。

清华大学图书馆藏《道光三年癸未科会试同年齿录》:佟佳氏,字湛如,号兰圃,行一,乾隆癸丑年二月初四日吉时生,镶黄旗满洲都统松龄佐领下廪膳生,乡试中式第九十八名,会试中式第九名,殿试二甲第九十六名,钦点即用知县。曾祖二达邑,祖菩萨保,父富通阿。

浙江省图书馆藏《道光三年进士登科录》:佟佳氏,字湛如,号兰圃,行一,乾隆癸丑年二月初四日生,时年三十一岁,贯镶黄旗满洲松龄佐领下廪膳生,戊寅科乡试第九十八名,癸未科会试第九名。即用知县。曾祖二达邑,祖菩萨保,父富通阿。

三甲第四名　衍　豫　(《明清进士题名碑录索引》)

衍豫,内务府镶黄旗汉军人。

清华大学图书馆藏《道光三年癸未科会试同年齿录》:氏董,字德崇,号怡亭,又号立斋,行二,乾隆辛亥年四月二十八日吉时生,镶黄旗内府满洲都统克升额管领下汉军监生。委署主事。曾祖常乐,祖五保,父广善。从堂叔祖喜泰,己亥恩科举人。胞叔广宣,己酉举人。

浙江省图书馆藏《道光三年进士登科录》:董姓,字立斋,号怡亭,行二，乾隆辛亥年四月廿八日生，贯内务府镶黄旗汉军克升额管领下例监生。丙戌年更名毓庆，钦点候选县知县。辛巳科乡试第一百九十九名，癸未科会试第一百五十五名。曾祖常乐，祖五保，父广善。

三甲第六名　达　纶　（《明清进士题名碑录索引》）

达纶，正蓝旗汉军人。

浙江省图书馆藏《道光三年进士登科录》：字经圃，贯正蓝旗汉军舒庆佐领下例监生，辛巳科乡试第二百八十七名，癸未科会试第二十七名。曾祖国栋，祖洵，父寅宾。

三甲第十二名　齐斌达　（《明清进士题名碑录索引》）

齐斌达，改名琦昌，镶黄旗蒙古人。

清华大学图书馆藏《道光三年癸未科会试同年齿录》：贯镶黄旗蒙古明勋佐领下附学生，辛巳科乡试第二百四十五名，癸未科会试第一百九十六名。

浙江省图书馆藏《道光三年进士登科录》：字洁斋，号文山，行七，嘉庆庚申年十一月初一日生，贯镶黄旗蒙古明勋佐领下附学生，年二十四岁主事。辛巳科乡试第二百四十五名，癸未科会试第一百九十六名。曾祖存住，祖窦金斗，父金保。

三甲第二十八名　奕蒿　（《明清进士题名碑录索引》）

奕蒿，宗室，镶蓝旗满洲人。

浙江省图书馆藏《道光三年进士登科录》：宗室，贯镶蓝旗绵能佐领下四品宗室，壬午科乡试第七名，癸未科会试第二名。曾祖弘眺，祖永璔，父绵嵩。

三甲第三十名　佟绰图　（《明清进士题名碑录索引》）

佟绰图，正白旗汉军人。

清华大学图书馆藏《道光三年癸未科会试同年齿录》：贯正白旗汉军五达色佐领下增广生，戊辰科乡试第七十七名，癸未科会试第二百三十一名，癸未科殿试三甲第三十名。曾祖玺，祖应仕，父常庆。

浙江省图书馆藏《道光三年进士登科录》：佟绰图，贯正白旗汉军五达色佐领下增广生，戊辰科乡试第七十七名，癸未科会试第二百三十一名。曾祖玺，祖应仕，父常庆。

三甲第三十二名　岳　魁　（《明清进士题名碑录索引》）

岳魁，镶黄旗满洲人。

清华大学图书馆藏《道光三年癸未科会试同年齿录》：马佳氏，字经五，号文斋，别号中峰，行五，乾隆乙巳年二月十五日吉时生，镶黄旗满洲都统福海佐领下监生，甲子乡试中式第一百二十名，会试中式第七十名，殿试三甲第三十二名，钦点工部主事。曾祖桑格，祖德善，父懋图。

浙江省图书馆藏《道光三年进士登科录》：字经五，号文斋，别号中峰，行五，乾隆乙巳年二月十五日生，时年三十九岁。贯镶黄旗满洲福海佐领下例监生，甲子科乡试第一百二十名，癸未科会试第七十名，用工部主事。曾祖桑格，祖德善，父懋图。

三甲第三十三名　华　德　（《明清进士题名碑录索引》）

华德，宗室，镶红旗满洲人。

浙江省图书馆藏《道光三年进士登科录》：宗室。贯镶红旗恩福佐领下四品宗室，丙子科乡试第七名，癸未科会试第三名。曾祖瑚图礼，祖额尔赫宜，父硕臣。

三甲第五十三名　海　朴　（《明清进士题名碑录索引》）

海朴，宗室，镶蓝旗满洲人。

浙江省图书馆藏《道光三年进士登科录》：宗室。贯镶蓝旗玉英佐领下四品宗室，戊寅科乡试第五名，癸未科会试第一名。曾祖常敬，祖庆岱，父惠端。

三甲第六十二名　文　懿　（《明清进士题名碑录索引》）

文懿，正蓝旗汉军人。

清华大学图书馆藏《道光三年癸未科会试同年齿录》：贯正蓝旗满洲中元佐领下附学生。庚午科乡试第一百九十名，癸未科会试第二百十二名。

浙江省图书馆藏《道光三年进士登科录》：贯正蓝旗满洲中元佐领下附学生。庚午科乡试第一百九十名，癸未科会试第二百十二名。曾祖赋勒赫，祖斐成，父富兆。

三甲第六十四名　赫特贺　（《明清进士题名碑录索引》）

赫特贺，镶红旗蒙古人。

清华大学图书馆藏《道光三年癸未科会试同年齿录》：希尔诺特氏，字子黻，号蓉峰，别号兰江，行一，嘉庆乙丑年十二月二十日吉时生，镶红旗蒙古都统保清佐领下河南驻防。乡试中式第二十三名，会试中式第三十一名，殿试三甲第六十四名，钦点主事，签掣工部屯田司。曾祖达兰泰，祖格图肯，父福克精阿。堂兄弟嵩恒，戊寅恩科举人。

浙江省图书馆藏《道光三年进士登科录》：字子黻，号蓉峰，别号兰江，行一，嘉庆乙丑年十二月二十日生，年十九岁，工部主事。贯镶红旗蒙古保清佐领下附学生。辛巳科乡试第二十三名，癸未科会试第三十一名。曾祖达兰泰，祖格图肯，父福克精阿。

三甲第七十二名　成　山　（《明清进士题名碑录索引》）

成山，博尔济吉特氏，正蓝旗满洲人。

清华大学图书馆藏《道光三年癸未科会试同年齿录》：博尔济吉特氏，字进之，号集夫，一号心泉，行七，嘉庆戊午年九月二十一日生，正蓝旗满洲都统二等子成麟佐领下户部笔帖式。壬午乡试中式第九名，会试中式第一百六十九名，殿试三甲第七十二名。钦点户部主事。曾祖梅勒图，祖伊布尹，父兴德，乾隆丙子科举人。曾叔祖国栋，乾隆壬戌科进士。曾叔祖博卿额，乾隆戊辰科进士，曾叔祖德坤，乾隆壬申科举人。曾叔祖德昶，乾隆辛卯科举人。堂叔祖布彦，乾隆丁卯科举人。从堂叔祖济诚，乾隆乙酉科举人。从堂叔祖济敏，乾隆丙午科举人。胞伯兴甫，乾隆乙酉科举人。从堂叔善庆，乾隆戊申科举人，壬戌科进士。从堂叔德庆，乾隆戊申科举人。胞兄鄂山，乾隆壬子科副榜，甲寅科举人。嘉庆丙辰恩科进士。

浙江省图书馆藏《道光三年进士登科录》：贯正蓝旗满洲成麟佐领下例监生。壬午科乡试第九名，癸未科会试第一百六十九名。曾祖梅勒图，祖伊布尹，父兴德。

三甲第八十七名　和色本　（《明清进士题名碑录索引》）

和色本，正蓝旗满洲人。

浙江省图书馆藏《道光三年进士登科录》：贯正蓝旗满洲讷亲佐领下附学生。壬午科乡试第一百四十八名，癸未科会试第一百一名。曾祖乌章阿，祖七十八，父嵩山。

三甲第八十九名　特克兴额　（《明清进士题名碑录索引》）

特克兴额，他塔喇氏，正红旗满洲人。

清华大学图书馆藏《道光三年癸未科会试同年齿录》：他他拉氏，字克家，号朗峰，行二，乾隆癸卯年八月二十五日吉时生，系正红旗满洲都统春祥佐领下廪膳生。庚午乡试中式第二百三十四名，会试中式第一百六十六名，殿试三甲第八十九名，朝考入选第五十二名，钦点四川即用知县。曾祖安泰，祖保良，父佛尔欢泰，乾隆己亥科文举人。胞兄达桑阿，嘉庆丁卯科文举人。胞弟那尔洪阿，嘉庆庚午科同榜举人。

浙江省图书馆藏《道光三年进士登科录》：他他拉氏，字克家，号朗峰，行二，乾隆癸丑年八月廿五日生，年三十一岁。贯正红旗满洲春祥佐领下廪膳生。庚午科乡试第二百二十四名，癸未科会试第一百六十六名。曾祖安泰，祖保良，父佛尔欢泰。

三甲第九十七名　吉　明　（《明清进士题名碑录索引》）

吉明，鄂卓氏，镶蓝旗满洲人。

清华大学图书馆藏《道光三年癸未科会试同年齿录》：鄂卓氏，字哲辅，号文峰，行七，嘉庆庚申年正月初五日卯时生，镶蓝旗满洲都统和伦佐领下俊秀监生。己卯乡试中式第六十一名，会试中式第三十八名，殿试三甲第九十七名，钦点额外主事，签分户部。曾祖雅岱，祖德昌，父福顺。嫡堂兄吉达善，嘉庆己卯举人，壬午会魁。嫡堂兄吉年，辛巳举人，联捷进士。

上海图书馆藏《嘉庆己卯科各省乡试同年谱》：镶蓝旗满洲人。

浙江省图书馆藏《道光三年进士登科录》：鄂卓氏，字哲辅，号文峰，行七，嘉庆庚申年正月初五日卯时生，年二十四岁，贯镶蓝旗满洲和伦佐领下例监生。乙卯科乡试第六十一名，癸未科会试第三十八名，户部主事。曾祖雅岱，祖德昌，父福顺。

**三甲第一百二十六名　文　溥　**（《明清进士题名碑录索引》）

文溥，宗室，镶白旗满洲人。

浙江省图书馆藏《道光三年进士登科录》：宗室。贯镶白旗文杰佐领下四品宗室，戊寅科乡试第六名，癸未科会试第四名。曾祖广禄，祖诚永，父恒定。

道光六年丙戌科（1826）

**二甲第一名　麟　魁　**（《明清进士题名碑录索引》）

麟魁，镶白旗满洲人。

北京大学图书馆藏《道光六年进士登科录》：贯镶白旗满洲特通额佐领下副贡生。壬午科乡试第一百九十名，癸未科会试第五十五名。曾祖绰哈岱，祖德克精额，父恒静。

清华大学图书馆藏《道光三年癸未科会试同年齿录》：贯镶白旗满洲都统特通额佐领下副榜贡生。

上海图书馆藏《嘉庆己卯科各省乡试同年谱》：镶白旗满洲人。

**二甲第四十九名　鄂　恒　**（《明清进士题名碑录索引》）

鄂恒，正黄旗满洲人。

北京大学图书馆藏《道光六年进士登科录》：贯正黄旗满洲倭仁泰佐领下附学生。己卯科乡试第一百四十八名，丙戌科会试第八名。曾祖穆森泰，祖乌什哈达，父图勒弼善。

上海图书馆藏《嘉庆己卯科各省乡试同年谱》：正黄旗满洲人。

《皇清书史》：字松亭，伊尔根觉罗氏，满洲正黄旗人。道光六年进士，官陕西知府。甥锡缜。

**二甲第五十六名　玉　藻　**（《明清进士题名碑录索引》）

玉藻，镶红旗汉军人。

北京大学图书馆藏《道光六年进士登科录》：贯镶红旗汉军杨光文佐领下例监生。辛巳科乡试第一百五十四名，丙戌科会试第十一名。曾祖殿邦，祖杨鉾，父绳武。

中国国家图书馆藏《道光丙戌科会试同年齿录》：氏杨，字伯华，号春农，一号香雪，行一，嘉庆己未年八月十二日吉时生，镶红旗汉军都统杨光文佐领下监生。辛巳顺天乡试中式第一百五十四名，会试中式第十一名，殿试二甲第五十六名。朝考入选，钦点翰林院庶吉士。

二甲第六十二名　景　星　（《明清进士题名碑录索引》）

景星，正黄旗汉军人。

北京大学图书馆藏《道光六年进士登科录》：贯正黄旗满洲内务府豫堃佐领下廪膳生。乙酉科乡试第四十五名，丙戌科会试第一百五十七名。曾祖六格，祖武达塞，父德生。

中国国家图书馆藏《道光丙戌科会试同年齿录》：邱氏，字少薇，号紫垣，行三，嘉庆壬戌年二月十六日辰时生，正黄旗满洲都统内务府汉军豫堃佐领下廪膳生员，内务府候补笔帖式。乡试中式第四十五名，会试中式第一百五十七名，殿试二甲第六十二名。

二甲第六十六名　边宝树　（《明清进士题名碑录索引》）

边宝树，镶红旗汉军人。

北京大学图书馆藏《道光六年进士登科录》：贯镶红旗汉军遐龄佐领下廪膳生。乙酉科乡试第二十一名，丙戌科会试第一百八十八名。曾祖廷璧，祖登龙，父钟岳。

中国国家图书馆藏《道光丙戌科会试同年齿录》：字谢园，号玉芳，行二，嘉庆己未年四月二十六日午时生，镶红旗汉军遐龄佐领下廪膳生，肄业金台书院。乡试中式第二十一名，会试中式第一百八十八名，殿试二甲第六十六名。朝考入选第十四名，钦点主事，签分户部山东司。曾祖廷璧。祖登龙，乾隆癸卯科举人。父钟岳。再从堂叔奉，嘉庆戊午科举人。嫡堂叔钟秀，嘉庆癸酉科举人。

上海图书馆藏《道光乙酉科各省乡试齿录》：字玉芳，号谢园，行二，丁巳月生，镶黄旗汉军遐龄佐领下廪生，中式第二十一名，丙戌进士，浙江衢州府知府。

二甲第七十九名　德　诚　（《明清进士题名碑录索引》）

德诚，镶蓝旗满洲人。

北京大学图书馆藏《道光六年进士登科录》：贯镶蓝旗玉英佐领下四品宗室。己卯科乡试第八名，丙戌科会试第四名。曾祖奇通阿，祖丰亨额，父伊硁额。

二甲第八十六名　柏　葰　（《明清进士题名碑录索引》）

柏葰，正蓝旗蒙古人。

北京大学图书馆藏《道光六年进士登科录》：松葰，贯正蓝旗蒙古续保佐领下廪膳生，壬午乡试第一百九十九名，丙戌会试第六十名。曾祖成德，祖明玉，父宜清安。

二甲第一百二名　瑞　麟　（《明清进士题名碑录索引》）

瑞麟，镶蓝旗蒙古人。

北京大学图书馆藏《道光六年进士登科录》：贯镶蓝旗满洲包衣蒙古福珠隆阿管领下附学生，己卯科乡试第一百八十四名，丙戌科会试第十九名。曾祖三达子，祖丰盛阿，父张君锡。

《枢垣记略·题名一》卷之十五载：字澄泉，满洲正蓝旗人，官至大学士，两广总督。谥"文庄"。

《枢垣记略·题名二》卷之十六载：字应亭，满洲正黄旗人，嘉庆四年五月由户部员外郎入直，官至盛京刑部员外郎。

二甲第一百五名　书　绅　（《明清进士题名碑录索引》）

书绅，正白旗满洲人。

北京大学图书馆藏《道光六年进士登科录》：贯正白旗满洲常秀佐领下例监生。辛巳科乡试第八十三名，丙戌科会试第四十五名。曾祖旸阿布，祖松龄，父那昌阿。

中国国家图书馆藏《道光丙戌科会试同年齿录》：字佩闻，号云史，行一。乾隆丙午年三月十四日吉时生。正白旗满洲常秀佐领下俊秀。乡试中式第□名，会试中式第□名。殿试□甲第□名。

上海图书馆藏《道光辛卯恩科直省同年录》：傅察氏，字佩言，号敬轩，行一。嘉庆乙丑年生。镶白旗满洲二喇奎佐领下廪膳生。曾祖孔武力，祖傅元，父富隆额。

**二甲第一百六名　李恩继　**(《明清进士题名碑录索引》)

李恩继，正白旗汉军人。

北京大学图书馆藏《道光六年进士登科录》：贯正白旗满洲内务府保常管领下例监生。己卯科乡试第一百二十名，丙戌科会试第五十四名。曾祖李光祖，祖李士通，父李鸿。

《清代翰林名录》：正白旗汉军人。

**二甲第一百七名　松　年　**(《明清进士题名碑录索引》)

松年，正黄旗满洲人。

北京大学图书馆藏《道光六年进士登科录》：贯正黄旗满洲江宁驻防崇林佐领下增广生。戊寅科乡试第二十六名，丙戌科会试第八十四名。曾祖乌钟阿，祖博奇纳，父西拉布。

**二甲第一百十名　毓　本　**(《明清进士题名碑录索引》)

毓本，正蓝旗满洲人。

北京大学图书馆藏《道光六年进士登科录》：贯正蓝旗吉尔杭阿佐领下四品宗室。己卯科乡试中式第一名，丙戌科宗室会试第一名。曾祖斐苏，祖明韶，父晋隆。

《八旗文经》：更名豫本，字茶村，号陈芳外史。贯正蓝旗吉尔行阿佐领下四品宗室。己卯科宗室乡试中式第一名，丙戌科宗室会试中式第一名，殿试二甲第一百十名。父晋昌。

**三甲第十六名　宝　龄　**(《明清进士题名碑录索引》)

宝龄，正白旗满洲人。

北京大学图书馆藏《道光六年进士登科录》：贯正白旗满洲哈丰阿佐领下廪膳生。乙酉科乡试第六十六名，丙戌科会试第一百七十九名。曾祖多赛，祖董武洛，父宗德。

**三甲第六十七名　朱　霨　**(《明清进士题名碑录索引》)

朱霨，镶白旗汉军人。

北京大学图书馆藏《道光六年进士登科录》：贯镶白旗汉军广州驻防

春龄佐领下廪膳生。己卯科乡试第二十八名,丙戌科会试第三十名。曾祖朱祖澄,祖朱涣,父朱廷光。

《驻粤八旗志》卷十二:镶白旗汉军,嘉庆二十四年己卯科举人,道光六年丙戌科进士,钦点即用知县。

三甲第六十八名　德　新　(《明清进士题名碑录索引》)

德新,镶白旗汉军人。

北京大学图书馆藏《道光六年进士登科录》:贯镶白旗汉军吉祥佐领下选拔生。癸酉科乡试第一百六十二名,丙戌科会试第一百一十一名。曾祖徐维藩,祖徐文思,父徐天铎。

三甲第九十六名　书　英　(《明清进士题名碑录索引》)

书英,正白旗满洲人。

北京大学图书馆藏《道光六年进士登科录》:贯正白旗满洲富瑞佐领下拔贡生。辛巳科乡试第四十二名,丙戌科会试第六十三名。曾祖成禧,祖伊灵阿,父经文。

三甲第九十八名　龙　云　(《明清进士题名碑录索引》)

龙云,正红旗满洲人。

北京大学图书馆藏《道光六年进士登科录》:贯正红旗满洲都统先德佐领下廪膳生。癸酉乡试第二百十八名,丙戌科会试第二百六名,曾祖兆保,祖长久,父德淳。

中国国家图书馆藏《道光丙戌科会试同年齿录》:伊尔根觉罗氏,字绚五,号瞻卿,行四,嘉庆丁巳年二月二十二日吉时生,正红旗满洲都统先德佐领下廪膳生。癸酉乡试中式第二百十八名,会试中式第二百六名,覆试第二等二十七名,殿试三甲第九十八名。

三甲第九十九名　祥　安　(《明清进士题名碑录索引》)

祥安,正黄旗内务府满洲人。

北京大学图书馆藏《道光六年进士登科录》:贯正黄旗内务府满洲麟保佐领下附学生。戊辰科乡试第一百七十一名,丙戌科会试第一百零三名。曾祖马尔汉,祖马奇,父明秀。

三甲第一百三名　斐　仁　（《明清进士题名碑录索引》）

斐仁，正红旗蒙古人。

北京大学图书馆藏《道光六年进士登科录》：贯正红旗蒙古河南驻防塔克图佐领下附学生。己卯乡试第三十六名，丙戌会试第八十一名。曾祖诺海，祖达斌，父文明。

上海图书馆藏《嘉庆己卯科各省乡试同年谱》：正红旗蒙古人，河南乡榜中式第三十六名。

三甲第一百十三名　庆　安　（《明清进士题名碑录索引》）

庆安，镶白旗蒙古人。

北京大学图书馆藏《道光六年进士登科录》：贯镶白旗蒙古京口驻防富伦布佐领下附学生。辛巳科乡试第二十六名，丙戌科会试第二百十八名。曾祖花奈，祖保山，父伍永额。

三甲第一百十四名　奕　书　（《明清进士题名碑录索引》）

奕书，镶蓝旗满洲人。

北京大学图书馆藏《道光六年进士登科录》：贯镶蓝旗绵能佐领下四品宗室。乙酉科宗室乡试第四名，丙戌科宗室会试第三名。曾祖弘明，祖永硕，父绵榜。

上海图书馆藏《道光乙酉科各省乡试齿录》：宗室，号柳堂，行一。镶蓝旗绵能佐领下四品宗室。中式第□名，丙戌进士，庶吉士，现任宗人府主事。

三甲第一百二十六名　巴永阿　（《明清进士题名碑录索引》）

巴永阿，镶白旗满洲人。

北京大学图书馆藏《道光六年进士登科录》：贯镶白旗满洲江宁驻防那彦泰佐领下廪膳生。丙子科乡试第三十名，丙戌科会试第一百三十一名。曾祖花色，祖肆雅图，父德楞额。

三甲第一百三十名　伊克唐阿　（《明清进士题名碑录索引》）

伊克唐阿，正红旗满洲人。

北京大学图书馆藏《道光六年进士登科录》：贯正红旗景实佐领下四品宗室。辛巳科宗室乡试第四名，丙戌科会试第二名。曾祖明安，祖额通额，父双山。

三甲第一百五十二名　蕴　秀　（《明清进士题名碑录索引》）

蕴秀，镶黄旗满洲人。

道光九年己丑科（1829）

二甲第十名　庆　勋　（《明清进士题名碑录索引》）

庆勋，正白旗汉军人。

上海图书馆藏《道光戊子科直省同年录》：庆勋，杨氏，字子猷，号馀山，又号渔衫。行一，嘉庆戊午年六月三十日生，正白旗汉军廪生。己丑进士，庶吉士，户部主事，员外郎郎中。浙江候补知府。曾祖盛芳，祖兴敏，父宝田。子锡淳、锡昌。

北京大学图书馆藏《道光九年己丑科会试录》：正白旗汉军都统长祥佐领下廪膳生，中式各直省贡士第一百名。

中国国家图书馆藏《道光九年进士登科录》：贯正白旗汉军长祥佐领下廪膳生。曾祖盛芳，祖兴敏，父宝田。戊子科乡试第一百六十名，己丑科会试第一百名。

二甲第二十七名　全　庆　（《明清进士题名碑录索引》）

全庆，正白旗满洲人。

北京大学图书馆藏《道光九年己丑科会试录》：正白旗满洲都统常秀佐领下廪膳生，兵部候补主事。中式各直省贡士第三十四名。

上海图书馆藏《嘉庆己卯科各省乡试同年谱》：正白旗满洲人。

中国国家图书馆藏《道光九年进士登科录》：贯正白旗满洲常秀佐领下廪膳生。己卯科乡试第一百三十四名，己丑科会试第三十四名。曾祖旸阿布，祖松龄，父那清安。

二甲第三十四名　倭　仁　（《明清进士题名碑录索引》）

倭仁，正红旗蒙古人。

北京大学图书馆藏《道光九年己丑科会试录》：正红旗蒙古都统富克金布佐领下河南驻防附学生，中式各直省贡士第三十一名。

中国国家图书馆藏《道光九年进士登科录》：贯正红旗蒙古河南驻防富克金布佐领下附学生，辛巳科乡试六十名，己丑科会试第三十一名。曾祖诺海，祖达三，父文成。

二甲第四十九名　钟　裕　（《明清进士题名碑录索引》）

钟裕，镶黄旗汉军人。

《明清进士题名碑录索引》：碑作"钟格"。

北京大学图书馆藏《道光九年己丑科会试录》：镶黄旗满洲都统内务府德潽佐领下汉军附学生，中式各直省贡士第四十名。

上海图书馆藏《道光戊子科直省同年录》：杨氏，字惇甫，号问斋，行五，嘉庆癸亥年五月十八日生，镶黄旗内务府汉军廪生。己丑进士。户部主事，员外郎。曾祖作新，祖永清，父彭年。子继振。

中国国家图书馆藏《道光九年进士登科录》：贯镶黄旗满洲都统内务府汉军德潽佐领下廪膳生。戊子科乡试第一百三十六名，己丑科会试第四十名。曾祖作新，祖永清，父彭年。

二甲第六十九名　杨　霈　（《明清进士题名碑录索引》）

杨霈，字徵肃，号慰农，一号云石，行八，乾隆己酉年十二月二十一日生，镶黄旗汉军人。

北京大学图书馆藏《道光九年己丑科会试录》：镶黄旗汉军都统杨福山佐领下例监生，中式各直省贡士第六十九名。

中国国家图书馆藏《道光九年进士登科录》：贯镶黄旗汉军杨福山佐领下例监生。壬午科乡试第一百四十名，己丑科会试第六十九名。曾祖天祎，祖廷璋，父长栋。

二甲第七十八名　全　顺　（《明清进士题名碑录索引》）

全顺，正白旗满洲人。

北京大学图书馆藏《道光九年己丑科会试录》：正白旗满洲都统内务府长年管领下满洲附学生，中式各直省贡士第六十一名。

上海图书馆藏《道光乙酉科各省乡试齿录》：舒穆鲁氏，更名全孚，字惠迪，号心斋，行十一，辛酉年十一月廿五日生，正白旗内务府满洲长年管领下附生。中式第一百二十四名，己丑进士，户部主事。曾祖巴彦图，祖保绍，父广东。

中国国家图书馆藏《道光九年进士登科录》：贯内务府正白旗满洲长年管领下附学生。乙酉科乡试第一百二十四名，己丑科会试第六十一名，曾祖巴彦图，祖保绍，父广泰。

二甲第八十八名　恩　来　（《明清进士题名碑录索引》）

恩来，镶红旗满洲人。

北京大学图书馆藏《道光九年己丑科会试录》：镶红旗博铭佐领下四品宗室，宗室中式贡士第四名。

上海图书馆藏《道光乙酉科各省乡试齿录》：原名豫德，字以仁，号雨帆，行一，嘉庆丁巳年闰六月二十五日未时生，镶红旗博铭佐领下四品宗室。嘉庆戊寅恩科宗室乡试中式第八名，己丑科宗室会试第四名，钦点翰林院庶吉士，宗人府笔帖式。

中国国家图书馆藏《道光九年进士登科录》：宗室，贯镶红旗博铭佐领下四品宗室。戊寅科宗室乡试第八名，己丑科宗室会试第四名。曾祖和灵阿，祖舒灵，父博通。

二甲第九十四名　奎　绶　（《明清进士题名碑录索引》）

奎绶，正蓝旗满洲人，伊尔根觉罗氏，字若林，号印甫，行一，嘉庆己未年十一月十六日卯时生，朝考第六十九名，刑部主事。

北京大学图书馆藏《道光九年己丑科会试录》：正蓝旗满洲都统文寿佐领下廪膳生，中式各直省贡士第一百十九名。

中国国家图书馆藏《道光九年进士登科录》：贯正蓝旗满洲文寿佐领下附学生。壬午科乡试第二百二十一名，己丑科会试第一百十九名。曾祖明山，祖隆保，父锡福。

二甲第一百四名　穆通阿　（《明清进士题名碑录索引》）

穆通阿，镶黄旗满洲人。

北京大学图书馆藏《道光九年己丑科会试录》：镶黄旗满洲都统庆福佐领下例监生，中式各直省贡士第一百七十一名。

上海图书馆藏《道光戊子科直省同年录》：钮祜禄氏，字子理，号似山，行四，乾隆甲寅年七月十九日生，镶黄旗满洲贡生。理藩院笔帖式。己丑进士。庶吉士，山东博兴知县，钦天监笔帖式。曾祖遵柱，祖策卜坦。父福尔崧阿。

中国国家图书馆藏《道光九年进士登科录》：贯镶黄旗满洲庆福佐领下例监生。戊子科乡试第一百七十三名，己丑科会试第一百七十一名。曾祖遵柱，祖策卜坦。父福尔松阿。

三甲第十四名　锡　麟　（《明清进士题名碑录索引》）

锡麟，正蓝旗满洲人，字仁趾，号晋斋，行三，嘉庆甲子年三月初一日生。户部主事，现补云南司主事。

北京大学图书馆藏《道光九年己丑科会试录》：正蓝旗满洲都统包衣阿尔萨朗佐领下监生，中式各直省贡士第一百十六名。

中国国家图书馆藏《道光九年进士登科录》：贯正蓝旗满洲包衣阿尔萨郎佐领下例监生。壬午科乡试第四十三名，己丑科会试第一百十六名。曾祖苏满，祖全柱，父松长。

三甲第二十九名　灵　秀　（《明清进士题名碑录索引》）

灵秀，镶黄旗蒙古人，博尔齐吉特氏，字子俊，号颖生，行一，乾隆甲寅年四月二十九日生，镶黄旗蒙古都统佛隆佐领下廪膳生，内阁中书。分发湖南即用知县，补湘潭县。

北京大学图书馆藏《道光九年己丑科会试录》：镶黄旗蒙古都统佛隆佐领下廪膳生，中式各直省贡士第一百二十七名。

中国国家图书馆藏《道光九年进士登科录》：贯镶黄旗蒙古佛隆佐领下廪膳生。戊子科乡试第二百二十三名，己丑科会试第一百二十七名。曾祖海福，祖德明阿，父玉栋。

三甲第三十七名　玉　书　（《明清进士题名碑录索引》）

玉书，正白旗满洲人。

北京大学图书馆藏《道光九年己丑科会试录》：正白旗满洲都统塔清阿佐领下增广生，中式各直省贡士第十一名。

上海图书馆藏《道光乙酉科各省乡试齿录》：伊尔根觉罗氏，字麟征，号蕴山，行一，甲子第十二月十七日生。正白旗满洲塔清阿佐领下廪生。中式第一百五十一名，己丑进士。工部员外郎。曾祖塞崇阿，祖巴凌阿，父祥禄。

中国国家图书馆藏《道光九年进士登科录》：贯正白旗满洲塔清阿佐领下增广生。乙酉科乡试第一百五十一名，己丑科会试第十一名。曾祖塞崇阿，祖巴陵阿，父祥禄。

三甲第四十六名　奎　光　（《明清进士题名碑录索引》）

奎光，宗室，镶红旗满洲人，改名奎泽，字焕斋，行一，乾隆庚戌年二月十五日巳时生。

北京大学图书馆藏《道光九年己丑科会试录》：镶红旗博铭佐领下四品宗室，宗室中式贡士第三名。

中国国家图书馆藏《道光九年进士登科录》：贯镶红旗博铭佐领下四品宗室。己卯科宗室乡试第二名，己丑科宗室会试第三名。曾祖宗云，祖明达，父三凤。

三甲第八十四名　舒　贵　（《明清进士题名碑录索引》）

舒贵，正白旗汉军人，李氏，字南江，号彝堂，行二，乾隆乙酉年七月二十六日生，分发山西即用知县，补沁水县。

北京大学图书馆藏《道光九年己丑科会试录》：正蓝旗满洲都统内务府庆魁佐领下汉军廪膳生，中式各直省贡士第二十四名。

中国国家图书馆藏《道光九年进士登科录》：贯正白旗内务府汉军庆魁佐领下廪膳生。癸酉科乡试第一百四十五名，己丑科会试第二十四名。曾祖长显，祖全保，父恒泰。

三甲第八十九名　桂　星　（《明清进士题名碑录索引》）

桂星，镶白旗蒙古人，吴汉吉尔们氏，字协五，号应侯，行六，嘉庆丁巳年五月初八日午时生。

北京大学图书馆藏《道光九年己丑科会试录》：镶白旗蒙古都统富伦布佐领下附学生，中式各直省贡士第七十三名。

中国国家图书馆藏《道光九年进士登科录》：贯镶白旗蒙古富伦布佐领下附学生，丙子科乡试第七十九名，己丑科会试第七十三名。曾祖佛尔卿额，祖雅达额，父吉禄。

三甲第九十名　龄　椿　（《明清进士题名碑录索引》）

龄椿，正红旗蒙古人。

北京大学图书馆藏《道光九年己丑科会试录》：正红旗蒙古都统塔克兴阿佐领下选拔廪生，中式各直省贡士第二百八名。

上海图书馆藏《道光乙酉科各省乡试齿录》：德穆楚克，字锡瑞，号友山，行一，辛酉年十二月十一日生，正红旗蒙古拴住佐领下拔贡生，中式第一百六十七名，己丑进士，现任礼部主事。曾祖五十四，祖韦陀保，父博庆，子崇华。

中国国家图书馆藏《道光九年进士登科录》：贯正红旗蒙古都统塔克兴阿佐领下选拔生，乙酉科乡试第一百六十七名，己丑科会试第二百八名。曾祖伍什四，祖韦陀保，父博庆。

三甲第九十一名　祥　玉　（《明清进士题名碑录索引》）

祥玉，正蓝旗满洲人，郭络罗氏，字蓝田，号润亭，行四，乾隆乙巳年十二月二十二日未时生。

北京大学图书馆藏《道光九年己丑科会试录》：正蓝旗满洲都统文华佐领下廪膳生，中式各直省贡士第八十二名。

中国国家图书馆藏《道光九年进士登科录》：贯正黄旗满洲文华佐领下廪膳生。戊寅科乡试第一百五十七名，己丑科会试第八十二名。曾祖三达哩，祖额勒本，父苏鲁那。

三甲第九十二名　许清贵　（《明清进士题名碑录索引》）

许清贵，镶蓝旗汉军人，字云瀛，号珍圃，行二，乾隆庚戌年二月十三日生。

北京大学图书馆藏《道光九年己丑科会试录》：镶蓝旗满洲都统包衣郑福佐领下汉军附学生，中式各直省贡士第一百六十一名。

中国国家图书馆藏《道光九年进士登科录》：贯镶蓝旗满洲都统包衣汉军郑福佐领下附学生，己卯科乡试第六十七名，己丑科会试第一百六十一名。曾祖忠，祖永年，父吉。

三甲第一百一名　福　淳　（《明清进士题名碑录索引》）

福淳，镶黄旗满洲人。

上海图书馆藏《道光乙酉科各省乡试齿录》：字清彦，号瀛仙，行四，戊午年六月十六日寅时生。镶黄旗满洲公喜伦佐领下监生。中式第八十四名，己丑进士，山东知县。曾祖高钰，祖高观，父伊明阿。

北京大学图书馆藏《道光九年己丑科会试录》：镶黄旗满洲都统公喜伦佐领下例监生，中式各直省贡士第一百五十五名。

中国国家图书馆藏《道光九年进士登科录》：贯厢黄旗满洲公喜伦佐领下例监生。乙酉科乡试第八十四名，己丑科会试第一百五十五名。曾祖高钰，祖高观，父伊明阿。

三甲第一百二名　瑞　兴　（《明清进士题名碑录索引》）

瑞兴，镶红旗满洲人，字符祥，号荃庭，行三，乾隆己酉年七月初一日寅时生。

北京大学图书馆藏《道光九年己丑科会试录》：镶红旗博通佐领下四品宗室，宗室中式贡士第一名。

中国国家图书馆藏《道光九年进士登科录》：贯镶红旗博通佐领下四品宗室。癸酉科宗室乡试第四名，己丑科宗室会试第一名。曾祖广龄，祖博勒忠武，父明崇。

道光十二年壬辰恩科（1832）

二甲第七名　瑞　常　（《明清进士题名碑录索引》）

瑞常，镶红旗蒙古人。

中国国家图书馆藏《道光十二年壬辰恩科会试录》：马哩氏，字芝生，号西桥，行一，嘉庆乙丑年三月初八日吉时生，镶红旗蒙古在京额勒精额佐领下人，驻防杭州府学附生。壬午浙江乡试中式第九十一名，会试中式第八十三名，殿试二甲第七名，朝考入选，钦点翰林院庶吉士。

浙江省图书馆藏《道光十二年壬辰恩科会试同年齿录》：马哩氏，字芝生，号西桥，行一，嘉庆乙丑年三月初八日吉时生，镶红旗蒙古人驻防杭州。壬午科乡试中式第九十一名，壬辰恩科会试中式第八十三名，殿试二甲第七名，朝考第十九名，翰林院编修现官兵部右侍郎。曾祖伍什，祖他青阿，父雅凌阿。

《八旗文经》：石尔德特氏，字芝生，号西樵，行一，嘉庆乙丑年三月初八日寅时生，镶红旗蒙古在京额勒精额佐领下人，驻防杭州府学附生。道光壬午科浙江乡试中式第九十一名，道光十二年壬辰恩科会试中式第八十三名，殿试二甲第七名，朝考入选，钦点翰林院庶吉士，翰林院编修，现官兵部右侍郎。官至文渊阁协办大学士。道光甲辰科福建乡试大主考、己酉科山东乡试大主考；咸丰辛亥、己未，同治壬戌、甲子、丁卯、庚午科顺天乡试大总裁。

《杭州八旗驻防营志略》卷十：石尔德特氏，道光壬辰科会试中式，殿试二甲第七名。以翰林院庶吉士散馆改编修，官至文渊阁协办大学士。历转翰、詹卿贰；任各部左右侍郎、尚书、经筵讲官；管理中郎三库钱法堂事务。历膺道光甲辰科福建乡试大主考、己酉科山东乡试大主考；咸丰辛亥、己未，同治壬戌、甲子、丁卯、庚午科顺天乡试大总裁。予谥"文端"，奉旨宣付国史馆立传。

二甲第十二名　花沙纳　（《明清进士题名碑录索引》）

花沙纳，正黄旗蒙古人。

《明清进士题名碑录索引》作"华沙讷"。

中国国家图书馆藏《道光十二年壬辰恩科会试录》：伍弥特氏，字毓仲，号松岑，行二，嘉庆丙寅年十二月二十五日吉时生，正黄旗蒙古祥瑞佐领下监生官卷。乙酉乡试中式第四十二名，会试中式第一百六十四名，殿试二甲第十二名，钦点翰林院庶吉士。

上海图书馆藏《道光乙酉科各省乡试齿录》：伍弥特氏，字绳武，号松岑，行二，丙寅年十二月二十五日生，正黄旗蒙古祥瑞佐领下监生官卷。中式第四十二名，壬辰进士，现任户部右侍郎。

浙江省图书馆藏《道光十二年壬辰恩科会试同年齿录》：伍弥特氏，字毓仲，号松岑，行二，嘉庆丙寅年十二月二十五日吉时生，正黄旗蒙古监生。乙酉乡试中式第四十二名，壬辰科会试中式第一百六十四名，殿试二甲第十二名，翰林院编修现官户部右侍郎调吏部左侍郎。曾祖额林亲，祖德楞泰，父苏崇阿。

二甲第二十一名　庆　安　（《明清进士题名碑录索引》）

庆安，宗室，正蓝旗满洲人。

中国国家图书馆藏《道光十二年壬辰恩科会试录》：宗室，字子安，号云舫，行一，嘉庆乙丑年三月二十日戌时生，正蓝旗讷勒亨额佐领下四品宗室。乙酉科乡试中式第八名，己丑科会试中式第二名，壬辰殿试二甲第二十一名，钦点翰林院庶吉士。

上海图书馆藏《道光乙酉科各省乡试齿录》：宗室，改名祺，字心恭，号云舫，行一，乙丑年三月二十日生，第六族正蓝旗宗室吉勒阿佐领下人。乙酉中式第八名，壬辰进士，现任盛京户部侍郎。曾祖隆霭，祖谦益，父玉芝。

浙江省图书馆藏《道光十二年壬辰恩科会试同年齿录》：改名庆祺，宗室，字子安，号云舫，行一，嘉庆乙丑年三月二十日戌时生，正蓝旗四品宗室。乙酉科乡试中式第八名，己丑科会试中式第二名，壬辰殿试二甲第二十一名。翰林院庶吉士改吏部主事。现官太常寺卿兵部右侍郎。曾祖隆霭，祖谦益，父玉芝。

二甲第三十名　舒兴阿　（《明清进士题名碑录索引》）

舒兴阿，正蓝旗满洲人。

中国国家图书馆藏《道光十二年壬辰恩科会试录》：赫舍哩氏，字叔起，号云谿，行三，通行八。嘉庆己未年正月初一日吉时生，正蓝旗满洲常志佐领下陕西西安府驻防增广生。辛巳恩科陕西乡试中式第五十四名，会试中式第一百一名，殿试二甲第三十名。朝考入选第三十三名，钦点翰林院庶吉士。

浙江省图书馆藏《道光十二年壬辰恩科会试同年齿录》：赫舍哩氏，字叔起，号云谿，行三，又行八。嘉庆己未年正月初一日吉时生，正蓝旗满洲都统富珠隆阿佐领下增广生。辛巳科陕西乡试中式第五十四名，壬辰会试中式第一百一名，殿试二甲第三十名。朝考入选第三十三名。翰林院编修。现官伊犁参赞大臣。曾祖富佩，祖玛尔善，父成明。

二甲第四十名　阿彦达　（《明清进士题名碑录索引》）

阿彦达，杭阿垣氏，镶黄旗蒙古人。

中国国家图书馆藏《道光十二年壬辰恩科会试录》：杭阿垣氏，字俊民，号朗山，一号阆珊，行八，嘉庆乙丑年八月二十日吉时生，镶黄旗蒙古都统庆俊佐领下廪膳生，咸安宫官学生，乡试中式第八十三名，会试中式第三十名，殿试□甲第四十名，钦点主事，签分吏部。

浙江省图书馆藏《道光十二年壬辰恩科会试同年齿录》：杭阿垣氏，字俊民，号朗山，行八，嘉庆乙丑年八月二十日吉时生，镶黄旗蒙古都统庆俊佐领下廪膳生民籍，辛卯科乡试中式第八十三名，壬辰恩科会试中式第三十名，殿试二甲第四十名，吏部堂主事。现官光禄寺卿，古城领队大臣。曾祖存柱，祖窦金斗，父全保。

上海图书馆藏《道光辛卯恩科直省同年录》：阿彦达，杭阿垣氏，字俊民，号朗山，行八，嘉庆辛酉年生，镶黄旗蒙古庆俊佐领下廪生，壬辰进士，现官吏部员外郎。曾祖存桂，祖窦金斗，父金保。

二甲第六十六名　善　焘　（《明清进士题名碑录索引》）

善焘，宗室，镶白旗满洲人。

中国国家图书馆藏《道光十二年壬辰恩科会试录》：宗室。字仁甫，号溥泉，行二。嘉庆戊午年八月十八日吉时生，镶白旗宗室达英佐领下。乡试中式第八名，会试中式第三名，殿试二甲第六十六名。钦点翰林院庶吉士。

上海图书馆藏《道光戊子科直省同年录》：原名图山，字仁甫，号溥泉，行二。嘉庆戊午年八月十八日生，镶白旗宗室。壬辰进士，翰林院编修，侍讲，国子监祭酒，太仆寺卿，都察院左副都御史，刑部户部吏部右侍郎。曾祖襄德、祖保英、父庆杰。

浙江省图书馆藏《道光十二年壬辰恩科会试同年齿录》：宗室。字仁甫，号溥泉，行二。嘉庆戊午年八月十八日吉时生，镶白旗宗室。戊子科乡试中式第八名，壬辰科会试中式第三名，殿试二甲第六十六名。曾祖四品宗室襄德，祖四品宗室保英，父庆杰。

二甲第八十五名　钟　保　（《明清进士题名碑录索引》）

钟保，刘氏，内务府正黄旗汉军人。

中国国家图书馆藏《道光十二年壬辰恩科会试录》：姓刘，字喆生，号琴樵，一字鹤侪，行五，嘉庆乙丑年五月十九日吉时生，内务府正黄旗乌云珠管领下汉军选拔廪生。乙酉科选拔第二名,乙酉科乡试中式第三十七名,会试中式第一百十名,覆试一等第十六名,殿试二甲第八十五名,朝考入选,钦点翰林院庶吉士。

上海图书馆藏《道光乙酉科各省乡试齿录》:号鹤俦,嘉庆丙寅月日生,正黄旗内府乌云珠管领下汉军拔贡生。中式第三十七名,壬辰进士,户部郎中。

浙江省图书馆藏《道光十二年壬辰恩科会试同年齿录》:姓刘,字喆生,号琴樵,一字鹤俦,行四又行五,嘉庆乙丑年五月十九日吉时生,内务府汉军正黄旗人选拔廪生。乙酉科乡试中式第三十七名,壬辰恩科会试中式第一百十名,殿试二甲第八十五名,朝考第四十五名,翰林院庶吉士改户部主事升郎中。曾祖福凌阿,祖重德,父玉贵。

三甲第三名　佟　元　(《明清进士题名碑录索引》)

佟元,正蓝旗汉军人。

中国国家图书馆藏《道光十二年壬辰恩科会试录》:字体干,号伯恺,行一,嘉庆丙辰年九月初七日吉时生,正蓝旗汉军都统郭绥佐领下拔贡生。乙酉拔贡第一名,乙酉乡试第五十九名,会试中式第七十一名,覆试二等第三十二名,殿试三甲第三名,钦点主事,签掣户部。

上海图书馆藏《道光乙酉科各省乡试齿录》:字体干,号伯恺,行一,丙辰年九月初七日生,正蓝旗汉军都统郭绥佐领下拔贡生。中式第五十九名,壬辰进士,户部主事。

浙江省图书馆藏《道光十二年壬辰恩科会试同年齿录》:字体干,号伯恺,行一,嘉庆丙辰年九月初七日吉时生,正蓝旗汉军都统郭绥佐领下拔贡生。乙酉乡试第五十九名,壬辰恩科会试中式第七十一名,殿试三甲第三名,户部主事革职。曾祖瀚,祖德宁,父扎拉芳。

三甲第四名　那　琇　(《明清进士题名碑录索引》)

那琇,正白旗满洲人。

中国国家图书馆藏《道光十二年壬辰恩科会试录》:乌喇纳喇氏,字子莹,号石冈,行一。乾隆甲寅年三月二十六日吉时生,系正白旗满洲都统吉尔哈春佐领下由廪膳生中式嘉庆丙子科顺天乡试举人,现任钦天监博士。乡试中式第一百四十九名,会试中式第四十二名,殿试三甲第四名,钦点兵部主事。

浙江省图书馆藏《道光十二年壬辰恩科会试同年齿录》：乌喇纳喇氏，字子莹，号石冈，行一。乾隆甲寅年三月二十六日吉时生，系正白旗满洲都统吉尔哈春佐领下由廪膳生中式嘉庆丙子科顺天乡试举人第一百四十九名，壬辰恩科会试中式第四十二名，殿试三甲第四名，官至兵部郎中。曾祖爱忠，祖什图，父托恩多。

三甲第十九名　鹤　年　（《明清进士题名碑录索引》）

鹤年，正黄旗满洲人。

中国国家图书馆藏《道光十二年壬辰恩科会试录》：瓜尔佳氏，字介亭，号松圃，行四。嘉庆丁巳年六月初五日吉时生，正黄旗满洲都统祥庆佐领下副榜贡生。戊子乡试中式第二百四名，会试中式第一百五十名，殿试三甲第十九名。钦点即用知县。

上海图书馆藏《道光戊子科直省同年录》：瓜尔佳氏，字介亭，号松圃，行四。嘉庆丁巳年六月初五日生，正黄旗满洲乙酉副贡。壬辰进士。广西阳朔知县。曾祖玛哈拉，祖玛格，父伍灵阿，本生父富明阿。

浙江省图书馆藏《道光十二年壬辰恩科会试同年齿录》：瓜尔佳氏，字介亭，号松圃，行四。嘉庆丁巳年六月初五日吉时生，正黄旗满洲都统祥庆佐领下副榜贡生。戊子科乡试中式第二百四名，壬辰恩科会试中式第一百五十名，殿试三甲第十九名。即用知县，分发广西补阳朔县知县，现官贺县知县。曾祖玛哈拉，祖玛格，父伍灵阿。

三甲第二十一名　常　禄　（《明清进士题名碑录索引》）

常禄，宗室，正蓝旗满洲人。

上海图书馆藏《道光辛卯恩科直省同年录》：宗室，字绥先，号莲溪，行一，嘉庆丙寅年生，现任宗人府经历。曾祖德崇，祖广敏，父兴隆。

浙江省图书馆藏《道光十二年壬辰恩科会试同年齿录》：字绥先，号莲溪，行一，嘉庆丙寅年二月二十六日生，镶蓝旗常秀佐领下四品宗室。辛卯科乡试第三名，壬辰恩科会试第一名，殿试三甲第二十一名。宗人府主事，现官翰林院侍读，大考革职。曾祖德崇，祖广敏，父兴隆。

三甲第二十九名　惠　霖　（《明清进士题名碑录索引》）

惠霖，宗室，正蓝旗满洲人。

中国国家图书馆藏《道光十二年壬辰恩科会试录》：宗室，字子迪，号琴舫，一字心甫，行六，嘉庆庚申年八月十七日吉时生，正蓝旗讷勒亨额佐领下四品宗室。辛卯乡试中式第八名，会试中式第二名，殿试三甲第二十九名，钦点刑部主事。

浙江省图书馆藏《道光十二年壬辰恩科会试同年齿录》：宗室，字迪生，号铁琴，行六，嘉庆庚申年八月十七日吉时生，正蓝旗讷勒亨额佐领下四品宗室。辛卯乡试中式第八名，壬辰恩科会试中式第二名，殿试三甲第二十九名，现官通政使司参议。曾祖斐苏，祖明韶，父晋昌。

三甲第三十四名　世　纶　（《明清进士题名碑录索引》）

世纶，镶黄旗满洲人。

中国国家图书馆藏《道光十二年壬辰恩科会试录》：高佳氏，一名景信，字子亮，号仙樵，一号子诰，行五。嘉庆丁巳年七月初三日吉时生，系镶黄旗满洲都统公喜伦佐领下监生。道光壬午科举人。乡试中式第三十二名，壬辰恩科会试中式第六十三名，殿试三甲第三十四名。即用知县，分发广西补武缘县知县。

浙江省图书馆藏《道光十二年壬辰恩科会试同年齿录》：字子亮，号仙樵，一号子诰，行五。嘉庆丁巳年七月初三日吉时生，系镶黄旗满洲都统公喜伦佐领下监生。壬午科乡试中式第三十二名，壬辰恩科会试中式第六十三名，殿试三甲第三十四名。即用知县，分发广西补武缘县知县。曾祖高诚，祖廷麟，父良积。

三甲第四十四名　德　惠　（《明清进士题名碑录索引》）

德惠，正黄旗满洲人。

中国国家图书馆藏《道光十二年壬辰恩科会试录》：字孚之，号济堂，行二，嘉庆辛酉年五月二十一日吉时生，奉天锦州正黄旗满洲廪膳生。乡试中式第五十三名，会试中式第五名，殿试三甲第四十四名。钦点候选知县。

上海图书馆藏《道光乙酉科各省乡试齿录》：字孚之，号济堂，行二，辛酉年五月廿一日生，奉天锦州正黄旗满洲廪生。中式第五十三名，壬辰进士，现任翰林院侍读。

浙江省图书馆藏《道光十二年壬辰恩科会试同年齿录》：字孚之，号济堂，行二，嘉庆辛酉年五月二十一日吉时生，奉天锦州正黄旗满洲廪膳生。己酉科乡试中式第五十三名，壬辰恩科会试中式第五名，殿试三甲第四十四名。候选知县现官翰林院侍读，大考降补笔帖式。曾祖起龙，祖明善，父博抻保。

三甲第四十五名　克星额　（《明清进士题名碑录索引》）

克星额，镶白旗满洲人。

中国国家图书馆藏《道光十二年壬辰恩科会试录》：字恒叔，行六，乾隆癸卯年七月二十一日寅时生。镶白旗满洲灵福佐领下荫监生。乡试中式第三十九名，会试第七十八名，殿试三甲第四十五名，钦点□。

浙江省图书馆藏《道光十二年壬辰恩科会试同年齿录》：字恒叔，行六，乾隆癸卯年七月二十一日寅时生。镶白旗满洲灵福佐领下荫监生。庚午科乡试中式第三十九名，壬辰恩科会试第七十八名，殿试三甲第四十五名。候选知县由理藩院笔帖事故。曾祖更义纳，祖哈靖阿，父成书。

三甲第四十八名　隆濬　（《明清进士题名碑录索引》）

隆濬，正红旗满洲人。

中国国家图书馆藏《道光十二年壬辰恩科会试录》：伊尔根觉罗氏，字守愚，号沧斋，行六。嘉庆庚申年七月十八日吉时生，正红旗满洲都统先德佐领下附生。辛巳乡试中式第四十名，会试中式第二十五名，殿试三甲第四十八名。

浙江省图书馆藏《道光十二年壬辰恩科会试同年齿录》：伊尔根觉罗氏，字守愚，号沧斋，行六。嘉庆庚申年七月十八日吉时生，正红旗满洲都统先德佐领下附生。辛巳乡试中式第四十名，壬辰恩科会试中式第二十五名，殿试三甲第四十八名。候选知县故。曾祖兆保，祖长久，父德淳。

三甲第七十八名　锡檀　（《明清进士题名碑录索引》）

锡檀，正白旗汉军人。

中国国家图书馆藏《道光十二年壬辰恩科会试录》：字时辐，号栗荐，行七。乾隆戊申年十一月二十一日亥时生，正白旗满洲都统内务府长年管领下汉军廪生，现任笔帖式。乡试中式第八十八名，会试中式第一百八十二名，殿试三甲第七十八名，钦点□。

浙江省图书馆藏《道光十二年壬辰恩科会试同年齿录》：字时辐，号栗荛，行七。乾隆戊申年十一月二十一日亥时生，正白旗满洲都统内务府长年管领下汉军廪生。乡试中式第八十八名，会试中式第一百八十二名，殿试三甲第七十八名，候选知县。现官四川通江知县。曾祖二赫，祖六格，父履谦。

三甲第八十五名　惠　麟　（《明清进士题名碑录索引》）

惠麟，正蓝旗汉军人。

浙江省图书馆藏《道光十二年壬辰恩科会试同年齿录》：甘氏，字振甫，号迪斋，行二，乾隆乙卯年五月初八日酉时生，正蓝旗国兴阿佐领下汉军恩监生。丙子科乡试第二百一十七名，壬辰恩科会试第三十四名，殿试三甲第八十五名。候选知县，现官河南临漳县知县。曾祖甘士矿，祖甘际昌，父甘恪祝。

三甲第八十七名　国　治　（《明清进士题名碑录索引》）

国治，内务府正白旗汉军人。

中国国家图书馆藏《道光十二年壬辰恩科会试录》：字兆平，号允臣，行一。乾隆庚戌年五月初二日吉时生，正白旗内务府汉军长明佐领下廪膳生。戊寅恩科乡试中式第一百六十名，会试中式第一百三十七名，殿试三甲第八十七名。钦点即用知县。

浙江省图书馆藏《道光十二年壬辰恩科会试同年齿录》：字兆平，号允臣，行一。乾隆庚戌年五月初二日吉时生，正白旗内务府汉军长明佐领下廪膳生。戊寅恩科乡试中式第一百六十名，会试中式第一百三十七名，殿试三甲第八十七名。即用知县，分发江西补德安县，调鄱阳县知县县任莲花厅同知。曾祖福佑，祖永德，父吉庆。

三甲第九十九名　成　山　（《明清进士题名碑录索引》）

成山，正蓝旗满洲人。

浙江省图书馆藏《道光十二年壬辰恩科会试同年齿录》：字玉甫，号进齐，行五，乾隆辛亥年九月初五日生，正蓝旗满洲承华佐领下附生，戊子科乡试中式第一百六十九名，壬辰恩科会试中式第一百二十四名，殿试三甲第九十九名。候选知县故。曾祖郭恒，祖运兴，父多隆武。

道光十三年癸巳科（1833）

二甲第二名　李恩庆　（《明清进士题名碑录索引》）

李恩庆，正白旗汉军人。

中国国家图书馆藏《道光癸巳科同年齿录》：字集园，号秀云，又号皖生，行六，嘉庆丙辰年五月初九日吉时生，贯正白旗满洲都统内务府保常管领下汉军廪膳生。嘉庆丙子科乡试中式第二百零四名，癸巳科会试中式第七十五名，殿试二甲第二名。朝考入选，钦点翰林院庶吉士，改授编修，道光丁酉科乡试湖北省副考官，现官礼部掌印给事中。曾祖光祖；祖士通，乾隆甲子科举人，辛未科进士；父法，乾隆壬午科副榜，庚寅恩科举人；嫡堂叔曾祖继祖，雍正乙卯科举人；胞伯祖士达，乾隆丁卯科举人；从堂叔祖秉铨，乾隆己亥恩科举人；从堂叔之骏，乾隆庚寅科举人；胞兄恩绥，嘉庆戊辰恩科举人，辛未科进士；胞兄恩绎，嘉庆庚申恩科举人，戊辰科进士；嫡堂弟恩继，嘉庆己卯科举人，道光丙戌科进士；嫡堂弟恩霖，嘉庆己卯科举人，同榜进士；从堂弟文璜，嘉庆甲子科举人；胞侄彭龄，嘉庆癸酉科举人；希曾，嘉庆丙子科同榜举人，道光壬午恩科进士；从堂侄崇保，道光戊子科举人；族侄兆魁，道光乙酉科举人。

南京图书馆藏《道光十三年进士登科录》：贯正白旗满洲都统内务府保常管领下汉军廪膳生。丙子科乡试第二百四名，癸巳科会试第七十五名。曾祖光祖，祖士通，父法□。

南京图书馆藏《道光十三年癸巳科会试录》：正白旗满洲都统内务府保常管领下汉军廪膳生。中式各直省贡士第七十五名。

二甲第五名　崇　文　（《明清进士题名碑录索引》）

崇文，镶蓝旗满洲人，宗室，字心澜，号杏田，行三，嘉庆癸酉年六月二十九日吉时生。

南京图书馆藏《道光十三年进士登科录》：贯镶蓝旗玉昌佐领下四品宗室。辛卯科乡试中式第六名，癸巳科会试中式第二名。曾祖马麟，祖琳成，父玉昌。

南京图书馆藏《道光十三年癸巳科会试录》：镶蓝旗玉昌佐领下四品宗室。宗室中式贡士第二名。

二甲第二十二名　福　晖　（《明清进士题名碑录索引》）

福晖，正白旗满洲人。

上海图书馆藏《道光戊子科直省同年录》：原名福明，马佳氏，字子受，号镜如，一号仲芸，行四，嘉庆丙辰年六月十二日生，正白旗内务府满洲乙酉拔贡。癸巳进士。广东石城知县。曾祖三格，祖萨穆哈，父金麟。子德魁。

南京图书馆藏《道光十三年进士登科录》：贯正白旗满洲都统内务府清泰管领下拔贡生。戊子科乡试中式第一百一十七名，癸巳科会试中式第二十八名。曾祖三格，祖萨穆哈，父金鳞。

南京图书馆藏《道光十三年癸巳科会试录》：正白旗内务府清泰管领下满洲拔贡生。中式各直省贡士第二十八名。

二甲第二十八名　福　济　（《明清进士题名碑录索引》）

福济，镶白旗满洲人。

上海图书馆藏《道光辛卯恩科直省同年录》：必禄氏，原名福克精阿，字仁溥，号元修，号林舟，行一，嘉庆己巳年生，镶白旗满洲成兴佐领下优贡生，民籍，癸巳进士。现官詹事府少詹事。曾祖博尔准，祖良辅，父恩庆。

南京图书馆藏《道光十三年进士登科录》：贯镶白旗满洲成兴佐领下廪膳生。辛卯科乡试中式第一百七十四名，癸巳科会试中式第四十七名。曾祖博尔准，祖良辅，父恩庆。

南京图书馆藏《道光十三年癸巳科会试录》：镶白旗满洲都统成兴佐领下廪膳生。中式各直省贡士第四十七名。

二甲第三十九名　王清选　（《明清进士题名碑录索引》）

王清选，镶白旗汉军人。

上海图书馆藏《道光戊子科直省同年录》：字莲士，号鉴塘，行一，嘉庆癸亥年十二月初十日生，镶白旗汉军监生。癸巳进士，翰林院编修。

曾祖述祖，祖廷训，本生祖廷桂，父元桂。

南京图书馆藏《道光十三年进士登科录》：贯镶白旗汉军包衣伊林泰分管下例监生。戊子科乡试中式第七十名，癸巳科会试中式第二十九名。曾祖述祖，祖满洲，父元格。

南京图书馆藏《道光十三年癸巳科会试录》：镶白旗满洲都统伊林泰分管下包衣汉军例监生。中式各直省贡士第二十九名。

二甲第五十五名　保　清　（《明清进士题名碑录索引》）

保清，正蓝旗满洲人，宗室，字鉴堂，号惟一，行三，嘉庆庚申年九月初十日吉时生。

南京图书馆藏《道光十三年进士登科录》：贯正蓝旗咸宜佐领下四品宗室。壬午科乡试中式第六名，癸巳科会试第一名。曾祖和龄，祖倭伦太，父布因太。

南京图书馆藏《道光十三年癸巳科会试录》：正蓝旗咸宜佐领下四品宗室。宗室中式贡士第一名。

二甲第九十一名　韩　椿　（《明清进士题名碑录索引》）

韩椿，镶白旗汉军人，字树年，号梅涛，行七，乾隆甲寅年十一月十一日吉时生。

南京图书馆藏《道光十三年进士登科录》：贯镶白旗汉军舒龄阿佐领下附监生。辛巳恩科乡试中式第二百七十五名，癸巳会试中式第八十名。曾祖世美，祖璋，父正国。

南京图书馆藏《道光十三年癸巳科会试录》：镶白旗汉军都统舒龄阿佐领下例监生。中式各直省贡士第八十名。

三甲第七名　广　勇　（《明清进士题名碑录索引》）

广勇，正红旗满洲人，原名惠孚，字子箸，号荃楼，一号云涛，行四，乾隆庚戌年九月十六日吉时生。

南京图书馆藏《道光十三年进士登科录》：贯正红旗满洲瑞兴佐领下例监生。辛巳科乡试中式第三十一名，癸巳科会试中式第一百二十二名。曾祖永图，祖善泰，父祥明。

南京图书馆藏《道光十三年癸巳科会试录》：正红旗满洲都统瑞兴佐

领下例监生。中式各直省贡士第一百二十二名。

三甲第九名　存　葆　（《明清进士题名碑录索引》）

存葆，正黄旗满洲人，芸翘，号秀岩，行十三，嘉庆辛酉年八月二十三日吉时生。

浙江省图书馆藏《道光十二年直省同年录》：李佳氏，秀岩，行十三，辛酉年生，正黄旗满洲都统内务府嘉惠管领下汉军廪膳生。顺天乡试中式举人第四十七名，癸巳进士，吏部。

南京图书馆藏《道光十三年进士登科录》：贯正黄旗满洲都统内务府嘉会管领下汉军廪膳生。壬辰科乡试中式第四十七名，癸巳科会试中式第一百零六名。曾祖李满，祖魁德，父灵川。

南京图书馆藏《道光十三年癸巳科会试录》：正黄旗满洲内务府嘉惠管领下汉军廪膳生。中式各直省贡士第一百六名。

三甲第十名　李恩霖　（《明清进士题名碑录索引》）

李恩霖，正白旗汉军人，字祥谷，号梦岩，行四，乾隆壬子年十一月初六日吉时生。

南京图书馆藏《道光十三年进士登科录》：贯正白旗满洲都统内务府保常管领下汉军廪膳生。辛卯科乡试中式第九十九名，癸巳科会试中式第一百四十二名。曾祖光祖，祖士通，父鸿。

南京图书馆藏《道光十三年癸巳科会试录》：正白旗满洲都统内务府保常管领下汉军廪膳生。中式各直省贡士第一百四十二名。

三甲第二十一名　毓　科　（《明清进士题名碑录索引》）

毓科，正蓝旗满洲人。

浙江省图书馆藏《道光十二年直省同年录》：他塔喇氏，又坪，行六，丙子年生，正蓝旗满洲都统文寿佐领下附学生。顺天乡试中式举人第二十五名，癸巳。刑部。

南京图书馆藏《道光十三年进士登科录》：贯正蓝旗满洲都统文寿佐领下附学生。壬辰科乡试中式第二十五名，癸巳科会试中式第七十二名。曾祖英德，祖瑭玠，父秀堃。

南京图书馆藏《道光十三年癸巳科会试录》：正蓝旗满洲都统文寿佐

领下附学生。中式各直省贡士第七十二名。

三甲第二十四名　苏呼讷　（《明清进士题名碑录索引》）
　　苏呼讷，镶黄旗满洲人，字宝峰，号笑梅。
　　南京图书馆藏《道光十三年进士登科录》：贯镶黄旗满洲凌安佐领下廪膳生。戊子科乡试中式第八十一名，癸巳科会试第七名。曾祖玛尔图，祖官绅保，父伍哴阿。
　　南京图书馆藏《道光十三年癸巳科会试录》：镶黄旗满洲都统凌安佐领下杭州驻防附学生。中式各直省贡士第七名。兄赫特赫讷。
　　《杭州八旗驻防营志略》卷十：道光癸巳科会试中式，殿试三甲第三十四名。满洲镶黄旗人，字宝峰，号笑梅。以主事用，签分工部，升员外郎、堂郎中。简放宣化府知府，调保定府知府，升山西绥、归兵备道。

三甲第三十名　博迪苏　（《明清进士题名碑录索引》）
　　博迪苏，正白旗蒙古人，字佑之，号露庵，嘉庆丁卯年八月初一日吉时生。
　　浙江省图书馆藏《道光十二年直省同年录》：博尔济吉特氏，露庵，行一，丁卯年生，正白旗蒙古贵祥佐领下廪膳生，道光壬辰科乡试中式第二百三十四名，癸巳翰林。
　　南京图书馆藏《道光十三年进士登科录》：贯正白旗蒙古贵祥佐领下廪膳生。壬辰科乡试中式第二百三十四名，癸巳会试中式第一百三十七名。曾祖文都逊，祖德勒克扎布，父策龄。
　　南京图书馆藏《道光十三年癸巳科会试录》：正白旗蒙古都统贵祥佐领下廪膳生。中式各直省贡士第一百三十七名。

三甲第五十名　德　龄　（《明清进士题名碑录索引》）
　　德龄，正黄旗蒙古人，字菊泉，号萝九，行一，嘉庆丙辰年八月初十日吉时生。
　　南京图书馆藏《道光十三年进士登科录》：正黄旗蒙古松桂佐领下副贡生。辛卯科乡试中式第一百零四名，癸巳科会试中式第二十四名。曾祖克蒙额，祖富明，父隆安。
　　南京图书馆藏《道光十三年癸巳科会试录》：正黄旗蒙古都统松桂佐

领下副榜贡生。中式各直省贡士第二十四名。

三甲第五十四名　英　瑞　（《明清进士题名碑录索引》）

英瑞，正蓝旗满洲人，宗室。

上海图书馆藏《道光戊子科直省同年录》：字毓芷，号彦甫，行一，嘉庆乙丑年二月十七日生。正蓝旗宗室。癸巳进士，刑部主事。曾祖勇武，祖郭伸布，父弼成。

南京图书馆藏《道光十三年进士登科录》：贯正蓝旗讷勒亨额佐领下四品宗室。戊子科乡试中式第一名，癸巳科会试中式第三名。曾祖勇武，祖郭伸布，父弼成。

南京图书馆藏《道光十三年癸巳科会试录》：正蓝旗讷勒亨额佐领下四品宗室。宗室中式贡士第三名。

三甲第六十五名　德　成　（《明清进士题名碑录索引》）

德成，正黄旗蒙古人，字上甫，号玉峰，乾隆乙卯年正月二十五日吉时生。

浙江省图书馆藏《道光十二年直省同年录》：张嘉特氏，玉峰，行一，乙卯年生，正黄旗蒙古都统松桂佐领下监生，兵部笔帖式，顺天乡试中式举人第六十五名，癸巳即用。

南京图书馆藏《道光十三年进士登科录》：贯正黄旗蒙古松桂佐领下例监生。壬午科乡试中式第六十五名，癸巳科会试中式第一百八十一名。曾祖克蒙额，祖富明，父隆泰。

南京图书馆藏《道光十三年癸巳科会试录》：正黄旗蒙古都统松桂佐领下例监生。中式各直省贡士第一百八十一名。

三甲第一百名　舒　钧　（《明清进士题名碑录索引》）

舒钧，镶白旗满洲人。

上海图书馆藏《道光辛卯恩科直省同年录》：西林觉罗氏，字羽廷，号辅臣，行三，嘉庆甲戌年生，镶白旗满洲永福佐领下监生。曾祖舒通阿，祖舒聘，父舒纶泰。

南京图书馆藏《道光十三年进士登科录》：贯镶白旗满洲包衣永福管领下例监生。辛巳科乡试第一百六十一名，癸巳科会试中式第九十六名。

曾祖舒通阿，祖舒聘，父舒纶泰。

南京图书馆藏《道光十三年癸巳科会试录》：镶白旗满洲都统包衣满洲永福管领下例监生。中式各直省贡士第九十六名。

三甲第一百七名　文　秀　（《明清进士题名碑录索引》）

文秀，镶蓝旗蒙古人，字书升，号晓岚，行四，嘉庆辛未年三月初三日吉时生。

南京图书馆藏《道光十三年进士登科录》：贯镶蓝旗蒙古果勒明太佐领下附学生。辛卯科乡试中式第三十三名，癸巳会试中式第一百二十三名。曾祖费扬阿，祖富冈，父机勒通阿。

南京图书馆藏《道光十三年癸巳科会试录》：镶蓝旗蒙古都统京口驻防果勒敏泰佐领下附学生。中式各直省贡士第一百二十三名。

三甲第一百十名　福昌阿　（《明清进士题名碑录索引》）

福昌阿，镶蓝旗满洲人，字介五，号丙桥，行一，乾隆癸丑年七月初八日吉时生。

南京图书馆藏《道光十三年进士登科录》：贯镶蓝旗满洲双全佐领下廪膳生。辛巳科乡试中式第一百六十七名，癸巳科会试中式第一百四十六名。曾祖妞妞，祖盛海，父明山。

南京图书馆藏《道光十三年癸巳科会试录》：镶蓝旗满洲都统盛京驻防双全佐领下廪膳生。中式各直省贡士第一百七十六名。

三甲第一百十二名　春　熙　（《明清进士题名碑录索引》）

春熙，正黄旗满洲人，字皞如，号喜帆，行一，嘉庆丁巳年三月二十七日吉时生。

南京图书馆藏《道光十三年进士登科录》：贯正黄旗满洲祥庆佐领下附学生。壬午科乡试第八十四名，会试中式第五十三名。曾祖阿尔泰，祖诺敏，父明泉。

南京图书馆藏《道光十三年癸巳科会试录》：正黄旗满洲都统祥庆佐领下附学生。中式各直省贡士第五十三名。

道光十五年乙未科（1835）

**二甲第二十三名　瑞　征　**（《明清进士题名碑录索引》）

瑞征，正白旗蒙古人。

清华大学图书馆藏《道光十五年乙未科会试同年齿录》：博尔济吉特氏，字仲熙，号保堂，一字霭山，行二，嘉庆庚午年九月十四日吉时生，正白旗蒙古云兴佐领下廪生，道光戊子科顺天乡试中式第六十一名，乙未科大挑一等，签掣福建试用知县，会试中式第四十七名，殿试二甲第二十三名，朝考第二十九名，翰林院庶吉士。曾祖陆士仪，雍正壬子举人。祖盛德。父福长，嘉庆辛酉举人。

上海图书馆藏《嘉靖二十三年康熙十五年嘉庆十三年道光十五年进士题名录》：正白旗蒙古人。

上海图书馆藏《道光戊子科直省同年录》：博尔济吉特氏，字叙五，号保堂，亦号霭山，行二，嘉庆庚午年九月十四日生，正白旗蒙古廪生，乙未进士，庶吉士。曾祖陆士仪，祖盛德，父福长。

**二甲第二十六名　春　熙　**（《明清进士题名碑录索引》）

春熙，镶蓝旗满洲人。

清华大学图书馆藏《道光十五年乙未科会试同年齿录》：什勒氏，字敬臣，号介轩，行一，嘉庆己未年十二月二十三日吉时生，镶蓝旗满洲贵祥佐领下监生，道光壬午科顺天乡试中式副榜第二十二名，乙酉科顺天乡试中式第一百三十七名，内阁中书，乙未科会试中式第九名，殿试二甲第二十六名。朝考第七名，翰林院庶吉士，改刑部堂主事，詹事府右中允，翰林院侍讲，现任侍读日讲，起居注官，丁酉科顺天乡试同考官，辛丑恩科会试同考官。曾祖富格，雍正壬子举人。祖盛保，父恩特亨额。胞弟春辂，道光乙酉同榜举人，乙未同榜进士。

上海图书馆藏《嘉靖二十三年康熙十五年嘉庆十三年道光十五年进士题名录》：镶蓝旗满洲人。

上海图书馆藏《道光乙酉科各省乡试齿录》：字敬臣，号介轩，行一，己未年十二月廿三日生，镶蓝旗满洲苏苏勒通阿佐领下副贡生，内阁中书，中式第一百三十七名，乙未进士，现任甘肃甘凉道。曾祖富格，祖盛保,父恩特亨额。子瑞征。

二甲第四十五名　英　淳　(《明清进士题名碑录索引》)

英淳,宗室,原名纯,镶蓝旗满洲人。

清华大学图书馆藏《道光十五年乙未科会试同年齿录》:宗室,原名纯,字琴南,号勉斋,行一,嘉庆丁卯年九月初一日吉时生,镶蓝旗常秀佐领下四品宗室。道光壬辰补行正科,宗室乡试中式第二名,乙未科宗室会试中式第二名,殿试二甲第四十五名。朝考第十五名,翰林院庶吉士改刑部候补主事,补宗人府主事。曾祖长钦,三等侍卫。祖书达。父明善。胞叔敦和、色图恒额。

上海图书馆藏《嘉靖二十三年康熙十五年嘉庆十三年道光十五年进士题名录》:宗室,镶蓝旗人。

浙江省图书馆藏《道光十二年直省同年录》:原名纯,勉斋,行二,癸酉年生,镶蓝旗奕杉佐领下四品宗室。中式宗室举人第二名,乙未翰林。工部。曾祖长钦,三等侍卫。祖书达。父明善。胞叔敦和、色图恒额。妻何舍里氏。

二甲第五十二名　春　辂　(《明清进士题名碑录索引》)

春辂,镶蓝旗满洲人。

清华大学图书馆藏《道光十五年乙未科会试同年齿录》:什勒氏,字和甫,一字阳和,号式之,又号玉峰,行二,嘉庆辛酉年七月初五日吉时生,镶蓝旗满洲贵祥佐领下监生。道光乙酉科顺天乡试中式第三十四名,内阁中书,乙未科会试中式第一百二十四名,殿试二甲第五十二名。朝考第四十九名,翰林院庶吉士,改户部福建司主事官至詹事府左中允。曾祖富格,雍正壬子举人。祖盛保,父恩特亨额。胞兄春熙,道光乙酉同榜举人,乙未同榜进士。

上海图书馆藏《嘉靖二十三年康熙十五年嘉庆十三年道光十五年进士题名录》:镶蓝旗满洲人。

上海图书馆藏《道光乙酉科各省乡试齿录》:什勒氏,字和甫,号玉峰,行二,辛酉年七月初五日生,镶蓝旗满洲苏苏勒通阿佐领下副贡生。内阁中书,中式第三十四名,乙未进士,翰林院侍读。曾祖富格,祖盛保,父恩特亨额,子博尔济吉特。

二甲第五十九名　谦　福　（《明清进士题名碑录索引》）

谦福，镶黄旗蒙古人。

清华大学图书馆藏《道光十五年乙未科会试同年齿录》：额尔德特氏，字光庭，号六吉，一号小榆，行四，嘉庆己巳年十一月初八日吉时生，镶黄旗蒙古平福佐领下监生，候选知州，道光甲午科顺天乡试中式第五十名，乙未科会试中式第二十五名，殿试二甲第五十九名，朝考第三十一名，户部候补主事。曾祖德克精额，三等侍卫，军功叙给头等功牌，赠户部尚书加一级。祖和瑛，乾隆戊子举人，辛卯进士。父奎昌，二品荫生，由礼部主事官至山东登来青道。胞伯庆昌，胞叔璧昌，工部笔帖式，由河南阳武县知县，现任陕西巡抚。

上海图书馆藏《嘉靖二十三年康熙十五年嘉庆十三年道光十五年进士题名录》：镶黄旗蒙古人。

二甲第九十四名　舒　文　（《明清进士题名碑录索引》）

舒文，正红旗满洲人。

清华大学图书馆藏《道光十五年乙未科会试同年齿录》：栋鄂氏，字彬甫，号质夫，行一，嘉庆庚午年正月二十一日丑时生，正红旗满洲都统德山佐领下廪荫生。道光甲午科顺天乡试中式第四十四名，乙未科会试中式第一百八十名，殿试二甲第九十四名。翰林院庶吉士授编修。詹事府左右中允，翰林院侍讲，现任吏部员外郎。曾祖阿津。祖阿明阿。父恩铭，嘉庆丁卯举人，戊辰进士。

上海图书馆藏《嘉靖二十三年康熙十五年嘉庆十三年道光十五年进士题名录》：正红旗满洲人。

二甲第九十八名　德　俊　（《明清进士题名碑录索引》）

德俊，镶黄旗蒙古人。

清华大学图书馆藏《道光十五年乙未科会试同年齿录》：博尔济吉特氏，字慎莽，号克斋，行六，嘉庆丙辰年正月十九日丑时生，镶黄旗蒙古业卜冲额佐领下监生，道光辛巳恩科顺天乡试中式第七十七名，乙未科大挑二等，候选教职，会试中式第一百九十名，殿试二甲第九十八名，分发甘肃即用知县，补两当县知县，调昌吉县知县。曾祖巴朗。祖海长。父布颜。

上海图书馆藏《嘉靖二十三年康熙十五年嘉庆十三年道光十五年进士题名录》：镶黄旗蒙古人。

二甲第一百四名　吉　祥　（《明清进士题名碑录索引》）

吉祥，镶蓝旗满洲人。

清华大学图书馆藏《道光十五年乙未科会试同年齿录》：字安止，号履庵，行一，嘉庆甲子年七月初三日吉时生，镶蓝旗满洲兴福佐领下廪生。道光壬辰补行正科，顺天乡试中式第一百四十九名，乙未科会试中式第七十一名，殿试二甲第一百四名。户部候补主事，补福建司主事，庚子恩科顺天乡试同考官。曾祖万成，祖明保。父兴福。

上海图书馆藏《嘉靖二十三年康熙十五年嘉庆十三年道光十五年进士题名录》：镶蓝旗满洲人。

浙江省图书馆藏《道光十二年直省同年录》：履庵，行一，甲子年生，镶蓝旗满洲兴福佐领下廪膳生。顺天乡试中式举人第一百四十九名。

二甲第一百八名　锡　祉　（《明清进士题名碑录索引》）

锡祉，内务府正白旗满洲人。

清华大学图书馆藏《道光十五年乙未科会试同年齿录》：索绰络氏，字孟繁，号子受，又号申甫，行二，嘉庆己巳年十一月二十一日吉时生，内务府正白旗满洲长年佐领下监生。特赏笔帖式，道光辛卯恩科顺天乡试中式第一百六十五名，乙未科会试中式第八十四名，殿试二甲第一百八名。朝考第六十八名，翰林院庶吉士，授编修。詹事府左右赞善，国子监司业，詹事府左右庶子，现任翰林院侍讲学士，日讲起居注官。曾祖德保，乾隆丙辰举人，丁巳进士。祖英和，乾隆壬子举人，癸丑进士。父奎照，嘉庆戊辰举人，甲戌进士。胞叔奎耀，嘉庆丁卯举人，辛未进士。

上海图书馆藏《嘉靖二十三年康熙十五年嘉庆十三年道光十五年进士题名录》：正白旗满洲人。

上海图书馆藏《道光辛卯恩科直省同年录》：索绰络氏，字孟繁，号申甫，又号子爱，行二，嘉庆己巳年生，内务府正白旗满洲长年管领下乙未进士，现官詹事府左春坊左庶子。曾祖德保，祖英和，父奎照。

二甲第一百十七名　英　继　（《明清进士题名碑录索引》）

英继，宗室，镶蓝旗满洲人。

清华大学图书馆藏《道光十五年乙未科会试同年齿录》：宗室，字复初，号铁峰，行二，嘉庆壬戌年二月二十日吉时生，镶蓝旗常秀佐领下四品宗室。道光戊子科宗室乡试中式第二名，乙未科会试中式第三名，殿试二甲第一百十七名，宗人府主事。曾祖蒙泰，祖遐龄，父希哲，嘉庆丁卯翻译举人，己卯进士。胞兄英善，道光壬辰举人。胞弟英翔，道光壬辰举人。

上海图书馆藏《嘉靖二十三年康熙十五年嘉庆十三年道光十五年进士题名录》：宗室，镶蓝旗人。

上海图书馆藏《道光戊子科直省同年录》：字复初，号铁峰，行二，嘉庆癸亥年二月二十日生，镶蓝旗宗室。乙未进士，宗人府主事。曾祖蒙泰，祖遐龄，父希哲。

三甲第十名　高殿臣　（《明清进士题名碑录索引》）

高殿臣，镶黄旗汉军人。

三甲第三十六名　景　霖　（《明清进士题名碑录索引》）

景霖，正白旗满洲人。

清华大学图书馆藏《道光十五年乙未科会试同年齿录》：苏完瓜尔佳氏，字叔度，号介如，又号星桥，行二，嘉庆甲戌年正月十三日吉时生，正白旗满洲国世春佐领下监生，道光甲午科顺天乡试中式第八十一名，乙未科会试中式第九十八名，殿试三甲第三十六名。朝考第四十名，翰林院庶吉士授检讨。詹事府左右赞善中允，现任翰林院侍讲。曾祖永升，祖德文，乾隆庚寅举人，庚戌进士。父多龄。

上海图书馆藏《嘉靖二十三年康熙十五年嘉庆十三年道光十五年进士题名录》：正白旗满洲人。

三甲第四十名　蒋霨远　（《明清进士题名碑录索引》）

蒋霨远，镶蓝旗汉军人。

清华大学图书馆藏《道光十五年乙未科会试同年齿录》：字云卿，号耘青，又号濂生，行四，又行三十五，嘉庆壬戌年十一月初七日吉时生。镶蓝旗汉军都统何集佐领下监生。道光乙酉科顺天乡试中式第九十四名，工部候补员外郎，户部候补郎中。乙未科会试中式第二百二名，殿试三甲第四十名，特旨以户部郎中即用补云南司郎中，调福建司郎中，现任云南开化府知府。曾祖国祥。祖韶年。父攸铦，乾隆癸卯举人，甲辰进士翰林院编修官。

上海图书馆藏《嘉靖二十三年康熙十五年嘉庆十三年道光十五年进士题名录》：镶蓝旗汉军人。

上海图书馆藏《道光乙酉科各省乡试齿录》：字云卿，号濂生，行四，甲子年十一月初七日生。镶蓝旗汉军何集佐领下监生。中式第九十四名，乙未进士，现任云南府知府。曾祖国祥，祖韶年，父攸铦。

三甲第四十二名　铭　岳　（《明清进士题名碑录索引》）

铭岳，正白旗汉军人。

清华大学图书馆藏《道光十五年乙未科会试同年齿录》：苏完瓜尔佳氏，字瘦仙，号东屏，行一，嘉庆己未年四月二十五日吉时生，正白旗汉军都统阿裕噜佐领下附生，道光甲午科顺天乡试中式第七十九名，乙未科会试中式第一百六十八名，殿试三甲第四十二名。分发江西即用知县，补东乡县知县，加知州衔，丁酉科江南乡试同考官。曾祖伊星阿。祖延方。父舒奎。

上海图书馆藏《嘉靖二十三年康熙十五年嘉庆十三年道光十五年进士题名录》：正白旗汉军人。

三甲第四十三名　英　绶　（《明清进士题名碑录索引》）

英绶，宗室，正蓝旗满洲人。

清华大学图书馆藏《道光十五年乙未科会试同年齿录》：宗室，字云楼，号若卿，行一，嘉庆辛未年十二月十八日吉时生，正蓝旗满洲镇国将军谦恩佐领下官学生。道光壬辰补行正科宗室乡试中式第四名，乙未科宗室会试中式第二名，覆试第一等第一名，殿试三甲第四十三名。工部候补主事，补屯田司主事，辛丑恩科会试同考官。曾祖成惠。祖荣庆。父长椿。

上海图书馆藏《嘉靖二十三年康熙十五年嘉庆十三年道光十五年进士

题名录》：宗室，正蓝旗满洲人。

浙江省图书馆藏《道光十二年直省同年录》：若卿，行一，辛未年生，正蓝旗满官学生。中式宗室举人第四名，乙未，工部。

三甲第五十八名　王仲选　（《明清进士题名碑录索引》）

王仲选，镶白旗汉军人。

清华大学图书馆藏《道光十五年乙未科会试同年齿录》：字山甫，号竹坡，一字问樵，行一，又行二，嘉庆戊辰年正月三十日吉时生。镶白旗汉军伊林泰佐领下监生。道光甲午科顺天乡试中式第一百七十三名，乙未科会试中式第三十五名，殿试三甲第五十八名，分发四川即用知县，补南部县知县，己亥科四川乡试同考官。曾祖述祖。祖廷桂，乾隆己亥武举。父元庆。

上海图书馆藏《嘉靖二十三年康熙十五年嘉庆十三年道光十五年进士题名录》：镶白旗汉军人。

三甲第八十五名　德稜额　（《明清进士题名碑录索引》）

德稜额，镶白旗满洲人。

清华大学图书馆藏《道光十五年乙未科会试同年齿录》：字小华，号笛舟，行五，嘉庆丁巳年七月十五日吉时生，镶白旗满洲都统富森布佐领下附生，山东青州驻防，嘉庆戊寅恩科山东乡试中式第四十六名，国子监助教，道光乙未科会试中式第四十五名，殿试三甲第八十五名。分发山东即用知县，补德平县知县，庚子恩科山东乡试同考官。曾祖伊琅阿。祖灵住。父宽亮。

上海图书馆藏《嘉靖二十三年康熙十五年嘉庆十三年道光十五年进士题名录》：镶白旗满洲人。

三甲第九十九名　长　喆　（《明清进士题名碑录索引》）

长喆，正白旗汉军人。

清华大学图书馆藏《道光十五年乙未科会试同年齿录》：徐氏，原名僖，字守愚，号思亭，又号菊圃，一号怡园，行三，乾隆庚戌年九月二十一日吉时生，正白旗汉军都统双鹤佐领下监生。道光辛巳恩科顺天乡试中式第二百六十七名，乙未科大挑一等签掣四川试用知县。会试中式第一百五十二名，殿试三甲第九十九名。分发山东即用知县，补肥城县知县，乙未科己亥科庚子恩科山东乡试同考官卓异候升。曾祖世琏。祖俊德，乾隆辛卯举人。父秉鉴，乾隆己亥举人。

上海图书馆藏《嘉靖二十三年康熙十五年嘉庆十三年道光十五年进士题名录》：正白旗汉军人。

三甲第一百二十三名　伊铿额　（《明清进士题名碑录索引》）

伊铿额，镶红旗满洲人。

清华大学图书馆藏《道光十五年乙未科会试同年齿录》：王佳氏，字希甫，一字景曾，号瑟庭，行二，嘉庆庚申年九月十九日吉时生，镶红旗满洲兴德佐领下附生。河南开封府驻防。道光壬午科河南乡试中式第五十名，乙未科会试中式第二十六名，殿试三甲第一百二十三名，分发直隶即用知县，补清河县知县，调任邱县知县。曾祖额尔京阿。祖边安泰。父郭勒敏布。

上海图书馆藏《嘉靖二十三年康熙十五年嘉庆十三年道光十五年进士题名录》：镶红旗满洲人。

三甲第一百二十五名　（觉罗）祥庆　（《明清进士题名碑录索引》）

祥庆，正蓝旗满洲人。

清华大学图书馆藏《道光十五年乙未科会试同年齿录》：觉罗氏，字履吉，号云樵，行三，嘉庆己巳年四月二十三日吉时生，正蓝旗满洲觉罗玉保佐领下廪生。道光戊子科顺天乡试中式第一百七名，乙未科大挑一等，签掣江西试用知县，会试中式第一百四十七名，殿试三甲第一百二十五名。分发四川即用知县。曾祖全山。祖续禄，乾隆庚寅举人。父博清阿。胞兄景庆，道光乙卯举人。

上海图书馆藏《嘉靖二十三年康熙十五年嘉庆十三年道光十五年进士题名录》：觉罗，正蓝旗满洲人。

三甲第一百四十二名　庆　瑞　（《明清进士题名碑录索引》）

庆瑞，镶白旗汉军人。

清华大学图书馆藏《道光十五年乙未科会试同年齿录》：王氏，字云书，号鹤田，行二，嘉庆戊午年十月二十八日吉时生，镶白旗汉军德昌佐领下廪生，道光乙酉科拔贡生，戊子科顺天乡试中式第九十名，内阁中书。乙未科会试中式第一百二十一名，殿试三甲第一百四十二名。朝考第五十七名，以主事用。奏请改归中书本班，现任内阁典籍。曾祖兆熊，祖璋，父德柱。

上海图书馆藏《嘉靖二十三年康熙十五年嘉庆十三年道光十五年进士题名录》：镶白旗汉军。

上海图书馆藏《道光戊子科直省同年录》：王氏，字云书，号鹤田，行二，嘉庆戊午年十月二十八日生，镶白旗汉军乙酉拔贡，乙未进士，主事改归内阁中书典籍。曾祖兆熊，祖璋，父德柱。

三甲第一百四十四名　顺　安　（《明清进士题名碑录索引》）

顺安，正黄旗蒙古人。

清华大学图书馆藏《道光十五年乙未科会试同年齿录》：字号行不详，乾隆辛亥年□月□日时生，正黄旗蒙古额勒金泰佐领下附生，江南京口驻防，道光壬午科江南乡试中式第四十二名，乙未科会试中式第七十四名，殿试三甲第一百四十四名，候选知县。曾祖哈尔寇，祖五十九。父额勒金泰。

上海图书馆藏《嘉靖二十三年康熙十五年嘉庆十三年道光十五年进士题名录》：正红旗蒙古人。

《京口八旗志》卷上：顺安，乙未进士，选补光禄寺署丞，升詹事府右赞善。

道光十六年丙申恩科（1836）

二甲第十七名　徐　荣　（《明清进士题名碑录索引》）

徐荣，正黄旗汉军人。

上海图书馆藏《嘉庆丙子科乡试齿录》：原名鉴，字庆人，号药垣，行一，乾隆壬子年十一月十九日子时生。驻防广州正黄旗汉军清德佐领下人。曾祖士进，祖行，父振远，子光法。

《驻粤八旗志》卷十二：徐荣，正黄旗汉军，嘉庆二十一年丙子科乡试中式举人，道光十六年丙申科进士，钦点即用知县。

《八旗艺文编目》：原名鉴，字铁孙。先世监利人，家辽东。隶正黄旗，道光丙申进士。历官浙江临安知县、玉环厅同知、绍兴府知府、福建汀漳龙道。广州驻防。

二甲第二十三名　杨能格　（《明清进士题名碑录索引》）

杨能格，正红旗汉军人。

中国国家图书馆藏《道光乙未恩科直省同年录》：字季良，号简侯，行三，嘉庆甲戌年七月初七日生。正红旗汉军德音图佐领下监生，丙申进士，翰林院编修，现任赞善甘肃道。曾祖晏，祖铨，父书绩。

二甲第五十二名　和　淳　（《明清进士题名碑录索引》）

和淳，宗室，镶蓝旗满洲人。

浙江省图书馆藏《道光十二年直省同年录》：信夫，行一，辛未年生，镶蓝旗常秀佐领下四品宗室，丙申进士。

二甲第七十二名　毓　检　（《明清进士题名碑录索引》）

毓检，正蓝旗满洲人。

中国国家图书馆藏《道光乙未恩科直省同年录》：他搭拉氏，字次坪，号端卿，行四，嘉庆戊辰年正月初一日生，正蓝旗满洲都统文寿佐领下廪贡生。丙申进士，庶吉士。现户部员外郎。

三甲第二十五名　玉　山　（《明清进士题名碑录索引》）

玉山，镶红旗满洲人。

中国国家图书馆藏《道光乙未恩科直省同年录》：何舍里氏，字研堂，号昆峰，行三，嘉庆庚午年七月初七日生，镶红旗满洲崇龄佐领下廪生，丙申进士，现江西长宁县知县。曾祖德尔色，祖何林泰，父阿京阿。

三甲第三十五名　音德布　（《明清进士题名碑录索引》）

音德布，镶蓝旗满洲人。

浙江省图书馆藏《道光十二年直省同年录》：章佳氏，隽甫，行三，乙丑年生。镶蓝旗满洲萨杭阿佐领下廪膳生。丙申即用。

三甲第三十六名　朱朝玠　（《明清进士题名碑录索引》）

朱朝玠，字介石，镶白旗汉军人。

《驻粤八旗志》卷十二：镶白旗汉军，道光十四年甲午科乡试中式举人，道光十六年丙申科进士，候选知县。

三甲第三十九名　慧　成　（《明清进士题名碑录索引》）

慧成，镶黄旗满洲人。

上海图书馆藏《道光乙酉科各省乡试齿录》：戴佳氏，字裕亭，号秋谷，行一，癸亥年七月初二日生，镶黄旗满洲武勒喜春佐领下监生，中式第二百三十七名，丙申进士，东河总督。曾祖图炳阿，祖富森布，父嵩龄。子晋康。

三甲第四十七名　荣　荥　（《明清进士题名碑录索引》）

荣荥，宗室，正蓝旗满洲人。

上海图书馆藏《道光辛卯恩科直省同年录》：宗室，字布翘，号兰石，行一。嘉庆壬戌年生，正蓝旗讷勒亨额佐领下四品宗室，壬辰进士，宗人府主事。曾祖吉尔章阿，祖泰忠，父贵敬。

三甲第四十九名　福　绍　（《明清进士题名碑录索引》）

福绍，正黄旗满洲人。

三甲第五十八名　瑞　庆　（《明清进士题名碑录索引》）

瑞庆，镶红旗蒙古人。

瑞庆，字雪堂，石尔德特氏，隶镶红旗蒙古人。道光十四年甲午科浙江乡试中式第四十一名举人，道光十六年丙申恩科会试中式，殿试三甲第五十八名，以知县铨用，选湖北郧县知县，改省直隶。历任：宣化、清苑县知县、易州知州、遵化州直隶州知州。嗣开缺，以道员归直隶候补。瑞常弟。

三甲第六十三名　盛　元　（《明清进士题名碑录索引》）

盛元，正蓝旗蒙古人。

《杭州驻防八旗营志略》卷十：盛元，道光丙申恩科会试中式，殿试三甲第六十三名。正蓝旗蒙古人，巴鲁特氏，字韵琴，号恺庭。以知县即用，签分江西，补余干县知县，升南康府知府、候选道。

《八旗艺文编目》：字韵琴，号恺庭，自号铁花馆主人。氏巴噜特，隶正蓝旗。道光丙申进士。历官江西余干县知县、南康府知府、候选道。杭州驻防。

三甲第六十五名　承　龄　（《明清进士题名碑录索引》）

承龄，镶黄旗满洲人。

浙江省图书馆藏《道光十二年直省同年录》：于胡鲁氏，尊生，行三，甲戌年生。镶黄旗满洲兴贵佐领下吉林监生。顺天乡试中式举人第二百十四名，丙申进士。

《皇清书史》：字子久，一字叔度，号尊生，一号藏庵，别号净业渔人，裕瑚鲁氏，满洲镶黄旗人，道光十六年进士，官贵州按察使。

三甲第七十六名　斌　桐　（《明清进士题名碑录索引》）

斌桐，姚氏，正白旗汉军人。

上海图书馆藏《道光乙酉科各省乡试齿录》：姓姚，字秋士，号稗农，行四，乙丑年三月二十日生，正白旗内务府汉军那龄阿管领下监生，中式第六十三名进士，兵部主事。曾祖永康，祖明新，父德恒。

三甲第八十一名　庆　廉　（《明清进士题名碑录索引》）

庆廉，正白旗满洲人。

中国国家图书馆藏《道光乙未恩科直省同年录》：原名庆连，改名庆廉，字俭泉，行二，嘉庆庚午年七月初八日生，正白旗满洲庆升佐领下监生。曾祖阿思达，祖那彦成，父容安。

三甲第八十六名　英　敏　（《明清进士题名碑录索引》）

英敏，正黄旗蒙古人。

三甲第九十一名　李　铄　（《明清进士题名碑录索引》）

李铄，镶红旗汉军人。

浙江省图书馆藏《道光十二年直省同年录》：瓣香，行六，丙辰年生，镶红旗汉军都统保祥佐领下拔贡生。顺天乡试中式举人第一百十五名，丙申进士，即用。

三甲第九十三名　咸　孚　（《明清进士题名碑录索引》）

咸孚，正白旗汉军人。

三甲第九十七名　桂　棥　（《明清进士题名碑录索引》）

桂棥，镶白旗蒙古人。

清华大学图书馆藏《道光十五年乙未科会试同年齿录》：吴郎汉吉尔们氏，字桐生，号德山，行二，嘉庆戊辰年六月十二日子时生，镶白旗蒙古赓音保佐领下监生，道光壬辰补行正科顺天乡试中式第三十七名，乙未科会试中式第一百五名，丙申补应殿试三甲第九十七名，分发甘肃，即用知县。曾祖佛尔卿额。祖雅达那。父吉恒，嘉庆戊午举人，己巳进士。胞伯吉禄，乾隆壬子举人，嘉庆乙丑进士。

浙江省图书馆藏《道光十二年直省同年录》：吴郎汉吉尔们氏，德山，行二，戊辰年生，镶白旗蒙古福伦布佐领下监生，顺天乡试中式举人第三十七名，乙未进士。

道光十八年戊戌科（1838）

二甲第一名　灵　桂　（《明清进士题名碑录索引》）

灵桂，宗室，正蓝旗满洲人。

北京大学图书馆藏《道光十八年戊戌科会试同年齿录》：字郄枝，号芗生，行二，嘉庆乙亥年正月十五日吉时生，正蓝旗讷亨额佐领下四品宗室。乡试中式第四名，钦定覆试二等第一名，会试中式第一名，钦定覆试一等第一名，殿试二甲第一名，朝考入选第二十名，钦点翰林院庶吉士。曾祖明韶，袭封固山贝子。曾祖妣完颜氏，册封福晋。祖晋隆，父豫本，字务旃，号茶村，己卯科解元，丙戌科会元，赐进士出身，宗人府经历。

中国国家图书馆藏《道光十八年进士登科录》：宗室，贯正蓝旗讷亨额佐领下四品宗室。乙未科乡试第四名，戊戌科会试第一名。曾祖宗室明韶，祖宗室晋隆，父宗室豫本。

中国国家图书馆藏《道光乙未恩科直省同年录》：宗室，字郅枝，号芗生，行二，嘉庆乙亥年正月十五日生，正蓝旗讷勒亨额佐领下官学生，戊戌传胪，翰林院编修，现任光禄寺正卿。曾祖明韶，祖晋隆，父豫本。

二甲第十一名　徐　相　（《明清进士题名碑录索引》）

徐相，正蓝旗汉军人。

北京大学图书馆藏《道光十八年戊戌科会试同年齿录》：字秉衡，号辅亭，一号琢亭，行三。嘉庆丙子年六月初三日吉时生。正蓝旗汉军文瑾佐领下廪膳生。

中国国家图书馆藏《道光十八年进士登科录》：贯正蓝旗汉军廪膳生。丁酉乡试中式第一百九十三名，会试中式第八十九名，覆试二等第十八名，殿试二甲第十一名，朝考入选，钦点翰林院庶吉士。曾祖绂，乾隆甲午科举人，原任江西乐平县知县，诰封朝议大夫；祖镐；父昌起，嘉庆戊辰恩科举人，原任山西交城县知县，敕授文林郎。

二甲第四十二名　宝　鋆　（《明清进士题名碑录索引》）

宝鋆，镶白旗满洲人。

北京大学图书馆藏《道光十八年戊戌科会试同年齿录》：字锐卿，号珮珩，行一。嘉庆庚午年生，镶白旗满洲特通额佐领下廪生。乡试中式第二十七名，会试中式第二十八名，殿试二甲第四十二名，钦点主事。曾祖色得礼，祖德门阿，父长春。

中国国家图书馆藏《道光十八年进士登科录》：贯镶白旗满洲特通额佐领下拔贡生。丁酉科乡试第二十七名，戊戌科会试第二十八名。曾祖色得礼，祖德明阿，父长春。

《八旗文经》：字佩珩，一字佩蘅，索绰络氏，世居吉林地方，隶满洲正白旗。镶白旗满洲都统特通额佐领下拔贡生。丁酉科乡试中式第二十七名，戊戌科会试中式第二十八名贡生，殿试二甲第四十二名。经延日讲起居注官，太子太保，武英殿大学士，主管吏部事物，翰林院掌院学士，实录馆监修总裁。

二甲第六十名　福　兴　（《明清进士题名碑录索引》）

福兴，内务府镶黄旗满洲人。

北京大学图书馆藏《道光十八年戊戌科会试同年齿录》：苏完瓜尔佳氏，字振亭，号宾三，行四。嘉庆庚午年六月二十八日吉时生。镶黄旗内务府满洲全德管领下廪膳生。乡试中式第一百一名，会试中式第六十九名，殿试二甲第六十名。曾祖达哈练，原任库使，例赠儒林郎。祖满德，原任御药房七品库掌，晋赠儒林郎。父萨炳阿，原任关防衙门掌稿笔帖式，诰封奉政大夫。

中国国家图书馆藏《道光十八年进士登科录》：贯镶黄旗内务府满洲全德佐领下廪膳生。甲午科乡试第一百一名，戊戌科会试第六十九名。曾祖达哈练，祖满德，父萨炳阿。

二甲第七十四名　苏清阿　（《明清进士题名碑录索引》）

苏清阿，改名文熙，镶红旗满洲人。

北京大学图书馆藏《道光十八年戊戌科会试同年齿录》：瓜尔佳氏，字励泉，号秋潭，行一。嘉庆己未年六月二十六日吉时生。镶红旗满洲兰芳佐领下监生。现任都察院笔帖式。乡试中式第二百八名，会试中式第九十八名，殿试二甲第七十四名。高祖玛礼，晋赠荣禄大夫；曾祖依奇，骁骑校尉，军功钦赐恩骑尉世袭，晋赠荣禄大夫；祖依兰泰，字知芳，乾隆乙丑科翻译进士，历任詹事府右春坊右赞善，部堂主事，刑部员外郎郎中、江南道监察御史、兵科、刑科给事中，光禄寺正卿内阁学士，兼礼部侍郎。正白旗蒙古镶黄旗汉军副都统，历充公中佐领，上书房谙达，清字经馆纂修提调副总裁官，诰授荣禄大夫；父福绵。

中国国家图书馆藏《道光十八年进士登科录》：贯镶红旗满洲兰芳佐领下例监生。甲午科乡试第二百八名，戊戌科会试第九十八名。曾祖依奇，祖依兰泰，父福绵。

二甲第七十六名　熙　麟　（《明清进士题名碑录索引》）

熙麟，镶黄旗满洲人。

北京大学图书馆藏《道光十八年戊戌科会试同年齿录》：富察氏，字翊平，号挹云，行三。嘉庆甲子年七月初九日吉时生。镶黄旗满洲都统贵麟佐领下廪荫生，户部候补笔帖式。乡试中式第七十一名，会试中式第一百三十名，殿试二甲第七十六名，钦点主事，签分户部。

中国国家图书馆藏《道光十八年进士登科录》：贯镶黄旗满洲贵麟佐领下廪荫生。壬午科乡试第七十一名，戊戌科会试第一百三十名。曾祖查尔岱，祖佛佑保，父福祥。

三甲第二名　恒　善　（《明清进士题名碑录索引》）

恒善，内务府镶黄旗满洲人。

北京大学图书馆藏《道光十八年戊戌科会试同年齿录》：钮祜禄氏，字子廉，号弗堂，行六，嘉庆己巳年九月二十五日吉时生，镶黄旗满洲福呢杭阿佐领下附学生。乡试中式第二百十一名，会试中式第八名，殿试三甲第二名。曾祖达塞，祖拴住，父六合。

中国国家图书馆藏《道光十八年进士登科录》：贯镶黄旗内务府满洲福呢杭阿佐领下附学生。戊子科乡试第二百十一名，戊戌科会试第八名。曾祖达塞，祖拴住，父六合。

上海图书馆藏《道光戊子科直省同年录》：钮祜禄氏，字芝轩，号富堂，行六，嘉庆己巳年九月二十五日生，镶黄旗内务府满洲附生。乙未大挑二等，戊戌进士，候选知县。曾祖达塞，祖拴住，父六合。

三甲第四名　延　恒　（《明清进士题名碑录索引》）

延恒，内务府正白旗汉军人。

北京大学图书馆藏《道光十八年戊戌科会试同年齿录》：号菊潭，行一。嘉庆癸酉年生，系正白旗汉军善元佐领下附生。乡试中式第二百三十一名，会试中式第三十二名，殿试三甲第四名，钦点主事。

中国国家图书馆藏《道光十八年进士登科录》：贯正白旗汉军内务府善元佐领下附学生。壬辰科乡试第二百三十一名，戊戌科会试第三十二名。曾祖善庆，祖德裕，父淳嘏。

浙江省图书馆藏《道光十二年直省同年录》：印溪，行一，附学生。壬辰科乡试中式第二百三十一名，戊戌科会试中式第三十二名，殿试三甲第四名。

三甲第十四名　福升额　（《明清进士题名碑录索引》）

福升额，内务府正黄旗汉军人。

北京大学图书馆藏《道光十八年戊戌科会试同年齿录》：谭氏，字绥之，号珍奇，行三，嘉庆己巳年四月二十九日吉时生，内务府正黄旗汉军清泰管领下俊秀监生，现任笔帖式。道光十七年丁酉科顺天乡试中式第一百七十九名举人。乡试中式第一百七十九名，会试中式第六十名，殿试三甲第十四名，钦点即用知县。曾祖福保，诰封中宪大夫。祖拴住，诰封中宪大夫。父广寿，现任会计司郎中，兼掌关防事务，恩丰仓正监督。

中国国家图书馆藏《道光十八年进士登科录》：贯正黄旗汉军内务府清泰管领下例监生。丁酉科乡试第一百七十九名，戊戌科会试第六十名。曾祖福保，祖拴住，父广寿。

三甲第十九名　庆　云　（《明清进士题名碑录索引》）

庆云，镶白旗蒙古人。

北京大学图书馆藏《道光十八年戊戌科会试同年齿录》：杭阿坦氏，字书五，号子青，行三。嘉庆辛酉年五月初七日吉时生，京口驻防蒙古镶白旗倭俚佈佐领下人。乡试中式第五十九名，会试中式第三十九名，殿试三甲第十九名，钦点即用知县。曾祖花鼐，祖宝山，父伍永额。

中国国家图书馆藏《道光十八年进士登科录》：贯镶白旗蒙古赓音保佐领下附学生。壬午科乡试第五十九名，戊戌科会试第三十九名。曾祖花奈，祖宝山，父伍永额。

《京口八旗志》：戊戌（道光十八年）进士，分发江西，历署永丰、东乡、南昌等县，题补永丰知县，升宁都直隶州知州，江西盐法道兼巡瑞袁临兵备道。

三甲第二十九名　如　山　（《明清进士题名碑录索引》）

如山，镶蓝旗满洲人。

北京大学图书馆藏《道光十八年戊戌科会试同年齿录》：赫舍里氏，字冠九，行五，嘉庆辛未年十一月初五日吉时生，镶蓝旗满洲讷苏肯佐领下监生。现任起居注笔帖式。乡试中式第一百二名，会试中式第五十名，殿试三甲第二十九名，钦点即用知县，奏请告就本班。六世祖萨珠瑚，从龙入关，恩赐邸第，诰封光禄大夫。高高祖萨汉，直隶雄县防守尉，诰授武功大夫。高祖武格，七品小京官，敕授宣德郎，晋赠朝议大夫，累赠中宪大夫。曾祖福盛额，历任刑部员外郎，太仆寺员外郎，直隶多伦诺尔理事同知，诰授奉政大夫，晋赠朝议大夫，累赠通奉大夫。祖善庆，字锡余，方略馆清文纂修纂办金元辽三史议叙，升户部陕西司主事，授安徽滁州直隶州知州，历署颍州府知府，徽州府知府，升浙江湖州府知府。嘉庆庚申恩科浙江乡试文闱提调官。诰授中宪大夫，晋赠通奉大夫。父容海，字百川，由方略馆译汉官议叙，工部笔帖式荐升营缮司郎中，考补军机章京，历任甘肃甘凉道，广东南昭连道，署甘肃按察使，升广东按察使，署广东布政使，嘉庆己卯科甘肃乡试武闱监试官，道光乙酉科广东乡试文闱提调官，诰授通奉大夫。

中国国家图书馆藏《道光十八年进士登科录》：贯镶蓝旗满洲讷苏肯佐领下例监生。乙未科乡试第一百二名，戊戌科会试第五十名。曾祖福盛额，祖善庆，父容海。

中国国家图书馆藏《道光乙未恩科直省同年录》：赫舍里氏，字诗臣，号冠九，行五，嘉庆辛未年十一月初五日生，镶蓝旗满洲讷苏肯佐领下监生。戊戌进士。詹事府左赞善。曾祖福盛额，祖善庆，父容海。

三甲第四十九名　恩　麟　（《明清进士题名碑录索引》）
恩麟，正黄旗蒙古人。

北京大学图书馆藏《道光十八年戊戌科会试同年齿录》：诺敏氏，字君锡，号诗樵，行二。嘉庆乙丑年正月二十五日吉时生。正黄旗蒙古都统多隆武佐领下监生。吏部笔帖式。壬辰乡试中式第六十名，会试中式第一百三名，殿试三甲第四十九名，朝考入选，钦点六部主政。

中国国家图书馆藏《道光十八年进士登科录》：贯正黄旗蒙古多隆武佐领下例监生。壬辰科乡试第六十名，戊戌科会试第一百三名。曾祖佛存，祖广明，父多容安。

浙江省图书馆藏《道光十二年直省同年录》：诗桥，行二，辛酉年生。正黄旗蒙古多隆武佐领下俊秀监生。顺天乡试中式举人第六十名，戊戌，兵部。

三甲第五十二名 延 龄 （《明清进士题名碑录索引》）

延龄，内务府镶黄旗汉军人。

北京大学图书馆藏《道光十八年戊戌科会试同年齿录》：氏董，字锡九，号挹泉，行四，嘉庆丙寅年八月二十四日吉时生，镶黄旗满洲都统内务府汉军庆瑞佐领下廪膳生。乡试中式第四十三名，会试中式第九十七名，殿试三甲第□名，钦点即用知县，分发直隶。

中国国家图书馆藏《道光十八年进士登科录》：贯镶黄旗汉军内务府庆瑞佐领下廪膳生。甲午科乡试第八十五名，戊戌科会试第一百二十一名。曾祖图桑阿，祖玉柱，父国庆。

三甲第六十一名 瑞 宝 （《明清进士题名碑录索引》）

瑞宝，内务府镶黄旗满洲人。

北京大学图书馆藏《道光十八年戊戌科会试同年齿录》：瓜尔佳氏，字辑五，号献亭，行一，嘉庆丁卯年八月初三日吉时生。系内务府镶黄旗满洲都统吉祥管领下廪膳生。乡试中式第一百四十七名，会试中式第一百六十一名，殿试三甲第六十一名，钦点即用知县，签分广东。

中国国家图书馆藏《道光十八年进士登科录》：贯镶黄旗满洲内务府吉祥管领下廪膳生。壬辰科乡试第一百四十七名，戊戌科会试第一百六十一名。曾祖七十六，祖佛英，父官亮。

浙江省图书馆藏《道光十二年直省同年录》：瓜尔佳氏，献亭，行一，丁卯年生。内务府镶黄旗满洲都统吉祥管领下廪膳生。顺天乡试中式举人第一百四十七名，戊戌，即用。

三甲第六十四名 联 英 （《明清进士题名碑录索引》）

联英，宗室，正蓝旗满洲人。

北京大学图书馆藏《道光十八年戊戌科会试同年齿录》：宗室，字俊斋，号喆士，嘉庆辛未年十一月二十日吉时生。正蓝旗宗室世兴佐领下。乡试中式第三名，覆试一等第一名，会试中式第二名，覆试第二等第一名，殿试三甲第六十四名。钦点主事。高祖澹泰，原任勋旧佐领。祖平文，原任勋旧佐领。父贵定，原任勋旧佐领。

中国国家图书馆藏《道光十八年进士登科录》：宗室，贯正蓝旗世兴佐领下四品宗室。丁酉科乡试第三名，戊戌科会试第二名。曾祖宗室特尔谨，祖宗室平文，父宗室贵定。

三甲第八十八名　庆　保　（《明清进士题名碑录索引》）

庆保，内务府镶黄旗汉军人。

北京大学图书馆藏《道光十八年戊戌科会试同年齿录》：号佑之，行一。嘉庆癸亥年生，镶黄旗汉军内务府秉怡佐领下人附生。乡试中式第三十七名，会试中式第一百七十八名，殿试三甲第八十八名，钦点候选知县。曾祖黄恒，祖嗣伦，父黄鉴。

中国国家图书馆藏《道光十八年进士登科录》：贯镶黄旗汉军内务府秉怡佐领下附学生。辛卯科乡试第三十七名，戊戌科会试第一百七十八名。曾祖黄恒，祖嗣伦，父黄鉴。

上海图书馆藏《道光辛卯恩科直省同年录》：字中轩，号佑之，行一。嘉庆丙辰年生，内务府镶黄旗汉军璞绅佐领下附生。曾祖黄恒，祖嗣伦，父黄鉴。

三甲第九十二名　凤　柃　（《明清进士题名碑录索引》）

凤柃，镶红旗蒙古人。

北京大学图书馆藏《道光十八年戊戌科会试同年齿录》：林古特氏，字木臣，号九庵，行一，嘉庆癸亥年六月初四日吉时生。镶红旗蒙古常廉佐领下副贡生。壬午乡试中式副榜第三十七名，辛卯乡试挑取誊录第六十名，壬辰乡试中式第四十六名，会试中式第一百七十二名，殿试三甲第九十二名。父色卜星额，嘉庆戊午科举人，乙丑科进士，翰林院庶吉士，四川叙州府庆符县知县，庚午科四川乡试同考官，署荣经县知县，国子监笔帖式、詹事府右春坊右赞善，贵州贵阳府知府，历署贵州粮储道，升任安徽宁池太广道，署两淮盐运使司，历任安徽、山西等处提刑按察使司，署安徽布政使司，调任甘肃按察使司，署甘肃布政使司，补授甘肃布政使司布政使，现任安徽等处巡抚部院兼提督军门，诰授振威将军。

中国国家图书馆藏《道光十八年进士登科录》：贯镶红旗蒙古常廉佐领下副贡生。壬辰科乡试第四十六名，戊戌科会试第一百七十二名。曾祖达色，祖噶尔炳阿，父色卜星额。

浙江省图书馆藏《道光十二年直省同年录》：林古特氏，原名龄兰江，行一，癸亥年生。镶红旗蒙古常廉佐领下副贡生。顺天乡试中式举人第四十六名，戊戌进士。

道光二十年庚子科（1840）

二甲第三十七名　毓　雯　（《明清进士题名碑录索引》）

毓雯，正蓝旗满洲人。

中国国家图书馆藏《道光二十年庚子科会试同年齿录》：字子懿，号晓云，一号紫瀛，戊辰年生，正蓝旗满洲胡图理佐领下人。

浙江省图书馆藏《道光十二年直省同年录》：瓜尔佳氏，锦堂，行二，癸亥年生，正蓝旗满洲恒庆佐领下廪膳生。顺天乡试中式举人第一百九十四名，庚子翰林改外。

二甲第四十一名　祥　恩　（《明清进士题名碑录索引》）

祥恩，镶黄旗汉军人。

中国国家图书馆藏《道光二十年庚子科会试同年齿录》：字泽夫，号云五，一号耘伍，癸亥年生，镶黄旗汉军都统庆麟佐领下人。子贵成。

中国国家图书馆藏《道光乙未恩科直省同年录》：子氏，字泽夫，号耘五，行一，嘉庆癸亥年五月二十八日生，镶黄旗汉军都统庆麟佐领恩监生，丁酉举人，庚子进士，现山东邹县知县。曾祖任，祖兴武，父廷辅。

二甲第四十八名　和　润　（《明清进士题名碑录索引》）

和润，镶蓝旗满洲人。

中国国家图书馆藏《道光二十年庚子科会试同年齿录》：宗室，字雨田，号泽夫，一号月溪，行二，壬申年生，镶蓝旗常秀佐领下四品宗室。胞兄和淳，壬辰举人，丙申翰林，子麟懋。

二甲第六十八名　椿　寿　（《明清进士题名碑录索引》）

椿寿，正白旗满洲人。

中国国家图书馆藏《道光二十年庚子科会试同年齿录》：字伯仁，号静参，壬戌年生，正白旗满洲都统国世春佐领下人。子英奎。

上海图书馆藏《道光戊子科直省同年录》：佟佳氏，字伯仁，号静斋，行一又行六，嘉庆壬戌年六月十六日生，正白旗满洲廪生，乙未大挑二等，庚子进士，工部主事。曾祖进爱，祖佟禄，父穆特布。子英奎。

三甲第九名　李祝龄　（《明清进士题名碑录索引》）
李祝龄，正白旗满洲人。

中国国家图书馆藏《道光二十年庚子科会试同年齿录》：字子佟，号谦山，乙丑年生，正白旗满洲都统内务府昌兴管领下汉军人。

上海图书馆藏《道光戊子科直省同年录》：原名崇保，李氏，字谦山，号益亭，行一，嘉庆癸亥年七月初四日生，正白旗内务府汉军廪生。国史馆誊录，候选知县，庚子进士，江西安远知县。曾祖士适，祖潘，父宗朴。

三甲第二十一名　李　祜　（《明清进士题名碑录索引》）
李祜，内务府正白旗汉军人。

中国国家图书馆藏《道光二十年庚子科会试同年齿录》：字笃生，又字受之，号海麓，壬午年生，内务府正白旗满洲都统昌兴管领下汉军人。胞叔祖恩庆，嘉庆丙子举人，道光癸巳翰林。父希增，嘉庆丙子举人，道光壬午进士。

《清代翰林名录》：正白旗汉军人。

三甲第二十二名　玉　衡　（《明清进士题名碑录索引》）
玉衡，正红旗蒙古人。

中国国家图书馆藏《道光二十年庚子科会试同年齿录》字星垣，号亦山，庚申年生，正红旗蒙古瑞林佐领下保定附驻防人。

上海图书馆藏《道光戊子科直省同年录》：巴于特氏，字星垣，号亦山，行一，嘉庆庚申年八月十二日生，正红旗蒙古保定驻防附生。庚子进士，庶吉士、知县。曾祖苏兰泰，祖的总，父长春。子观音保。

三甲第三十五名　三　寿　（《明清进士题名碑录索引》）
三寿，镶白旗满洲人。

中国国家图书馆藏《道光二十年庚子科会试同年齿录》：字敬仪，号莲参，甲戌年生，镶白旗满洲富通佐领下人。

三甲第三十八名　善　泰　（《明清进士题名碑录索引》）

善泰，正黄旗蒙古人。

中国国家图书馆藏《道光二十年庚子科会试同年齿录》：字性初，号兰舫，年三十三岁，正黄旗内务府和俊管领下蒙古人。

上海图书馆藏《道光乙酉科各省乡试齿录》：字性初，号兰舫，乙丑年四月二十一日生，正黄旗蒙古内务府观德管领下增生。中式第一百三十二名。曾祖料德，祖六达塞，父瑞山。

三甲第五十名　崇　亮　（《明清进士题名碑录索引》）

崇亮，镶黄旗满洲人。

中国国家图书馆藏《道光二十年庚子科会试同年齿录》：字月楼，号汉臣，己巳年生，镶黄旗满洲都统内务府中福佐领下人。

中国国家图书馆藏《道光乙未恩科直省同年录》：字月楼，号汉臣，行七，嘉庆己巳年正月二十九日生，镶黄旗满洲都统内务府中福佐领下廪生，己亥举人，庚子进士，现山东荣成县知县。曾祖关锁，祖寅，父闼。

三甲第五十六名　延　恺　（《明清进士题名碑录索引》）

延恺，正白旗汉军人。

中国国家图书馆藏《道光二十年庚子科会试同年齿录》：字次元，号惠亭，一号友三。壬申年生，正白旗满洲都统内务府善元佐领下人。胞兄廷恒，壬辰举人，戊戌进士。

三甲第六十四名　善　恒　（《明清进士题名碑录索引》）

善恒，正白旗满洲人。

中国国家图书馆藏《道光二十年庚子科会试同年齿录》：字子占，号次咸，庚申年生，正白旗满洲庆安佐领人。子恭寿、恭肃。

中国国家图书馆藏《道光乙未恩科直省同年录》：栋鄂氏，字子占，号小农，行一。嘉庆戊午年三月十八日生，正白旗满洲庆安佐领下优贡生。祖居瓦尔喀地方。庚子进士，现任湖南辰谿县知县。曾祖永常，祖额腾额，父业普崇阿。

三甲第七十七名　恒　福　（《明清进士题名碑录索引》）

恒福，镶白旗满洲人。

中国国家图书馆藏《道光二十年庚子科会试同年齿录》：壬寅年生，镶白旗满洲富顺佐领下人。

三甲第七十九名　佈彦泰　（《明清进士题名碑录索引》）

佈彦泰，镶红旗蒙古人。

中国国家图书馆藏《道光二十年庚子科会试同年齿录》：字子交，号宗泗，乙丑年生，京口镶红旗蒙古依里亨佐领下旗籍。

《京口八旗志·选举志》卷上：佈彦，庚子（道光二十年）进士，分发直隶，历署新乐、钜鹿、南宫、朝阳、武强、清河等县，题补通州知州，升西路同知，以事被劾，后由都察院笔帖式历升詹事府右赞善。降户部云南司主事。

《京口八旗志·文苑》卷上：佈彦，原名佈彦泰，汉姓刘，字子交，一字泰如，庚子科进士，户部云南司主事。

三甲第八十名　熙　恬　（《明清进士题名碑录索引》）

熙恬，正蓝旗汉军人。

中国国家图书馆藏《道光二十年庚子科会试同年齿录》：字子安，号引之，壬申年生，正蓝旗汉军柱山佐领下人。子增荣。

三甲第八十五名　敬　和　（《明清进士题名碑录索引》）

敬和，镶白旗满洲人。

中国国家图书馆藏《道光二十年庚子科会试同年齿录》：字诗舲，号琴舫，癸酉年生，镶白旗满洲都统萨炳阿佐领下人。

道光二十一年辛丑恩科（1841）

二甲第二十五名　李希彬　（《明清进士题名碑录索引》）

李希彬，正白旗汉军人。

清华大学图书馆藏《道光二十一年辛丑恩科会试同年齿录》：字惠如，

一字彬之，号小轩，行五，嘉庆癸酉年九月十四日吉时生，正白旗满洲都统内务府昌兴管领下汉军拔贡生，现工部虞衡司七品小京官。甲午科挑取誊录，丁酉科选拔，朝考二等第一名，保和殿覆试二等第二名，庚子乡试中式第一百五十七名，会试中式第八十名，殿试二甲第二十五名，朝考入选第二十一名，钦点翰林院庶吉士。曾祖士通，乾隆甲子科举人，辛未科进士。祖法，乾隆壬午科副榜，庚寅恩科举人。父恩绥，嘉庆戊辰恩科举人，辛未科进士。嫡堂伯高祖继祖，雍正乙卯科举人。胞伯曾祖士达，乾隆丁卯科举人。从堂叔秉铨，乾隆己亥恩科举人。从堂伯祖之骏，乾隆庚寅恩科举人。从堂叔祖之骐，乾隆乙酉科武举。从堂叔祖锡龄汶，道光甲午举人。胞叔恩绎，嘉庆庚申恩科举人，戊辰科进士。胞叔恩庆，嘉庆丙子科举人，道光癸巳科进士。嫡堂叔恩维，嘉庆辛酉科举人。嫡堂叔恩继，嘉庆己卯科举人，道光丙戌科进士。嫡堂叔恩霖，嘉庆己卯科举人，道光癸巳科进士。从堂叔文璜，嘉庆甲子科举人。胞兄彭龄，原名希彭，嘉庆癸酉科举人。嫡堂兄希曾，嘉庆丙子科举人，道光壬午恩科进士。再从堂兄祝龄，道光戊子科举人。族兄兆魁，道光乙酉科举人。族兄昌炽，道光乙未科举人。

二甲第三十五名　麒　庆　（《明清进士题名碑录索引》）

麒庆，正白旗满洲人。

清华大学图书馆藏《道光二十一年辛丑恩科会试同年齿录》：榜名麟庆，字宝臣，号玉符，行一，嘉庆十七年□月□日吉时生，正白旗满洲廪膳生。乡试中式第四十四名，会试中式第一百五十八名，殿试二甲第三十五名，钦点主事。曾祖成文。祖延庚，父荣安。

上海图书馆藏《道光辛卯恩科直省同年录》：那拉氏，字宝臣，号玉符，行一，嘉庆辛未年生，内务府正白旗满洲福明阿佐领下廪膳生员。曾祖成文。祖延庚，父荣安。

二甲第五十二名　文　瑞　（《明清进士题名碑录索引》）

文瑞，镶红旗满洲人。

清华大学图书馆藏《道光二十一年辛丑恩科会试同年齿录》：乌苏氏，字小云，行三，嘉庆癸酉年八月十二日吉时生，镶红旗满洲福隆额佐领下副贡生。乙未乡试中式副榜贡生，丁酉乡试中式第二百二十三名，会试中式第一百二十七名，殿试二甲第五十二名，朝考入选二十九名，钦点翰林院庶吉士。曾祖伊兰泰。祖苏精阿。父富隆额。堂叔常山，嘉庆庚申恩科举人，壬戌进士。胞兄文明，甲午科举人。

中国国家图书馆藏《道光乙未恩科直省同年录》：乌苏氏，字世希，号小云，行三，嘉庆癸酉年八月十二日生，满洲镶红旗富隆额佐领下附生。丁酉举人，辛丑进士，现翰林院侍讲，副都御史。

二甲第六十六名　宝　珣　（《明清进士题名碑录索引》）

宝珣，镶黄旗满洲人。

清华大学图书馆藏《道光二十一年辛丑恩科会试同年齿录》：马佳氏，字仲琪，号东间，行二，嘉庆乙亥年十一月二十二日吉时生，镶黄旗满洲都统明贵佐领下监生，刑部直隶司委署主事。丁酉科乡试中式第一百七十名，会试中式第六十八名，殿试二甲第六十六名，钦点兵部主事。曾祖德清。祖罗多礼。父升寅，乾隆己酉科拔贡，朝考钦取第一名，嘉庆庚申恩科举人，族叔讷尔精额，嘉庆壬戌翻译解元，癸亥进士。

二甲第七十三名　张晋祺　（《明清进士题名碑录索引》）

张晋祺，镶红旗汉军人。索引作满洲人，误。

清华大学图书馆藏《道光二十一年辛丑恩科会试同年齿录》：字子康，号锡甫，行二，又行十一，嘉庆丁丑年七月初四日吉时生，镶红旗汉军庆喜佐领下俊秀监生。丁酉科乡试中式第一百七十一名，会试中式第一百四十二名，殿试二甲第七十三名，朝考入选，钦点翰林院庶吉士。

二甲第八十二名　廉　昌　（《明清进士题名碑录索引》）

廉昌，正黄旗满洲人。

清华大学图书馆藏《道光二十一年辛丑恩科会试同年齿录》：伊尔根觉罗氏，字次春，号昉泉，行二，嘉庆甲戌年正月廿八日吉时生，正黄旗满洲德保佐领下监生，户部候补笔帖式。己亥科中式副榜第三十名，乡试中式第一百八十八名，会试中式第九十五名，殿试二甲第八十二名，钦点主事。曾祖达冲阿。祖成格，乾隆甲寅恩科举人，嘉庆丙辰恩科进士。父英淳。堂叔伊霖，甲午科举人。胞叔英桂，乙未科举人。胞弟绍昌，甲午科举人。

二甲第八十九名　郭廷肇　（《明清进士题名碑录索引》）

郭廷肇，正蓝旗汉军人。

清华大学图书馆藏《道光二十一年辛丑恩科会试同年齿录》：字伯端，号启园，行一，又行十四，嘉庆辛未年九月二十六日吉时生，正蓝旗汉军张培宽佐领下廪膳生。镶白旗官学满教习，现充国史馆誊录官。戊子乡试挑取誊录，乡试中式第一百七十二名，覆试二等第八名，会试中式第二十八名，覆试二等第二十三名，殿试二甲第八十九名，钦点即用知县。

三甲第九名　载　龄　（《明清进士题名碑录索引》）

载龄，镶蓝旗满洲人。

清华大学图书馆藏《道光二十一年辛丑恩科会试同年齿录》：宗室，字梦九，号鹤峰，行一，嘉庆壬申年四月十二日生，镶蓝旗宗室奕彬佐领下。乡试中式第□名，会试中式第二名，殿试三甲第□名，钦点翰林院庶吉士。曾祖永珊，祖绵策，本生祖绵导。父奕果。

上海图书馆藏《道光辛卯恩科直省同年录》：宗室，字梦九，号鹤峰，行一，嘉庆壬申年生，镶蓝旗右翼近支第三族奕彬佐领下。曾祖永珊，祖绵策，父奕果。

三甲第十三名　青　麐　（《明清进士题名碑录索引》）

青麐，正白旗满洲人。

清华大学图书馆藏《道光二十一年辛丑恩科会试同年齿录》：图门氏，字龙宾，号墨卿，行二。嘉庆甲子年四月初一日吉时生。正白旗满洲都统三甲喇松林佐领下乙酉科拔贡生，候选直隶州州判，国史馆校对候补，缮本笔帖式，现任国子监助教兼满档房典簿厅行走。乙酉选拔会考第一名，戊戌考取助教第一名，乡试中式第一百十一名，覆试第二等第三名，会试中式第一百七十名，殿试三甲第十三名，朝考入选第二十五名，钦点翰林院庶吉士。曾祖德魁。祖广玉。父鹤算。

三甲第十六名　张　堉　（《明清进士题名碑录索引》）

张堉，镶蓝旗汉军人。

清华大学图书馆藏《道光二十一年辛丑恩科会试同年齿录》：字季生，

号崧亭，行三，嘉庆庚午年十二月二十五日寅时生，镶蓝旗汉军国兴佐领下廪膳生。乡试中式第五十三名，会试中式第一百十二名，殿试三甲第十六名，钦点即用知县，分发山东。曾祖可法。祖茱。父元熺。从堂高祖宏玺，乾隆己酉科举人。曾胞叔祖足法，雍正壬子科举人，乾隆丙辰科进士。

三甲第二十二名　秀　平　（《明清进士题名碑录索引》）
秀平，宗室，镶红旗满洲人。

三甲第三十七名　联　捷　（《明清进士题名碑录索引》）
联捷，正白旗蒙古人。
清华大学图书馆藏《道光二十一年辛丑恩科会试同年齿录》：萨尔图克氏，字月三，号惺鹤，行三，嘉庆庚辰年二月十五日吉时生，正白旗蒙古贵保佐领下俊秀监生，礼部候补员外郎。乡试中式第二百一十四名，会试中式第一百八十六名，殿试三甲第三十七名，钦点候补员外郎。曾祖吉泰，祖纳福。父富明。

三甲第四十名　多　仁　（《明清进士题名碑录索引》）
多仁，正红旗蒙古人。
中国国家图书馆藏《道光二十一年辛丑恩科会试齿录》：乌齐格里氏，榜名伊仁，字晋之，号稼轩，又号心农，行三，嘉庆丁卯年八月二十日吉时生，河南驻防，正红旗蒙古附生。戊子乡试中式第五十五名，辛丑会试中式第三十九名，殿试三甲第四十名，钦点即用知县，签掣湖南。曾祖诺海，祖达斌，父文明，子福谦。
上海图书馆藏《道光戊子科直省同年录》：原名伊仁，乌齐格理氏，字莘农，号智村，又号静泉，行三，嘉庆丁卯年八月二十日生，河南驻防，正红旗蒙古附生。辛丑进士，即用知县，分发湖南。曾祖诺海，祖达斌，父文明，子福谦。

三甲第四十四名　锡　龄　（《明清进士题名碑录索引》）
锡龄，镶蓝旗满洲人。
清华大学图书馆藏《道光二十一年辛丑恩科会试同年齿录》：宗室，

字与九，号鹤亭，行一，嘉庆己卯年五月初四日吉时生，镶蓝旗常清佐领下四品宗室。乡试中式第三名，会试中式第一名，殿试三甲第四十四名，朝考入选第五十三名，钦点翰林院庶吉士。曾祖武壮。祖堆英额。父瑞本。嫡堂伯德崇，原名德喜保，嘉庆甲子科举人，甲戌科进士，翰林院庶吉士。堂兄恩桂，辛巳壬午联捷进士，翰林院庶吉士。堂兄和霈，己亥科举人。

三甲第五十五名　夔　达　（《明清进士题名碑录索引》）

夔达，镶黄旗蒙古人。

清华大学图书馆藏《道光二十一年辛丑恩科会试同年齿录》：博尔济吉特氏，字仪廷，号友伯，一号春舫，行一，嘉庆甲戌年二月二十八日吉时生，镶黄旗蒙古业布冲额佐领下附学生。乡试中式第一百二十四名，覆试□等□名，会试中式第一百六十七名，殿试三甲第五十五名，钦点吏部主事。曾祖策拔克，祖珠垃。父穆晋泰。嘉庆戊辰恩科举人。从堂伯叔祖德俊，道光辛巳恩科举人，乙未科进士。

三甲第七十三名　联　凯　（《明清进士题名碑录索引》）

联凯，镶黄旗汉军人。

清华大学图书馆藏《道光二十一年辛丑恩科会试同年齿录》：杨氏，榜名英，字伯仁，号寅阶，行一，嘉庆辛未年正月初三日吉时生，镶黄旗满洲都统内务府德容佐领下汉军廪膳生。壬辰乡试中式第六十九名，会试中式第一百八十三名，覆试二等，殿试三甲第七十三名，钦点知县，签分湖南。曾祖德绍。祖五保。父安顺。胞弟联奎，己亥科文举人。

三甲第八十六名　苏勒布　（《明清进士题名碑录索引》）

苏勒布，正红旗满洲人。

清华大学图书馆藏《道光二十一年辛丑恩科会试同年齿录》：伊尔根觉罗氏，字雪琴，号颖川，一号慧亭，行二，嘉庆壬申年九月十二日吉时生，正红旗满洲都统文辉佐领下廪膳生。乡试中式第一百七十六名，会试中式第三十六名，殿试三甲第八十六名，钦点候选知县。曾祖哲尔图，祖德隆。父乌尔升额。

三甲第九十一名　毓　禄　（《明清进士题名碑录索引》）

毓禄，正白旗满洲人。

清华大学图书馆藏《道光二十一年辛丑恩科会试同年齿录》：字恺亭，号晓林，行一，嘉庆丙子年七月二十日吉时生，正白旗满洲人，民籍。丁酉科挑取誊录第九十六名，乡试中式第一百七十二名，会试中式第八名，殿试三甲第九十一名，钦点主事，分发刑部。曾祖鹤龄，祖珠勒玺，父昌疆。

道光二十四年甲辰科（1844）

二甲第四十七名　恩　霖　（《明清进士题名碑录索引》）

恩霖，正白旗满洲人。

浙江省图书馆藏《道光二十四年甲辰科进士同年录》：满洲正白旗人，二甲第四十七名，字湛卿，行一，壬申年九月十二日生，监生。举人，会试第八名，分发湖南。曾祖永升，祖德文，父色克图，子毓章。

上海图书馆藏《道光甲辰科会试秩录》：字湛卿，号伯言，行一，年三十三岁，系正白旗满洲都统福勒温佐领下监生，中式丁酉科乡试第二百二十八名举人。会试第八名，殿试二甲第四十七名，钦点即用知县，分发湖南。曾祖永升，祖德文，父色克图。

二甲第四十九名　富呢雅杭阿　（《明清进士题名碑录索引》）

富呢雅杭阿，镶红旗蒙古人。

浙江省图书馆藏《道光二十四年甲辰科进士同年录》：镶红旗蒙古人，二甲第四十九名，庶吉士。授编修。字容斋，甲辰年廿九岁，庠生，庚子举人，会试二百十一名，曾祖伊思，祖常福，父绰勒恭额。

上海图书馆藏《道光甲辰科会试秩录》：年二十九岁，镶红旗蒙古都统博启佐领下廪生乡试，中式庚子科顺天乡试第一百六十名举人。会试第二百一十一名，殿试二甲第四十九名，钦点翰林。曾祖伊恩，祖常福，父绰勒恭额。

二甲第六十名　文　格　（《明清进士题名碑录索引》）

文格，正黄旗满洲人。

上海图书馆藏《道光癸卯科直省同年全录》：字铁梅，号式岩，行一，道光癸未年十一月十三日生，盛京锦州正黄旗满洲福克津佐领下增生。甲辰进士，工部主事。浐升郎中。咸丰辛亥河南副考官，癸丑会试同考官，现官湖南衡永郴道。曾祖明善，祖博伸保，父德惠。

浙江省图书馆藏《道光二十四年甲辰科进士同年录》：正黄旗满洲人，二甲第六十名，工部主事，字式岩，癸卯举人，壬午年十一月十三日生，增生。会试第三十二名。曾祖明善，祖博伸保，父德惠。

上海图书馆藏《道光甲辰科会试秩录》字铁梅，号式岩，行一，年二十三岁，正黄旗满洲都统福克津佐领下增广生民籍，中式癸卯科顺天乡试第三十九名举人。会试第三十二名，殿试二甲第六十名，钦点工部主事。曾祖明善，祖博伸保，父德惠。

二甲第六十二名　启　文　（《明清进士题名碑录索引》）

启文，镶黄旗汉军人。

上海图书馆藏《道光癸卯科直省同年全录》：孙氏，字仲明，号星东，行二，嘉庆丙子年十一月十六日生。镶黄旗内务府汉军纯嘏佐领下监生，甲辰进士，授职翰林院编修。现官户科给事中。咸丰辛亥顺天乡试同考官，癸丑会试同考官。曾祖三格，祖热河，父庆霖。

浙江省图书馆藏《道光二十四年甲辰科进士同年录》：镶黄旗内务府人。二甲第六十二名，庶吉士。授编修。字星东，行二，丙子年十一月十六日生，监生。举人会试第三十六名。曾祖三格，祖热河，父庆霖。

上海图书馆藏《道光甲辰科会试秩录》：字仲明，号星东，行二，年二十九岁。镶黄旗内务府纯嘏佐领下汉军俊秀监生，候补笔帖式，中式癸卯科乡试第八十八名举人。会试第三十六名，殿试二甲第六十二名，钦点翰林。曾祖三格，祖热河，父庆霖。

二甲第九十名　德　玉　（《明清进士题名碑录索引》）

德玉，正红旗满洲人。

浙江省图书馆藏《道光二十四年甲辰科进士同年录》：正红旗满洲人，

二甲第九十名，归班知县满洲拔贡，庚子举人，会试第七十名，甲辰年三十九岁。曾祖乌兰布，祖四格，父全德。

上海图书馆藏《道光甲辰科会试秩录》：字号不详，年三十九岁，正红旗满洲都统业普崇额佐领下拔贡生，中式庚子科顺天乡试第一百五十三名举人，会试第七十名，殿试二甲第九十名，钦点候选县。曾祖乌兰布，祖四格，父全德。

二甲第一百名　德　荫　（《明清进士题名碑录索引》）

德荫，正黄旗汉军人。

浙江省图书馆藏《道光二十四年甲辰科进士同年录》：正黄旗内务府人，二甲第一百名，户部主事，改捐知县。樾亭，行三。丙子年六月二十二日生，庠生，庚子举人，会试第一百九十二名。曾祖七十一，祖四达子，父积兰泰。

上海图书馆藏《道光甲辰科会试秩录》：字裕昆，号樾亭，行三，年三十三岁，正黄旗内务府瑞普佐领下汉军廪生，中试庚子科乡试第三十一名举人。会试第一百九十二名，殿试二甲第一百名，钦点候选县。曾祖七十一，祖四达子，父积兰泰。

三甲第二十六名　煜　纶　（《明清进士题名碑录索引》）

煜纶，正红旗满洲人。

浙江省图书馆藏《道光二十四年甲辰科进士同年录》：正红旗满洲人，三甲第二十六名，字星东，庶吉士，授检讨。

上海图书馆藏《道光甲辰科会试秩录》：年四十岁，系正红旗满洲春佑佐领下四品宗室，中式丁酉科乡试第四名举人。会试第一名，殿试三甲第二十六名。年四十岁，钦点翰林院。曾祖常秀，祖口，父恒尚。

三甲第三十名　崇　保　（《明清进士题名碑录索引》）

崇保，镶黄旗满洲人。

浙江省图书馆藏《道光二十四年甲辰科进士同年录》：镶黄旗满洲人。三甲第三十名，户部主事。字子俊，字峻峰，行五，丁丑年十一月十一日生，监生。丁酉会试第一百八十四名。曾祖海晏，祖景裕，父兴科，子成培。

上海图书馆藏《道光甲辰科会试秩录》：字峻峰，号学莲，行五，年二十八岁，镶黄旗满洲都统景禧佐领下监生，中式丁酉科乡试第四十六名举人。会试第一百八十四名，殿试三甲第三十名，钦点户部主事。曾祖海晏，祖景裕，父兴科。

三甲第三十八名　克　明　（《明清进士题名碑录索引》）
克明，镶黄旗满洲人。
浙江省图书馆藏《道光二十四年甲辰科进士同年录》：镶黄旗满洲人。三甲第三十八名，庶吉士，改刑部主事。字华亭，行四，丁丑年四月十七日生，廪生，举人，会试第一百三十名。曾祖何鸿，祖沙精阿，父安柱。
上海图书馆藏《道光甲辰科会试秩录》：字又明，号华廷，行四，年二十八岁，镶黄旗满洲都统钟寿佐领下廪膳生，乙亥科乡试中式第五十五名举人。会试中式第一百三十名，殿试三甲第三十八名，钦点翰林，改刑部主事。曾祖何鸿，祖沙精阿，父安柱。

三甲第四十一名　英　绩　（《明清进士题名碑录索引》）
英绩，正白旗满洲人。
浙江省图书馆藏《道光二十四年甲辰科进士同年录》：正白旗满洲人，三甲第四十一名，以笔帖式用。
上海图书馆藏《道光甲辰科会试秩录》：年四十岁，镶白旗丰存佐领下四品宗室，中式己亥科乡试第二名举人。会试第二名，殿试三甲第四十一名，钦点笔帖式。曾祖父广牛，祖父诚康泰，父恒康。

三甲第五十二名　郭维藩　（《明清进士题名碑录索引》）
郭维藩，镶红旗汉军人。
浙江省图书馆藏《道光二十四年甲辰科进士同年录》：镶红旗汉军包衣人。乾隆甲寅年十二月十七日生。价人，行一，廪生。举人，会试第一百五十一名，三甲第五十二名，归班知县。分发河南。曾祖耀，祖三达色，父济。
上海图书馆藏《道光甲辰科会试秩录》：字价人，号仰山，行一，年五十岁，镶红旗满洲都统德克京额佐领下包衣汉军廪生，壬辰科顺天乡试中式第一百二十名举人。会试第一百五十一名，殿试三甲第五十二名，钦点候选县，即用河南。曾祖耀，祖三达色，父济。

三甲第八十六名　奎　福　（《明清进士题名碑录索引》）

奎福，正白旗蒙古人。

上海图书馆藏《道光癸卯科直省同年全录》：萨尔图克氏，字子壁，号星耦，一号聚五，行一，嘉庆丁丑年三月十三日生。正白旗蒙古内务府恒英管领下廪生。甲辰进士，刑部主事。庚戌会试同考官。曾祖七十一，祖六保，父多升额。

浙江省图书馆藏《道光二十四年甲辰科进士同年录》：正白旗内务府人，三甲第八十六名，刑部主事。字星耦，行一，丁丑年三月十三日生。廪生。举人，会试第五十七名。曾祖七十一，祖六保，父多升额。

上海图书馆藏《道光甲辰科会试秩录》：字子壁，号星耦，一号聚五，行一，正白旗内务府恒英管领下蒙古廪生。顺天乡试第一百六十六名举人，中式癸卯科。会试第五十七名，殿试三甲第八十六名，钦点刑部主事。曾祖七十一，祖六保，父多升额。

三甲第八十九名　吉　第　（《明清进士题名碑录索引》）

吉第，镶白旗汉军人。

上海图书馆藏《道光乙酉科各省乡试齿录》：黎氏，字芸巢，号仲轩，行三，癸丑年十二月廿五日生，镶白旗汉军监生。中式第二百二十六名。曾祖黎瑛，祖黎民望，父黎昕。

浙江省图书馆藏《道光二十四年甲辰科进士同年录》：黎氏，镶白旗包衣人监生。三甲第八十九名，归班知县。仲轩，行三，举人。会试第一百六十七名。乾隆癸丑年十二月二十五日生，住通州河东大台留稼庄。曾祖瑛，祖民望，父昕。

上海图书馆藏《道光甲辰科会试秩录》：字芸巢，号仲轩，行三，年五十岁，镶白旗满洲都统包衣定善分管下汉军例监生，中式己酉科乡试举人。会试第一百六十七名，殿试三甲第八十九名，钦点候选。曾祖黎瑛，祖黎民，父黎昕。

道光二十五年乙巳恩科（1845）[①]

二甲第十七名　皂　保　（《明清进士题名碑录索引》）

皂保，镶黄旗满洲人。

中国国家图书馆藏《道光乙巳恩科会试同年齿录》：宁古塔氏，字秀珊，号荫方，行一又行四。嘉庆丁丑年三月十八日吉时生，系镶黄旗满洲官福佐领下附生。乡试中式第一百四十五名，会试中式第一百二名，殿试二甲第十七名，钦点翰林院庶吉士。曾祖四达色，祖伍什，父永亮。

《清代翰林名录》：镶黄旗满洲人。

二甲第三十五名　宜　振　（《明清进士题名碑录索引》）

宜振，镶黄旗汉军人。

中国国家图书馆藏《道光乙巳恩科会试同年齿录》：字诜伯，又字子诜，号春宇，行四。镶黄旗内务府长润佐领下汉军例监生。年二十四岁中式乙亥顺天乡试第一百七十三名，钦点翰林。乙巳恩科会试中式第四十九名，殿试二甲第三十五名，钦点翰林院编修。

浙江省图书馆藏《道光二十四年甲辰科进士同年录》：内务府镶黄旗汉军监生。举人，会试第七十八名，春宇，行四。辛巳年六月初一日生。乙巳庶吉士，编修。仕至侍郎。曾祖永清，祖宝年，父钟灵。

二甲第六十名　文　起　（《明清进士题名碑录索引》）

文起，正蓝旗汉军人。

中国国家图书馆藏《道光乙巳恩科会试同年齿录》：赵氏，字子行，号观潮，一号景韩，行二。嘉庆戊寅年正月二十八日吉时生。正蓝旗汉军都统庆善佐领下俊秀监生，旗籍。癸卯乡试中式第一百三十名，会试中式第三十一名，殿试二甲第六十名。钦点主事，签掣工部。

上海图书馆藏《道光癸卯科直省同年全录》：赵氏，字子行，号观潮，行二。嘉庆戊寅年正月二十八日生。正蓝旗汉军庆善佐领下监生，乙巳进士，现官工部主事。曾祖赵洵，祖寅宾，父达禄。

[①] 本科为太后七旬万寿恩科。

上海图书馆藏《道光二十三年癸卯科直省同年全录》：赵氏，字子行，号观潮，行二。嘉庆戊寅年正月二十八日生。正蓝旗汉军庆善佐领下监生，乙巳进士，原官工部主事。曾祖赵洵，祖寅宾，父达禄。

二甲第九十五名　定　纶　（《明清进士题名碑录索引》）

定纶，宗室，镶蓝旗满洲人。

三甲第一名　奎　章　（《明清进士题名碑录索引》）

奎章，镶蓝旗蒙古人。

中国国家图书馆藏《道光乙巳恩科会试同年齿录》：扎鲁特氏，字星垣，号云台，行二。嘉庆戊寅年九月二十日吉时生。镶蓝旗蒙古舒芬管领下拔贡生，候选知州。丁酉科选拔第一名。乡试中式第四十四名，会试中式第一百七十八名，殿试三甲第一名，朝考二等第十二名，钦点翰林院庶吉士。曾祖丰盛阿。祖峻锡。父瑞珊。胞叔瑞琛，嘉庆己卯科举人，道光丙戌科进士。嫡堂叔瑞玉，道光壬辰科举人。

中国科学院文献情报中心藏《道光甲辰恩科直省同年录》：奎章，扎鲁特氏，字星垣，号云台，行二。嘉庆戊寅年九月二十日生。镶蓝旗包衣舒芬管领下蒙古拔贡，乙巳进士，翰林院检讨，前通政使和阗办事大臣。

三甲第十一名　裕　丰　（《明清进士题名碑录索引》）

裕丰，正黄旗汉军人。

中国国家图书馆藏《道光乙巳恩科会试同年齿录》：字防盈，号雪跌，行一，嘉庆辛未年□月□日吉时生。内务府正黄旗汉军监生嘉善佐领下。庚子乡试中式第一百七十四名，会试中式第一百二十二名，覆试第三等第四十七名，殿试三甲第十一名，钦点户部主事。曾祖父焕，祖父永泰，父濂。

三甲第十四名　恩　隆　（《明清进士题名碑录索引》）

恩隆，始隶正白旗蒙古，雍正二年改隶满洲正白旗。

中国国家图书馆藏《道光乙巳恩科会试同年齿录》：拜都氏，字星伯，号抑庵，行一，年四十九岁，系正白旗满洲舒禄佐领下人由廪生中式丙子科顺天乡试第一百五十名举人，戊子科乡试中式第八十三名，会试中式第二十六名，殿试三甲第三十五名，钦点即用知县。曾祖永贵，祖瑛宝，父国寿。

三甲第二十一名　文　祥　（《明清进士题名碑录索引》）

文祥，正红旗满洲人。

中国国家图书馆藏《道光乙巳恩科会试同年齿录》：瓜尔佳氏，字云溪，号博川。行一又行二。嘉庆戊寅年九月十七日吉时生。正红旗满洲都统英秀佐领下监生。乡试中式第二百七名，会试中式第三十九名，殿试三甲第二十一名，钦点工部主事。曾祖绰哈那。祖富明阿。父珠隆阿。

三甲第三十名　丰　安　（《明清进士题名碑录索引》）

丰安，正白旗汉军人。

中国国家图书馆藏《道光乙巳恩科会试同年齿录》：李氏，字砚田，号静川，行一，嘉庆庚午年五月十六日吉时生，内务府正白旗汉军廷曙佐领下附学生，候补笔帖式，壬辰、乙未科挑取誊录，国史馆议叙，候选知县，壬辰科挑取誊录第二十五名，乙未科挑取誊录第一百十五名，丁酉科乡试中式第二百四名，会试中式第二百十一名，覆试三等第四十名，殿试三甲第三十名，朝考三等第二十名，钦点即用知县，签制广西。曾祖质颖，字公哲，雍正乙卯科举人，乾隆丁巳恩科进士。祖海庆。父奎龄。从堂伯长闻，乾隆己亥恩科举人。从堂伯长瞻，乾隆己亥恩科举人。从堂伯长海，道光癸卯科文举人。嫡堂叔安龄，嘉庆丁卯科举人，甲戌科进士。

三甲第四十一名　文　颖　（《明清进士题名碑录索引》）

文颖，正蓝旗汉军人。

中国国家图书馆藏《道光乙巳恩科会试同年齿录》：赵氏，字子异，号鲁斋，一号锐峰，行一。嘉庆甲戌年七月三十日吉时生。正蓝旗汉军都统善庆佐领下俊秀监生，旗籍。庚子乡试中式第五十一名，会试中式第六十八名，殿试三甲第四十一名，钦点即用知县，签掣山东。曾祖赵洵，乾隆壬午、乙酉两科副榜，庚寅举人。祖寅宾。父达纶，道光辛巳恩科举人，癸未进士。胞叔祖庆需，乾隆乙卯举人。嫡堂伯祖阿林，乾隆庚子辛丑联捷进士，翰林院庶吉士。嫡堂伯祖寅清，乾隆癸卯举人。嫡堂叔祖福敬，乾隆甲寅举人。从堂伯叔达三，嘉庆癸酉举人。从堂伯叔达铺，嘉庆戊寅举人。

三甲第七十名　柏　春　（《明清进士题名碑录索引》）

柏春，正黄旗蒙古人。

中国国家图书馆藏《道光乙巳恩科会试同年齿录》：号东粤，行一，嘉庆戊辰年生，正黄旗蒙古霍顺武佐领下廪生，乡试中式第二百十五名，会试中式第三十四名，覆试第三等一百十一名，殿试三甲第七十名，钦点主事兵部。曾祖扎史，祖明禄，父阿彦达。

三甲第九十四名　成　福　（《明清进士题名碑录索引》）

成福，镶黄旗满洲人。

中国国家图书馆藏《道光乙巳恩科会试同年齿录》：乌雅氏，字乐亭，号五斋，行四，通行七，嘉庆庚午年正月十一日吉时生，镶黄旗满洲阿炳阿佐领下副榜贡生，丁酉乡试中式副榜第十五名，己亥乡试中式副榜第四名，庚子乡试中式第一百八十五名，会试中式第九名，殿试三甲第九十四名，钦点即用知县，签分安徽。曾祖老格。祖塔尔善。父阿尔京阿。

三甲第一百二名　瑞　存　（《明清进士题名碑录索引》）

瑞存，镶黄旗满洲人。

中国国家图书馆藏《道光乙未恩科直省同年录》：伊尔根觉罗氏，字辑五，号诚斋，行一，嘉庆壬申年九月二十四日生，密云驻防，镶黄旗满洲乌尔图那思图佐领下增生。甲辰进士。曾祖多隆武，祖巴彦，父托恩多布。

浙江省图书馆藏《道光二十四年甲辰科进士同年录》：镶黄旗人。甲辰年三十三岁，乙未举人，会试第四十九名。曾祖多隆武，祖巴彦，父托思多布。

三甲第一百十名　崇　光　（《明清进士题名碑录索引》）

崇光，镶蓝旗满洲人。

中国国家图书馆藏《道光乙巳恩科会试同年齿录》：宗室，字子孚，号华岩，行一，嘉庆己巳年八月初十日吉时生，镶蓝旗常清佐领下，戊子科乡试中式第六名，会试中式第一名，殿试三甲第一百十名。曾祖马麟。

祖琳成。父玉昌。

上海图书馆藏《道光戊子科直省同年录》：字子孚，号华岩，行二，嘉庆己巳年八月初十日生，镶蓝旗宗室。现任右翼宗学副管。曾祖马麟，祖琳宁，父玉昌。

《枢垣记略·题名三》卷之十七载：崇光，蒙古镶白旗人。道光十二年正月由吏部笔帖式入直。

三甲第一百十三名　世　昌　（《明清进士题名碑录索引》）

世昌，镶黄旗满洲人。

中国国家图书馆藏《道光乙巳恩科会试同年齿录》：郭给罗氏，字延五，号竹君，行一，嘉庆丁卯年七月初三日吉时生，系镶黄旗满洲内务府郭升阿管领下人岁贡生，乡试中式第五十三名，会试中式第二百十三名，殿试三甲第一百十三名，钦点即用知县，签制浙江。曾祖永兴，祖富僧额，父钟文，号质堂，嘉庆庚午、癸酉，道光甲午三科副榜。

中国科学院文献情报中心藏《道光甲辰恩科直省同年录》：郭浴罗氏，字延五，号竹君，行一，嘉庆丁卯年七月初三日生，镶黄旗内务府郭升阿佐领下满洲岁贡生，乙巳进士，浙江即用知县。

道光二十七年丁未科（1847）

二甲第五十八名　尹国珍　（《明清进士题名碑录索引》）

尹国珍，镶红旗汉军人。

清华大学图书馆藏《道光二十七年会试齿录》：字聘三，号殷儒，一号君席，又号季殷，行囗，嘉庆甲戌年二月初十日吉时生。镶红旗都统承志佐领下选拔贡生，民籍。乡试中式第二十一名，会试中式第一百四十七名，殿试二甲第五十八名，朝考入选，钦点翰林院庶吉士。曾祖学煌，祖显朝，父玉成。

二甲第六十三名　福　全　（《明清进士题名碑录索引》）

福全，正蓝旗满洲人。

清华大学图书馆藏《道光二十七年会试齿录》：伊尔根觉罗氏，字德载，号介臣，一号小庵，行三，道光庚寅年六月二十五日吉时生，正蓝旗满洲都统奎光佐领下附学生。乡试中式第二百十名，会试中式第一百二名，覆试第一等第十九名，殿试二甲第六十三名，朝考第二等第四十名，钦点翰林院庶吉士。曾祖开岐，祖瑞麟，父阿克丹（原名阿克敦，道光戊子、辛卯副榜，己亥举人，丁未进士，现官刑部主事）。

上海图书馆藏《道光癸卯科直省同年全录》：原名福元，伊尔根觉罗氏，字德载，号介臣，一号小庵，行三，道光庚寅年六月二十五日生，正蓝旗满洲奎光佐领下附生。丁未进士，翰林院庶吉士。曾祖开岐，祖瑞麟，父阿克丹（原名阿克敦，道光戊子、辛卯副榜，己亥举人，丁未进士，现官刑部主事）。

二甲第八十三名　文　启　（《明清进士题名碑录索引》）

文启，正红旗蒙古人。

清华大学图书馆藏《道光二十七年会试齿录》：巴禹特氏，字伯元，一字佑人，号翰初，行一，嘉庆辛未年又三月初七日吉时生，正红旗蒙古都统兴德佐领下副榜廪贡生，现任咸安宫教习、国史馆协修，内阁后补中书。甲午科乡试中式副榜第十名，己亥科乡试中式副榜第二十名，庚子科乡试中式副榜第十九名，癸卯科乡试挑取誊录第十八名，丙午科乡试中式第一百六十七名，正大光明殿覆试第二等第三十八名，会试中式第一百七十四名，殿试二甲第八十三名，朝考，钦点翰林院庶吉士。曾祖德克精额。祖成鳞。父富珠隆阿。

二甲第九十一名　载　铿　（《明清进士题名碑录索引》）

载铿，镶红旗满洲人。

清华大学图书馆藏《道光二十七年会试齿录》：字仲琴，号瑟庵，行二，道光丙戌年九月初十日吉时生，镶红旗淳惠佐领下四品宗室，应封，赏戴花翎，甲辰乡试中式第四名，丁未会试中式第一名，殿试第二甲，朝考二等，钦点翰林院庶吉士。曾祖多罗循郡王。本生曾祖和硕成哲亲王，祖多罗贝勒绵懿。父奕纪。

中国科学院文献情报中心《道光甲辰恩科直省同年录》：字仲琴，号瑟庵，行二，道光丙戌年九月初十日吉时生，镶红旗四族近光佐领下四品宗室，大考翎缎，赏戴花翎，丁未进士，翰林院庶吉士，宗人府经历。

二甲第一百九名　瑞　明　（《明清进士题名碑录索引》）

瑞明，正白旗蒙古人。

清华大学图书馆藏《道光二十七年会试齿录》：巴约特氏，字仲钦，号菊庄，一号隐侯，行六，嘉庆癸酉年年正月二十八日吉时生，正白旗蒙古都统海福佐领下附贡生。甲辰乡试中式第八十五名，会试中式第一百十七名，殿试二甲第一百九名，朝考，钦点兵部主事。曾祖索诺尔什，祖巴雅尔佳。父金齐贤阿。

中国科学院文献情报中心《道光甲辰恩科直省同年录》：巴约特氏，字仲钦，号菊庄，一号隐侯，行六，嘉庆癸酉正月二十八日生，正白旗蒙古海福佐领下附贡生。丁未进士，兵部直方司主事。

三甲第二十名　延　龄　（《明清进士题名碑录索引》）

延龄，正白旗汉军人。

清华大学图书馆藏《道光二十七年会试齿录》：字覃生，号寿峰，行十，嘉庆壬申年六月初八日吉时生，内务府正白旗汉军毓恒管领下廪膳生。己亥乡试中式第一百四十八名，会试中式第四十三名，殿试三甲第二十名，钦点即用知县，分发甘肃。曾祖绰格图，祖七十六，父安贵。

三甲第四十六名　增　禄　（《明清进士题名碑录索引》）

增禄，正蓝旗满洲人。

清华大学图书馆藏《道光二十七年会试齿录》：字学亭，号鹤舲，行二，嘉庆甲子年五月二十日吉时生，正蓝旗汉军庆征佐领下廪贡生，现任直隶蠡县训导，乡试中式第一百五名，会试中式第一百八十八名，殿试三甲第四十六名，朝考入选，钦点即用知县。曾祖安保，祖明林，父咸成。

三甲第四十七名　彦　昌　（《明清进士题名碑录索引》）

彦昌，正黄旗满洲人。

中国国家图书馆藏《道光乙巳恩科会试同年齿录》：伊尔根觉罗氏，字少博，号文溪，行四，嘉庆丙子年十一月二十九日吉时生，正黄旗满洲德保佐领下监生。乡试中式第四十九名，会试中式第五十八名，殿试□甲第□名，钦点。曾祖达冲阿，祖成格，父英淳。

中国科学院文献情报中心藏《道光甲辰恩科直省同年录》：伊尔根觉罗氏，字少博，号文溪，行四，嘉庆丙子年十一月二十九日生，正黄旗满洲德保佐领下监生。乙巳贡士，丁未进士，国子监祭酒。

三甲第五十七名　文　玉　（《明清进士题名碑录索引》）

文玉，镶黄旗满洲人。

清华大学图书馆藏《道光二十七年会试齿录》：高佳氏，字式如，行三，道光辛巳年八月十四日吉时生，镶黄旗满洲都统龄阿佐领下副榜贡生，丁酉乡试中式副榜第三十名，庚子乡试中式第八十七名，会试中式第六十一名，殿试三甲第五十七名，钦点吏部主事。曾祖廷临，乾隆癸酉科举人。祖良禧。父景纶，嘉庆甲子科举人，己巳恩科进士。胞叔世纶，道光壬辰恩科进士。

三甲第六十二名　兴　苍　（《明清进士题名碑录索引》）

兴苍，正蓝旗满洲人。

清华大学图书馆藏《道光二十七年会试齿录》：宗室，字晓山，号佑之，行六，嘉庆丁卯年四月初七日生，正蓝旗庆龄佐领下四品宗室。乡试中式第五名，会试中式第二名，殿试三甲第六十二名，钦点六部主政，签掣吏部稽勋司。高高祖阿拜。祖瑞成。父灵椿。胞侄佛尔国保，辛巳壬午联捷进士。

三甲第六十八名　成　善　（《明清进士题名碑录索引》）

成善，正黄旗汉军人。

清华大学图书馆藏《道光二十七年会试齿录》：字宝岩，号集轩，行一，嘉庆戊寅年正月二十七日吉时生，系正黄旗汉军都统特朴佐领下附生民籍，会试中式第二百六名，覆试第三等第一百十四名，殿试三甲第六十八名，钦点□部主事。曾祖赵淳，祖明璧，父景晖。

《枢垣记略·题名二》卷之十六载：原名成麟，字筠溪，蒙古正黄旗人。台斐音子。嘉庆十五年正月由兵部员外郎入直，官至黄州府知府。

三甲第七十九名　万　年　（《明清进士题名碑录索引》）

万年，正蓝旗汉军人。

清华大学图书馆藏《道光二十七年会试齿录》：赵氏，字仁寿，号恒斋，行一，大行四，嘉庆壬戌年三月二十六日吉时生，正蓝旗汉军文奎佐领下附生，现任卢龙县训导。戊子乡试中式第一百四十六名，会试中式第一百五名，殿试三甲第七十九名，钦点即用知县。曾祖禄。祖维伦。父显。胞弟完全，乙未恩科举人。嫡堂兄保淳，己亥科举人。子恩贵，辛卯恩科举人。

三甲第八十七名　德　恒　（《明清进士题名碑录索引》）

德恒，镶红旗满洲人。

清华大学图书馆藏《道光二十七年会试齿录》：字永修，号一斋，行二，嘉庆丙寅年九月十二日卯时生，镶红旗满洲福厚佐领下廪膳生，乙未乡试中式第一百四十四名，会试中式第一百三十二名，殿试三甲第□名，钦点刑部主政。曾祖赵应试，祖赵邦彦，父炽昌。

三甲第九十一名　锡　荣　（《明清进士题名碑录索引》）

锡荣，正白旗满洲人。

清华大学图书馆藏《道光二十七年会试齿录》：傅察氏，字仁斋，号春圃，行一。嘉庆乙亥年三月初十日吉时生，正白旗内务府满洲延英佐领下廪膳生。丁酉乡试中式第一百八十八名，会试中式第一百五十五名，殿试三甲第九十一名，钦点即用知县，分发江西。曾祖海明。祖昆瑞。父福珠礼。胞伯敷森布，嘉庆癸酉科举人。

三甲第一百六名　阿克丹　（《明清进士题名碑录索引》）

阿克丹，正蓝旗满洲人。

清华大学图书馆藏《道光二十七年会试齿录》：伊尔根觉罗氏，原名敦，字体信，号厚庵，一号心庵，行四，嘉庆乙丑年九月二十七日吉时生，正蓝旗满洲都统奎光佐领下副贡生，乡试中式第四十四名，会试中式第三十三名，殿试三甲第一百六名，朝考第二等第五十三名，钦点刑部主事。曾祖雯焕，祖开岐，父瑞麟。

道光三十年庚戌科（1850）

**二甲第十一名　晋　康　**（《明清进士题名碑录索引》）

晋康，镶黄旗满洲人。

中国国家图书馆藏《道光三十年庚戌科同年官职录》：字安舟，号少谷，一号古愚，再号平寿，行一，年二十一岁，镶黄旗满洲明辉佐领下由监生中式己酉科顺天乡试第七名，会试中式第一百五十九名，覆试第一等二十四名，殿试二甲第十一名，朝考第二等第六名，钦点翰林。

上海图书馆藏《道光三十年庚戌会试题名录》：镶黄旗满洲人，二甲第十一名。

《皇清书史》：戴佳氏，字安舟，号少谷，一号蔗存，满洲正黄旗人，道光三十年进士，官右庶子。

**二甲第五十九名　成　琦　**（《明清进士题名碑录索引》）

成琦，正黄旗满洲人。

中国国家图书馆藏《道光三十年庚戌科同年官职录》：字魏卿，号效韩，行二，年三十四岁，满洲正黄旗阿琳佐领下人由监生中式庚子科顺天乡试第一百七十七名举人，会试中式第一百四十三名，覆试第三等第十四名，殿试二甲第五十九名，朝考第三等第七名，钦点主事。

上海图书馆藏《道光三十年庚戌会试题名录》：正黄旗满洲人，二甲第五十九名。

**二甲第六十七名　徐　桐　**（《明清进士题名碑录索引》）

徐桐，正蓝旗汉军人。

中国国家图书馆藏《道光三十年庚戌科同年官职录》：号荫轩，行七，年三十一岁，正蓝旗汉军国安佐领下由拔贡生民籍，中式己酉科顺天乡试第一百七十二名举人，会试中式第四十名，覆试第一等第十九名，殿试二甲第六十七名，朝考二等第十五名，钦点翰林。

上海图书馆藏《道光三十年庚戌会试题名录》：正蓝旗汉军人，二甲第六十七名。

二甲第七十九名　崇　实　（《明清进士题名碑录索引》）

崇实，镶黄旗满洲人。

中国国家图书馆藏《道光三十年庚戌科同年官职录》：字子华，号朴山，行一又行三，年三十一岁，内务府镶黄旗满洲积庆佐领下由监生中式癸卯科顺天乡试第二百四名举人，会试中式第五十三名，覆试第一等第十六名，殿试二甲第七十九名，朝考第二等第二十二名，钦点翰林。

南京图书馆藏《同治元年壬戌恩科各省乡试同年录》：年二十九岁中式同治元年壬戌恩科顺天乡试第一百八十三名，正白旗满洲拔贡生。

上海图书馆藏《道光二十三年癸卯科直省同年全录》：完颜氏，字子华，号朴山，行一又行三，道光辛巳年七月十八日生，内务府镶黄旗满洲积庆佐领下贡生，庚戌进士，授职编修，洊升工部侍郎，候补四品京堂，现官成都将军、尚书。曾祖完颜岱，由笔帖式官至河南布政使。祖廷璐，由奉宸苑苑副官至山东泰安府知府。父麟庆，嘉庆戊辰、己巳联捷进士，由内阁中书左右春坊中允官至江南河道总督。曾祖母氏索绰罗，曾祖生母氏陆，祖母氏恽，母氏瓜尔佳，书书觉罗程佳。胞叔麟书，广西宾州知州，候选同知。胞弟崇厚，道光甲辰副榜，己酉举人，现官直隶宣化府知府郎补道，加运使衔。妻氏阿哈觉罗。子嵩申、华祝。

上海图书馆藏《道光三十年庚戌会试题名录》：镶黄旗满洲人，二甲第七十九名。

二甲第一百名　吉　惠　（《明清进士题名碑录索引》）

吉惠，正蓝旗汉军人。

中国国家图书馆藏《道光三十年庚戌科同年官职录》：字迪甫，号荻浦，行四，年三十四岁，正蓝旗包衣汉军庆征佐领下人由增生中式丙午科顺天乡试第七十六名举人，会试中式第一百七十八名，覆试第二等第五十八名，殿试二甲第一百名，朝考第三等第三名，钦点即用。

上海图书馆藏《道光三十年庚戌会试题名录》：正蓝旗汉军人，二甲第一百名。

二甲第一百三名　寿　昌　（《明清进士题名碑录索引》）

寿昌，镶黄旗满洲人。

中国国家图书馆藏《道光三十年庚戌科同年官职录》：字鲁斋，号湘帆，行一，年三十五岁，江南驻防镶黄旗满洲嵩奎佐领下人由附生中式乙未科本省乡试第二十九名举人，会试中式第三名，覆试第一等第九名，殿试二甲第一百三名，朝考第一等第二名，钦点翰林。

上海图书馆藏《道光三十年庚戌会试题名录》：镶黄旗满洲人，二甲第一百三名。

二甲第一百四名　常　恩　（《明清进士题名碑录索引》）

常恩，镶黄旗满洲人。

中国国家图书馆藏《道光三十年庚戌科同年官职录》：字颉郇，号润伯，行八，年二十六岁，镶黄旗满洲占桂佐领下人由附生中式甲辰科顺天乡试第一百六十九名举人，会试中式第四十三名，覆试第三等二十三名，殿试二甲第一百四名，朝考第三等第九名，钦点即用。

中国科学院文献情报中心藏《道光甲辰恩科直省同年录》：叶赫纳喇氏，字润伯，号筱征，行一，道光乙酉年三月十一日生，镶黄旗蒙古占祥佐领下附生，庚戌进士，刑部右侍郎，世袭骑都尉。

上海图书馆藏《道光三十年庚戌会试题名录》：镶黄旗满洲人，二甲第一百四名。

三甲第十名　呼　震　（《明清进士题名碑录索引》）

呼震，正白旗汉军人。

中国国家图书馆藏《道光三十年庚戌科同年官职录》：字位东，号伯起，行一，年二十七岁，内务府正白旗延裕管领下汉军由廪生中式己酉顺天乡试第五十六名举人，会试中式第十九名，覆试第二等二十一名，殿试三甲第十名，朝考第二等第四十二名，钦点主事。

上海图书馆藏《道光三十年庚戌会试题名录》：正白旗汉军人，三甲第十名。

三甲第十七名　来　秀　（《明清进士题名碑录索引》）

来秀，正黄旗蒙古人。

中国国家图书馆藏《道光三十年庚戌科同年官职录》：字实甫，号子俊，行一，年三十四岁，内务府正黄旗蒙古全义管领下由监生，候选同知，中式丙午科顺天乡试第一百六名，举人会试中式第四十六名，覆试第三等第一百八名，殿试三甲第十七名，朝考第三等第六十二名，钦点内阁。

上海图书馆藏《道光三十年庚戌会试题名录》：正黄旗蒙古人，三甲第十七名。

三甲第十八名　载　肃　（《明清进士题名碑录索引》）

载肃，镶红旗满洲人。

中国国家图书馆藏《道光三十年庚戌科同年官职录》：宗室，字秋涛，号寅谷，行三，又行四，年二十三岁，系镶红旗淳惠佐领下四品宗室，中式己酉科顺天乡试第五名举人，会试中式第二名，殿试三甲第十八名，朝考第二等第二十三名，钦点翰林院。

上海图书馆藏《道光三十年庚戌会试题名录》：镶红旗满洲人，三甲第十八名。

三甲第二十二名　谦　惠　（《明清进士题名碑录索引》）

谦惠，正红旗满洲人。

中国国家图书馆藏《道光三十年庚戌科同年官职录》：宗室，号雨农，行二，年二十七岁，系正红旗桂林佐领下四品宗室，中式甲辰科顺天乡试举人，会试中式第一名，殿试三甲第二十二名，朝考第三等第五十三名，钦点主事。

中国科学院文献情报中心藏《道光甲辰恩科直省同年录》：号雨农，行二，道光甲申年三月初七日吉时生，正红旗头族桂林佐领下四品宗室，庚戌进士，吏部主事。曾祖巴克瞻布，祖玉策，父图桑阿。

上海图书馆藏《道光三十年庚戌会试题名录》：正红旗满洲人，三甲第二十二名。

三甲第五十四名　恒　林　（《明清进士题名碑录索引》）

恒林，镶黄旗满洲人。

中国国家图书馆藏《道光三十年庚戌科同年官职录》：字心斋，号月如，行五，年二十八岁，系镶黄旗满洲岳盛佐领下人由监生中式己酉科顺天乡试第一百三十四名举人，会试中式第一百六十七名，覆试第三等一百十四名，殿试三甲第五十四名，朝考第三等第百二十名，钦点铨选。

上海图书馆藏《道光三十年庚戌会试题名录》：镶黄旗满洲人，三甲第五十四名。

三甲第六十八名　祥　龄　（《明清进士题名碑录索引》）

祥龄，正白旗汉军人。

中国国家图书馆藏《道光三十年庚戌科同年官职录》：长龄，更名祥龄，字子寿，号锡九，又如，行四，又行二，年二十五岁，内务府正白旗汉军长山佐领下人由附生中式己酉科顺天乡试第一百一名举人，会试中式第一百四十一名，覆试第三等第九十八名，殿试三甲第六十八名，朝考第三等第九十五名。

上海图书馆藏《道光三十年庚戌会试题名录》：正白旗汉军人，三甲第六十八名。

三甲第七十五名　萨炳阿　（《明清进士题名碑录索引》）

萨炳阿，正蓝旗满洲人。

清华大学图书馆藏《道光二十七年会试齿录》：字晖吉，号兰谷，行一，嘉庆甲戌年□月□日吉时生，系正蓝旗满洲都统恩隆佐领下廪生。乡试中式第八名，会试中式第九名，覆试第四等第五名，殿试第□甲第□名。曾祖富忠，祖庆良，父佛尔卿额。

中国国家图书馆藏《道光三十年庚戌科同年官职录》：字晖吉，号兰谷，行一，年三十七岁，正蓝旗满洲瑞成佐领下由廪生中式丙申科顺天乡试第八名举人，丁未科会试第九名，补殿试三甲第七十五名，补朝考第三等第六十三名，钦点即用。

上海图书馆藏《道光三十年庚戌会试题名录》：正蓝旗满洲人，三甲第七十五名。

三甲第八十名　伊麟泰　（《明清进士题名碑录索引》）

伊麟泰，镶蓝旗汉军人。

中国国家图书馆藏《道光三十年庚戌科同年官职录》：字云卿，号鹤亭，行一，年五十岁，镶蓝旗包衣汉军凤瑞管领下人由廪生中式丁酉科顺天乡试第四十一名举人，会试中式第一百四十七名，覆试第二等第四十三名，殿试三甲第八十名，朝考第三等第六十名，钦点即用。

上海图书馆藏《道光三十年庚戌会试题名录》：镶蓝旗汉军人，三甲第八十名。

咸丰二年壬子恩科（1852）

二甲第九名　扎拉丰阿　（《明清进士题名碑录索引》）

扎拉丰阿，镶白旗蒙古人。

中国国家图书馆藏《咸丰壬子恩科会试同年齿录》：把约特氏，字寿农，号星南，一号介眉，行一，道光乙酉年十一月二十一日吉时生，镶白旗蒙古都统色布正额佐领下拔贡生，乙酉选拔第一名，会试第五名，朝考第二等第一名，乡试中式第二百七十一名，保和殿覆试第三等第六名，会试中式第九十六名，殿试二甲第九名，钦点翰林院庶吉士。

中国国家图书馆藏《咸丰二年壬子恩科同年官职录》：字寿农，号星南，行一，年二十八岁，系镶白旗蒙古色布正额佐领下拔贡生，中辛亥科顺天乡试第二百七十一名举人，会试中式第九十六名，覆试第二等第四十二名，殿试二甲第九名，朝考第二等第十一名，钦点翰林。

二甲第三十六名　景　廉　（《明清进士题名碑录索引》）

景廉，正黄旗满洲人。

中国国家图书馆藏《咸丰壬子恩科会试同年齿录》：颜札氏，字俭卿，号季泉，一号秋坪，行七，道光癸未年六月二十五日吉时生，正黄旗满洲德顺德佐领下副榜贡生。己酉选拔会考第一名，己酉乡试中式副榜第七名，乡试中式第七名，保和殿覆试钦取第一等第七名，会试中式第一百九十五名，殿试二甲第三十六名，钦点翰林院庶吉士。

中国国家图书馆藏《咸丰二年壬子恩科同年官职录》：字俭卿，号季泉，一号秋坪，行七，年三十岁，正黄旗德顺德佐领下由副榜贡生中式辛亥科顺天乡试第七名举人，会试中式第一百九十五名，覆试第一等第十九名，殿试二甲第三十六名，朝考第一等第六名，钦点翰林。

二甲第四十四名　葆　谦　（《明清进士题名碑录索引》）

葆谦，正蓝旗满洲人。

中国国家图书馆藏《咸丰壬子恩科会试同年齿录》：博尔济吉特氏，字吉之，号益园，行二，又行八，道光丙戌年八月初十日吉时生，正蓝旗满洲世袭二等子爵松龄佐领下附生。癸卯乡试中式第一百八十名，会试中式第七名，殿试二甲第四十四名，朝考第二等第十名，钦点刑部主事。

中国国家图书馆藏《咸丰二年壬子恩科同年官职录》：字吉之，号益园，行八，年二十七岁，满洲正蓝旗松龄佐领下由附生中式癸卯科顺天乡试第一百八十名举人，会试中式第七名，覆试第二等第九名，殿试二甲第四十四名，朝考第二等第十名，钦点主事。

上海图书馆藏《道光癸卯科直省同年全录》：博尔济吉特氏，字吉生，号益园，行八，道光丙戌年八月初十日生，正蓝旗满洲松龄佐领下附生。咸丰壬子进士，现官刑部主事。曾祖伊布尹，祖兴德，父玉山，本生父成山。

上海图书馆藏《道光二十三年癸卯科直省同年全录》：博尔济吉特氏，字吉生，号益园，行八，道光丙戌年八月初十日生，正蓝旗满洲松龄佐领下附生。咸丰壬子进士，现官刑部主事。曾祖伊布尹，祖兴德，父玉山，本生父成山。

二甲第五十五名　绵　宜　（《明清进士题名碑录索引》）

绵宜，正蓝旗满洲人。

中国国家图书馆藏《咸丰二年壬子恩科同年官职录》：宗室，字听涛，号佩卿，行二，年二十六岁，镶白旗常旺佐领下四品宗室，应封，赏戴花翎，中式己酉科举人。会试中式第二名，殿试二甲第五十五名，朝考第二等第四十四名，钦点翰林院。

二甲第五十八名　衍　秀　（《明清进士题名碑录索引》）

衍秀，正白旗满洲人。

中国国家图书馆藏《咸丰壬子恩科会试同年齿录》：费莫氏，字东之，号寿田小堂，一号小堂，行三，道光壬午年二月二十一日吉时生，满洲正白旗万禄佐领下廪膳生。中式道光庚子科顺天乡试举人，兵部候补员外郎，乡试中式第八十八名，会试中式第二百三十三名，殿试二甲第五十八名，朝考第二等第八名，钦点翰林院庶吉士。

中国国家图书馆藏《咸丰二年壬子恩科同年官职录》：字东之，号小堂，一号寿田，行三，年三十一岁，正白旗满洲万禄佐领下由廪生中式庚子科顺天乡试第八十八名举人，兵部员外郎，会试中式第二百四十三名，覆试第三等第四十四名，殿试二甲第五十八名，朝考第二等第八名，钦点翰林。

二甲第七十九名　继　格　（《明清进士题名碑录索引》）

继格，正白旗满洲人。

中国国家图书馆藏《咸丰壬子恩科会试同年齿录》：马佳氏，字续庄，号述堂，行一，道光丁亥年十月二十四日吉时生，正白旗满洲都统霍飞扬阿佐领下附学生。丙午科挑取誊录。丙午科挑取誊录第三十八名，乡试中式第一百九十九名，保和殿覆试钦取第二等第四十九名，会试中式第一百四十八名。殿试二甲第七十九名，钦点户部主事。

中国国家图书馆藏《咸丰二年壬子恩科同年官职录》：字续庄，号述堂，行一，年二十六岁，正白旗满洲霍飞扬阿佐领下由附生中式辛亥科顺天乡试第一百九十九名举人，丙午科挑取誊录。丙午科挑取誊录第三十八名，乡试中式第一百九十九名，会试中式第一百四十八名，覆试第三等第四十二名，殿试第二甲七十九名，朝考第三等第二十三名，钦点主事。

二甲第八十三名　豫　师　（《明清进士题名碑录索引》）

豫师，镶蓝旗汉军人，《索引》又作镶黄旗汉军人。

中国国家图书馆藏《咸丰壬子恩科会试同年齿录》：刘氏，字锡之，号矩门，一号云奚，行三，道光乙酉年三月二十七日吉时生，镶蓝旗满洲都统内务府汉军兴保佐领下廪膳生。乡试中式第一百四十名，保和殿覆试钦取第一等第十二名，会试中式第一百一名，殿试二甲第八十二名，钦点内阁中书。

中国国家图书馆藏《咸丰二年壬子恩科同年官职录》：字锡之，号云奚，行三，年二十五岁，系内务府镶蓝旗兴保佐领下汉军由廪生中式辛亥科顺天乡试第一百四十名举人，会试中式第一百一名，覆试第三等第五十九名，殿试二甲第八十二名，朝考第三等第二名，钦点中书。

二甲第八十四名　永　顺　（《明清进士题名碑录索引》）

永顺，正黄旗满洲人。

中国国家图书馆藏《咸丰二年壬子恩科同年官职录》：索勒豁氏，字树人，号子健，行一，年三十岁，内务府正黄旗满洲英立佐领下由增生。丙午科顺天乡试中式第一百名举人，会试中式第二百八名，覆试第三等第一百十六名，殿试二甲第八十四名，朝考三等第六十九名，钦点中书。

三甲第二十三名　魁　龄　（《明清进士题名碑录索引》）

魁龄，正红旗满洲人。

中国国家图书馆藏《咸丰二年壬子恩科同年官职录》：瓜尔佳氏，字梦符，号华峰，一号华封，行二。年三十八岁，系正红旗满洲扎克丹佐领下由廪生中式丙午科顺天乡试第一百十六名举人，会试中式第八十一名，覆试第二等第七十七名，殿试三甲第二十三名，朝考第三等第五十名，钦点主事。

三甲第四十二名　阿里汉　（《明清进士题名碑录索引》）

阿里汉，正蓝旗满洲人。

中国国家图书馆藏《咸丰壬子恩科会试同年齿录》：宗室，字宗臣，号锡如，一号植廷，行四，道光丙戌年十月初三日吉时生，正蓝旗宗室英海佐领下四品宗室，乡试中式第二名，会试中式第一名，殿试三甲第四十二名，朝考第三等第二十六名，钦点六部主政。

中国国家图书馆藏《咸丰二年壬子恩科同年官职录》：宗室，字宗臣，号锡如，一号植廷，行四，年二十岁，系正蓝旗英海佐领下中式丙午科顺天乡试举人，会试中式第一名，殿试第三甲四十二名，朝考三等第二十六名，钦点主事。

三甲第四十三名　何毓福　（《明清进士题名碑录索引》）

何毓福，镶红旗汉军人。

中国国家图书馆藏《咸丰壬子恩科会试同年齿录》：字子秀，号松亭，一号崧生，嘉庆戊寅年生，镶红旗军固万清佐领下附生，丙午乡试中式第六十九名，会试中式第一百十九名，殿试三甲第四十三名，钦点主事。

中国国家图书馆藏《咸丰二年壬子恩科同年官职录》：字子秀，号松亭，一号崧生，三十五岁，系镶红旗军固万清佐领下由附生中式丙午科顺天乡试第六十九名举人，会试中式第一百十九名，覆试第三等第二名，殿试三甲第四十三名,朝考第二等第五十七名,钦点主事。

三甲第五十八名　志　和　(《明清进士题名碑录索引》)
志和,正蓝旗满洲人。
中国国家图书馆藏《咸丰壬子恩科会试同年齿录》:费莫氏,字叔雅,号蔼云,行三,道光癸未年八月初五日吉时生,正蓝旗满洲桂林佐领下拔贡生。己酉科选拔第一名,乡试中式第八十八名,会试中式第四十八名,殿试三甲第五十八名,钦点翰林院庶吉士。
中国国家图书馆藏《咸丰二年壬子恩科同年官职录》:字蔼云,行三,年二十七岁,正蓝旗满洲桂林佐领下拔贡生。辛亥恩科顺天乡试第八十八名举人,会试中式第四十名,覆试第二等第十六名,殿试三甲第五十八名,朝考第一等第五名,钦点翰林。

三甲第六十六名　兴　恩　(《明清进士题名碑录索引》)
兴恩,正白旗满洲人。
中国国家图书馆藏《咸丰二年壬子恩科同年官职录》:富察氏,字耀廷,号承斋,行一,年二十七岁,内务府正白旗廷英佐领下满洲由附生中式己酉科顺天乡试第二百二十四名举人,会试中式第一百七十三名,覆试第三等第四十七名,殿试三甲第六十六名,朝考第三等第十三名,钦点主事。

三甲第七十三名　李昌瑞　(《明清进士题名碑录索引》)
李昌瑞,镶黄旗汉军人。
中国国家图书馆藏《咸丰壬子恩科会试同年齿录》:字志符,号祥如,行五,嘉庆乙亥年四月廿三日吉时生,镶黄旗汉军李浩佐领下俊秀监生。道光己酉科举人,己酉乡试中式第一百四十二名,会试中式第二百三十四名,殿试三甲第七十三名,钦点即用知县。
中国国家图书馆藏《咸丰二年壬子恩科同年官职录》:年三十八岁,镶黄旗内务府所属庄头李浩佐领下汉军,中己酉科顺天乡试第一百四十二名举人,会试中式第二百三十四名,覆试第三等第一百十五名,殿试三甲第七十三名,朝考第三等第十二名,钦点即用。

三甲第八十一名　文　彬　（《明清进士题名碑录索引》）

文彬，正白旗满洲人。

中国国家图书馆藏《咸丰壬子恩科会试同年齿录》：辉发那拉氏，字若山，号质夫，行三，道光乙酉年四月初十日吉时生，系内务府正白旗满洲瑞麟佐领下附生，现任广储司笔帖式。乡试中式第二百十五名，会试中式第四十七名，殿试三甲第八十一名，朝考第二等第十二名，钦点签制户部主事。

中国国家图书馆藏《咸丰二年壬子恩科同年官职录》：字若山，号质夫，行三，年二十八岁，系内务府正白旗满洲延英佐领下附生，中式己酉科顺天乡试第四十七名举人，会试中式第四十七名，覆试第三等第六十九名，殿试三甲第八十一名，朝考第二等第十二名，钦点主事。

三甲第一百十名　景　闻　（《明清进士题名碑录索引》）

景闻，镶黄旗蒙古人。

中国国家图书馆藏《咸丰二年壬子恩科同年官职录》：字子干，号鸣皋，一号云杳，行一，年二十六岁，镶黄旗蒙古博通阿佐领下廪生。中式己酉科顺天乡试第一百五十九名举人，会试中式第二百二十七名，覆试第二等第五十六名，殿试三甲第一百十名，朝考第三等第四十名，钦点主事。

咸丰三年癸丑科（1853）

二甲第十一名　李　慎　（《明清进士题名碑录索引》）

李慎，正蓝旗汉军人。

中国国家图书馆藏《咸丰癸丑科会试同年齿录》：字勤伯，号柏孙，行一，道光丁亥年二月初二日吉时生，系正蓝旗汉军德英额佐领下拔贡生。癸卯科乡试挑取誊录第八十一名，己酉科选拔第一名，辛亥乡试中式第七十五名，会试中式第一百四十六名，殿试二甲第十一名，朝考第一等第二十一名，钦点主事签分工部。

**二甲第十四名　恩　吉　**（《明清进士题名碑录索引》）

恩吉，正白旗满洲人。

中国国家图书馆藏《咸丰癸丑科会试同年齿录》：字蔼如，号子谦，行五，年二十九岁，内务府正白旗毓恒佐领下汉军由拔贡生民籍，乡试中式第二百十九名，会试中式第九名，覆试第三等第三十二名，殿试二甲第十四名，朝考第一等第二十七名，钦点翰林院庶吉士。

**二甲第三十三名　浦　安　**（《明清进士题名碑录索引》）

浦安，镶黄旗满洲人。

中国国家图书馆藏《咸丰癸丑科会试同年齿录》：那拉氏，字小蔚，号远帆，行二，又行四，道光丁亥年十月十七日吉时生，内务府镶黄旗满洲吉兴管领下廪膳生。辛亥恩科乡试中式第一百五十七名，癸丑科会试中式第二百十名，殿试二甲第三十三名，朝考第一等第十八名，钦点翰林院庶吉士。

**二甲第六十九名　麟　书　**（《明清进士题名碑录索引》）

麟书，宗室，正蓝旗满洲人。

中国国家图书馆藏《咸丰癸丑科会试同年齿录》：宗室，字厚甫，号芝荠，行一，又行三，道光己丑年三月十三日吉时生。正蓝旗咸宜佐领下四品宗人府笔帖式，黄档房行走。己酉乡试中式第一名，会试中式第二名，保和殿覆试钦定第一名，殿试二甲第六十九名，朝考二等第三十二名，钦点宗人府主事。

**二甲第七十四名　穆兰泰　**（《明清进士题名碑录索引》）

穆兰泰，镶黄旗满洲人。

中国国家图书馆藏《咸丰癸丑科会试同年齿录》：字芷衫，号云旱，行五，道光壬午年九月二十五日吉时生。镶黄旗满洲丰绅泰佐领下优行廪生，内阁中书。乡试中式第一百五名，会试中式第四十一名，覆试三等第九十二名，殿试二甲第七十四名，朝考第三等第四名，钦点主事，分发刑部。曾祖苏尔德，祖德显，父那明何。

二甲第八十一名　庆　文　（《明清进士题名碑录索引》）

庆文，正黄旗满洲人。

中国国家图书馆藏《咸丰癸丑科会试同年齿录》：道光庚寅年生，系正黄旗满洲岳熙佐领下学优廪生。甲辰恩科顺天乡试中式第二百三十四名，会试中式第六十三名，覆试第三等第二十八名，殿试二甲第八十一名，朝考第三等第五十八名，钦点即用知县。

中国科学院文献情报中心藏《道光甲辰恩科直省同年录》：字云卿，号蔚堂，行三，道光庚寅年七月十五日生，正黄旗满洲岳熙佐领下廪生。咸丰癸丑进士，山西即用知县。

二甲第九十名　李　淇　（《明清进士题名碑录索引》）

李淇，镶蓝旗汉军人。

中国国家图书馆藏《咸丰癸丑科会试同年齿录》：字竹泉，号少峰，行五，道光辛卯年五月十八日吉时生，镶蓝旗汉军庆安佐领下俊秀监生。乡试中式第一百二十四名，会试中式第一百六名，殿试第□甲第九十名，朝考第三等第三名，钦点内阁中书。

三甲第十六名　荣　诰　（《明清进士题名碑录索引》）

荣诰，正白旗蒙古人。

中国国家图书馆藏《咸丰癸丑科会试同年齿录》：博尔济吉特氏，字紫封，号凤楼，行一，道光壬午年正月初九日吉时生，内务府正白旗蒙古松寿管领下副贡生笔帖式，癸卯科中式副榜第七名，己酉乡试中式第九十二名，会试中式第七十一名，殿试三甲第十六名，钦点即用知县。

上海图书馆藏《道光二十三年癸卯科直省同年全录》：博尔济特氏，字紫封，号凤楼，行一，道光壬午年正月初九日生，正白旗内务府嵩瓚管领下蒙古附生，候选笔帖式，己酉举人，咸丰癸丑进士，现官直隶候补同知。曾祖明安，祖萨里杭阿，父庆廉。

三甲第十九名　恩　承　（《明清进士题名碑录索引》）

恩承，镶黄旗满洲人。

中国国家图书馆藏《咸丰癸丑科会试同年齿录》：字君锡，号佩庭，行三，年二十六岁，系镶黄旗满洲都统全钰佐领下廪膳生。乡试中式第七十八名，会试中式第二百二十一名，覆试第二等第五十九名，殿试三甲第十九名，朝考第三等第四十七名，钦点主政。

**三甲第二十六名　瑞　联　**（《明清进士题名碑录索引》）

瑞联，正蓝旗满洲人。

中国国家图书馆藏《咸丰癸丑科会试同年齿录》：宗室，字珠垣，号睦莽，行一，道光庚寅年十二月二十四日吉时生，正蓝旗奕碱佐领下宗室。未科举人，辛亥乡试中式第一名，会试中式第一名，殿试三甲第二十六名，朝考第二等第十四名，钦点翰林院庶吉士。

**三甲第三十名　李　淇　**（《明清进士题名碑录索引》）

李淇，镶黄旗汉军人。

中国国家图书馆藏《咸丰三年癸丑科会试同年齿录》：镶黄旗汉军内务府管领三旗银两处属下拔贡生。甲辰乡试第九十七名，癸丑会试第四十二名，曾祖成熟，祖绍祖，父秉键。

**三甲第七十二名　珂克僧额　**（《明清进士题名碑录索引》）

珂克僧额，镶蓝旗满洲人。

中国国家图书馆藏《咸丰癸丑科会试同年齿录》：瓜尔佳氏，字状浦，一字小亭，号挥如，别号又圃，行二，又行六，嘉庆庚辰年五月二十日吉时生，镶蓝旗满洲武德佐领下附生，庚子年乡试中式第一百八十一名，会试中式第三十二名，覆试第三等第一百名，殿试三甲第七十二名，朝考第三等第十四名，钦点主事，签分刑部。

咸丰六年丙辰科（1856）

**二甲第九名　延　煦　**（《明清进士题名碑录索引》）

延煦，正蓝旗满洲人。

中国国家图书馆藏《咸丰六年丙辰科会试同年齿录》：宗室，字贡卿，号树南，行一，道光戊子年八月十四日吉时生，正蓝旗宗室奕斌佐领下礼部额外主事候选员外郎，当戴花翎。乡试中式第五名，会试中式第一名，殿试二甲第九名，朝考第一等第四名，钦点翰林院庶吉士。曾祖谦益，祖玉芝，父庆祺。

上海图书馆藏《咸丰丙辰科同年官职录》：字鸿生，号树南，行一，年二十九岁，正蓝旗宗室，亦斌佐领下四品宗室，中式辛亥科顺天乡试举人，后补员外郎。会试中式第一名，覆试殿试二甲第九名，朝考一等四名，钦点庶吉士。曾祖父谦益，祖父玉芝，父庆祺，曾祖母氏孙，祖母氏那拉，母氏方。

二甲第二十八名　铭　安　（《明清进士题名碑录索引》）

铭安，镶黄旗满洲人。

中国国家图书馆藏《咸丰六年丙辰科会试同年齿录》：字新甫，号鼎臣，行三，大行六，年二十九岁，镶黄旗内务府包衣吉兴管领下由监生中式辛亥科顺天乡试举人，会试中式第一百九名，覆试第一等第三名，殿试二甲第二十八名，朝考第一等第二名，钦点翰林院庶吉士。曾祖父德敏，祖父彭年，父兴泰。

上海图书馆藏《咸丰丙辰科同年官职录》：字新甫，号鼎臣，行三，大行六，年二十九岁，镶黄旗内务府包衣吉兴管领下由监生中式辛亥科顺天乡试举人，会试中式第一百九名，覆试第一等第三名，殿试二甲第二十八名，朝考第一等第二名，钦点翰林院庶吉士。曾祖父德敏，祖父彭年，父兴泰。

二甲第三十七名　锡　淳　（《明清进士题名碑录索引》）

锡淳，正蓝旗满洲人。

中国国家图书馆藏《咸丰六年丙辰科会试同年齿录》：博尔济吉特氏，字渌矼，号厚安，行一。道光癸未年三月初一日吉时生，正蓝旗满洲穆克登布佐领下监生旗籍。乡试中式第二百十四名，会试中式第七名，殿试二甲第三十名，钦点主事，签分户部。曾祖多隆武，祖尚安泰，父保恒，子龄昌。

上海图书馆藏《咸丰丙辰科同年官职录》：字号不详，年三十四岁，正蓝旗满洲穆克登布佐领下由监生中式甲辰科举人，会试中式第七名，覆试三等八十四名，殿试第二甲第三十七名，朝考第三等第十五名，钦点主事。曾祖父多隆武，祖父尚安泰，父保恒，曾祖母氏鄂约特，祖母氏钮祜禄，母氏伊尔根觉罗。

二甲第四十一名　绍　祺　（《明清进士题名碑录索引》）

绍祺，镶黄旗满洲人。

中国国家图书馆藏《咸丰六年丙辰科会试同年齿录》：马佳氏，字子寿，号秋皋，行二又行九，道光丙戌年十二月初九日吉时生，镶黄旗满洲惠文佐领下廪膳生，户部笔帖式。壬子乡试中式第一百三名，保和殿覆试一等第二十名，会试中式第二十四名，殿试二甲第四十一名，朝考第二等第六名，钦点翰林院庶吉士。曾祖罗多礼，祖升寅，父宝琳。

上海图书馆藏《咸丰丙辰科同年官职录》：字子寿，号秋皋，行二又行九，年三十一岁，镶黄旗满洲文兴佐领下由廪生中式壬子科顺天乡试举人，会试中式第二十四名，覆试第一等第十二名，殿试二甲第四十一名，朝考第二等第六名，钦点庶吉士。曾祖父罗多礼，祖父升寅，父宝琳。

二甲第五十四名　于宗绥　（《明清进士题名碑录索引》）

于宗绥，镶蓝旗汉军人。

中国国家图书馆藏《咸丰六年丙辰科会试同年齿录》：字紫卿，号少亭，行一，道光癸未年十一月初八日生，镶蓝旗汉军定昌佐领下附学生。乡试中式第八十七名，覆试第一等第七名，会试中式第三十八名，殿试二甲第五十四名，朝考第□等第□名，钦点主事。父恩荣，字锡三，号晓亭，候补卫千总。

上海图书馆藏《咸丰丙辰科同年官职录》：字紫卿，号少亭，行一，年三十四岁，镶蓝旗汉军定昌佐领下附学生，中式乙卯科顺天乡试举人。会试中式第三十八名，覆试第一等第十四名，殿试二甲第五十四名，朝考第□等第□名，钦点主事。曾祖父文升，祖父兆元，父恩荣。

二甲第七十八名　豁穆欢　（《明清进士题名碑录索引》）

豁穆欢，正蓝旗满洲人。

中国国家图书馆藏《咸丰六年丙辰科会试同年齿录》：宗室。字号行不详，年二十九岁，正蓝旗世兴佐领下四品宗室，中式乙卯科顺天乡试举人，会试中式第二名，殿试二甲第七十八名，朝考第三等第七名，钦点主事。曾祖父福英额，祖父全奎，父玉超。

《词林辑略》：作霍穆欢。

三甲第三名　守　正　（《明清进士题名碑录索引》）
守正，正蓝旗汉军人。
上海图书馆藏《咸丰丙辰科同年官职录》：字号不详，行二，十七岁，正蓝旗汉军包衣德英额佐领下由附生中式己酉科顺天乡试举人，会试中式第二十三名，覆试第三等八十一名，殿试三甲第三名，朝考第二等第三十一名，钦点主事。曾祖父明林，祖父孝凝，父增喜。

三甲第九名　文　辂　（《明清进士题名碑录索引》）
文辂，正红旗满洲人。
中国国家图书馆藏《咸丰六年丙辰科会试同年齿录》：瓜尔佳氏，字子乘，号小舫，行一又行三，道光丁酉年正月十一日吉时生，正红旗满洲毓联佐领下廪膳生，候补笔帖式。乙卯乡试中式第二十二名，覆试第三等，丙辰会试中式第一百二十六名，殿试三甲第九名，朝考第三等第三十五名，钦点主事。曾祖福成额，祖恩龄，父长秀。
上海图书馆藏《咸丰丙辰科同年官职录》：字子乘，号小舫，行一又行三，中式乙卯科顺天乡试举人，会试中式第一百二十六名，殿试三甲第九名，朝考第三等第三十五名，钦点主事。曾祖福成额，祖恩龄，父长秀。

三甲第五十五名　乌拉喜崇阿　（《明清进士题名碑录索引》）
乌拉喜崇阿，镶黄旗满洲人。
中国国家图书馆藏《咸丰六年丙辰科会试同年齿录》：沙济富察氏，字月谿，号达峰，行一，道光己丑年一月二十七日吉时生，镶黄旗满洲耀奎佐领下俊秀监生。乡试中式第一百五十二名，会试中式第五十一名，殿试三甲第五十五名，朝考第二等第二十四名，钦点主政，签掣刑部。曾祖灵慧。祖春福。父讳诚弼，敕赠承德郎加一级，晋赠奉直大夫。母马佳氏，敕封安人，晋赠宜人。

三甲第九十七名　佛尔国春　（《明清进士题名碑录索引》）
佛尔国春，正白旗满洲人。

中国国家图书馆藏《咸丰六年丙辰科会试同年齿录》：西林觉罗氏，字石臣，号芝圃，行二，嘉庆癸酉年六月初八日吉时生，正白旗满洲都统三甲喇穆精额佐领下附生。乡试中式第二百八十六名，会试中式第三十五名，殿试三甲第九十七名，朝考第三等第八十名，钦点即用知县，签掣山西。

上海图书馆藏《咸丰丙辰科同年官职录》：字号不详，年四十岁，正白旗满洲穆精额佐领下由附生中式辛亥科顺天乡试举人，会试中式第三十五名，覆试第三等第一百十名，殿试三甲第九十七名，朝考第三等第八十一名，钦点知县。曾祖父岱三，祖父满达，父尚安。

三甲第九十八名　廉　隅　（《明清进士题名碑录索引》）

廉隅，镶白旗蒙古人。

中国国家图书馆藏《咸丰六年丙辰科会试同年齿录》：字号行不详，年三十四岁，镶白旗蒙古赓良佐领下由附生中式辛亥科顺天乡试举人，会试中式第二十二名，覆试第三等第五十二名，殿试三甲第九十八名，朝考第三等第二十四名，钦点知县。

上海图书馆藏《咸丰丙辰科同年官职录》：字号不详，年三十四岁，镶白旗蒙古赓良佐领下由附生中式辛亥科顺天乡试举人，会试中式第二十二名，覆试第三等第五十二名，殿试三甲第九十八名，朝考第三等第二十四名，钦点知县。曾祖父雅达那，祖父吉禄，父佳星。

咸丰九年己未科（1859）

二甲第四十七名　特　亮　（《明清进士题名碑录索引》）

特亮，镶红旗满洲人。

中国国家图书馆藏《咸丰己未科会试同年齿录》：刘佳氏，字辅廷，号鉴堂，行二，道光甲申年二月十四日生，镶红旗满洲国纯佐领下拔贡生。吏部七品小京官，候补主事，咸丰辛亥恩科举人，本科进士，改庶吉士，官至翰林侍读学生。

二甲第五十一名　常　珩　（《明清进士题名碑录索引》）

常珩，镶白旗满洲人。

中国国家图书馆藏《咸丰己未科会试同年齿录》：宗室，字佩如，号蔚亭，行三，道光戊戌年四月十七日生，镶白旗常旺佐领下四品宗室，咸丰□科举人，本科进士，官至翰林院编修。

二甲第五十五名　恩　荣　（《明清进士题名碑录索引》）

恩荣，镶白旗汉军人。

中国国家图书馆藏《咸丰己未科会试同年齿录》：氏杨，字爔之，号华甫，行一，道光丁亥年十一月初十日生，镶白旗汉军开泰佐领下附生，咸丰乙卯科举人，本科进士，吏部主事。现官湖北荆门直隶州知州即补知府。

二甲第七十三名　福　锟　（《明清进士题名碑录索引》）

福锟，镶蓝旗满洲人。

中国国家图书馆藏《咸丰己未科会试同年齿录》：宗室，字纯甫，号少欣，又号箴亭，行一，道光甲午年十月初五日生，镶蓝旗近支二族亦贵佐领下四品宗室，咸丰戊午科举人，本科进士，官吏部主事，现官工部员外郎。

二甲第八十三名　英　启　（《明清进士题名碑录索引》）

英启，镶白旗汉军人。

中国国家图书馆藏《咸丰己未科会试同年齿录》：安氏，字子佑，号续村，行七，道光乙未年十二月二十一日生，镶白旗汉军容秀佐领下监生，国史馆誊录，咸丰戊午科举人，本科进士，翰林院编修升用侍讲，现官湖北黄州府知府。

三甲第四名　宝　瑛　（《明清进士题名碑录索引》）

宝瑛，正蓝旗满洲人。

中国国家图书馆藏《咸丰己未科会试同年齿录》：伊尔根觉罗氏，字光兴，号玉峰，行一，年三十六岁，道光甲申年十二月十三日生，正蓝旗满洲金安佐领下廪生，咸丰壬子科举人，本科进士，即用知县，改刑部笔帖式升詹事府左赞善，现官吏部主事。

三甲第十八名　寅　康　（《明清进士题名碑录索引》）

寅康，正白旗满洲人。

中国国家图书馆藏《咸丰己未科会试同年齿录》：里佳氏，字惺甫，号宾侯，一号小航，行一，嘉庆丁丑年六月初四日吉时生，正白旗满洲都统达春佐领下廪膳生，道光己亥科举人，本科进士，即用知县，现官直隶西宁县知县。

三甲第三十名　定　保　（《明清进士题名碑录索引》）

定保，正蓝旗满洲人。

中国国家图书馆藏《咸丰己未科会试同年齿录》：博尔济吉特氏，字静甫，号佑亭，行二，嘉庆辛未年九月十二日吉时生，正蓝旗满洲文奎佐领下附生，道光壬辰科举人，本科进士，户部主事，现官福建兴泉州永道署，福建按察使，福建布政使。

三甲第五十四名　果　祥　（《明清进士题名碑录索引》）

果祥，镶红旗满洲人。

《明清进士题名碑录索引》：碑作"米祥"。

中国国家图书馆藏《咸丰己未科会试同年齿录》：冯氏，字履元，号云卿，又号丽泉，行一，道光壬午年正月十八日吉时生，镶红旗满洲定昌佐领下廪膳生，咸丰辛亥恩科举人，本科进士，广东即用知县。

三甲第七十二名　（觉罗）瑛彬　（《明清进士题名碑录索引》）

瑛彬，觉罗，正白旗满洲人。

中国国家图书馆藏《咸丰己未科会试同年齿录》：觉罗，字均之，号陆轩，行二，道光丙戌年十一月初八日生，内阁正白旗满洲恒峻佐领下廪生，咸丰戊午科举人，内阁中书满本堂行走，本科进士，兵部主事。

三甲第七十九名　兴　安　（《明清进士题名碑录索引》）

兴安，正红旗蒙古人。

中国国家图书馆藏《咸丰己未科会试同年齿录》：钭尔格氏，字子静，号明轩，行三，嘉庆己卯年七月初九日生，正红旗蒙古松成佐领下附生，咸丰乙卯科举人，本科进士，铨选知县。

咸丰十年庚申恩科（1860）

二甲第十三名　阿克丹　（《明清进士题名碑录索引》）

阿克丹，宗室，正白旗满洲人。

北京大学图书馆藏《咸丰十年庚申恩科会试同年录》：年二十八岁，正白旗咸春佐领下四品宗室，宗室会试第二名。

二甲第十六名　惠　林　（《明清进士题名碑录索引》）

惠林，镶白旗蒙古人。

北京大学图书馆藏《咸丰十年庚申恩科会试同年录》：年四十二岁，蒙古镶白旗廪生，会试第一百五十七名，六房。

二甲第六十九名　李　祉　（《明清进士题名碑录索引》）

李祉，正白旗汉军人。

北京大学图书馆藏《咸丰十年庚申恩科会试同年录》：年二十九岁，内务府汉军正白旗监生，会试第一百二十六名，十三房。

二甲第七十八名　宝　森　（《明清进士题名碑录索引》）

宝森，宗室，镶蓝旗满洲人。

北京大学图书馆藏《咸丰十年庚申恩科会试同年录》：年二十五岁，镶蓝旗新瑞佐领下四品宗室，宗室会试第一名。

三甲第一名　崇　谦　（《明清进士题名碑录索引》）

崇谦，正蓝旗满洲人。

北京大学图书馆藏《咸丰十年庚申恩科会试同年录》：年二十八岁，满洲正蓝旗包衣监生，会试第一百七十名，十四房。

三甲第八名　崔国庆　（《明清进士题名碑录索引》）

崔国庆，正白旗汉军人。

北京大学图书馆藏《咸丰十年庚申恩科会试同年录》：年三十二岁，

内务府汉军正白旗附生，会试第一百七十三名，十二房。

三甲第二十二名　（觉罗）松阿达　（《明清进士题名碑录索引》）

松阿达，觉罗，正红旗满洲人。

北京大学图书馆藏《咸丰十年庚申恩科会试同年录》：年三十一岁，满洲正红旗人，副贡生，会试第三十二名，十二房。

三甲第五十三名　（红带子）英卓　（《明清进士题名碑录索引》）

（红带子）英卓，正蓝旗满洲人。

北京大学图书馆藏《咸丰十年庚申恩科会试同年录》：年二十七岁，满洲正蓝旗廪生，会试第八十三名，七房。

三甲第五十六名　国　兴　（《明清进士题名碑录索引》）

国兴，镶蓝旗满洲人。

北京大学图书馆藏《咸丰十年庚申恩科会试同年录》：年三十二岁，满洲镶蓝旗监生，会试第一百四十四名，十五房。

三甲第九十二名　全　林　（《明清进士题名碑录索引》）

全林，正白旗满洲人。

北京大学图书馆藏《咸丰十年庚申恩科会试同年录》：年二十一岁，满洲正白旗廪生，会试第一百二十七名，十六房。

三甲第一百名　崇　文　（《明清进士题名碑录索引》）

崇文，正蓝旗满洲人。

北京大学图书馆藏《咸丰十年庚申恩科会试同年录》：年三十五岁，正蓝旗满洲包衣佐领下，会试第五名，五房。

同治元年壬戌科（1862）

二甲第二十八名　昆　冈　（《明清进士题名碑录索引》）

昆冈，宗室，正蓝旗满洲人。文渊阁直阁事，内阁学士，兼礼部侍郎衔。

二甲第五十九名　乔有年　（《明清进士题名碑录索引》）

乔有年，正黄旗汉军人。

二甲第六十一名　宜　绶　（《明清进士题名碑录索引》）

宜绶，镶红旗满洲人。

《同治元年壬戌科会试同年全录》：会试第三十三名，年二十七岁，镶红旗满洲双明佐领下廪生，殿试二甲第六十一名。

二甲第七十二名　马相如　（《明清进士题名碑录索引》）

马相如，正蓝旗汉军人。

《同治元年壬戌科会试同年全录》：会试三十七名，年二十九岁，正蓝旗汉军达保佐领下廪生，殿试二甲第七十二名。

三甲第一名　李　江　（《明清进士题名碑录索引》）

李江，镶蓝旗汉军人。

《同治元年壬戌科会试同年全录》：会试二十二名，年二十九岁，镶蓝旗汉军德俊佐领下附生，三甲第一名。

三甲第四十名　永　惠　（《明清进士题名碑录索引》）

永惠，正白旗满洲人。

《同治元年壬戌科会试同年全录》：会试第二十四名，年四十岁，正白旗满洲盛京锦州拔贡生。

三甲第五十七名　桂　昂　（《明清进士题名碑录索引》）

桂昂，正蓝旗满洲人。

三甲第六十一名　耀　年　（《明清进士题名碑录索引》）

耀年，正黄旗蒙古人。

《同治元年壬戌科会试同年全录》：会试第三十一名，年三十九岁，正黄旗蒙古附生，候补笔帖式二等，庚戌会试中式第四十六名，覆试第三等，殿试三甲第六十一名，钦点内阁中书。

三甲第七十六名　庆　钟　（《明清进士题名碑录索引》）

庆钟，正蓝旗满洲人。

《同治元年壬戌科会试同年全录》：会试第九十二名，年三十二岁，正蓝旗满洲玉庆管领下文生。

三甲第八十名　恒　龄　（《明清进士题名碑录索引》）

恒龄，正红旗满洲人。

《同治元年壬戌科会试同年全录》：会试第一百三十一名，年二十四岁，正红旗满洲特和布佐领下廪生，殿试三甲第八十名。

三甲第一百三名　（觉罗）同照　（《明清进士题名碑录索引》）

同照，觉罗，正蓝旗满洲人。

《同治元年壬戌科会试同年全录》：觉罗，年三十九岁，正蓝旗满洲文升佐领下廪生，会试第八名。

同治二年癸亥恩科（1863）

二甲第七名　边宝泉　（《明清进士题名碑录索引》）

边宝泉，镶红旗汉军人。

中国国家图书馆藏《同治二年癸亥恩科进士题名录》：第二甲赐进士出身第七名。镶红旗汉军人。

南京图书馆藏《同治二年癸亥恩科会试同年齿录》：字廉溪，号润民，行五，镶红旗汉军伊成额佐领下廪膳生，戊午乡试第四十五名，同治癸亥恩科会试中式第一百七十九名，殿试二甲第七名，赐进士及第。现官户部给事中。

南京图书馆藏《同治癸亥恩科会试同年录》：镶红旗汉军廪生，会试中式第一百七十九名。

二甲第三十二名　铁　祺　（《明清进士题名碑录索引》）

铁祺，正白旗蒙古人。

中国国家图书馆藏《同治二年癸亥恩科进士题名录》：第二甲赐进士

出身第三十二名，内务府正白旗蒙古人。

南京图书馆藏《同治癸亥恩科会试同年录》：内府正白蒙古监生，会试中式第二十一名。

**二甲第三十七名　鄂　芳　**（《明清进士题名碑录索引》）

鄂芳，镶白旗满洲人。

中国国家图书馆藏《同治二年癸亥恩科进士题名录》：第二甲赐进士出身第三十七名，镶白旗满洲人。

南京图书馆藏《同治癸亥恩科会试同年录》：镶白旗满洲廪生，会试中式第七十二名。

**二甲第三十九名　奎　润　**（《明清进士题名碑录索引》）

奎润，正蓝旗满洲人。

南京图书馆藏《同治癸亥恩科会试同年录》：正蓝旗赓瑞佐领下四品宗室，中式宗室进士第一名。

**二甲第六十六名　承　福　**（《明清进士题名碑录索引》）

承福，镶蓝旗满洲人。

中国国家图书馆藏《同治二年癸亥恩科进士题名录》：第二甲赐进士出身第六十六名，镶蓝旗满洲人。

南京图书馆藏《同治癸亥恩科会试同年录》：镶蓝旗广晃佐领下四品宗室，中式宗室进士第二名。

**三甲第一名　景　善　**（《明清进士题名碑录索引》）

景善，正白旗满洲人。

中国国家图书馆藏《同治二年癸亥恩科进士题名录》：第三甲赐同进士出身第一名，正白旗满洲人。

南京图书馆藏《同治癸亥恩科会试同年录》：正白旗满洲廪生，会试中式第一百二十二名。

**三甲第九名　文　澂　**（《明清进士题名碑录索引》）

文澂，镶红旗满洲人。

中国国家图书馆藏《同治二年癸亥恩科进士题名录》：第三甲赐同进士出身第九名，镶红旗满洲人。

南京图书馆藏《同治癸亥恩科会试同年录》：镶红旗满洲廪生，会试中式第五十六名。

三甲第十名　中　元　（《明清进士题名碑录索引》）

中元，正蓝旗满洲人。

中国国家图书馆藏《同治二年癸亥恩科进士题名录》：第三甲赐同进士出身第十名，正蓝旗满洲人。

上海图书馆藏《道光癸卯科直省同年全录》：伊尔根觉罗氏，字捷三，号莲塘，行一，道光乙酉年八月十五日生，正蓝旗满洲奎光佐领下附生，咸丰癸丑大挑二等癸亥进士。曾祖开岐，祖祥麟，父扎拉芬。

上海图书馆藏《道光二十三年癸卯科直省同年全录》：莲塘，行一，乙酉生，正蓝旗满洲附生，同治癸亥进士，候选知县。

南京图书馆藏《同治癸亥恩科会试同年录》：正蓝旗满洲附生，会试中式第九十五名。

三甲第三十七名　守　忠　（《明清进士题名碑录索引》）

守忠，正蓝旗汉军人。

中国国家图书馆藏《同治二年癸亥恩科进士题名录》：第三甲赐同进士出身第三十七名，正蓝旗包衣汉军人。

南京图书馆藏《同治二年癸亥恩科会试同年齿录》：胡氏，字遂庵，号蓉先，行一，道光癸未年五月二十一日吉时生。正蓝旗汉军廪贡生。世袭云骑尉。乡试中式第一百六十二名，覆试第二等第四十六名，会试中式第四十九名，殿试三甲第三十七名，朝考第三等第五十三名，钦点即用知县。曾祖明林，祖孝凝，父增喜。

南京图书馆藏《同治癸亥恩科会试同年录》：正蓝旗汉军廪生，会试中式第四十九名。

三甲第四十二名　（觉罗）瑛桂　（《明清进士题名碑录索引》）

瑛桂，觉罗，正白旗满洲人。

中国国家图书馆藏《同治二年癸亥恩科进士题名录》：第三甲赐同进

士出身第四十二名，正白旗满洲人。

中国科学院文献情报中心藏《道光甲辰恩科直省同年录》：觉罗，字丹卿，号月樵，行一，道光癸未年四月二十一日生，正白旗满洲觉罗恒俊佐领下附生，同治癸亥进士，刑部主事，四川永宁县知县，在直隶南皮县殉难。

南京图书馆藏《同治癸亥恩科会试同年录》：正白旗满洲附生，会试中式第三十七名。

三甲第四十五名　景　瑞　（《明清进士题名碑录索引》）

景瑞，镶白旗满洲人。

中国国家图书馆藏《同治二年癸亥恩科进士题名录》：第三甲赐同进士出身第四十五名，镶白旗满洲人。

南京图书馆藏《同治癸亥恩科会试同年录》：镶白旗满洲副贡生，会试中式第五名。

三甲第五十三名　延　茂　（《明清进士题名碑录索引》）

延茂，内务府正白旗汉军人。

中国国家图书馆藏《同治二年癸亥恩科进士题名录》：第三甲赐同进士出身第五十三名，内务府正白旗汉军人。

南京图书馆藏《同治癸亥恩科会试同年录》：正白旗汉军附生，会试中式第一百三十一名。

南京图书馆藏《同治元年壬戌恩科各省乡试同年录》：年二十岁中式同治元年壬戌恩科顺天乡试第一百三十一名，内务府正白旗汉军附生。

三甲第七十二名　松　龄　（《明清进士题名碑录索引》）

松龄，镶黄旗满洲人。

中国国家图书馆藏《同治二年癸亥恩科进士题名录》：第三甲赐同进士出身第七十二名，镶黄旗满洲人。

三甲第八十四名　海　焕　（《明清进士题名碑录索引》）

海焕，正白旗汉军人。

中国国家图书馆藏《同治二年癸亥恩科进士题名录》：第三甲赐同进

士出身第八十四名，内务府正白旗汉军人。

南京图书馆藏《同治二年癸亥恩科会试同年齿录》：字子章，号幼文，行二，嘉庆乙亥年十月二十二日吉时生，内务府正白旗汉军松琅佐领下附生，乡试中式第一百八十五名，会试中式第八十二名，殿试三甲第八十四名，朝考第三等第六十七名，钦点即用知县。曾祖国勋，祖保善，父广喜。

南京图书馆藏《同治癸亥恩科会试同年录》：正白旗汉军附生，会试中式第八十二名。

中国科学院文献情报中心藏《道光甲辰恩科直省同年录》：李氏，字幼文，号子章，行二，嘉庆乙亥年十月二十二日生，□白旗内务府长山佐领下汉军附生，癸亥进士，即用知县，顺天府教授。

三甲第九十三名　达嵩阿　（《明清进士题名碑录索引》）

达嵩阿，镶白旗满洲人。

中国国家图书馆藏《同治二年癸亥恩科进士题名录》：第三甲赐同进士出身第九十三名，镶白旗满洲人。

南京图书馆藏《同治癸亥恩科会试同年录》：镶白旗满洲廪生，会试中式第一百五十七名。

三甲第一百四名　常　忠　（《明清进士题名碑录索引》）

常忠，镶红旗蒙古人。

中国国家图书馆藏《同治二年癸亥恩科进士题名录》：第三甲赐同进士出身第一百四名，镶红旗蒙古人。

南京图书馆藏《同治癸亥恩科会试同年录》：镶红旗蒙古廪生，会试中式第九十一名。

同治四年乙丑科（1865）

一甲第一名　崇　绮　（《明清进士题名碑录索引》）

崇绮，正蓝旗蒙古人，后抬旗入镶黄旗满洲。

中国国家图书馆藏《重修同治乙丑科齿录》：阿鲁特氏，字叔皓，号文山，行三，道光己丑年十月十六日吉时生，正蓝旗蒙古廪生，道光己酉科举人，同治乙丑科一甲第一名进士，授翰林院修撰，壬申封三等承恩公，抬入镶黄旗满洲，升侍讲，委散秩大臣、内阁学士、兼礼部侍郎衔，户部右侍郎、吏部左右侍郎、热河都统，盛京将军、户部、吏部尚书。庚午科河南正考官，光绪乙亥科顺天副主考，丙子科会试副总裁，告病开缺。

《八旗画录》：字文山，阿鲁特氏，蒙古正蓝旗人，抬隶满洲镶黄旗，同治四年一甲第一名进士，官吏部尚书，封承恩公。庚子殉难，恤赠大学士，谥文贞。

一甲第三名　杨霁　（《明清进士题名碑录索引》）

杨霁，正红旗汉军人。

中国国家图书馆藏《重修同治乙丑科齿录》：字子和，号晓村，行三，道光戊戌年十一月二十一日吉时生。正红旗汉军恒祥佐领下增贡生。咸丰戊午科举人，同治乙丑科一甲三名进士，授翰林院编修。

二甲第四名　松森　（《明清进士题名碑录索引》）

松森，正蓝旗满洲人。

中国国家图书馆藏《重修同治乙丑科齿录》：宗室，字健卿，号吟涛，行三。道光丙戌年十一月十五日吉时生。正蓝旗英杰佐领下四品宗室。咸丰壬子科举人，同治乙丑科会元，翰林院庶吉士，授编修，升司经局洗马、右春坊右庶子、翰林院侍讲学士、国子监祭酒、詹事府詹事、内阁学士、兼礼部侍郎衔，礼部右侍郎、左侍郎，镶白旗汉军副都统，署刑部右侍郎、工部左侍郎，调补盛京礼部、刑部侍郎，署盛京户部侍郎、都察院左都御史、理藩院尚书。

二甲第二十七名　福臣　（《明清进士题名碑录索引》）

福臣，正蓝旗满洲人。

中国国家图书馆藏《重修同治乙丑科齿录》：号海门，行二。道光辛丑年□月□日生，正蓝旗满洲□佐领下监生。同治甲子科举人，乙丑科进士，翰林院庶吉士，授编修。

二甲第五十名　董　执　（《明清进士题名碑录索引》）

董执，正黄旗汉军人。

中国国家图书馆藏《重修同治乙丑科齿录》：号达三，行二，道光戊戌年正月二十三日吉时生。盛京正黄旗杨得富佐领下汉军廪膳生。同治壬戌恩科举人，癸亥恩科贡士，乙丑科进士，翰林院庶吉士，授编修。

南京图书馆藏《同治癸亥恩科会试同年录》：正黄旗汉军廪生，会试中式第二十八名。

南京图书馆藏《同治元年壬戌恩科各省乡试同年录》：年二十五岁，中式同治元年壬戌恩科顺天乡试第一百九十九名，镶黄旗汉军廪生，会试中式第二十八名。

二甲第八十二名　文　治　（《明清进士题名碑录索引》）

文治，镶红旗满洲人。

中国国家图书馆藏《重修同治乙丑科齿录》：费莫氏，字舜臣，号叔平，行三，道光戊申年三月十三日吉时生。镶红旗满洲吉恒佐领下附生。同治甲子科举人，乙丑科进士，翰林院庶吉士，授编修。

二甲第九十六名　启　秀　（《明清进士题名碑录索引》）

启秀，正白旗满洲人。

中国国家图书馆藏《重修同治乙丑科齿录》：库雅拉氏，字松岩，号颖之，行一。道光己亥年二月初三日吉时生，正白旗满洲达明佐领下廪膳生。咸丰辛酉科举人，同治乙丑科进士，翰林院庶吉士。盛京刑部主事，盛京户部员外郎。

二甲第九十八名　寿　颐　（《明清进士题名碑录索引》）

寿颐，正蓝旗满洲人。

中国国家图书馆藏《重修同治乙丑科齿录》：瓜尔佳氏，字养之，号鼎臣，行一，道光甲辰年正月初二日吉时生，正蓝旗满洲包衣广秀佐领下拔贡生。咸丰辛酉科举人，同治乙丑科进士，刑部主事。

三甲第四十二名　百　勤　（《明清进士题名碑录索引》）

百勤，正红旗蒙古人。

中国国家图书馆藏《重修同治乙丑科齿录》：萨尔图氏，号铁岩，行一。道光乙未年十二月二十三日生，正红旗蒙古玉祥佐领下廪膳生，咸丰辛酉科举人，同治乙丑进士，工部主事。妻马那特氏。

三甲第四十四名　德　生　（《明清进士题名碑录索引》）

德生，正蓝旗汉军人。

中国国家图书馆藏《重修同治乙丑科齿录》：李氏，字子明，一字易楼，号佩九，行一。道光乙酉年十二月二十六日吉时生，正蓝旗汉军都统春霖佐领下廪膳生，民籍。咸丰戊午科举人，同治乙丑科进士，翰林院庶吉士，选授云南南宁县知县，署陆凉州、宣威州知州，军功保以同知，直隶州用加运同衔，赏戴花翎，改分山西归原班，候补四署归化厅同知，一署和林格尔通判，现任霍州直隶州知州。

三甲第六十八名　忠　斌　（《明清进士题名碑录索引》）

忠斌，正黄旗满洲人。

中国国家图书馆藏《重修同治乙丑科齿录》：号正之，行一。道光壬寅年□月□日生，内务府正黄旗满洲管领下廪膳生。同治甲子科举人，乙丑科进士，户部主事。

三甲第七十一名　良　镇　（《明清进士题名碑录索引》）

良镇，正白旗汉军人。

中国国家图书馆藏《重修同治乙丑科齿录》：号绍圃，行一，道光己亥年□月□日生，内务府正白旗汉军管领下廪膳生。同治甲子科举人，乙丑科进士，工部主事，改就知县。

三甲第七十二名　曾　谊　（《明清进士题名碑录索引》）

曾谊，镶红旗满洲人。

中国国家图书馆藏《重修同治乙丑科齿录》：号正之，道光乙未年□月□日生，镶红旗满洲德俊佐领下附生。咸丰辛酉科举人，同治乙丑进士，山东即用知县，补福山县。

三甲第七十四名　金锡蕃　（《明清进士题名碑录索引》）

金锡蕃，镶黄旗汉军人。

中国国家图书馆藏《重修同治乙丑科齿录》：字翰卿，行二，道光丙戌年三月十六日吉时生，盛京内务府镶黄旗汉军瑞丰管领下附生，锦州府驻防。咸丰乙卯科举人，同治乙丑科进士，福建即用知县。

三甲第一百三名　斌　敏　（《明清进士题名碑录索引》）

斌敏，正白旗汉军人。

中国国家图书馆藏《重修同治乙丑科齿录》：姚氏，字子廉，别号冰樵，行十，嘉庆癸酉年四月二十六日吉时生，内务府正白旗善录管领下监生，道光乙未科举人，同治乙丑科进士，福建即用知县，补嘉义县。

三甲第一百十八名　随　福　（《明清进士题名碑录索引》）

随福，正白旗满洲人。

中国国家图书馆藏《重修同治乙丑科齿录》：号晓珊，行二，道光壬午年九月初六日吉时生，正白旗满洲都统毓秀佐领下廪膳生。道光甲辰恩科举人，同治乙丑科进士，山东即用知县。

中国科学院文献情报中心藏《道光甲辰恩科直省同年录》：札思瑚理氏，字纳之，号小山，行二，道光壬午年九月初六日吉时生，正白旗满洲伊拉达蒙阿佐领下廪生。同治乙丑科进士，山东金乡县知县。

三甲第一百五十二名　岳　琪　（《明清进士题名碑录索引》）

岳琪，镶蓝旗满洲人。

中国国家图书馆藏《重修同治乙丑科齿录》：宗室，字九香，号小琴，行一。道光己丑年八月初一日吉时生。镶蓝旗宗室佑善佐领下四品宗室。咸丰壬子科举人，同治乙丑科进士，工部主事。特旨免补员外郎，赏戴花翎补郎中，赏加二品衔，授詹事府左右春坊庶子、翰林院侍讲、侍读学士，詹事府少詹事、詹事，仕至通政使司通政使。

同治七年戊辰科（1868）

**二甲第四名　锡　珍　**（《明清进士题名碑录索引》）

锡珍，镶黄旗蒙古人。

中国国家图书馆藏《同治戊辰科会试同年齿录》：额尔德特氏，字仲儒，号席卿，行四，道光丁未年八月初十日吉时生，镶黄旗蒙古色普征额佐领下荫生，五品衔，吏部候补主事。乡试中式第一百一十七名，会试中式第二百六十五名，覆试二等，殿试二甲第四名，朝考第一等第八名，钦点翰林院庶吉士。

**二甲第六名　宝　廷　**（《明清进士题名碑录索引》）

宝廷，镶蓝旗满洲人。

中国国家图书馆藏《同治七年戊辰科会试同年齿录》：宝廷，宗室，字仲献，号竹坡，又号偶斋，行二，道光庚子年正月十五日生，镶蓝旗四品宗室，甲子科举考试中式宗室第一名，贡士，翰林院庶吉士，由编修历升中允、司业、侍讲、侍读学士，左右庶子，内阁学士，兼礼部侍郎，正黄旗蒙古副都统。

**二甲第五十五名　馨　德　**（《明清进士题名碑录索引》）

馨德，镶白旗满洲人。

中国国家图书馆藏《同治戊辰科会试同年齿录》：他塔拉氏，字子铭，一字子麟，号香树，行二，道光庚子年九月十四日吉时生，镶白旗满洲都统裕光佐领下廪膳生，壬戌乡试中式第九十六名，会试中式第一百二名，覆试第一等第二十名，殿试二甲第五十五名，朝考第二等第七名，钦点翰林院庶吉士。

南京图书馆藏《同治元年壬戌恩科各省乡试同年录》：年二十二岁中式同治壬戌恩科顺天乡试第九十六名，镶白旗满洲廪生。

**二甲第五十六名　鸣　泰　**（《明清进士题名碑录索引》）

鸣泰，镶黄旗汉军人。

中国国家图书馆藏《同治戊辰科会试同年齿录》：张氏，字凤山，号升九，一号生九，行二，道光乙未年二月二十一日吉时生，内务府镶黄旗文浩管领下汉军廪膳生。乡试中式第二百四十八名，会试中式第一百十七名，覆试第一等第十四名，殿试二甲第五十六名，朝考第二等第六十三名，钦点翰林院庶吉士。

南京图书馆藏《同治元年壬戌恩科各省乡试同年录》：年二十七岁中式同治元年壬戌恩科顺天乡试第二百四十八名，内务府镶黄旗汉军廪生。

二甲第九十一名　广　照　（《明清进士题名碑录索引》）

广照，正白旗汉军人。

中国国家图书馆藏《同治戊辰科会试同年齿录》：黄氏，字月华，号镜蟾，一号宣卿，行一，道光戊戌年十二月初八日吉时生，内务府正白旗汉军赓音布佐领下副贡生。辛酉科选拔第一名，会考第二等第一名，辛酉科中式副榜第二十一名，壬戌科奉特旨挑取誊录第一百五十六名，壬戌乡试中式第二十一名，覆试第一等第十三名，癸亥会试挑取誊录第三十二名，会试中式第二百十九名，覆试第一等第四十五名，殿试二甲第九十一名，朝考第二等第三十九名，钦点翰林院庶吉士。

二甲第一百二十一名　文　琦　（《明清进士题名碑录索引》）

文琦，内务府正黄旗汉军人。

中国国家图书馆藏《同治戊辰科会试同年齿录》：谭氏，原名俊，字仲英，号少珍，行二，道光癸巳年二月二十一日吉时生，内务府正黄旗常禄管领下汉军俊秀监生，六品苑丞衔，现任笔帖式。乡试中式第四十五名，覆试第三等，会试中式第一百八十七名，覆试第二等，殿试二甲第一百二十一名，朝考第三等第九名，钦点主事，签掣户部。

三甲第三十八名　嵩　申　（《明清进士题名碑录索引》）

嵩申，镶黄旗满洲人。

中国国家图书馆藏《同治戊辰科会试同年齿录》：完颜氏，字佰屏，号犉山，行一，道光辛丑年八月初七日吉时生，内务府镶黄旗满洲唐武塞佐领下一品荫生，户部贵州司学习郎中，赏戴花翎。咸丰十一年钦赐举人，会试中式第二百八名，保和殿覆试钦取第三等第七十八名，殿试三甲第三十八名，朝考第二等第十四名，钦点翰林院庶吉士。

三甲第四十五名　联　元　（《明清进士题名碑录索引》）

联元，镶红旗满洲人。

中国国家图书馆藏《同治七年戊辰科会试同年齿录》：崔佳氏，字鹤年，号先亨，一号仙蘅，行一，又行三，道光壬寅年正月二十六日生，镶红旗满洲玉清佐领下附生，戊午科举人，会试第一百九名，贡士，改庶吉士，授职检讨升侍讲，现官安徽安庆府知府。

三甲第五十二名　特　秀　（《明清进士题名碑录索引》）

特秀，镶红旗满洲人。

中国国家图书馆藏《同治七年戊辰科会试同年齿录》：刘佳氏，字实斋，号子良，行五，道光戊子年二月二十二日吉时生，镶红旗满洲国纯佐领下廪膳生，己未乡试中式第一百二十八名，会试中式第十一名，殿试三甲第五十二名，朝考第三等第四名，钦点即用知县，签掣江苏，补山阳县知县。

三甲第六十一名　尹　果　（《明清进士题名碑录索引》）

尹果，镶黄旗汉军人。

中国国家图书馆藏《同治七年戊辰科会试同年齿录》：字铭男，号晓泉，一号筱佺，行一又行五，嘉庆己卯年三月二十三日吉时生，盛京户部镶黄旗六品官属下汉军优贡生，本省乡试举人，会试中式第一百八十八名，贡士，殿试三甲第六十一名，内阁中书。

三甲第六十七名　恩　景　（《明清进士题名碑录索引》）

恩景，正白旗满洲人。

中国国家图书馆藏《同治七年戊辰科会试同年齿录》：号星垣，行一，道光丙申年七月初七日生，正白旗第三族恩惠佐领下宗室，己未恩科举人，会试第二名，贡士，三甲第六十七名，宗人府主事升副理事，官詹事府左右庶子，翰林院侍讲学士、侍读学士。

三甲第七十八名　文　荣　（《明清进士题名碑录索引》）

文荣，正蓝旗汉军人。

三甲第一百九名　延　誉　（《明清进士题名碑录索引》）

延誉，镶黄旗满洲人。

中国国家图书馆藏《同治七年戊辰科会试同年齿录》：马佳氏，字少玉，一字桂山，号月竹，又号梦华，行一，道光辛丑年九月二十二日生，三甲第一百九名，镶黄旗满洲平福佐领下优廪膳生，甲子乡试举人，会试第二十三名，贡士，刑部主事改知县，补湖南安福县知县。

三甲第一百十一名　扎拉芬　（《明清进士题名碑录索引》）

扎拉芬，镶蓝旗满洲人。

中国国家图书馆藏《同治七年戊辰科会试同年齿录》：吴扎库氏，字子恭，号仙苓，一号静庵，行一，道光丁亥年七月初十日吉时生，镶蓝旗满洲都统保庆佐领下廪膳生，国子监助教，咸丰辛酉科顺天乡试中式第七十八名，会试中式第一百三十四名，殿试三甲第一百十一名，钦点即用知县，签分广西。

同治十年辛未科（1871）

二甲第三十一名　朱文镜　（《明清进士题名碑录索引》）

朱文镜，镶红旗汉军人。

中国国家图书馆藏《同治十年辛未科会试录》：镶红旗汉军赵炳瑞佐领下副贡生，中式各直省贡士第一百五十六名。

上海图书馆藏《同治十年进士登科录》：贯镶红旗汉军赵炳瑞佐领下副贡生。辛酉科乡试第一百十六名，辛未科会试第一百五十六名。曾祖昵，祖兆瑞，父奎。

二甲第五十五名　承　翰　（《明清进士题名碑录索引》）

承翰，镶红旗满洲人。

中国国家图书馆藏《同治十年辛未科会试录》：镶红旗满洲包衣广兴佐领下附生，中式各直省贡士第三百二名。

上海图书馆藏《同治十年进士登科录》：贯镶红旗满洲包衣广兴佐领下附学生。甲子科乡试中式第一百十五名，辛未科会试中式第三百二名。

曾祖福忠阿,祖富绅,父锡泰。

二甲第七十五名　曾培祺　(《明清进士题名碑录索引》)
曾培祺,正白旗汉军人。
中国国家图书馆藏《同治十年辛未科会试录》:内务府正白旗汉军恩锡佐领下附生,中式各直省贡士第一百十九名。
上海图书馆藏《同治十年进士登科录》:贯内务府正白旗汉军恩锡佐领下附学生。辛酉科乡试第二百五名,辛未科会试第一百十九名。曾祖得,祖学光,父玉珂。

二甲第一百十一名　德　浚　(《明清进士题名碑录索引》)
德浚,正白旗汉军人。
中国国家图书馆藏《同治十年辛未科会试录》:正白旗汉军德印佐领下廪生,中式各直省贡士第十七名。
上海图书馆藏《同治十年进士登科录》:贯正白旗汉军德印佐领下廪膳生。甲子科乡试中式第一百三十九名,辛未科会试中式第十七名。曾祖陈刚,祖陈永福,父诚恩。

三甲第二名　硕　济　(《明清进士题名碑录索引》)
硕济,宗室,正蓝旗满洲人。
中国国家图书馆藏《同治十年辛未科会试录》:正蓝旗奎晃佐领下四品宗室,各直省宗室贡士中式第二名。
上海图书馆藏《同治十年进士登科录》:贯正蓝旗奎晃佐领下四品宗室。壬戌科乡试第一名,辛未科会试第二名。曾祖豫良,祖裕瑞,父增祉。

三甲第六名　英　煦　(《明清进士题名碑录索引》)
英煦,镶蓝旗满洲人。
中国国家图书馆藏《同治十年辛未科会试录》:镶黄旗满洲奎庆佐领下优贡生,中式各直省贡士第一百九十名。
上海图书馆藏《同治十年进士登科录》:贯镶黄旗满洲都统奎庆佐领下优贡生。庚午科乡试第二百四十四名,辛未科会试第一百九十名。曾祖耀兴阿，祖善祥，父景慧。

三甲第五十四名　良　弼　（《明清进士题名碑录索引》）

良弼，正白旗满洲人。

上海图书馆藏《同治十年进士登科录》：贯正白旗满洲善长佐领下增广生。壬戌科乡试第一百三十九名，戊辰科会试第一百五十二名。曾祖那丹珠，祖额尔洪额，父和顺。

三甲第五十七名　贵　恒　（《明清进士题名碑录索引》）

贵恒，镶白旗满洲人。

中国国家图书馆藏《同治十年辛未科会试录》：镶白旗满洲包衣崇焕佐领下廪生，中式各直省贡士第一百三名。

上海图书馆藏《同治十年进士登科录》：贯镶白旗满洲崇焕佐领下廪膳生。辛酉乡试第九十名，辛未科会试第一百三名。曾祖天章，祖屈轼，父成和。

三甲第八十九名　文　光　（《明清进士题名碑录索引》）

文光，镶蓝旗满洲人。

中国国家图书馆藏《同治十年辛未科会试录》：镶黄旗满洲熙领佐领下廪生，国子监助教，中式各直省贡士第二百五十六名。

上海图书馆藏《同治十年进士登科录》：贯镶黄旗满洲熙龄佐领下廪膳生。乙未科乡试第一百九十一名。辛未科会试第二百五十六名。曾祖塔尔善，祖阿尔精阿，父德福。

三甲第九十一名　德　润　（《明清进士题名碑录索引》）

德润，正黄旗满洲人。

中国国家图书馆藏《同治十年辛未科会试录》：正黄旗满洲希拉蒙额佐领下廪生，中式各直省贡士第一百十六名。

上海图书馆藏《同治十年进士登科录》：贯正黄旗满洲希拉蒙额佐领下廪膳生。甲子科乡试第一百九十一名，辛未科会试第一百十六名。曾祖奎福，祖德克升额，父倭什科。

三甲第九十六名　庆　吉　（《明清进士题名碑录索引》）

庆吉，镶黄旗满洲人。

中国国家图书馆藏《同治十年辛未科会试录》：镶黄旗满洲萨龄阿佐领下廪生，中式各直省贡士第一百八十一名。

上海图书馆藏《同治十年进士登科录》：贯镶黄旗满洲萨龄阿佐领下廪膳生。甲子科乡试第一百九十六名，辛未科会试第一百八十一名。曾祖色力讷，祖孟住，父奎山。

三甲第一百十一名　裕　昌　（《明清进士题名碑录索引》）

裕昌，正黄旗蒙古人。

上海图书馆藏《同治十年进士登科录》：贯正黄旗蒙古隆春佐领下廪膳生。丙午科乡试第二百十五名，丙辰科会试第二百五十四名。曾祖色楞，祖安福，父恒祥。

三甲第一百三十二名　多　泰　（《明清进士题名碑录索引》）

多泰，宗室，镶白旗满洲人。

中国国家图书馆藏《同治十年辛未科会试录》：宗室，字瀛洲，号镇东，行二。道光庚寅年九月初九日吉时生，厢白旗志元佐领下四品宗室。乙卯乡试中式第二名，覆试第二等第二名，会试中式第一名，殿试三甲，钦点礼部主事。曾祖达呼布，原任军参领，曾祖母戴绰尔氏。祖修林，原任宗人府主事。祖母佟佳氏。父恒刚，四品宗室，母那拉氏。胞伯恒朗，四品宗室。嫡堂兄霖济，现任宗人府主事，军功赏戴花翎。嫡堂弟霖浚，候补宗人府笔帖式。嫡堂弟霖润，现任宗人府笔帖式。妻胡佳氏，子世璋、世瑸。

中国国家图书馆藏《同治十年辛未科会试录》：镶白旗志元佐领下四品宗室，各直省宗室贡士中式第一名。

上海图书馆藏《同治十年进士登科录》：贯镶白旗志元佐领下四品宗室。乙卯科乡试第一名，辛未会试第二名。曾祖达呼布，祖修林，父恒纲。

三甲第一百三十五名　精　一　（《明清进士题名碑录索引》）

精一，镶黄旗满洲人。

中国国家图书馆藏《同治十年辛未科会试录》：镶黄旗满洲铁山佐领下附生，中式各直省贡士第八名。

上海图书馆藏《同治十年进士登科录》：镶黄旗满洲铁山佐领下附学生。庚午乡试第二百五名，会试第八名。曾祖福仓，祖武力根布，父武勒兴阿。

三甲第一百四十九名　赵英祚　（《明清进士题名碑录索引》）

赵英祚，正白旗汉军人。

中国国家图书馆藏《同治十年辛未科会试录》：正白旗汉军文濬佐领下监生。中式各直省贡士第一百六十名。

上海图书馆藏《同治十年进士登科录》：正白旗汉军文濬佐领下例监生。庚申科乡试第一百七十七名，会试第一百六十名。曾祖文明，祖长治，父大鹏。

三甲第一百五十二名　荣　保　（《明清进士题名碑录索引》）

荣保，正蓝旗蒙古人。

中国国家图书馆藏《同治十年辛未科会试录》：正蓝旗蒙古包衣福升管领下廪贡生，中式各直省贡士第二百九十六名。

上海图书馆藏《同治十年进士登科录》：正蓝旗蒙古包衣福升管领下廪贡生。甲子科乡试第一百九十一名，辛未科会试第二百九十六名。曾祖士起，祖文治，父德新。

北京大学图书馆藏《同治十年辛未科会试同年齿录》：周姓，字伯佑，号竹坡，行一。嘉庆丁丑年六月初八日吉时生。正蓝旗蒙古包衣福升管领下廪贡生。乡试中式第一百九十一名，会试中式第二百九十六名，殿试三甲第一百五十二名，朝考第三等第一百三十五名，钦点即用知县。曾祖士起，字墨题，例封文林郎。曾祖母氏刘，例封孺人。祖文治，字黼堂，嘉庆庚申恩科举人，截取知县，例授文林郎。祖母氏庞，交河县太学生讳振翼公女，例封孺人。父德新，字又铭，太学生，例封文林郎。母氏刘，盐山县乾隆甲寅恩科举人、原任高阳县教谕讳曾璈公女，例封孺人。继母氏陈，献县候选光禄寺署正讳鸿绪公女，例封孺人。

三甲第一百五十七名　善　广　（《明清进士题名碑录索引》）
善广，镶红旗蒙古人。
中国国家图书馆藏《同治十年辛未科会试录》：镶红旗蒙古恩霖佐领下京口驻防附生，中式各直省贡士第六十名。
上海图书馆藏《同治十年进士登科录》：贯京口驻防镶红旗蒙古恩霖佐领下附学生。丁卯科乡试第六十三名，辛未科会试第六十名。曾祖讷青阿，祖良惠，父春元。
（清）春光《京口八旗志·选举志》卷上：善广，辛未进士。钦点内阁中书，浙江候补知县，钦加同知衔。

三甲第一百八十五名　继　文　（《明清进士题名碑录索引》）
继文，正黄旗汉军人。
中国国家图书馆藏《同治十年辛未科会试录》：内务府正黄旗汉军克峻佐领下附生，中式各直省贡士第一百九十四名。
上海图书馆藏《同治十年进士登科录》：贯内务府正黄旗汉军克峻佐领下附学生。庚午科乡试第一百九十九名，辛未科会试第一百九十四名。曾祖永安，祖丰盛，父托伦。

三甲第一百八十八名　崇　俊　（《明清进士题名碑录索引》）
崇俊，正蓝旗满洲人。
中国国家图书馆藏《同治十年辛未科会试录》：佟佳氏，字雨岑，号志斋，一号显臣，行二。道光辛卯年五月初十日吉时生，正蓝旗满洲文治佐领下廪膳生。乡试中式第一百五十五名，会试中式第二百八十九名，殿试三甲第镶□名，钦点即用知县，签掣贵州。高高祖佟格礼，正红旗护军统领。高高祖妣章佳氏，诰封夫人。高高叔祖惠申、胞高叔祖张保生。堂高叔祖吉亮，户部笔帖式，阿金太。胞曾叔祖那兰太，嫡堂叔祖富保，护军参领，常保、全保，骁骑校。堂叔祖，托斌，健锐营前锋校。胞兄英俊，字伟卿，廪膳生。胞弟文俊，字焕如，理藩院银库库使。高祖平堪，前锋校。高祖妣傅察氏，诰封安人。曾祖六达色，内阁中书。曾祖妣瓜尔佳氏，诰封安人。祖成德，字佑之，左翼步军委翼尉，祖妣博尔济吉特氏，镶白旗蒙古前锋校阿林公之三女，甘肃提督军门剿办川陕楚三省教匪总统军务翼长百祥公之胞妹，诰封恭人。父德贵，字峻斋，廪膳生，嘉庆甲子科乡试荐卷挑取誊录，补国史馆誊录官，兼收掌官议叙，吏部笔帖式，选授工部司务。前母闫佳氏，正蓝旗满洲护军参领额勒亨额公之次女，护军参领永陵总管全喜公之胞姊，诰封安人。母从氏，正蓝旗汉军骁骑校兼公中佐领明安公之次女，诰封安人。

中国国家图书馆藏《同治十年辛未科会试录》：正蓝旗满洲文治佐领下廪生，中式各直省贡士第二百八十九名。

上海图书馆藏《同治十年进士登科录》：正蓝旗满洲文治佐领下廪膳生。辛酉乡试第一百五十五名，辛未科会试第二百八十九名。曾祖六达色，祖成德，父德贵。

同治十三年甲戌科（1874）

二甲第三十三名　凤　鸣　（《明清进士题名碑录索引》）

凤鸣，正黄旗满洲人。

中国国家图书馆藏《同治十三年甲戌科会试同年官职录》：年三十三岁，正黄旗满洲书润佐领下同治元年顺天乡试中式第二百三十八名举人，会试中式第二十三名，覆试第一等第四十九名，殿试二甲第三十三名，朝考第二等第七十四名，钦点翰林院庶吉士。

上海图书馆藏《同治十三年甲戌科会试录》：正黄旗满洲书润佐领下附生。中式各省贡士第二十三名。

南京图书馆藏《同治元年壬戌恩科各省乡试同年录》：年二十二岁，中式同治元年壬戌恩科顺天乡试第二百三十八名，正黄旗满洲附学生。

二甲第三十九名　赵尔巽　（《明清进士题名碑录索引》）

赵尔巽，正蓝旗汉军人。

中国国家图书馆藏《同治十三年甲戌科会试同年官职录》：年三十岁，正蓝旗汉军荣康佐领下同治六年顺天乡试中式第二百六十名举人，会试中式第一百八十四名，覆试第一等第三十八名，殿试二甲第三十九名，朝考第一等第六十一名，钦点翰林院庶吉士。

上海图书馆藏《同治十三年甲戌科会试录》：正蓝旗汉军荣康佐领下

监生。中式各省贡士第一百八十四名。

二甲第四十六名　宝　昌　（《明清进士题名碑录索引》）

宝昌，正黄旗满洲人。

中国国家图书馆藏《同治十三年甲戌科会试同年官职录》：年二十五岁，正黄旗满洲明通佐领下同治九年顺天乡试中式第一百四名举人，会试中式第七名，覆试第二等第二十八名，殿试二甲第四十六名，朝考第一等第四十六名，钦点翰林院庶吉士。

上海图书馆藏《同治十三年甲戌科会试同年齿录》：伊尔根觉罗氏，字兴谷，号朗轩，行二，道光戊申年七月初十日吉时生，正黄旗满洲明通佐领下监生。庚午乡试中式第一百四名，甲戌会试中式第七名，殿试二甲第四十六名，朝考第一等第四十六名，钦点翰林院庶吉士。

上海图书馆藏《同治十三年甲戌科会试录》：正黄旗满洲明通佐领下监生。中式各省贡士第七名。

二甲第六十八名　向　贤　（《明清进士题名碑录索引》）

向贤，正白旗蒙古人。

北京大学图书馆藏《同治十三年甲戌科会试同年齿录》：巴羽特氏，尚贤，字雅珍，号宝庭，又号颂臣，本行三，又行五，道光乙巳年十一月二十一日吉时生，系盛京正白旗蒙古中和佐领下都京正白旗蒙古第七甲喇拴禄佐领下附生，中式顺天庚午科举人，丁卯科第七房荐卷。乡试中式第二百六十三名，会试中式第一百二十八名，保和殿覆试第三等，殿试二甲第六十八名，朝考第一等第十五名，钦点翰林院庶吉士。曾祖讳札隆阿，祖讳德兴额，父名巴哈。

中国国家图书馆藏《同治十三年甲戌科会试同年官职录》：年三十岁，正白旗蒙古拴禄佐领下系盛京驻防同治九年顺天乡试中式第二百六十三名举人，会试中式第一百二十八名，覆试第三等第一百五十名，殿试二甲第六十八名，朝考第一等第十五名，钦点翰林院庶吉士。

上海图书馆藏《同治十三年甲戌科会试同年齿录》：巴羽特氏，字雅珍，号宝庭，又号颂臣，本行三，又行五，道光乙巳年十一月二十一日吉时生，系盛京正白旗蒙古中和佐领下都京正白旗蒙古第七甲喇拴禄佐领下附生，中式顺天庚午科举人，丁卯科第七房荐卷。乡试中式第二百六十三名，会试中式第一百二十八名，保和殿覆试第三等，殿试二甲第六十八名，朝考第一等第十五名，钦点翰林院庶吉士。

上海图书馆藏《同治十三年甲戌科会试录》：正白旗蒙古喇拴禄佐领下附生。中式各省贡士第一百二十八名。

二甲第七十四名　延　清　（《明清进士题名碑录索引》）

延清，镶白旗蒙古人。

中国国家图书馆藏《同治十三年甲戌科会试同年官职录》：年二十九岁，京口驻防镶白蒙德通佐领下同治十二年江南乡试中式第五十五名举人，会试中式第一百六名，覆试第一等第三十六名，殿试二甲第七十四名，朝考第二等第四十一名，钦点六部主事。

上海图书馆藏《同治十三年甲戌科会试录》：镶白旗蒙古德通佐领下京口驻防优贡生。中式各省贡士第一百六名。

《京口八旗志·选举志》卷上：庚午优贡，癸酉举人，甲戌进士，工部主事。

二甲第七十五名　乌拉布　（《明清进士题名碑录索引》）

乌拉布，镶黄旗满洲人。

中国国家图书馆藏《同治十三年甲戌科会试同年官职录》：年二十九岁，镶黄旗满洲耀奎佐领下咸丰十一年顺天乡试中式第一百名举人，会试中式第一百十七名，覆试第二等第一名，殿试二甲第七十五名，朝考第一等第三十三名，钦点翰林院庶吉士。

上海图书馆藏《同治十三年甲戌科会试录》：镶黄旗满洲耀奎佐领下廪生，国子监典簿。中式各省贡士第一百十七名。

《皇清书史》：字少云，满洲镶黄旗人，同治十三年进士，官工部侍郎。

二甲第八十名　良　贵　（《明清进士题名碑录索引》）

良贵，镶红旗满洲人。

北京大学图书馆藏《同治十三年甲戌科会试同年齿录》：宗室，号子修，行二，道光乙巳年二月初九日吉时生，镶红旗恩全佐领下四品宗室，右翼宗学副管，甲子乡试中式第一名，会试中式第一名，殿试二甲第八十名，朝考第一等第六十名，钦点翰林院庶吉士。曾祖硕臣。祖华德，嘉庆丙子科举人，道光癸未科进士，翰林院庶吉士。父秀平，道光丁酉科举人，庚子科进士。

中国国家图书馆藏《同治十三年甲戌科会试同年官职录》：年三十岁镶红旗恩全佐领下四品宗室，同治三年甲子科乡试中式第一名举人，会试中式第一名，殿试二甲第八十名，朝考第一等第六十名，钦点翰林院庶吉士。

上海图书馆藏《同治十三年甲戌科会试同年齿录》：宗室，号子修，行二，道光乙巳年二月初九日吉时生，镶红旗恩全佐领下四品宗室，右翼宗学副管，甲子乡试中式第一名，会试中式第一名，殿试二甲第八十名，朝考第一等第六十名，钦点翰林院庶吉士。

上海图书馆藏《同治十三年甲戌科会试录》：宗室，镶红旗恩全佐领下四品宗室，宗室中式贡士第一名。

二甲第一百十七名　余　庆　（《明清进士题名碑录索引》）

余庆，正红旗满洲人。

中国国家图书馆藏《同治十三年甲戌科会试同年官职录》：年二十六岁，正红旗满洲那丹珠佐领下同治三年本省乡试中式第六十五名举人，会试中式第一百二十二名，覆试第三等第九十四名，殿试二甲第一百十七名，朝考第三等第十五名，钦点即用知县。

上海图书馆藏《同治十三年甲戌科会试录》：正红旗满洲那丹珠佐领下廪生，翰林院笔帖式。中式各省贡士第一百二十二名。

三甲第一名　许普济　（《明清进士题名碑录索引》）

许普济，镶黄旗汉军人。

北京大学图书馆藏《同治十三年甲戌科会试同年齿录》：字作舟，一字伯康，别字利川，行一，道光乙巳年九月十七日吉时生，系驻防广州镶黄旗汉军廪生，候选教谕。庚午本省乡试中式第九十四名，会试中式第十三名，殿试三甲第一名，朝考入选，钦点六部主政，签掣工部。曾祖学灏。祖世兴。父标，道光己酉科举人，庚戌科进士，钦点即用主事。

中国国家图书馆藏《同治十三年甲戌科会试同年官职录》：年三十岁，广州驻防镶黄旗汉军奎光佐领下同治九年本省乡试中式第九十四名举人，会试中式第十三名，覆试第三等第一百六十八名，殿试三甲第一名，朝考三等第九十九名，钦点工部主事。

上海图书馆藏《同治十三年甲戌科会试同年齿录》：字作舟，一字伯康，别字利川，行一，道光乙巳年九月十七日吉时生，系驻防广州镶黄旗汉军廪生，候选教谕。庚午本省乡试中式第九十四名，会试中式第十三名，殿试三甲第一名，朝考入选，钦点六部主政，签掣工部。

上海图书馆藏《同治十三年甲戌科会试录》：镶黄旗汉军奎光佐领下广州驻防廪生。中式各省贡士第十三名。

《驻粤八旗志》卷十二：许普济，镶黄旗汉军，同治九年庚午科举人，同治十三年甲戌科进士，额外主事。

三甲第七名　桂　霖　（《明清进士题名碑录索引》）

桂霖，正黄旗满洲人。

中国国家图书馆藏《同治十三年甲戌科会试同年官职录》：年二十四岁，正黄旗满洲博昌佐领下同治十二年顺天乡试中式第一百八十八名举人，会试中式第二百十一名，覆试第三等第一百五十三名，殿试三甲第七名，朝考第二等第十九名，钦点即用礼部主事。

上海图书馆藏《同治十三年甲戌科会试录》：正黄旗满洲博昌佐领下附生，礼部候补主事。中式各省贡士第二百十一名。

三甲第十六名　奎　郁　（《明清进士题名碑录索引》）

奎郁，宗室。正蓝旗满洲人。

中国国家图书馆藏《同治十三年甲戌科会试同年官职录》：年四十三岁，正蓝旗奎晃佐领下四品宗室，同治六年丁卯科乡试中式第四名举人，会试中式第二名，殿试三甲第十六名，朝考第一等第五十四名，钦点主事签掣宗人府。

上海图书馆藏《同治十三年甲戌科会试录》：宗室，正蓝旗恩奎晃佐领下四品宗室，宗室中式贡士第二名。

三甲第四十六名　吉　康　（《明清进士题名碑录索引》）

吉康，正黄旗汉军人。

中国国家图书馆藏《同治十三年甲戌科会试同年官职录》：年五十三

岁，正黄旗汉军溥祥佐领下同治三年顺天乡试中式第二百三十一名举人，会试中式第四十七名，覆试第三等第一百二十八名，殿试三甲第四十六名，朝考第三等第一百五十一名，钦点部选知县。

上海图书馆藏《同治十三年甲戌科会试录》：正黄旗汉军溥祥佐领下廪生，中式各省贡士第四十七名。

三甲第五十名　海　锟　（《明清进士题名碑录索引》）

海锟，正蓝旗满洲人。

中国国家图书馆藏《同治十三年甲戌科会试同年官职录》：年二十八岁，正蓝旗满洲敬谦佐领下同治六年顺天乡试中式第四十八名举人，会试中式第一百四十八名，覆试第三等第一百二十九名，殿试三甲第五十名，朝考第二等第七十三名，钦点分部主事。

上海图书馆藏《同治十三年甲戌科会试录》：正蓝旗满洲敬谦佐领下廪生，中式各省贡士第一百四十八名。

三甲第五十七名　恩　寿　（《明清进士题名碑录索引》）

恩寿，镶白旗满洲人。

中国国家图书馆藏《同治十三年甲戌科会试同年官职录》：年二十九岁，镶白旗满洲特通额佐领下钦赐举人，会试中式第八十七名，覆试第三等第一百十名，殿试三甲第五十七名，朝考第三等第七十九名，钦点兵部，即用员外郎。

上海图书馆藏《同治十三年甲戌科会试录》：镶白旗满洲特通额佐领下监生，恩赐举人，候选员外郎。中式各省贡士第八十七名。

三甲第六十四名　保　昌　（《明清进士题名碑录索引》）

保昌，正红旗汉军人。

北京大学图书馆藏《同治十三年甲戌科会试同年齿录》：曹氏，字子猷，号奎垣，行三，大行五，道光戊子年十月初七日吉时生，正红旗汉军都统崇继佐领下附生，戊午乡试中式第一百七十名，甲戌会试中式第一百七十五名，殿试二甲第六十四名，钦点即用知县。曾祖讳世德，号莲溪，乾隆壬申恩科举人。祖讳涵，号粹亭，乾隆癸卯科举人。父讳纯佑，号吉人，道光丁酉科副榜，己亥恩科副榜。曾伯叔祖世显，乾隆己卯科举人。

堂伯叔祖济康，嘉庆庚午科举人。堂叔伯震东，咸丰壬子科举人，现任湖南新田县知县。堂叔伯贵林，道光甲辰恩科举人。

中国国家图书馆藏《同治十三年甲戌科会试同年官职录》：年四十四岁，正红旗汉军崇继佐领下咸丰八年乡试中式第一百七十名举人，会试中式第一百七十五名，覆试第三等第五十名，殿试三甲第六十四名，朝考第三等第九十三名，钦点即用知县，签制甘肃。

上海图书馆藏《同治十三年甲戌科会试同年齿录》：曹氏，字子猷，号奎垣，行三，大行五，道光戊子年十月初七日吉时生，正红旗汉军都统崇继佐领下附生，戊午乡试中式第一百七十名，甲戌会试中式第一百七十五名，殿试二甲第六十四名，钦点即用知县。

上海图书馆藏《同治十三年甲戌科会试录》：正红旗汉军崇继佐领下附生。中式各省贡士第一百七十五名。

三甲第七十名　锡　良　（《明清进士题名碑录索引》）

锡良，镶蓝旗蒙古人。

中国国家图书馆藏《同治十三年甲戌科会试同年官职录》：镶蓝旗蒙古麟昌佐领下同治十二年顺天乡试中式第三百十一名举人，会试中式第七十名，覆试第三等第一百六十二名，殿试三甲第七十名，朝考第三等第六十八名，钦点即用知县，签制山西。

上海图书馆藏《同治十三年甲戌科会试录》：镶蓝旗蒙古麟昌佐领下廪生，中式各省贡士第七十名。

三甲第七十二名　庆　瑞　（《明清进士题名碑录索引》）

庆瑞，镶红旗满洲人。

中国国家图书馆藏《同治十三年甲戌科会试同年官职录》：镶红旗满洲桂丰佐领下同治九年顺天乡试中式第九十二名举人，会试中式第七十四名，覆试第三等第四十九名，殿试三甲第七十二名，朝考第三等第十八名，钦点即用知县，签制湖南。

上海图书馆藏《同治十三年甲戌科会试同年齿录》：字云阁，号蔼然，道光丁未年六月二十四日吉时生。满洲镶红旗第一甲喇桂丰佐领下附生。吏部学习员外郎，文选司行走。庚午乡试中式第九十二名，会试中式第七十四名，殿试三甲第七十二名，朝考第三等第十八名，钦点即用知县。

上海图书馆藏《同治十三年甲戌科会试录》：镶红旗满洲桂丰佐领下附生，吏部学习员外郎，中式各省贡士第七十四名。

三甲第一百四十一名　冯　健　（《明清进士题名碑录索引》）

冯健，正白旗汉军人。

北京大学图书馆藏《同治十三年甲戌科会试同年齿录》：字子毅，号松斋，行二，道光丙午年十一月十三日吉时生，系驻防广州正白旗汉军附生。乡试中式第一百零三名，会试中式第一百名，殿试三甲第一百四十一名，朝考第三等第二十八名，钦点即用知县，签掣浙江。曾祖良锡，祖经，父文耀。嫡堂弟端，丁卯科举人。

中国国家图书馆藏《同治十三年甲戌科会试同年官职录》：年三十一岁，正白旗汉军麟佐领下同治九年本省广东广州驻防附生，乡试中式第一百三名举人，会试中式第一百名，覆试第三等第一百三十七名，殿试三甲第一百四十一名，朝考第三等第二十六名，钦点即用知县，签制浙江。

上海图书馆藏《同治十三年甲戌科会试同年齿录》：字子毅，号松斋，行二，道光丙午年十一月十三日吉时生，系驻防广州正白旗汉军附生。乡试中式第一百零三名，会试中式第一百名，殿试三甲第一百四十一名，朝考第三等第二十八名，钦点即用知县，签掣浙江。

上海图书馆藏《同治十三年甲戌科会试录》：正白旗汉军蔡魁龄佐领下广州驻防附生，中式各省贡士第一百名。

《驻粤八旗志》卷十二：冯健，正白旗汉军，同治九年庚午科举人，同治十三年甲戌科进士，钦点即用知县。

三甲第一百七十七名　赵尔震　（《明清进士题名碑录索引》）

赵尔震，正蓝旗汉军人。

中国国家图书馆藏《同治十三年甲戌科会试同年官职录》：年三十一岁，正蓝旗汉军荣康佐领下同治十二年顺天乡试中式第六十九名举人，会试中式第一百四十一名，覆试第二等第七十五名，殿试三甲第一百七十七名，朝考一等七十一名，钦点翰林院庶吉士。祖达纶，父文颖。

上海图书馆藏《同治十三年甲戌科会试录》：正蓝旗汉军荣康佐领下云骑尉，兵部学习郎中，中式各省贡士第一百四十一名。

三甲第一百八十一名　崇　泰　（《明清进士题名碑录索引》）

崇泰，正蓝旗满洲人。

中国国家图书馆藏《同治十三年甲戌科会试同年官职录》：年四十一岁，正蓝旗满洲松龄佐领下咸丰十一年顺天乡试中式第一百四十一名举人，会试中式第一百六十名，覆试第三等第一百八十二名，殿试三甲第一百八十一名，朝考第二等第二十三名，钦点即用知县，签制广东。

上海图书馆藏《同治十三年甲戌科会试录》：正蓝旗满洲松龄佐领下副贡生，中式各省贡士第一百六十名。

《枢垣记略·题名三》：字云谷，蒙古镶黄旗人。道光十五年八月由理藩院笔帖式入直，官至雁平道。

光绪二年丙子恩科（1876）

二甲第七名　春　溥　（《明清进士题名碑录索引》）

春溥，正黄旗蒙古人。

中国国家图书馆藏《光绪二年丙子恩科金榜题名录》：正黄旗蒙古人，二甲第七名，赐进士出身。

中国国家图书馆藏《光绪丙子恩科会试同年齿录》：字伯熙，号博泉，行一，咸丰壬子年十二月二十三日吉时生，系盛京内务府正黄旗承安佐领下蒙古附生，乡试中式第二百三十六名，会试中式第二十五名，殿试二甲第七名，朝考第一等第四十四名，钦点翰林院庶吉士。

上海图书馆藏《光绪二年丙子恩科会试录》：中式各直省贡士第二十五名，正黄旗蒙古承安佐领下附生。

南京图书馆藏《光绪二年丙子恩科登科录》：贯盛京内务府正黄旗蒙古承安佐领下附生。癸酉科顺天乡试第二百三十六名，丙子科会试第二十五名。曾祖许富，祖许文礼，父许有山。

二甲第四十二名　裕　德　（《明清进士题名碑录索引》）

裕德，正白旗满洲人。

中国国家图书馆藏《光绪二年丙子恩科金榜题名录》：正白旗满洲人，二甲第四十二名，赐进士出身。

上海图书馆藏《光绪二年丙子恩科会试录》：中式各直省贡士第二百四十六名，正白旗满洲存善佐领下荫生户部员外郎。

南京图书馆藏《光绪二年丙子恩科登科录》：贯正白旗满洲籍荫生。庚午科顺天乡试第一百二十一名，丙子科会试第二百四十六名。曾祖盛住，祖庆林，父崇纶。

二甲第九十九名　会　章　（《明清进士题名碑录索引》）

会章，宗室，正蓝旗满洲人。

中国国家图书馆藏《光绪二年丙子恩科会试同年齿录》：光绪二年丙子恩科会试宗室第一名，旗人。

中国国家图书馆藏《光绪二年丙子恩科金榜题名录》：宗室，正蓝旗满洲人，二甲第九十九名，赐进士出身。

上海图书馆藏《光绪二年丙子恩科会试录》：宗室中式贡士第一名，正蓝旗奕琱佐领下宗室二品宗室。

南京图书馆藏《光绪二年丙子恩科登科录》：宗室，贯正蓝旗奕琱佐领下二品荫生。癸酉科顺天乡试第一名，丙子科会试第一名。曾祖玉芝，祖庆祺，父延煦。

二甲第一百二十三名　廷　杰　（《明清进士题名碑录索引》）

廷杰，正白旗满洲人。

中国国家图书馆藏《光绪二年丙子恩科金榜题名录》：正白旗满洲人，二甲第一百二十三名，赐进士出身。

上海图书馆藏《光绪二年丙子恩科会试录》：中式各直省贡士第八名，正白旗满洲庆麟佐领下廪生。

南京图书馆藏《光绪二年丙子恩科登科录》：贯正白旗满洲庆麟佐领下廪生。丁卯科顺天乡试第八十一名，丙子科会试第八名。曾祖庆安，祖祥善，父多瑞。

二甲第一百三十二名　常　山　（《明清进士题名碑录索引》）

常山，镶黄旗满洲人。

中国国家图书馆藏《光绪丙子恩科会试同年齿录》：宁古塔氏，字伯仁，号小轩，行一，又行六，道光丙午年六月初四日吉时生，系镶黄旗满洲奎纶佐领下附生，头品荫生，现官工部学习员外郎，乡试中式第一百一名，覆试第一等第二名，会试中式第五十五名，殿试二甲第一百三十二名，朝考第一等第十三名，钦点翰林院庶吉士。曾祖伍什，祖永亮，父松龄。

中国国家图书馆藏《光绪二年丙子恩科金榜题名录》：镶黄旗满洲人，二甲第一百三十二名，赐进士出身。

上海图书馆藏《光绪二年丙子恩科会试录》：中式各直省贡士第五十五名，镶黄旗满洲奎纶佐领下热河驻防附生，工部学习员外郎。

南京图书馆藏《光绪二年丙子恩科登科录》：贯镶黄旗满洲奎纶佐领下附生。庚午科顺天乡试第一百一名，丙子科会试第五十五名。曾祖伍什，祖永亮，父松龄。

三甲第八名　李鹤亭　（《明清进士题名碑录索引》）

李鹤亭，正红旗汉军人。

中国国家图书馆藏《光绪二年丙子恩科金榜题名录》：正红旗汉军人，三甲第八名，赐同进士出身。

中国国家图书馆藏《光绪丙子恩科会试同年齿录》：原名福谦，号仙九，字竹楼，行三，道光癸卯年癸亥月乙未日吉时生，系礼亲王府正红旗皂成佐领下汉军附生，盛京正红旗满洲文绪佐领带管。应同治六年顺天乡试举人，乡试中式第二百四十一名，保和殿覆试第二等第十五名，会试中式第二百五十六名，保和殿覆试第二等第一百四名，殿试三甲第八名，朝考入选，钦点铨选知县。曾祖李英，祖李文显，父李廷贵。

上海图书馆藏《光绪二年丙子恩科会试录》：中式各直省贡士第二百五十六名，正红旗汉军包衣皂成佐领下附生。

南京图书馆藏《光绪二年丙子恩科登科录》：贯正红旗皂成佐领下附生。丁卯科顺天乡试第二百四十一名，丙子科会试第二百五十六名。曾祖李英，祖李文显，父李廷桂。

三甲第二十一名　贵　贤　（《明清进士题名碑录索引》）

贵贤，内务府镶黄旗汉军人。

中国国家图书馆藏《光绪二年丙子恩科金榜题名录》：镶黄旗汉军人，三甲第二十一名，赐同进士出身。

上海图书馆藏《光绪二年丙子恩科会试录》：中式各直省贡士第七十三名，内务府镶黄旗汉军瑞丰管领下附生，内阁中书。

南京图书馆藏《光绪二年丙子恩科登科录》：贯内务府镶黄旗汉军瑞丰管领下附生。庚午科顺天乡试第一百六十四名，丙子科会试第七十三名。曾祖六十七，祖德成，父福旺。

三甲第五十名　裕　祥　（《明清进士题名碑录索引》）

裕祥，内务府镶黄旗满洲人。

中国国家图书馆藏《光绪二年丙子恩科金榜题名录》：镶黄旗满洲人，三甲第五十名，赐同进士出身。

上海图书馆藏《光绪二年丙子恩科会试录》：中式各直省贡士第一百十五名，内务府镶黄旗满洲包衣庭玺管领下廪生。

南京图书馆藏《光绪二年丙子恩科登科录》：贯内务府镶黄旗满洲廷玺管领下廪膳生。癸酉科顺天乡试第三百十六名，丙子科会试第一百十五名。曾祖五达塞，祖和明，父普琳。

三甲第八十五名　善　庆　（《明清进士题名碑录索引》）

善庆，正白旗满洲人。

中国国家图书馆藏《光绪二年丙子恩科金榜题名录》：正白旗满洲人，三甲第八十五名，赐同进士出身。

上海图书馆藏《光绪二年丙子恩科会试录》：中式各直省贡士第二百三十九名，正白旗满洲松群佐领下廪生，国子监助教。

南京图书馆藏《光绪二年丙子恩科登科录》：贯正白旗满洲松群佐领下廪生。辛酉科顺天乡试第一百四名，丙子科会试第二百三十九名。曾祖常德，祖霍隆武，父富兴。

三甲第八十六名　庄　福　（《明清进士题名碑录索引》）

庄福，正黄旗汉军人。《索引》作满洲人，误。

中国国家图书馆藏《光绪二年丙子恩科金榜题名录》：正黄旗汉军人，三甲第八十六名，赐同进士出身。

上海图书馆藏《光绪二年丙子恩科会试录》：中式各直省贡士第一百名，正黄旗汉军桂斌佐领下附生。

南京图书馆藏《光绪二年丙子恩科登科录》：贯正黄旗汉军扎拉芬佐领下附生。丙午科顺天乡试第一百七十九名，丙子科会试第一百名。曾祖陈元玫，祖陈智，父长青。

三甲第九十四名　庆　恩　（《明清进士题名碑录索引》）

庆恩，镶黄旗满洲人。

中国国家图书馆藏《光绪二年丙子恩科金榜题名录》：镶黄旗满洲人，三甲第九十四名，赐同进士出身。

上海图书馆藏《光绪二年丙子恩科会试录》：中式各直省贡士第四十名，镶黄旗满洲端纶佐领下盛京驻防增生。

南京图书馆藏《光绪二年丙子恩科登科录》：贯镶黄旗满洲端纶佐领下增生。庚午科顺天乡试第二百四十名，丙子科会试第四十名。曾祖敖成阿，祖福兴，父德音。

三甲第一百七名　胡俊章　（《明清进士题名碑录索引》）

胡俊章，正蓝旗汉军人。

中国国家图书馆藏《光绪二年丙子恩科金榜题名录》：正蓝旗汉军人，三甲第一百七名，赐同进士出身。

上海图书馆藏《光绪二年丙子恩科会试录》：中式各直省贡士第二百二十三名，正蓝旗汉军包衣文泰佐领下附生。

南京图书馆藏《光绪二年丙子恩科登科录》：贯正蓝旗汉军包衣文泰佐领下附生。壬子科顺天乡试第一百六十八名，丙子科会试第二百二十三名。曾祖明林，祖廉叙，父吉谦。

三甲第一百三十四名　景　瀛　（《明清进士题名碑录索引》）

景瀛，镶白旗汉军人。

中国国家图书馆藏《光绪二年丙子恩科会试同年齿录》：李氏，字玉洲，号雨沧，行九，又行二，道光甲午年十一月十二日吉时生，内务府正白旗汉军定昌佐领下增生，戊午乡试中式第五十三名，会试中式第二十九名，殿试三甲，朝考入选，钦点即用知县，分发贵州。

中国国家图书馆藏《光绪二年丙子恩科金榜题名录》：正白旗汉军人，三甲第一百三十三名，赐同进士出身。

上海图书馆藏《光绪二年丙子恩科会试录》：中式各直省贡士第二十九名，内务府正白旗汉军包衣定昌佐领下增生。

南京图书馆藏《光绪二年丙子恩科登科录》：贯内务府正白旗汉军定昌佐领下增生。戊午科顺天乡试第五十三名，丙子科会试第二十九名。曾祖全保，祖恒泰，父舒贵。

三甲第一百四十九名　诚　鉴　（《明清进士题名碑录索引》）

诚鉴，正黄旗满洲人。

中国国家图书馆藏《光绪二年丙子恩科金榜题名录》：正黄旗满洲人，三甲第一百四十八名，赐同进士出身。

上海图书馆藏《光绪二年丙子恩科会试录》：中式各直省贡士第一百六十一名，正黄旗满洲阿琳佐领下附生，兵部笔帖式。

南京图书馆藏《光绪二年丙子恩科登科录》：贯正黄旗满洲阿琳佐领下附生。丁卯科顺天乡试第一百五十三名，丙子科会试第一百六十一名。曾祖明良，祖恒英，父庆琳。

三甲第一百五十名　承　荫　（《明清进士题名碑录索引》）

承荫，内务府镶黄旗汉军人。

中国国家图书馆藏《光绪二年丙子恩科金榜题名录》：镶黄旗汉军人，三甲第一百四十九名，赐同进士出身。

上海图书馆藏《光绪二年丙子恩科会试录》：中式各直省贡士第六十六名，内务府镶黄旗汉军多善佐领下附生。

南京图书馆藏《光绪二年丙子恩科登科录》：贯内务府镶黄旗汉军多善佐领下附生。己未科顺天乡试第二十七名，丙子科会试第六十六名。曾祖五保，祖安顺，父联奎。

三甲第一百六十一名　秀　荫　（《明清进士题名碑录索引》）

秀荫，正蓝旗蒙古人。

中国国家图书馆藏《光绪二年丙子恩科金榜题名录》：正蓝旗蒙古人，三甲第一百六十名，赐同进士出身。

上海图书馆藏《光绪二年丙子恩科会试录》：中式各直省贡士第二百五名，正蓝旗蒙古继良佐领下廪生。

南京图书馆藏《光绪二年丙子恩科登科录》：贯正蓝旗蒙古继良佐领下廪生。乙亥科顺天乡试第一百五十一名，丙子科会试第二百五名。曾祖七十一，祖德山，父富隆额。

三甲第一百六十二名　那　桂　（《明清进士题名碑录索引》）

那桂，内务府镶黄旗满洲人。

中国国家图书馆藏《光绪二年丙子恩科金榜题名录》：镶黄旗满洲人，三甲第一百六十一名，赐同进士出身。

南京图书馆藏《光绪二年丙子恩科登科录》：贯内务府镶黄旗满洲明光管领下廪生。丁卯科顺天乡试第三十三名，丙子科会试第六十三名。曾祖彭年，祖兴诚，父斌安。

光绪三年丁丑科（1877）

二甲第十名　盛　昱　（《明清进士题名碑录索引》）

盛昱，镶白旗满洲人。

清华大学图书馆藏《光绪三年丁丑科会试同年齿录》：光绪三年丁丑科宗室会试中式第一名。

中国国家图书馆藏《光绪丁丑科会试录》：镶白旗志元佐领下四品宗室，光绪三年丁丑科宗室中式贡士第一名。

中国国家图书馆藏《光绪三年丁丑科会试同年录》：镶白旗志元佐领下人。二十九岁中式光绪三年丁丑科会试宗室贡士第一名。

二甲第四十名　锡　珍　（《明清进士题名碑录索引》）

锡珍，镶白旗蒙古人。

中国国家图书馆藏《光绪丙子恩科会试同年齿录》：奇莫特氏，字幼明，号聘之，行一，道光丁未年四月初五日吉时生，镶白旗蒙古桂荣佐领下附贡生，理藩院候补主事，乡试中式第一百七十五名，会试中式第一百九十二名，殿试第□甲第□名，朝考第□等第□名，钦点。

上海图书馆藏《光绪二年丙子恩科会试录》：中式各直省贡士第一百九十二名，镶白旗蒙古桂荣佐领下附贡生，理藩院候补主事。。

《词林辑略》：作锡均。

第一章 清代八旗进士群体征录 / 369

二甲第五十二名　国　炳　（《明清进士题名碑录索引》）

国炳，镶白旗蒙古人。

清华大学图书馆藏《光绪三年丁丑科会试同年齿录》：杭阿坦氏，字子麟，号星垣，一号心源，行六，咸丰辛亥年十月十三日吉时生，京口驻防蒙古镶白旗京旗赓良佐领下监生。分省补用知县。丙子科江南乡试中式第二十八名，会试中式第三百十五名，殿试二甲第五十二名，朝考一等第四十九名，钦点翰林院庶吉士。曾祖宝山。祖伍永额。父庆云，道光壬午科举人，戊戌科进士。胞伯庆安，道光辛巳恩科举人，丙戌科进士。嫡堂侄承勋，同治癸酉科举人。

中国国家图书馆藏《光绪丁丑科会试录》：镶白旗蒙古赓良佐领下京口驻防监生。中式各直省贡士第三百十五名。

中国国家图书馆藏《光绪三年丁丑科会试同年录》：国炳，四房，年二十七岁，镶白蒙赓良下京口驻防监。

《京口八旗志·选举志》：光绪二年举人，丁丑进士，翰林院庶吉士。

二甲第五十六名　那　谦　（《明清进士题名碑录索引》）

那谦，镶黄旗满洲人。

清华大学图书馆藏《光绪三年丁丑科会试同年齿录》：叶赫那拉氏，字六吉，号益三，行四，又行二，道光丙午年八月初七日吉时生，满洲镶黄旗廪生，乡试中式第二百五十六名，会试中式第二百名，殿试二甲第五十六名，朝考第二等第八十一名，钦点主事，签掣工部。曾祖彭年，祖兴诚，父斌安。

中国国家图书馆藏《光绪丁丑科会试录》：内务府镶黄旗满洲包衣明光管领下监生。中式各直省贡士第二百名。

中国国家图书馆藏《光绪三年丁丑科会试同年录》：那谦，五房，年二十八岁，镶黄旗满洲包衣明光管领下监生。

二甲第七十五名　恩　桂　（《明清进士题名碑录索引》）

恩桂，正白旗满洲人。

中国国家图书馆藏《光绪二年丙子恩科会试同年齿录》：光绪二年丙子恩科会试宗室第二名，旗人。

中国国家图书馆藏《光绪丙子恩科会试同年齿录》：宗室，字秀亭，行二，道光二十八年六月十六日吉时生，盛京正白旗满洲文英佐领下四品宗室。乡试中式第三名，会试中式第二名，覆试二等第一名，殿试□甲第□名，朝考第□等第□名，钦点□。

上海图书馆藏《光绪二年丙子恩科会试录》：宗室中式贡士第二名，盛京正白旗满洲文英佐领下宗室四品宗室。

二甲第七十九名　长　萃　（《明清进士题名碑录索引》）

长萃，镶蓝旗满洲人。

上海图书馆藏《光绪二年丙子恩科会试录》：中式各直省贡士第一百七十四名，镶蓝旗满洲常海佐领下附生。

二甲第八十二名　治　麟　（《明清进士题名碑录索引》）

治麟，正黄旗满洲人。

中国国家图书馆藏《光绪丁丑科会试录》：正黄旗满洲中正佐领下荫生。中式各直省贡士第一百七名。

中国国家图书馆藏《光绪三年丁丑科会试同年录》：治麟，十八房，年三十一岁，正黄旗满洲中正佐领下荫生。

北京大学图书馆藏《光绪三年丁丑科会试同年齿录》：颜札氏，字安甫，号舜臣，一号筱坪，行一，又行六，道光甲辰年七月十六日吉时生。正黄旗满洲中正佐领下荫生，刑部候补主事。丙子顺天乡试中式第六十二名，保和殿覆试第二等第二十九名，会试中式第一百七名，保和殿覆试第二等第九十六名，殿试二甲第八十二名，朝考第二等第八十七名，钦点翰林院庶吉士。高祖长生。曾祖和英额。祖彦德，乾隆癸卯科举人。父景廉，道光己酉科选拔贡生，本科副榜，咸丰辛亥恩科举人，壬子恩科进士。

二甲第九十名　武吉祥　（《明清进士题名碑录索引》）

武吉祥，正白旗汉军人。

清华大学图书馆藏《光绪三年丁丑科会试同年齿录》：字必祯，号善卿，行二，道光己酉年三月初七日吉时生，系驻防广州正白旗汉军廪生，原籍沈阳。乡试中式第八十二名，会试中式第一百四十七名，殿试二甲第九十名，朝考第一等第五十七名，钦点翰林院庶吉士。曾祖雄，祖金福，父麟。

中国国家图书馆藏《光绪丁丑科会试录》：正白旗汉军迟照质佐领下广州驻防廪生。中式各直省贡士第一百四十七名。

中国国家图书馆藏《光绪三年丁丑科会试同年录》：武吉祥，十一房，年三十一岁，正白旗汉军迟照质佐领下廪生。

《驻粤八旗志》卷十二：正白旗汉军，光绪元年乙亥恩科举人，光绪三年丁丑科进士，钦点翰林院庶吉士。

二甲第一百一名　讷　钦　（《明清进士题名碑录索引》）

讷钦，正白旗满洲人。

中国国家图书馆藏《光绪丁丑科会试录》：正白旗满洲治华佐领下附生，中式各直省贡士第四十名。

中国国家图书馆藏《光绪三年丁丑科会试同年齿录》：枯雅尔氏，字默庄，号子襄，一号亦农，行一，又行二，道光甲辰年十月初七日吉时生。正白旗满洲治华佐领下附学生。乡试中式第二百一十七名，覆试第二等第五十七名，会试中式第四十名，覆试第二等第四十四名，殿试二甲第一百二名，朝考第三等第十八名，钦点主事，签分刑部。

中国国家图书馆藏《光绪三年丁丑科会试同年录》：讷钦，十八房，年三十四岁，正白满沼善领下副贡。

二甲第一百七名　继　昌　（《明清进士题名碑录索引》）

继昌，正白旗汉军人。

清华大学图书馆藏《光绪三年丁丑科会试同年齿录》：字述之，号莲溪，行一，咸丰辛亥年三月十二日吉时生，内务府正白旗汉军善录管领下监生，原籍满洲。乙亥乡试中式第一百七十三名，会试中式第二百一十三名，殿试第二甲一百八名。朝考第二等第二十七名，钦点主事，签分工部。曾祖常显。祖吉光。父春庆。伯叔吉昀，嘉庆甲子科举人。伯叔吉安，乾隆癸卯科举人。伯叔三福，嘉庆甲子科举人。堂伯庆会，道光甲辰恩科举人。胞伯春年，咸丰壬子科举人。堂兄锡畴，道光甲辰恩科举人。

中国国家图书馆藏《光绪丁丑科会试录》：内务府正白旗汉军善录管领下监生。中式各直省贡士第二百十三名。

中国国家图书馆藏《光绪三年丁丑科会试同年录》：继昌，十房，年二十八岁，正白旗汉军善禄管领下监生。

三甲第十一名　惠　荣　（《明清进士题名碑录索引》）

惠荣，正黄旗汉军人。

中国国家图书馆藏《光绪丁丑科会试录》：内务府正黄旗汉军文海管领下优贡生。中式各直省贡士第二百二十六名。

中国国家图书馆藏《光绪三年丁丑科会试同年齿录》：杨氏，字济生，号师侨，行六，道光己酉年七月初十日吉时生。系正黄旗内务府文海管领下汉军优贡生，候选知县。癸酉科考中优贡第一名，朝考一等第一名，引见以知县用。乡试中式第二百七十一名，覆试三等第七名，会试中式第二百二十六名，殿试三甲第十一名，钦点内阁中书。

中国国家图书馆藏《光绪三年丁丑科会试同年录》：惠荣，十五房，年二十八岁，正黄旗汉军文海管领下贡生。

三甲第十五名　锡　元　（《明清进士题名碑录索引》）

锡元，镶红旗满洲人。

清华大学图书馆藏《光绪三年丁丑科会试同年齿录》：字会一，号命三，行五，咸丰辛亥年十二月十六日吉时生，系镶红旗满洲锡林太佐领下癸酉举人，乡试中式第四十名，会试中式第二百五十二名，殿试三甲第十五名，朝考第一等第五十五名，钦点翰林院庶吉士。曾祖丰升阿。祖富康。父佛尔国春。胞兄弟锡筠，癸酉科举人。

中国国家图书馆藏《光绪三年丁丑科会试同年录》：锡元，十房，年二十六岁，镶红满满洲锡林太佐领下副贡生。

中国国家图书馆藏《光绪三年丁丑科会试录》：中式各直省贡士第二百五十二名。镶红旗满洲锡林太佐领下附贡生，候选员外郎。

三甲第五十名　柏　寿　（《明清进士题名碑录索引》）

柏寿，镶黄旗满洲人。

中国国家图书馆藏《光绪丁丑科会试录》：镶黄旗满洲善庆佐领下拔贡生，中式各直省贡士第四十六名。

中国国家图书馆藏《光绪三年丁丑科会试同年录》：柏寿，八房，年三十七岁，镶黄旗满洲善庆佐领下拔贡生。

三甲第七十名　钟　英　（《明清进士题名碑录索引》）

钟英，正黄旗满洲人。

清华大学图书馆藏《光绪三年丁丑科会试同年齿录》：字杰臣，号灵川，行一，又行二，道光庚戌年正月廿五日生，福州府学驻防廪膳生，正黄旗满洲乌雅氏长白籍，乡试中式第八十五名，会试中式第六名，殿试三甲第七十名，朝考第二等第七名，钦点户部主事。曾祖舒敏，祖成亮，父哈准布。

中国国家图书馆藏《光绪丁丑科会试录》：正黄旗满洲瑞兴佐领下福州驻防廪生，中式各直省贡士第六名。

中国国家图书馆藏《光绪三年丁丑科会试同年录》：钟英，十一房，年二十七岁，正黄旗满洲瑞兴佐领下福州驻防廪生。

三甲第八十六名　长　秀　（《明清进士题名碑录索引》）

长秀，镶白旗满洲人。

中国国家图书馆藏《光绪丁丑科会试录》：镶白旗满洲岳津佐领下廪生，中式各直省贡士第五十名。

中国国家图书馆藏《光绪三年丁丑科会试同年录》：长秀，二房，年二十九岁，镶白旗满洲岳津佐领下廪生。

三甲第九十六名　孙廷献　（《明清进士题名碑录索引》）

孙廷献，镶黄旗汉军人。

清华大学图书馆藏《光绪三年丁丑科会试同年齿录》：字梦洲，号棣园，一号伯春，行一，道光庚子年六月初九日吉时生，内务府镶黄旗汉军都虞司所属廪膳生。乡试中式第一百三十七名，保和殿覆试辛未考取汉誊录第二十三名，会试中式第二十二名，保和殿覆试二等第四十六名，殿试三甲第九十六名，朝考第三等第五十九名，钦点即用知县，签分浙江。曾祖翀。祖文治。父桢。曾伯叔堂祖跃，康熙丁卯科举人，丁丑科进士。族兄弟亭彰，同榜举人。族曾孙毓麟，乙卯举人。祖曾孙一清，庚午举人。

中国国家图书馆藏《光绪丁丑科会试录》：内务府镶黄旗汉军都虞司所属廪生，中式各直省贡士第二十二名。

中国国家图书馆藏《光绪三年丁丑科会试同年录》：孙廷献，六房，年三十三岁，镶黄旗汉军内务府廪生。

三甲第一百六名　何式箴　（《明清进士题名碑录索引》）
何式箴，正黄旗汉军人。
清华大学图书馆藏《光绪三年丁丑科会试同年齿录》：字荫庭，号镜吾，亦号仲楷，行二，本行一，道光辛丑年六月十一日吉时生，都京内务府正黄旗汉军多伦布管领下附贡生。乡试中式第九名，会试中式第八十一名，殿试三甲第一百六名，朝考入选，钦点即用知县。曾祖天荣，祖永祥，父忍龙。
中国国家图书馆藏《光绪丁丑科会试录》：内务府正黄旗汉军多伦布管领下附贡生。中式各直省贡士第八十一名。
中国国家图书馆藏《光绪三年丁丑科会试同年录》：何式箴，十八房，年三十七岁，正黄旗汉军多伦布管领下贡生。

三甲第一百四十四名　松　堉　（《明清进士题名碑录索引》）
松堉，镶白旗蒙古人。
中国国家图书馆藏《光绪丁丑科会试录》：镶白旗蒙古赓良佐领下监生，中式各直省贡士第五十一名。
中国国家图书馆藏《光绪三年丁丑科会试同年录》：松堉，十六房，年三十五岁，镶白旗蒙古赓良佐领下监生。

三甲第一百七十三名　荣　桂　（《明清进士题名碑录索引》）
荣桂，正白旗汉军人。
中国国家图书馆藏《光绪丁丑科会试录》：正白旗汉军懋勤佐领下副贡生，中式各直省贡士第五十七名。
中国国家图书馆藏《光绪三年丁丑科会试同年录》：荣桂，九房，年四十一岁，正白旗汉军懋勤佐领下副贡生。

三甲第一百八十二名　玉　祥　（《明清进士题名碑录索引》）
玉祥，正红旗蒙古人。
中国国家图书馆藏《光绪丁丑科会试录》：正红旗蒙古文华佐领下保

定驻防文生。中式各直省贡士第二百五十七名。

中国国家图书馆藏《光绪三年丁丑科会试同年录》：玉祥，四房，年四十五岁，正红旗蒙古文善佐领下。

光绪六年庚辰科（1880）

二甲第十六名　崔永安　（《明清进士题名碑录索引》）

崔永安，正白旗汉军人。

中国国家图书馆藏《光绪六年庚辰科会试同年齿录》：字书孙，号磐石，行二。咸丰戊午年三月初六日吉时生，正白旗汉军附生，旗籍，驻防广州。乡试中式第三十一名，会试中式第一百六十六名，殿试二甲第十六名，朝考第一等第四十七名，钦点翰林院庶吉士。

《驻粤八旗志》卷十二：崔永安，正白旗汉军，光绪五年己卯科举人，光绪六年庚辰科进士，翰林院庶吉士。

《驻粤八旗志》卷二十三：祖崔广文。

二甲第二十名　志　锐　（《明清进士题名碑录索引》）

志锐，镶红旗满洲人。

中国国家图书馆藏《光绪六年庚辰科会试同年齿录》：志锐，他塔喇氏，字伯愚，号公颖，行四。咸丰癸丑年四月廿五日吉时生，镶红旗满洲舒昌佐领下一品荫生。乡试中式第十九名，会试中式第三百名，殿试二甲第二十名，朝考第一等第五十二名，钦点翰林院庶吉士。胞弟志钧出嗣胞伯乐初公长善。曾祖萨郎阿，祖裕泰，父长敬。

二甲第二十五名　崇　宽　（《明清进士题名碑录索引》）

崇宽，镶蓝旗满洲人。

中国国家图书馆藏《光绪六年庚辰科会试同年齿录》：崇宽，字伯信，号厚庵，行四，道光壬寅年四月初八日吉时生，镶蓝旗满洲人宗室，乡试同治甲子科中式第二名举人，会试中式第二名贡生，覆试第一等第一名，殿试二甲第二十五名，朝考第二等第七名，钦点翰林院庶吉士。

二甲第三十七名　溥　良　（《明清进士题名碑录索引》）

溥良，正蓝旗满洲人。

中国国家图书馆藏《光绪六年庚辰科会试同年齿录》：溥良，字虞臣，号玉岑，行二，咸丰甲寅年十月二十二日吉时生，正蓝旗满洲英敷佐领下应封宗室。乡试中式第四名，覆试二等第二名，会试中式第一名，覆试第二等第一名，殿试二甲第三十七名，朝考第二等第十四名，钦点翰林院庶吉士。

二甲第五十一名　福　楙　（《明清进士题名碑录索引》）

福楙，正红旗蒙古人。

中国国家图书馆藏《光绪六年庚辰科会试同年齿录》：乌齐格哩氏，字幼农，号淄生，行八，又行十一，咸丰丁巳年十一月十五日生，系正红旗蒙古文翰佐领下监生，候选笔帖式。乡试中式第二百五十二名，保和殿覆试第二等第五名，会试中式第□名，殿试□甲第□名，朝考□等第□名，钦点□。

二甲第七十八名　溥　岘　（《明清进士题名碑录索引》）

溥岘，宗室，镶红旗满洲人。

二甲第九十五名　萨　廉　（《明清进士题名碑录索引》）

萨廉，镶蓝旗满洲人。

中国国家图书馆藏《光绪六年庚辰科会试同年齿录》：萨廉，字立甫，号检斋，又号简斋，一号少鹤，行九，道光甲辰年十一月十六日吉时生，镶蓝旗满洲明联佐领下监生。乡试中式第二百三十六名，会试中式第五十六名，殿试二甲第九十六名，朝考入选，钦点翰林院庶吉士。

二甲第九十九名　钟　灵　（《明清进士题名碑录索引》）

钟灵，镶蓝旗满洲人。

清华大学图书馆藏《光绪三年丁丑科会试同年齿录》：王氏，字杰人，号秀芝，行二。咸丰乙卯年十一月初七日吉时生。正蓝旗包衣满洲广春佐领下文生。乙亥乡试中式第二百三十六名，保和殿覆试第三等第五十三名，会试中式第九十六名，保和殿补行覆试第□等第□名，殿试□甲第□名，朝考□等第□名。

中国国家图书馆藏《光绪三年丁丑科会试同年录》：钟灵，十三房，年二十一岁，正蓝旗满洲包衣广春佐领下廪生。

中国国家图书馆藏《光绪三年丁丑科会试录》：中式各直省贡士第九十六名。正蓝旗满洲包衣广春佐领下文生。

二甲第一百名　文　焕　（《明清进士题名碑录索引》）

文焕，镶蓝旗满洲人。

中国国家图书馆藏《光绪六年庚辰科会试同年齿录》：文焕，李佳哈喇，字种芸，号仲云，又字子章，行二。咸丰戊午年正月二十一日吉时生。系荆州驻防京城镶黄旗满洲印成佐领下附生。乙亥科乡试中式第五十二名，会试中式第四十九名，保和殿覆试第二等第六十二名，殿试二甲第一百一名，赐进士出身，朝考第二等第一百七名，钦点主事，签掣户部。

三甲第五十四名　炳　麟　（《明清进士题名碑录索引》）

炳麟，正黄旗汉军人。

中国国家图书馆藏《光绪六年庚辰科会试同年齿录》：炳麟，佟氏，字书春，号鹿泉，行一，又行三，咸丰丙辰年七月十三日吉时生。正黄旗汉军人，盛京驻防工部四品官佐领下都京正黄旗汉军庆和佐领下廪膳生员，乡试中式第一百十三名，会试中式第二百十八名，殿试三甲第五十三名，朝考二等第七十名，钦点即用内阁中书。

三甲第五十六名　乔保安　（《明清进士题名碑录索引》）

乔保安，镶黄旗汉军人。

中国国家图书馆藏《光绪六年庚辰科会试同年齿录》：字翼廷，号静之，行二。道光丙午年正月十八日吉时生。都京镶黄旗汉军国后佐领下驻防盛京锦州小凌河镶黄旗存多佐领下附生，乡试中式第二百三十名，会试中式第二百十四名，殿试三甲第五十六名，朝考二等第四十二名，钦点学习主事，签分户部。

三甲第九十九名　玉　启　（《明清进士题名碑录索引》）

玉启，正蓝旗满洲人。

中国国家图书馆藏《光绪六年庚辰科会试同年齿录》：乌己特氏，字子钟，号润田，行一，咸丰壬子年八月二十六日吉时生，正蓝旗满洲头甲德乐肯佐领下附学生，世袭云骑尉。巳卯乡试中式第一百二十五名，殿试三甲第九十九名，朝考入选，钦点即用知县，签掣四川。

三甲第一百二十名　齐普松武　（《明清进士题名碑录索引》）

齐普松武，正白旗满洲人。

中国国家图书馆藏《光绪六年庚辰科会试同年齿录》：字□，号□，行年二十四岁，满洲正白旗廪生。

三甲第一百二十七名　文　郁　（《明清进士题名碑录索引》）

文郁，镶白旗蒙古人。

中国国家图书馆藏《光绪六年庚辰科会试同年齿录》：乔氏，字芝楣，号焕庭，行四，道光丙午年十月十五日吉时生，镶白旗蒙古文升管领下附学生，国子监典簿，咸丰己未恩科顺天乡试中式第一百五十六名，会试中式第一百七十八名，殿试三甲第一百二十七名，朝考三等第一百十名，钦点即用知县，签制山东。

三甲第一百五十一名　乔保印　（《明清进士题名碑录索引》）

乔保印，镶黄旗汉军人。

中国国家图书馆藏《光绪六年庚辰科会试同年齿录》：字锡廷，号佩之，行三。道光己酉年十月十四日吉时生，都京镶黄旗汉军国俊佐领下驻防盛京锦州小凌河镶黄旗存多佐领下附生。乡试中式第四十名，会试中式第九十四名，殿试三甲，朝考入选，钦点即用知县，签掣甘肃。

三甲第一百七十七名　儒　芳　（《明清进士题名碑录索引》）

儒芳，镶白旗满洲人。

中国国家图书馆藏《光绪六年庚辰科会试同年齿录》：李佳氏，字兰阶，号心芝，又号馨之，行二，道光戊申年二月二十日吉时生，系镶白旗满洲顺兴佐领下廪膳生。乙亥恩科乡试中式第二百五十六名，覆试二等第九名，会试中式第八十九名，保和殿覆试二等第一百十名，殿试三甲第二十六名，朝考二等第五十名，钦点即用知县，签掣山西。

三甲第一百八十五名　金　奎　（《明清进士题名碑录索引》）

金奎，正蓝旗蒙古人。

中国国家图书馆藏《光绪六年庚辰科会试同年齿录》：字聚五，号耀堂，行一，道光辛丑年十月初一日吉时生，正蓝旗蒙古续斌佐领下廪膳生，本科大挑知县，签分浙江，乡试中式第一百二十五名，会试中式第一百八十五名，覆试三等，殿试三甲，朝考三等，钦点归部铨选，启归浙江补用知县。

三甲第一百八十七名　冯锡芳　（《明清进士题名碑录索引》）

冯锡芳，正黄旗汉军人。

光绪九年癸未科（1883）

一甲第二名　寿　耆　（《明清进士题名碑录索引》）

寿耆，正蓝旗满洲人。

中国国家图书馆藏《光绪九年癸未科会试同年齿录》：字绍吟，号子年，行一，咸丰九年十一月六日吉时生。正蓝旗满洲英敷佐领下第六族四品宗室，庚午科补，丁卯科本省乡试中式举人第九十八名，覆试一等第八十名，庚辰科大挑一等，签分河南试用知县，会试中式贡士第二十九名，保和殿覆试钦定一等第一名，殿试一甲第三名，赐进士及第，钦授翰林院编修。

中国国家图书馆藏《光绪九年进士登科录》：贯正蓝旗满洲英敷佐领下四品宗室。己卯科顺天乡试第一名，癸未科会试第二名。曾祖福昌保，祖和悦，父松森。

中国科学院文献情报中心藏《光绪癸未殿试题名录》：正蓝旗满洲人。

二甲第二名　志　钧　（《明清进士题名碑录索引》）

志钧，镶红旗满洲人。

中国国家图书馆藏《光绪九年癸未科会试同年齿录》：他塔喇氏，字仲鲁，号陶安，行五，咸丰甲寅年九月十一日吉时生，镶红旗满洲惠昆佐领下监生。乙亥科挑取誊录第七十二名，己卯科挑取誊录第十二名，乡试中式第一百二十一名，保和殿覆试钦取一等第十九名。

中国国家图书馆藏《光绪九年进士登科录》：贯镶红旗满洲惠昆佐领下监生。壬午科顺天乡试第一百二十一名，癸未科会试第一百二十九名。曾祖萨郎阿，祖裕泰，父长善。

中国科学院文献情报中心藏《光绪癸未殿试题名录》：镶红旗满洲人。

二甲第十二名　准　良　（《明清进士题名碑录索引》）

准良，镶黄旗满洲人。

中国国家图书馆藏《光绪九年进士登科录》：贯镶黄旗满洲中林佐领下监生。庚午科顺天乡试第五十一名。癸未科会试第五十一名。曾祖敦泰，祖承龄，父恩元。

中国科学院文献情报中心藏《光绪癸未殿试题名录》：镶黄满洲人。

二甲第二十六名　刘尚伦　（《明清进士题名碑录索引》）

刘尚伦，正红旗汉军人。

中国国家图书馆藏《光绪九年癸未科会试同年齿录》：字筱村，号佩五，一号重五，行七，又行二，咸丰癸丑年三月十二日吉时生，正红旗汉军阜成佐领下廪膳生，己卯科挑取誊录。己卯科乡试挑取誊录第一名，壬午科乡试中式第四十八名，保和殿覆试一等第七名，癸未科会试中式第一百二十三名，保和殿覆试三等第五名，殿试二甲第二十六名，朝考二等第五十六名，钦点主事，签分兵部。

中国国家图书馆藏《光绪九年进士登科录》：贯正红旗汉军阜成佐领下廪生。壬午科顺天乡试第四十八名，癸未科会试第一百二十三名。曾祖芝蓉，祖秉钦，父廷彦。

中国科学院文献情报中心藏《光绪癸未殿试题名录》：正红旗汉军人。

二甲第六十名　绵　文　（《明清进士题名碑录索引》）

绵文，正白旗满洲人。

中国国家图书馆藏《光绪九年癸未科会试同年齿录》：宗室，字郁卿，号达斋，行五，道光丁未年四月二十九日吉时生，镶白旗文初佐领下四品宗室，乡试中式第五名，会试中式第一名，保和殿覆试二等第一名，殿试二甲第六十名，朝考第二等第九名，钦点翰林院庶吉士。

中国国家图书馆藏《光绪九年进士登科录》：贯镶白旗文初佐领下四品宗室。乙亥恩科顺天乡试第五名，癸未科会试第一名。曾祖允祁，祖弘善，父永良。

中国科学院文献情报中心藏《光绪癸未殿试题名录》：正白旗满洲人。

二甲第七十六名　承　荫　（《明清进士题名碑录索引》）

承荫，正蓝旗满洲人。

中国国家图书馆藏《光绪九年进士登科录》：贯江宁驻防满洲正蓝旗松山佐领下附生。丙子科乡试第三十五名，庚辰科会试第一百四十八名。曾祖尚阿纳，祖锡龄额，父炳元。

中国科学院文献情报中心藏《光绪癸未殿试题名录》：正蓝旗满洲人。

二甲第七十七名　裕　连　（《明清进士题名碑录索引》）

裕连，镶黄旗蒙古人。

中国国家图书馆藏《光绪九年癸未科会试同年齿录》：博霍罗特氏，字海琴，号少逸，行三，道光丁未年十月十日吉时生。京城镶黄旗蒙古京城瑞昌佐领下荆州驻防荆州蓝翎试用知县廪生。癸酉湖北乡试中式第七十二名，会试中式第二十四名，保和殿覆试二等第二十九名，殿试二甲第七十七名，朝考第二等第八十四名。钦点主事，签分工部。

中国国家图书馆藏《光绪九年进士登科录》：贯荆州驻防镶黄旗蒙古廪生。癸酉科乡试第七十二名，癸未科会试第二十四名。曾祖图瓦绷阿，祖德成，父有寿。

中国科学院文献情报中心藏《光绪癸未殿试题名录》：镶黄旗蒙古人。

二甲第八十名　熙　麟　（《明清进士题名碑录索引》）

熙麟，正白旗汉军人。

中国国家图书馆藏《光绪九年癸未科会试同年齿录》：李氏，字祥生，号小舫，行一，道光庚戌年八月二十四日吉时生，系内务府正白旗汉军锡亨管领下监生，候补主事，癸酉科顺天乡试中式第一百八十一名，会试中式第二百七十一名，覆试二等第九名，殿试二甲第八十名，朝考二等第一名，钦点翰林院庶吉士。

中国国家图书馆藏《光绪九年进士登科录》：贯内务府正白旗汉军锡亨管领下监生。癸酉科顺天乡试第一百八十一名，癸未科会试第二百七十一名。曾祖舒通阿，祖基溥，父钟文。

中国科学院文献情报中心藏《光绪癸未殿试题名录》：正白旗汉军人。

二甲第九十二名　济　中　（《明清进士题名碑录索引》）

济中，镶黄旗满洲人。

中国国家图书馆藏《光绪九年进士登科录》：贯内务府镶黄旗满洲祥年管领下监生。乙亥恩科顺天乡试第七十四名，癸未科会试第二百十六名。曾祖武凌阿，祖舒兴，父安荣。

中国科学院文献情报中心藏《光绪癸未殿试题名录》：镶黄旗满洲人，二甲第九十二名进士。

二甲第九十三名　锡　恩　（《明清进士题名碑录索引》）

锡恩，镶黄旗满洲人。

中国国家图书馆藏《光绪九年进士登科录》：贯江宁驻防满洲镶黄旗昌兴佐领下附生。己卯科乡试第一百三十四名，庚辰科会试第七名。曾祖吞多布，祖德升，父昆松。

中国科学院文献情报中心藏《光绪癸未殿试题名录》：镶黄旗满洲县人，二甲第九十三名进士。

三甲第三十五名　张平格　（《明清进士题名碑录索引》）

张平格，正白旗汉军人。

中国国家图书馆藏《光绪九年进士登科录》：贯盛京内务府正白旗恩锡佐领下附生。己卯顺天乡试第六十二名，庚辰科会试第二百四十三名。曾祖天寿，祖玉纶，父宝珩。

中国科学院文献情报中心藏《光绪癸未殿试题名录》：正白旗汉军人。

三甲第四十二名　定　成　（《明清进士题名碑录索引》）

定成，正黄旗满洲人。

中国国家图书馆藏《光绪九年进士登科录》：贯正黄旗满洲中正佐领下监生。癸酉顺天乡试第一百二十五名，癸未科会试第一百十六名。曾祖珠尔杭阿，祖赛什雅勒泰，父威灵。

中国科学院文献情报中心藏《光绪癸未殿试题名录》：正黄旗满洲人。

三甲第六十二名　谈国政　（《明清进士题名碑录索引》）

谈国政，镶白旗汉军人。

中国国家图书馆藏《光绪九年癸未科会试同年齿录》：字正己，别号抚辰，行一，道光甲辰年十一月二十五日吉时生，系驻防广州镶白旗汉军京城承志佐领下附生，乡试中式第三十一名，会试第一百二名，覆试第二等二十四名，殿试三甲第六十二名，朝考第二等第三十七名，钦点即用知县，签分河南。

中国科学院文献情报中心藏《光绪癸未殿试题名录》：镶白旗汉军人。

中国国家图书馆藏《光绪九年进士登科录》：贯广州驻防镶白旗汉军京城承志佐领下附生。癸酉科乡试第三十一名，癸未科会试第一百二名。曾祖森，祖建基，父广楠。

《驻粤八旗志》卷十二：谈国政，镶白旗汉军，同治十二年癸酉科举人，光绪九年癸未科进士，即用知县。

《驻粤八旗志》卷二十二：祖谈建基。

三甲第八十名　晋　荣　（《明清进士题名碑录索引》）

晋荣，正黄旗汉军人。

中国国家图书馆藏《光绪九年进士登科录》：贯内务府正黄旗汉军廪贡生。壬午科乡试第二百六十二名，癸未科会试第一百八十六名。曾祖希孟，祖吉林，父长秀。

中国科学院文献情报中心藏《光绪癸未殿试题名录》：内务府正黄旗汉军人。

三甲第一百七名　舒　泰　（《明清进士题名碑录索引》）

舒泰，正红旗满洲人。

中国国家图书馆藏《光绪九年癸未科会试同年齿录》：字子和，号心泉，行一，道光甲辰年正月十八日吉时生，系盛京熊岳正红旗满洲驻防陈满洲都京正红旗满洲四甲喇倭和步佐领下附生，癸酉科顺天乡试中式第二百十四名，会试中式第四十八名，殿试三甲第一百七名，朝考三等，钦点即用知县，签分河南。

中国国家图书馆藏《光绪九年进士登科录》：贯正红旗满洲倭和布佐领下附生。癸酉科顺天乡试第二百十四名，癸未科会试第四十八名。曾祖丰升额，祖海禄，父诚善。

中国科学院文献情报中心藏《光绪癸未殿试题名录》：正红旗满洲人。

三甲第一百二十四名　李　津　（《明清进士题名碑录索引》）

李津，字海楼，内务府镶蓝旗汉军人。

中国国家图书馆藏《光绪九年进士登科录》：贯内务府镶蓝旗汉军德寿管领下优贡生，丁卯科顺天乡试第一百八十六名，癸未会试第二百七十八名。曾祖延桧，祖诠，父广瑞。

中国科学院文献情报中心藏《光绪癸未殿试题名录》：镶蓝旗汉军人。

三甲第一百四十六名　承　先　（《明清进士题名碑录索引》）

承先，正黄旗满洲人。

中国国家图书馆藏《光绪九年癸未科会试同年齿录》：字述之，行一，年四十岁。正黄旗满洲成海佐领下附生，绥远驻防，中式同治癸酉山西乡试举人，会试中式第一百四十三名，钦点即用知县。

中国国家图书馆藏《光绪九年进士登科录》：贯山西绥远城驻防正黄旗满洲成海佐领下附生。癸酉科乡试第六十三名，癸未科会试第一百四十八名。曾祖巴克坦布，祖喀勒崇依，父福祥。

中国科学院文献情报中心藏《光绪癸未殿试题名录》：正黄旗满洲人。

《绥远志》卷六：光绪朝癸未科进士，满洲正黄旗人，贵州都匀县知县。现已过班知府，仍留原省候补。

三甲一百六十名　恩　钟　（《明清进士题名碑录索引》）

恩钟，镶黄旗汉军人，《索引》作镶蓝旗，误。

中国国家图书馆藏《光绪九年进士登科录》：贯镶黄旗汉军桂祥佐领下增生。乙亥恩科顺天乡试第六十九名，癸未科会试第一百九十六名。曾祖刘永吉，祖刘翰，父刘玉堂。

中国科学院文献情报中心藏《光绪癸未殿试题名录》：镶黄旗汉军人。

光绪十二年丙戌科（1886）

二甲第二十名　连　捷　（《明清进士题名碑录索引》）

连捷，镶黄旗汉军人。

中国国家图书馆藏《光绪十二年丙戌科会试同年齿录》：侯氏，字仲珊，号少青，行一，咸丰丁巳年十二月二十八日吉时生，内务府镶黄旗汉军安立管领下监生，乡试中式第三百二十五名，会试中式第一百八十四名，覆试一等第十九名，殿试二甲第二十名，朝考一等第二十七名，钦点翰林院庶吉士。太高伯叔祖福德，乾隆戊午科举人。高伯叔祖岱升，壬子举人。高伯叔祖岱毓，庚子举人。高伯叔祖达勇，壬子举人。曾伯叔祖官礼，庚子举人。

南京图书馆藏《光绪十二年丙戌科会试录》：内务府镶黄旗汉军安立管领下监生。中式各直省贡士第一百八十四名。

南京图书馆藏《光绪十二年进士登科录》：贯镶黄旗内务府汉军安立管领下监生。乙亥恩科乡试中式第三百二十五名，丙戌科会试第一百八十四名。曾祖辂敏，祖克谦，父亿年，本生曾祖舒敏，本生祖克勤。

二甲第五十八名　徐受廉　（《明清进士题名碑录索引》）

徐受廉，正黄旗汉军人。

中国国家图书馆藏《光绪十二年丙戌科会试同年齿录》：字计甫，号筑泉，行十，咸丰癸丑年十一月初十日吉时生，正黄旗汉军丰年佐领下廪生，己卯乡试中式第四十六名，覆试一等第二十三名，会试中式第一百九名，保和殿覆试钦取一等第四十三名，殿试二甲第五十八名，赐进士出身，朝考二等第十五名，钦点翰林院庶吉士。曾祖振远。祖荣，嘉庆丙子科举人，道光丙申恩科进士。父明善。

南京图书馆藏《光绪十二年丙戌科会试录》：正黄旗汉军丰年佐领下廪生。中式各直省贡士第一百九名。

南京图书馆藏《光绪十二年进士登科录》：贯正黄旗汉军丰年佐领下廪生。己卯科广东乡试中式第四十六名，丙戌科会试中式第一百九名。曾祖振远。祖荣，父明善。

二甲第七十六名　怡　龄　（《明清进士题名碑录索引》）

怡龄，镶黄旗满洲人。

南京图书馆藏《光绪十二年进士登科录》：贯镶黄旗满洲署英康佐领下贡生。壬午科顺天乡试第一百三十一名，癸未科会试第九十八名。曾祖定育，祖色钦，父承启。

二甲第九十五名　阔普通武　（《明清进士题名碑录索引》）

阔普通武，正白旗满洲人。

南京图书馆藏《光绪十二年丙戌科会试录》：正白旗满洲润寿佐领下廪生，中式各直省贡士第一百八十五名。

南京图书馆藏《光绪十二年进士登科录》：贯正白旗满洲润寿佐领下廪生。乙亥恩科顺天乡试第二百七十六名，戊戌科会试第一百七十五名。曾祖哈兴，祖德兴，父关保。

二甲第一百名　瑞　洵　（《明清进士题名碑录索引》）

瑞洵，正白旗满洲人，《索引》又作正黄旗满洲人。

南京图书馆藏《光绪十二年丙戌科会试录》：正白旗满洲立瑞佐领下监生。中式各直省贡士第七名。

南京图书馆藏《光绪十二年进士登科录》：贯正白旗满洲立瑞佐领下监生。乙亥恩科顺天乡试第三十二名，丙戌科会试第七名。曾祖成德，祖琦善，父恭镗。

二甲第一百十一名　秉　彝　（《明清进士题名碑录索引》）

秉彝，正蓝旗满洲人。

南京图书馆藏《光绪十二年丙戌科会试录》：正蓝旗满洲恩祥佐领下江宁驻防附生。中式各直省贡士第一百一名。

南京图书馆藏《光绪十二年进士登科录》：贯正蓝旗满洲恩祥佐领下附生。壬午科乡试第八十四名，丙戌科会试第一百一名。曾祖士仁，祖玉林，父兆蓉。

二甲第一百十九名　刘安科　（《明清进士题名碑录索引》）

刘安科，镶黄旗汉军人。

中国国家图书馆藏《光绪十二年丙戌科会试同年齿录》：字荫堂，一字少希，咸丰壬子年十月十三日吉时生，系广州驻防镶黄旗汉军廪生，广东壬午科乡试第四十八名举人，乡试中式第四十八名，会试中式第二百四十八名，保和殿覆试二等第二十九名，殿试二甲第一百十八名，朝考二等第六十二名，钦点工部主事。曾祖泾。祖秉吉。父士忠，道光丁酉科举人。

南京图书馆藏《光绪十二年丙戌科会试录》：镶黄旗汉军松山佐领下广州驻防廪生。中式各直省贡士第二百四十八名。

南京图书馆藏《光绪十二年进士登科录》：贯广州驻防镶黄旗汉军松山佐领下廪生。壬午科乡试第四十八名举人，丙戌科会试中式第二百四十八名。曾祖泾，祖秉吉，父士忠。

二甲第一百二十六名　承　德　（《明清进士题名碑录索引》）

承德，镶蓝旗满洲人。

南京图书馆藏《光绪十二年丙戌科会试录》：镶蓝旗满洲穆腾额佐领下副贡生。中式各直省贡士第七十三名。

南京图书馆藏《光绪十二年进士登科录》：贯镶蓝旗满洲穆腾额佐领下副贡生。乙卯科顺天乡试第二百六十一名，丙戌科会试第七十三名。曾祖达明，祖松年，父桂森。

二甲第一百二十七名　荣　庆　（《明清进士题名碑录索引》）

荣庆，正黄旗蒙古人。

南京图书馆藏《光绪十二年进士登科录》：贯正黄旗蒙古志瑞佐领下监生。己卯科顺天乡试中式第一百九十名，癸未科会试中式第七十一名。曾祖海明，振远皂陛，父齐普森泰。

三甲第三名　吉　绅　（《明清进士题名碑录索引》）

吉绅，镶红旗满洲人。

南京图书馆藏《光绪十二年丙戌科会试录》：镶红旗满洲恩全佐领下

四品宗室。宗室中式贡士第二名。

南京图书馆藏《光绪十二年进士登科录》：贯镶红旗满洲恩全佐领下四品宗室。壬午科乡试第二名，丙戌科会试第二名。曾祖默多，祖秀惠，父兆麟。

三甲第六名　松　廷　（《明清进士题名碑录索引》）

松廷，镶红旗满洲人。

南京图书馆藏《光绪十二年丙戌科会试录》：镶红旗满洲保龄佐领下附生。中式各直省贡士第五十六名。

南京图书馆藏《光绪十二年进士登科录》：贯镶红旗满洲保龄佐领下附生。甲子科顺天乡试第一百二十八名，丙戌科会试第五十六名。曾祖苏精阿，祖富隆阿，父文瑞。

三甲第六十名　回长廉　（《明清进士题名碑录索引》）

回长廉，镶黄旗汉军人。

中国国家图书馆藏《光绪十二年丙戌科会试同年齿录》：字介甫，号心泉，一号乐园，行二，道光丙申年十月二十五日吉时生，系盛京内务府镶黄旗汉军联善佐领下附生，乡试中式第一百五十八名，保和殿覆试第二等第三十一名，会试中式第三十九名，覆试二等第一百十六名，殿试三甲第六十名，朝考第二等第一百二名，钦点即用知县，签分湖北。曾祖文富，祖希德，父春桐。

南京图书馆藏《光绪十二年丙戌科会试录》：镶黄旗汉军联善佐领下附生。中式各直省贡士第三十九名。

南京图书馆藏《光绪十二年进士登科录》：盛京内务府镶黄旗汉军联善佐领下附生。乙酉科乡试中式第一百五十八名，丙戌科会试中式第三十九名。曾祖文富，祖希德，父春桐。

三甲第九十九名　景　厚　（《明清进士题名碑录索引》）

景厚，镶蓝旗满洲人。

南京图书馆藏《光绪十二年丙戌科会试录》：镶蓝旗满洲柏庆佐领下四品宗室。宗室中式贡士第一名。

南京图书馆藏《光绪十二年进士登科录》：贯镶蓝旗满洲柏庆佐领下

四品宗室。乙卯科乡试第三名，丙戌科会试第一名。曾祖恩曜，祖明恺，父庆广。

三甲第一百五名　麟　瑞　（《明清进士题名碑录索引》）
麟瑞，镶红旗满洲人。
南京图书馆藏《光绪十二年丙戌科会试录》：镶红旗满洲双铨佐领下廪生。中式各直省贡士第三十一名。
南京图书馆藏《光绪十二年进士登科录》：贯镶红旗满洲双铨佐领下廪生。戊午科乡试第二百三十名，丙戌科会试第三十一名。曾祖陆保，祖萨尔泰，父德山。

三甲第一百十三名　（觉罗）庆颐　（《明清进士题名碑录索引》）
庆颐，觉罗，镶黄旗满洲人。
南京图书馆藏《光绪十二年丙戌科会试录》：觉罗，镶黄旗满洲觉罗保衡佐领下廪生，兵部候补郎中。中式各直省贡士第二百八名。
南京图书馆藏《光绪十二年进士登科录》：贯镶黄旗满洲保衡佐领下廪生。癸酉科乡试第二百三十名，丙戌科会试第二百八名。曾祖德银，祖富来，父爱凌阿。

三甲第一百五十八名　续　曾　（《明清进士题名碑录索引》）
续曾，正白旗蒙古人。
南京图书馆藏《光绪十二年丙戌科会试录》：正白旗蒙古希兰佐领下廪生。中式各直省贡士第三十六名。
南京图书馆藏《光绪十二年进士登科录》：贯正白旗蒙古希兰佐领下廪生。丙戌科乡试第一百六十四名，丙戌科会试第三十六名。曾祖根都车凌，祖额勒积善，父三音布。

三甲第一百六十一名　倪教敷　（《明清进士题名碑录索引》）
倪教敷，正蓝旗汉军人。
中国国家图书馆藏《光绪十二年丙戌科会试同年齿录》：字文甫，别字寿芝，行一，咸丰癸丑年闰七月十四日吉时生，系驻防广州正蓝旗汉军附生，癸酉科广东乡试举人。曾祖维翰，祖秀仁，父凤瑞。

南京图书馆藏《光绪十二年丙戌科会试录》：正蓝旗汉军焕瑞佐领下广州驻防附生。中式各直省贡士第二百九十四名。

南京图书馆藏《光绪十二年进士登科录》：贯广州驻防正蓝旗汉军焕瑞佐领下附生。癸酉科乡试第一百一名，丙戌科会试第二百九十四名。曾祖维翰，祖秀仁，父凤瑞。

三甲第一百六十九名　格呼铿额　（《明清进士题名碑录索引》）

格呼铿额，正蓝旗蒙古人。

南京图书馆藏《光绪十二年丙戌科会试录》：正蓝旗蒙古文澂佐领下监生。中式各直省贡士第四十一名。

南京图书馆藏《光绪十二年进士登科录》：贯正蓝旗蒙古文澂佐领下监生。己卯科乡试第二百四十二名，丙戌科会试第四十一名。曾祖景文泰，祖西兴阿，父文廉。

三甲第一百八十一名　德　寿　（《明清进士题名碑录索引》）

德寿，镶红旗满洲人。

南京图书馆藏《光绪十二年丙戌科会试录》：镶红旗满洲包衣权斌佐领下拔贡生。中式各直省贡士第二百三十一名。

南京图书馆藏《光绪十二年进士登科录》：贯镶红旗满洲包衣权斌佐领下拔贡生。乙酉科乡试第一百五十六名，丙戌科会试第二百三十一名。曾祖良檀，祖国彦，父子琇。

光绪十五年己丑科（1889）

一甲第三名　刘世安　（《明清进士题名碑录索引》）

刘世安，镶黄旗汉军人。

中国国家图书馆藏《光绪己丑科会试同年齿录》：字文思，号静皆，行二，咸丰壬子年九月十七日吉时生，广州驻防镶黄旗汉军廪生，壬午本省乡试中式第三十二名，会试中式第四十九名，保和殿覆试一等第三名，殿试一甲第三名，探花及第，授职翰林院编修。曾祖朝辅，祖瑞，父绍基存。

中国国家图书馆藏《光绪己丑科会试官职录》：年三十八岁，镶黄旗汉军廪生，壬午科乡试中式第三十二名，会试中式四十九名，覆试一等第三名，殿试一甲第三名，钦点翰林院编修。曾祖朝辅，殁。祖瑞，殁。父绍基，存。

二甲第二十五名　士　魁　（《明清进士题名碑录索引》）

士魁，镶白旗汉军人。

中国国家图书馆藏《光绪己丑科会试官职录》：年三十三岁，镶白旗满洲附生，己卯科乡试中式二十三名。丙戌会试中式六十三名，覆试□等□名，补行殿试二甲第二十五名，朝考第二等第二十一名，钦点六部主政。曾祖杰，殁。祖常春，殁。父恩增，存。

二甲第四十名　熙　元　（《明清进士题名碑录索引》）

熙元，正白旗满洲人。

中国国家图书馆藏《光绪己丑科会试同年齿录》：喜塔腊氏，字太初，号吉甫，行二，同治甲子年十月二十日吉时生，正白旗满洲成福佐领下三品荫生。乙酉顺天乡试中式第五十六名，会试中式第一百七十一名，殿试二甲第四十名，朝考第□等第□名，钦点翰林院庶吉士。

中国国家图书馆藏《光绪己丑科会试官职录》：年二十六岁，正白旗满洲荫生。乙酉科乡试中式第五十六名，会试中式第一百七十一名，覆试二等第五十三名，殿试二甲第四十名，朝考一等第五十名，钦点翰林院庶吉士。曾祖庆林，殁。祖崇纶，殁。父裕禄，存。

二甲第四十六名　豫　泰　（《明清进士题名碑录索引》）

豫泰，镶黄旗蒙古人。

中国国家图书馆藏《光绪己丑科会试同年齿录》：字号行年不详。府县生，民籍，会试中式第二百三十名，钦点翰林院庶吉士。

中国国家图书馆藏《光绪己丑科会试官职录》：年二十二岁，镶黄旗蒙古拔贡生。戊子科乡试中式第二百三十七名，会试中式第二百三十名，覆试一等第二十八名，殿试二甲第四十六名，朝考一等第七十五名，钦点翰林院庶吉士。曾祖三达色，祖永祥，父麟。

二甲第四十九名　崇　寿　（《明清进士题名碑录索引》）

崇寿，镶黄旗满洲人。

中国国家图书馆藏《光绪己丑科会试官职录》：年二十七岁，镶黄旗满洲廪生，壬午科乡试中式第四十四名，会试中式第二百二名，覆试一等第十五名，殿试二甲第四十九名，朝考第二等第七十八名，钦点翰林院庶吉士。曾祖佛泰，殁。祖富克金布，殁。父官德，殁。

二甲第五十九名　熙　瑛　（《明清进士题名碑录索引》）

熙瑛，镶蓝旗满洲人。

中国国家图书馆藏《光绪己丑科会试同年齿录》：鄂卓氏，号菊彭，行四，咸丰丁巳年五月初二日吉时生，镶蓝旗满洲隆康佐领下附生，五品衔户部候补笔帖式。乡试中式第七十四名，会试中式第六名，殿试二甲第五十九名，朝考一等第六十三名，钦点翰林院庶吉士。

中国国家图书馆藏《光绪己丑科会试官职录》：年三十三岁，镶蓝旗满洲附生，己卯科乡试中式第七十四名，会试中式第六名，覆试二等第八名，殿试二甲第五十九名，朝考一等第六十三名，钦点翰林院庶吉士。曾祖福顺，祖吉廉，父奎谱。

二甲第六十四名　瑞　贤　（《明清进士题名碑录索引》）

瑞贤，宗室，正白旗满洲人。

中国国家图书馆藏《光绪己丑科会试同年齿录》：宗室，字善之，号子良，行一。咸丰乙卯年二月二十六日吉时生。正白旗第二族宗室咸春佐领下宗人府笔帖式，兼本族学长。光绪乙酉科乡试中式第一名，会试中式第二名，殿试二甲第六十四名，朝考二等第七十二名，钦点宗人府主事。

中国国家图书馆藏《光绪己丑科会试官职录》：宗室，年三十五岁，正白旗满洲人。乙酉科乡试中式第二名，会试中式第二名，覆试三等第一名，殿试二甲第六十四名，朝考二等第七十二名，钦点六部主政。曾祖贵祥，祖额勒春，父阿洪阿。

二甲第七十五名　爱　仁　（《明清进士题名碑录索引》）

爱仁，正黄旗蒙古人。

中国国家图书馆藏《光绪己丑科会试官职录》：年三十岁，正黄旗蒙古。乙酉科乡试中式第三十名，丙戌会试中式第九十三名，覆试□等□名，补行殿试二甲第七十五名，朝考一等第五十八名，钦点翰林院庶吉士。曾祖色勒精额。祖文芳。父魁昌，存。

二甲第七十六名　赵尔萃　（《明清进士题名碑录索引》）

赵尔萃，正蓝旗汉军人。

中国国家图书馆藏《光绪己丑科会试同年齿录》：字公庆，号筱鲁，行七，又行四，咸丰辛亥年闰八月十八日吉时生，正蓝旗汉军荣康佐领下旗籍。乡试中式第八十一名，会试中式第九十九名，殿试二甲第七十六名，朝考第二等第五十名，钦点即用知县。高祖洄，乾隆庚寅举人。祖达纶，父文颖。胞兄尔震、尔巽。

中国国家图书馆藏《光绪己丑科会试官职录》：年三十九岁，正蓝旗汉军监生。壬午科乡试中式第八十一名，会试中式第九十九名，覆试二等第七十二名，殿试二甲第七十六名，朝考第二等第五十名，钦点即用知县。曾祖寅宾，祖达纶，父文颖。

二甲第一百名　钟　广　（《明清进士题名碑录索引》）

钟广，正黄旗汉军人。

中国国家图书馆藏《光绪己丑科会试同年齿录》：杨氏，字梓廎，行一，同治乙丑年七月十一日吉时生，内务府正黄旗汉军五套管领下监生，乙酉乡试中式第二十七名，己丑会试中式第二十四名，殿试二甲第一百名，朝考一等第五十九名，钦点翰林院庶吉士。

中国国家图书馆藏《光绪己丑科会试官职录》：年二十五岁，正黄旗汉军监生，乙酉科乡试中式二十七名。会试中式二十四名，覆试二等四十三名，殿试二甲一百名，朝考一等五十九名，钦点翰林院庶吉士。曾祖恒桂，祖文耀，父长坦。

二甲第一百九名　冯　端　（《明清进士题名碑录索引》）

冯端，正白旗汉军人。

中国国家图书馆藏《光绪己丑科会试同年齿录》：冯端，字子庄，号石溪，行一，道光丁未年十一月二十九日吉时生，系驻防广州汉军附生，同治丁卯科广东乡试第十六名举人。丁卯科乡试中式第十六名，甲戌科挑取誊录第二名，会试中式第一百七十四名，覆试二等第六十一名，殿试二甲第一百九名，朝考一等第六十七名，钦点翰林院庶吉士。曾祖良锡，祖经，父文全。嫡堂兄健，同治庚午科举人，甲戌科进士。

中国国家图书馆藏《光绪己丑科会试官职录》：冯端，年四十三岁，正白旗汉军附生，丁卯科乡试中式第十六名，会试中式第一百七十四名，覆试二等第六十一名，殿试二甲第一百九名，朝考一等第六十七名，钦点翰林院庶吉士。曾祖良锡，祖经，父文全。

三甲第九名　希　廉　（《明清进士题名碑录索引》）

希廉，宗室，正红旗满洲人。

中国国家图书馆藏《光绪己丑科会试同年齿录》：宗室，字维贞，号绍甫，行一，咸丰丁巳年九月二十四日吉时生，正红旗第三族祺昌佐领下，光绪丙子科举人。乡试中式第四名，会试中式第一名，保和殿覆试二等第一名，殿试三甲第九名，朝考二等第一百名，钦点翰林院庶吉士。

三甲第二十九名　济　生　（《明清进士题名碑录索引》）

济生，镶白旗蒙古人。

《光绪己丑科会试同年齿录》：济生，贯镶白旗蒙古哈达布佐领下河南驻防附生，壬午乡试中式第二十三名，己丑会试中式第四十五名，殿试三甲第二十九名。

三甲第六十七名　宝　丰　（《明清进士题名碑录索引》）

宝丰，宗室，正蓝旗满洲人。

中国国家图书馆藏《光绪己丑科会试同年齿录》：宗室，字静生，号和年，行一，又行四，道光庚戌年十一月初七日吉时生，正蓝旗第八族英杰佐领下四品宗室，光绪乙亥恩科举人。光绪乙亥恩科乡试中式第二名，会试中式第三名，保和殿覆试一等第一名，殿试三甲第六十七名，朝考二等第六十六名，钦点翰林院庶吉士。曾祖多善。祖讷勒亨额，嘉庆丙子举人，己卯恩科进士。父瑞清。胞伯祖绩兰，嘉庆庚午科举人，甲戌科进士。

三甲第八十五名　绍　昌　（《明清进士题名碑录索引》）

绍昌，正白旗满洲人。

中国国家图书馆藏《光绪己丑科会试同年齿录》：字号生年不详，府县生，民籍。会试中式第二十五名，钦点内阁中书。

三甲第九十二名　钰　昶　（《明清进士题名碑录索引》）

钰昶，镶红旗满洲人。

中国国家图书馆藏《光绪己丑科会试同年齿录》：白格佳氏，字珮卿，号仲明，一号瑾夫，别号鹤痴，行九。咸丰戊午年正月十五日吉时生，镶红旗满洲成福佐领下附生。乡试中式第一百十六名，会试中式第一百十四名，殿试第□甲第□名。朝考第□等第□名，钦点主事。

三甲第一百二十九名　吴国珍　（《明清进士题名碑录索引》）

吴国珍，镶黄旗汉军人。

中国国家图书馆藏《光绪己丑科会试同年齿录》：字子聘，号席儒，行一，咸丰癸丑年八月二十八日吉时生，内务府镶黄旗汉军附生。乡试中式第二百二十六名，会试中式第一百二十三名，殿试三甲，朝考入选，钦点即用知县，签分江西。曾祖束登额，祖德本，父永森。胞弟国瑞，戊子科举人。

三甲第一百三十五名　李　汾　（《明清进士题名碑录索引》）

李汾，镶蓝旗汉军人。

中国国家图书馆藏《光绪己丑科会试同年齿录》：字叔仪，号晋溪，行三，道光己亥年五月十日吉时生，镶蓝旗汉军德寿佐领下监生，中式丙子科举人，乡试中式第一百三名，会试中式第一百十六名，殿试三甲，朝考入选，钦点即用知县，签掣云南。

光绪十六年庚寅恩科（1890）

二甲第二十六名　载　昌　（《明清进士题名碑录索引》）

载昌，宗室，镶蓝旗满洲人。

中国国家图书馆藏《光绪十六年庚寅恩科会试同年齿录》：光绪十六年庚寅恩科会试宗室第一名，镶蓝旗满洲人。

南京图书馆藏《光绪十六年进士登科录》：贯镶蓝旗载存佐领下四品宗室。乙酉科乡试第四名，庚寅科会试第一名。曾祖永硕，祖绵默，父奕艾。

二甲第六十六名　启　绥　（《明清进士题名碑录索引》）

启绥，正白旗满洲人。

南京图书馆藏《光绪十六年进士登科录》：贯正白旗满洲锡光佐领下廪生。乙酉科乡试第一百八十名，庚寅科会试第三十八名。曾祖瑞书，祖毓彬，父福宽。

二甲第九十名　葆　平　（《明清进士题名碑录索引》）

葆平，正蓝旗满洲人。

中国国家图书馆藏《光绪己丑科会试同年齿录》：赫舍哩氏，字子均，号镜湖，行一，咸丰甲寅年十月初九日吉时生，正蓝旗满洲荣纯佐领下附生，己丑科大挑一等，签分贵州知县，西安驻防。乡试中式第六十二名，会试中式第一百二十六名，殿试第□甲第□名，朝考第□等第□名，钦点□。曾祖舒灵阿，祖阿察布，本生祖三音图，父德丰。胞曾伯叔祖舒兴阿，道光辛巳恩科举人，壬辰恩科进士。胞叔祖阿彦布，道光壬辰恩科举人。胞叔倭协布，道光乙酉举人。胞弟葆谦，光绪壬午科举人。

南京图书馆藏《光绪十六年进士登科录》：贯正蓝旗满洲荣纯佐领下陕西驻防附生。乙亥科乡试第六十二名，己丑科会试第一百二十六名。曾祖舒灵阿，祖阿察布，父德丰。

二甲第九十七名　文　矩　（《明清进士题名碑录索引》）

文矩，宗室，镶蓝旗满洲人。

中国国家图书馆藏《光绪十六年庚寅恩科会试同年齿录》：字夔臣，号小筠，行一，又行三，同治六年一月十九日吉时生，镶蓝旗满洲佑善佐领下四品宗室。戊子科乡试中式第四名，庚寅科会试中式第二名，殿试二甲第九十七名，朝考三等第十三名，钦点宗人府主事。曾祖多兴阿。本生曾祖明善。祖达隆阿。本生祖英宝，道光壬辰科举人，乙未科进士。父岳湘。胞伯岳琪，咸丰壬子科举人，同治乙丑科进士。

南京图书馆藏《光绪十六年进士登科录》：贯镶蓝旗满洲佑善佐领下四品宗室。戊子科乡试第四名，庚寅科会试第二名。曾祖多兴阿，本生曾祖明善，祖达隆阿，本生祖英宝，父岳湘。

二甲第一百六名　荣　光　（《明清进士题名碑录索引》）

荣光，宗室，正蓝旗满洲人。

中国国家图书馆藏《光绪十六年庚寅恩科会试同年齿录》：光绪十六年庚寅恩科会试宗室第三名，荣光，正蓝旗满洲人。

南京图书馆藏《光绪十六年进士登科录》：贯正蓝旗满洲英海佐领下四品宗室。丙子科乡试第五名，庚寅科会试第三名。曾祖爱新达，祖福培，父瑞鸾。

二甲第一百二十二名　黄曾源　（《明清进士题名碑录索引》）

黄曾源，正黄旗汉军人。

中国国家图书馆藏《光绪十六年庚寅恩科会试同年齿录》：字石孙，号立午，行一。咸丰戊午年三月初八日吉时生，汉军正黄旗驻防福州府学附生，旗籍。戊子科福建乡试中式第二十八名，会试中式第二百七十九名，保和殿覆试二等第四十四名，殿试二甲第一百二十二名，赐进士出身，朝考一等第七十二名，钦点翰林院庶吉士。曾祖春鳞。祖恩贵，道光丁酉科举人。父运昌。嫡堂叔祖恩荣，道光癸卯科举人。堂叔祖恩浩，道光庚子恩科举人。堂叔运恒，同治庚午科举人。堂叔运亨，光绪己卯科举人。堂弟曾冕，光绪乙酉科举人。堂弟曾益，光绪乙酉科举人。

南京图书馆藏《光绪十六年进士登科录》：贯正黄旗汉军荣全佐领下福州驻防附生。戊子科乡试第二十八名，庚寅科会试第二百七十九名。曾祖春鳞，祖恩贵，父运昌。

（清）黄曾成纂《琴江志·卷二·第六编·科甲》：黄曾源，字石孙，光绪十六年庚寅恩科赐进士第。正黄旗汉军人，第一甲赐进士及第，第一百二十二名。

三甲第十四名　璸　璐　（《明清进士题名碑录索引》）

璸璐，镶白旗满洲人。

中国国家图书馆藏《光绪己丑科会试同年齿录》：字号不详，年二十九岁，沧州驻防，镶白旗满洲人。会试中式第九十六名。

南京图书馆藏《光绪十六年进士登科录》：贯镶白旗满洲吉泰佐领下沧州驻防附生。壬午科乡试第三十名，己丑科会试第九十六名。曾祖清顺，祖国祥，父葆朴。

三甲第九十二名　延　祺　（《明清进士题名碑录索引》）

延祺，正白旗汉军人。

南京图书馆藏《光绪十六年进士登科录》：贯正白旗汉军福顺佐领下增生。己丑科乡试第三百十八名，庚寅科会试第二十八名。曾祖图基，祖景运，父裕纶。

三甲第一百十八名　郑文钦　（《明清进士题名碑录索引》）

郑文钦，正红旗汉军人。

中国国家图书馆藏《光绪十六年庚寅恩科会试同年齿录》：字瑞亭，号景轩，行一，咸丰辛酉年九月初八日吉时生，都京正红旗汉军柏寿佐领下、盛京英凯佐领下、宁远驻防宝海佐领下附生，光绪己卯科举人，丙戌科誊录，现会典馆校对官。乡试中式第一百三十名，保和殿覆试第二等，丙戌科会试挑取誊录，会试中式第九十名，覆试一等第五十五名，殿试三甲第一百十八名，朝考二等第九名，钦点翰林院庶吉士。曾祖廷斌，祖富，父尚恩。

南京图书馆藏《光绪十六年进士登科录》：贯正红旗汉军英凯佐领下，盛京驻防附生。己卯科乡试第一百三十名，庚寅科会试第九十名。曾祖廷斌，祖富，父尚恩。

三甲第一百二十三名　锳　珍　（《明清进士题名碑录索引》）

锳珍，镶白旗蒙古人。

中国国家图书馆藏《光绪十六年庚寅恩科会试同年齿录》：奇莫特氏，字仲明，号聘九，行二。道光己酉年十一月二十九日吉时生，系镶白旗蒙古存德佐领下拔贡生。癸酉科拔贡第一名，丙子乡试中式第一百十名，庚寅会试中式第三百二十五名，殿试三甲，朝考二等，钦点主事，签分刑部。曾祖果尔敏。祖崇禧。父德宽。胞兄锡钧，丁卯科举人，丙子恩科贡士，丁丑覆试一等，殿试二甲，赐进士出身，改庶吉士。

南京图书馆藏《光绪十六年进士登科录》：贯镶白旗蒙古存德佐领下拔贡生。丙子科乡试第一百十名，庚寅科会试第三百二十五名。曾祖果尔敏，祖崇禧，父德宽。

三甲第一百二十六名　松　年　（《明清进士题名碑录索引》）

松年，正蓝旗满洲人。

中国国家图书馆藏《光绪十六年庚寅恩科会试同年齿录》：刘佳氏，字鹤亭，号佛宝，又号竹龄，行一，咸丰辛酉年十二月三十日吉时生，系正蓝旗满洲文焕管领下附生，乙酉科举人。乙酉科乡试第一百八十一名举人，覆试三等第二十七名，会试第二十七名，覆试三等第三名，殿试三甲第一百二十六名，朝考三等第一百五名，钦点江苏即用知县。世居奉天宁远州城西五里刘八屯。曾祖永福，祖柄，父翰元。

南京图书馆藏《光绪十六年进士登科录》：贯正蓝旗满洲文焕佐领下附生。乙酉科乡试第一百八十一名，庚寅科会试第二十七名。曾祖永福，祖刘柄，父翰元。

三甲第一百六十四名　施沛霖　（《明清进士题名碑录索引》）

施沛霖，镶黄旗汉军人。

中国国家图书馆藏《光绪十六年庚寅恩科会试同年齿录》：字润斋，一字切斋，号少垣，行二，又行一。咸丰戊午年五月初九日吉时生，系镶黄旗汉军蒲为文佐领下监生，己丑恩科乡试中式第二百一名，会试中式第二百三十二名，殿试三甲第一百六十四名，赐同进士出身，朝考三等第六十三名，奉旨以知县即用，指分江苏。曾祖鏚，祖秉文，父灿。

南京图书馆藏《光绪十六年进士登科录》：贯镶黄旗汉军为文佐领下监生。己丑科乡试第一百二名，庚寅科会试第二百三十二名。曾祖鏚，祖秉文，父灿。

三甲第一百六十六名　庆　春　（《明清进士题名碑录索引》）

庆春，镶蓝旗满洲人。

中国国家图书馆藏《光绪十六年庚寅恩科会试同年齿录》：郭佳氏，谱名庆椿，字雨亭，号松岩，一号松友，行一，又行五，咸丰戊午年二月十四日吉时生，系镶蓝旗满洲德寿管领下拔贡生，候选直隶州州判，己丑恩科举人。乙丑科拔贡第一名，会考一等第五名，朝考一等第三名，乡试中式第三百四十一名，保和殿覆试一等第十七名，会试中式第九十五名，覆试三等第□名，殿试三甲第□名，朝考二等第□名，钦点户部主事。曾祖延瑞，祖寅生，父广洲。

南京图书馆藏《光绪十六年进士登科录》：贯镶蓝旗满洲德寿管领下拔贡生。乙丑科乡式第二百四十一名，庚寅科会试第九十五名。曾祖延瑞，祖寅生，父广洲。

三甲第一百七十一名　荣　禧　（《明清进士题名碑录索引》）

荣禧，镶黄旗汉军人。

中国国家图书馆藏《光绪十六年庚寅恩科会试同年齿录》：杨氏，字吉人，行三。同治壬戌年九月二十九日吉时生，镶黄旗汉军恒春佐领下附生，乡试中式第一百七十七名，会试中式第二百八十一名，殿试□甲第□名，朝考□等第□名，钦点即用知县。曾祖杨沆，祖庆麟，父承禄。

南京图书馆藏《光绪十六年进士登科录》：贯镶黄旗汉军恒春佐领下附生。乙酉科乡试第一百七十七名，庚寅科会试第二百八十一名。曾祖杨沆，祖庆麟，父承禄。

三甲第一百七十五名　裕　经　（《明清进士题名碑录索引》）

裕经，镶黄旗满洲人。

中国国家图书馆藏《光绪十六年庚寅恩科会试同年齿录》：舒穆鲁氏，字敬亭，号恭甫，行二，又行五，道光壬寅年九月二十五日吉时生，内务府镶黄旗满洲椿寿管领下附生，拣选知县。丁卯乡试中式第八十名，戊辰会试挑取誊录第三十五名，本科会试中式第九十九名，殿试三甲第一百七十五名。朝考三等第一百零二名，钦点即用知县签掣。曾祖五达塞，祖和明，父普琳。嫡堂侄鋆善，庚午举人。

南京图书馆藏《光绪十六年进士登科录》：贯内务府镶黄旗满洲椿寿管领下附生。丁卯科乡试第八十名，庚寅科会试第九十九名。曾祖五达塞，祖和明，父普琳。

光绪十八年壬辰科（1892）

二甲第七名　宝　熙　（《明清进士题名碑录索引》）

宝熙，正蓝旗满洲人。

中国国家图书馆藏《光绪壬辰科会试同年齿录》：字仲明，号瑞臣，行二，同治戊辰年六月二十八日吉时生。系正蓝旗满洲赓瑞佐领下四品宗室，一品荫生，理藩院学习员外郎。乡试中式第六名，覆试一等第一名，会试中式第三名，覆试一等第一名，殿试二甲第七名，朝考二等第五十一名，钦点翰林院庶吉士。曾祖海兰泰。祖受庆，嘉庆丙子科举人，道光壬午科进士。父奎景，咸丰辛亥恩科举人。胞叔奎润，咸丰己未恩科举人，同治癸亥恩科进士。

二甲第五十四名　衡　瑞　（《明清进士题名碑录索引》）

衡瑞，正红旗蒙古人。

中国国家图书馆藏《光绪壬辰科会试同年齿录》：乌齐格哩氏，字辑五，号又新，又号寿芝，行二，又行五。咸丰乙卯年正月初六日吉时生，系正红旗蒙古七甲喇文翰佐领下附贡生，签分工部员外郎屯田司学习行走。钦赐举人，会试中式第八十六名，覆试二等第二十名，殿试二甲第五十四名，朝考二等第十二名，钦点翰林院庶吉士。高高祖诺海。本生高祖达斌。高祖达三。曾祖文成。本生曾祖文明。祖倭仁，号艮峰，行二，道光辛巳恩科举人，己丑科进士。父福咸。胞伯祖爱仁，号静山，行一，嘉庆乙卯科举人，道光丙戌科进士；胞叔祖多仁，号莘农，行三，道光戊子科举人，辛丑科进士。嫡堂叔福楸，号幼农，光绪庚辰科进士。

二甲第五十五名　裕　绂　（《明清进士题名碑录索引》）

裕绂，正白旗汉军人。

中国国家图书馆藏《光绪十八年进士登科录》：贯正白旗汉军福顺佐领下附生，乙亥乡试第八名，壬辰会试第一百三十三名，殿试二甲第五十五名。

二甲第七十四名　延　燮　（《明清进士题名碑录索引》）

延燮，正白旗满洲人。

中国国家图书馆藏《光绪十八年进士登科录》：贯内务府正白旗满洲文焰佐领下监生，乙酉科乡试第七十八名，壬辰科会试第二百三十二名，殿试二甲第七十四名。

北京大学图书馆藏《光绪十八年壬辰科会试同年齿录》：辉发纳喇氏，字叔元，号理臣，行四，咸丰癸丑年十月十五日吉时生，内务府正白旗满洲嵩山佐领下监生，光绪乙亥恩科挑取誊录，国史馆誊录花翎，四品衔，签分六部员外郎。乙亥恩科挑取誊录第八名，乡试中式第七十八名，保和殿覆试钦取三等三十三名。堂高叔祖那山，康熙丙戌科进士。堂曾叔祖明通，嘉庆丁卯科文举人。堂曾叔祖德茂，嘉庆丁卯科副榜。高祖福勒贺。曾祖明铎。祖那峻。父文彬，字若山，号质夫，附学生，道光己酉科举人，咸丰壬子恩科进士，钦点主事，签分户部。胞伯祖那峨，字我山，号眉峰，附生，嘉庆庚申恩科副榜，甲子、己巳乡会第八魁，翰林院典簿。再从堂伯广福，乾隆甲寅科文举人。再从堂伯广愈，嘉庆戊寅科文举人。胞兄延煜，字伯炎，号旭之，行一，同治癸酉科举人。胞兄延熙，字仲穆，号景宸，行三，光绪己卯科兄弟同榜举人。胞兄延照，字季云，号光宇，行五，光绪己卯科兄弟同榜举人。

二甲第九十七名　王汝汉　（《明清进士题名碑录索引》）

王汝汉，镶黄旗汉军人。

中国国家图书馆藏《光绪壬辰科会试同年齿录》：字倬云，号湖亭，行七，同治癸亥年八月十四日吉时生，系镶黄旗汉军附生，广东乡试第六十六名举人，广东驻防。本省乡试中式第六十六名，保和殿覆试一等第五十九名，会试中式第三十四名，保和殿覆试三等第十一名，殿试二甲第九十七名，朝考第二等第一百十四名，钦点主事，签分兵部。曾祖文耀，祖瑞，父镇纲。

二甲第九十八名　连　甲　（《明清进士题名碑录索引》）

连甲，镶白旗满洲人。

中国国家图书馆藏《光绪十八年进士登科录》：贯镶白旗满洲包衣广

秀佐领下附生，戊子科乡试第二百二十名，庚寅科会试第二百七十一名，殿试二甲第九十八名。

二甲第一百四名　耆　龄　（《明清进士题名碑录索引》）

耆龄，镶黄旗汉军人。

中国国家图书馆藏《光绪十八年进士登科录》：贯内务府镶黄旗汉军世序佐领下附生，己丑年乡试第二百三十名，庚寅会试第二百九十一名，殿试二甲第一百四名。

二甲第一百八名　贵　诚　（《明清进士题名碑录索引》）

贵诚，正白旗满洲人。

中国国家图书馆藏《光绪壬辰科会试同年齿录》：富察氏，字俟知，号蒔之，行四。同治甲子年九月十四日吉时生，内务府正白旗满洲文德佐领下附生，咸安宫官学生。乙酉乡试中式第二百五十三名，会试中式第七名贡士，覆试二等第八十四名，殿试二甲第一百八名，赐进士出身，朝考入选，钦点主事，签分刑部。曾祖福珠礼。祖锡荣，道光丁酉科举人，丁未科进士。父慧秀。九世伯叔祖良清，乾隆庚戌进士。太高伯叔祖善政，嘉庆丁卯举人。太高伯叔祖善芳，嘉庆庚午举人。高伯叔祖吉瑞，乾隆庚子举人。高伯叔祖国瑞，乾隆庚子举人。高伯叔祖常瑞，乾隆丙子举人。高伯叔祖英达，道光戊子举人。曾伯叔祖敷森布，嘉庆癸酉举人。曾伯叔祖明昌，道光甲午举人。伯叔祖兴泰，嘉庆癸酉举人。伯叔祖兴德，嘉庆癸酉副举，道光辛巳举人。伯叔祖兴恩，道光己酉举人，咸丰壬子进士。由六部主事，官至盛京工部侍郎。同治甲戌会试知贡举。从堂伯崇福，甲子举人。

二甲第一百九名　桂　森　（《明清进士题名碑录索引》）

桂森，镶红旗蒙古人。

中国国家图书馆藏《光绪十八年进士登科录》：贯镶红旗蒙古恩霖佐领下京口驻防附生，乙丑科乡试第四十四名，庚寅科会试第一百九十四名，殿试二甲第一百九名。

二甲第一百十名　存　庆　（《明清进士题名碑录索引》）

存庆，镶红旗满洲人。

中国国家图书馆藏《光绪十八年进士登科录》：贯镶红旗满洲连瑞佐领下江宁驻防廪生。戊子科乡试第一百二十名，庚寅科会试第七名，殿试二甲第一百十名。

二甲第一百十五名　贻　谷　（《明清进士题名碑录索引》）

贻谷，镶黄旗满洲人。

中国国家图书馆藏《光绪壬辰科会试同年齿录》：乌雅氏，原名吉昌，号蔼人，咸丰丙辰年十一月十四日吉时生，镶黄旗满洲长升保佐领下廪膳生，原官花翎兵部候补员外郎，吉林驻防。乡试中式第二百十六名，保和殿覆试一等第四十名，会试中式第一百五十五名，保和殿覆试二等第九十三名，殿试二甲第一百十五名，朝考一等第十四名，钦点翰林院庶吉士。曾祖富明阿。祖庆福，道光丁酉科举人。父锡恩。

二甲第一百二十六名　恩　丰　（《明清进士题名碑录索引》）

恩丰，镶黄旗满洲人。

中国国家图书馆藏《光绪十八年进士登科录》：贯镶黄旗满洲瑞祥佐领下附生，己丑科乡试第一百四十四名，庚寅科会试第二十四名，殿试二甲第一百二十六名。

二甲第一百二十九名　恩　龄　（《明清进士题名碑录索引》）

恩龄，镶黄旗汉军人。

中国国家图书馆藏《光绪壬辰科会试同年齿录》：李佳氏，字樵云，号景棠，行一，同治丁卯年十二月二十五日吉时生，系内务府镶黄旗汉军世序佐领下附生，国史馆誊录。己丑科挑取誊录第一百四十四名，乡试中式第七十六名，覆试第二等第七名，会试中式第一百二十七名，覆试第三等第二十名，殿试二甲第一百二十九名，朝考第二等第一百十名，钦点主事，签分礼部。曾祖林藩，祖温，父延坪。嫡堂弟耆龄，光绪庚寅恩科连捷进士。

三甲第十三名　尚其亨　（《明清进士题名碑录索引》）

尚其亨，镶蓝旗汉军人。

中国国家图书馆藏《光绪十八年进士登科录》：贯镶蓝旗汉军尚昌安佐领下监生，乙酉乡试第一百五十五名，壬辰会试第二百十三名，殿试三甲第十三名。

《八旗画录》：字惠丞，晚号达庵，海城人，隶汉军镶蓝旗，光绪十八年进士，官福建布政使。

三甲第十五名　熙　彦　（《明清进士题名碑录索引》）

熙彦，正白旗满洲人。

中国国家图书馆藏《光绪十八年进士登科录》：贯正白旗满洲成福佐领下监生，己丑科乡试第八十一名，庚寅科会试第八十二名，殿试三甲第十五名。

三甲第三十八名　芳　镇　（《明清进士题名碑录索引》）

芳镇，正蓝旗满洲人。

中国国家图书馆藏《光绪十八年进士登科录》：贯正蓝旗满洲额尔德穆佐领下，丙子科乡试第二百三十名，庚寅科会试第二百三十名，殿试三甲第三十八名。

三甲第五十五名　溥　岳　（《明清进士题名碑录索引》）

溥岳，镶红旗满洲人。

中国国家图书馆藏《光绪壬辰科会试同年齿录》：光绪十八年壬辰科会试宗室第一名，旗人。

三甲第六十一名　长　绍　（《明清进士题名碑录索引》）

长绍，正蓝旗满洲人。

中国国家图书馆藏《光绪壬辰科会试同年齿录》：字子寿，号元度，行一，同治己巳年正月初九日吉时生，正蓝旗第五旗广裕佐领下人。乡试中式第二名，会试中式第二名，殿试三甲第六十一名，朝考第二等第七十六名，钦点翰林院庶吉士。曾祖耆英，祖庆贤，父德本。

三甲第七十八名　莫镇疆　（《明清进士题名碑录索引》）

莫镇疆，镶蓝旗汉军人。

中国国家图书馆藏《光绪十八年进士登科录》：贯镶蓝旗汉军双兴佐领下广州驻防岁贡生，辛卯科乡试第十九名，壬辰科会试第九十二名，殿试三甲第七十八名。

三甲第一百六名　嵩　瑞　（《明清进士题名碑录索引》）

嵩瑞，镶蓝旗满洲人。

中国国家图书馆藏《光绪十八年进士登科录》：贯镶蓝旗满洲玉海佐领下监生，丙子科乡试第二百十八名，庚寅科会试第三百二十七名，殿试三甲第一百六名。

三甲第一百三十三名　禄　德　（《明清进士题名碑录索引》）

禄德，镶黄旗蒙古人。

中国国家图书馆藏《光绪十八年进士登科录》：贯镶黄旗蒙古瑞昌佐领下荆州驻防附生，戊子科乡试第二十二名，庚寅科会试第二百二十名，殿试三甲第一百三十三名。

三甲第一百五十名　岳　龄　（《明清进士题名碑录索引》）

岳龄，正白旗蒙古人。

中国国家图书馆藏《光绪己丑科会试同年齿录》：字号不详，年三十四岁，沧州驻防，正白旗蒙古人，会试中式第一百九十三名。

三甲第一百六十五名　洪兆麟　（《明清进士题名碑录索引》）

洪兆麟，正白旗汉军人。

中国国家图书馆藏《光绪壬辰科会试同年齿录》：字子兴，号瑞堂，行三，道光丁酉年十月十三日吉时生，京都内务府汉军正白旗前任延需管领、新任鄂麟管领下附生，原系盛京义州旗人。乡试中式第三十七名，会试第二百二十六名，覆试三等第九十八名，殿试三甲第一百六十五名，赐同进士出身，朝考二等第一百十七名，钦点即用知县。曾祖士彦，祖朝文，父常位。

三甲第一百七十名　寿　椿　（《明清进士题名碑录索引》）

寿椿，镶白旗满洲人。

中国国家图书馆藏《光绪十八年进士登科录》：贯镶白旗满洲德奎佐领下青州驻防，附生，乙酉乡试中式第五十九名，乙丑会试中式第二百二十八名，殿试三甲第一百七十名。

三甲第一百七十三名　承　勋　（《明清进士题名碑录索引》）

承勋，镶白旗蒙古人。

中国国家图书馆藏《光绪壬辰科会试同年齿录》：杭阿坦氏，字鼎铭，号仲放，一号赞臣，行二，道光庚戌年十二月十七日吉时生，京口驻防蒙古镶白旗善连佐领下监生，广东知县。癸酉科乡试中式第一百四十四名，会试中式第一百八十三名，保和殿覆试二等，殿试三甲，朝考入选，呈明本班奉旨着以知县发往广东用。曾祖伍永额。祖庆安，道光辛巳恩科举人，丙戌科进士。父国英。胞叔祖庆云，道光壬午科举人，戊戌科进士。嫡堂叔国炳，光绪丙子恩科举人。丁丑科进士。嫡堂叔国裕，光绪壬午科举人，癸未科进士。

光绪二十年甲午恩科（1894）

二甲第三名　李家驹　（《明清进士题名碑录索引》）

李家驹，正黄旗汉军人。

中国科学院文献情报中心藏《光绪甲午恩科会试同年齿录》：字昂若，号柳谿，行一，同治庚午年七月初三日吉时生，系广州驻防正黄旗汉军附生，乡试中式第四十四名，会试中式第二百十六名，殿试二甲第三名，朝考二等第十七名，钦点翰林院庶吉士。

二甲第二十四名　袁　桐　（《明清进士题名碑录索引》）

袁桐，镶蓝旗汉军人。

二甲第三十四名　景　祾　（《明清进士题名碑录索引》）

景祾，镶蓝旗满洲人。

《八旗艺文编目》：字佩珂，氏兀札剌，隶镶蓝旗满洲。光绪甲午进士，散馆授编修。累官至弼德院参议。

二甲第五十四名　达　寿　（《明清进士题名碑录索引》）
达寿，正红旗满洲人。
中国科学院文献情报中心藏《光绪甲午恩科会试同年齿录》：赫舍里氏，字苇一，号稚甫，行二，同治庚午年十月十七日吉时生，正红旗满洲钟潘佐领下增生，乡试中式第二百四十一名，覆试一等第四名，壬辰科会试挑取誊录第九名，会试中式第八十三名，殿试二甲第五十四名，朝考入选，钦点翰林院庶吉士。

二甲第五十七名　玉　彬　（《明清进士题名碑录索引》）
玉彬，镶红旗蒙古人。

二甲第一百八名　松　铎　（《明清进士题名碑录索引》）
松铎，镶白旗满洲人。
中国科学院文献情报中心藏《光绪甲午恩科会试同年齿录》：原名铎，字仰泉，号振之，行五，同治癸酉年五月十三日吉时生，镶白旗二族文初佐领下四品宗室，癸巳恩科乡试中式第四名，覆试一等第一名，会试中式第三名，覆试二等第一名，殿试二甲第一百八名，朝考三等第四名，钦点宗人府主政。

二甲第一百九名　毓　隆　（《明清进士题名碑录索引》）
毓隆，正蓝旗满洲人。

三甲第二十四名　文　溥　（《明清进士题名碑录索引》）
文溥，正蓝旗蒙古人。

三甲第二十五名　廉　慈　（《明清进士题名碑录索引》）
廉慈，镶红旗蒙古人。
中国科学院文献情报中心藏《光绪甲午恩科会试同年齿录》：巴林氏，字惠卿，号诒斋，行一，同治壬戌年六月二十八日吉时生，镶红旗蒙古副贡生，旗籍，乡试第二百十七名，会试第二百六十名，覆试二等，殿试三甲，朝考三等，钦点主事，签分户部。

三甲第四十八名　佟文玫　（《明清进士题名碑录索引》）
佟文玫，正黄旗汉军人。

三甲第五十六名　续　绵　（《明清进士题名碑录索引》）
续绵，镶红旗满洲人。
中国科学院文献情报中心藏《光绪甲午恩科会试同年齿录》：栋鄂氏，字述周，号绍昌，行三，咸丰辛酉年六月二十日吉时生，镶红旗满洲续麟佐领下廪膳生，理藩院候补笔帖式，己丑乡试中式第一百六十三名，甲午会试中式第七名，殿试三甲，朝考入选，钦点主事，签分户部。

三甲第七十五名　承　霖　（《明清进士题名碑录索引》）
承霖，正蓝旗满洲人。

三甲第九十二名　启　泰　（《明清进士题名碑录索引》）
启泰，镶黄旗满洲人。
中国科学院文献情报中心藏《光绪甲午恩科会试同年齿录》：字子开，号佑之，行二，咸丰丙辰年十二月廿五日吉时生，内务府镶黄旗满洲恩铨佐领下监生，候补笔帖式，戊子乡试中式第一百十八名，本科会试中式第二百一名，殿试三甲第九十二名，朝考第三等第三十一名，钦点即用知县，签分直隶。

三甲第一百四名　保　谦　（《明清进士题名碑录索引》）
保谦，镶蓝旗满洲人。

三甲第一百十五名　寿　朋　（《明清进士题名碑录索引》）
寿朋，镶黄旗满洲人。

三甲第一百二十六名　李九烈　（《明清进士题名碑录索引》）
李九烈，镶蓝旗汉军人。

中国科学院文献情报中心藏《光绪甲午恩科会试同年齿录》：字又承，号柳村，行四，又行五，咸丰癸丑年八月十二日吉时生，福建驻防汉军镶蓝旗人，由附生中式同治癸酉科举人，乡试中式第七十六名，会试中式第二百九十六名，殿试三甲第一百二十六名，朝考三等第八十名，钦点即用知县，签分山西。

（清）黄曾成纂《琴江志·卷二·第六编·科甲》：李九烈，又承，光绪二十年甲午恩科赐同进士出身。

三甲第一百二十七名　广　麟　（《明清进士题名碑录索引》）

广麟，正蓝旗满洲人。

中国科学院文献情报中心藏《光绪甲午恩科会试同年齿录》：号瑞周，行一，咸丰辛酉年十二月初九日吉时生，正蓝旗满洲百禄管领下增生，戊子乡试中式第九十五名，会试中式第六十七名，覆试二等第四十九名，殿试三甲第一百二十七名，朝考三等第二十六名，钦点即用知县，签分江苏。

三甲第一百四十七名　翰　屏　（《明清进士题名碑录索引》）

翰屏，正白旗汉军人。

三甲第一百五十一名　绪　儒　（《明清进士题名碑录索引》）

绪儒，镶红旗满洲人。

三甲第一百五十六名　锡　麟　（《明清进士题名碑录索引》）

锡麟，镶红旗满洲人。

三甲第一百六十五名　赓　勋　（《明清进士题名碑录索引》）

赓勋，镶白旗蒙古人。

三甲第一百七十二名　承　厚　（《明清进士题名碑录索引》）

承厚，正蓝旗满洲人。

中国国家图书馆藏《光绪壬辰科会试同年齿录》：字博夫，号似村，行六，同治己巳年十二月初一日吉时生，江宁府学廪膳生。辛酉江南乡试中式第二十二名，会试中式第五十九名，殿试第□甲第□名，朝考第□等第□名，钦点。曾祖尚阿纳。祖锡龄额。父炳元。胞兄承荫，丙子举人，庚辰贡士，癸未二甲进士。

光绪二十一年乙未科（1895）

二甲第二十三名　谈国桢　（《明清进士题名碑录索引》）

谈国桢，镶白旗汉军人。

中国国家图书馆藏《光绪乙未科会试同年齿录》：字饱帆，号济五，行八。同治庚午年十月二十日吉时生。系广东驻防镶白旗汉军承志佐领下附贡生。乡试中式第一百四十三名，会试中式第一百六十名。殿试二甲第二十三名，朝考二等第十九名，钦点翰林院庶吉士。曾祖森个。祖建基。父广庆，翻译生员，同治壬戌补行己未恩科举人，癸亥恩科进士。胞叔广佩，字纫兰，翻译生员，同治甲子科举人，戊辰科进士。胞弟国桓，癸巳顺天乡试同科举人。

中国国家图书馆藏《光绪乙未科会试录》：镶白旗汉军承志佐领下广州驻防贡生，会试中式第一百六十名。

中国国家图书馆藏《光绪乙未科登科录》：贯镶白旗汉军承志佐领下广州驻防附贡生。癸巳科顺天乡试第一百四十三名，乙未科会试第一百六十名。曾祖森，祖建基，父广庆。

上海图书馆藏《光绪乙未殿试题名录》：镶白旗汉军人，二甲第二十三名。

二甲第三十八名　兴　廉　（《明清进士题名碑录索引》）

兴廉，镶黄旗蒙古人。

中国国家图书馆藏《光绪乙未科会试录》：镶黄旗蒙古德崇佐领下监生，太仆寺笔帖式，会试中式第二百五名。

中国国家图书馆藏《光绪乙未科登科录》：贯镶黄旗蒙古德崇佐领下监生。己丑科乡试第二百七十九名，乙未科会试第二百五名。曾祖什德，祖德保，父佟安。

上海图书馆藏《光绪乙未殿试题名录》：镶黄旗蒙古人，二甲第三十八名。

二甲第六十名　文　林　（《明清进士题名碑录索引》）

文林，正白旗蒙古人。

中国国家图书馆藏《光绪乙未科会试录》：正白旗满洲常明佐领下锦州驻防，文生，会试中式第二百十一名。

中国国家图书馆藏《光绪乙未科登科录》：贯正白旗满洲常明佐领下附生。辛卯科乡试第二百二十四名，乙未科会试第二百十一名。曾祖全福，祖嘎拉翰，父瑛贵。

上海图书馆藏《光绪乙未殿试题名录》：正白旗蒙古人，二甲第六十一名。

二甲第六十三名　傅兰泰　（《明清进士题名碑录索引》）

傅兰泰，正黄旗蒙古人。

上海图书馆藏《光绪乙未殿试题名录》：正黄旗蒙古人，殿试二甲第六十四名。

二甲第七十名　锡　煆　（《明清进士题名碑录索引》）

锡煆，宗室，正蓝旗满洲人。

中国国家图书馆藏《光绪乙未科登科录》：贯正蓝旗英杰佐领下四品宗室。辛卯科乡试第三名，乙未科会试第一名。曾祖铁麟，祖强安，父宝琛。

中国国家图书馆藏《光绪乙未科会试同年齿录》：字伯纯，号子常，行一，同治甲子年六月初二日吉时生，正蓝旗第八族英杰佐领下四品宗室。宗学录科第一名，光绪辛卯科乡试中式第三名，保和殿覆试一等第二名，乙未科会试中式第一名，殿试二甲第七十一名，赐进士出身，朝考二等第五十九名，钦点翰林院庶吉士。曾祖铁麟，嘉庆戊辰科举人，己卯科进士。祖，强安。父宝琛，咸丰己未恩科举人。

上海图书馆藏《光绪乙未殿试题名录》：正蓝旗满洲人，二甲第七十一名。

二甲第七十三名　世　荣　（《明清进士题名碑录索引》）

世荣，镶白旗蒙古人。

中国国家图书馆藏《光绪乙未科登科录》：贯镶白旗蒙古赓音佐领下附生。癸巳科乡试第一百五十八名，甲午科会试第一百十九名。曾祖四各，祖七林保，父得福。

上海图书馆藏《光绪乙未殿试题名录》：镶白旗蒙古人，殿试二甲第七十四名。

二甲第七十六名　赵黻鸿　（《明清进士题名碑录索引》）

赵黻鸿，正白旗汉军人。

中国国家图书馆藏《光绪乙未科登科录》：贯正白旗汉军德成佐领下附生。癸巳科乡试第二百五十八名，乙未科会试第六十一名。曾祖长治，祖大鹏，父英祚。

上海图书馆藏《光绪乙未殿试题名录》：正白旗汉军人，殿试二甲第七十七名。

二甲第八十二名　丰　和　（《明清进士题名碑录索引》）

丰和，镶白旗蒙古人。

中国国家图书馆藏《光绪乙未科会试同年齿录》：杭阿坦氏，号幼农，一号懋甫，行一。同治癸酉年十月初二日吉时生，系镶白旗蒙古克明佐领下监生。京口驻防。癸巳恩科乡试中式第一百四十名，会试中式第一百五名。覆试一等第三名。殿试二甲第八十二名。朝考二等第六十七名，钦点吏部主事。七世祖三保。六世祖花霈。五世祖宝山。高祖伍永额。曾祖庆安，号迩人，道光辛巳恩科举人，丙戌科进士。祖国英。父承霖。胞叔曾祖庆云，号书五，道光壬午科举人，戊戌科进士。嫡堂叔祖国桢，咸丰辛亥恩科举人。嫡堂叔祖国炳，号星垣，光绪丙子科举人，丁丑科进士。嫡堂叔祖国裕，号子馀，光绪壬午科举人，癸未科进士。胞叔承勋，号鼎铭，同治癸酉科举人，光绪壬辰科进士。

中国国家图书馆藏《光绪乙未科会试录》：丰和，镶白旗蒙古克明佐领下京口驻防监生，会试中式第一百五名。

中国国家图书馆藏《光绪乙未科登科录》：贯镶白旗蒙古克明佐领下京口驻防监生。癸巳科乡试第一百四十名，乙未科会试第一百五名。曾祖庆安，祖国英，父承霖。

上海图书馆藏《光绪乙未殿试题名录》：镶白旗蒙古人。二甲第八十二名。

三甲第二十九名　润　芳　（《明清进士题名碑录索引》）

润芳，镶白旗满洲人。

中国国家图书馆藏《光绪乙未科会试录》：润芳，镶白旗满洲倭凌额佐领下廪生，会试中式第一百三十四名。

中国国家图书馆藏《光绪乙未科登科录》：贯镶白旗满洲倭凌额佐领下廪生。乙亥科乡试第二百三名，乙未科会试第一百三十四名。曾祖索兴阿，祖科普通武，父奎亮。

上海图书馆藏《光绪乙未殿试题名录》：镶白旗满洲人。殿试三甲第二十九名。

《八旗艺文编目》：润芳，字澍田，氏祥佳，隶镶白旗满洲。光绪乙未进士。历官河南许州知州。

三甲第三十三名　庆　隆　（《明清进士题名碑录索引》）

庆隆，镶蓝旗汉军人。

中国国家图书馆藏《光绪乙未科会试录》：庆隆，镶蓝旗汉军广善佐领下附生，会试中式第一百二名。

中国国家图书馆藏《光绪乙未科登科录》：贯镶蓝旗汉军广善佐领下附生。戊子科乡试第一百七十五名，乙未科会试第一百二名。曾祖兆增，祖徐佳亮，父瑞龄。

上海图书馆藏《光绪乙未殿试题名录》：镶白旗汉军人，殿试三甲第三十三名。

三甲第四十五名　宝　铭　（《明清进士题名碑录索引》）

宝铭，正蓝旗满洲宗室。

中国国家图书馆藏《光绪乙未科会试同年齿录》：宗室，字新吾，号鼎臣，行一。同治丁卯年五月二十五日吉时生。正蓝旗满洲赓瑞佐领下四品宗室。三品荫生，赏戴花翎，恩赏员外郎。乡试中式第二名，会试中式第三名，旨以员外郎归原班选用。曾祖海兰泰。祖爱庆，号次农，嘉庆丙子科举人，道光壬午科进士。胞伯奎景，咸丰辛亥恩科举人。胞叔奎郁，号文轩，同治丁卯科举人，甲戌科进士。考奎润，号星斋，咸丰己未恩科举人，同治癸亥恩科进士。

中国国家图书馆藏《光绪乙未科登科录》：贯正蓝旗满洲赓瑞佐领下四品宗室。癸巳科乡试第二名，乙未科会试第三名。曾祖海兰泰，祖受庆，父奎润。

上海图书馆藏《光绪乙未殿试题名录》：正蓝旗满洲人，殿试三甲第四十五名。

三甲第六十六名　桂　福　（《明清进士题名碑录索引》）

桂福，正白旗满洲人。

中国国家图书馆藏《光绪乙未科会试同年齿录》：瓜尔佳氏，字锡五，又字枝五。号筱岩。一号秀岩，行一。同治甲戌年八月十七日吉时生。系正白旗满洲锡龄佐领下附学生。户科笔帖式。辛卯科乡试中式第一百十八名，会试中式第一百十一名，覆试三等第五十七名，殿试三甲第六十六名，朝考三等第八十名，钦点即用知县，签分云南。高祖满保，曾祖伊兰布，祖英奎，父瑞兴。

中国国家图书馆藏《光绪乙未科会试录》：桂福，正白旗满洲锡龄佐领下文生，户科笔帖式，会试中式第一百十一名。

中国国家图书馆藏《光绪乙未科登科录》：贯正白旗满洲锡龄佐领下文生。辛卯科乡试第一百十八名，乙未科会试第一百十一名。曾祖伊兰布，祖英奎，父瑞兴。

上海图书馆藏《光绪乙未殿试题名录》：正白旗满洲人，殿试三甲第六十六名。

三甲第六十七名　致　善　（《明清进士题名碑录索引》）

致善，正黄旗汉军人。

中国国家图书馆藏《光绪乙未科登科录》：贯正黄旗汉军全顺佐领下附生。辛卯科乡试第九十五名，乙未科会试第十五名。曾祖徐义，祖徐国芳，父徐浩。

上海图书馆藏《光绪乙未殿试题名录》：正黄旗汉军人，殿试三甲第六十七名。

三甲第七十一名　瑞　征　（《明清进士题名碑录索引》）

瑞征，镶黄旗满洲人。

中国国家图书馆藏《光绪乙未科登科录》：贯镶黄旗满洲明惠佐领下义州驻防附生。戊子科乡试第五十六名，甲午科会试第一百三名。曾祖达金太，祖顺保，父永德。

上海图书馆藏《光绪乙未殿试题名录》：镶黄旗满洲人，殿试三甲第七十一名。

三甲第七十五名　恒　善　（《明清进士题名碑录索引》）

恒善，正黄旗满洲人。

中国国家图书馆藏《光绪乙未科会试录》：正黄旗满洲觉罗续昌佐领下廪生，会试中式第一百六十五名。

中国国家图书馆藏《光绪乙未科登科录》：贯正黄旗满洲续昌佐领下廪生。己卯科乡试第一百七名，乙未科会试第一百六十五名。曾祖福珠隆阿，祖崇桂，父果兴额。

上海图书馆藏《光绪乙未殿试题名录》：正黄旗满洲人，殿试三甲第七十五名。

三甲第七十七名　景　湉　（《明清进士题名碑录索引》）

景湉，镶红旗满洲人。

中国国家图书馆藏《光绪乙未科登科录》：贯镶红旗满洲同春佐领下增生。辛卯科乡试第三十七名，乙未科会试第二十八名。曾祖克兴额，祖忠升，父莫尔根布。

上海图书馆藏《光绪乙未殿试题名录》：镶红旗满洲人，殿试三甲第七十七名。

三甲第九十一名　豫　咸　（《明清进士题名碑录索引》）

豫咸，镶蓝旗汉军人。

中国国家图书馆藏《光绪乙未科登科录》：贯镶蓝旗汉军包衣德寿管领下附贡生。乙酉科乡试第一百三十六名，甲午科会试第六十四名。曾祖李福，祖广发，父李淇。

中国科学院文献情报中心藏《光绪甲午恩科会试同年齿录》：李氏，字泽山，号幼竹，行二，又行十一，咸丰甲寅年九月十一日吉时生，镶蓝旗汉军附贡生。乙酉乡试中式第一百三十六名，会试中式第六十四名，保和殿覆试第□名，殿试第□甲第□名，朝考第□等第□名，钦点□。

上海图书馆藏《光绪乙未殿试题名录》：镶蓝旗汉军人，殿试三甲第九十一名。

三甲第九十四名　迎　喜　（《明清进士题名碑录索引》）

迎喜，正红旗蒙古人。

中国国家图书馆藏《光绪乙未科会试同年齿录》：贵奇克哈喇，字子起，号雨亭，一号燕侯，行二，又行一。咸丰庚申年五月十八日吉时生。湖北荆州驻防正红旗蒙古春联佐领下旗籍。戊子本省乡试中式第四十六名。乙未会试中式第二百四十三名，覆试二等第六十四名，殿试三甲第九十四名，朝考二等第一百一名，钦点主事，签分工部屯田司。驻荆始祖兰保。六十祖六宝，太高祖讷尔吉，高祖额腾吉，曾祖三音额，祖东升，父乌勒喜吞。

中国国家图书馆藏《光绪乙未科会试录》：正红旗蒙古崇兴佐领下荆州驻防附生，会试中式第二百四十三名。

中国国家图书馆藏《光绪乙未科登科录》：贯正红旗蒙古崇兴佐领下荆州驻防附生。戊子科乡试第四十六名，乙未科会试第二百四十三名。曾祖三音额，祖东升，父乌勒喜吞。

上海图书馆藏《光绪乙未殿试题名录》：正红旗蒙古人，殿试三甲第九十四名。

三甲第九十九名　爱兴阿　（《明清进士题名碑录索引》）

爱兴阿，镶黄旗满洲人。

中国国家图书馆藏《光绪乙未科会试同年齿录》：同治六年四月十八日吉时生。

中国国家图书馆藏《光绪乙未科会试录》：镶黄旗满洲崇清佐领下盛京驻防附贡生，会试中式第七十三名。

中国国家图书馆藏《光绪乙未科登科录》：贯镶黄旗满洲崇清佐领下附贡生。癸巳科乡试第一百七十一名，乙未科会试第七十三名。曾祖音扎哈，祖熙春，父延桂。

上海图书馆藏《光绪乙未殿试题名录》：镶黄旗满洲人，殿试三甲第九十九名。

三甲第一百十四名　继　曾　（《明清进士题名碑录索引》）

继曾，正黄旗满洲人。

中国国家图书馆藏《光绪乙未科登科录》：贯正黄旗满洲福珠凌阿佐领下附生。丁卯科乡试第二百三十七名，甲午科会试第六十一名。曾祖玉麟，祖恒昌，父伊金泰。

上海图书馆藏《光绪乙未殿试题名录》：正黄旗满洲人，殿试三甲第一百十四名。

三甲第一百十八名　锡　铎　（《明清进士题名碑录索引》）

锡铎，镶红旗满洲人。

中国国家图书馆藏《光绪乙未科会试录》：镶红旗满洲伊吉斯珲佐领下监生，会试中式第一百六十三名。

中国国家图书馆藏《光绪乙未科登科录》：贯镶红旗满洲伊吉斯珲佐领下监生。己丑科乡试第一百六十四名，乙未科会试第一百六十三名。曾祖丰升阿，祖富康，父佛尔国春。

上海图书馆藏《光绪乙未殿试题名录》：镶红旗满洲人，殿试三甲第一百十八名。

三甲第一百六十三名　吕继纯　（《明清进士题名碑录索引》）

吕继纯，正白旗汉军人。

中国国家图书馆藏《光绪乙未科会试录》：吕继纯，正白旗汉军国良佐领下文生，会试中式第九十六名。

中国国家图书馆藏《光绪乙未科登科录》：贯正白旗汉军国良佐领下文生。癸巳科乡试第一百八十六名，乙未科会试第九十六名。曾祖贵，祖仲禄，父仁。

三甲第一百七十五名　文　俊　（《明清进士题名碑录索引》）

文俊，镶黄旗满洲人。

中国国家图书馆藏《光绪乙未科登科录》：贯镶黄旗满洲明惠佐领下

义州驻防附生。己丑科顺天乡试第三百三名，甲午科会试第二百九十名。曾祖敖珍，祖守金，父敖钦。

南京图书馆藏《同治元年壬戌恩科各省乡试同年录》：年二十八岁，中式顺天乡试第四十五名，内务府正黄旗汉军俊秀监生。

三甲第一百八十名　德　锐　（《明清进士题名碑录索引》）

德锐，正白旗满洲人。

中国国家图书馆藏《光绪乙未科会试录》：正白旗满洲胜林佐领下文生，会试中式第一百三十三名。

中国国家图书馆藏《光绪乙未科登科录》：贯正白旗满洲胜林佐领下附生。癸巳科乡试第一百六名，乙未科会试第一百三十三名。曾祖穆腾额，祖和臣，父存善。

中国国家图书馆藏《光绪乙未科会试同年齿录》：同治八年生。

三甲第一百九十名　海　明　（《明清进士题名碑录索引》）

海明，正蓝旗满洲人。

中国国家图书馆藏《光绪乙未科登科录》：贯正蓝旗满洲琳诚佐领下四品宗室。壬午科乡试第一名，乙未科会试第二名。曾祖福达禅，祖林保，父吉顺。

光绪二十四年戊戌科（1898）

二甲第五名　黄　诰　（《明清进士题名碑录索引》）

黄诰，正黄旗汉军人。

南京图书馆藏《光绪二十四年进士登科录》：贯正黄旗汉军武英佐领下广州驻防附生，乙酉科乡试第七十二名，戊戌科会试第一百三十名，殿试二甲第五名。曾祖贵安，祖世良，父国鼎。

二甲第十七名　荫　恒　（《明清进士题名碑录索引》）

荫恒，镶白旗满洲人。

《明清进士题名碑录索引》：作"荫恒"。

南京图书馆藏《光绪二十四年进士登科录》：贯镶白旗满洲世勋佐领

下荫生。光绪七年钦赐举人，戊戌科会试第一百六十一名。曾祖长春，祖宝銮，父景澧。

二甲第六十六名　云　祥　（《明清进士题名碑录索引》）

云祥，正蓝旗汉军人。

清华大学图书馆藏《光绪戊戌科会试同年齿录》：姓曹氏，字纪五，号麐卿，行四，同治甲戌年十月十五日吉时生，系吉林鸟枪营汉军正蓝旗签掣归本京汉军正蓝旗四甲喇春霈佐领下，乡试中式第二百七十一名，会试中式第一百五十五名，殿试二甲第六十六名，朝考一等第二十四名，钦点翰林院庶吉士。曾祖佛明阿，祖巴彦布，父德禄。

南京图书馆藏《光绪二十四年进士登科录》：贯正蓝旗汉军刘嘉善佐领下吉林驻防廪生。癸巳科乡试第二百七十一名，戊戌科会试第一百五十五名。曾祖佛明阿，祖巴彦布，父德禄。

二甲第七十一名　阿　联　（《明清进士题名碑录索引》）

阿联，镶红旗满洲人。

南京图书馆藏《光绪二十四年进士登科录》：贯镶红旗满洲成福佐领下廪膳生。戊子科乡试第二百四十三名，戊戌科会试第七名。曾祖缉实，祖德智，父恩符。

二甲第七十二名　志　琮　（《明清进士题名碑录索引》）

志琮，正蓝旗满洲人。

南京图书馆藏《光绪二十四年进士登科录》：贯正蓝旗满洲斌启佐领下廪生，丁酉科乡试第四十一名，戊戌科会试第一百二十名。曾祖锡龄阿，祖保昌，父文硕。

二甲第八十四名　文　斌　（《明清进士题名碑录索引》）

文斌，正蓝旗满洲人。

清华大学图书馆藏《光绪戊戌科会试同年齿录》：宗室会试第一名，旗人。

南京图书馆藏《光绪二十四年进士登科录》：贯正蓝旗灵照佐领下四品宗室，庶。甲午科乡试第三名，戊戌科会试第一名。曾祖禧恩，祖征寿，父琳诚。

《枢垣记略·题名三》卷之十七载：文斌，字□，蒙古镶红旗人。道光十年三月由理藩院笔帖式入直。

二甲第八十八名　寿　富　（《明清进士题名碑录索引》）

寿富，镶蓝旗满洲人。

清华大学图书馆藏《光绪戊戌科会试同年齿录》：宗室会试第二名，旗人。

南京图书馆藏《光绪二十四年进士登科录》：贯镶蓝旗满洲庆博佐领下四品宗室，戊子科乡试第二名，戊戌科会试第二名。曾祖兴隆，祖常禄，父宝廷。

二甲第一百四名　兴　元　（《明清进士题名碑录索引》）

兴元，镶蓝旗满洲人。

南京图书馆藏《光绪二十四年进士登科录》：贯镶蓝旗满洲包衣万春佐领下廪膳生，辛卯科乡试第二百四名，戊戌科会试第一百二名。曾祖锡中，祖德贞，父芷帆。

二甲第一百五名　荣　贵　（《明清进士题名碑录索引》）

荣贵，镶白旗汉军人。

南京图书馆藏《光绪二十四年进士登科录》：贯镶白旗汉军承恩佐领下附生。己卯科乡试第一百十八名，戊戌科会试第三十七名。曾祖安邦，祖吉惠，父庆堃。

二甲第一百二十一名　舒　荣　（《明清进士题名碑录索引》）

舒荣，镶红旗满洲人。

清华大学图书馆藏《光绪戊戌科会试同年齿录》：号焕文，行三，又行六，同治辛未年七月十八日吉时生，系镶红旗第六族祥林佐领下四品宗室，乡试中式第五名，会试中式第三名，保和殿覆试一等第一名，殿试二甲第一百二十一名，朝考二等第三十九名，钦点宗人府主政。曾祖荣建，祖满定，父成楷。

南京图书馆藏《光绪二十四年进士登科录》：贯镶红旗满洲祥林佐领

下四品宗室。字焕文，癸巳科乡试第五名，戊戌科会试第三名。曾祖荣建，祖满定，父成楷。

二甲第一百三十名　商廷修　（《明清进士题名碑录索引》）

商廷修，正白旗汉军人。

清华大学图书馆藏《光绪戊戌科会试同年齿录》：字梅生，号少芝，行二，咸丰己未年二月二十六日吉时生，系正白旗汉军驻防广州廪生拔贡，己丑科顺天乡试举人，户部江西司七品小京官，顺天乡试中式第三十五名，覆试一等第三十二名，会试中式第一百二十六名，覆试□等第□名，殿试□甲第□名，朝考□等第□名，钦点。曾祖守信，祖兴源，父建朴。胞兄庭燕，号嘉乐，咸丰辛丑科并补行戊子科举人，拣选知县。

南京图书馆藏《光绪二十四年进士登科录》：贯正白旗汉军连秀佐领下拔贡生。己丑科乡试第三十五名，戊戌科会试第一百二十六名。曾祖守信，祖兴源，父建朴。

三甲第二十二名　庆　廉　（《明清进士题名碑录索引》）

庆廉，正红旗满洲人。

南京图书馆藏《光绪二十四年进士登科录》：贯正红旗满洲包衣定昌佐领下附生。辛卯科乡试第七名，戊戌科会试第三十三名。曾祖国旺，祖英奎，父德龄。

三甲第二十三名　成　沂　（《明清进士题名碑录索引》）

成沂，正黄旗汉军人。

南京图书馆藏《光绪二十四年进士登科录》：贯正白旗汉军文光管领下附生，己丑科乡试第二百二十一名，戊戌科会试第二百八十四名。曾祖广寿，祖昌禄，父文琦。

三甲第三十名　宜　勋　（《明清进士题名碑录索引》）

宜勋，正白旗满洲人。

南京图书馆藏《光绪二十四年进士登科录》：贯正白旗满洲恩绪佐领下附生。丁酉科乡试第一百五十六名，戊戌科会试第一百十名。曾祖祥禄，祖玉书，父双全。

三甲第四十四名　文　杰　（《明清进士题名碑录索引》）

文杰，镶白旗汉军人。

南京图书馆藏《光绪二十四年进士登科录》：贯镶白旗汉军德三佐领下文生，字星鹑，乙亥科乡试第三百十七名，戊戌科会试第二百二十三名。曾祖吴明启，祖哲臣，父恩临。

三甲五十三名　乐　秀　（《明清进士题名碑录索引》）

乐秀，镶白旗满洲人。

南京图书馆藏《光绪二十四年进士登科录》：贯镶白旗满洲文澧附生。甲午科乡试第二百七十名，戊戌科会试第四十八名。曾祖郭兴阿，祖常兴，父瑞禄。

三甲第七十二名　长　春　（《明清进士题名碑录索引》）

长春，镶红旗满洲人。

南京图书馆藏《光绪二十四年进士登科录》：贯镶红旗满洲玉清佐领下廪生。字东阳，兵部，丙子科乡试第二百六十一名，戊戌科会试第七名。曾祖登官，祖进达，父生馨。

三甲第一百三十四名　于廷琛　（《明清进士题名碑录索引》）

于廷琛，正红旗汉军人。

清华大学图书馆藏《光绪戊戌科会试同年齿录》：字献芝，号次羲，行三，同治乙丑年四月二十五日吉时生，系广州驻防正红旗汉军京城祥麟佐领下附生，乡试中式第八十四名，会试中式第三百二名，覆试一等第六十九名，殿试三甲第□名，朝考入选，钦点内阁中书。曾祖士松，祖文润，父敏智。

南京图书馆藏《光绪二十四年进士登科录》：贯正红旗汉军祥麟佐领下广州驻防附生，癸巳科乡试第八十四名，戊戌科会试第三百二名。曾祖士松，祖文润，父敏智。

三甲第一百六十七名　吕承彦　（《明清进士题名碑录索引》）

吕承彦，正白旗汉军人。

**三甲第一百六十九名　崇　芳　**（《明清进士题名碑录索引》）

崇芳，正黄旗满洲人。

南京图书馆藏《光绪二十四年进士登科录》：贯正黄旗满洲万海佐领下拔贡生。字秋浦，国子监，乙酉科乡试第二百三十三名，戊戌科会试第一百八十三名。曾祖福凌保，祖绰杭阿，父庆毓。

**三甲第一百七十一名　崇　本　**（《明清进士题名碑录索引》）

崇本，镶白旗满洲人。

南京图书馆藏《光绪二十四年进士登科录》：贯镶白旗满洲包衣乐福管领下附学生。己卯科乡试第一百九十九名，戊戌科会试第九十九名。曾祖成瑚，祖延升，父永清。

**三甲第一百七十三名　荣　煜　**（《明清进士题名碑录索引》）

荣煜，正黄旗蒙古人。

南京图书馆藏《光绪二十四年进士登科录》：贯正黄旗蒙古喆星佐领下廪膳生，吏部。辛卯科乡试第二百三十五名，戊戌科会试第二百十五名。曾祖恒德，祖保庆，父沐琎。

**三甲第一百七十六名　如　麟　**（《明清进士题名碑录索引》）

如麟，正黄旗蒙古人。

南京图书馆藏《光绪二十四年进士登科录》：贯内务府正黄旗蒙古钟霈管领下贡生，戊子科乡试第二百二十一名，戊戌科会试第二百三十名。曾祖岐峰，祖安明，父常存。

光绪二十九年癸卯科（1903）[①]

**一甲第二名　左　霈　**（《明清进士题名碑录索引》）

左霈，正黄旗汉军人。

中国国家图书馆藏《光绪辛丑壬寅恩正并科会试同年齿录》：号雨荃，

[①] 光绪二十九年癸卯补行辛丑、壬寅恩正并科会试。

行九,光绪丙子年闰五月二十一日吉时生,广州府正黄旗汉军广州驻防。乡试中式第七十三名,会试中式第七十九名,殿试一甲第二名,赐进士及第,钦点翰林院编修。曾祖逢春,祖璋,父秉桓。

中国国家图书馆藏《光绪二十九年进士登科录》:贯正黄旗汉军景澄佐领下广东驻防附生。甲午科乡试第七十三名,辛丑、壬寅并科会试第七十九名。曾祖逢春,祖璋,父秉桓。

南京图书馆藏《光绪辛丑壬寅正并科会试题名录》:广州驻防正黄旗汉军,文生。辛丑、壬寅并科会试中式第七十九名。

二甲第十八名　商衍瀛　(《明清进士题名碑录索引》)

商衍瀛,正白旗汉军人。

中国国家图书馆藏《光绪辛丑壬寅恩正并科会试同年齿录》:字云亭,号云厂,行一。同治辛未年四月二十四日吉时生。广州驻防正白旗汉军甲午科顺天乡试举人。乡试中式第一百八十四名,会试中式第八十九名,覆试□等第□名,殿试二甲第十八名,朝考一等第七名,钦点翰林院庶吉士。曾祖兴沛,祖建权,父廷焕。胞弟衍鎏,甲午同科举人。

中国国家图书馆藏《光绪二十九年进士登科录》:贯正白旗汉军镇华佐领下广州驻防附贡生,甲午科乡试第一百八十四名,辛丑、壬寅并科会试第八十九名。曾祖兴沛,祖建权,父廷焕。

南京图书馆藏《光绪辛丑壬寅正并科会试题名录》:广州正白旗驻防附贡生。辛丑、壬寅并科会试第八十九名。

三甲第四名　绍　先　(《明清进士题名碑录索引》)

绍先,镶黄旗满洲人。

中国国家图书馆藏《光绪辛丑壬寅恩正并科会试同年齿录》:字舟生,号复初。行三。同治己巳年十一月二十七日吉时生。江宁驻防满洲镶黄旗廪生,兼世袭云骑尉。乡试中式第二百十名。会试中式第十一名,覆试第三等第二十二名,殿试三甲第四名。朝考第三等第三十六名,钦点主事,签分户部江南司。曾祖祥瑞。本生曾祖福格。祖锡庆。本生祖辉罕泰。父延明。本生父延龄,道光庚子恩科举人。

中国国家图书馆藏《光绪二十九年进士登科录》:贯镶黄旗满洲扎昆珠佐领下江宁驻防廪生,庚子、辛丑并科乡试第二百十名,辛丑、壬寅并科会试第十一名。曾祖祥瑞，本生曾祖福格，祖锡庆，本生祖辉罕泰，父延明，本生父延龄。

南京图书馆藏《光绪辛丑壬寅正并科会试题名录》：江宁驻防镶黄旗廪生。辛丑、壬寅并科会试中式第十一名。

三甲第七十七名　有　瑞　（《明清进士题名碑录索引》）

有瑞，镶黄旗满洲人。

中国国家图书馆藏《光绪辛丑壬寅恩正并科会试同年齿录》：乌勒扎氏，字芝亭，行一，同治丁卯年六月初八日吉时生，系在京镶黄旗满洲中桂佐领下人，山东青州驻防附生，山东乡试中式第七十名。会试中式第二百三名，殿试三甲第七十七名，朝考三等第一百名，钦点即用知县。曾祖阿尔金布，祖雅朗阿，父禄山。

中国国家图书馆藏《光绪二十九年进士登科录》：贯镶黄旗满洲中桂佐领下青州驻防附生，己丑科乡试第七十名。辛丑、壬寅并科会试第二百三名。曾祖阿尔金布，祖雅朗阿，父禄山。

南京图书馆藏《光绪辛丑壬寅正并科会试题名录》：青州镶黄旗人，附生。辛丑科会试中式第二百三名。

三甲第八十九名　延　昌　（《明清进士题名碑录索引》）

延昌，镶白旗蒙古人。

中国国家图书馆藏《光绪辛丑壬寅恩正并科会试同年齿录》：杭阿坦氏，字子光，一字寿丞，行一。光绪乙亥年六月二十一日吉时生，蒙古镶白旗克明佐领下京口驻防监生，鉴提举衔，分省试用通判。乡试中式第五十五名，会试中式第二百六十二名，殿试三甲第八十五名，朝考二等第五十一名，钦点翰林院庶吉士。曾祖庆成，祖国俊，父朝栋。

中国国家图书馆藏《光绪二十九年进士登科录》：贯镶白旗蒙古克明佐领下京口驻防监生，庚子、辛丑并科乡试第五十五名，辛丑、壬寅并科会试第二百六十二名。曾祖庆成，祖国俊，父朝栋。

南京图书馆藏《光绪辛丑壬寅正并科会试题名录》：京口驻防镶白旗蒙古监生。辛丑、壬寅并科会试第二百六十二名。

三甲第一百七名　恩　华　（《明清进士题名碑录索引》）

恩华，镶红旗蒙古人。

中国国家图书馆藏《光绪辛丑壬寅恩正并科会试同年齿录》：巴噜特氏，字咏春，号樗伯，行一，同治甲戌年八月初七日吉时生，京口驻防。蒙古镶红旗春禄佐领下人，镇江府学附生，肄业南菁学堂。乡试中式第四十二名，会试中式第一百二十一名，覆试三等第□名，殿试三甲第□名。朝考入选，钦点主事，签分吏部考功司。曾祖特克星额，本生祖清祥，祖清魁，父智昆。

中国国家图书馆藏《光绪二十九年进士登科录》：贯镶红旗蒙古春禄佐领下京口驻防附生，庚子、辛丑并科乡试第四十二名，辛丑、壬寅并科会试第一百二十一名。曾祖特克星额，祖清魁，父智昆。

南京图书馆藏《光绪辛丑壬寅正并科会试题名录》：京口驻防镶红旗蒙古附生。辛丑、壬寅并科会试第一百二十一名。

三甲第一百九名　班吉本　（《明清进士题名碑录索引》）

班吉本，镶蓝旗满洲人。

中国国家图书馆藏《光绪二十九年进士登科录》：贯镶蓝旗满洲庆保佐领下荆州驻防附生，庚子、辛丑并科乡试第四十名，辛丑、壬寅并科会试第一百六十八名。曾祖倭星阿，祖文魁，父卓勒和苏。

南京图书馆藏《光绪辛丑壬寅正并科会试题名录》：荆州镶蓝旗满洲附生。辛丑、壬寅并科会试第一百六十八名。

三甲第一百十一名　培　成　（《明清进士题名碑录索引》）

培成，镶黄旗满洲人。

中国国家图书馆藏《光绪辛丑壬寅恩正并科会试同年齿录》：那佳氏，字绎如，号友玫，行二，同治丙寅年十二月初二日吉时生，西安驻防。镶黄旗满洲人附生。己丑恩科举人戊戌大挑知县，乡试中式第二十四名，戊午科大挑知县，会试中式第二百四十一名，覆试三等第□名，殿试三甲第□名，朝考第三等第□名，钦点即用知县，签分陕西。曾祖吉庆，祖普萨保，父和明。

中国国家图书馆藏《光绪二十九年进士登科录》：贯镶黄旗满洲中桂

佐领下西安驻防附生。己丑科乡试第二十四名，辛丑、壬寅并科会试第二百四十一名。曾祖吉庆，祖菩萨保，父和明。

南京图书馆藏《光绪辛丑壬寅正并科会试题名录》：西安驻防镶黄旗满洲附生。辛丑、壬寅并科会试第二百四十一名。

三甲第一百二十六名　钟　麟　（《明清进士题名碑录索引》）

钟麟，正白旗蒙古人。

中国国家图书馆藏《光绪二十九年进士登科录》：贯正白旗蒙古拴禄佐领下盛京驻防附生。丁酉科乡试第二百七十九名，戊戌科会试第三百四名。曾祖莫力根，祖玉山，父恩庆。

三甲第一百三十四名　和绅布　（《明清进士题名碑录索引》）

和绅布，镶蓝旗满洲人。

中国国家图书馆藏《光绪辛丑壬寅恩正并科会试同年齿录》：萨察氏，字子振，行二，咸丰庚申年九月十六日吉时生，系在京镶蓝旗满洲启明佐领下人，山东青州驻防，增生。山东乡试中式第十四名，会试中式第二百九十六名，殿试三甲第一百三十四名，朝考三等第七十五名，钦点即用知县。曾祖叶布崇额，祖博多珲，父玉成。

中国国家图书馆藏《光绪二十九年进士登科录》：贯镶蓝旗满洲启明佐领下青州驻防增生。癸巳科乡试第十八名，辛丑、壬寅并科会试第二百九十六名。曾祖叶布崇额，祖博多珲，父玉成。

南京图书馆藏《光绪辛丑壬寅正并科会试题名录》：青州驻防镶蓝旗满洲，增生。辛丑、壬寅并科会试第二百九十六名。

三甲第一百五十四名　忠　兴　（《明清进士题名碑录索引》）

忠兴，正白旗满洲人。

中国国家图书馆藏《光绪辛丑壬寅恩正并科会试同年齿录》：衣尔根觉罗氏，字立夫，号小楼。行一。同治己巳年六月十七日吉时生。湖北荆州驻防正白旗满洲讷苏砫布佐领下附生。乡试中式第四十九名，会试中式第二百八十二名。覆试□等第□名，殿试三甲第□名，朝考三等第□名，钦点主事，签分兵部。曾祖荣庆，祖松文，父禄寿。

中国国家图书馆藏《光绪二十九年进士登科录》：贯正白旗满洲存瑞

佐领下荆州驻防附生。癸巳科乡试第四十九名，辛丑、壬寅并科会试第二百八十二名。曾祖荣庆，祖松文，父禄寿。

南京图书馆藏《光绪辛丑壬寅正并科会试题名录》：荆州正白旗满洲附生。辛丑、壬寅并科会试第二百八十二名。

三甲第一百六十九名　哲克登额　（《明清进士题名碑录索引》）

哲克登额，镶蓝旗蒙古人。

中国国家图书馆藏《光绪辛丑壬寅恩正并科会试同年齿录》：德特参赵尔氏，字子贞，号明轩，行三，咸丰乙卯年五月十九日吉时生，成都驻防镶蓝旗蒙古拔贡生，旗籍。乡试中式第三十九名，会试中式第二百七名，殿试三甲第□百六十九名，朝考二等第□百一十九名，钦点即用知县。曾祖阿尔巴泰，祖德升，父祥安。

中国国家图书馆藏《光绪二十九年进士登科录》：贯镶蓝旗蒙古图敏佐领下成都驻防拔贡生。丁酉科乡试第三十九名，辛丑、壬寅并科会试第二百七名。曾祖阿尔巴泰，祖德善，父祥安。

南京图书馆藏《光绪辛丑壬寅正并科会试题名录》：成都镶蓝旗蒙古拔贡生。辛丑、壬寅并科会试第二百七名。

光绪三十年甲辰恩科（1904）

一甲第三名　商衍鎏　（《明清进士题名碑录索引》）

商衍鎏，正白旗汉军人。

中国国家图书馆藏《光绪甲辰恩科会试同年齿录》：字又章，号藻亭，一号冕臣，行三，同治甲戌年十二月初四日吉时生，广州驻防正白旗汉军廪生，乡试中式第二十四名，会试中式第一百二十九名，覆试第二等第四十四名，殿试一甲第三名，赐进士及第，钦授翰林院编修。曾祖兴沛。祖建权。父廷焕。胞兄衍瀛，甲午顺天乡试同科举人，癸卯补行辛丑壬寅恩正并科进士，钦点翰林院庶吉士。

中国国家图书馆藏《光绪甲辰恩科登科录》：贯正白旗汉军镇华佐领下广州驻防廪生，甲午科乡试第二十四名，甲辰科会试第一百二十九名。曾祖兴沛，祖建权，父廷焕。

中国国家图书馆藏《光绪甲辰恩科会试录》：中式各直省贡士第一百

二十九名，广州驻防正白旗汉军廪生。

二甲第七十名　景　润　（《明清进士题名碑录索引》）

景润，正蓝旗满洲人。

中国国家图书馆藏《光绪甲辰恩科会试同年齿录》：字子中，号碍雨，行一，同治庚午年十一月二十三日吉时生，河南开封府驻防，正蓝旗满洲附生，旗籍。乡试中式第十五名，会试中式第八十五名，覆试一等第六十六名，殿试□甲第□名，朝考□等第□名，钦点翰林院庶吉士。曾祖伊辙布，祖松福，本生祖福全，父裕后。

中国国家图书馆藏《光绪甲辰恩科登科录》：贯正蓝旗满洲祥格佐领下河南驻防附生。癸巳科乡试第十五名，甲辰科会试第八十五名。曾祖伊辙布，祖松福，父裕后。

中国国家图书馆藏《光绪甲辰恩科会试录》：中式各直省贡士第八十五名，河南驻防正蓝旗满洲附生。

三甲第三十名　果　晟　（《明清进士题名碑录索引》）

果晟，镶黄旗满洲人。

中国国家图书馆藏《光绪甲辰恩科会试同年齿录》：字叔芝，号鹤汀，行三，光绪己卯年五月二十一日吉时生，江宁驻防，满洲镶黄旗吉勇佐领下附生。乡试中式第一百十一名，会试中式第四十五名，覆试第□等第□名，殿试第□甲第□名，朝考第□等第□名，钦点刑部主事。曾祖玉明，祖萨毕图，父善庆。

中国国家图书馆藏《光绪甲辰恩科登科录》：贯镶黄旗满洲吉勇佐领下江宁驻防附生。庚子辛丑并科乡试第一百十一名，甲辰科会试第四十五名。曾祖玉明，祖萨毕图，父善庆。

中国国家图书馆藏《光绪甲辰恩科会试录》：中式各直省贡士第四十五名，江宁驻防镶黄旗满洲附生。

三甲第七十三名　云　书　（《明清进士题名碑录索引》）

云书，正白旗蒙古人。

中国国家图书馆藏《光绪甲辰恩科会试同年齿录》：字企韩，号仲森，行二，同治癸酉年十二月初十日吉时生，京口驻防，蒙古正白旗蕙印芳署佐领下附生，乡试中式第五十名，会试中式第二百十四名，覆试第□等第□名，殿试第□甲第□名，朝考第□等第□名，钦点翰林院庶吉士。曾祖丰陞，祖清瑞，父文兴。

中国国家图书馆藏《光绪甲辰恩科登科录》：贯正白旗蒙古怀塔哈佐领下京口驻防附生，丁酉科乡试第五十名，甲辰科会试第二百十四名。曾祖丰绅，祖清瑞，父文兴。

中国国家图书馆藏《光绪甲辰恩科会试录》：中式各直省贡士第二百十四名，京口驻防正白旗蒙古附生。

三甲第一百一名　赛沙敦　（《明清进士题名碑录索引》）

赛沙敦，镶白旗满洲人。

中国国家图书馆藏《光绪甲辰恩科会试同年齿录》：原名赛沙吞，字砚卿，号亨通，行三，同治癸酉年十一月初七日吉时生，山东青州府驻防，系在京镶白旗魁源佐领下附生，旗籍。乡试中式第七十三名，会试中式第六名，殿试□甲第□名，朝考□等第□名，钦点主事礼部。曾祖造成，祖叶布恩，父责清。

中国国家图书馆藏《光绪甲辰恩科登科录》：贯镶白旗满洲魁源佐领下山东青州驻防，附生，丁酉科乡试第七十三名，甲辰科会试第六名。曾祖造成，祖叶布恩，父贵清。

中国国家图书馆藏《光绪甲辰恩科会试录》：中式各直省贡士第六名，青州驻防镶白旗满洲附生。

三甲第一百三名　荣濬　（《明清进士题名碑录索引》）

荣濬，镶黄旗蒙古人。

中国国家图书馆藏《光绪甲辰恩科会试同年齿录》：达尔噶特氏，字橘仙，号心川，行一，又行三，同治庚午年七月初六日吉时生，湖北荆州驻防，镶黄旗蒙古松兴佐领下附生。乡试中式第五十三名，会试中式第一百九十九名，殿试三甲第一百三名，朝考第三等第四十四名，钦点即用知县。曾祖塔纳布，祖宝连，父盛昌。胞弟荣宣，癸卯恩科举人。

中国国家图书馆藏《光绪甲辰恩科登科录》：贯镶黄旗蒙古连元佳佐领下湖北荆州驻防附生。丁酉科乡试第五十三名，甲辰科会试第一百九十九名。曾祖塔纳布，祖宝连，父盛昌。

中国国家图书馆藏《光绪甲辰恩科会试录》：中式各直省贡士第一百九十九名，荆州驻防镶黄旗蒙古附生。

三甲第一百三十名　增　春　（《明清进士题名碑录索引》）

增春，正白旗满洲人。

中国国家图书馆藏《光绪甲辰恩科会试同年齿录》：董乌哩氏，字熙堂，号松如，行二，同治丙寅年四月初三日吉时生，杭州驻防正蓝旗，系在京正白旗满洲佐领下丁酉科举人，廪生。乡试中式第四十名，会试中式第一百十五名，殿试第三甲，朝考三等，钦点以知县分省即用。曾祖明祥，祖连顺，父年升。

中国国家图书馆藏《光绪甲辰恩科登科录》：贯正白旗满洲恒谦佐领下杭州驻防，廪生。丁酉科浙江乡试第四十名，甲辰科会试第一百十五名。曾祖明祥，祖连顺，父年升。

中国国家图书馆藏《光绪甲辰恩科会试录》：中式各直省贡士第一百十五名，杭州驻防正白旗满洲廪生。

三甲第一百三十九名　金　梁　（《明清进士题名碑录索引》）

金梁，正白旗满洲人。

中国国家图书馆藏《光绪甲辰恩科会试同年齿录》：府县生民籍。会试中式第一百七十六名，钦点内阁中书。

中国国家图书馆藏《光绪甲辰恩科登科录》：贯正白旗满洲成福佐领下杭州驻防附生，庚子、辛丑并科浙江乡试第六十八名，甲辰科会试第一百七十六名。曾祖查琅阿，祖图翰怡纳，本生祖观成，父凤瑞。

中国国家图书馆藏《光绪甲辰恩科会试录》：中式各直省贡士第一百七十六名，杭州驻防正白旗满洲附生。

第二章 清代八旗科举家族述论

  清代八旗子弟参加进士科考试，从顺治九年壬辰科（1652）开始，到光绪三十年甲辰科（1904）止，共参加102科科举考试，产生八旗文科进士1417人，其中200余人是从八旗科举家族走出来的。这些八旗进士以家族为中心，形成了规模庞大的八旗科举家族，这些八旗科举家族数量众多，世代绵延，甚至有的科举家族与清祚相始终。本书的八旗科举家族是指由同宗血缘关系形成，用汉文参加考试，最少有两代家庭成员是进士的世家集团。

  有清一代，八旗科举考试有八旗文科考试、八旗武科考试、八旗翻译科考试等各种类型。清代八旗文科进士考试始于顺治九年壬辰科（1652），此后由于清廷进行统一的战争，担心八旗子弟文尚虚浮，废弛武备，于是八旗科举考试处于时举时停的状态。顺治朝全国文科进士考试举行10科，八旗文科进士考试却仅进行了4科：顺治九年壬辰科（1652）、顺治九年策试满洲进士壬辰科（1652）、顺治十二年乙未科（1655）、顺治十二年策试满洲进士乙未科（1655）。顺治十四年停止八旗考试，八旗文科进士考试自然也被禁止。到了康熙朝，考虑到八旗生员无上进之阶，重新对八旗子弟开科考试，康熙朝在康熙三十年前（不包括三十年）全国文科进士考试举行9科，八旗文科进士考试只进行了3科：康熙九年庚戌科（1670）、康熙十二年癸丑科（1673）、康熙十五年丙辰科（1676）。到了康熙十五年十月，再次停止八旗文科进士考试，直到康熙三十年恢复八旗文科进士考试，此后直到清代末年八旗文科进士考试没有停止过。因此，清代时期八旗子弟共参加了102科文科进士考试：顺治朝4科，康熙朝15科，雍正朝5科，乾隆朝27科，嘉庆朝12科，道光朝15科，咸丰朝5科，同治朝6科，光绪朝13科，共录取1417名进士。八旗子弟除了参加文科进士考试之外，还可以参加翻译科考试。有清一代，翻译科进士考试共进行26科，取中进士178人（参见附录1《八旗翻译进士题名录》）。因本书探讨的是八旗文科进士问题，因此，八旗科举家族的成员中不包括八旗翻译进士成员。

  八旗家族在科举方面取得的重大成就是值得深入思考和研究的问题，但是学界对清代八旗科举家族的研究还不够深入，仅有论文3篇：1.张杰《清代八旗满蒙科举世家述论》(《满族研究》2002年第1期)，利用《清代硃卷集成》文献资料，论述了满洲八旗完颜氏家族、章佳氏家族、瓜尔佳氏家族和蒙古八旗伍尧氏家族、衡瑞家族、桂森家族等六个家族的科举成就；2.陈先蕾、陈力《清代八旗科举进士科中试额数考》(《重庆社会科学》2006年第11期)，从清代八旗进士中式情况的角度论述了清代八旗进士概况，而且将其与各省情况作了比较；3.程伟《清代八旗进士考论》[《福建师范大学学报》(哲学社会科学版)2015年第5期]，论述了清代八旗进士的总体概况。从上面的文章可以看出，张杰文中提到了6个八旗科举家族，但是八旗科举家族的数量远多于此，因此下文将详细梳理和探讨八旗科举家族的发展历程，以及取得的成就和原因。

第一节　八旗科举家族概况

　　清朝崛起于中国东北地区，在崛起的过程中形成了亦军亦民的八旗组织。八旗分满洲八旗、蒙古八旗和汉军八旗。满洲是统治阶级，蒙古族是统治阶级重要的政治和军事同盟，汉军也是在清军入关前就已经归附满洲的团体，因此满洲、蒙古和汉军是八旗的主要成员。八旗家庭最初大多都是军功出身的家庭，但在入关之后，生活环境和社会环境有了很大变化，从寒冷的东北到了温暖的中原，再加上儒家文化的熏染和国家文教政策的大力提倡，八旗子弟长期学习儒家文化，逐渐从军功型家庭转变为科举家庭，以读书为业，以仕进为上升途径，把科举上的成功看成是家族兴旺的标志，在社会和家族两个环境的作用下，有清一代终于形成了数量众多、规模庞大的八旗科举家族。

　　八旗文科进士资料主要保存在历科会试同年齿录、进士登科录、会试录等原始文献资料中。由于年代久远，许多科会试同年齿录和登科录都已散佚。通过查证得知，102科中的60余科考试资料被保存下来，达百余种之多，如《顺治九年壬辰科会试四百七名进士三代履历便览》《顺治十二年乙未科会试三百八十五名进士三代履历便览》《康熙八年顺天己酉科乡试题名录》，等等，详细资料参见绪论第三节。

　　通过爬梳这些会试同年齿录和登科录等资料，同时参照(清)法式善撰《陶庐杂录》、(清)福格撰《听雨丛谈》、赵尔巽等撰《清史稿》、(清)昭梿《啸亭杂录》、(清)王士禛撰《池北偶谈》、(清)法式善撰《清秘述闻》、(清)梁章钜、朱智撰《枢垣记略》、(清)陈康祺撰《郎潜纪闻》、（清）春光撰，马协弟点校《京口八旗志》、李洵、赵德贵、周毓方、薛虹主校点《钦定八旗通志》①等资料，发现有84个八旗科举家族（参见表2-1《清代八旗科举家族表》）：

表2-1　　　　　　　　清代八旗科举家族表

序号	家族	旗籍	成员	谱系	科举经历	中进士科年	殿试考试名次
1	齐氏	汉军正黄旗	1. 齐赞宸		国家图书馆藏《顺治九年壬辰科会试四百七名进士三代履历便览》：正黄旗顺天籍	顺治九年壬辰科（1652）	三甲第二十一名
			2. 齐赞枢	齐赞宸弟	国家图书馆藏《顺治九年壬辰科会试四百七名进士三代履历便览》：正黄旗顺天籍	顺治九年壬辰科（1652）	三甲第一百六十一名
2	迟氏	汉军正白旗	1. 迟煌（1632—？）		国家图书馆藏《顺治九年壬辰科会试四百七名进士三代履历便览》：东生礼记房，壬申年九月初六日生，正白旗顺天籍，远东广宁右卫人。史部他赤哈哈□，会试第四百四十四名，二甲第十一名，钦授内翰林清书庶吉士。曾祖三让	顺治九年壬辰科（1652）	二甲第十一名
			2. 迟炤（1635—？）	迟煌弟	国家图书馆藏《顺治十二年乙未科会试三百八十五名进士三代履历便览》：乙亥年正月初八日生，正白旗顺天籍，广宁人，甲午第一百四十六名，会试第二百五十五名，三甲第一百十八名，己亥授浙江兰□知县。曾祖三让	顺治十二年乙未科（1655）	三甲第一百十八名
			3. 迟煃（1640—？）	迟炤弟	《听雨丛谈》卷九：是科汉军正白旗人迟炤、迟煃，汉军正蓝旗人张登举、张登选兄弟同登	顺治十二年乙未科（1655）	三甲第一百七十四名

---

① 资料来源：（清）法式善撰《陶庐杂录》，中华书局1959年版；（清）福格撰《听雨丛谈》，中华书局1959年版；赵尔巽等撰《清史稿》，中华书局1977年版；（清）昭梿《啸亭杂录》，中华书局1980年版；（清）王士禛撰《池北偶谈》，中华书局1982年版；（清）法式善撰《清秘述闻》，中华书局1982年版；（清）梁章钜、朱智撰《枢垣记略》，中华书局1984年版；（清）陈康祺撰《郎潜纪闻》，中华书局1990年版；（清）春光撰，马协弟点校《京口八旗志》，辽宁大学出版社1996年版；李洵、赵德贵、周毓方、薛虹主校点《钦定八旗通志》，吉林文史出版社2002年版。

序号	家族	旗籍	成员	谱系	科举经历	中进士科年	殿试考试名次
3	完颜氏	内务府满洲镶黄旗	1. 阿什坦（？—1683）		榜名作"何锡谈"，字海龙，隶满洲镶蓝旗，改隶内务府镶黄旗。顺治八年辛卯科举人	顺治九年策试满洲进士壬辰科（1652）	二甲第三名
			2. 留保（1689—？）	阿什坦孙	字松斋，康熙五十三年甲午科举人。康熙辛丑会试雍亲王检落卷，赐进士，改庶吉士，散馆授编修	康熙六十年辛丑科（1721）	二甲第十九名
			3. 麟庆（1791—1846）	阿什坦五世孙	字伯余，一字振祥，号见亭，嘉庆十三年戊辰科举人	嘉庆十四年己巳恩科（1809）	三甲第九十三名
			4. 崇实（1820—？）	麟庆长子	上海图书馆藏《道光二十三年癸卯科直省同年全录》：字子华，号朴山，行一又行三，道光辛巳年七月十八日生，内务府镶黄旗满洲积庆佐领下贡生，庚戌进士，授职编修，洊升工部侍郎，候补四品京堂，现官成都将军尚书。父麟庆，子嵩申、华祝	道光三十年庚戌科（1850）	二甲第七十九名
			5. 嵩申（1841—？）	麟庆孙	国家图书馆藏《同治戊辰科会试同年齿录》：字佰屏，号犉山，行一，道光辛丑年八月初七日吉时生，内务府镶黄旗满洲唐武塞佐领下一品荫生，户部贵州司学习郎中，赏戴花翎。咸丰十一年钦赐举人，会试中式第二百八名，保和殿覆试钦取三等第七十八名，殿试三甲第三十八名，朝考二等第十四名，钦点翰林院庶吉士	同治七年戊辰科（1868）	三甲第三十八名

续表

序号	家族	旗籍	成员	谱系	科举经历	中进士科年	殿试考试名次
4	张氏	汉军正蓝旗	1. 张登选		《听雨丛谈》卷九：是科汉军正白旗人迟炤、迟煌，汉军正蓝旗人张登举、张登选兄弟同登	顺治十二年乙未科（1655）	二甲第七十六名
			2. 张登举	张登选弟		顺治十二年乙未科（1655）	三甲第二百八十三名
5	年氏	汉军镶白旗	1. 年仲隆（1622—?）		国家图书馆藏《顺治十二年乙未科会试三百八十五名进士三代履历便览》：壬戌年正月初一日生，镶白旗顺天籍，广宁人，甲午第二百十九名，会试第三百三十九名，三甲第十四名，授江南和州知州	顺治十二年乙未科（1655）	三甲第十四名
			2. 年羹尧（1680—?）	年仲隆孙	上海图书馆藏《康熙三十九年庚辰科会试中式同年录》：字亮工，庚申年二月廿六日生。汉军镶白旗附生，习《易经》，己卯科乡试第四十二名，会试第二百十五名，殿试三甲。祖仲隆，乙未和州知州，父遐龄湖北巡抚	康熙三十九年庚辰科（1700）	三甲第二百一十八名
6	高氏	汉军镶黄旗	1. 高璜（1651—?）		上海图书馆藏《康熙八年顺天己酉科乡试题名录》：字廷玉，号渭师，辛卯年四月廿七日生，镶黄旗汉军都统高珄佐领下附生，习《尚书》	康熙九年庚戌科（1670）	二甲第四十九名
			2. 高珀（1655—?）	高璜弟	国家图书馆藏《康熙十五年丙辰科会试二百九名进士三代履历便览》：乙未年三月二十八日生，奉天辽阳人，壬子第一百十名，会试第一百四十六名，三甲第九十二名，钦选翰林院庶吉士	康熙十五年丙辰科（1676）	三甲第九十二名

续表

序号	家族	旗籍	成员	谱系	科举经历	中进士科年	殿试考试名次
7	纳喇氏	满洲正黄旗	1. 成德（1655—1685）		改名性德，一作"纳兰成德"。字容若，号楞伽山人，癸丑会试第三十六名，丙辰科补殿试二甲第七名。高祖金台什，父明珠	康熙十五年丙辰科（1676）	二甲第七名
			2. 富尔敦（1685—?）	性德子	上海图书馆藏《康熙三十九年庚辰科会试中式同年录》：乙丑年正月初五日生，满洲正黄旗廪生，习《诗经》，己卯科乡试第二十四名，会试第二十六名，殿试三甲。礼科掌印部笔帖式。祖明珠，大学士；父性德，癸丑改侍卫	康熙三十九年庚辰科（1700）	三甲第一百八十一名
8	陈氏	汉军正白旗	1. 陈梦球		国家图书馆藏《康熙三十三年甲戌科会试墨卷》：中式举人第六十九名，正白旗汉军都统孙徽澍佐领下学生，习《易经》	康熙三十三年甲戌科（1694）	二甲第三十一名
			2. 陈还（1677—?）	陈梦球侄	上海图书馆藏《康熙三十九年庚辰科会试中式同年录》：字君锡，号素亭，辛酉斋，丁巳年六月十一日生，汉军正白旗廪生，习《易经》，乙卯科乡试第□百廿二名，会试第一百七名，殿试三甲。祖永华；父梦炜，章京；叔梦球，编修	康熙三十九年庚辰科（1700）	三甲第一百七名

续表

序号	家族	旗籍	成员	谱系	科举经历	中进士科年	殿试考试名次
9	高氏	汉军镶白旗	1. 高其倬（?—1738）		《钦定八旗通志·选举志三》：汉军镶白旗，高其伸佐领，康熙三十三年甲戌科进士。 《清史稿》卷二百九十二《列传》七十九：高其倬，字章之，汉军镶白旗人（按，原文作"镶黄旗"，误）。父荫爵，官口北道。其倬，康熙三十三年进士，改庶吉士，散馆授检讨。	康熙三十三年甲戌科（1694）	三甲第八十九名
			2. 高其伟（1680—?）	其倬从弟	上海图书馆藏《康熙三十九年庚辰科会试中式同年录》：字轶之，庚申年正月初六日生，汉军镶白旗汉军监生，习《诗经》，丙子科乡试第□百十二名，会试第七十一名，殿试三甲，庶常。祖尚豢，父承爵，安徽巡抚。 《钦定八旗通志·选举志四》：汉军镶白旗，高其伸佐领，康熙三十五年丙子科举人	康熙三十九年庚辰科（1700）	三甲第二百一十六名
10	章佳氏	满洲正蓝旗	1. 阿克敦（1685—1756）		《八旗艺文编目》：字冲和，一字立恒，号恒岩，氏章佳。先世居长白山斐雅郎阿地方，继迁鄂谟和索罗。隶正蓝旗。康熙己丑进士，改庶吉士，散馆授编修。子阿桂，曾孙那彦成。	康熙四十八年己丑科（1709）	二甲第八名

续表

序号	家族	旗籍	成员	谱系	科举经历	中进士科年	殿试考试名次
10	章佳氏	满洲正蓝旗	2. 那彦成（1764—1831）	阿克敦曾孙	浙江省图书馆藏《乾隆五十四年进士登科录》：字韶九，号绎堂，行三，乾隆甲申年十一月十六日生，贯正白旗满洲都统父宁阿佐领下廪膳生，时年二十六岁，用翰林院庶吉士。戊申科乡试第二十八名，己酉科会试第五十三名。曾祖阿克敦，祖阿桂，父阿思达	乾隆五十四年己酉科（1789）	二甲第二十二名
			3. 庆廉（1810—?）	那彦成孙	国家图书馆藏《道光乙未恩科直省同年录》：原名庆连，改名庆廉，字俭泉，行二，嘉庆庚午年七月初八日生，正白旗满洲庆升佐领下监生。曾祖阿思达，祖那彦成，父容安	道光十六年丙申恩科（1836）	三甲第八十一名
11		满洲镶黄旗	1. 董泰（1681—?）		国家图书馆藏《癸未科会试闱墨》：镶黄旗满洲都统唐保佐领下廪生，习《尚书》。中式举人第一百六十二名，会试第三十五名	康熙四十二年癸未科（1703）	三甲第五十九名
			2. 德兴	董泰曾孙	北京大学图书馆藏《嘉庆二十二年进士登科录》：贯镶黄旗满洲瑞麟佐领下翻译生，庚午科乡试第三十三名，丁丑科会试第九名。曾祖董泰，祖翰图，父来誉	嘉庆二十二年丁丑科（1817）	三甲第十六名

续表

序号	家族	旗籍	成员	谱系	科举经历	中进士科年	殿试考试名次
12	西林觉罗氏	满洲镶蓝旗	1. 鄂尔奇（1682—1735）	鄂尔泰弟	《钦定八旗通志·选举志三》：满洲镶蓝旗，鄂尔泰佐领，康熙五十一年壬辰科进士。《八旗艺文编目》：鄂尔泰，弟鄂尔奇，子鄂容安、鄂忻	康熙五十一年壬辰科（1712）	二甲第八名
			2. 鄂容安（1714—1755）	鄂尔泰长子	《皇清书史》：字休如，号虚亭。鄂尔泰子，雍正十一年进士，官西路参赞大臣。《八旗艺文编目》字休如，一字虚亭。雍正癸丑进士，散馆授编修，袭三等襄勤伯。累官至两江总督，加太子少傅。鄂文端长子	雍正十一年癸丑科（1733）	二甲第八名
			3. 鄂敏（？—1749）	鄂尔泰从子	《八旗艺文编目》：敕改名"鄂乐舜"，字筠亭，一字钝夫，隶镶蓝旗。雍正戊戌进士，散馆授编修。累官安徽巡抚、浙江巡抚……鄂文端从子	雍正八年庚戌科（1730）	二甲第二十九名
			4. 鄂伦	鄂容安从弟	《枢垣记略》卷十六《题名二》：鄂伦，满洲镶蓝旗人，鄂容安从弟，雍正癸丑进士	雍正十一年癸丑科（1733）	二甲第十三名
13	伊尔根觉罗氏	满洲镶蓝旗	1. 春山		《钦定八旗通志》卷一百八十三《人物志》六十三：鹤年，满洲镶蓝旗人，姓伊尔根觉罗。父春山，康熙五十一年进士改庶吉士，累官盛京兵部侍郎。鹤年由乾隆元年进士改庶吉士，散馆授检讨	康熙五十一年壬辰科（1712年）	二甲第四十四名

续表

序号	家族	旗籍	成员	谱系	科举经历	中进士科年	殿试考试名次
13	伊尔根觉罗氏	满洲镶蓝旗	2. 鹤年	春山子	《清史稿》卷三八九《列传》九十六：鹤年，伊尔根觉罗氏，满洲镶蓝旗人。父春山，康熙五十一年进士，选庶吉士。官至盛京兵部侍郎。鹤年，乾隆元年进士，选庶吉士，授检讨，兼公中佐领	乾隆元年丙辰科（1736）	三甲第四十四名
14	何舍里氏	满洲正黄旗	1. 何浩		《钦定八旗通志·选举志三》：满洲正黄旗，达尔布佐领，康熙六十年辛丑科进士	康熙六十年辛丑科（1721）	三甲第五十九名
			2. 何浦	何浩弟	《八旗艺文编目》：字渊若，一字谦斋，氏何舍里，隶正黄旗。康熙辛丑与兄何浩同榜进士	康熙六十年辛丑科（1721）	三甲第八名
15	格济勒氏	满洲正黄旗	1. 怀荫布		《钦定八旗通志·选举志四》：满洲正黄旗，德山佐领，雍正十三年乙卯科举人	乾隆元年丙辰科（1736）	三甲第一百四十六名
			2. 廉善	怀荫布子	中国科学院文献情报中心藏《嘉庆己未科会试录》：正黄旗满洲都统平福佐领下例监。中式举人第一百十五名	嘉庆四年己未科（1799）	三甲第七十四名
			3. 廉能	廉善从弟	中国科学院文献情报中心藏《嘉庆己未科会试录》：正黄旗满洲都统平福佐领下例监生，中式举人第三十名。《听雨丛谈》卷十：四年乙未会试，……满洲廉善、廉能……兄弟同登。廉氏昆季乡会皆同榜	嘉庆四年己未科（1799）	三甲第四十一名

续表

序号	家族	旗籍	成员	谱系	科举经历	中进士科年	殿试考试名次
15	格济勒氏	满洲正黄旗	4. 成琦 (1817—?)	廉善子	国家图书馆藏《道光三十年庚戌科同年官职录》：格济勒氏，字魏卿，号效韩，行二，年三十四岁，满洲正黄旗阿琳佐领下人，由监生中式庚子科顺天乡试第一百七十七名举人，会试中式第一百四十三名，覆试第三等十四名，殿试二甲第五十九名，朝考三等七名，钦点主事。曾祖怀荫布，雍正乙卯科举人，乾隆丙辰科进士。父廉善，字淑之，号继堂。嘉庆戊午科举人，己未科进士。胞叔廉能，字择之，号慧堂，一号再坡，嘉庆戊午科举人，己未科进士	道光三十年庚戌科（1850）	二甲第五十九名
16	索绰络氏	满洲正白旗	1. 观保 (?—1776)		《八旗艺文编目》：字伯容，一字补亭，氏索绰络，乾隆丁巳与从弟德保并举进士	乾隆二年丁巳恩科（1737）	二甲第五名
			2. 德保 (1719—1789)	观保从弟	《八旗艺文编目》：字润亭，一字仲容，号定圃，别号庞村，乾隆丁巳进士	乾隆二年丁巳恩科（1737）	三甲第一百四十六名
			3. 英和 (1771—1840)	德保子	《八旗艺文编目》：字树琴，号煦斋，一号霄叟，氏索绰罗，又氏石。世居混同江东北佛阿辣地方，隶正白旗。乾隆癸丑进士。……观保从子，德保子，奎照、奎耀父	乾隆五十八年癸丑科（1793）	二甲第二十五名

续表

序号	家族	旗籍	成员	谱系	科举经历	中进士科年	殿试考试名次
16	索绰络氏	满洲正白旗	4. 奎照（1790—?）	英和子	上海图书馆藏《嘉庆甲戌科会试同年齿录》：字伯冲，号玉庭，行一，乾隆庚戌年三月初四日吉时生，内务府正白旗满洲寿昌管领下廪膳生官籍。戊辰乡试中式第四十二名，会试中式第六十八名，殿试二甲第十六名，朝考入选，钦点翰林院庶吉士。祖德保，乾隆丙辰恩科举人，丁巳恩科进士。嫡堂伯祖观保，雍正己酉科拔贡，乾隆丙辰恩科举人，丁巳恩科进士。父英和，壬子科举人，癸丑科进士。胞弟奎耀，嘉庆丁卯科举人，辛未科进士	嘉庆十九年甲戌科（1814）	二甲第十六名
			5. 奎耀（1791—?）	英和子	清华大学图书馆藏《嘉庆辛未科会试同年齿录》：字仲华，号芝圃，行二，乾隆辛亥年二月二十九日午时生，正白旗满洲常索管领下附学生，官籍。丁卯科乡试第九十七名，会试第一百五十二名，殿试三甲第五十六名。朝考入选，钦点翰林院庶吉士	嘉庆十六年辛未科（1811）	三甲第五十六名

续表

序号	家族	旗籍	成员	谱系	科举经历	中进士科年	殿试考试名次
16	索绰络氏	满洲正白旗	6. 锡祉（1809—？）	奎照子	上海图书馆藏《道光辛卯恩科直省同年录》索绰络氏，字孟繁，号申甫，又号子爱，行二，嘉庆己巳年生，内务府正白旗满洲长年管领下乙未进士，现官詹事府左春坊左庶子。曾祖德保，祖英和，父奎照。《郎潜纪闻》初笔《卷五》：长白德保偕兄观保乾隆丁巳同馆选，德保子英和癸丑，孙奎照嘉庆甲戌、奎耀辛未，曾祖锡祉道光乙未	道光十五年乙未科（1835）	二甲第一百八名
17	哈达纳喇氏	满洲正黄旗	1. 国梁（1717—1788）		《八旗艺文编目》：榜名纳国栋，奉敕改今名。字隆吉，一字丹中，号笠民，氏哈达纳喇，隶正黄旗。乾隆丁巳进士，散馆改吏部主事。历阶宫庶，外授秦粤丞守，荐擢贵州粮驿道。弟国柱。孙玉麟。	乾隆二年丁巳恩科（1737）	三甲第三名
			2. 国柱	国梁弟	《八旗艺文编目》：字石民，一字石堂。乾隆乙丑进士，散馆授编修。历官太仆寺卿。罢。复官至侍读学士。国梁弟	乾隆十年乙丑科（1745）	二甲第二十五名
			3. 玉麟	国梁孙	《清史稿》卷三百六十七《列传》一百五十四：玉麟，字子振，哈达纳喇氏，满洲正黄旗人。乾隆六十年进士，选庶吉士，授编修	乾隆六十年乙卯恩科（1795）	二甲第十六名

续表

序号	家族	旗籍	成员	谱系	科举经历	中进士科年	殿试考试名次
18	李佳氏	满洲正黄旗	1. 魁德		《钦定八旗通志·选举志三》：满洲正黄旗福泰佐领，乾隆二年丁巳科进士	乾隆二年丁巳恩科（1737）	三甲第六十九名
			2. 存葆（1801—？）	魁德孙	浙江省图书馆藏《道光十二年直省同年录》：李佳氏，字芸翘，秀岩，行十三，嘉庆辛酉年八月二十三日吉时生，正黄旗满洲都统内务府嘉惠管领下汉军廪膳生。咸安宫官教习，癸巳科进士，吏部主事，现任考功员外郎。祖魁德，乾隆丁巳进士。父灵川，乾隆丙午举人	道光十三年癸巳科（1833）	三甲第九名
19	爱新觉罗氏	满洲正蓝旗	1. 良诚		《钦定八旗通志·选举志三》：满洲正蓝旗包衣何伸佐领，乾隆十三年戊辰科进士	乾隆十三年戊辰科（1748）	三甲第五十七名
			2. 德朋阿（1765—？）	良诚子	国家图书馆藏《重订嘉庆七年壬戌科会试齿录》：宗室，字辅仁，号琢庵，行四，乾隆乙酉年二月初一日生，正蓝旗四品宗室。辛酉宗室乡试第一名，壬戌宗室会试第三名，殿试三甲第一百一十二名，翰林院庶吉士，授检讨，现任左春坊左庶子兼佐领。曾祖色楞额，镇国将军、曾祖母贾佳氏，祖五礼图，奉恩将军、祖母赤墨特氏，父良诚，乾隆戊辰进士	嘉庆七年壬戌科（1802）	三甲第一百一十二名

续表

序号	家族	旗籍	成员	谱系	科举经历	中进士科年	殿试考试名次
20	乌苏氏	满洲镶白旗	1. 达椿		《清史稿》卷三百五十三《列传》一百四十：达椿，字香圃，乌苏氏，满洲镶白旗人。乾隆二十五年进士，选庶吉士，散馆授户部主事，选员外郎。……子萨彬图	乾隆二十五年庚辰科（1760）	三甲第五十七名
			2. 萨彬图	达椿子	《清史稿》卷三百五十三《列传》一百四十：萨彬图，乾隆四十五年进士，授户部主事，迁员外郎	乾隆四十五年庚子恩科（1780）	三甲第七十六名
21	他塔喇氏	满洲正红旗	1. 松龄		《钦定八旗通志·选举志五》：满洲正红旗巴扬阿佐领，乾隆二十五年庚辰科举人	乾隆二十六年辛巳恩科（1761）	三甲第九十二名
			2. 文宁	松龄族孙	《啸亭杂录》卷五：他塔喇氏善达，与其叔观察嵩龄同登辛巳进士，其侄中丞公文幹复中甲辰进士，人皆荣之	乾隆四十九年甲辰科（1784）	二甲第二十八名
22	额尔德特氏	蒙古镶黄旗	1. 和瑛（1741—1821）		《八旗艺文编目》：字太庵，后更名和瑛。氏额尔德特，隶蒙古镶黄旗。乾隆辛丑进士。五十一年，由户部员外郎授安徽太平府知府。累官至西藏办事大臣、乌鲁木齐都统、盛京将军、刑部尚书、军机大臣。道光元年卒。谥"简勤"。子璧昌	乾隆三十六年辛卯恩科（1771）	三甲第九十六名

续表

序号	家族	旗籍	成员	谱系	科举经历	中进士科年	殿试考试名次
22	额尔德特氏	蒙古镶黄旗	2. 谦福（1809—?）	和瑛侄孙	清华大学图书馆藏《道光十五年乙未科会试同年齿录》：额尔德特氏，字光庭，号六吉，一号小榆，行四，嘉庆己巳年十一月初八日吉时生，镶黄旗蒙古平福佐领下监生，候选知州，道光甲午科顺天乡试中式第五十名，乙未科会试中式第二十五名，殿试二甲第五十九名，朝考第三十一名，户部候补主事。曾祖德克精额，三等侍卫，军功叙给头等功牌，赠户部尚书加一级。祖和瑛，乾隆戊子举人，辛卯进士。父奎昌，二品荫生，由礼部主事官至山东登来青道。胞叔璧昌，工部笔帖式，由河南阳武县知县，现任陕西巡抚	道光十五年乙未科（1835）	二甲第五十九名
			3. 锡珍（1847—1889）	和瑛曾孙	国家图书馆藏《同治戊辰科会试同年齿录》：额尔德特氏，字仲儒，号席卿，行四，道光丁未年八月初十日吉时生，镶黄旗蒙古色普征额佐领下荫生，五品衔，吏部候补主事。乡试中式第一百一十七名，会试中式第二百六十五名，覆试二等，殿试二甲第四名，朝考第一等第八名，钦点翰林院庶吉士。《八旗艺文编目》：锡珍，字席卿，隶镶黄旗。同治戊辰进士。官吏部尚书。璧昌孙	同治七年戊辰科（1868）	二甲第四名

续表

序号	家族	旗籍	成员	谱系	科举经历	中进士科年	殿试考试名次
23	栋鄂氏	满洲正黄旗	1. 铁保（1752—1824）		《八旗文经》：字冶亭，一字铁卿，号梅庵，旧谱姓觉罗氏，自称赵宋之裔，后改栋鄂氏，隶满洲正黄旗，额勒恒额佐领，壬辰科殿试三甲第八十一名。曾祖赛柱，祖富起，父诚泰（官泰宁镇总兵）	乾隆三十七年壬辰科（1772）	三甲第八十一名
			2. 玉保（1759—1798）	铁保弟	上海图书馆藏《乾隆辛丑科会试同年齿录》：字冶符，又字阆峰，己卯年五月十八日寅时生，正黄旗满洲额尔亨额佐领下习《诗经》，乡试第一百廿名，会试第九十七名，殿试三甲第九名。庶吉士。曾祖赛柱，祖寅起，父诚泰。《八旗艺文编目》：字德符，一字阆峰。乾隆辛丑进士，散馆授检讨。累官吏部左侍郎、南斋供奉。嘉庆三年卒。铁保弟	乾隆四十六年辛丑科（1781）	三甲第九名
24	蒙乌吉氏	蒙古正黄旗	1. 法式善（1753—1813）		《八旗艺文编目》：原名运昌，诏改法式善，国语"奋勉"也。字开文，号时帆，一号梧门，又号陶庐，自署小西涯居士。氏蒙乌吉，又氏孟，又奉诏氏伍尧，隶内务府正黄旗。乾隆庚子进士，散馆授检讨	乾隆四十五年庚子恩科（1780）	三甲第八十七名

续表

序号	家族	旗籍	成员	谱系	科举经历	中进士科年	殿试考试名次
24	蒙乌吉氏	蒙古正黄旗	2. 桂馨（1793—?）	法式善子	清华大学图书馆藏《嘉庆辛未科会试同年齿录》：字一山，又字直之，号秋木，别号芗林，行一，乾隆癸丑年八月初一日吉时生，内府正黄旗蒙古恩荫监生官籍。庚午顺天乡试中式第二十八名，辛未会试中式第一百九十九名，殿试三甲第二十名，钦点内阁中书	嘉庆十六年辛未科（1811）	三甲第二十名
			3. 来秀（1817—?）	法式善孙	国家图书馆藏《道光三十年庚戌科同年官职录》：字实甫，号子俊，行一，年三十四岁，内务府正黄旗蒙古全义管领下由监生，候选同知，中式丙午科顺天乡试第一百六名举人，会试中式第四十六名，覆试第三等一百八名，殿试三甲第十七名，朝考三等六十二名，钦点内阁。祖法式善，乾隆己亥恩科举人，庚子恩科进士。父桂馨，嘉庆庚午科举人，辛未科进士	道光三十年庚戌科（1850）	三甲第十七名
25	蒋氏	汉军镶蓝旗	1. 蒋攸铦（1766—1830）		《八旗艺文编目》：字颖芳，号砺堂。隶镶蓝旗，乾隆甲辰进士，散馆授编修。道光四年以直隶总督协办大学士。七年授体仁阁大学士、两江总督。十年降，补兵部左侍郎。蒋国祥孙，蒋韶年子。《啸亭杂录》卷九：青年科目国朝年少登第，……甲辰，蒋制府攸铦年十九	乾隆四十九年甲辰科（1784）	二甲第三十二名

续表

序号	家族	旗籍	成员	谱系	科举经历	中进士科年	殿试考试名次
25	蒋氏	汉军镶蓝旗	2. 蒋霩远（1802—?）	攸铦子	上海图书馆藏《道光乙酉科各省乡试齿录》：字云卿，号濂生，行四，甲子年十一月初七日生。镶蓝旗汉军何集佐领下监生。中式九十四名，乙未进士，现任云南府知府。曾祖国祥，祖韶年，父攸铦	道光十五年乙未科（1835）	三甲第四十名
26	苏完瓜尔佳氏	满洲正白旗	1. 德文		《钦定八旗通志·选举志三》：满洲正白旗，哲克僧额佐领	乾隆五十五年庚戌恩科（1790年）	三甲第九名
			2. 景霖（1814—?）	德文子	清华大学图书馆藏《道光十五年乙未科会试同年齿录》：苏完瓜尔佳氏，字叔度，号介如，又号星桥，行二，嘉庆甲戌年正月十三日吉时生，正白旗满洲国世春佐领下监生，道光甲午科顺天乡试中式第八十一名，乙未科会试中式第九十八名，殿试三甲第三十六名。朝考第四十名，翰林院庶吉士授检讨。詹事府左右赞善中允，现任翰林院侍讲。曾祖永升。祖德文，乾隆庚寅举人，庚戌进士。父多龄	道光十五年乙未科（1835）	三甲第三十六名
			3. 恩霖（1812—?）	景霖从兄	上海图书馆藏《道光甲辰科会试秩录》：字湛卿，号伯言，行一，年三十三岁，系正白旗满洲都统福勒温佐领下监生，中式丁酉科乡试第二百二十八名举人。曾祖永升，祖德文，父色克图。会试第八名，殿试二甲第四十七名，钦点即用知县，分发湖南。《八旗艺文编目》：字湛泉，氏苏完瓜尔佳，隶镶白旗。道光甲辰进士。官湖南安福知县，升司马。景霖从兄。	道光二十四年甲辰科（1844）	二甲第四十七名

续表

序号	家族	旗籍	成员	谱系	科举经历	中进士科年	殿试考试名次
27	董氏	汉军镶黄旗	1. 衍恩（1770—?）		浙江省图书馆藏《嘉庆六年进士登科录》：董氏，字湛亭，号露萧，又号承轩，行一，乾隆庚寅年八月二十七日卯时生。年三十二岁。贯镶黄旗汉军德禄管领下廪膳生。戊午科乡试第一百九十一名，辛酉科会试第二十五名，殿试三甲第一百九名。曾祖常乐，祖五保，父广需	嘉庆六年辛酉恩科（1801）	三甲第一百九名
			2. 衍豫（1791—?）	衍恩从弟	浙江省图书馆藏《道光三年进士登科录》：董姓，字立斋，号怡亭，行二，乾隆辛亥四月廿八日生，贯内务府镶黄旗汉军克升额管领下例监生。丙戌年更名毓庆，钦点候选县知县。辛巳科乡试第一百九十九名，癸未科会试第一百五十五名。曾祖常乐，祖五保，父广善	道光三年癸未科（1823）	三甲第四名
28	他塔喇氏	满洲正蓝旗	1. 秀宁（1774—?）		浙江省图书馆藏《嘉庆六年进士登科录》：他塔喇氏，字琪原，号楚翘，别号竹坪，行二，甲午年十二月二十三日申时生，年二十六岁，贯正蓝旗满洲奇勒炳阿佐领下增广生。戊午科乡试第一百十六名，辛酉科会试第一百四十一名，用庶吉士。曾祖西图库，祖英德，父瑭玠	嘉庆六年辛酉恩科（1801）	二甲第七十八名

续表

序号	家族	旗籍	成员	谱系	科举经历	中进士科年	殿试考试名次
28	他塔喇氏	满洲正蓝旗	2. 毓检(1808—?)	秀宁侄	国家图书馆藏《道光乙未恩科直省同年录》：他塔喇氏，字次坪，号端卿，行四，嘉庆戊辰年正月初一日生，正蓝旗满洲都统文寿佐领下廪贡生。丙申进士，庶吉士。现户部员外郎	道光十六年丙申恩科(1836)	二甲第七十二名
			3. 毓科(1814—?)	秀宁侄，毓检弟	南京图书馆藏《道光十三年进士登科录》：贯正蓝旗满洲都统文寿佐领下附学生。壬辰科乡试中式第二十五名，癸巳科会试中式第七十二名。曾祖英德，祖瑭玠，父秀堃	道光十三年癸巳科(1833)	三甲第二十一名
29	爱新觉罗氏	满洲镶蓝旗	1. 慧端(1778—?)		国家图书馆藏《重订嘉庆七年壬戌科会试齿录》：宗室，榜名慧端。字直甫，号容轩，行一，乾隆戊戌年八月十一日生，镶蓝旗四品宗室。辛酉宗室乡试第二名，壬戌宗室会试第二名，殿试三甲第一百二十六名，翰林院庶吉士。改授吏部考功司主事，现任宗人府副理事官	嘉庆七年壬戌科(1802)	三甲第一百二十六名
			2. 海朴	慧端子	浙江省图书馆藏《道光三年进士登科录》：宗室。贯镶蓝旗玉英佐领下四品宗室，戊寅科乡试第五名，癸未科会试第一名。曾祖常敬，祖庆岱，父惠端	道光三年癸未科(1823)	三甲第五十三名

续表

序号	家族	旗籍	成员	谱系	科举经历	中进士科年	殿试考试名次
30	完颜氏	蒙古正黄旗	1. 隆安 (1769—?)		国家图书馆藏《重订嘉庆七年壬戌科会试齿录》：完颜氏，字宅仁，号定斋，行二，乾隆己丑年九月初十日寅时生，正黄旗蒙古恩监生。己酉乡试第二百二十名，壬戌会试第七十三名，殿试二甲第八十名，翰林院庶吉士候选知县，由实录馆议叙分发福建，补晋江县知县，庚午乡试同考官	嘉庆七年壬戌科（1802）	二甲第八十名
			2. 德成 (1795—?)	隆安侄	南京图书馆藏《道光十三年进士登科录》：贯正黄旗蒙古松桂佐领下例监生。壬午科乡试中式第六十五名，癸巳科会试中式第一百八十一名。曾祖克蒙额，祖富明，父隆泰	道光十三年癸巳科（1833）	三甲第六十五名
			3. 德龄 (1796—?)	德成从弟	南京图书馆藏《道光十三年进士登科录》：正黄旗蒙古松桂佐领下副贡生。辛卯科乡试中式第一百四名，癸巳科会试中式第二十四名。曾祖克蒙额，祖富明，父隆安	道光十三年癸巳科（1833）	三甲第五十名
31	叶赫纳喇氏	满洲正白旗	1. 那清安 (1767—?)		清华大学图书馆藏《嘉庆十年乙丑科会试同年齿录》：原名那永阿，字慎修，号竹汀，一号鹤侣，行三，丁亥年十二月二十九日生，正白旗满洲都统富安泰佐领下监生。戊申乡试第二十名，乙丑会试第九名，殿试三甲第二十一名。钦点户部学习主事	嘉庆十年乙丑科（1805）	三甲第二十一名

续表

序号	家族	旗籍	成员	谱系	科举经历	中进士科年	殿试考试名次
31	叶赫纳喇氏	满洲正白旗	2. 全庆(1801—1886)	那清安子	《八旗艺文编目》：字小汀，隶正白旗。道光己丑进士，散馆授编修。累官六部尚书、八旗都统，新疆换班三次，两任协办大学士。那清安子	道光九年己丑科（1829）	二甲第二十七名
32	林吾特氏	蒙古镶红旗	1. 色卜星额(1780—?)		清华大学图书馆藏《嘉庆十年乙丑科会试同年齿录》：林吾特氏，字祥垣，号懋斋，行三，乾隆庚子年六月十六日生，镶红旗蒙古岳岱佐领下附生。乡试戊午科第九十五名，会试第三十二名，殿试三甲第八十名，钦点翰林院庶吉士	嘉庆十年乙丑科（1805）	三甲第八十名
			2. 凤柃(1803—?)	色卜星额子	北京大学图书馆藏《道光十八年戊戌科会试同年齿录》：林吾特氏，字木臣，号九庵，行一，嘉庆癸亥年六月初四日吉时生。镶红旗蒙古常廉佐领下副贡生。父色卜星额，嘉庆戊午科举人，乙丑科进士。壬午乡试中式副榜第三十七名，辛卯乡试挑取誊录第六十名，壬辰乡试中式第四十六名，会试中式第一百七十二名，殿试三甲第九十二名	道光十八年戊戌科（1838）	三甲第九十二名

续表

序号	家族	旗籍	成员	谱系	科举经历	中进士科年	殿试考试名次
33	赫舍哩氏	满洲镶蓝旗	1. 法克精额		浙江省图书馆藏《嘉庆六年进士登科录》：字守愚，号敬一，又号芳圃，别号四如，行五。辛卯年六月二十七日生，年三十一岁，戊午科乡试第二百三名，辛酉科会试第一百二十六名，用中书。曾祖岱衮，祖嵩祝，父塔彰阿。	嘉庆六年辛酉恩科（1801）	三甲第九名
			2. 那丹珠（1783—？）	法克精额侄	清华大学图书馆藏《嘉庆十年乙丑科会试同年齿录》：赫舍哩氏，字绳武，一字墨山，号竹圃，别号偶堂，行一，乾隆癸卯年三月十三日吉时生，镶蓝旗满洲都统明安佐领下俊秀监生，候补笔帖式。乡试第一百七十五名，会试第九十四名，殿试三甲第四名。钦点户部主事。曾祖嵩视。祖塔彰阿。父英格。胞叔法克精额，嘉庆戊午科举人，辛酉科进士	嘉庆十年乙丑科（1805）	三甲第四名
34	郭佳氏	满洲镶黄旗	1. 穆彰阿（1782—1856）		清华大学图书馆藏《嘉庆十年乙丑科会试同年齿录》：字子朴，号常轩，一号鹤舫，乾隆壬寅年十二月二十九日生，镶蓝旗满洲庆敏佐领下附生，候补笔帖式。乡试第五十五名，会试第一百二名，殿试三甲第二十名。钦点翰林院庶吉士	嘉庆十年乙丑科（1805）	三甲第二十名

续表

序号	家族	旗籍	成员	谱系	科举经历	中进士科年	殿试考试名次
34	郭佳氏	满洲镶黄旗	2. 萨廉（1844—?）	穆彰阿子	国家图书馆藏《光绪六年庚辰科会试同年齿录》：郭佳氏，萨廉，字立甫，号检斋，行九，道光甲辰年十一月十六日吉时生，镶蓝旗满洲锡麟佐领下监生。候补员外郎。乡试中式第二百三十六名，覆试三等第一名。父穆彰阿，嘉庆庚申恩科举人，乙丑科进士	光绪六年庚辰科（1880）	二甲第九十五名
35	李氏	汉军正白旗	1. 李恩绎（1779—?）		《嘉庆戊辰科会试同年齿录》：字巽甫，号东云，行三，乾隆己亥年二月廿一日未时生，正白旗满洲都统内务府苏章阿管领下汉军监生，嘉庆庚申科举人，先任掌仪司笔帖式。乡试中式第二百十八名，会试中式第一百名，殿试二甲第三十四名，朝考钦取第十九名，钦点翰林院庶吉士。	嘉庆十三年戊辰科（1808）	二甲第三十四名
			2. 李恩绥（1775—?）	李恩绎兄	清华大学图书馆藏《嘉庆辛未科会试同年齿录》：字来轩，号定山，行二，乾隆乙未年二月初三日吉时生，正白旗满洲都统内务府苏章阿管领下汉军监生，嘉庆戊辰恩科举人，乡试中式第二百二十九名，会试中式第二十二名，殿试二甲第五十六名。朝考钦取第三名，钦点翰林院庶吉士	嘉庆十六年辛未科（1811）	二甲第五十六名
			3. 李恩霖（1792—?）	李恩绎弟	南京图书馆藏《道光十三年进士登科录》：贯正白旗满洲都统内务府保常管领下汉军廪膳生。辛卯科乡试中式第九十九名，癸巳科会试中式第一百四十二名。曾祖光祖，祖士通，父鸿	道光十三年癸巳科（1833）	三甲第十名

续表

序号	家族	旗籍	成员	谱系	科举经历	中进士科年	殿试考试名次
35	李氏	汉军正白旗	4. 李恩庆（1796—？）	李恩绎从弟	国家图书馆藏《道光癸巳科同年齿录》：字集园，号秀云，又号皖生，行六，嘉庆丙辰年五月初九日吉时生，贯正白旗满洲都统内务府保常管领下汉军廪膳生。嘉庆丙子科乡试中式第二百零四名，癸巳科会试中式第七十五名，殿试二甲第二名。朝考入选，钦点翰林院庶吉士，改授编修，道光丁酉科乡试湖北省副考官，现官礼部掌印给事中。曾祖光祖，祖士通，父法□	道光十三年癸巳科（1833）	二甲第二名
			5. 李恩继	李恩绎弟	嘉庆己卯科举人，恩庆堂弟	道光六年丙戌科（1826）	二甲第一百六名
			6. 李希增（1800—？）	恩绎子	南京图书馆藏《道光壬午恩科会试同年齿录》：字肩吾，号芋村，行二，嘉庆庚申十月十五日吉时生，正白旗满洲都统内苏章阿管领下汉军监生，丙子举人，会试第二十五名，殿试二甲。朝考入选，钦点即用知县，现官陕西孝义厅同知。曾祖士通，祖法，父恩绎	道光二年壬午恩科（1822）	二甲第三十四名

续表

序号	家族	旗籍	成员	谱系	科举经历	中进士科年	殿试考试名次
35	李氏	汉军正白旗	7. 李希彬(1813—?)	李希增从弟	清华大学图书馆藏《道光二十一年辛丑恩科会试同年齿录》字惠如，一字彬之，号小轩，行五，嘉庆癸酉年九月十四日吉时生，正白旗满洲都统内务府昌兴管领下汉军拔贡生，现工部虞衡司七品小京官。甲午科挑取誊录，丁酉科选拔，朝考二等第一名，保和殿覆试二等第二名，庚子乡试中式第一百五十七名，会试中式第八十名，殿试二甲第二十五名，朝考入选第二十一名，钦点翰林院庶吉士。希增弟	道光二十一年辛丑恩科(1841)	二甲第二十五名
			8. 李祜(1822—?)	希增子	国家图书馆藏《道光二十年庚子科会试同年齿录》：字笃生，又字受之，号海麓，壬午年生，内务府正白旗满洲都统昌兴管领下，汉军人。胞叔祖恩庆，嘉庆丙子举人，道光癸巳翰林。父希增，嘉庆丙子举人，道光壬午进士	道光二十年庚子科(1840)	三甲第二十一名
36	栋鄂氏	满洲正红旗	1. 恩宁		《明清进士题名碑录索引》改名"恩铭"，正红旗满洲人	嘉庆十三年戊辰科(1808)	二甲第四十七名

续表

序号	家族	旗籍	成员	谱系	科举经历	中进士科年	殿试考试名次
36	栋鄂氏	满洲正红旗	2. 舒文（1810—?）	恩宁子	清华大学图书馆藏《道光十五年乙未科会试同年齿录》：栋鄂氏，字彬甫，号质夫，行一，嘉庆庚午年正月二十一日丑时生，正红旗满洲都统德山佐领下廪荫生。道光甲午科顺天乡试中式第四十四名，乙未科会试中式第一百八十名，殿试二甲第九十四名。翰林院庶吉士授编修。詹事府左右中允，翰林院侍讲，现任吏部员外郎。曾祖阿金。祖阿明阿。父恩铭，嘉庆丁卯举人，戊辰进士	道光十五年乙未科（1835）	二甲第九十四名
37	舒舒觉罗氏	满洲镶黄旗	1. 德玉		北京大学图书馆藏《嘉庆二十二年进士登科录》：贯镶黄旗满洲五甲喇常德佐领下廪膳生，癸酉科乡试第一百六十四名，丁丑科会试第五十二名。曾祖额伦特，祖富升，父岳克青阿	嘉庆二十二年丁丑科（1817）	三甲第十名
			2. 德山（1794—?）	德玉弟	南京图书馆藏《道光壬午恩科会试同年齿录》：字琴南，号小嵩，行二，乾隆甲寅年二月二十一日吉时生，镶黄旗满洲常佐领下廪膳生，癸酉举人，会试第四十一名，殿试三甲。钦点主事，签分刑部，现官刑部湖广司主事。曾祖额伦特，祖富升，父岳克青阿	道光二年壬午恩科（1822）	三甲第十一名

续表

序号	家族	旗籍	成员	谱系	科举经历	中进士科年	殿试考试名次
38		满洲镶白旗	1. 那丹珠		北京大学图书馆藏《嘉庆二十二年进士登科录》：贯镶白旗满洲都统灵福佐领下拔贡生，癸酉科乡试第八十三名，丁丑科会试第六十九名。曾祖更义纳，祖哈清阿，父成书	嘉庆二十二年丁丑科（1817）	三甲第二十九名
			2. 克星额（1783—?）	那丹珠弟	浙江省图书馆藏《道光十二年壬辰恩科会试同年齿录》：字恒叔，行六，乾隆癸卯年七月二十一日寅时生。镶白旗满洲灵福佐领下荫监生。庚午科乡试中式第三十九名，壬辰恩科会试第七十八名，殿试三甲第四十五名。候选知县由理藩院笔帖式故。曾祖更义纳，祖哈靖阿，父成书	道光十二年壬辰恩科（1832）	三甲第四十五名
39	爱新觉罗氏	满洲正蓝旗	1. 功普		北京大学图书馆藏《嘉庆二十二年进士登科录》：宗室，贯正蓝旗索明阿署毓光佐领下四品宗室。戊辰科宗室乡试第二名，丁丑科宗室会试第二名。曾祖和龄，祖莽武贲，父来城	嘉庆二十二年丁丑科（1817）	三甲第三十五名
			2. 保清（1800—?）	功普从弟	南京图书馆藏《道光十三年进士登科录》：贯正蓝旗咸宜佐领下四品宗室。壬午科乡试中式第六名，癸巳科会试第一名。曾祖和龄，祖倭伦太，父布因太	道光十三年癸巳科（1833）	二甲第五十五名

续表

序号	家族	旗籍	成员	谱系	科举经历	中进士科年	殿试考试名次
40	爱新觉罗氏	满洲正蓝旗	1. 铁麟（1786—?）		国家图书馆藏《嘉庆会试齿录》：宗室，字□，号仁山，行二，乾隆丙午年三月二十八日生，正蓝旗吉勒杭阿佐领下四品宗室，戊辰乡试第六名，会试第二名，殿试三甲第四十三名。钦点翰林院庶吉士，散馆授职检讨，历升詹事府洗马祭酒、光禄寺卿、左副都御史，现任盛京礼部侍郎	嘉庆二十四年己卯恩科（1819）	三甲第四十三名
			2. 鄂尔端（1791—?）	铁麟弟	国家图书馆藏《嘉庆会试齿录》：宗室，字□，号心斋，行三，乾隆辛亥年九月二十四日生，正蓝旗吉勒杭阿佐领下四品宗室。丙子乡试第八名，会试第三名，殿试三甲第六十九名。钦点主事，签分宗人府	嘉庆二十四年己卯恩科（1819）	三甲第六十九名
			3. 讷勒亨额（1797—?）	铁麟弟	国家图书馆藏《嘉庆会试齿录》：宗室，字□，号鲁斋，行五，嘉庆丁巳年正月初十日生，正蓝旗吉勒杭阿佐领下四品宗室。丙子乡试第五名，会试第四名，殿试三甲第三十一名。钦点主事，签分礼部，现任员外郎。《听雨丛谈》卷十：是科宗室榜中四人，正蓝旗宗室铁麟仁山、鄂尔端午桥、讷勒亨额鲁斋兄弟同登，皆至九列，饶余亲王之裔也	嘉庆二十四年己卯恩科（1819）	三甲第三十一名

续表

序号	家族	旗籍	成员	谱系	科举经历	中进士科年	殿试考试名次
40	爱新觉罗氏	满洲正蓝旗	4. 锡嘏（1864—?）	铁麟曾孙	国家图书馆藏《光绪乙未科会试同年齿录》：字伯纯，号子常，行一，同治甲子年六月初二日吉时生，正蓝旗第八族英杰佐领下四品宗室。光绪辛卯科乡试中式第三名，保和殿覆试一等第二名，乙未会试中式第一名，殿试二甲第七十一名（按，原文作"七十一名"，误），赐进士出身，朝考二等第五十九名，钦点翰林院庶吉士。曾祖铁麟，嘉庆戊辰科举人，己卯科进士。祖强安。父宝琛，咸丰己未恩科举人。宗学录科第一名	光绪二十一年乙未科（1895）	二甲第七十名
41	爱新觉罗氏	满洲镶蓝旗	1. 希哲（1784—?）		国家图书馆藏《嘉庆会试齿录》：字保明，号濬川，行一，乾隆甲辰年正月十五日生，镶蓝旗玉英佐领下四品宗室，丁卯翻译乡试第四名，会试第一名，殿试三甲第六十四名，钦点主事，签分宗人府	嘉庆二十四年己卯恩科（1819）	三甲第六十四名
			2. 英继（1802—?）	希哲子	清华大学图书馆藏《道光十五年乙未科会试同年齿录》：宗室，字复初，号铁峰，行二，嘉庆壬戌年二月二十日吉时生，镶蓝旗常秀佐领下四品宗室。道光戊子科宗室乡试中式第二名，乙未科会试中式第三名，殿试二甲第一百一十七名，宗人府主事。曾祖蒙泰。祖遐龄。父希哲，嘉庆丁卯举人，己卯进士。宗人府主事，户部员外郎	道光十五年乙未科（1835）	二甲第一百一十七名

续表

序号	家族	旗籍	成员	谱系	科举经历	中进士科年	殿试考试名次
42	鄂卓氏	满洲镶蓝旗	1. 吉达善（1791—?）		南京图书馆藏《道光壬午恩科会试同年齿录》：鄂卓氏，字子兼，号茶农，行三，乾隆辛亥年二月初三日吉时生，镶蓝旗满洲和伦佐领下例监生，乙卯举人，兵部笔帖式，候选主事。会试第七名，殿试三甲，朝考入选，钦点即用知县，前任四川永川县知县。曾祖雅岱，祖德昌，父福舒	道光二年壬午恩科（1822）	三甲第九十一名
			2. 吉年（1796—?）	吉达善弟	南京图书馆藏《道光壬午恩科会试同年齿录》：鄂卓氏，字秋畬，号碧栖，行四，嘉庆丙辰年九月十九日亥时生，镶蓝旗满洲和伦佐领下例监生，辛巳举人，刑部笔帖式，委署主事。会试第五十八名，殿试三甲。钦点即用知县，奏留本部，现官吏部文选司员外郎。曾祖雅岱，祖德昌，父福舒	道光二年壬午恩科（1822）	三甲第一百一十四名
			3. 吉明（1800—?）	吉达善从弟	浙江省图书馆藏《道光三年进士登科录》：鄂卓氏，字哲辅，号文峰，行七，嘉庆庚申年正月初五日卯时生，年二十四岁，贯镶蓝旗满洲和伦佐领下例监生。乙卯科乡试第六十一名，癸未科会试第三十八名，户部主事。曾祖雅岱，祖德昌，父福顺	道光三年癸未科（1823）	三甲第九十七名

续表

序号	家族	旗籍	成员	谱系	科举经历	中进士科年	殿试考试名次
43	甘氏	汉军正蓝旗	1. 书伦（1782—?）		南京图书馆藏《道光壬午恩科会试同年齿录》：字紫园，号硕农，行二，乾隆壬寅年八月二十五日吉时生，正蓝旗汉军都统佟枢佐领下例监生，戊辰举人，会试第一百一名，殿试三甲。钦点即用知县，现官四川西昌县知县。曾祖甘国壎，祖士鉴，父际华	道光二年壬午恩科（1822）	三甲第七十六名
			2. 惠麟（1795—?）	书伦侄	浙江省图书馆藏《道光十二年壬辰恩科会试同年齿录》：甘氏，字振甫，号迪斋，行二，乾隆乙卯年五月初八日酉时生，正蓝旗国兴阿佐领下汉军恩监生。丙子科乡试第二百一十七名，壬辰恩科会试第三十四名，殿试三甲第八十五名。候选知县，现官河南临漳县知县。曾祖甘士矿，祖甘际昌，父甘恪祝	道光十二年壬辰恩科（1832）	三甲第八十五名
44	赫舍里氏	满洲镶黄旗	1. 赫特赫讷（1798—1860）		南京图书馆藏《道光壬午恩科会试同年齿录》：赫舍里氏，字蔚堂，号伯棠，一号藕香，行一，嘉庆戊午年十一月二十九日吉时生，满洲镶黄旗在京经余佐领下，驻防杭州。辛巳举人，会试第一百九十九名，殿试三甲。朝考入选，钦点翰林院庶吉士，散馆改归吏部铨选。曾祖玛尔图，祖官绅保，父伍唡阿	道光二年壬午恩科（1822）	三甲第四十五名

续表

序号	家族	旗籍	成员	谱系	科举经历	中进士科年	殿试考试名次
44	赫舍里氏	满洲镶黄旗	2. 苏呼讷	赫特赫讷弟	南京图书馆藏《道光十三年进士登科录》：贯镶黄旗满洲凌安佐领下廪膳生。戊子科乡试中式第八十一名，癸巳科会试第七名。曾祖玛尔图，祖官绅保，父伍唥阿	道光十三年癸巳科（1833）	三甲第二十四名
45	钮祜禄氏	满洲镶黄旗	1. 恒祥（1801—?）		南京图书馆藏《道光壬午恩科会试同年齿录》：字善伯，号履庵，行一，嘉庆辛酉年十一月十四日吉时生，镶黄旗满洲内务府中祥佐领下廪膳生，辛巳举人，会试第八十九名，殿试三甲。钦点主事，签分□部。曾祖达塞，祖拴住，父六合	道光二年壬午恩科（1822）	三甲第二十一名
45	钮祜禄氏	满洲镶黄旗	2. 恒善（1809—?）	恒祥弟	北京大学图书馆藏《道光十八年戊戌科会试同年齿录》：钮祜禄氏，字子廉，号莳堂，行六，嘉庆己巳年九月二十五日吉时生，镶黄旗满洲福呢杭阿佐领下附学生。乡试中式第二百十一名，会试中式第八名，殿试三甲第二名。曾祖达塞，祖拴住，父六合	道光十八年戊戌科（1838）	三甲第二名

续表

序号	家族	旗籍	成员	谱系	科举经历	中进士科年	殿试考试名次
46	爱新觉罗氏	满洲镶蓝旗	1. 恩桂（1800—?）		南京图书馆藏《道光壬午恩科会试同年齿录》：宗室，字步蟾，号小山，行一，嘉庆庚申年八月二十日辰时生，镶蓝旗果良额佐领下候补笔帖式。辛巳举人，宗室会试第二名，殿试二甲。朝考入选，钦点翰林院庶吉士，散馆授职编修，现官内阁学士，兼礼部侍郎，曾祖武壮，祖拜灵额，父吉纯	道光二年壬午恩科（1822）	二甲第六十六名
			2. 锡龄（1819—?）	恩桂从弟	清华大学图书馆藏《道光二十一年辛丑恩科会试同年齿录》：宗室，字与九，号鹤亭，行一，嘉庆己卯年五月初四日吉时生，镶蓝旗常清佐领下四品宗室。乡试中式第三名，会试中式第一名，殿试三甲第四十四名，朝考入选第五十三名，钦点翰林院庶吉士。曾祖武壮，祖堆英额，父瑞本	道光二十一年辛丑恩科（1841）	三甲第四十四名
47	爱新觉罗氏	满洲正蓝旗	1. 受庆（1795—?）		南京图书馆藏《道光壬午恩科会试同年齿录》：宗室，字应云，号次农，行一，乾隆乙卯年六月二十二日吉时生，正蓝旗多永额佐领下四品宗室，丙子举人，宗室会试第四名，殿试三甲。钦点翰林院庶吉士，现官詹事府詹事。曾祖华龄，祖岳兴阿，父海兰泰	道光二年壬午恩科（1822）	三甲第五十名

续表

序号	家族	旗籍	成员	谱系	科举经历	中进士科年	殿试考试名次
47	爱新觉罗氏	满洲正蓝旗	2. 奎润	受庆子	南京图书馆藏《同治癸亥恩科会试同年录》：正蓝旗赓瑞佐领下四品宗室，中式宗室进士第一名	同治二年癸亥恩科（1863）	二甲第三十九名
			3. 宝熙（1868—?）	受庆孙	国家图书馆藏《光绪壬辰科会试同年齿录》：字仲明，号瑞臣，行二，同治戊辰年六月二十八日吉时生。系正蓝旗赓瑞佐领下四品宗室，一品荫生，理藩院学习员外郎。乡试中式第六名，覆试一等第一名，会试中式第三名，覆试一等第一名，殿试二甲第七名，朝考二等第五十一名，钦点翰林院庶吉士	光绪十八年壬辰科（1892）	二甲第七名
			4. 宝铭（1867—?）	受庆孙，奎润子	国家图书馆藏《光绪乙未科会试同年齿录》：宗室，字新吾，号鼎臣，行一。同治丁卯年五月二十五日吉时生。正蓝旗赓瑞佐领下四品宗室。三品荫生，赏戴花翎，恩赏员外郎。乡试中式第二名，会试中式第三名，旨以员外郎归原班选用。曾祖海兰泰。祖爱庆，号次农，嘉庆丙子科举人，道光壬午科进士。胞伯奎景，咸丰辛亥恩科举人。考奎润，号星斋，咸丰己未恩科举人，同治癸亥恩科进士	光绪二十一年乙未科（1895）	三甲第四十五名

续表

序号	家族	旗籍	成员	谱系	科举经历	中进士科年	殿试考试名次
48	赵氏	汉军正蓝旗	1. 达纶（1789—1857）		浙江省图书馆藏《道光三年进士登科录》：字经圃，贯正蓝旗汉军舒庆佐领下例监生，辛巳科乡试第二百八十七名，癸未科会试第二十七名。曾祖国栋，祖洵，父寅宾	道光三年癸未科（1823）	三甲第六名
			2. 文颖（1814—1854）	达纶子	国家图书馆藏《道光乙巳恩科会试同年齿录》：赵氏，字子异，号鲁斋，一号锐峰，行一。嘉庆甲戌年七月三十日吉时生。正蓝旗汉军都统善庆佐领下俊秀监生，旗籍。庚子乡试中式第五十一名，会试中式第六十八名，殿试三甲第四十一名，钦点即用知县，签掣山东	道光二十五年乙巳恩科（1845）	三甲第四十一名
			3. 文起（1818—？）	赵洵曾孙，寅宾孙，达禄子	上海图书馆藏《道光癸卯科直省同年全录》：赵氏，字子行，号观潮，行二。嘉庆戊寅年正月二十八日生。正蓝旗汉军庆善佐领下监生，乙巳进士，现官工部主事。曾祖赵洵，祖寅宾，父达禄	道光二十五年乙巳恩科（1845）	二甲第六十名

续表

序号	家族	旗籍	成员	谱系	科举经历	中进士科年	殿试考试名次
48	赵氏	汉军正蓝旗	4. 赵尔震（1842—1899）	文颖长子	国家图书馆藏《同治十三年甲戌科会试同年官职录》：年三十一岁，正蓝旗汉军荣康佐领下同治十二年顺天乡试中式第六十九名举人，会试中式第一百四十一名，覆试第二等七十五名，殿试三甲第一百七十七名，朝考一等第七十一名，钦点翰林院庶吉士。祖达纶，父文颖	同治十三年甲戌科（1874）	三甲第一百七十七名
			5. 赵尔巽（1844—1927）	文颖次子	国家图书馆藏《同治十三年甲戌科会试同年官职录》：年三十岁，正蓝旗汉军荣康佐领下同治六年顺天乡试中式第二百六十名举人，会试中式第一百八十四名，覆试第一等三十八名，殿试二甲第三十九名，朝考一等第六十一名，钦点翰林院庶吉士	同治十三年甲戌科（1874）	二甲第三十九名
			6. 赵尔萃（1851—1917）	文颖子	国家图书馆藏《光绪己丑科会试同年齿录》：赵尔萃，字公庆，号筱鲁，行七，又行四，咸丰辛亥年闰八月十八日吉时生，正蓝旗汉军荣康佐领下，旗籍。乡试中式第八十一名，会试中式第九十九名，殿试二甲第七十六名，朝考第二等第五十名，钦点即用知县。祖达纶，父文颖。胞兄尔震、尔巽	光绪十五年己丑科（1889）	二甲第七十六名

续表

序号	家族	旗籍	成员	谱系	科举经历	中进士科年	殿试考试名次
49	博尔济吉特氏	满洲正蓝旗	1. 成山（1798—?）		清华大学图书馆藏《道光三年癸未科会试同年齿录》：博尔济吉特氏，字进之，号集夫，一号心泉，行七，嘉庆戊午年九月二十一日生，正蓝旗满洲都统二等子成麟佐领下户部笔帖式。壬午乡试中式第九名，会试中式第一百六十九名，殿试三甲第七十二名。钦点户部主事。曾祖梅勒图，祖伊布尹，父兴德	道光三年癸未科（1823）	三甲第七十二名
			2. 葆谦（1826—?）	成山子	上海图书馆藏《道光二十三年癸卯科直省同年全录》：博尔济吉特氏，字吉生，号益园，行八，道光丙戌年八月初十日生，正蓝旗满洲松龄佐领下附生。咸丰壬子进士，现官刑部主事。曾祖伊布尹，祖兴德，父玉山，本生父成山	咸丰二年壬子恩科（1852）	二甲第四十四名
50	朱氏	汉军镶白旗	1. 朱霭		《道光六年进士登科录》：贯镶白旗汉军广州驻防春龄佐领下廪膳生。己卯科乡试第二十八名，丙戌科会试第三十名	道光六年丙戌科（1826）	三甲第六十七名
			2. 朱朝玠（1807—1855）	朱霭子	《驻粤八旗志》卷二十一《人物志》：朱朝玠，字介石，霭兄子。父霭笃行力学，潜心经传，举道光丙戌进士……朝玠弱冠补诸生……道光丙申恩科进士	道光十六年丙申恩科（1836）	三甲第三十六名

续表

序号	家族	旗籍	成员	谱系	科举经历	中进士科年	殿试考试名次
51	爱新觉罗氏	满洲正蓝旗	1. 毓本		《八旗文经》：更名豫本，字茶村，号陈芳外史，贯正蓝旗吉尔行阿佐领下四品宗室。己卯科宗室乡试中式第一名，丙戌科宗室会试中式第一名，殿试二甲第一百一十名。父晋昌	道光六年丙戌科（1826）	二甲第一百一十名
			2. 灵桂（1815—?）	毓本子	北京大学图书馆藏《道光十八年戊戌科会试同年齿录》：字郄枝，号芛生，行二，嘉庆乙亥正月十五日吉时生，正蓝旗讷勒亨额佐领下四品宗室。乡试中式第四名，钦定覆试二等第一名，会试中式第一名，钦定覆试一等第一名，殿试二甲第一名，朝考入选第二十名，钦点翰林院庶吉士。曾祖明韶，袭封固山贝子。祖晋隆，父豫本，字茶旃，号茶村，己卯科解元，丙戌科会元，赐进士出身	道光十八年戊戌科（1838）	二甲第一名
52	杭阿坦氏	蒙古镶白旗	1. 庆安		《京口八旗志》卷上《选举志》：丙戌进士，签掣河南署理理事同知，补授唐县知县，钦加同知衔	道光六年丙戌科（1826）	三甲第一百十三名
			2. 庆云（1801—?）	庆安弟	北京大学图书馆藏《道光十八年戊戌科会试同年齿录》：杭阿坦氏，字书五，号子青，行三。嘉庆辛酉年五月初七日吉时生，京口驻防蒙古镶白旗倭俚布佐领下人。乡试中式第五十九名，会试中式第三十九名，殿试三甲第十九名，钦点即用知县。曾祖花蒲，祖宝山，父伍永额	道光十八年戊戌科（1838）	三甲第十九名

续表

序号	家族	旗籍	成员	谱系	科举经历	中进士科年	殿试考试名次
52	杭阿坦氏	蒙古镶白旗	3. 国炳（1851—?）	庆安从子	清华大学图书馆藏《光绪三年丁丑科会试同年齿录》：杭阿坦氏，字子麟，号星垣，一号心源，行六，咸丰辛亥年十月十三日吉时生，京口驻防蒙古镶白旗京旗赓良佐领下监生。分省补用知县。丙子科江南乡试中式第二十八名，会试中式第三百十五名，殿试二甲第五十二名，朝考一等第四十九名，钦点翰林院庶吉士	光绪三年丁丑科（1877）	二甲第五十二名
			4. 承勋（1850—?）	庆安族孙	国家图书馆藏《光绪壬辰科会试同年齿录》：杭阿坦氏，字鼎铭，号仲放，一号赞臣，行二，道光庚戌年十二月十七日吉时生，京口驻防蒙古镶白旗善连佐领下监生，广东知县。癸酉科乡试中式第一百四十四名，会试中式第一百八十三名，保和殿覆试二等，殿试三甲，朝考入选，呈明本班奉旨着以知县发往广东用	光绪十八年壬辰科（1892）	三甲第一百七十三名
			5. 丰和（1873—?）	庆安曾孙	国家图书馆藏《光绪乙未科会试同年齿录》：杭阿坦氏，号幼农，一号懋甫，行一。同治癸酉年十月初二日吉时生，系镶白旗蒙古克明佐领下监生。京口驻防。七世祖三保。六世祖花蒲。五世祖宝山。高祖伍永额。曾祖庆安，号迹人，道光辛	光绪二十一年乙未科（1895）	二甲第八十二名

续表

序号	家族	旗籍	成员	谱系	科举经历	中进士科年	殿试考试名次
52	杭阿坦氏	蒙古镶白旗	5. 丰和（1873—?）	庆安曾孙	巳恩科举人，丙戌科进士。祖国英。父承霖。胞叔曾祖庆云，号书五，道光壬午科举人，戊戌科进士。嫡堂叔祖国桢，咸丰辛亥恩科举人。嫡堂叔祖国炳，号星垣，光绪丙子科举人，丁丑科进士。胞叔承勋，号鼎铭，同治癸酉科举人，光绪壬辰科进士。癸巳恩科乡试中式第一百四十名，会试中式第一百五名。覆试一等第三名。殿试二甲第八十二名。朝考二等第六十七名。钦点吏部主事	光绪二十一年乙未科（1895）	二甲第八十二名
53	边氏	汉军镶红旗	1. 边宝树（1799—?）		国家图书馆藏《道光丙戌科会试同年齿录》：字谢园，号玉芳，行二，嘉庆己未年四月二十六日午时生，镶红旗汉军遐龄佐领下廪膳生，肄业金台书院。乡试中式第二十一名，会试中式第一百八十八名，殿试二甲第六十六名。朝考入选第十四名，钦点主事，签分户部山东司	道光六年丙戌科（1826）	二甲第六十六名
			2. 边宝泉（?—1898）	边宝树从弟	南京图书馆藏《同治二年癸亥恩科会试同年齿录》：字廉溪，号润民，行五，镶红旗汉军伊成额佐领下廪膳生，戊午乡试第四十五名，同治癸亥恩科会试中式第一百七十九名，殿试二甲第七名，赐进士及第。现官户部给事中	同治二年癸亥恩科（1863）	二甲第七名

续表

序号	家族	旗籍	成员	谱系	科举经历	中进士科年	殿试考试名次
54	索绰罗氏	满洲镶白旗	1. 麟魁（？—1862）		《清史稿》卷三百八十九《列传》一百七十六：麟魁，字梅谷，索绰罗氏，满洲镶白旗人。道光六年二甲第一名进士，选庶吉士，散馆改刑部主事，迁中允	道光六年丙戌科（1826）	二甲第一名
			2. 恩寿	麟魁子	《清史稿》卷三百八十九《列传》一百七十六：同治元年赐其子恩寿举人，同治十三年进士，官至陕西巡抚	同治十三年甲戌科（1874）	三甲第五十七名
55	乌齐格里氏	蒙古正红旗	1. 倭仁（1804—1871）		《八旗艺文编目》：倭仁，字艮峰，氏乌齐格里，隶蒙古正红旗。道光己丑进士。谥"文端"，河南驻防	道光九年己丑科（1829）	二甲第三十四名
			2. 多仁（1807—？）	倭仁弟	上海图书馆藏《道光戊子科直省同年录》：原名伊仁，乌齐格理氏，字莘农，号智村，又号静泉，行三，嘉庆丁卯年八月二十日生，河南驻防，正红旗蒙古附生。辛丑进士，即用知县，分发湖南。曾祖诺海，祖达斌，父文明，子福谦	道光二十一年辛丑恩科（1841）	三甲第四十名
			3. 衡瑞（1855—？）	倭仁孙	国家图书馆藏《光绪壬辰科会试同年齿录》：乌齐格哩氏，字辑五，号又新，又号寿芝，行二，又行五。咸丰乙卯年正月初六日吉时生，系正红旗蒙古七甲喇文翰佐领下附贡生，签分工部员外郎屯田司学习行走钦赐举人，会	光绪十八年壬辰科（1892）	二甲第五十四名

续表

序号	家族	旗籍	成员	谱系	科举经历	中进士科年	殿试考试名次
55	乌齐格里氏	蒙古正红旗	3. 衡瑞（1855—?）	倭仁孙	试中式第八十六名，覆试二等第二十名，殿试二甲第五十四名，朝考二等第十二名，钦点翰林院庶吉士。高高祖诺海。本生高祖达斌。高祖达三。曾祖文成。本生曾祖文明。祖倭仁，道光己丑科进士。父福咸。胞伯祖爱仁，道光丙戌科进士。胞叔祖多仁，道光辛丑科进士。嫡堂叔福楸，光绪庚辰科进士	光绪十八年壬辰科（1892）	二甲第五十四名
56	伊尔根觉罗氏	满洲正白旗	1. 玉书（1804—?）		上海图书馆藏《道光乙酉科各省乡试齿录》：字麟征，号蕴山，行一，甲子年十二月十七日生。正白旗满洲塔清河佐领下廪生。中式第一百五十一名，己丑进士。工部员外郎。曾祖塞崇阿，祖巴凌阿，父祥禄	道光九年己丑科（1829）	三甲第三十七名
56	伊尔根觉罗氏	满洲正白旗	2. 宜勋	玉书孙	南京图书馆藏《光绪二十四年进士登科录》：贯正白旗满洲恩绪佐领下附生。丁酉科乡试第一百五十六名，戊戌科会试第一百十名。曾祖祥禄，祖玉书，父双全	光绪二十四年戊戌科（1898）	三甲第三十名
57	石尔德特氏	蒙古镶白旗	1. 瑞常（1805—1872）		《八旗艺文编目》：瑞常，字芝生，号西樵，氏石尔德特，隶蒙古镶红旗。道光壬辰进士，散馆授编修	道光十二年壬辰恩科（1832）	二甲第七名

续表

序号	家族	旗籍	成员	谱系	科举经历	中进士科年	殿试考试名次
57	石尔德特氏	蒙古镶白旗	2. 瑞庆	瑞常弟	《八旗艺文编目》：瑞庆，号雪堂。道光丙申进士。官至直隶候补道。瑞常弟	道光十六年丙申恩科（1836）	三甲第五十八名
58		满洲正黄旗	1. 德惠（1801—？）		浙江省图书馆藏《道光十二年壬辰恩科会试同年齿录》：字孚之，号济堂，行二，嘉庆辛酉年五月二十一日吉时生，奉天锦州正黄旗满洲廪膳生。己酉科乡试中式第五十三名，壬辰恩科会试中式第五名，殿试三甲第四十四名。候选知县。现官翰林院侍读，大考降补笔帖式。曾祖起龙，祖明善，父博抻保	道光十二年壬辰恩科（1832）	三甲第四十四名
			2. 文格（1822—？）	德惠子	上海图书馆藏《道光癸卯科直省同年全录》：字铁梅，号式岩，行一，道光癸未年十一月十三日生，盛京锦州正黄旗满洲福克津佐领下增生。甲辰进士，工部主事，浒升郎中。咸丰辛亥河南副考官，癸丑会试同考官，现官湖南衡永郴道。曾祖明善，祖博抻保，父德惠	道光二十四年甲辰科（1844）	二甲第六十名
59	爱新觉罗氏	满洲正蓝旗	1. 庆安（1805—？）		上海图书馆藏《道光乙酉科各省乡试齿录》：宗室，改名祺，字心恭，号云舫，行一，乙丑三月二十日生，第六族正蓝旗宗室吉勒阿佐领下人。乙酉中式第八名，壬辰进士，现任盛京户部侍郎。曾祖隆霭，祖谦益，父玉芝	道光十二年壬辰恩科（1832）	二甲第二十一名

续表

序号	家族	旗籍	成员	谱系	科举经历	中进士科年	殿试考试名次
59	爱新觉罗氏	满洲正蓝旗	2. 延煦（1828—?）	庆安子	国家图书馆藏《咸丰六年丙辰科会试同年齿录》：宗室，字贡卿，号树南，行一，道光戊子年八月十四日吉时生，正蓝旗宗室奕斌佐领下礼部额外主事，候选员外郎，当戴花翎。乡试中式第五名，会试中式第一名，殿试二甲第九名，朝考一等第四名，钦点翰林院庶吉士。曾祖谦益，祖玉芝，父庆祺	咸丰六年丙辰科（1856）	二甲第九名
			3. 会章	延煦子	南京图书馆藏《光绪二年丙子恩科登科录》：宗室，贯正蓝旗奕斌佐领下二品荫生。癸酉科顺天乡试第一名，丙子科会试第一名。曾祖玉芝，祖庆祺，父延煦	光绪二年丙子恩科（1876）	二甲第九十九名
60	爱新觉罗氏	满洲镶蓝旗	1. 常禄（1806—?）		浙江省图书馆藏《道光十二年壬辰恩科会试同年齿录》：字绥先，号莲溪，行一，嘉庆丙寅年二月二十六日生，镶蓝旗常秀佐领下四品宗室。辛卯科乡试第三名，壬辰恩科会试第一名，殿试三甲第二十一名。宗人府主事，现官翰林院侍读，大考革职。曾祖德崇，祖广敏，父兴隆	道光十二年壬辰恩科（1832）	三甲第二十一名

续表

序号	家族	旗籍	成员	谱系	科举经历	中进士科年	殿试考试名次
60	爱新觉罗氏	满洲镶蓝旗	2. 宝廷（1840—?）	常禄子	国家图书馆藏《同治七年戊辰科会试同年齿录》：宝廷，宗室，字仲献，号竹坡，又号偶斋，行二，道光庚子年正月十五日生，镶蓝旗四品宗室，甲子科举考试中式宗室第一名，贡士、翰林院庶吉士，由编修历升中允司业、侍讲、侍读学士，左右庶子，内阁学士，兼礼部侍郎，正黄旗蒙古副都统	同治七年戊辰科（1868）	二甲第六名
			3. 寿富（1861—1900）	宝廷子	南京图书馆藏《光绪二十四年进士登科录》：贯镶蓝旗满洲庆博佐领下四品宗室，戊子科乡试第二名，戊戌科会试第二名。曾祖兴隆，祖常禄，父宝廷	光绪二十四年戊戌科（1898）	二甲第八十八名
61	王氏	汉军镶白旗	1. 王清选（1803—?）		上海图书馆藏《道光戊子科直省同年录》：字莲士，号鉴塘，行一，嘉庆癸亥年十二月初十日生，镶白旗汉军监生。癸巳进士，翰林院编修。曾祖述祖，祖廷训，本生祖廷桂，父元桂	道光十三年癸巳科（1833）	二甲第三十九名
			2. 王仲选（1808—?）	清选弟	清华大学图书馆藏《道光十五年乙未科会试同年齿录》：字山甫，号竹坡，一字问樵，行一，又行二，嘉庆戊辰年正月三十日吉时生。镶白旗汉军伊林泰佐领下监生。道光甲午科顺	道光十五年乙未科（1835）	三甲第五十八名

续表

序号	家族	旗籍	成员	谱系	科举经历	中进士科年	殿试考试名次
61	王氏	汉军镶白旗	2. 王仲选(1808—?)	清选兄	天乡试中式第一百七十三名，乙未科会试中式第三十五名，殿试三甲第五十八名，分发四川即用知县，补南部县知县，己亥科四川乡试同考官。曾祖述祖，祖廷桂，父元庆	道光十五年乙未科（1835）	三甲第五十八名
62	什勒氏	满洲镶蓝旗	1. 春熙(1799—?)		上海图书馆藏《道光乙酉科各省乡试齿录》：字敬臣，号介轩，行一，己未年十二月廿三日生，镶蓝旗满洲苏苏勒通阿佐领下副贡生，内阁中书，中式第一百三十七名，乙未进士，现任甘肃甘凉道。曾祖富格，祖盛保，父恩特亨额。子瑞征	道光十五年乙未科（1835）	二甲第二十六名
62	什勒氏	满洲镶蓝旗	2. 春犄(1801—?)	春熙弟	上海图书馆藏《道光乙酉科各省乡试齿录》：什勒氏，字和甫，号玉峰，行二，辛酉年七月初五日生，镶蓝旗满洲苏苏勒通阿佐领下副贡生。内阁中书，中式第三十四名，乙未进士，翰林院侍读。曾祖富格，祖盛保，父恩特亨额	道光十五年乙未科（1835）	二甲第五十二名
63	爱新觉罗氏	满洲镶蓝旗	1. 和淳(1811—?)		浙江省图书馆藏《道光十二年直省同年录》：信夫，行一，辛未年生，镶蓝旗常秀佐领下四品宗室，丙申进士。曾祖常杰，三等侍卫。祖书法。父孟智。胞弟和润，庚子进士，翰林院编修	道光十六年丙申恩科（1836）	二甲第五十二名

续表

序号	家族	旗籍	成员	谱系	科举经历	中进士科年	殿试考试名次
63	爱新觉罗氏	满洲镶蓝旗	2. 和润（1812—?）	和淳弟	国家图书馆藏《道光二十年庚子科会试同年齿录》：宗室，字雨田，号泽夫，一号月溪，行二，壬申年生，镶蓝旗常秀佐领下四品宗室。胞兄和淳，壬辰举人，丙申翰林。子麟懋	道光二十年庚子科（1840）	二甲第四十八名
64	戴佳氏	满洲镶黄旗	1. 慧成（1803—?）		上海图书馆藏《道光乙酉科各省乡试齿录》：戴佳氏，字裕亭，号秋谷，行一，癸亥年七月初二日生，镶黄旗满洲武勒喜春佐领下监生，中式第二百三十七名，丙申进士，东河总督。曾祖图炳阿，祖富森布，父嵩龄。子晋康	道光十六年丙申恩科（1836）	三甲第三十九名
64	戴佳氏	满洲镶黄旗	2. 晋康（1824—?）	慧成子	国家图书馆藏《道光三十年庚戌科同年官职录》：字安舟，号少谷，一号古愚，再号平寿，行一，年二十一岁，镶黄旗满洲明辉佐领下由监生中式己酉科顺天乡试第七名，会试中式第一百五十九名，覆试一等二十四名，殿试二甲第十一名，朝考二等第六名，钦点翰林	道光三十年庚戌科（1850）	二甲第十一名
65	姚氏	汉军正白旗	1. 斌桐（1805—?）		上海图书馆藏《道光乙酉科各省乡试齿录》：姓姚，字秋士，号秭农，行四，乙丑年三月二十日生，正白旗内务府汉军那龄阿管领下监生，中式第六十三名进士，兵部主事。曾祖永康，祖明新，父德恒	道光十六年丙申恩科（1836）	三甲第七十六名

续表

序号	家族	旗籍	成员	谱系	科举经历	中进士科年	殿试考试名次
65	姚氏	汉军正白旗	2. 斌敏（1813—？）	斌桐弟	国家图书馆藏《重修同治乙丑科齿录》：姚氏，字子廉，别号冰樵，行十，嘉庆癸酉年四月二十六日吉时生，内务府正白旗善录管领下监生，道光乙未科举人，同治乙丑科进士，福建即用知县，补嘉义县。《八旗艺文编目》：号子廉居士。道光乙未举人，至同治乙丑年已五十三岁，始成进士。官福建绥安县知县。斌桐弟	同治四年乙丑科（1865）	三甲第一百三名
66	徐氏	汉军正黄旗	1. 徐荣（1792—？）		上海图书馆藏《嘉庆丙子科乡试齿录》：原名鉴，字庆人，号药垣，行一，乾隆壬子年十一月十九日子时生。驻防广州正黄旗汉军清德佐领下人。曾祖士进，祖行，父振远	道光十六年丙申恩科（1836）	二甲第十七名
			2. 徐受廉（1853—？）	徐荣孙	国家图书馆藏《光绪十二年丙戌科会试同年齿录》：字计甫，号筑泉，行十，咸丰癸丑年十一月初十日吉时生，正黄旗汉军丰年佐领下廪生，己卯乡试中式第四十六名，覆试一等第二十三名，会试中式第一百九名，保和殿覆试钦取一等第四十三名，殿试二甲第五十八名，赐进士出身，朝考二等第十五名，钦点翰林院庶吉士。曾祖振远，祖荣，父明善	光绪十二年丙戌科（1886）	二甲第五十八名

续表

序号	家族	旗籍	成员	谱系	科举经历	中进士科年	殿试考试名次
67	汉军正白旗		1. 延恒		国家图书馆藏《道光十八年进士登科录》：贯正白旗汉军内务府善元佐领下，附学生。壬辰科乡试第二百三十一名，戊戌科会试第三十二名。曾祖善庆，祖德裕，父淳瑕	道光十八年戊戌科（1838）	三甲第四名
			2. 延恺（1812—?）	延恒弟	国家图书馆藏《道光二十年庚子科会试同年齿录》：字次元，号惠亭，一号友三。壬申年生，正白旗满洲都统内务府善元佐领下人。胞兄延恒，壬辰举人，戊戌进士	道光二十年庚子科（1840）	三甲第五十六名
68	索绰络氏	满洲镶白旗	1. 宝鋆（1810—1891）		北京大学图书馆藏《道光十八年戊戌科会试同年齿录》：字锐卿，号珮珩，行一。嘉庆庚午年生，镶白旗满洲特通佐领下廪生。乡试中式第二十七名，会试中式第二十八名，殿试二甲第四十二名，钦点主事。曾祖色得礼，祖德门阿，父长春	道光十八年戊戌科（1838）	二甲第四十二名

续表

序号	家族	旗籍	成员	谱系	科举经历	中进士科年	殿试考试名次
68	索绰络氏	满洲镶白旗	2. 荫恒	宝鋆孙	南京图书馆藏《光绪二十四年进士登科录》：贯镶白旗满洲世勋佐领下荫生。光绪七年钦赐举人，戊戌科会试第一百六十一名。曾祖长春，祖宝鋆，父景澧	光绪二十四年戊戌科（1898）	二甲第十七名
69	佟佳氏	满洲正白旗	1. 椿寿（1802—?）		上海图书馆藏《道光戊子科直省同年录》：佟佳氏，字伯仁，号静斋，行一，又行六，嘉庆壬戌年六月十六日生，正白旗满洲廪生，乙未大挑二等，庚子进士，工部主事。曾祖进爱，祖佟禄，父穆特布。子英奎	道光二十年庚子科（1840）	二甲第六十八名
			2. 桂福（1874—?）	椿寿曾孙	国家图书馆藏《光绪乙未科会试同年齿录》：瓜尔佳氏，字锡五，又字枝五。号筱岩。一号秀岩，行一。同治甲戌年八月十七日吉时生。系正白旗满洲锡龄佐领下附学生。户科笔帖式。辛卯科乡试中式第一百十八名，会试中式第一百十一名，覆试三等第五十七名，殿试三甲第六十六名，朝考三等第八十名，钦点即用知县，签分云南。高祖满保，曾祖伊兰布，祖英奎，父瑞兴	光绪二十一年乙未科（1895）	三甲第六十六名

续表

序号	家族	旗籍	成员	谱系	科举经历	中进士科年	殿试考试名次
70	马佳氏	满洲镶黄旗	1. 宝珣（1815—?）		清华大学图书馆藏《道光二十一年辛丑恩科会试同年齿录》：马佳氏，字仲琪，号东间，行二，嘉庆乙亥年十一月二十二日吉时生，镶黄旗满洲都统明贵佐领下监生，刑部直隶司委署主事。丁酉科乡试中式第一百七十名，会试中式第六十八名，殿试二甲第六十六名，钦点兵部主事	道光二十一年辛丑恩科（1841）	二甲第六十六名
			2. 绍祺（1826—?）	宝珣子	国家图书馆藏《咸丰六年丙辰科会试同年齿录》：马佳氏，字子寿，号秋皋，行二又行九，道光丙戌年十二月初九日吉时生，镶黄旗满洲惠文佐领下廪膳生，户部笔帖式。壬子乡试中式第一百三名，保和殿覆试一等第二十名，会试中式第二十四名，殿试二甲第四十一名，朝考二等第六名，钦点翰林院庶吉士。曾祖罗多礼，祖升寅，父宝琳	咸丰六年丙辰科（1856）	二甲第四十一名
71	伊尔根觉罗氏	满洲正蓝旗	1. 阿克丹（1805—?）		清华大学图书馆藏《道光二十七年会试齿录》：伊尔根觉罗氏，原名敦，字体信，号厚庵，一号心庵，行四，嘉庆乙丑年九月二十七日吉时生，正蓝旗满洲都统奎光佐领下副贡生，乡试中式第四十四名，会试中式第三十三名，殿试三甲第一百六名，朝考第二等第五十三名，钦点刑部主事	道光二十七年丁未科（1847）	三甲第一百六名

续表

序号	家族	旗籍	成员	谱系	科举经历	中进士科年	殿试考试名次
71	伊尔根觉罗氏	满洲正蓝旗	2. 福全（1830—?）	阿克丹子	上海图书馆藏《道光癸卯科直省同年全录》：原名福元，伊尔根觉罗氏，字德载，号介臣，一号小庵，行三，道光庚寅年六月二十五日生，正蓝旗满洲奎光佐领下附生。丁未进士，翰林院庶吉士。曾祖开岐。祖瑞麟。父阿克丹，原名阿克敦，道光戊子、辛卯副榜，己亥举人，丁未进士，现官刑部主事	道光二十七年丁未科（1847）	二甲第六十三名
			3. 中元（1825—?）	阿克丹从子	上海图书馆藏《道光癸卯科直省同年全录》：伊尔根觉罗氏，字捷三，号莲塘，行一，道光乙酉年八月十五日生，正蓝旗满洲奎光佐领下附生，咸丰癸丑大挑二等癸亥进士。曾祖开岐，祖祥麟，父扎拉芬	同治二年癸亥恩科（1863）	三甲第十名
72	颜札氏	满洲正黄旗	1. 景廉（1823—1885）		国家图书馆藏《咸丰壬子恩科会试同年齿录》：颜札氏，字俭卿，号季泉，一号秋坪，行七，道光癸未年六月二十五日吉时生，正黄旗满洲德顺德佐领下副榜贡生。己酉选拔会考第一名，己酉乡试中式副榜第七名，乡试中式第七名，保和殿覆试钦取一等第七名，会试中式第一百九十五名，殿试二甲第三十六名，钦点翰林院庶吉士	咸丰二年壬子恩科（1852）	二甲第三十六名

续表

序号	家族	旗籍	成员	谱系	科举经历	中进士科年	殿试考试名次
72	颜札氏	满洲正黄旗	2. 治麟（1844—?）	景廉子	北京大学图书馆藏《光绪三年丁丑科会试同年齿录》：颜札氏，字安甫，号舜臣，一号筱坪，行一，又行六，道光甲辰年七月十六日吉时生。正黄旗满洲中正佐领下荫生，刑部候补主事。丙子顺天乡试中式第六十二名，保和殿覆试二等第二十九名，会试中式第一百七名，保和殿覆试二等第九十六名，殿试二甲第八十二名，朝考二等第八十七名，钦点翰林院庶吉士。高祖长生。曾祖和英额。祖彦德。父景廉，咸丰辛亥恩科举人，壬子恩科进士	光绪三年丁丑科（1877）	二甲第八十二名
73	辉发那拉氏	内务府满洲正白旗	1. 文彬（1825—1880）		国家图书馆藏《咸丰壬子恩科会试同年齿录》：辉发那拉氏（按，又作"辉发纳喇氏"），字若山，号质夫，行三，道光乙酉年四月初十日生吉时，系内务府正白旗满洲瑞麟佐领下附生，现任广储司笔帖式。乡试中式第二百十五名，会试中式第四十七名，殿试三甲第八十一名，朝考第二等十二名，钦点签制户部主事	咸丰二年壬子恩科（1852）	三甲第八十一名
			2. 延燮（1853—?）	文彬子	北京大学图书馆藏《光绪十八年壬辰科会试同年齿录》：辉发纳喇氏，字叔元号	光绪十八年壬辰科（1892）	二甲第七十四名

续表

序号	家族	旗籍	成员	谱系	科举经历	中进士科年	殿试考试名次
73	辉发那拉氏	内务府满洲正白旗	2. 延燮（1853—?）	文彬子	理臣，行四，咸丰癸丑年十月十五日吉时生，内务府正白旗满洲嵩山佐领下监生，光绪乙亥恩科挑取誊录，国史馆誊录花翎，四品衔，签分六部员外郎。乙亥恩科挑取誊录第八名，乡试中式第七十八名，保和殿覆试钦取三等三十三名。高祖福勒贺。曾祖明铎。祖那峻。父文彬，咸丰壬子恩科进士	光绪十八年壬辰科（1892）	二甲第七十四名
74	李氏	汉军镶蓝旗	1. 李淇（1831—?）		国家图书馆藏《咸丰癸丑科会试同年齿录》：字竹泉，号少峰，行五，道光辛卯年五月十八日吉时生，镶蓝旗汉军庆佐领下俊秀监生。乡试中式第一百二十四名，会试中式第一百六名，殿试第□甲第九十名，朝考第三等三名，钦点内阁中书	咸丰三年癸丑科（1853）	二甲第九十名
74	李氏	汉军镶蓝旗	2. 豫咸（1854—?）	李淇子	国家图书馆藏《光绪乙未科登科录》：贯镶蓝旗汉军包衣德寿管领下，附贡生。乙酉科乡试第一百三十六名，甲午科会试第六十四名。曾祖李福，祖广发，父李淇	光绪二十一年乙未科（1895）	三甲第九十一名
75	胡氏	汉军正蓝旗	1. 守正（1830—?）	守忠弟	上海图书馆藏《咸丰丙辰科同年官职录》：字号不详，行二，十七岁，正蓝旗汉军，包衣德英额佐领下由附生中式己酉科顺天乡试举人。会试中式	咸丰六年丙辰科（1856）	三甲第三名

续表

序号	家族	旗籍	成员	谱系	科举经历	中进士科年	殿试考试名次
75	胡氏	汉军正蓝旗	1. 守正（1830—?）	守忠弟	第二十三名，覆试三等第八十一名，殿试三甲第三名，朝考二等第三十一名，钦点主事。曾祖父明林，祖父孝凝，父增喜	咸丰六年丙辰科（1856）	三甲第三名
			2. 守忠（1823—?）		南京图书馆藏《同治二年癸亥恩科会试同年齿录》：胡氏，字遂庵，号蓉先，行一，道光癸未年五月二十一日吉时生。正蓝旗汉军廪贡生。世袭云骑尉。乡试中式第一百六十二名，覆试第二等第四十六名，会试中式第四十九名，殿试三甲第三十七名，朝考三等第五十三名，钦点即用知县。曾祖明林，祖孝凝，父增喜	同治二年癸亥恩科（1863）	三甲第三十七名
76	那拉氏	满洲镶黄旗	1. 铭安（1828—?）		国家图书馆藏《咸丰六年丙辰科会试同年齿录》：字新甫，号鼎臣，行三，大行六，年二十九岁，镶黄旗内务府包衣吉兴管领下由监生中式辛亥科顺天乡试举人。会试中式第一百九名，覆试一等第三名，殿试二甲第二十八名，朝考一等第二名，钦点翰林院庶吉士。曾祖父德敏，祖父彭年，父兴泰	咸丰六年丙辰科（1856）	二甲第二十八名
			2. 那桂	铭安侄	南京图书馆藏《光绪二年丙子恩科登科录》：贯内务府镶黄旗满洲明光管领下廪生。丁卯科顺天乡试第三十三名，丙子科会试第六十三名。曾祖彭年，祖兴诚，父斌安	光绪二年丙子恩科（1876）	三甲第一百六十二名

续表

序号	家族	旗籍	成员	谱系	科举经历	中进士科年	殿试考试名次
77	爱新觉罗氏	满洲正蓝旗	1. 松森（1826—?）		国家图书馆藏《重修同治乙丑科齿录》：宗室，字健卿，号吟涛，行三。道光丙戌年十一月十五日吉时生。正蓝旗英杰佐领下四品宗室。咸丰壬子科举人，同治乙丑科会元，翰林院庶吉士，授编修，升司经局洗马、右春坊右庶子、翰林院侍讲学士、国子监祭酒、詹事府詹事、内阁学士，兼礼部侍郎衔，礼部右侍郎、左侍郎，镶白旗汉军副都统，署刑部右侍郎、工部左侍郎，调补盛京礼部刑部侍郎，署盛京户部侍郎、都察院左都御史、理藩院尚书	同治四年乙丑科（1865）	二甲第四名
			2. 寿耆（1859—?）	松森子	国家图书馆藏《光绪九年进士登科录》：贯正蓝旗英敷佐领下四品宗室。己卯科顺天乡试第一名，癸未科会试第二名。曾祖福昌保，祖和悦，父松森	光绪九年癸未科（1883）	一甲第二名
78	赵氏	汉军正白旗	1. 赵英祚		上海图书馆藏《同治十年进士登科录》：正白旗汉军文潽佐领下例监生。庚申科乡试第一百七十七名，会试第一百六十名。曾祖文明，祖长治，父大鹏	同治十年辛未科（1871）	三甲第一百四十九名
			2. 赵黻鸿	英祚子	国家图书馆藏《光绪乙未科登科录》：贯正白旗汉军德成佐领下，附生。癸巳科乡试第二百五十八名，乙未科会试第六十一名。曾祖长治，祖大鹏，父英祚	光绪二十一年乙未科（1895）	二甲第七十六名

续表

序号	家族	旗籍	成员	谱系	科举经历	中进士科年	殿试考试名次
79	喜塔腊氏	满洲正白旗	1. 裕德		南京图书馆藏《光绪二年丙子恩科登科录》：贯正白旗满洲籍荫生。庚午科顺天乡试第一百二十一名，丙子科会试第二百四十六名。曾祖盛住，祖庆林，父崇纶	光绪二年丙子恩科（1876）	二甲第四十二名
			2. 熙元（1864—?）	裕禄从子	国家图书馆藏《光绪己丑科会试官职录》：年二十六岁，正白旗满洲荫生。乙酉科乡试中式第五十六名。会试中式第一百七十一名，覆试二等第五十三名，殿试二甲第四十名，朝考一等第五十名，钦点翰林院庶吉士。曾祖庆林，祖崇纶，父裕禄	光绪十五年己丑科（1889）	二甲第四十名
80	舒穆鲁氏	满洲镶黄旗	1. 裕祥		南京图书馆藏《光绪二年丙子恩科登科录》：贯内务府镶黄旗满洲廷玺管领下廪膳生。癸酉科顺天乡试第三百十六名，丙子科会试第一百十五名。曾祖五达塞，祖和明，父普琳	光绪二年丙子恩科（1876）	三甲第五十名
			2. 裕经（1842—?）	裕祥弟	南京图书馆藏《光绪十六年进士登科录》：贯内务府镶黄旗满洲椿寿管领下附生。丁卯科乡试第八十名，庚寅科会试第九十九名。曾祖五达塞，祖和明，父普琳	光绪十六年庚寅恩科（1890）	三甲第一百七十五名

续表

序号	家族	旗籍	成员	谱系	科举经历	中进士科年	殿试考试名次
81	乔氏	汉军镶黄旗	1. 乔保安（1846—？）		国家图书馆藏《光绪六年庚辰科会试同年齿录》：字翼廷，号静之，行二。道光丙午年正月十八日吉时生。都京镶黄旗汉军国后佐领下驻防盛京锦州小凌河镶黄旗存多佐领下附生，乡试中式第二百三十名，会试中式第二百一十四名，殿试三甲第五十六名，朝考二等第四十二名，钦点学习主事，签分户部	光绪六年庚辰科（1880）	三甲第五十六名
			2. 乔保印（1849—？）	乔保安弟	国家图书馆藏《光绪六年庚辰科会试同年齿录》：字锡廷，号佩之，行三。道光己酉年十月十四日吉时生，都京镶黄旗汉军国后佐领下驻防盛京锦州小凌河镶黄旗存多佐领下附生。乡试中式第四十名，会试中式第九十四名，殿试三甲，朝考入选，钦点即用知县，签掣甘肃。胞兄保安，字翼廷，庚午科举人，同榜进士，钦点主事	光绪六年庚辰科（1880）	三甲第一百五十一名
82	他塔喇氏	满洲镶红旗	1. 志锐（1853—？）		国家图书馆藏《光绪六年庚辰科会试同年齿录》：志锐，他塔喇氏，字伯愚，号公颖，行四。咸丰癸丑年四月廿五日吉时生，镶红旗满洲舒昌佐领下一品荫生。乡试中式第十九名，会试中式第三百名，殿试二甲第二十名，朝考一等第五十二名，钦点翰林院庶吉士胞	光绪六年庚辰科（1880）	二甲第二十名

续表

序号	家族	旗籍	成员	谱系	科举经历	中进士科年	殿试考试名次
82	他塔喇氏	满洲镶红旗	1. 志锐（1853—?）		弟志钧出嗣胞伯乐初公（长善）。曾祖萨郎阿，祖裕泰，父长敬	光绪六年庚辰科（1880）	二甲第二十名
			2. 志钧（1854—?）	志锐弟	国家图书馆藏《光绪九年进士登科录》：贯镶红旗满洲惠昆佐领下监生。壬午科顺天乡试第一百二十一名，癸未科会试第一百二十九名。曾祖萨郎阿，祖裕泰，父长善	光绪九年癸未科（1883）	二甲第二名
83	谭氏	汉军镶白旗	1. 谭国政（1844—?）		国家图书馆藏《光绪九年进士登科录》：贯广州驻防镶白旗汉军京城承志佐领下附生，癸酉科乡试第三十一名，癸未科会试第一百二名。曾祖森，祖建基，父广楠	光绪九年癸未科（1883）	三甲第六十二名
			2. 谭国楫（1870—?）	国政从弟	国家图书馆藏《光绪乙未科会试同年齿录》：字饱帆，号济五，行八。同治庚午年十月二十日吉时生。系广东驻防镶白旗汉军承志佐领下附贡生。乡试中式第一百四十三名，会试中式第一百六十名。殿试二甲第二十三名，朝考二等第十九名，钦点翰林院庶吉士。曾祖森，祖建基，父广庆	光绪二十一年乙未科（1895）	二甲第二十三名

续表

序号	家族	旗籍	成员	谱系	科举经历	中进士科年	殿试考试名次
84	商氏	汉军正白旗	1. 商廷修（1859—?）		南京图书馆藏《光绪二十四年进士登科录》：贯正白旗汉军连秀佐领下拔贡生。己丑科乡试第三十五名，戊戌科会试第一百二十六名。曾祖守信，祖兴源，父建朴	光绪二十四年戊戌科（1898）	二甲第一百三十名
			2. 商衍瀛（1871—1960）	廷修从子	国家图书馆藏《光绪二十九年进士登科录》：贯正白旗汉军镇华佐领下广州驻防，附贡生，甲午科乡试第一百八十四名，辛丑壬寅并科会试第八十九名。曾祖兴沛，祖建权，父廷焕	光绪二十九年癸卯科（1903）	二甲第十八名
			3. 商衍鎏（1874—1963）	廷修从子	国家图书馆藏《光绪甲辰恩科登科录》：贯正白旗汉军镇华佐领下广州驻防廪生，甲午科乡试第二十四名，甲辰科会试第一百二十九名。曾祖兴沛，祖建权，父廷焕	光绪三十年甲辰恩科（1905）	一甲第三名

备注：1. 本表家族及家族内部成员顺序按照科名先后排序，两个家族第一个成员科名相同者，按照家族第二个成员科名顺序排列，以此类推。2. 个别八旗进士家族没有查考到姓氏，阙。

通过观察表2-1可知：八旗科举家族不仅数量众多，而且规模庞大，共有84个八旗科举家族210位进士，占八旗进士总数的15%，有将近六分之一的八旗进士从84个八旗科举家族走出来，这就有力地证明了八旗科举家族在培养八旗进士方面作出了巨大贡献，取得了重大成就，也表明八旗科举家族的家学和教育是非常先进的，已经形成了诗礼簪缨的家族环境和氛围，八旗家族内部的成功最终也得到了社会承认，形成了人人称羡，并且向之学习的八旗科举世家。

一 八旗科举家族族别和旗分分布情况

清代八旗为清太祖设立，由满洲、蒙古和汉军三族构成，分镶黄、正黄、正白、镶白、正蓝、正红、镶红、镶蓝八旗，"又以镶黄、正黄、正白为上三旗，余五旗统以宗室王公"①。八旗地位的差别在科举考试中也体现了出来，表2-2能够看出八旗进士在族别、旗分和录取人数等方面的差别：

表2-2 八旗科举家族族别、旗分和录取人数对比情况简表

族别旗分	镶黄旗	正黄旗	正白旗	镶白旗	正蓝旗	正红旗	镶红旗	镶蓝旗	家族数量	家族人数	上三旗占本族家族数量比（%）
满洲	8	9	7	4	11	2	1	11	53	129	45.28
蒙古	1	2		2		1	1		7	21	42.86
汉军	3	2	7	5	4		1	2	24	60	50.0
总计	12	13	14	11	15	3	3	13	84	210	

通过观察表2-2可以看出：84个八旗科举家族中，满洲八旗科举家族有53个，129人，占八旗科举家族总数的63%；蒙古八旗科举家族有7个，21人，占八旗科举家族总数的8.3%；汉军八旗科举家族有24个，60人，占八旗科举家族总数的28.57%。这种情况说明了八旗科举家族在族别当中的分布是极其不平衡的，显现出了满洲作为统治阶级在进士科举考试方面获得的显著优势。如满洲正黄旗完颜氏家族的留保，在康熙六十年（1721）辛丑科进士考试中没有考中，但是因为康熙帝对完颜氏家族和留保本人的偏爱，将其钦赐本科进士，而蒙古八旗和汉军八旗就鲜有钦赐进士的情况。钦赐进士的事例凤毛麟角，而满洲八旗能占到先机，这不能不说明满洲统治者对满洲八旗子弟有天然的亲近感。

满洲八旗科举家族有53个，其中12个是宗室科举世家，约占满洲八

---

① 李洵、赵德贵、周毓方、薛虹主校点：《钦定八旗通志》，吉林文史出版社2002年版，第1页。

旗科举世家总数的22.6%。清代初建时期，宗室子弟人数较少，无须通过科举考试，就可以进入国家机构。随着宗室生齿日繁，宗室子弟的出路也变得艰难起来。于是，康熙三十六年（1697）规定，宗室成员可以参加科举考试，进入仕途。因此宗室科举考试开始的时间比八旗文科考试晚了近半个世纪。宗室科举考试不仅开始时间较晚，发展道路也艰难曲折。仅仅过了两年，康熙就认为自己已经对宗室子弟屡赐恩惠，因此宗室子弟不需要担心仕进问题，于是下令禁止宗室参加科举考试。到了乾隆年间，宗室科举考试得到了恢复，并且在乾隆八年（1743）首次进行宗室会试考试，但是考试结果令人失望，宗室子弟的汉文水平和满文水平都很一般，于是乾隆令宗室子弟专习武艺，以后不准参加科举考试。嘉庆时期，又再次恢复宗室科举考试，直至清末。有清一代，宗室子弟共参加文科进士考试48科，考中123名进士。123名宗室进士中有30名宗室进士是从12个宗室家族中产生的，12个家族的进士总数占宗室进士总数的24.2%，说明处于社会上层的宗室家族已经形成了良好的家风和学风，以科举为业已经成为家族常态，也反映出上层社会对于科举考试的重视。

八旗科举家族不仅在族别分配方面表现出极大的不平衡，而且在旗分分布方面也体现出了不平衡。镶黄旗、正黄旗和正白旗是八旗中的上三旗，直接受帝王领导，属于皇帝的嫡系家奴，具有多方面政治优势。下五旗服从的是宗室王公的领导，和皇帝关系很远，在各方面都不能与上三旗相比。从表2-2也可以看出上三旗将这种优势又进一步延伸到了科举领域：满洲上三旗八旗科举家族数量为24个，占满洲八旗科举家族总数的45.28%，蒙古上三旗八旗科举家族数量为3个，占蒙古八旗科举家族总数的42.86%，汉军上三旗科举家族数量为12个，占汉军八旗科举家族总数的50%。不论是满洲、蒙古还是汉军哪个族别的上三旗八旗科举家族数量都接近或者等于各族总数的二分之一。这充分展现了上三旗在科举考试方面表现出的绝对优势，充分说明政治优势对于科举考试的巨大影响力。

二 八旗科举家族类型

84个八旗科举家族类型多样，有父子型、祖孙型、兄弟型（包括从兄弟）、父子叔侄等四种类型，可以说八旗科举家族是世系蝉联，簪缨世胄。其中兄弟型科举家族数量最多，达27家；父子型和祖孙型科举家族数量相同，均为24家；叔侄型八旗科举家族最少，但也有8家。在众多八旗科举家族类型当中，最能称得上科第盛事的是兄弟、父子同科登进的情况。八旗士子中父子同登进士的只有1个家族，即伊尔根觉罗氏阿克丹、福全父子同登道光二十七年（1847）进士，是当时父子同入翰林的荣耀之事。兄弟昆季联镳同科登进的有15个家族：1. 齐赞宸、齐赞枢兄弟同登顺治九年（1652）进士；2. 张登选、张登举兄弟；3. 迟炤、迟煊兄弟同登顺治十二年（1655）进士；4. 何浦、何浩兄弟同登康熙六十年（1721）进士；5. 鄂容安、鄂伦从兄弟同登雍正十一年（1733）进士；6. 观保、德保从兄弟同登乾隆二年（1737）进士；7. 廉能、廉善兄弟同登嘉庆四年（1799）进士；8. 铁麟、鄂尔端、讷勒亨额兄弟三人同登嘉庆二十四年（1819）进士；9. 吉达善、吉年兄弟二人同登道光二年（1822）进士；10. 李恩霖、李恩庆胞兄弟；11. 德成、德龄从兄弟同登道光十三年（1833）进士；12. 春熙、春辂胞兄弟同登道光十五年（1835）进士；13. 文颖、文起从兄弟同登道光二十五年（1845）进士；14. 赵尔巽、赵尔震胞兄弟同登同治十三年（1874）进士；15. 乔保安、乔保印胞兄弟同登光绪六年（1880）进士。这15个昆季联镳登进的家族既有满洲家族，也有汉军家族，还有宗室家族，说明整个八旗家庭内部都在形成家弦户诵的良好家族学习氛围。父子、兄弟能够同科登进，证明八旗世家在长期和汉族的交往过程当中，不仅学习儒家文化，而且把儒家文化变成了自己民族文化的一部分主动学习和接受，这也是满汉民族融合在文化方面的积极体现。

八旗科举家族数量众多，规模庞大，说明了儒家文化对于八旗子弟的重要影响，也说明八旗子弟本身对于学习儒家文化具有很大的主动性和积极性。八旗子弟在官学学习时间是"辰时上学，申时散学"[①]。每天学习时间长达十个小时，此外，八旗子弟还需要学习"国语骑射"。八旗子弟在进士科考试之前要进行骑射考试，中式合格后才能参加文科进士考试，可以说，八旗子弟是亦文亦武全面发展的人才。

三 八旗科举家族中式年龄

从唐朝开始，进士考试就是最困难的考试科目，因此士子中式进士的

[①] 李洵、赵德贵、周毓方、薛虹主校点：《钦定八旗通志》，吉林文史出版社2002年版，第1545页。

年龄往往差距悬殊，清代老年中式和年少登第的情况也是如此。耆年进士和少年进士相差几十岁的情况屡见不鲜。如清代著名诗人查慎行（1650—1727），康熙四十二年（1703）中进士时已经54岁，清朝著名诗人沈德潜（1673—1769）入翰林时已经67岁，姜宸英考中康熙三十六年（1697）进士时已经是古稀之年，百岁观光的事例也不乏其例。道光丙戌春闱，广东103岁老人陆云从参加会试，这成为当时的科举盛事，以致当时朝臣多以诗笔记述。这些都是老年入翰林的典型事例。科名早发的例子更是不胜枚举。如八旗士子伊桑阿中式顺治乙未科（1655）进士时才16岁，汉军正蓝旗胡氏士子守正中式咸丰六年丙辰科（1856）进士时才17岁，真是少年中式，意气风发。

因此有必要关注八旗科举家族中式进士的年龄问题。84个八旗科举家族有210个进士，其中158人中式年龄可以查考出来，为了和历史传统一致，本书八旗子弟中式进士的年龄也使用虚岁数字。158名八旗进士平均中式进士年龄是29.6岁，这些人来自76个家族。其中44个家族的全部成员为105人，其中式年龄都可以查考出来。下面重点讨论有105人的44个八旗科举家族的年龄情况，详见表2-3。

表2-3　　　　　　　44个八旗科举家族中式进士年龄

姓名	中式年龄（岁）	中式科年
1. 迟煌	21	顺治九年壬辰科（1652）
迟炤	21	顺治十二年乙未科（1655）
迟熤	16	顺治十二年乙未科（1655）
2. 年仲隆	34	顺治十二年乙未科（1655）
年羹尧	21	康熙三十九年庚辰科（1700）
3. 高璜	20	康熙九年庚戌科（1670）
高珩	22	康熙十五年丙辰科（1676）
4. 成德	22	康熙十五年丙辰科（1676）
富尔敦	16	康熙三十九年庚辰科（1700）
5. 阿克敦	25	康熙四十八年己丑科（1709）
那彦成	26	乾隆五十四年己酉科（1789）
庆廉	27	道光十六年丙申恩科（1836）

续表

姓名	中式年龄（岁）	中式科年
6. 和瑛	31	乾隆三十六年辛卯恩科（1771）
谦福	27	道光十五年乙未科（1835）
锡珍	22	同治七年戊辰科（1868）
7. 铁保	21	乾隆三十七年壬辰科（1772）
玉保	23	乾隆四十六年辛丑科（1781）
8. 法式善	28	乾隆四十五年庚子恩科（1780）
桂馨	19	嘉庆十六年辛未科（1811）
来秀	34	道光三十年庚戌科（1850）
9. 蒋攸铦	19	乾隆四十九年甲辰科（1784）
蒋霨远	34	道光十五年乙未科（1835）
10. 衍恩	32	嘉庆六年辛酉恩科（1801）
衍豫	33	道光三年癸未科（1823 年）
11. 秀宁	28	嘉庆六年辛酉恩科（1801）
毓检	29	道光十六年丙申恩科（1836）
毓科	18	道光十三年癸巳科（1833）
12. 隆安	34	嘉庆七年壬戌科（1802）
德成	39	道光十三年癸巳科（1833）
德龄	38	道光十三年癸巳科（1833）
13. 那清安	39	嘉庆十年乙丑科（1805）
全庆	29	道光九年己丑科（1829）
14. 色卜星额	26	嘉庆十年乙丑科（1805）
凤柃	36	道光十八年戊戌科（1838）
15. 穆彰阿	24	嘉庆十年乙丑科（1805）
萨廉	37	光绪六年庚辰科（1880）
16. 铁麟	34	嘉庆二十四年己卯恩科（1819）
鄂尔端	29	嘉庆二十四年己卯恩科（1819）
讷勒亨额	23	嘉庆二十四年己卯恩科（1819）
锡嘏	32	光绪二十一年乙未科（1895）
17. 希哲	36	嘉庆二十四年己卯恩科（1819）
英继	34	道光十五年乙未科（1835）

续表

姓名	中式年龄（岁）	中式科年
18. 吉达善	32	道光二年壬午恩科（1822）
吉年	27	道光二年壬午恩科（1822）
吉明	24	道光三年癸未科（1823）
19. 书伦	41	道光二年壬午恩科（1822）
惠麟	38	道光十二年壬辰恩科（1832）
20. 恒祥	22	道光二年壬午恩科（1822）
恒善	30	道光十八年戊戌科（1838）
21. 恩桂	23	道光二年壬午恩科（1822）
锡龄	23	道光二十一年辛丑恩科（1841）
22. 赵纶	35	道光三年癸未科（1823）
文颖	32	道光二十五年乙巳恩科（1845）
文起	28	道光二十五年乙巳恩科（1845）
赵尔巽	31	同治十三年甲戌科（1874）
赵尔震	33	同治十三年甲戌科（1874）
赵尔萃	39	光绪十五年己丑科（1889）
23. 成山	26	道光三年癸未科（1823年）
葆谦	27	咸丰二年壬子恩科（1852）
24. 倭仁	26	道光九年己丑科（1829）
多仁	35	道光二十一年辛丑恩科（1841）
衡瑞	38	光绪十八年壬辰科（1892）
25. 德惠	32	道光十二年壬辰恩科（1832）
文格	23	道光二十四年甲辰科（1844）
26. 常禄	27	道光十二年壬辰恩科（1832）
宝廷	29	同治七年戊辰科（1868）
寿富	38	光绪二十四年戊戌科（1898）
27. 王仲选	28	道光十五年乙未科（1835）
王清选	31	道光十三年癸巳科（1833）
28. 春熙	37	道光十五年乙未科（1835）
春辂	35	道光十五年乙未科（1835）

续表

姓名	中式年龄（岁）	中式科年
29. 和淳	26	道光十六年丙申恩科（1836）
和润	29	道光二十年庚子科（1840）
30. 慧成	34	道光十六年丙申恩科（1836）
晋康	27	道光三十年庚戌科（1850）
31. 斌桐	32	道光十六年丙申恩科（1836）
斌敏	53	同治四年乙丑科（1865）
32. 徐荣	45	道光十六年丙申恩科（1836）
徐受廉	34	光绪十二年丙戌科（1886）
33. 椿寿	39	道光二十年庚子科（1840）
桂福	22	光绪二十一年乙未科（1895）
34. 宝珣	27	道光二十一年辛丑恩科（1841）
绍祺	31	咸丰六年丙辰科（1856）
35. 阿克丹	43	道光二十七年丁未科（1847）
福全	18	道光二十七年丁未科（1847）
中元	39	同治二年癸亥恩科（1863）
36. 景廉	30	咸丰二年壬子恩科（1852）
治麟	34	光绪三年丁丑科（1877）
37. 文彬	28	咸丰二年壬子恩科（1852）
延燮	40	光绪十八年壬辰科（1892）
38. 李淇	23	咸丰三年癸丑科（1853）
豫咸	42	光绪二十一年乙未科（1895）
39. 守正	27	咸丰六年丙辰科（1856）
守忠	41	同治二年癸亥恩科（1863）
40. 松森	40	同治四年乙丑科（1865）
寿耆	25	光绪九年癸未科（1883）
41. 乔保安	35	光绪六年庚辰科（1880）
乔保印	32	光绪六年庚辰科（1880）
42. 志锐	28	光绪六年庚辰科（1880）
志钧	30	光绪九年癸未科（1883）
43. 谭国政	40	光绪九年癸未科（1883）
谭国楣	26	光绪二十一年乙未科（1895）

续表

姓名	中式年龄（岁）	中式科年
44. 商廷修	40	光绪二十四年戊戌科（1898）
商衍瀛	33	光绪二十九年癸卯科（1903）
商衍鎏	31	光绪三十年甲辰恩科（1905）

通过表3-3的统计和分析，可以发现三个问题：第一，八旗家族中式进士的平均年龄。44个八旗科举家族平均中式进士的年龄是30岁。30岁是人一生当中精力最旺盛的时期，也是最容易取得成果的时期，说明八旗中式进士的时间处在人生中最佳时期。第二，八旗科举家族进士年龄差问题。中式进士最年轻的八旗进士家族是满洲正黄旗纳喇氏家族，仅仅19岁。这个家族有两位进士，第一位是纳兰性德，22岁中进士，第二位是其子富尔敦，16岁中式康熙三十九年庚辰科（1700）进士，从而成为历史上最年轻的八旗进士，其少年登科的成就来自他的显赫家族，他的祖父是当时刑部尚书、武英殿大学士明珠，父亲是进士兼诗人的纳兰性德，富尔敦出生在这样的家庭，可谓富贵而顺达，家族的财力和他自己的勤学成就了早年登科的成就。纳喇氏家族不仅培养出了最年轻的八旗进士富尔敦，而且也是最年轻的八旗科举家族，这样辉煌的科举成就是在清军刚刚入关五十年就取得的，可以想见这个家族对于儒家文化的重视和学习达到了一个怎样的高度，也说明满族的确是一个善于积极学习和跟上时代潮流的民族。中式进士最年长的八旗家族是汉军正白旗姚氏家族，家族中式进士平均年龄42.5岁。这个家族是兄弟两位进士，兄斌桐32岁中式进士，弟斌敏53岁中式同治四年乙丑科（1865）进士。斌敏也成为八旗进士里中式进士最晚的一个。中式进士最年轻的八旗进士家族和中式进士年龄最大的八旗进士家族相差25岁，年龄差不大证明八旗科举家族的努力程度基本一致，都在科举仕进这条正途上孜孜以求，为家族谋求门第荣耀。第三，八旗进士家族中式进士年龄的相同特点。44个八旗进士家族成员中式进士的年龄基本上在同一个时期，前后相差不超过10岁，说明八旗科举家族已经形成了自己的家族特点，每个家族都有自己的学习方式和学习内容。各个八旗家族中式进士的年龄不会相差很大，就是自然之事了。为了便于进一步分析，我们又将44个八旗科举家族按照年龄组进行分类，如表2-4所示：

表2-4　　　　　　　八旗科举家族中式进士年龄分组

年龄组	家族数（个）	百分比（%）
25 岁以下	5	11.36
25—30 岁	18	40.91
31—35 岁	16	36.36
36—40 岁	4	9.1
41—45 岁	1	2.27

通过表2-4分析可以得知：八旗科举家族的年龄基本上处在25—40岁之间，这一比例高达70%，说明八旗进士成才的年龄都是在人生当中的盛年时期，八旗士子抓住了最容易获得成功的时期在举业方面取得成功，给自己家族带来了荣耀的同时，也是八旗进士在举业方面获得的集体荣耀。

四　八旗科举家族分期

八旗科举家族规模庞大，分别处在清代初期、中期和后期等不同时期。清代初期指1644年入关到1735年，处于顺治、康熙、雍正三朝时期。清代中期指1735年到1840年，是乾隆、嘉庆朝时期。清代后期是指1840年到1912年，从道光朝到清代结束。

按照清代初期、中期、后期将八旗科举家族进行分类（详见表2-5），发现处于清代前期的有8个家族：顺治朝3个：汉军正黄旗齐氏家族、汉军正白旗迟氏家族、汉军正蓝旗张氏家族；康熙朝5个：汉军镶黄旗高氏家族、满洲正黄旗纳喇氏家族、汉军镶白旗高氏家族、汉军正白旗陈氏家族、满洲正黄旗何舍里氏家族。处于清代中期的家族有5个，都处在乾隆朝：满洲正黄旗哈达纳喇氏家族、满洲镶白旗乌苏氏家族、满洲正红旗他塔喇氏家族、满洲正黄旗栋鄂氏家族。嘉庆朝1个，满洲镶蓝旗赫舍哩氏家族。处于清代后期的家族有20个：道光朝14个：满洲镶蓝旗鄂卓氏家族、满洲镶黄旗赫舍里氏家族、汉军正蓝旗甘氏家族、满洲镶黄旗钮祜禄氏家族、满洲镶蓝旗爱新觉罗氏（宗室）家族、汉军镶白旗朱氏家族、满洲正蓝旗爱新觉罗氏（宗室）家族、蒙古镶白旗石尔德特氏家族、满洲正黄旗德惠父子、汉军镶白旗王氏家族、满洲镶蓝旗什勒氏家族、满洲镶蓝旗爱新觉罗氏和淳兄弟、满洲镶黄旗戴佳氏家族、汉军正白旗延恒兄弟。光绪朝6个：满洲正白旗喜塔腊氏家族、满洲镶黄旗舒穆鲁氏家族、满洲镶红旗他塔喇氏家族、汉军镶黄旗乔氏家族、汉军镶白旗谭氏家族、汉军正白旗商氏家族。这32个家族在时间跨度上有一个共同的特点都是历经一朝。

其他52个家族都是跨越两朝至五朝不等,因此在确定八旗进士家族处于清代哪个时期时,以家族第一个进士取得的时间为准。其中处于清代前期的进士家族有4个:汉军镶白旗年氏家族,年仲隆和年羹尧祖孙两人跨越顺治和康熙两朝,在不到半个世纪的时间里出了两个进士。满洲镶黄旗董泰、德兴祖孙两人跨越康熙和嘉庆两朝。满洲镶蓝旗西林觉罗氏,跨越康熙、雍正两朝,仅仅三十年这个家族就取得了两世四翰林的辉煌成就。满洲镶蓝旗伊尔根觉罗氏家族,跨越康熙、乾隆两朝。清代还有1个家族的科举成就熠熠闪光,即满洲正黄旗完颜氏家族,是清代历史上科举成就最高的八旗世家,历经顺治、康熙、嘉庆、道光、同治五朝,文脉绵延216年,清代八旗科举考试共进行252年,完颜氏家族参加的科举考试时间大致和清代八旗科举考试时间一致,这是清代参加科举考试时间最长的一个八旗进士家族,如此长的时间维度可以证明完颜氏家族是名副其实的清代满洲科举大家。

处于清代中期的八旗进士家族有18个:满洲正黄旗李佳氏家族、汉军镶蓝旗蒋氏家族、满洲正白旗苏完瓜尔佳氏家族,跨越乾隆、道光两朝。满洲正蓝旗爱新觉罗氏(宗室)家族,跨越乾隆、嘉庆两朝。满洲正蓝旗他塔喇氏家族、汉军镶黄旗董氏家族、满洲镶蓝旗爱新觉罗氏(宗室)家族、蒙古正黄旗完颜氏家族、满洲正白旗叶赫纳喇氏家族、蒙古镶红旗林吾特氏家族、汉军正白旗李氏家族、满洲正红旗栋鄂氏家族、满洲镶黄旗舒舒觉罗氏、满洲镶白旗那丹珠兄弟、满洲正蓝旗爱新觉罗氏(宗室)家族、满洲镶蓝旗爱新觉罗氏希哲父子,跨越嘉庆、道光两朝。满洲正蓝旗爱新觉罗氏(宗室),跨越嘉庆、光绪两朝,以四位翰林入馆选成为宗室佳话,满洲镶黄旗郭佳氏也跨越嘉庆、光绪两朝。

处于清代后期、跨越两朝的有19个家族:满洲正蓝旗博尔济吉特氏家族、满洲镶黄旗马佳氏家族,跨越道光、咸丰两朝。蒙古镶白旗杭阿坦氏家族、蒙古正红旗乌齐格里氏家族、满洲正白旗伊尔根觉罗氏家族、汉军正黄旗徐氏家族、满洲镶白旗索绰络氏家族、满洲正白旗佟佳氏家族,跨越道光、光绪两朝。满洲镶白旗索绰络氏家族、汉军镶红旗边氏家族、汉军正白旗姚氏家族、满洲正蓝旗伊尔根觉罗氏家族,跨越道光、同治两朝。满洲正白旗辉发那拉氏家族、满洲正黄旗颜札氏家族、汉军镶蓝旗李氏家族、满洲镶黄旗那拉氏家族，跨越咸丰、光绪两朝。汉军正蓝旗胡氏家族，跨越咸丰、同治两朝。满洲正蓝旗爱新觉罗氏（宗室）家族、汉军正白旗赵氏家族，跨越同治、光绪两朝。

跨越三朝的家族有9个：满洲正蓝旗章佳氏家族，跨越康熙、乾隆、道光三朝，家族历经一百余年不衰。满洲正黄旗格济勒氏家族、满洲正白旗索绰络氏家族、蒙古正黄旗蒙乌吉氏家族，跨越乾隆、嘉庆、道光三朝。蒙古镶黄旗额尔德特氏家族，历经乾隆、道光、同治三朝，科名显达一百年时间，是蒙古族进士家族的典型代表。满洲正蓝旗爱新觉罗氏（宗室）家族、汉军正蓝旗赵氏家族、满洲镶蓝旗爱新觉罗氏（宗室）家族常禄祖孙三代，跨越道光、同治、光绪三朝。满洲正蓝旗爱新觉罗氏（宗室）家族庆安祖孙三代，跨越道光、咸丰、光绪三朝。

经过上面的分析表明，八旗科举家族共有84个，清代前期有14个家族，清代中期有27个家族，清朝后期有43个家族。清代中后期八旗科举家族数量占八旗科举家族总数的83%，其中有超过二分之一的八旗科举家族是在清代后期出现的。可见，八旗科举家族在清代呈现出直线上升、狂飙突进的发展态势。清军统一全国后，国家承平日久，八旗子弟在科举考试方面的优势逐渐得到了突显，取得的成绩越来越显著，使得八旗进士成为全国进士当中的一朵鲜艳的奇葩。

表2-5　　　　　　　　八旗科举家族分期表

隶朝	族属	数量	总计
顺治	汉军	3	3
康熙	汉军	3	5
	满洲	2	
乾隆	满洲	4	4
嘉庆	满洲	1	1
道光	满洲	6	14
	宗室	3	
	蒙古	1	
	汉军	4	

续表

隶朝	族属	数量	总计
光绪	满洲	3	6
	汉军	3	
顺治、康熙	汉军	1	1
康熙、嘉庆	满洲	1	1
康熙、雍正	满洲	1	1
康熙、乾隆	满洲	1	1
乾隆、嘉庆	宗室	1	1
乾隆、道光	满洲	2	3
	汉军	1	
嘉庆、道光	满洲	5	12
	宗室	3	
	蒙古	2	
	汉军	2	
嘉庆、同治	满洲	1	1
嘉庆、光绪	宗室	1	2
	满洲	1	
道光、咸丰	满洲	2	2
道光、光绪	满洲	3	6
	蒙古	2	
	汉军	1	
道光、同治	满洲	2	4
	汉军	2	
咸丰、光绪	满洲	3	4
	汉军	1	
咸丰、同治	汉军	1	1
同治、光绪	宗室	1	2
	汉军	1	
康熙、乾隆、道光	满洲	1	1
乾隆、嘉庆、道光	满洲	2	3
	蒙古	1	
乾隆、道光、同治	蒙古	1	1
道光、同治、光绪	满洲	1	3
	宗室	1	
	汉军	1	

续表

隶朝	族属	数量	总计
道光、咸丰、光绪	宗室	1	1
顺治、康熙、嘉庆、道光、同治	满洲	1	1
总计			84

第二节 八旗科举家族的发展

清代以前,科举考试基本上是汉族士子的专业。到了清代,八旗子弟作为统治阶级的一部分开始接触和参加科举考试,取得的成就也蔚为大观,成为有清一代八旗子弟的骄傲。八旗科举家族在清代初期已现发展端倪,清代中期以后真正崛起。但是满洲八旗、蒙古八旗和汉军八旗科举家族崛起时间是不一致的。

一 八旗科举家族的崛起

汉军八旗科举家族最先发展起来,顺治朝共有3个八旗科举家族,全部来自汉军。康熙朝的汉军八旗科举家族也占康熙朝八旗科举家族总数的一半。汉军八旗子弟考试能够早出科名,这是符合人类文化发展规律和人才成长规律的。文化的积累是需要时间积淀的,而汉军八旗是在清军入关以前就加入满洲八旗集团的成员,由于这些汉军本是汉族,家庭教育以儒家文化教育为中心,因此儒家文学和文化根底深厚,学养丰富。于是在入关后八旗进士考试中能够以家族的面貌同登科第是情理中的事情。

满洲八旗科举家族作出开创性成就的是满洲正黄旗完颜氏家族,完颜氏家族的第一位进士阿什坦在第一次八旗考试中即中式进士,是这个家族从军功型家族向科举型家族转型的标志性人物,从此,这个家族几乎世代都有进士出现,是清代八旗进士科举家族世系绵延最久的一个家族,因而成为满洲八旗科举世家最耀眼的一颗明星。但是,满洲八旗科举世家的集团式崛起是从康熙朝才开始的。康熙朝一共有9个八旗进士家族,其中满洲八旗进士家族有6个。不仅如此,康熙朝的纳喇氏家族创造了满洲八旗科举家族平均中式年龄最小的辉煌成就。纳喇氏家族的纳兰性德22岁即中康熙十五年(1676)进士,是纳喇氏家族第一位进士。其子富尔敦也在16岁的少年时期即中进士,不仅是这个家族最年轻的进士,也是有清一代最年轻的八旗进士,纳喇氏家族两位进士中式年龄都很小,使得这个家族成为中式进士平均年龄最小的八旗进士科举家族,可谓荣耀之至。

满洲科举家族的崛起还有一个重要的集团需要提及,这就是满洲宗室成员。努尔哈赤的父亲塔克世的直系子孙为宗室成员,努尔哈赤祖父觉昌安的直系子孙称为觉罗。宗室和觉罗成员都是满洲上层人员,属于贵胄子孙。清代刚刚入关时,宗室成员数量不多,到了康熙朝时,宗室成员渐渐增多,为了增加宗室成员的升进之路,康熙三十六年规定:

> 国家乐育人才,振兴文教,将使海内英隽之士靡不蒸蒸蔚起。矧宗室子弟,系托天潢,岂无卓越之姿,足称令器,允宜甄陶奖掖,俾克有成。考诸前史,以公族应制举入仕者,代不乏人。今属籍所载,日益繁衍,除已授爵秩人员外,闲散子侄素无职业,诚恐进取之途未辟,致向学之意渐隳。嗣后八旗宗室子弟,有能力学属文,奋志科目,应令与满洲诸生一体应试,编号取中。如此,则赋质英异者,咸服习于诗书,而学业成就者,不阻抑于仕进。凡属宗支,人人得以自效,而于朕兴贤睦族之至意,亦用是以允惬焉。①

于是,宗室和觉罗成员开始参加八旗进士科举考试,并且在乾隆中期宗室科举家族崛起。满洲正蓝旗宗室成员良诚、德朋阿父子都是进士:良诚,满洲正蓝旗包衣何伸佐领下宗室,中式乾隆十三年(1748)进士;德朋阿(1765—?),良诚子,正蓝旗四品宗室,辛酉宗室乡试第一名,壬戌宗室会试第三名,殿试三甲第一百一十二名。五十年间父子都中式进士,开启了宗室家族中式进士的序幕。

蒙古八旗科举家族崛起的标志是蒙古镶黄旗额尔德特氏家族,这个家族有三位进士,前后绵延百余年。第一位进士和瑛,中式乾隆三十六年(1771)进士,由户部员外郎授安徽太平府知府,累官西藏办事大臣、乌鲁木齐都统、盛京将军、刑部尚书、军机大臣,是清代重要的封疆大吏。谦福,和瑛侄孙,道光甲午科顺天乡试中式第五十名,道光十五年乙未科(1835)进士。锡珍,和瑛曾孙,镶黄旗蒙古色普征额佐领下荫生,乡试

---

① 李洵、赵德贵、周毓方、薛虹、主校点:《钦定八旗通志》,吉林文史出版社2002年,第1616页。

中式第一百一十七名,同治七年戊辰科(1868)进士,钦点翰林院庶吉士。蒙古八旗进士家族的崛起,使得八旗进士群体又增加了新的成员,说明民族文化融合的范围更加扩大了。

二 八旗科举家族的兴盛

清代八旗科举家族的前身基本都是军功家族。到了康熙朝,全国统一,战事消歇,再加上国家大力发展文教和文化事业,鼓舞了八旗子弟向学的积极性,因此,军功家族很快通过科举考试向科举家族转变。家族内部成员通过科举中式,也会鞭策家族内部其他成员热心科举,于是家族内部出现刻苦学习的良好氛围,日久积深,八旗家族整体文化水平和文学积淀变得和汉族家族一致,但是这个学习过程需要时间的积淀,一般情况下需要30到50年的时间,最少需要两代人为之奋斗和努力才能实现。清代出现84个八旗科举家族就是八旗子弟长期努力学习儒家文化的最好证明。

清代中后期是八旗科举家族发展的兴盛期。清代中期有27个家族,清代后期有43个家族,在这个阶段出现了群星灿烂的八旗科举家族,这些家族在科举考试方面创造了光耀千古的成就。可以说,八旗科举家族越到清代后期取得的成就越大。

满洲八旗科举家族在乾隆中期最辉煌的家族是索绰络氏家族,这个家族四世出了六个翰林,是清代八旗科举家族唯一一个四世取得六个翰林的科举家族,这是整个八旗科举世家的荣耀,这个荣耀是在清入关后的一百年之内取得的,证明文化的积淀需要百年积累而成。这个家族的六位进士是:1. 观保(?—1776);2. 从弟德保(1719—1789),乾隆二年(1737)同登进士,观保官至左都御史,德保,工部侍郎,官至礼部尚书;3. 英和(1771—1840),德保子,中式乾隆五十八年(1793)进士,选庶吉士,授编修,累迁侍读,官至太子少保;4. 奎照(1790—?),英和子,中式嘉庆十九年(1814)进士,历官至礼部尚书、军机大臣;5. 奎耀(1791—?),英和子,中式嘉庆十六年(1811)进士,官至通政使,后为南河同知;6. 锡祉(1809—?),奎照子,中式道光十五年(1835)进士,历翰林院侍讲学士,后官长芦盐运使。这个家族的六位进士中,有五位进士的中式年龄:德保19岁即登进,英和23岁中式,奎照25岁中进士,奎耀21岁取中进士,锡祉27岁中进士,这个家族5位进士平均中式进士的年龄是23岁,可谓是科名早发的满洲八旗进士家族。这个家族不仅科名早发，而且仕宦顺利。"德保任翰林学士仅九日，即晋内阁学士。后其子相国英和，任詹事亦仅十日，即晋阁学。相国尝语人，以为国恩家庆，亘古希遭也。"① 正所谓"以词林起家，为八旗士族之冠"②。

宗室方面在这个时期也创造了辉煌的成就，其中最辉煌的当为满洲正蓝旗宗室。这个家族第一个进士铁麟，正蓝旗吉勒杭阿佐领下四品宗室，戊辰乡试第六名，嘉庆二十四年（1819）会试中式第二名，钦点翰林院庶吉士。鄂尔端，铁麟弟，正蓝旗吉勒杭阿佐领下四品宗室。丙子乡试第八名，嘉庆二十四年（1819）会试中式第三名，殿试三甲第六十九名，钦点主事。讷勒亨额，铁麟弟，正蓝旗吉勒杭阿佐领下四品宗室，丙子乡试第五名，嘉庆二十四年（1819）会试中式第四名，殿试三甲第三十一名，钦点主事。兄弟三人同中嘉庆二十四年（1819）进士。"是科宗室榜中四人，正蓝旗宗室铁麟、鄂尔端、讷勒亨额兄弟同登，皆至九列，饶余亲王之裔也。"③ 一共四个宗室进士，这个家族就占了三个，不仅如此，这个宗室家族科第绵延长久，铁麟曾孙锡嘏，也中式光绪二十一年（1895）进士。

蒙古八旗科举家族从乾隆后期迎来了大发展的历史机遇，清代八旗蒙古进士家族一共有7个，其中有5个都是在乾隆后期出现的，最突出的家族是蒙古镶白旗杭阿坦氏家族。这个家族还有一个特别显著的特点，就是属于驻防八旗。八旗子弟在入关后，分成两部分：京师八旗和驻防八旗。最初，驻防八旗子弟只能去京师参加乡试。神京遥遥，中式举人的机会都很难，更不用说中式进士了。从嘉庆二十一年开始，驻防八旗子弟可以在驻防地参加乡试考试，乡试考试本地化使八旗士子中式举人的机会大大增加了，相应地，中式进士的机会也大幅度上升。杭阿坦氏家族就赶上了这个有利的机会。这个家族隶属京口驻防八旗。这个家族随清军从草原走向京师，又一路向南进入江南水乡，成为驻防八旗的一部分。生活环境和自然环境的变化，改变了家族的生活环境，社会关系也从单一的民族关系走向了多元的民族关系，使得家族成员更多地和汉族交往和交游，从而提升了自身的文学和文化水平，这一切都为家族成员中式进士作了充分准备。

---

① （清）陈康祺撰：《郎潜纪闻》，中华书局1984年版，第399页。
② 赵尔巽等撰：《清史稿》，中华书局1977年版，第11412页。
③ （清）福格撰：《听雨丛谈》，中华书局1959年版，第212页。

这个家族的第一位进士庆安，中式道光六年（1826）进士，钦点即用知县，签分河南同知；庆云，庆安弟，中式道光十八年（1838）进士，钦点即用知县，签分江西，历署永丰东乡县知县，江西盐法道；国炳，庆安从子，中式光绪三年（1877）进士，钦点翰林院庶吉士；承勋，庆安孙，中式光绪十八年（1892）进士；丰和，庆安曾孙，中式光绪二十一年（1895）进士。这个家族三世五位翰林，创造了驻防蒙古八旗进士家族发展的神话。

汉军八旗科举家族在清代后期创造了八旗科举家族人数最多的成就。汉军正白旗李氏家族，培养出了8位进士，而且同登科第的就有两人。李恩绎，中式嘉庆十三年（1808）进士；李恩绥，李恩绎弟，中式嘉庆十六年（1811）进士，钦点翰林院庶吉士；李恩继，李恩绎弟，中式道光六年（1826）进士；李恩霖，李恩绥弟，中式道光十三年（1833）进士，钦点即用知县，分发山东；李恩庆，李恩绎弟，与兄李恩霖同登道光十三年（1833）进士，钦点翰林院庶吉士，改授编修；李希增，李恩绎子，中式道光二年（1822）进士，钦点即用知县；李希彬，李希增从弟，中式道光二十一年（1841）进士，钦点翰林院庶吉士；李祜，恩庆孙，道光二十年（1840）进士。这个家族仅用三十年的时间，就培养出了8位进士，时间之短，数量之多，令人钦羡，这是有清一代进士数量最多的八旗科举家族。

第三节　八旗科举家族形成的原因

八旗科举家族在清代初期是星星之火，到了清代末期已发展成燎原之势，创造了八旗科举家族的辉煌成就，成就的取得有多方面的原因。

一　生态环境的变化

八旗子弟在1644年入关后，自然生态环境和社会生态环境的变化，是其取得成就的外部原因。入关以前，八旗子弟主要生活的地点是东北丛林和草原高寒地区，艰苦寒冷的生活环境铸成了八旗子弟坚强独立的民族性格。社会环境以八旗子弟生活圈为主，与其他民族接触的机会有限，社会环境比较封闭。1644年八旗子弟跟随统治阶级进入京师，自然环境和社会环境发生了很大的变化。京师不再是长年风沙侵袭、朔朔寒风，而是以温带气候为主，自然环境宜人。八旗子弟的社会环境也从封闭走向开放，虽然在京师和驻防地都有满城，但是因为旗人不能从事工商业活动，生活方面依靠汉人来提供，所以旗人和汉人的交往生生不息。到了清代后期，旗人和汉人的界限已经不甚分明。京师八旗子弟都在京城居住，驻防八旗子弟分散到全国军事要冲，有很多八旗子弟都去了江南形胜之地。江南向来称为人文渊薮，其文化和文学水平均高于北方，这对于提高驻防八旗子弟的文化水平具有客观上的利好面，使得驻防八旗子弟到清代后期就已经从客居变成土著居民，因此，清代后期很多进士来自驻防八旗。实际上，清代后期的八旗进士大都来自驻防八旗，说明驻防八旗进士贡献率超过了京师八旗。

二 科举制度的倾斜

八旗科举考试只有八旗子弟可以参加，禁止他人参加，目的是培养国家政权机构需要的合格人才，这是为统治阶级选拔人才而进行的考试。因此，八旗科举考试在考试内容和录取名额上就有特权考试的倾向。顺治初年，由于刚刚定鼎京师，为了选拔大量的八旗人才进入政权机构，顺治八年规定的八旗进士考试的内容相对于汉人进士考试内容就简单得多。八旗满洲、蒙古会试只进行一场考试，考试内容是懂汉语的翻译一篇汉文和写一篇汉文；不懂汉文，只懂满文，写两篇满文即可。八旗汉军考试内容和汉人一致。在录取名额方面，对八旗子弟单独划定录取名额。顺治八年，会试考试计划录取60名，后又增加25名，共录取85名，但实际上顺治九年会试只录取71名，当时参加考试的八旗举人有120人，录取比例为59.17%。顺治十二年录取八旗子弟进士85人，因此，这两场科举考试的录取名额成为有清一代录取率最高的会试考试。统治阶级在录取名额方面对八旗子弟的倾斜力度如此之高，这就大大提高了八旗子弟中式进士的概率，从而也提高了八旗科举家族的数量，也使得八旗子弟一般在盛年期就可以中式进士，而不用等到耄耋之年才得以中式进士。

三 帝王之家教育的积极影响

有清一代，八旗科举家族数量众多的原因与帝王教育的影响息息相关。清代初期，清代帝王发现自己的文化水平有限，于是努力学习文化知

识。皇太极本人"性耽典籍,谘览弗倦"①。皇帝不仅自己勤奋学习,对自己的皇子更是严格要求,《啸亭杂录》记载:

> 皇子六龄,即入上书房读书。书房在乾清宫左,五楹,面北向,近在禁御,以便上稽察也……定制,卯入申出,攻五经、史、汉、策问、诗赋之学,禁习时艺,恐蹈举业弇陋之习。日课诗赋,虽穷寒盛暑不辍,皆崇笃实之学。其较往代皇子出阁讲读,片刻即归,徒以为饰观者,真不啻霄壤分也。②

《听雨丛谈》卷十一也有类似记载:

> 皇子年六岁,入学就傅。……每日皇子于卯初入学,未正二刻散学。散学后习步射,在圆明园五日一习马射。寒暑无间,虽婚娶封爵后,读书不辍。道光年间,惠亲王年将四十,兼掌职任,公事毕照常读书。咸丰五年,恭亲王初解军机,仍赴上书房读书。是以我朝诸王,皆能通达简翰,雅度端凝,良由积学功深,有非寒士所能者也。
>
> 皇子冲龄入学读书,与师傅共席向坐。师傅读一句,皇子照读一句,如此反复上口后,再读百遍,又与前四日生书共读百遍。凡在六日以前者,谓之熟书。约隔五日一复,周而复始,不有间断,实非庶士之家所及也。
>
> 每日功课,入学先学蒙古语二句,挽竹板弓数开,读清文书二刻,自卯正末刻读汉书,申初二刻散学。散学后晚食。食已,射箭。每日一朝于上前及皇太后、皇后宫。率以为常,惟元旦、端阳、中秋、万寿、自寿,共放五日,余日虽除夕亦不辍也。③

上面详细描述了皇子入学的年龄、每天上学放学的时间、学习内容和学习方式。皇子六岁必须入学,卯时上学,申时放学,在校学习儒家经典书籍,每天在学校的时间超过十个小时,而且放学后还要学习骑射,学习

---

① 赵尔巽等撰:《清史稿》,中华书局1977年版,第19页。
② (清)昭梿撰,何英芳点校:《啸亭杂录》,中华书局1980年版,第397页。
③ (清)福格撰:《听雨丛谈》,中华书局1959年版,第218页。

过程寒暑不辍,不仅说明皇帝教皇子之勤、之严已经超过了寒士之家,而且还是前代帝王之家无法相比的,正因如此,清代帝王大多能诗善文。

清代名宦钱载在家书中也曾提及皇子学习的情况:

> 诸位阿哥,每日皆走三四里,然后至书房读书。下午读完书,又走三四里,然后回家。若冬天有走六七里者,皇子皇孙大半如是。盖一则习劳,一则聚在一处书房,心力易于定,而他务及外务均不得而使之近,此天家之善教也。①

皇帝教育皇子如此严厉,使得八旗官员也上行下效。因此汤斌曾说:"搢绅之家,能如此教子,便当世世名卿。"②

上层统治阶级不仅对皇子实行严格教育,而且也要求八旗子弟学习儒家经典书籍。皇太极时期,就曾下令:"我兵之弃永平四城,皆贝勒等不学无术所致。顷大凌河之役,城中人相食,明人犹死守,及援尽城降,而锦州、松、杏犹不下,岂非其人读书明理尽忠其主乎?自今凡子弟年十五岁以下、八岁以上,皆令读书。"③皇太极本人看到了读书明理在战争中的作用,于是下令八旗子弟学习儒家文化,以达到忠君的目的。皇帝对八旗子弟在教育方面的影响收到了良好的效果,完颜氏家族便是受益者。完颜氏家族的阿什坦,以翻译起家,最早接触儒家文化,并且将其翻译成满文,使得八旗子弟得以用满文学习儒家文化,在八旗子弟最初学习儒家文化的过程中起到了重要作用。因此,其本人被康熙称为"我朝大儒"④。完颜氏家族也从阿什坦开始,几乎世代都有科名,成为清代著名八旗科举家族。

四 各级八旗学校的开设

学校教育和科举考试相表里。清代设立专门学校培养八旗子弟。为了使八旗子弟成才,清政府在教育方面的投入大为可观。从宗室到普通八旗子弟都设有专门学校。皇子在上书房学习,宗室有宗学、觉罗学,八旗子

---

① (清)陈康祺:《郎潜纪闻》,中华书局1990年版,第173页。
② (清)陈康祺:《郎潜纪闻》,中华书局1990年版,第173页。
③ 赵尔巽等撰:《清史稿》,中华书局1977年版,第37页。
④ 赵尔巽等撰:《清史稿》,中华书局1977年版,第13335页。

弟可以到国子监、八旗官学、景山官学、咸安宫官学、八旗义学等学校学习。除此之外，驻防八旗在驻防地也开设八旗学校，培养驻防八旗人才。

八旗官学。雍正五年规定，每旗招收官学生100名：满洲60名，蒙古20名，汉军20名。满洲60名学生分成两部分，30人在满书房学习满文，30人在汉书房学习汉文。八旗官学生每旗招生100名，八旗共有800名官学生。政府给满洲、蒙古学生每人每月一两五钱学习补助金，汉军学生每人每月一两学习补助金。八旗官学生入学年龄是十八岁以下的八旗子弟，经过挑选可入学。每天学习时间是辰时上学，申时散学。八旗官学生在入学三年后，视学习经书优劣进行分班：材质聪颖有志力学者，进入汉文班，专心学习讲诵；年纪稍长，愿意学习翻译的，归满文班，专心学习翻译。蒙古学生进入蒙文班，专门学习蒙古语。同时，所有的八旗官学生都要学习弓箭和马步射，并且进行考试。八旗各官学有专门的校舍。

宗学。顺治九年规定每旗设立宗学，凡未封宗室之子年十岁以上者，俱入宗学学习，雍正二年又放宽入学年龄，王、贝勒、贝子、公、将军、闲散之十八岁以下子弟，都可以入学，十九岁以上，已经读过书的宗室愿意继续读书的也可以入学读书。因为八旗分为左右两翼，于是设立左右两翼宗学，每翼各立满学班和汉学班，满学班学习满文，汉学班学习汉文。宗室子弟根据个人意愿或进入满文班或进入汉文班学习，听其个人意愿。宗学每五年进行一次大考，查看学习效果，并进行选拔。国家每个月给予宗学子弟优厚的待遇。宗学生每个月可以得到银三两、米三斗、川连纸一刀、笔三枝、墨一锭，自十一月至正月晦日，各给炭一百八十斤，自五月朔日至七月晦日，每日给冰一块。宗学教育投入明显大于八旗官学，因此在清代后期出现了数量众多的宗室科举家族。

觉罗学。雍正七年，八旗内每旗各设觉罗学校，分满文班和汉文班。八旗觉罗的入学年龄是八岁以上、十八岁以下，如果十八岁以上已曾读书又愿意入学读书的，也准入学。至于十八岁以上未曾读书的觉罗子弟每月朔望日也要到各旗公署听《圣谕广训》的宣讲。觉罗学校内修建习射之地，令觉罗学生在诵读之暇，学习骑射。每旗有三个教员，满文教员、汉文教员、骑射教员。觉罗学校校规严明，如果觉罗学生不知守法安分，就令其在该旗衙门居住学习，禁止出门，俟其改行迁善后，才许出门。政府给觉罗学生每人每月二两银补助，米、纸、笔、墨、冰、炭等物的标准和宗学学生一致，以此来显示皇家对天潢贵胄的优待。

景山官学。景山官学在康熙二十五年成立，招生对象是内务府上三旗八旗子弟，具体是从内佐领、内管领下选拔三百六十六名学生，后增加至三百八十八名。校址在北上门两旁，有满官学和汉官学。满官学三房，汉官学三房。每房有二十张课桌，十五条凳子。因此景山官学的班额较大，每个班约有60人。六房校舍，从五月一日起至七月三十日止，每日给冰一块；自十一月初一日起至正月三十日止，每日给炭二十觔。中间十二月二十七日起至正月十六日扣除，散学二十日不领。可见，对于夏季消暑、冬季取暖的问题，内务府想得周到备至。学生可以免费在学校就餐，而且每人每月给纸笔银一两。师资配备有每房满书教习三人，汉书教习四人，开始由生员担任教习，后来汉书教习从新科进士中选拔，满书教习从内阁中书内善书、善射中选拔。景山官学学生也是五年考试一次，检测其学习成果。

咸安宫官学。设立咸安宫官学的原因是景山官学学生的学习效果不理想，为了提高八旗子弟的学习水平，决定建咸安宫官学。雍正七年设立咸安宫官学。招生对象是景山官学生佐领、管领下，十三岁以上、二十三岁以下，选出俊秀可以学习的九十名幼童，这些幼童都是内务府子弟。咸安宫官学办学地点在咸安宫内，设三个班级，每个班级的班额是30名学生，每个班级配备三位教师，教师都是翰林出身，学识深厚。除了学习汉文外，还学习"国语骑射"，每个班级配备三名懂满语、骑射的教师，令其教授咸安宫学生骑射和满语。因为咸安宫在紫禁城内，位置紧要，所以学生上学时间是清晨入学，日暮散归，如遇雨水祈寒天气，教师和学生都可在学校住下。学生白天在学校吃饭，学生的膳食由内库划拨，除了给官米外，每人每天给肉菜银五分，学生需要的教材、笔墨、纸张、弓箭、器皿、骑射用的马匹，铺用席毡、温炕木柴、暖手黑炭都由国家出资备用。咸安宫官学照宗学例五年考试一次，考试时间一共三天。第一天考试汉文，从《四书》里出题两道。第二天考试翻译、楷书、清文，拟以上谕一段。第三天考试骑射、步射。设有两个考场，清、汉文考场在掌仪司衙门，骑步射考试设在正黄旗侍卫教场。咸安宫官学建成了校舍、宿舍、食堂等设施齐全的八旗官学学校，从教学环节到考试环节多有具体详细的制度，是所有八旗学校里面师资水平最高，设施最全的学校。因此，八旗科举家族有大量成员来自内务府，也证明咸安宫官学的创办收到了很好的教学效果。

世职幼学。乾隆中期，八旗世职官大多不懂国语骑射，政府认为这都是自幼袭官，不思上进只求安逸导致的，而且这种状态有愈演愈烈之势："再八旗年岁未及之幼官，坐食半俸，并无行走学习之处，虽有入学读书之例，而入学的甚少。此等幼童或骄养过甚不习武艺，或自谓身已为官恣意妄行，或比匪为非，故至长大时贤者少，而不肖者甚多。"① 为了解决八旗世袭子弟成才问题，决定设立世职幼学。八旗共设立四个学堂，镶黄旗和正白旗成立一学，镶白旗和正蓝旗成立一学，正黄旗和正红旗成立一学，镶红旗和镶蓝旗成立一学，一共是四个学堂。八旗幼官内十岁以上者有170名，编成四个班级学习国语骑射，学习时间为三年。可见，世职幼学的学生主要学习满语和骑射，这是为了保持满洲"国语骑射"传统而专门设立的八旗学校。

八旗义学。康熙三十年，设立八旗义学。分左右翼两学，每翼设立汉学堂和满汉学堂二所。家贫不能延师的秀才、童生，年龄在二十以下十岁以上的都入八旗义学学习，愿意读汉书的就进入汉学堂学习，情愿学习满书和汉书的，就进入满汉学堂学习。汉书教习从举人、恩贡、拔贡、岁贡、副贡生中选出，满汉书教习从举人、恩、拔、岁、副贡生中选出。到了乾隆二十三年，八旗义学仅仅徒有虚名，而无实益，况且已经有咸安宫、世职幼学，因此八旗义学被裁撤。

盛京八旗官学。为了培养盛京各部衙门笔帖式、乌林大等人才，于康熙三十年在盛京左右两翼各设官学二处，分满学和汉学两个班级。各旗幼童选拔十名，每翼四十名。每翼满学班二十名学生，学习满书、马步箭。汉学班二十名学生，学习满汉书和马步箭。每个班级配备两名教师，教师从盛京生员中选拔，后来因生员较少，从奉天、锦州恩、拔、岁、副各贡生和生员中选拔优者任之。

盛京八旗义学。盛京八旗义学的招生对象仅为汉军八旗，没有满洲和蒙古八旗。每旗选拔汉军学生十五名，每学三十名学生，共设四处八旗义学。学习内容是满汉书和马步箭。

盛京宗室觉罗学。清代统治阶级认为，盛京是发祥重地，应该和京师一样重视人才教育，于是宗室、觉罗共设立一学，专门培养汉文人才。但

---

① 李洵、赵德贵、周毓方、薛虹主校点：《钦定八旗通志》，吉林文史出版社2002年版，第1571页。

是到康熙四十三年，清政府认为宗室、觉罗子弟当娴熟弓马及学习翻译，因此就裁撤汉教习，仅用翻译教习和骑射教习。

黑龙江官学。黑龙江辖内有新满洲、席北、索伦、达呼里等民，为了解决这些人的上学问题，康熙三十四年在默尔根地方两翼各设学一处，选拔每佐领下的新满洲、席北、索伦、达呼里及上纳貂皮达呼里等俊秀幼童各一名，入学学习。这一措施解决了边疆八旗子弟的学习问题。

综上，八旗子弟从宗室成员到普通八旗士子都有机会进入八旗学校学习汉文、满文、骑射等知识。众多八旗学校的设立，为八旗科举家族培养了众多科举人才，从而使清代出现了上千位的八旗进士，也出现了近百家八旗科举家族，这是八旗教育的成功之处。

五　八旗科举家族成员自身的努力

满洲、蒙古、汉军八旗基本上都以军功起家。康熙统一全国后，为了长久地维持家族声誉，八旗家族就面临转型的问题。与此同时，国家出台有利于八旗子弟的科举考试政策，八旗子弟发现仕宦之路可以由此登进。实际上，在入关以后，八旗子弟就开始学习儒家文化，积极夺取科举功名。国家也发现八旗子弟都积极转向儒学，而不习清语，于是几次下令禁止八旗子弟参加科举考试。但是，八旗家族学习汉文是不可阻挡的历史潮流，统治阶级要想巩固自己的统治，就要用懂汉语的八旗人才，八旗子弟也看到了学习汉语的重要性。如满洲正黄旗栋鄂氏家族，先世姓觉罗，称为赵宋之裔，后改姓栋鄂。诚泰为泰宁镇总兵，世为将家。诚泰子铁保，折节读书，在科场中奋进，中式乾隆三十七年（1772）进士。铁保弟玉保，也中式乾隆四十六年（1781）进士，入翰林，有才名。完颜氏家族不仅世代在科场努力，而且家族内有完整的学习制度。完颜氏家族的留保在《完颜氏文存·读书功课》中详细地列出了本家族子弟学习的内容：《诗经》《书经》《易经》《四书》《兰亭记》《乐毅论》《菜根谭》《清文鉴》，翻译、史馆校阅、诸法帖，以及性理纲鉴纪要、诗、古文、词钞、应制诗文、表、判、策、论，而且还要学习骑射、拉弓。做到功成于无间，学熟于养优。完颜氏家族子弟的学习内容不仅和汉族子弟一样，而且比汉族子弟更加广泛。为了保持满洲特色，八旗子弟都要学习"国语骑射"，所以八旗家族对八旗子弟的培养更加全面，亦文亦武，经过培养使八旗子弟成为国家需要的合格人才。

有清一代，八旗子弟在入关以后，生活环境和社会环境发生了巨大变化。同时，为了提高八旗子弟的文化水平，政府设立了等级不同的八旗学校，加上八旗子弟家庭内部的教育培养，八旗子弟儒化进程加快，促使清代出现了数量众多的八旗科举家族。八旗家族内部不仅进士人数众多，而且绵延长久，簪缨相继。八旗科举家族数量众多，说明八旗子弟已经从刚刚入关不习汉文变成了具有儒家风范、学养深厚的儒家大士，是学习儒家文化、满蒙汉民族融合的典范代表，是清代八旗子弟儒家化的代表。

第三章　清代八旗进士群体文学创作活动叙略

有清一代，八旗进士在举业方面取得了重大成功，共产生1417名八旗进士。如此庞大的八旗进士群体在文学创作方面也取得了显著成就。他们以科第起家，早膺清华之选，得读中秘之书，起点自然比他人高出许多。这些八旗进士在宦海生涯之暇，不废吟咏，写出众多文学作品，这里的文学作品主要指八旗进士用汉文创作的作品，也包括将汉文作品翻译成满文的翻译作品，但是此类翻译作品只占极少数。八旗进士群体的文学创作历有清一代不辍，不仅擅长各种体裁的创作，而且题材广泛，尤其到清代后期更加注重反映社会现实，积极将现实和文学结合起来，具备了文学为现实生活服务的特点，其间又融入了自己民族的特点和风格。八旗进士群体在文学方面取得的成就，最终使之跻身儒林文苑。

目前学界在八旗诗文方面的研究较多，主要以家族文学研究为主，但是对八旗进士群体在文学创作方面的整体研究还没有展开。基于此，本书在全面梳理八旗进士群体著述情况的基础上，探析八旗进士群体在文学创作方面走过的历程，以及具有的文化特质，同时对八旗进士群体在文学创作方面取得成就的原因进行宏观把握，从而证明八旗进士群体通过举业方面的成功，不仅成为儒家文化的积极学习者和践行者，而且对于多民族融合有积极的促进作用，更重要的是提升了对中华民族的文化认同感。

第一节　八旗进士群体文学创作演进历程

清代八旗子弟入关之后，以善于学习和勤于治学的态度，开始了对儒家文化的学习和接受历程，到后来自己可以用汉文进行文学创作，这大概需要近四五十年的时间，所以清代八旗进士群体的文学创作活动主要集中在清中后期。有清一代，八旗进士群体在文学创作方面成绩斐然，不仅有翻译作品，更多的是创作了大量的汉文作品，这些是八旗进士对中国古代文学作出的突出贡献，需要认真研究和分析。

笔者根据（清）铁保辑《熙朝雅颂集》，（清）盛昱辑《八旗文经》、赵尔巽等撰《清史稿》，中国古籍善本书目编辑委员会编《中国古籍善本书目》（集部），李洵、赵德贵、周毓方、薛虹主校点《钦定八旗通志》，钱仲联编《清诗纪事》，恩华纂辑《八旗艺文编目》，《清代诗文集汇编》编纂委员会编《清代诗文集汇编》，多洛肯撰著《元明清少数民族汉语文创作诗文叙录》（清代卷）等文献[1]，梳理出147名八旗进士文学家（见表3-1），他们著述高产，内容丰富，有诗、赋、词、文、诗学理论及史学著述等，其中以诗文为主。

从表3-1可见，清代八旗进士群体的文学创作在不同时期有不同的创作内容。清代初期，以翻译文学为主，同时也开始了用汉语进行文学创作的尝试，而且成就显著。清代中期，开始了真正意义上用汉语进行文学创作的道路，一直延续到清末。

清代初期，八旗进士即开始文学创作，首开八旗进士文学创作之风的是阿什坦。阿什坦，字金龙，完颜氏，满洲镶黄旗人。顺治九年（1652）进士，授刑科给事中。初翻译《大学》《中庸》《孝经》诸书，此后又翻译《论语》，著《清文通鉴总论》。可见，阿什坦以翻译名世。儒家经典书籍经他翻译成清文，对于在八旗子弟中传播儒家经典文化和提高八旗子弟的汉文化修养，都起到了重要作用，正因为阿什坦在翻译方面作出的贡献，《清史稿》将其列入儒林传，由此也被康熙称为"我朝大儒也"[2]。因此，清初的翻译文学具有重要的文化传播意义，扩大了儒家传统文化的传播范围，将各民族统一到儒家文化的精神核心领域内。

---

[1] （清）铁保辑：《熙朝雅颂集》，清嘉庆刻本，中国国家图书馆藏；（清）盛昱辑：《八旗文经》，清光绪刻本，中国国家图书馆藏；赵尔巽等撰：《清史稿》，中华书局1977年版；中国古籍善本书目编辑委员会编：《中国古籍善本书目》（集部），上海古籍出版社1998年版；李洵、赵德贵、周毓方、薛虹主校点：《钦定八旗通志》，吉林文史出版社2002年版；钱仲联编：《清诗纪事》，凤凰出版社2004年版；恩华纂辑：《八旗艺文编目》，辽宁民族出版社2006年版；《清代诗文集汇编》编纂委员会编：《清代诗文集汇编》，上海古籍出版社2010年版；多洛肯撰著：《元明清少数民族汉语文创作诗文叙录》（清代卷），中国社会科学出版社2014年版。

[2] 赵尔巽等撰：《清史稿》，中华书局1977年版，第13336页。

表 3-1　　　　　　　　清代八旗进士群体文学创作简表

姓氏	姓名	旗贯	字号	生卒年	科名	文学创作情况
1. 完颜氏	1. 阿什坦	满洲镶黄旗	字金龙	？—1683	顺治九年壬辰科（1652）进士	译作《清文大学》《清文中庸》《奏稿》《清文孝经》，著《清文通鉴总论》
	2. 留保	满洲镶黄旗	阿什坦孙	1689—1766	康熙六十年辛丑科（1721）进士	撰《大清名臣言行录》《完颜氏文存》
	3. 麟庆	满洲镶黄旗	阿什坦六世孙	1791—1846	嘉庆十四年（1809）己巳恩科进士	撰《黄运河口古今图说》《凝香室诗存》《鸿雪因缘图记》；纂辑《河工器具图说》《词苑联珠》《叙德书情集》《安梅书院观风选存》《蓉湖草堂赠言录》
	4. 崇实	满洲镶黄旗	乳名岳保，字子华，号朴山	1820—1876	麟庆长子，道光三十年庚戌科（1850）进士，官刑部尚书，盛京将军	撰《适斋诗集》《小琅玕馆诗存》《崇实奏折》；辑《白云仙表》
2. 范氏	5. 范承谟	汉军镶黄旗	字觐公，一字螺山	1624—1676	顺治九年壬辰科（1652）进士，累官福建总督	撰《范忠贞公集》《范忠贞公文集》《画壁遗稿》《画壁诗》
3. 姚氏	6. 姚启盛①	汉军镶红旗	字熙之，一字忧庵	1624—1683	顺天籍，辽东杏山人，顺治十二年乙未科（1652）进士，授福建建阳知县	撰《忧畏轩遗稿》。
4. 梁氏	7. 梁儒	汉军镶白旗	字宗洙		顺治十二年乙未科（1655）进士，累官江南提学道佥事	撰《徽音集》

---

① 此名在《八旗艺文编目》中作"姚启圣"。

续表

姓氏	姓名	旗贯	字号	生卒年	科名	文学创作情况
5. 李氏	8. 李基和	汉军镶红旗	字协万，一字梅崖，号梅江	1656—？	康熙十二年癸丑科（1673）进士，累官江西巡抚	撰《梅崖山房诗意》
6. 纳喇氏	9. 纳兰性德	满洲正黄旗	原名成德，改为性德，字容若，号楞伽山人	1655—1685	康熙十五年（1676）进士，授三等侍卫，再迁至一等侍卫	撰《饮水诗》《渌水亭杂识》《饮水词》《通志堂集》（二十卷）
7. 郭络罗氏	10. 阿金	满洲镶白旗	字云举		康熙三十年辛未科（1691）进士	著《培凤堂集》
8. 佟佳氏	11. 法海	满洲镶黄旗	字渊若，号陶庵	1671—1737	康熙三十三年甲戌科（1694）进士，官兵部尚书	著《悔翁集》
9. 高氏	12. 高其倬	汉军镶黄旗	字章之，号芙沼	1676—1738	康熙三十三年甲戌科（1694）进士，迁云贵总督，调闽浙	撰《味和堂诗集》
10. 爱新觉罗氏	13. 满保	满洲正黄旗	字九如，一字凫山		觉罗，康熙三十三年甲戌科（1694）进士	著《检心堂集》
11. 蔡氏	14. 蔡珽	汉军正白旗	字若璞，号禹功，别号无动居士，又号松山季子		康熙三十六年丁丑科（1697）进士，累官吏部尚书、直隶总督	著《守素堂诗集》
12. 舒穆鲁氏	15. 朱兰泰	满洲正白旗	字庸伯，号会侯	1674—？	康熙三十九年庚辰科（1700）进士	著《于止斋诗》
13. 年氏	16. 年羹尧	汉军镶黄旗	字亮工，号双峰	1680①—1726	康熙三十九年庚辰科（1700）进士，散馆授检讨，历官川陕总督、宁远大将军等职	《清诗纪事》（康熙朝卷），存诗《题杨紫宸小照》1首

---

① 年羹尧生年据上海图书馆藏《康熙三十九年庚辰科会试中式同年录》"庚申年二月廿六日生"推算。

续表

姓氏	姓名	旗贯	字号	生卒年	科名	文学创作情况
14. 章佳氏	17. 阿克敦	满洲正蓝旗	字冲和	1685—1756	康熙四十八年己丑科（1709）进士	撰《德荫堂集》《阿克敦集》《阿克敦诗》
	18. 那彦成	满洲正白旗	阿克敦曾孙，字韶九，一字东甫，号绎堂	1764—1833	乾隆五十四年己酉科（1789）进士	撰《那文毅公奏疏》《平番奏议》（四卷）
	19. 庆廉	满洲正白旗	那彦成孙	1810—？	道光十六年丙申恩科（1836）进士	撰《白云红树山房韵语偶存》
15. 西林觉罗氏	20. 鄂尔奇	满洲镶蓝旗	字季正，一字复庵，号臞客		康熙五十一年壬辰科（1712）进士	著《清虚斋集》
	21. 鄂容安	满洲镶蓝旗	鄂尔奇从子，字休如，号虚亭	1714—1755	雍正十一年癸丑科（1733）进士	撰《鄂刚烈诗》（一卷）
	22. 鄂敏	满洲镶蓝旗	鄂尔泰从子，敕改名鄂乐舜		雍正八年庚戌科（1730）进士，累官安徽巡抚、浙江巡抚	辑《西湖修禊诗》（一卷）
16. 吴氏	23. 吴孝登	汉军正红旗	字夔修		康熙五十二年癸巳恩科（1713）进士，改庶吉士，散馆授检讨，累官翰林院侍读学士	著《尘缶集》
17. 钮祜禄氏	24. 德龄	满洲镶黄旗	字松如，号栌村		康熙五十四年乙未科（1715）进士	撰《倚松阁诗草》
18. 郭氏	25. 国珄	满洲镶白旗	榜名郭操，字夏陈		康熙五十七年戊戌科（1718）进士	著《静观堂诗集》

续表

姓氏	姓名	旗贯	字号	生卒年	科名	文学创作情况
19. 何舍里氏	26. 何浩	满洲正黄旗			康熙六十年辛丑科（1721）进士，官翰林院侍读学士	篇什寥寥，不克多见。《熙朝雅颂集》卷第二十六录其诗《怀景师》1首
	27. 何溥	满洲正黄旗	何浩弟，字渊若，一字谦斋		康熙六十年辛丑科（1721）与兄同榜进士，官刑部主事	著《慎余堂诗文集》《谦斋诗集》
20.	28. 昌龄	满洲镶白旗	字晋蘅，号谨斋		雍正元年癸卯恩科（1723）进士，散馆授检讨，累官至侍讲学士	著《时名集》
21.	29. 尹继善	满洲镶黄旗	字符长，号望山	1696—1771	雍正元年癸卯恩科（1723）进士	撰《尹文端公诗集》（十卷）
22. 富察氏	30. 贵昌	满洲正黄旗	字禹恭，一字涵斋，号松庄		雍正二年甲辰科（1724）进士，累官翰林院侍讲学士	著《兆园集》
23. 章佳氏	31. 西成	满洲镶黄旗	字有年，一字樗园		雍正八年庚戌科（1730）进士，由礼部主事累官太常寺卿	著《玉汝堂集》
24.	32. 伊福纳	满洲镶红旗	字兼五，一字抑堂		雍正八年庚戌科（1730）进士，由员外郎累官御史	辑《白山诗钞》；《清诗纪事》选其《悼双峰》1首
25.	33. 双庆	满洲镶白旗	字咸中、号有亭、又号西峰，又号云樵		雍正十一年癸丑科（1733）进士，散馆授编修，累官礼部侍郎	著《亲雅斋诗草》
26. 辉发那拉氏	34. 介福	满洲旗镶黄	字受兹，一字景庵、又号野园	？—1762	雍正十一年癸丑科（1733）进士，散馆授检讨	著《退思斋诗》《留都集》《关中纪行草》《采江小草》《野园诗集》《西清载笔录》

续表

姓氏	姓名	旗贯	字号	生卒年	科名	文学创作情况
27. 索绰络氏（又石氏）	35. 观保	满洲正白旗	字伯容，一字补亭	？—1776	乾隆二年丁巳恩科（1737）进士	撰《补亭诗稿》《补亭先生遗稿》
	36. 德保	满洲正白旗	观保从弟，字润亭，一字仲容，号定圃，别号庞村	1719—1789	乾隆二年丁巳恩科（1737）进士	撰《乐贤堂诗钞》
	37. 英和	满洲正白旗	字树琴	1771—1840	德保子，乾隆五十八年癸丑科（1793）进士	撰《卜魁赋》《恩福堂笔记》《恩福堂诗钞》《石氏受姓源流纪略》《恩荣叠唱集》《植杖集》
	38. 奎照	满洲正白旗	字伯冲，号玉庭	1790—？	英和长子，嘉庆十九年甲戌科（1814）进士	著《使青海草》《龙沙纪事诗》
28. 哈达纳喇氏	39. 国梁	满洲正黄旗	字隆吉，一字丹中，号笠民	1717—约1788	乾隆二年丁巳恩科（1737）进士	撰《澄悦堂诗集》（十四卷）
	40. 国柱	满洲正黄旗	字石民，一字石堂		国梁弟，乾隆十年乙丑科（1745）进士	著《绿春堂诗钞》
29. 他塔喇氏	41. 舒瞻	满洲正白旗	字云亭		乾隆四年己未科（1739）进士	撰《兰藻堂集》（六卷）
30. 西鲁特氏	42. 梦麟	蒙古正白旗	字瑞占，一字文子，号谢山，又号喜堂，又号午塘，又作耦堂	1728—1758	乾隆十年乙丑科（1745）进士	撰《大谷山堂集》（六卷）
31. 图色里氏	43. 图輘布	满洲镶红旗	字裕轩，号德裕，又号漫圃		黑龙江地方人，乾隆十三年戊辰科（1748）进士	撰《枝巢诗草》（一卷）
32. 唐氏	44. 寅保	汉军正白旗		1723—1772	乾隆十三年戊辰科（1748）进士，改庶吉士，散馆授编修	著《秀钟堂诗钞》

续表

姓氏	姓名	旗贯	字号	生卒年	科名	文学创作情况
33. 尼奇哩氏	45. 全魁	满洲镶白旗	字斗南，号穆斋，		乾隆十六年辛未科（1751）进士，散馆授检讨，累官盛京户部侍郎	撰《乘槎集》（二卷）
	46. 穆丹	满洲正黄旗	字史云，号荔帷，又号晚拙居士		乾隆十六年辛未科（1751）进士	著《西南于役草》
34. 于氏	47. 于宗瑛	汉军镶黄旗	字英玉，号紫亭	1722—？	乾隆十九年甲戌科（1754）进士，官至江南道监察御史	撰《来鹤堂诗钞》《来鹤堂文钞》《来鹤堂赋钞》《来鹤堂诗余钞》《来鹤堂试帖钞》《来鹤堂诗钞》《来鹤堂全集》
35. 玛查氏	48. 七十一	满洲正蓝旗	字椿园		乾隆十九年甲戌科（1754）进士	纂《西域总志》；撰《椿园文存》《椿园遗诗》
36.	49. 富森泰	满洲镶红旗	字东岳，一字秋浦		乾隆二十二年丁丑科（1757）进士	著《坦园初稿》《二稿》《焚余稿》
37. 郭氏	50. 郭洁	汉军镶红旗	字澄泉		乾隆二十六年辛巳恩科（1761）进士，散馆授编修	著《一枝轩偶集》
38.	51. 嵩贵	正黄旗满洲	字抚棠，号补山		乾隆二十六年辛巳恩科（1761）进士	著《邮囊存略》（惜已不传）
39. 陈氏	52. 福保	汉军正白旗	字嘉申，号景堂		乾隆三十一年丙戌科（1766）进士，散馆授编修	撰《景堂先生使东草》
40. 额尔德特氏	53. 和瑛	蒙古镶黄旗	字太莪、润平，号太庵（亦作泰庵）、亦号铁园	1741—1821	乾隆三十六年辛卯恩科（1771）进士	撰《西藏赋》《易简斋诗钞》《太庵诗稿》（九卷）
	54. 谦福	蒙古镶黄旗	和瑛孙，壁昌侄。字吉云、光庭、小榆，号刘吉	1809—？	道光十五年乙未恩科（1835）进士。后授户部主事，累官至詹事府詹事	撰《桐花竹实之轩诗草》（附《试帖》一卷）
	55. 锡珍	蒙古镶黄旗	曾祖父和瑛，祖父壁昌。字席卿，号仲儒	1847—1889	同治七年戊辰科（1868）进士	著《台湾日记》《朝鲜日记》《喀尔喀日记》《锡席卿先生遗稿》

续表

姓氏	姓名	旗贯	字号	生卒年	科名	文学创作情况
41. 马氏	56. 马慧裕	汉军正黄旗	字朝曦，号朗山		乾隆三十六年辛卯恩科（1771）进士，散馆改吏部主事	撰《河干诗钞》《集襖诗》《集圣教序诗钞》《续集圣教序诗钞》
42. 他塔喇氏	57. 图敏	满洲镶黄旗	字熙文、号时泉	？—1790	乾隆三十七年壬辰科（1772）进士，累官内阁学士、副都统，充学差及读卷大臣	撰《百一草》
	58. 秀坤	满洲正蓝旗	图敏侄，榜名秀宁。字琪原，一字楚翘，号松坪，一号锄月老人	1774—？	嘉庆六年辛酉恩科（1801）进士，散馆授编修	著《只自怡悦诗钞》
43. 张氏	59. 百龄	汉军正黄旗	字子颐，号菊溪	1738—1815	乾隆三十七年壬辰科（1772）进士	撰《守意龛诗集》（二十八卷）
44. 栋鄂氏	60. 铁保	满洲正黄旗	字冶亭，一字铁卿，号梅庵	1752—1824	乾隆三十七年壬辰科（1772）进士	撰《惟清斋全集》《梅庵诗钞》《淮西小草》《玉门诗钞》《梅庵文钞》；辑《白山诗介》《熙朝雅颂集》《国朝律介》
	61. 玉保	满洲正黄旗	字德符，一字阆峰	1759—1798	乾隆四十六年辛丑科（1781）进士	撰《萝月轩存稿》《石经堂诗集》（未见传本）
45.	62. 德昌	满洲镶黄旗	字容伯，号树堂		乾隆四十年乙未科（1775）进士	著《据鞍草》《凭轩小草》
46. 富察氏	63. 恭泰	满洲镶黄旗	榜名公春，字伯震、一字履安，号兰岩		乾隆四十三年戊戌科（1778）进士	撰《兰岩诗稿》

续表

姓氏	姓名	旗贯	字号	生卒年	科名	文学创作情况
47. 蒙乌吉氏	64. 法式善	蒙古正黄旗人	字开文,号时帆,又号梧门、陶庐、诗龛,自署小西崖居士	1753—1813	乾隆四十五年庚子恩科(1780)进士,改庶吉士,散馆授检讨。历官侍讲学士、祭酒。嘉庆九年以洗马充文渊阁校理	撰《陶庐杂录》《存素堂文集》《存素堂文续集》《存素堂诗初集录存》《存素堂诗二集》《存素堂诗续集录存》《存素堂诗稿》《诗龛诗稿》《梧门诗话》《八旗诗话》
	65. 来秀	蒙古正黄旗人	法式善孙。字子俊,号鉴吾	1819—1911	道光三十年庚戌科(1850)进士,候选知县。咸丰元年任青州府同知,历官山东曹州府知府,升监运使	撰《扫叶亭咏史诗》(四卷)
48. 费莫氏	66. 清安泰	满洲镶黄旗	字阶平		乾隆四十六年辛丑科(1781)进士	撰《半日闲斋诗存》(二卷)
49. 蒋氏	67. 蒋攸铦	汉军镶蓝旗	字颖芳,号砺堂	1766—1830	乾隆四十九年甲辰科(1784)进士	撰《黔轺纪行集》《绳枻斋诗钞》;辑《同馆律辅精萃》
50.	68. 文干	满洲正红旗	原名文宁,字蔚艾,号远皋,又号芝崖		乾隆四十九年甲辰科(1784)进士,散馆授编修,累官工部尚书、西藏办事大臣	撰《壬午赴藏纪程诗》
51. 穆尔察氏	69. 成书	满洲镶白旗	字倬云,号误庵		乾隆四十九年甲辰科(1784)进士	撰《多岁堂诗集》《多岁堂古诗存》(八卷)
52. 高氏	70. 高鹗	汉军镶黄旗	字兰墅		乾隆六十年乙卯恩科(1795)进士,官至江南道御史、刑科给事中	撰《兰墅砚香词》《兰墅文存》

续表

姓氏	姓名	旗贯	字号	生卒年	科名	文学创作情况
53. 爱新觉罗氏	71. 桂芳	满洲镶蓝旗	字子佩，号香东	1773—1814	嘉庆四年己未科（1799）进士	撰《敬仪堂经进诗文稿》《敬仪堂诗存》
54. 富察氏	72. 贵庆	满洲镶白旗	字月山，一字梦黄，号云西		嘉庆四年己未科（1799）进士	撰《知了义斋诗集》《间山纪游诗》《醉石毚即事诗》《镜心堂七言律诗》《绮语旧作》
55. 叶赫那拉氏	73. 那清安	满洲正白旗	字鹤侣，一字慎修，号竹汀	1766—？	嘉庆十年乙丑科（1805）进士，钦点户部学习主事	辑《梓里文存》；著《吟香集》《覆瓿集》
	74. 全庆	满洲正白旗	那清安子。字小汀	1801—？	道光九年己丑科（1829）进士，光绪初官大学士	著《东使堂稿》《津沽稿》
56. 郭佳氏	75. 穆彰阿	镶蓝旗满洲	字子朴，号常轩，一号鹤舫	1782—1856	嘉庆十年乙丑科（1805）进士，散馆授检讨，累官军机大臣，文华殿大学士	著《澄怀书屋诗草》（四卷）
57.	76. 铭德	汉军镶黄旗	字禹民，一字潜斋，又字懋修		嘉庆十四年己巳恩科（1809）进士，散馆授编修，历官广信府知府	著《味我草堂吟稿》
58. 爱新觉罗氏	77. 瑞林	满洲正蓝旗	字辑堂，号芸卿		嘉庆十四年己巳恩科（1809）进士，官侍读学士	著《芸卿诗钞》
59. 拜都氏	78. 钟昌	满洲正白旗	字仰山，一字汝毓		嘉庆十四年己巳恩科（1809）进士，由主事累官仓场侍郎	撰《竹南蕉北诗赋偶存》
60. 邵氏	79. 福申	满洲正黄旗	字保之，号禹门	1780—？	嘉庆十六年辛未科（1811）进士	撰《澍堂轩诗钞》；辑《续同书》《方舆类聚》《清异编珠》《古锦囊》《俚俗集》《同书余辑》

续表

姓氏	姓名	旗贯	字号	生卒年	科名	文学创作情况
61. 金氏	80. 金朝觐	汉军镶黄旗	字午亭、一字銮坡		嘉庆十六年辛未科（1811）进士	撰《三槐书屋诗钞》
62. 博尔济吉特氏	81. 托浑布	蒙古正蓝旗	字子元，号安敦，别号爱山	1799—1843	嘉庆二十四年己卯恩科（1819）进士，道光三年任湖南湘潭县知县，安化县知县，五年任东安县知县，十六年任直隶按察使，十七年任布政使，十九年任山东巡抚	撰《瑞榴堂诗》（四卷）；辑《西道纪略》《东道纪略》
63. 鄂卓氏	82. 吉年	满洲镶蓝旗	字秋畬	1796—?	道光二年壬午恩科（1822）进士，官承德府知府、奉天府府尹	撰《藤盖轩诗集》（二卷）
	83. 吉明	满洲镶蓝旗	字哲辅，号文峰	1800—?	道光三年癸未科（1823）进士	撰《学愈愚斋诗草》
64. 赫舍里氏	84. 赫特赫讷	满洲镶黄旗	字蔚堂，号伯棠，一字耦香	1798—1860	道光二年壬午恩科（1822）进士	著《白华旧馆诗存》（一卷）
65. 赵氏	85. 达纶	汉军正蓝旗	字经圃		道光三年癸未科（1823）进士，官陕西勉县、洋县知县，安边厅理事同知	撰《枣花轩诗钞》
	86. 文颖	汉军正蓝旗	字鲁斋	1814—?	达纶子，道光二十五年乙巳恩科（1845）进士，官山东蒙阴、阳信、商河、阳谷县知县	著《鲁斋诗存》
	87. 赵尔萃	汉军正蓝旗	字筱鲁	1851—?	文颖子，光绪十五年己丑科（1889）进士，钦点即用知县，官山东候补道	著《傲徕山房诗草》

续表

姓氏	姓名	旗贯	字号	生卒年	科名	文学创作情况
66.巴鲁特氏	88.柏葰	蒙古正蓝旗	字静涛，一字听涛，号泉庄	？—1859	道光六年丙戌科（1826）进士，改庶吉士，授编修	撰《薜箖吟馆钞存》
67.爱新觉罗氏	89.德诚	满洲镶蓝旗	字默庵，号鹤云		道光六年丙戌科（1826）进士，散馆授编修	撰《听香读画山房遗稿》（四卷）
	90.麟魁	满洲镶白旗	字梅谷，又字星臣		道光六年丙戌科（1826）进士，选庶吉士，散馆改刑部主事	著《梦华书屋诗抄》
68.索绰络氏	91.宝鋆	满洲正白旗	麟魁从弟。字瑞卿、字佩蘅、一字佩珩	1810—1891	道光十八年戊戌科（1838）进士	撰《奉使三音诺彦纪程草》《塞上吟》《佩蘅诗钞》《浙江还辕纪游草》《典试浙江纪程草》《文靖公诗钞》《文靖公遗集》《自怡悦斋试帖诗存》《吟梅阁试帖诗存》
69.爱新觉罗氏	92.毓本	满洲正蓝旗	更名豫本，字茶村，号陈芳外史		道光六年丙戌科（1826）进士，官镇江府知府	撰《选梦楼诗钞》（八卷）
70.乌齐格里氏	93.倭仁	蒙古正红旗	字艮峰，号文端	1804—1871	道光九年己丑科（1829）进士，选为翰林院庶吉士。历任翰林院编修、詹事府右春坊中允、叶尔羌办事大臣、工部尚书、文渊阁大学士等、翰林院掌院学士、文华殿大学士	撰《倭文端公遗书》（十三卷）
	94.衡瑞	蒙古正红旗	倭仁孙。字辑五，号寿芝，一号又新	1855—？	光绪十八年壬辰科（1892）进士，散馆改户部主事	撰《寿芝仙馆诗存》（一卷）

续表

姓氏	姓名	旗贯	字号	生卒年	科名	文学创作情况
71. 马哩氏	95. 瑞常	蒙古镶红旗	字芝生,号西樵	1805—1872	道光十二年壬辰恩科（1832）进士,改翰林院庶吉士,散馆授编修	撰《如舟吟馆诗钞》（一卷）
	96. 瑞庆	蒙古镶红旗	瑞常弟。字雪堂		道光十六年丙申恩科（1836）进士,钦点即用知县	撰《乐琴书屋诗集》
72. 伍弥特氏	97. 花沙纳	蒙古正黄旗	字毓仲,号松岑	1806—1859	道光十二年壬辰恩科（1832）进士	撰《出塞杂咏》《东使吟草》《东使纪程》
73. 苏完瓜尔佳氏	98. 铭岳	汉军正白旗	字瘦仙,号东屏	1799—1859	道光十五年乙未科（1835）进士	撰《妙香馆文钞》《妙香馆诗钞》《妙香馆咏物全韵》《妙香馆启瓮集》
74. 苏完瓜尔佳氏	99. 景霖	满洲镶白旗	恩霖从弟。字叔度,号介如,又号星桥	1814—?	道光十五年乙未科（1835）进士,翰林院庶吉士授检讨	撰《山斋杂录》（九卷）
	100. 恩霖	满洲镶白旗	字湛泉	1812—?	道光二十四年甲辰科（1844）进士,钦点即用知县,分发湖南	撰《坦室诗草》
75. 徐氏	101. 徐荣	汉军	字庆人,号药垣	1792—1855	道光十六年丙申恩科（1836）进士	撰《怀古田舍诗钞》（三十三卷）
76. 姚氏	102. 斌桐	汉军正白旗	字秋士	1805—?	道光十六年丙申恩科（1836）进士,官兵部职方司主事	撰《还初堂词钞》
	103. 斌敏	汉军正白旗	斌桐弟。号子廉居士	1813—1865	同治四年乙丑科（1865）进士	撰《子廉古今体诗合编》（四卷）
77. 吴郎汉吉尔们氏	104. 桂林	蒙古镶白旗	字桐生,号德山	1808—?	道光十六年丙申恩科（1836）进士	撰《德山诗录》

续表

姓氏	姓名	旗贯	字号	生卒年	科名	文学创作情况
78. 裕瑚鲁氏	105. 承龄	满洲镶黄旗	字子久，又字尊生	1814—1865	道光十六年丙申恩科（1836）进士，由礼部主事累官至贵州按察使	撰《大小雅堂诗集》《大小雅堂诗余》《冰蚕词》（一卷）
79. 杨氏	106. 杨能格	汉军正红旗	字简侯，号季良，别号玉堂种竹生	1814—？	道光十六年丙申恩科（1836）进士，散馆授编修，官至江宁布政使	著《归砚斋诗集》
80. 巴鲁特氏	107. 盛元	蒙古正蓝旗	字韵琴，号恺庭，自号铁花馆主人	？—1887	道光十六年丙申恩科（1836）进士，以知县即用	著《怡园诗草》《南康府志》《营防小志》
81. 赫舍里氏	108. 如山	满洲正蓝旗		1811—？	道光十八年戊戌科（1838）进士，由起居注笔帖式擢赞善	著《写秋轩诗存》
82. 刘氏	109. 佈彦泰	蒙古镶红旗	原名佈彦泰，字子交，一字泰如，号宗泗	1805—？	道光二十年庚子科（1840）进士	撰《听秋阁偶钞》（四卷）
83. 辉发那拉氏	110. 麒庆	满洲正白旗	字宝辰，号玉符	1812—1869	道光二十一年辛丑恩科（1841）进士	著《奉使喀尔沁行记》《奉使鄂尔多斯行记》《麒庄敏诗》
84. 马佳氏	111. 宝珣	满洲镶黄旗	字东山	1815—？	道光二十一年辛丑恩科（1841）进士	撰《味经书屋诗存》
85.	112. 柏春	蒙古正黄旗	号东粤	1808—？	道光二十五年乙巳恩科（1845）进士，官兵部员外郎，改直隶候补知府	撰《铁笛仙馆宦游草》《铁笛仙馆从戎草》《铁笛仙馆后从戎草》
86. 宁古塔氏	113. 皂保	满洲镶黄旗	字秀珊，号荫方	1817—？	道光二十五年乙巳恩科（1845）进士	撰《天然如意斋诗存》
87.	114. 恒林	满洲镶黄旗	字心斋，号月如	1823—？	道光三十年庚戌科（1850）进士	撰《退步轩诗草》《涤砚集诗草》

续表

姓氏	姓名	旗贯	字号	生卒年	科名	文学创作情况
88. 瓜尔佳氏	115. 魁龄	满洲正红旗	字梦符，号华峰，一号华封	1814—?	咸丰二年壬子恩科（1852）进士	撰《东使纪事诗略》
89. 颜札氏	116. 景廉	满洲镶黄旗	字俭卿，号季泉，一号秋坪	1823—?	咸丰二年壬子恩科（1852）进士，军机大臣、兵部尚书	撰《冰岭纪程》（一卷）
90. 爱新觉罗氏	117. 阿里汉	满洲正蓝旗	字宗臣，一字止亭，号锡如，一号植廷	1826—?	宗室，咸丰二年壬子恩科（1852）进士	撰《止亭七稿》
91. 博尔济吉特氏	118. 锡缜	满洲正蓝旗	字厚安，号渌矼	1822—1884	咸丰六年丙辰科（1856）进士	撰《退复轩诗》《退复轩文》《退复轩随笔》《退复轩时文未弃草》《退复轩试帖未弃草》；辑《金贞祐铜印题词》。
92. 爱新觉罗氏	119. 霍穆欢	满洲正蓝旗	字申斋，一字慎斋，号子谨	1828—?	咸丰六年丙辰科（1856）进士，由礼部主事累官至内阁学士	撰《长白山人四求吟草百二十首》
93. 叶赫那拉氏	120. 铭安	满洲镶黄旗	字新甫，号鼎臣	1828—?	咸丰六年丙辰科（1856）进士	撰《止足斋诗存》
94. 瓜尔佳氏	121. 文铭	满洲正红旗	字子乘，别号吏隐居士	1837—?	咸丰六年丙辰科（1856）进士	撰《随轺笔记》《随轺集》《可青轩词存》
95. 安氏	122. 英启	汉军	字子佑，号续村	1835—?	咸丰九年己未科（1859）进士，翰林院编修升用侍讲，现官湖北黄州府知府	撰《葆愚轩集》（诗集1卷、文集1卷）
96. 瓜尔佳氏	123. 寿颐	满洲正蓝旗	字养之，号鼎臣	1844—?	同治四年乙丑科（1865）进士，官直隶无极县知县	著《伴梅诗草》

续表

姓氏	姓名	旗贯	字号	生卒年	科名	文学创作情况
97. 爱新觉罗氏	124. 宝廷	满洲镶蓝旗	字仲献,号竹坡,又号偶斋	1840—1890	同治七年戊辰科(1868)进士	著《偶斋诗草》(三十六卷)
	125. 寿富	满洲镶蓝旗	宝廷子,字伯茀,一字菊客	1865—1900	光绪二十四年戊戌科(1898)进士	撰《伯茀诗录》(一卷)
98. 辉发氏	126. 贵恒	满洲镶白旗	字显堂,号午桥,又号坞樵	1841—?	同治十年辛未科(1871)进士,散馆授检讨,官至刑部尚书、乌里雅苏台将军	撰《使闽吟草》
99.	127. 善广	蒙古镶红旗	字子居		同治十年辛未科(1871)进士	辑《浙水宦迹诗钞》
100. 巴哩克氏	128. 延清	蒙古镶白旗	字子澄,号小恬,一号梓臣,一号铁君,晚号阁笔老人	1846—?	同治十三年甲戌科(1874)进士,改庶吉士,后在工部都水司、屯田司、宝源局供职,光绪三十一年由工部郎中迁翰林院侍读,因有政绩,屡次迁升,官至文职六班大臣	撰《锦官堂诗草》《锦官堂诗续集》《锦官堂七十二候试律诗》《庚子都门纪事诗补》《奉使车臣汗记程诗》《锦官堂试贴》《丙午春正偶和诗》《锦官堂赋钞》《来蝶轩诗》;辑《蝶仙小史汇编》《引玉篇四集》《遗逸清音集》
101. 胡氏	129. 胡俊章	汉军正蓝旗	字效堂,一字笑山,又号燕笙		光绪二年丙子恩科(1876)进士,由御史累官至陕西粮道	著《燕笙诗钞》
102. 奇莫特氏	130. 锡钧	蒙古镶白旗	榜名锡珍。字幼明,号聘之	1847—?	光绪三年丁丑科(1877)进士,散馆授编修,官至学士	著《容容斋诗草》
103. 爱新觉罗氏	131. 盛昱	满洲镶白旗	字伯熙,一字伯兮,又字伯蕴,一字韵莳,号意园	1850—1900	光绪三年丁丑科(1877)进士,官国子监祭酒	撰《郁华阁集》

第三章 清代八旗进士群体文学创作活动叙略 / 537

续表

姓氏	姓名	旗贯	字号	生卒年	科名	文学创作情况
104. 李佳氏	132. 继昌	汉军正白旗	述之，号莲溪	1851—?	光绪三年丁丑科（1877）进士，官甘肃布政使	撰《柏垣琐志》《左庵琐语》《行素斋杂记》《尘定轩吟稿》《左庵诗余》《左庵词话》《忍斋丛说》《左庵一得初录》
105.	133. 锡元	满洲镶红旗	字会一，号命三	1851—?	光绪三年丁丑科（1877）进士，散馆改山东汶上县知县	著《棣华堂文集》
106. 他塔喇氏	134. 志锐	镶红旗满洲	字伯愚，号公颖	1853—?	光绪六年庚辰科（1880）进士	撰《张家口至乌里雅苏台竹枝词》
107. 爱新觉罗氏	135. 溥良	满洲正蓝旗	字虞臣，号玉岑	1854—1922	光绪六年庚辰科（1880）进士	辑《南菁札记》十四种
108. 王氏	136. 钟灵	满洲镶蓝旗	字杰人，号秀芝	1855—?	光绪六年庚辰科（1880）进士	撰《川楚纪游》
109. 李佳哈喇	137. 文焕	满洲镶蓝旗	字种芸，号仲云，又字子章	1860—?	光绪六年庚辰科（1880）进士，户部主事迁右中允	著《叙州集诗文》
110. 他塔拉氏	138. 阔普通武	满洲正白旗	字安甫	1851—?	光绪十二年丙戌科（1886）进士	撰《南皮纪游草》《万生园百咏》《尺五园诗草》《华鬘室词》《青海奉使集》《湟中行记》
111. 博尔济吉特氏	139. 瑞洵	满洲正黄旗	字景苏，号觉迟，又号井甃		光绪十二年丙戌科（1886）进士。后入翰林院，散馆授编修。累官至侍读学士，又擢科布多参赞大臣，官至乌里雅苏台参赞大臣	撰《散木居奏稿》《犬羊集》

续表

姓氏	姓名	旗贯	字号	生卒年	科名	文学创作情况
112. 杨氏	140. 杨钟羲	汉军正黄旗	榜名钟广。字悔庵，号子勤，又号梓廧	1865—1931	光绪十五年己丑科（1889）进士，隶属安陆、襄阳知府，实授怀安府、江宁府知府	撰《雪桥诗话》《圣遗诗集》《青岛纪游诗》
113. 乌雅氏	141. 贻谷	满洲镶黄旗	原名吉昌，号蔼人	1856—1926	光绪十八年壬辰科（1892）进士，钦点翰林院庶吉士	撰《绥远奏议》《垦务奏议》《蒙垦陈诉事略》
114. 兀札剌氏	142. 景禩	满洲镶蓝旗	字佩珂		光绪二十年甲午恩科（1894）进士	著《北征集诗草》
115. 爱新觉罗氏	143. 宝铭	满洲正蓝旗	字鼎臣	1867—？	光绪二十一年乙未科（1895）进士，官吏部郎中	撰《春薇堂诗草》
116. 富察氏	144. 恒善	满洲正黄旗	字符直		光绪二十一年乙未科（1895）进士	辑《强哉行汇刊》
117. 祥佳氏	145. 润芳	满洲镶白旗	字澍田		光绪二十一年乙未科（1895）进士	著《蓉镜轩诗草》
118.	146. 世荣	蒙古镶白旗	字仁甫、号耀东		光绪二十一年乙未科（1895）进士	撰《静观斋文稿》；辑《静观斋丛录》
119. 巴噜特氏	147. 恩华	蒙古镶红旗	字咏春、号樗伯	1862—？	光绪二十九年癸卯科（1903）进士，历任学部总务司帮办、学部员外郎、八旗学务处协理、提调、资政议院议员、弼德院参议等职	延清《遗逸清音集》辑录其诗《晚郊即事》《野外晚归即事》《延子澄师蝶小史汇编刊成自题二律依韵奉题》3首

备注：1. 表中八旗进士按照科名先后排序，同一科进士按照生年排名，无生年的排到同科进士后面，如有两个或者两个以上八旗进士都没有生年，按照汉语拼音顺序排序。2. 有个别八旗进士只知其名，未查到其姓氏，阙。

第三章　清代八旗进士群体文学创作活动叙略

清代初期，在翻译文学大力进行的同时，八旗进士也开始用汉文进行文学创作，逐渐形成蔚为大观之势。清代前期有32位进士创作文学作品，既有满洲八旗进士作家，也有汉军八旗进士作家。文学创作内容丰富，各体兼备，多以别集问世。诗集有：汉军范承谟著《百苦吟》《画壁诗》、汉军姚启盛著《忧畏轩遗稿》、满洲纳兰性德著《饮水诗》（一卷）、满洲法海著《悔翁集》、汉军高其倬著《味和堂诗集》（六卷）、汉军蔡珽著《守素堂诗集》、满洲阿克敦著《德荫堂集》、满洲鄂容安著《鄂刚烈诗》（一卷）、满洲鄂乐舜著《西湖修禊诗》（一卷）、满洲何浦著《慎余堂诗文集》《谦斋诗集》、满洲尹继善著《尹文端公诗集》（十卷）、满洲伊福纳著《白山诗钞》（一卷）。散文作品有：留保撰《完颜氏文存》（三卷）、汉军范承谟著《碑传》《奏议》《吾庐存稿》、纳兰性德著《通志堂集》《渌水亭杂识》、满洲何浦著《慎余堂诗文集》。词集有：纳兰性德著《纳兰词》（五卷）。

由此可见，清代初期八旗进士的文学作品不仅数量可观，而且体裁较多，诗、词、文都有创作，其中词作尤以纳兰性德著名。王国维在《人间词话》里评价他是"以自然之眼观物，以自然之舌言情，此由初入中原，未染汉人风气，故能真切如此。北宋以来，一人而已"[①]。作为八旗进士兼文士的杰出代表，纳兰性德进入中原后把东北的自然环境带到了词作中来，形成了独特的带有自然之情的优秀词作。由此，他不仅在清代初期词坛享有盛誉，而且在整个中国文学史上，也因"纳兰词"而使其占有一席之地。清代以武功定天下，鹰扬虎视，云蒸霞蔚。入关之初，八旗士子战伐之余，亦不废歌咏，从政之暇，又抒写性情，从而使其名臣辈出，鸿谟巨制，煜耀史册。

清代中期，八旗进士文学创作进入繁荣期。八旗子弟入关已过百年，普遍接受了儒家文化的教育，说汉语，写汉字，汉文化积累相较刚刚入关之初愈加深厚。于是，八旗进士不仅在科举考试方面表现突出，而且在文学创作上迎来了高峰期，这种良好的态势一直持续到清代末期。清代中期，有46位八旗进士创作出文学作品。八旗进士虽然居住地在京师，但是常到各地履职，长期的仕宦生涯使得他们有机会饱览京师以外的旖旎风光和风土人情，这些都成为八旗进士文学创作的重要来源。因此，八旗进

---

① 王国维：《人间词话》，中华书局2009年版，第33页。

士文学家在自己的文学作品中反映了广阔的社会生活，有江南旖旎的风光、边疆壮丽的风貌和大漠风沙的侵蚀。文学内容也更加广泛，不仅仅有诗、词、文，还有年谱、行状、赋、笔记、诗学理论、史志等著述。有的八旗进士擅长各种体裁的文学创作，如汉军镶黄旗于宗瑛，字英玉，号紫亭，乾隆十九年（1754）进士，官至江南道监察御史，先后写出《来鹤堂诗》《来鹤堂文》《来鹤堂赋》《来鹤堂诗余》《来鹤堂试帖钞》（十二卷，附制艺）等作品，不仅有诗集、文集，还有词、赋等作品，说明八旗进士是各体兼备的写作大家。

更重要的是，八旗蒙古进士作为八旗进士文学群体的重要力量开始登上清代文坛，并且取得了熠熠生辉的成就。其中蒙古族作家法式善、和瑛都在清代中期创作了大量的作品。法式善（1753—1813），蒙乌吉氏，字开文，号时帆，又号梧门、陶庐、诗龛，自署小西崖居士，内务府正黄旗人，乾隆四十五年（1780）进士。一生写出大量作品，有诗集《存素堂诗初集》《存素堂诗二集》《存素堂诗续集》《存素堂诗稿》《诗龛诗稿》；文集《陶庐杂录》《存素堂文集》《存素堂文续集》；赋集《同馆赋钞》（二十四卷，汇集了大量乾嘉时期翰林院的考赋作品）；诗话理论著作《梧门诗话》《八旗诗话》，对清代诗人的诗歌进行理论评价，尤其是对八旗诗人的作品给予了公允的评价，在这些评价中体现出了其本人的诗歌理论。文献著作《清秘述闻》《槐厅载笔》，对清代科举考试的相关内容和制度都作了详细的阐述。和瑛（1741—1821），额尔德特氏，字太莽、润平，号太庵（亦作泰庵），亦号铁园，蒙古镶黄旗人，乾隆三十六年（1771）进士。一生仕宦新疆、西藏、陕甘、山东、盛京，为官五十年，足迹遍及南北，因此作品多与仕宦地有关，《西藏赋》就是任驻藏帮办大臣时所作，长达3万字，赋中描写了西藏的独特地貌和历史文化，是文坛迄今为止唯一一篇以西藏为题材的赋，因此该赋具有较高的历史文献价值。此外还写有诗集《太庵诗稿》《易简斋诗钞》，著有《易贯近思录》《读易汇参》《杜律》《读水经》《铁笔围炉》《山庄秘课》《风雅正音》《孔子年谱》《三州辑略》《回疆通志》《藩疆览要》《经史汇编》。蒙古八旗进士文学家的崛起，证明了蒙汉文化交融的程度进一步深入和广泛。

清代后期，八旗进士文学创作高歌猛进，进入盛产阶段，而且出现了大量八旗进士作家群体，人数达到72人，是整个八旗进士文学创作群体数量的一半。其中道光朝最多，达到37人。八旗进士作家群体类型更加丰富，不仅有满洲、蒙古、汉军，而且宗室成员开始以群体的姿态进入文学创作领域，并且留下了重要的文学作品，盛昱即是清代宗室成员中最有影响力的一位八旗宗室作家。盛昱，爱新觉罗氏，字伯熙，一字伯兮，又字伯蕴，一字韵莳，号意园，满洲镶白旗人，光绪三年（1877）进士，官国子监祭酒。著有《郁华阁遗集》（四卷），其中诗三卷，共一百零八首、词一卷五十阕；散文集《意园文略》，收章奏十篇、议一篇；私人笔记《盛伯羲祭酒手札》；还有一部著作是和表弟杨钟羲合著的《八旗文经》，记录了八旗士子的大量文章，以及对八旗文士子的身份进行了考订。仅从传世作品来看，盛昱也是晚清宗室的优秀代表，是八旗进士群体在文学创作方面的翘楚。

延清，字子澄，号小恬，一号梓臣，一号铁君，晚号阁笔老人，蒙古镶白旗人，同治十三年（1874）进士，创作了大量的诗文集，是蒙古八旗进士在文学创作方面的代表。著有《锦官堂集》《锦官堂赋》《锦官堂诗续集》《锦官堂七十二条试帖》《蝶仙小史汇编》《庚子都门纪事诗》《奉使车臣汗纪程诗》《试贴》《引玉篇》《覆韵集》《遗逸清音集》《丙午春正偶和诗》。其中《遗逸清音集》在时代上正和铁保辑的《熙朝雅颂集》前后相承，可以通过此作窥见清代后期八旗文人的创作情况，所以其和《熙朝雅颂集》是清代前期和清代后期具有代表性的八旗诗歌总集，从中可以看出八旗文人诗歌创作的特点和风格，研究清代八旗文人诗歌作品必须要重视这两部诗集。

纵观有清一代，著名的八旗文学家多有进士身份，这是八旗进士群体儒家化的标志，也是他们进行文学创作的文化因素。愈到清代后期，八旗进士群体在文学创作方面愈是显示出了其文学才能和天分，其文学成就也愈加突出。

第二节　八旗进士文人群体文化特质

八旗进士文人群体在创作大量文学作品的过程中，形成了众多群体性文化特质，不仅有家族特点，而且在文学创作方面还有各体兼备、题材广泛的特点。八旗进士群体又有众多的文学交游现象，通过师友唱和提升八旗进士群体的文学创作水平。

一　家族特点

八旗进士群体在中国文学史上取得了不俗的成绩，其中八旗进士文学家族作出了重要贡献。147 位八旗进士文人中有 49 人来自 19 个家族，这 19 个家族成员不仅都是进士，而且都有文学作品传世。每个家族最少有 2 位进士有文学作品，最多的是 4 位进士都有传世作品。

八旗满洲有 13 个家族，33 人。1. 完颜氏家族：阿什坦，顺治九年（1652）进士，翻译《大学》《中庸》《论语》《孝经》《太公家教》，著有《清文通鉴总论》；留保，阿什坦孙，康熙六十年（1721）进士，著有文集《完颜氏文存》《大清名臣言行录》；麟庆，阿什坦七世孙，嘉庆十四年（1819）进士，著有《皇朝纪盛录》《黄运河口古今图说》《鸿雪因缘图记》《河工器具图说》《词苑编联》《凝香室诗存》《凝香室馆课赋存》，辑《叙德书情集》《安梅书院观风选存》《蓉湖草堂赠言录》；崇实，麟庆长子，道光三十年（1850）进士，著有《适斋奏议》《惕庵自定年谱》《白云仙表》《适斋文稿》《适斋诗集》《小琅玕馆诗存》，与其弟崇厚合撰《麟见亭河督庆行述》。2. 章佳氏家族：阿克敦，满洲正蓝旗，康熙四十八年（1709）进士，著有《德荫堂集》《阿克敦集》《阿克敦诗》；那彦成（1764—1833），阿克敦曾孙，乾隆五十四年（1789）进士，著有《那文毅公奏疏》《平番奏议》《阿文成公年谱》；庆廉，那彦成孙，道光十六年（1836）进士，著《白云红树山房诗存》，辑《那文毅公遗编》。3. 西林觉罗氏家族：鄂尔奇，满洲镶蓝旗人，康熙五十一年（1712）进士，著《清虚斋集》《河清颂》；鄂容安，鄂尔奇从子，雍正十一年（1733）进士，著诗集《鄂刚烈诗》；鄂敏，敕改名鄂乐舜，鄂尔奇子，雍正八年（1730）进士，著《西湖修禊诗》（一卷）。4. 何舍里氏家族：何浩，满洲正黄旗，康熙六十年（1721）进士，《熙朝雅颂集》卷第二十六收录其诗《怀景师》1 首；何浦，何浩弟，与兄同举康熙六十年进士，著《慎余堂诗文集》《谦斋诗集》。5. 索绰络氏家族：观保，满洲正白旗人，乾隆二年（1737）进士，著《补亭诗稿》《补亭遗稿》；德保，观保从弟，与观保同中乾隆二年进士，著《乐贤堂集》《乐贤堂诗文钞》。英和，德保子，乾隆五十八年（1793）进士，著《卜魁赋》《那恭勤公清安行状》《恩福堂自订年谱》《石氏受姓源流纪略》《恩福堂笔记》《恩福堂诗钞》《恩荣叠唱集》《植杖集》《袁浦行吟》；奎照，英和长子，嘉庆十九年（1814）

进士，著《使青海草》。6. 哈达纳喇氏家族：国梁，满洲正黄旗，乾隆二年（1737）进士，著《扈从集》《澄悦堂诗集》；国柱，国梁弟，乾隆十年（1745）进士，著诗集《绿春堂诗钞》，已散佚，《钦定熙朝雅颂集》收录其诗20首。7. 他塔喇氏家族：图敏，满洲镶黄旗人，乾隆三十七年（1772）进士，著《时泉百一草》；秀坤，图敏侄，嘉庆六年（1801）进士，著《只自怡悦诗钞》。8. 栋鄂氏家族：铁保，满洲正黄旗，乾隆三十七年（1772）进士，编《白山诗介》《熙朝雅颂集》，著《惟清斋全集》《梅庵诗钞》《淮西小草》等，先后辑《惟清斋字帖》《惟清斋法帖》；玉保，铁保弟，乾隆四十六年（1781）进士，著《萝月轩存稿》《石经堂诗集》。9. 鄂卓氏家族：吉年，满洲镶蓝旗人，道光二年（1822）进士，官承德府知府、奉天府府尹，著《藤盖轩诗集》（二卷）；吉达善，吉年弟，与兄同登道光二年进士，著《求放心斋诗钞》；吉明，吉年从弟，道光三年（1823）进士，著《学愈愚斋诗集》。10. 叶赫那拉氏家族：那清安，满洲正白旗人，嘉庆十年（1805）进士，著《梓里文存》《吟香集》《覆瓿集》；全庆，那清安子，道光九年（1829）进士，著《东使堂稿》《津沽稿》。11. 索绰络氏家族：麟魁，满洲镶白旗人，道光六年（1826）进士，著《梦华书屋诗钞》；宝鋆，麟魁从弟，道光十八年（1838）进士，著《奉使三音诺彦纪程草》《塞上吟》《佩蘅诗钞》《典试浙江乡试纪程草》《竹枝词》《文靖公诗钞》《文靖公遗集》。12. 苏完瓜尔佳氏家族：恩霖，满洲镶白旗人，道光二十四年（1844）进士，著《坦室诗草》；景霖，恩霖从弟，道光十五年（1835）进士，著《山斋杂录》（九卷）。13. 爱新觉罗氏家族：宝廷，满洲镶蓝旗人，同治七年（1868）进士，著《偶斋诗草》《偶斋词》；寿富，宝廷子，光绪二十四年（1898）进士，著《寿伯茀太史遗集》。

蒙古八旗4个家族，9人。1. 额尔德特氏家族：和瑛，蒙古镶黄旗，乾隆三十六年（1771）进士，著有《西藏赋》《太庵诗稿》《易简斋诗钞》《易贯近思录》《读易汇参》、《杜律》《读水经》《铁笔围炉》《山庄秘课》《风雅正音》《孔子年谱》《三州辑略》《回疆通志》《藩疆览要》《经史汇编》；谦福，和瑛孙，道光十五年（1835）进士，著有《桐花竹实之轩梅花酬唱集》《桐花竹实之轩诗草》；锡珍，和瑛曾孙，同治七年（1868）进士，著有《台湾日记》《朝鲜日记》《喀尔喀日记》《钦定吏部则例》《锡席卿先生遗稿》。2. 蒙乌吉氏家族：法式善，蒙古正黄旗人，乾隆四十五年（1780）进士，著有《清秘述闻》《槐厅载笔》《同馆赋钞》《存素堂文集》《存素堂文续集》《存素堂诗初集》《存素堂诗二集》《存素堂诗续集》《存素堂诗稿》《诗龛诗稿》《梧门诗话》《八旗诗话》；来秀，法式善孙，道光三十年（1850）进士，著有《扫叶亭咏史诗集》（四卷）。3. 乌齐格里氏家族，倭仁，蒙古正红旗，道光九年（1829）进士，著《倭文端公遗书》；衡瑞，倭仁孙，光绪十八年（1892）进士，著《寿芝山馆诗存》（一卷）。4. 马哩氏家族，瑞常，蒙古镶红旗人，道光十二年（1832）进士，著有《如舟吟馆诗钞》（一卷）；瑞庆，瑞常弟，道光十六年（1836）进士，著《乐琴书屋诗钞》。

汉军八旗2个家族，5人。1. 赵氏家族：达纶，汉军正蓝旗人，道光三年（1823）进士，著《台湾风土记》《枣花轩吟稿》《经圃日记》；文颖，达纶子，道光二十五年（1845）进士，著《鲁斋诗存》；赵尔萃，文颖子，光绪十五年（1889）进士，著《傲徕山房诗草》。2. 姚氏家族，斌桐，汉军正白旗人，道光十六年（1836）进士，著《还初堂诗钞》《词钞》；斌敏，斌桐弟，同治四年（1865）进士，著《子廉古今体诗合编》（四卷）。

由上可知，众多的八旗进士文人群体在创作上是以家族面貌出现的，但是还应注意到八旗进士群体的家族特点在族别和时间分布上呈现出了显著的不平衡性，表3-2清楚地说明了八旗进士家族在族别和时间分布上的不平衡性：

表3-2　　　　　　　　八旗进士家族群体创作分布图

序号	家族	族别	作家数量	时期
1	完颜氏	满洲正黄旗	阿什坦	顺治
			留保	康熙
			麟庆	嘉庆
			崇实	道光
2	章佳氏	满洲正蓝旗	阿克敦	康熙
			那彦成	乾隆
			庆廉	道光
3	西林觉罗氏	满洲镶蓝旗	鄂尔奇	康熙
			鄂容安	雍正
			鄂敏	雍正

续表

序号	家族	族别	作家数量	时期
4	何舍里氏	满洲正黄旗	何浦、何浩	康熙
5	索绰络氏	满洲正白旗	观保、德保、英和	乾隆
			奎照	嘉庆
6	哈达纳喇氏	满洲正黄旗	国梁、国栋	乾隆
7	他塔喇氏	满洲镶黄旗	图敏	乾隆
			秀坤	嘉庆
8	栋鄂氏	满洲正黄旗	铁保、玉保	乾隆
9	鄂卓氏	满洲镶蓝旗	吉年、吉达善、吉明	道光
10	叶赫那拉氏	满洲正白旗	那清安	嘉庆
			全庆	道光
11	索绰络氏	满洲镶白旗	麟魁、宝鋆	道光
12	苏完瓜尔佳氏	满洲镶白旗	恩霖、景霖	道光
13	爱新觉罗氏	满洲镶蓝旗	宝廷	同治
			寿富	光绪
14	额尔德特氏	蒙古镶黄旗	和瑛	乾隆
			谦福	道光
			锡缜	同治
15	蒙乌吉氏	蒙古正黄旗	法式善	乾隆
			来秀	道光
16	乌齐格里氏	蒙古正红旗	倭仁	道光
			衡瑞	光绪
17	马哩氏	蒙古镶红旗	瑞常、瑞庆	道光
18	赵氏	汉军正蓝旗	达纶	道光
			文颖	道光
			赵尔萃	光绪
19	姚氏	汉军正白旗	斌桐	道光
			斌敏	同治

从表3-2可以看出：首先，19个八旗进士文学家族中，满洲八旗进士家族有13个，占三分之二强，蒙古八旗进士文学家族有4个，汉军八旗进士文学家族最少，仅有2个，族别上分布的不平衡性，体现出满洲八旗进士文学家族是八旗文学创作的主导力量。其次，八旗进士文学家族的创作集中在清代中后期，清代初期仅有4个八旗进士文学家族：完颜氏、章佳氏、西林觉罗氏、何舍里氏。清代中期有7个家族：索绰络氏、哈达

纳喇氏、他塔喇氏、栋鄂氏、叶赫那拉氏、额尔德特氏、蒙乌吉氏。清代后期更是达到8个八旗进士文学家族：鄂卓氏、索绰络氏（满洲镶白旗）、苏完瓜尔佳氏、爱新觉罗氏、乌齐格里氏、马哩氏、赵氏、姚氏。八旗进士文学家族的创作在清代中后期呈井喷式发展，而且蒙古八旗进士文学家族和汉军八旗进士文学家族都出现在清代中后期，说明经过了百年的文学积累，八旗进士文学家族的文学创作水平在整体上都有大幅提升，从而使八旗进士群体在中国文坛大放异彩，创作了众多可以传世的文学作品，最终为八旗子弟在中国文坛争得一席之地。

二 以诗为主，各体兼备

清代八旗进士群体的文学创作大部分成就来源于用汉文创作的诗歌，此外，还有翻译文学、文、赋、词、诗话理论、历史著述等作品，下面详而述之。

翻译文学：完颜氏家族阿什坦是著名翻译家，将汉文译成满文，译作《清文大学》《清文中庸》《清文孝经》《奏稿》。

诗集186部：麟庆撰《凝香室诗存》（八卷）；崇实撰《适斋诗集》《小琅玕馆诗存》；范承谟撰《范忠贞公集》《画壁遗稿》《画壁诗》；姚启盛撰《忧畏轩遗稿》；梁儒撰《徽音集》；李基和撰《梅崖山房诗意》；纳兰性德撰《饮水诗》；阿金撰《培风堂集》；法海撰《悔翁集》；高其倬著《味和堂诗集》；觉罗满保著《检心堂集》；蔡珽著《守素堂诗集》；朱兰泰著《于止斋诗》；阿克敦著《阿克敦诗》《德荫堂集》；庆廉撰《白云红树山房韵语偶存》；鄂尔奇著《清虚斋集》；鄂容安撰《鄂刚烈诗》（一卷）；吴孝登著《尘缶集》；德龄撰《倚松阁诗草》；国琜著《静观堂诗集》；何溥著《慎余堂诗文集》《谦斋诗集》；双庆著《亲雅斋诗草》；介福著《退思斋诗》《野园诗集》《留都集》《关中纪行草》《采江小草》；昌龄著《时名集》；尹继善著《尹文端公诗集》；贵昌著《兆园集》；西成著《玉汝堂集》；观保撰《补亭诗稿》《补亭先生遗稿》；德保撰《乐贤堂诗钞》；英和撰《恩福堂诗钞》《恩荣叠唱集》《植杖集》；奎照著《使青海草》《龙沙纪事诗》；国梁撰《澄悦堂诗集》；国柱著《绿春堂诗钞》；舒瞻撰《兰藻堂集》（六卷）；梦麟撰《大谷山堂集》；图翰布撰《枝巢诗草》（一卷）；寅保著《秀钟堂诗钞》；全魁撰《乘槎集》（二卷）；穆丹著《西南于役草》；于宗瑛撰《来鹤堂诗钞》《来鹤堂试帖钞》《来鹤堂诗

钞》《来鹤堂全集》；七十一撰《椿园遗诗》；富森泰著《坦园初稿》《二稿》《焚余稿》；嵩贵著《邮囊存略》；郭洁著《一枝轩偶集》；福保撰《景堂先生使东草》；马慧裕撰《河干诗钞》《集禊诗》《集圣教序诗钞》《续集圣教序诗钞》；和瑛撰《太庵诗稿》《易简斋诗钞》；谦福撰《桐花竹实之轩诗草》（一卷）；锡珍撰《锡席卿先生遗稿》；图敏撰《百一草》；秀坤著《只自怡悦诗钞》；百龄撰《守意龛诗集》；铁保撰《惟清斋全集》《梅庵诗钞》《淮西小草》《玉门诗钞》；玉保撰《萝月轩存稿》；德昌著《据鞍草》《凭轩小草》；恭泰撰《兰岩诗稿》；法式善撰《存素堂诗初集录存》《存素堂诗二集》《存素堂诗续集录存》《存素堂诗稿》《诗龛诗稿》；来秀撰《扫叶亭咏史诗》；清安泰撰《半日闲斋诗存》（二卷）；蒋攸铦撰《绳枻斋诗钞》；文宁撰《壬午赴藏纪程诗》；成书撰《多岁堂诗集》；贵庆撰《知了义斋诗集》《闾山纪游诗》《醉石龛即事诗》《镜心堂七言律诗》《绮语旧作》；桂芳撰《敬仪堂诗存》；那清安著《吟香集》《覆瓿集》；穆彰阿著《澄怀书屋诗草》（四卷）；铭德著《味我草堂吟稿》；钟昌撰《竹南蕉北诗赋偶存》；瑞林著《芸卿诗钞》；金朝觐撰《三槐书屋诗钞》（四卷）；福申撰《澍堂轩诗钞》；托浑布撰《瑞榴堂诗》（四卷）；吉年撰《藤盖轩诗集》（二卷）；吉明撰《学愈愚斋诗草》；赫特赫讷著《白华旧馆诗存》；达纶撰《枣花轩诗钞》；文颖著《鲁斋诗存》；赵尔萃著《傲徕山房诗草》；德诚撰《听香读画山房遗稿》（四卷）；毓本撰《选梦楼诗钞》；柏葰撰《薛菻吟馆钞存》；麟魁著《梦华书屋诗钞》；宝鋆撰《奉使三音诺彦纪程草》《塞上吟》《佩蘅诗钞》《浙江还辕纪游草》《典试浙江纪程草》《文靖公诗钞》《文靖公遗集》《自怡悦斋试帖诗存》《吟梅阁试帖诗存》；衡瑞撰《寿芝仙馆诗存》（一卷）；花沙纳撰《出塞杂咏》《东使吟草》《东使纪程》；瑞常撰《如舟吟馆诗钞》（一卷）；瑞庆撰《乐琴书屋诗集》；铭岳撰《妙香馆诗钞》《妙香馆咏物全韵》《妙香馆启瓮集》；盛元著《怡园诗草》；桂楙撰《德山诗录》；承龄撰《大小雅堂诗集》；斌桐撰《还初堂词钞》；斌敏撰《子廉古今体诗合编》（四卷）；杨能格著《归砚斋诗集》（十六卷）；徐荣撰《怀古田舍诗钞》（三十三卷）；如山著《写秋轩诗存》；布彦撰《听秋阁偶钞》（四卷）；宝珣撰《味经书屋诗存》；麒庆著《麒庄敏诗》；恩霖撰《坦室诗草》；皂保撰《天然如意斋诗存》；柏春撰《铁笛仙馆宦游草》《铁笛仙馆从戎草》《铁笛仙馆后从戎草》；恒林撰《退步轩诗草》《涤砚集诗草》；

阿里汉撰《止亭七稿》；景廉撰《冰岭纪程》（一卷）；魁龄撰《东使纪事诗略》；霍穆欢撰《长白山人四求吟草百二十首》；铭安撰《止足斋诗存》；锡缜撰《退复轩诗》《退复轩时文未弃草》《退复轩试帖未弃草》；寿颐著《伴梅诗草》；宝廷著《偶斋诗草》；寿富撰《伯茀诗录》（一卷）；贵恒撰《使闽吟草》；延清撰《锦官堂诗草》《锦官堂诗续集》《锦官堂七十二候试律诗》《庚子都门纪事诗补》《奉使车臣汗记程诗》《锦官堂试贴》《丙午春正偶和诗》《来蝶轩诗》；胡俊章著《燕笙诗钞》；继昌撰《尘定轩吟稿》；盛昱撰《郁华阁集》（三卷）；锡钧著《容容斋诗草》；钟灵撰《川楚纪游》；阔普通武撰《南皮纪游草》《万生园百咏》《尺五园诗草》；杨钟羲撰《青岛纪游诗》《圣道诗集》；景禠著《北征集诗草》；润芳著《蓉镜轩诗草》；宝铭著《春薇堂诗草》。

诗文集2部：英启撰《葆愚轩集》（诗集1卷、文集1卷）；文焕著《叙州集诗文》。

词集9部：纳兰性德著《纳兰词》；于宗瑛撰《来鹤堂诗余钞》；高鹗撰《兰墅砚香词》；承龄撰《大小雅堂诗余》《冰蚕词》；文㭎撰《可青轩词存》；继昌《左庵诗余》；志锐撰《张家口至乌里雅苏台竹枝词》；阔普通武撰《华鬘室词》。

赋4部：英和撰《卜魁赋》；于宗瑛撰《来鹤堂赋钞》；和瑛撰《西藏赋》；延清撰《锦官堂赋钞》。

文集52部：留保撰《完颜氏文存》《大清名臣言行录》；麟庆撰《黄运河口古今图说》《鸿雪因缘图记》；崇实著《崇实奏折》；范承谟著《范忠贞公文集》；纳兰性德撰《渌水亭杂识》；阿克敦撰《阿克敦集》；那彦成撰《那文毅公奏疏》《平番奏议》；介福撰《西清载笔录》；英和著《石氏受姓源流纪略》《恩福堂笔记》；于宗瑛撰《来鹤堂文钞》；七十一撰《椿园文存》；锡珍著《台湾日记》《朝鲜日记》《喀尔喀日记》；铁保撰《梅庵文钞》；法式善撰《陶庐杂录》《存素堂文集》《存素堂文续集》；蒋攸铦撰《黔轺纪行集》；高鹗撰《兰墅文存》；桂芳撰《敬仪堂经进诗文稿》；全庆著《东使堂稿》《津沽稿》；倭仁撰《倭文端公遗书》；铭岳撰《妙香馆文钞》；盛元著《南康府志》《营防小志》；麒庆著《奉使喀尔沁行记》《奉使鄂尔多斯行记》；景霖撰《山斋杂录》（九卷）；文㭎撰《随轺笔记》《随轺集》；锡缜撰《退复轩文》《退复轩随笔》；锡元著《棣华堂文集》；继昌撰《柏垣琐志》《左庵琐语》《行素斋杂记》《忍斋丛说》

《左庵一得初录》；阔普通武撰《青海奉使集》《湟中行记》；瑞洵撰《散木居奏稿》《犬羊集》；贻谷撰《绥远奏议》《垦务奏议》《蒙垦陈诉事略》；世荣撰《静观斋文稿》。

辑集著作32部：麟庆编辑《词苑联珠》《叙德书情集》《安梅书院观风选存》《蓉湖草堂赠言录》；崇实辑《白云仙表》；纳兰性德编纂《通志堂经解》《今词初集》；鄂敏辑《西湖修禊诗》；伊福纳辑《白山诗钞》；七十一纂《西域总志》；铁保辑《白山诗介》《熙朝雅颂集》《国朝律介》；蒋攸铦辑《同馆律辅精萃》（六卷）；成书辑《多岁堂古诗存》（八卷）；那清安辑《梓里文存》；福申辑《续同书》《方舆类聚》《清异编珠》《古锦囊》《俚俗集》《同书余辑》；托浑布编辑《西道纪略》《东道纪略》；恒善辑《强哉行汇刊》；锡缜辑《金贞祐铜印题词》；善广辑《浙水宦迹诗钞》；延清辑《蝶仙小史汇编》《引玉篇四集》《遗逸清音集》；溥良辑《南菁札记》；世荣辑《静观斋丛录》。

理论著作4部：法式善撰《梧门诗话》《八旗诗话》；继昌撰《左庵词话》；杨钟羲撰《雪桥诗话》。

科学著作1部：麟庆撰《河工器具图说》。

从上面的统计可以看出，诗歌一直是中国文学的主流，清代八旗进士也无例外地承袭了这一传统，创作了数量众多的诗歌作品，诗文集（包括赋）多达200部。这些诗歌不仅数量庞大，而且题材广泛，以现实主义的表现手法描写了祖国大江南北的风光。到了清代后期，诗歌描写的范围进一步扩大，到达朝鲜和日本等东亚国家。正因为八旗进士始终有文人的情怀，才能创作出如此众多的诗歌，为现在了解当时的社会生活面貌提供了重要的参考资料，这是这些诗歌的重要文献价值和社会价值所在。

清代初期，满族自身文化典籍不足。皇太极即位后，实行振兴文教的文化政策，开始将汉文典籍翻译成满文书籍，八旗进士阿什坦在这方面就作出了重要贡献。阿什坦先后将《大学》《中庸》《孝经》等书籍翻译成满文，供满族人学习。通过学习这些满文作品，整体提高了满族人自身的文化素质和文学修养。散文著作最有影响力的是留保撰写的《完颜氏文存》和盛昱撰的《八旗文经》。这两个散文集各有特点，是八旗进士散文创作的代表作。《完颜氏文存》主要记录了自己家族内部的生活、学习和社会交往情况，作者以饱含深情的笔墨描述了自己家族内部的亲情关系，深情处令人潸然泪下，不禁敬佩这个家族优秀的家风以及能够将此一代一代传承下去的力量。《完颜氏文存》中《省身功课》《读书功课》《养身功课》和《持家功课》等内容具体规定了家族子女学习的具体内容，以及如何养成独立完整的人格。留保真正做到了一日三省，"清晨凝神静气，自盟于心，曰：诸恶莫作，聚善奉行，言思可道。行思可乐，昼有为，宵有得，息有养，瞬有存。暮夜凝神静气，拜祷于天，曰：风调雨顺，国泰民安，君明臣良，父母登仙，一门佳庆。亲戚康宁，逢凶化吉，消罪免愆"①。告诉家族子女如何做到三省，白天和晚上怎样言行思考都有具体的规定，这样具体的教育行为即使在汉族著作中也比较少见。因此，《完颜氏文存》具有极高的文献价值和教育价值。盛昱撰的《八旗文经》是一部辑录了八旗文人的文章选集，收录了大约600篇文章，其中附《作者考》3卷，对八旗文人的生平和著述作了详细介绍。

八旗进士在赋的写作上也有突出贡献。比如蒙古八旗进士和瑛撰写的《西藏赋》是唯一一篇以西藏为题材写作的赋，文章保存了关于西藏地理、气候、文化等方面的文献资料。满洲进士英和著的《卜魁赋》也是其中的代表，记述了卜魁城的建置沿革、兵防官制、地理位置、季节气候、民风物产、教育文化等内容。八旗进士的词作比较多，有纳兰性德《纳兰词》、于宗瑛《来鹤堂诗余》、高鹗《兰墅砚香词》、承龄《冰蚕词》、文铬《可青诗余》、继昌《左庵诗余》、志锐《张家口至乌里雅苏台竹枝词》和麒庆《麒庄敏词》。诗话理论著作不多，以蒙古八旗法式善《梧门诗话》和《八旗诗话》为主。法式善分析了八旗文人群体的诗风特点和取得的整体诗学成就，在"吉光片羽"的评论中体现出他本人的诗学理论：关于诗歌的本质，他力主"自写性情"，同时在诗歌的审美追求方面，强调"含蓄蕴藉"和"以清为主"。

三　题材广泛，风格多样

八旗子弟考中进士后，成为国家后备干部，或留在京师，或被派往地方履职，进入仕途。因此八旗进士的文学作品中显示出了他们的仕宦轨迹。当时的各个地区，甚至台湾、新疆、青海、西藏、大兴安岭等地都以文学作品的形式进入大众的视野，尤其是清代中后期这个特点更为明显。相应地，诗歌题材也更加开阔和丰富。宝鋆《奉使三音诺彦纪程草》《塞

---

① （清）完颜留保撰：《完颜氏文存》，清抄本，中国国家图书馆藏。

上吟》和满洲奎照《使青海草》，都将边疆的风景写入诗中。《使青海草》是奎照1831年出使青海时所作，诗歌共有74首，描述了出使青海途中的历史人物、西北风光和思念亲人之作，同时还有酬唱赠答之作。朴素自然的风格、通俗浅近的语言是其诗集体现出来的最大特点，但因描写的是西北自然风光，因此有的诗作气魄宏大，意境开阔，以雄浑奔放的气势描绘了高山大河雄峻浩渺的场面，如《望西岳》：

远从百里外，一角露巇岖。心目已为驰，询之是少华。西出潼关西，三峰自天下。其外宫小山，四面岚光射。脂车碌碌指华阴，穿过绿荸丹枫林。须臾殿宇敞金碧，静闻老桧传清音。山僧供立启寺门，拂衣展谒西望尊。汲泉煮茗翻露蕊，推窗竚目看朝暾，真形亦曾读拓本，未究其蕴徒窥藩。爱登后阁试南望，一带空蒙雪酝酿。等闲那得纵奇观，跂足凭栏若相向。仙灵却识尘寰意，召遣冯夷与巽二。尽驱云气洒清风，放出山容特奇异。中峰耸立标嶔崎，左峰右峰相追随。上有喷珠泻玉之飞瀑，下有一茎九叶之灵芝。旁有屏颜石栈真可梯，中有修岩如廊谁能栖。天马行空踏露脚，白猿拾果栖山眉。何年更复作游戏，石磴一向留残棋。

高低突兀如鱼贯，忽来雨脚山之半。飕飕凉意透袷衣，仰视山容又一换。青摇树影接渺冥，红湿花光极炫烂。雨收洗却纤尘清，应接翻教眼花乱。山云归后又迷漫，似憎下界人贪看。我今何处追仙踪，依依空对青芙蓉。愿将一幅雪浪纸，收取奇峰入箧中。①

作者绘声绘色地描写了华山优美壮丽的景色以及瞬息间景色的变化，写出了华山雄奇峻伟、高耸险恶，语句风格上类似李白《蜀道难》，多次换韵，形成了抑扬顿挫的韵律。

与奎照诗歌朴素自然风格相一致的是语言的通俗浅近。奎照追求不事雕琢的接近口语的浅近自然之语，《安邑道中》：

前经霢雨此泥沙，路畔儿童笑语哗。枣柿堆盘呼客买，拾将土块

---

① 奎照撰：《赓扬集·使青海草》，清稿本，大连图书馆藏。

打饥鸦。①

全诗用语如民间口语，富有生活气息，自然活泼，充分显示了奎照诗歌在语言方面的特色。

蒙古八旗进士花沙纳在《出塞杂咏》《东使吟草》《东使计程》中描述了内蒙古大漠草原的美丽风光。麒庆的《奉使喀尔沁行记》《奉使鄂尔多斯行记》同样描述了内蒙古草原的广阔图景，但是角度和立意都与花沙纳不同。满洲八旗景廉在《冰岭纪程》中描述了伊犁昭苏冰岭的风光，伊犁昭苏冰岭在西北边陲，历代诗人鲜有到此者，因此，伊犁昭苏冰岭题材的文学作品历来较少。景廉到达昭苏冰岭后，美丽的冰岭就成为诗人笔下创作的题材，于是昭苏冰岭才以文学作品的方式进入了读者的视野。这些边疆题材的诗集都是在清代中后期完成的，说明八旗进士在清代后期履职各地是普遍情况。到了清代后期，有的八旗进士甚至有机会到国外游历，这在文学作品中也有反映。宗室寿富，爱新觉罗氏，光绪二十四年（1898）进士，后来游历日本，写出了散文集《日本风土志》。

由于处在清代中后期，国势内忧外患，八旗进士作家用现实主义的表现手法关注民瘼，以朴素自然的语言描述了社会生活，直指社会问题。满洲镶黄旗八旗进士承龄，道光十六年（1836）进士，在诗集《大小雅堂诗集》之《燕市集·初春自滁北上杂咏》中就表现了百姓生活苦不堪言的状况：

鸡声马色辨熹微，征铎郎当客愿违。别梦懵腾初中酒，晓寒凛冽更添衣。日蒸地气高三尺，天压山光碧四围。犹是江南好风景，小桥曲水报柴扉。

星汉乘槎孰问津，混茫一气走沙尘。界分南北形原壮，势压江淮怒未驯。隄上风霜千杵急，村中烟火万家新。不须击楫争先渡，多少临流待济人。

孤云归鸟两徘徊，落日苍茫首重回。大漠沙惊黄作雨，长河冰裂响如雷。少年作客初多感，歉岁逢人总挟猜。火色鸢肩余想象，停车一吊马周来。

---

① 奎照撰：《赓扬集·使青海草》，清稿本，大连图书馆藏。

莺莺燕燕尽饥鸿，一曲琵琶恨未通。别馆荒唐云雨梦，歧途南北马牛风。流离已信生男恶，刺绣翻怜倚市工。懒向尊前听金缕，深情频为祝绥丰。

几家皮骨仅空存，绕郭惊心认水痕。半夜鱼龙争大路，新年人鬼杂荒村。飞鸿莫定求梁愿，硕鼠犹伤未复魂。沟洫古今关至计，绸缪早议奠黎元。

地当燕赵易悲歌，怀古茫茫感逝波。曾是筑台来乐毅，尚闻屠狗有荆轲。暮云低拥飞弧口，残雪平添拒马河。屈指帝京瞻日近，郁葱佳气望中多。①

《初春自滁北上杂咏》共有六首组诗，这是诗人结束皖东吏在回京任礼部职途中的所见所闻，大约作于1840年，即鸦片战争爆发前夕，当时饥馑连年，民不聊生，即使侥幸活下来，已是仅剩皮包骨，诗人见到的惨象触目惊心，并且用现实主义的手法记录了下来，真实地反映了当时社会的困窘。不仅如此，在组诗的第五首中，作者指出为了改变民困，就要兴修水利，注重农事，这是中国民本思想的体现。

八旗进士文学家有一类题材的诗歌需要注意，就是题赠诗，有给书法作品题诗的，也有给绘画作品题诗的，其中以题画诗居多。

有清一代，因书法题诗赠和的诗歌在八旗书法名家和汉族人士的交往中屡见不鲜。陈用光，字硕士，一作石士，又作实思，号瘦石，嘉庆六年（1801）进士，官礼部侍郎。法式善曾对其尺牍赠诗云："君不工书书特妙，亦拙亦涩亦危峭。"② 法式善还给秦承业题过尺牍之诗。秦承业，字补之，号易堂大士子，乾隆四十六年（1781）进士，官侍讲学士，工唐人楷法，著有《字学启蒙》。法式善曾在他写的尺牍后题诗："细楷肯为誊碑文，留傍石鼓镌贞珉。溧阳笔札匆匆寄，晒药移花住山寺。我有蛮牋十丈长，腕力闻君酒半强。奎章阁下诋虞褚，芾也真个成癫狂。"这是秦承业在给法式善写完《太学碑记文》后法式善题的诗。

法式善曾任国子监祭酒，善于发现太学生的优秀书法。太学生陈樟书法水平高超，法式善将他的书法刊文以为程式，这充分说明了法式善不仅

---

① （清）承龄撰：《大小雅堂诗集》，清刻本，中国国家图书馆藏。
② （清）李放纂录：《皇清书史》卷八，辽沈书社1985年版，第14页。

自己书法水平极高，也善于发现和鼓励在书法方面取得成绩的后进。

庆勋，道光九年（1829）进士，书法极佳。斌良通过"闻道城东老开士，挥毫时借赞公房"①的诗句，说出了庆勋家因与寺庙相近，于是常常借寺中禅舍作书的情景。

八旗进士题画诗可以分成两类：一类是八旗进士给他人画作题诗。如瑞常，马哩氏，字芝生，号西桥，镶红旗蒙古人，道光十二年（1832）进士。瑞常任职杭州时，与杰纯交友甚重。当时，杰纯从宁夏将军还杭州驻防，出《双就园都护成义马图》后，瑞常赠诗云：

别经十秭客魂消，萍水重逢兴更饶。矍铄精神夸马援，腾骧魄力似票姚。

头衔昨日权专阃，血战当时压众僚。漫道鬓霜如此白，好留晚节等松乔。②

这首诗写出了重逢的喜悦，也想象到了当时战事的激烈和杰纯作战时的勇敢无畏。

另一类是时人为八旗进士画作题诗。满洲正黄旗进士嵩寿，尝为佟景莽少宰作《野园图》，同时名流沈文悫、钱文端、董文恭等就为此画题过诗。汉军正白旗李恩庆，曾经创作《山樵听雨楼图》，当时的名流人士看到这幅画作之后，也为之题诗。汉军正黄旗进士徐荣，擅画梅花，曾经将自己的梅花画作汇成《铁孙先生梅花画册》，画册一共有四幅梅花画作，每幅画作后面都有题画诗，而且题诗皆不俗。费莫氏八旗进士志和，曾经为潘文勤创作一幅《东堂喜雨图》，给这幅画题诗的人也很多。

题画诗是清代八旗进士诗文创作的一个主题，题画诗的增多正是八旗进士在文学艺术创作方面繁荣的表现。

四 文学交游广泛

清代八旗进士群体不仅在文学创作方面体现出了众多特点，而且通过

---

① （清）李放纂录：《皇清书史》卷二十九，辽沈书社1985年版，第7页。
② （清）张大昌辑，白辰文点校：《杭州八旗驻防营志略》，辽宁大学出版社1996年版，第333页。

设立各种社团进行文学艺术交流,达到交流心得、鼓励文学创作的作用。

清代八旗进士在生活中通过结社吟诗表现形而上的美好生活。如法式善、盛元、宝鋆、瑞常等人即是如此。

盛元,字韵琴,号恺庭,自号铁花馆主人。道光十六年(1836)进士。"恺庭以即用知县之江西,补余干令。未几,丁忧服阕,捐升知府,补南康以道员铨选。告归后,卜筑洪福桥东,竹木深秀,富藏卷轴。与吴筠轩观察同年,又曾同官江西,最称莫逆。相与结'铁华吟社',予亦忝附唱和,极一时之盛。"① 盛元和吴筠轩同结"铁华吟社",成为当时诗坛盛事。菩提寺(旧称菩提院)也成为吟诗联社的地方,瑞常在《吟香读书菩提院诗》中即有表现:

读书已殚十年功,谁积良材曩下桐。春草不除生意满,小窗低映夜灯红。

禅房习静远尘嚣,诗社联吟逸兴豪。莫讶鹏程千万里,但搏健翮自凌霄。②

这首诗表现了当年结社吟诗的盛况,遥想当年风雅之事,可见杭州诗社之盛。

宝鋆,字佩蘅,索绰络氏,满洲镶白旗人,世居吉林。道光十八年(1838)进士,授礼部主事,擢中允,三迁侍读学士。致仕后,宝鋆与恭亲王居西山游览唱和。③ 年逾八十,恩赉犹及。宝鋆与恭亲王奕䜣师友酬唱的经历,在诗集中多有体现。

诗社在吟诗之外,也关心国家政治。宗室寿富,字伯茀,满洲正蓝旗,光绪二十四年(1898)进士。因忧愤清末国势不张,八旗人才日衰,不仅写《劝八旗官士文》,而且成立"知耻会"④,目的是警醒八旗子弟,使其自强自立,以期恢复清代中兴的繁荣局面。

---

① (清)张大昌辑,白辰文点校:《杭州八旗驻防营志略》,辽宁大学出版社1996年版,第269页。

② (清)张大昌辑,白辰文点校:《杭州八旗驻防营志略》,辽宁大学出版社1996年版,第278页。

③ 赵尔巽等撰:《清史稿》,中华书局1977年版,第11698页。

④ 赵尔巽等撰:《清史稿》,中华书局1977年版,第12779页。

八旗进士群体通过文学社团进行文学交游，丰富了自己的创作题材，提升了自身文学创作能力，为八旗进士团体文学创作水平的整体提升提供了客观的环境。

因此，八旗进士的诗歌创作在体现家族特点的基础上始终以现实主义手法为主，自然风光、社会民生、师友酬唱等题材都进入创作视野，八旗进士文人在创作上以务实为主，这也符合八旗子弟的民族特点和风格，打上了深深的民族烙印。

第三节 八旗进士群体文学成就原因探析

八旗进士群体文学成就的取得既有外在的原因，同时也是家族内部积极努力的结果。外部原因主要有两个：其一，八旗子弟从东北迁入中原，自然生态环境和社会环境的改变使得八旗子弟接触到了中原儒家文化，即得力于江山之助。其二，帝王的示范作用，清代各朝帝王不仅是政治家，而且也是文学家，大多能诗善文，这给八旗进士起了很好的示范作用。八旗进士家族内部也是八旗进士在文学方面取得成就的一个重要原因，八旗进士家族大多重视子女教育，而且有严格的教育内容。这些内外因素共同促成了八旗进士在文学创作方面取得了很大的成就。

一 环境因素

八旗子弟入关前，生活在东北苦寒之地，以渔猎生活为主。冬季漫长寒冷，达到六个月以上，生存条件的恶劣不仅提升了八旗子弟的生活技能，而且在长期的生活中养成了坚强独立的性格，为了生存下去他们善于学习各种先进的技术，这种善于学习的性格成为八旗子弟不断进步的源泉。随着努尔哈赤带领女真人崛起步伐的加快，八旗子弟的作战能力迅速提高，在战争中锻炼了他们的尚武能力和尚武精神。八旗子弟带着坚强独立、善于学习和尚武精神进入山海关后，发现中原和东北的自然环境完全不同，但是他们很快适应了中原地区的生活环境和社会环境。社会环境的变化使八旗人士受到了儒家文化的濡染，而且随着国家对八旗子弟开科取士政策的推行，八旗子弟开始大量转向对文化的积极追求和学习，从而八旗"尚武精神"开始向"尚文精神"转变。但是为了保持满洲"国语骑射"的传统，国家在看到这一转变后开始限制。这在《八旗通志·学校志》中有明确记载：

文武乃治天下极要，不可偏向。今见八旗人等，专尚读书，有子弟几人，俱令读书，不肯习武，殊违我朝以武功定天下之意。①

上面的记载说明，清初政府限制八旗子弟读书的人数。此外，科举考试时也减少了八旗子弟的录取名额，顺治十四年更是停止八旗考试，直到康熙初年才允许八旗子弟复考。但是尚文风气已经形成，中原深厚的文化土壤给八旗子弟以丰富的文化滋养。清代皇帝也逐渐认识到，满洲八旗子弟必须经过读书才有可能像汉族儒士那样有才学，才能进入国家机构以维护自身的统治。从康熙朝开始，国家统一，社会环境开始从战乱走向统一，八旗子弟自身也认识到通过军功来获得较高社会地位的情况已经很少了，要想持久地维护家族荣誉，就需要通过科举考试来实现对家族名誉的保护。于是，在帝王的积极影响和关注自身前途的热情召唤下，八旗子弟开始努力向学。八旗子弟生活环境优越平稳，这使得他们在科举考试中更加容易中式，也为其进行文学创作提供了充裕的物质条件，先进的文化环境是八旗进士进行文学创作的土壤。因此，生态环境和社会环境的变化，以及文化环境的滋养使得八旗进士能够创作出大量优秀的可以传世的文学作品。

二 母教文化因素

八旗进士文学群体在文学创作方面取得的成就，与众多母亲的细心培养息息相关。康熙统一全国后，分驻全国各地的八旗人数逐年上升，八旗进士仕宦全国的情况屡见不鲜，有的基本一生都在任地履职，其妻便承担起了教育子女的责任。完颜氏家族的恽珠，为泰安知府完颜廷璐妻，在丈夫完颜廷璐去世后，承担起了家庭生活的担子，在培养子女成才的道路上付出了艰辛的努力，严厉教育自己的三个儿子麟庆、麟昌、麟书。在恽珠的悉心教育下，其子麟庆19岁即中式进士，可谓是少年成才。因为年少中第，担心儿子骄傲自满，恽珠写诗《喜大儿麟庆连捷南宫诗以勖之》，告诫儿子戒骄戒躁：

---

① 李洵、赵德贵、周毓方、薛虹等主校点：《钦定八旗通志》，吉林文史出版社2002年版，第1539页。

乍见泥金喜复惊，祖宗慈荫汝身荣。功名虽并春风发，心性须如秋水平。

　　处世毋忘修德业，立身慎莫坠家声。言中告戒休轻忽，持此他年事圣明。①

在这首七律诗中，恽珠告诫麟庆虽早年成才，但是要保有一颗平常心，重视道德修养，以家族名誉为重，最重要的是要报效国家。恽珠本人善诗画，不仅著有诗集《红香馆诗草》，而且画出了《百花手卷》《金鱼紫绶图》《春夜宴桃李园图》《锦灰堆图》《红岛护书图》等绘画作品。受到母亲的影响，麟庆也是一位文学家，写出了大量的诗文作品。后来恽珠以子麟庆贵封一品夫人，这是清廷对恽珠家庭教育成功的一种褒奖。可见，麟庆等人是在文学和文化氛围浓厚的书香仕宦家庭成长起来的，这对个人的发展有积极作用。

那彦成，字绎堂，章佳氏，满洲正白旗人，大学士阿桂孙。乾隆五十四年（1789）进士，选庶吉士，授编修，直南书房，四迁为内阁学士。嘉庆三年（1798），命在军机大臣上行走。迁工部侍郎，调户部，兼翰林院掌院学士。那彦成取得的成就与母亲的悉心教育分不开。那彦成三岁而孤，母亲那拉氏守志，抚其成立。为表彰母亲那拉氏对那彦成的教育，嘉庆皇帝特御书"励节教忠"②额表彰。

母亲是一个家庭的核心因素，可以说母亲的影响对于一个人的成长至关重要。清代八旗进士无论在科举、文学创作还是仕宦生涯方面，都受到了母亲良好的教育和积极的影响。

三　国家政策因素

清代统治阶级向以"国语骑射"为根本。入关之初，王公诸大臣无不弯强善射，国语纯熟。久居中原后，渐染汉习，国语骑射渐渐荒疏。为了不忘本，八旗子弟科举考试前要增加弓马考试科，凡骑射中式者才可参加科举考试。但是对于八旗儒士，皇帝却能容忍这一情况。如"鄂刚烈公容

---

①　（清）恽珠辑：《国朝闺秀正始集》，清刻本，中国国家图书馆藏。
②　赵尔巽等撰：《清史稿》，中华书局1977年版，第11458页。

安不谙国语,上虽督责,然厚加任使,未尝因一眚以致废弃。国太仆柱习为迂缓,当较射禁庭,国襃衣大冠,侍卫有望而笑者,上曰:'汝莫姗笑,彼为儒士,今乃能持弓较射,不忘旧俗,殊为可嘉也。'"① 鄂容安作为八旗子弟,已经对满语不熟悉了,说明满语虽为母语,但是因为学习汉语和周围生活环境的变化,已经渐渐淡化对满语的学习。国柱骑射技术不佳,不仅没有受到皇帝训斥,反而说国柱作为儒学大士能来参加骑射比赛就已经很难得了,体现出了皇帝的右文政策。

皇帝不仅在"国语骑射"方面对八旗子弟宠渥有佳,甚至还钦赐八旗子弟进士及第。"康熙六十年,此番应试之人有学问优长不得中式以致抱屈者……满洲举人留保学问好,满洲、蒙古、汉军中罕有及者。即翰林中谅如彼者亦少,此在朕前行走之人,朕深知之,非属偏向也。王兰生、留保俱赐进士,一体殿试。"② 这是康熙皇帝对八旗子弟在举业方面极大的勋励。康熙皇帝不仅钦赐留保进士及第,而且在留保中进士前,专门下旨令其专心读书,"且不必令其当差,着他好生读书,读书有成,即是于朕出力也。自是之后,凡旗下挑选差使,留保俱未与者。"③ 这也表明了清代皇帝不仅重视而且鼓励八旗子弟读书,把八旗子弟勤于读书看成是对国家的一种贡献。

质而言之,清代八旗进士群体在文学创作领域取得了突出成就,写出了大量作品,而且形成了明显的家族特点,出现了祖孙、父子、兄弟,乃至一门数代文风不衰的文学家族。八旗进士群体在此基础上将创作视角深入到社会民生更广阔的领域,积极关注民瘼,具有现实主义的情怀,这是清代八旗进士群体在文学方面的贡献,也是满蒙汉民族文化交融的结果。正因如此,满族文学最终成为中国古代文学的重要组成部分。

---

① (清)昭梿撰:《啸亭杂录》,中华书局1980年版,第16页。
② (清)乾隆官修:《清朝文献通考》第一册,浙江古籍出版社2000年版,第5312页。
③ (清)完颜留保撰:《完颜氏文存》,清抄本,中国国家图书馆藏。

第四章　清代八旗进士群体书画创作叙略

　　八旗子弟在1644年入关后，从顺治九年（1652）第一次参加进士科考试，到光绪三十年（1904）止，共参加102科会试考试，产生文科进士1417名。① 八旗进士在中式进士之前就要学习书法，学习书法是其举业学习的一部分，而且要常年坚持，勤学不辍。留保，满洲镶黄旗人，康熙六十年（1721）进士，在其所著《完颜氏文存·读书功课》中详细记录了自己学习书法的内容和要求："学字，《乐毅论》《兰亭记》，真草千字文，诸法帖……笔墨精良。"② 留保要学习楷书、行书，还要临摹各种法帖，其中最重要的有"楷中兰亭"之称的《乐毅论》和被称为"天下第一行书"的《兰亭记》，可见对书法要求很高。这种情况说明八旗进士能够在书画等艺术领域崭露头角，任意驰骋，是经过了长期艰苦学习得来的。八旗进士不仅多是进士、诗人，还是著名的书画家，如铁保就是当时著名的书画家，书法方面是当时四大书家之一；绘画方面擅长画梅，得到时人赞誉。八旗进士群体在书法和绘画方面成就非常突出，但是一直以来没有得到足够的重视，实际上清代学术文化的繁荣与八旗进士的努力有密切的关系，下面详述八旗进士在书画方面的重要成就。

　　目前为止，学术界近20年来对八旗进士书画创作方面的研究主要集中在个案方面，涉及铁保、崇绮、英和、那彦成等人。对铁保的研究文章有9篇：1.江南《满族书法家铁保》（《满族研究》1994年第3期），简

---

① 此数据为笔者参照李洵、赵德贵、周毓方、薛虹主校点《钦定八旗通志》，吉林文史出版社2002年版；朱保炯、谢沛霖编《明清进士题名碑录索引》，上海古籍出版社1979年版；江庆柏编著《清朝进士题名录》，中华书局2007年版等资料，又赴中国国家图书馆、北京大学图书馆、清华大学图书馆、中国科学院文献情报中心、上海图书馆、南京图书馆和浙江省图书馆等地查阅60科会试同年齿录、会试录、进士登科录、直省同年录、殿试题名录、会试官职录等一百余种资料统计得出。

② （清）完颜留保撰：《完颜氏文存》，清抄本，中国国家图书馆藏。

要评述了铁保夫妇在书法和绘画方面取得的成就;2. 刘恒《略说"翁、刘、成、铁"》(《中国书画》2003 年第 9 期),简述了翁方纲、刘墉、成亲王、铁保四位书法家的成就;3. 李青舫《铁保木刻匾联赏析》(《上海文博论丛》2004 年第 1 期),评述了崇明县博物馆存铁保木刻匾联的艺术价值;4. 吴春龙《清·铁保书法作品的修复及思考》(《中国文物保护技术协会第五次学术年会论文集》,2007 年),通过叙述修复铁保《晚节先生道》书法作品的过程,为同行提供修复书法作品的经验;5. 张剑《对铁保三幅书法的考释》(《书画世界》2008 年 11 月),对存于陕西师范大学图书馆的铁保三幅书法作品进行评析,从而分析铁保书法不同时期、不同风格的成因;6. 杨国栋《铁保的书法艺术及书学思想》(《青少年书法》2009 年第 24 期),分析了铁保的书法艺术及书学思想;7. 关纪新《清代满族文学家铁保素描》(《大理学院学报》2011 年第 11 期),在论述铁保文学成就的同时,也简述了铁保在书画方面取得的成绩;8. 金丹《清代阮元书法金石交游考(上)——阮元与刘墉、翁方纲、铁保之师生交谊考》(《荣宝斋》2013 年第 8 期),叙述了阮元和铁保师生交游的情谊;9. 程渤《清中期四家的临书及其观念》(《中国书法》2016 年第 11 期),论述了翁方纲、刘墉、成亲王、铁保四人在临书方面的异同以及对后世的影响。涉及崇绮的研究文章有 2 篇:1. 冷松《好学深思心知其意,格言善行日陈于前——状元崇绮等书法墨盒考》[《文艺生活》(艺术中国)2013 年第 6 期],通过考证墨盒上面崇绮等人的书法,论述当时书家的交游情况;2. 姚悦《旗人状元崇绮自用刻铭紫端砚》(《收藏》2015 年第 3 期),对崇绮写在自用端砚上的书法进行评论。关于英和书画成就的研究文章有 3 篇:1. 韩向成《清代名家英和遗墨赏析》(《书法赏评》2007 年第 1 期),简述了英和"伯符誓书"楹联的成就;2. 赵春辉《索绰络氏家族文化与文学源流考》(《学术交流》2017 年第 1 期),在梳理索绰络氏家族谱系后,阐述了英和夫妇在书法绘画方面的成就;3. 王万顺《清代书法家刘墉与英和交游考略》(《关东学刊》2017 年第 3 期),详细论述了刘墉与英和在书法方面的师生情谊;4. 鲍明《〈石渠宝笈〉著录的满族书画家及其作品考》(《白城师专学院学报》2018 年第 1 期),论述了与《石渠宝笈》有关的满族编纂者,以及收录在《石渠宝笈》中的满族作家的书画作品及其特点,其中论述了八旗进士英和的书法成就。研究那彦成在书法方面成就的文章有 3 篇:1. 罗楚南《有关兰州城建史的一个重要文物——介绍那彦成的〈重修兰州城碑记〉》(《兰州学刊》1983年第3期),介绍了碑文作者那彦成和碑文内容;2.程云霞《〈重修固原城碑记〉及其作者那彦成》[《固原师专学报》(社会科学版)2006年第4期],叙述了那彦成的生平及其《重修固原城碑记》的碑文内容,其中提到了那彦成的书法成就;3.刘衍青《那彦成与固原城——兼论〈重修固原州城碑记〉的文献与文学艺术价值》(《宁夏师范学院学报》2018年第3期),从历史与文学的角度论述了那彦成《重修固原州城碑记》的价值,也涉及那彦成的书法成就。

通过上述研究文章可知,学界对八旗进士书画家的研究仅停留在个案研究上,还未对八旗进士书画群体进行整体研究和观照。为此,本书将对有清一代八旗进士在书画领域的发展过程及其成就进行详细考证和论述,从而进一步认识到八旗进士不仅诗文创作成就斐然,而且书画创作也是后来居上,以此证明八旗进士在文化艺术领域可以和汉族相埒,是中华文化的共同缔造者。

第一节 八旗进士书法成就考略

笔者根据(清)李放纂录《八旗画录》、(清)纳兰性德撰《通志堂集》、(清)钱泳撰《履园丛话》、(清)李放纂录《皇清书史》、(清)震钧辑《国朝书人辑略》、震钧著《天咫偶闻》、(清)王昶辑《湖海诗传》[1] 等清代文献资料,兹列举出清代八旗进士书法家简表。

表4-1 清代八旗进士书法家简表

序号	姓氏	名字	旗属	字号	科名	书法成就
1.	丁氏	丁思孔	汉军镶黄旗	字景行,号泰严	顺治九年(1652)壬辰科进士	《皇清书史》卷十九:赵俞撰墓志云:工书翰

---

[1] (清)李放纂录:《八旗画录》,民国七年铅印本,中国国家图书馆藏;(清)纳兰性德撰:《通志堂集》,上海古籍出版社1979年版;(清)钱泳撰:《履园丛话》,中华书局1979年版;(清)李放纂录:《皇清书史》,辽沈书社1985年版;(清)震钧辑:《国朝书人辑略》,明文书局1985年版;震钧著:《天咫偶闻》,北京古籍出版社1982年版;(清)英和著:《恩福堂笔记》,北京古籍出版社1991年版;(清)王昶辑:《湖海诗传》,上海古籍出版社2013年版。

续表

序号	姓氏	名字	旗属	字号	科名	书法成就
2.	范氏	范承谟	汉军镶黄旗	字觐公，号螺山，一号蒙谷	顺治九年壬辰科（1652）进士	《皇清书史》卷二十六：陆光旭曰：字则骨劲神清，法兼颜米。张宗楠曰：书法端庄娜直，直逼平原。梁同书曰：公不以书见长，而字里行间一种方正严毅之气，令人起敬。张廷济曰：字画劲健，郁勃纯似颜书。《郁栖书话》：予曾在俞觐轩侍郎座上见忠贞行书所作武夷杂咏卷子，郁盘飞动，笔意在颜柳之间，即同时书法专家亦未能远过。后有汪武曹先生份小楷题识亦佳。侍郎旋以此卷寄赠端忠敏。《国朝书人辑略》卷二：书有以人传者，忠贞公书是也。公不以书见长，而字里行间一种方正严毅之气，令人起敬起畏。吾乡西湖向有公书"勾留处"三大字额，与此笔迹无异，加纵横焉。闻近日为俗物撤去，不知所在，惜哉
3.	纳喇氏	成德	满洲正黄旗	避东宫嫌名，改性德。字容若，号楞伽山人	康熙十五年丙辰科（1676）进士	《通志堂集》：《通议大夫一等侍卫进士纳兰君墓志铭》（徐乾学撰）：其书法摹褚河南临本楔帖，间出入于黄庭内景经，当人对殿廷，数千言立就，点画落纸，无一笔非古人者。《通志堂集》：《通议大夫一等侍卫进士纳兰君神道碑铭》（韩菼撰）：工书，妙得拨灯法，临摹飞动。《天咫偶闻》卷四：书学褚河南，间出入黄庭内景经
4		喀尔喀	满洲正白旗	字警斋	康熙三十年辛未科（1691）进士	《皇清书史》卷三十一：书近思翁
5	年氏	年羹尧	汉军镶黄旗	字亮工，号双峰	康熙三十九年庚辰科（1700）进士	《皇清书史》卷十一：析津姚氏藏有太保小楷书《杜诗册子》，笔致秀媚，逼近赵荣禄。予又见其七言楹帖及寿春孙陟夫民政新得之行书小幅，苍逸秀拔，极似其同年友史文靖公。亦精鉴赏，今世所传之宋元名迹，往往有其藏印
6	爱新觉罗氏	吴拜	满洲正蓝旗	觉罗，字一斋	康熙五十一年壬辰科（1712）进士	《皇清书史》卷五：德厚《一斋公书心经跋》：雅好临池，得晋人三昧，一时书名大振，踵门来索者日不暇给

续表

序号	姓氏	名字	旗属	字号	科名	书法成就
7	章佳氏	尹继善	满洲镶黄旗	字符长，号望山	雍正元年癸卯恩科（1723）进士	《皇清书史》卷二十四：袁枚与继善尺牍云：公书肆力文董，非专门名家所可企及
8	佟氏	佟介福	汉军正蓝旗	字受兹，号景莘	雍正十一年癸丑科（1733）进士	《皇清书史》卷一：钱载挽诗云：真书赵董论
9	西林觉罗氏	鄂容安	满洲镶蓝旗	字休如，号虚亭	雍正十一年癸丑科（1733）进士	《皇清书史》卷三十一：王昶撰传云：往在云南过嵩明州海潮寺，寺悬刚烈"海暗云无叶，山寒雪有花"楹帖，是从西林相国督黔时书，笔力峻拔，在欧颜间。想见横身绝域，透爪握拳之状。昨又见所作诗稿本间有涂乙改窜，瘦硬通神，藏锋出力，与所见书法风格不殊。 法式善《鄂刚烈遗墨跋》云：刚烈遗墨散在人间者甚多，余于西山苍雪庵见公手迹，谋勒诸石，未果也。后令子五峰侍郎持公遗稿见贻。余既抄其诗人选，复装为两巨轴珍藏之，所余残楮虽涂过半，而笔势飞动，英爽之气逼人，真可宝也。蓉庄观察欲寿贞珉为检楮墨完整者畀之，庶足以传公之真焉。伯熙尝谓张鄂相攻而虚亭书法瘦硬通神，乃大类天瓶居士，亦足异也。 《国朝书人辑略》卷四：往在云南过嵩明州海潮寺，寺悬刚烈公"海暗云无叶，山寒雪有花"楹帖，是从西林相国督黔时书，笔力峻拔，在欧颜间。想见横身绝域，透爪握拳之状。昨又见所作诗稿本间有涂乙改窜，瘦硬通神，藏锋出力，与所见书法风格不殊
10	索绰络氏	观保	满洲正白旗	字伯容，号补亭，一号蕴玉	乾隆二年丁巳恩科（1737）进士	《皇清书史》卷十：观保字《石渠宝笈》著录

续表

序号	姓氏	名字	旗属	字号	科名	书法成就
11	索绰络氏	德保	满洲正白旗	观保从弟，字仲容，一字怀玉，号润亭，一号定圃，又号庞村	乾隆二年丁巳恩科（1737）进士	《皇清书史》卷三十一：法式善《德文庄公遗墨跋》云：此吾师文庄公遗墨，而煦斋侍郎所缉成卷者，汇数十年所书，笔法前后不无稍异，要皆吾师手迹，故足宝也。又云：一日诣丰台，芍药盛开，倡和成卷，师一一点定，辄用余韵赋诗二首，今载在《乐贤堂集诗草》乃畀余，余亦装潢为册，当与此卷并传
12		德保	满洲正蓝旗	字干和，号慎斋，别号勺园居士	乾隆七年壬戌科（1742）进士	《皇清书史》卷三十一：泰武域曰：雅擅临池，兼苏米之胜
13	于氏	于宗瑛	汉军正红旗	字英玉，号紫亭	乾隆十九年甲戌科（1754）进士	《天咫偶闻》卷五：书学颜平原，参以苏、米两家，极苍古浑厚之致。山水得清闷三昧，间作写意，人物及花卉、禽虫，皆有天趣
14	马氏	马慧裕	汉军正黄旗	字朗山，一字朝曦	乾隆三十六年辛卯恩科（1771）进士	《皇清书史》卷二十五：宋咸熙曰书法摹右军
15	栋鄂氏	铁保	满洲正黄旗	字冶亭，一字铁卿，号梅庵，一称梅翁，又称老铁	乾隆三十七年壬辰科（1772）进士	《皇清书史》卷三十一：那彦成撰神道碑云：楷书摹平原，草法右军，出入怀素、孙过庭。临池之工，天下莫及。论书云：丰者无骨，瘦者少肉。尚气魄者，失怒张矜；风韵者，趋柔媚，皆非书之正格也。论者谓惟公不愧其言云。汪廷珍撰墓志云：工书法于晋唐诸家，无不临摹，而其宗旨要以香光为归，所刻惟清斋帖，艺林宝之。笪立枢《梅庵年谱跋》云：公素喜书，与及门言名书如名士，必容貌、气骨、精神、脉络，色色完备，始争上流。近日丰者无骨，瘦者不腴。气魄胜者剑拔弩张，风韵胜者柔姿媚态，皆非书家正格，吾知之，愧未能也。公书碑版大楷真得颜法，草书学怀素，及十七帖书谱当兴会所到，有上下百年，纵横万里之概。鄂恒曰：先生书法高妙，窥清臣室，得之者如获宝。（清）王昶辑《湖海诗传》：冶亭尤工书法，北人论书者以刘相国石庵翁、鸿胪覃溪及君为鼎足

续表

序号	姓氏	名字	旗属	字号	科名	书法成就
15	栋鄂氏	铁保	满洲正黄旗	字冶亭,一字铁卿,号梅庵,一称梅翁,又称老铁	乾隆三十七年壬辰科(1772)进士	《八旗画录》前编卷中:《历代画史汇传》云:书法晋人。《国朝书人辑略》卷六:冶亭少入词垣,借其弟阆峰并以诗名,而冶亭尤工书,法北人。论者以刘相国石庵翁、鸿胪覃溪及君为鼎足
16	栋鄂氏	玉保	满洲正黄旗	铁保弟。字德符,号阆峰	乾隆四十六年辛丑科(1781)进士	《皇清书史》卷三十:工书法,出入吴兴堂奥
17	费莫氏	清安泰	满洲镶黄旗	字平阶	乾隆四十六年辛丑科(1781)进士	《履园丛话·耆旧》:喜隶书,亦苍劲入古
18	章佳氏	那彦成	满洲正蓝旗	字韶九,一字东甫,号绎堂	乾隆五十四年己酉科(1789)进士	《皇清书史》卷二十九:楷法隽雅,有晋唐风致,匪特在英协揆之上,即铁督部亦未能远过。顾为功业所掩,世人不甚知之耳。兼精鉴赏,刻有《莲池书院法帖》。徐士芬撰传云:能书二十二祸。《国朝书人辑略》卷六:那绎堂制军跋董临颜书,谓大家一落笔圆,通幅皆圆;一落笔方,到底皆方;此从得力后,论书尤见真实
19	索绰络氏	英和	满洲正白旗	德保子。幼名石桐,字树琴,号煦斋,别号粤溪生,晚号脀叟	乾隆五十八年癸丑科(1793)进士	《恩福堂笔记》:余幼时习字,临摹《多宝塔》,及冠,检先人书簏中,得松雪与子英学士手札墨迹,遂日日仿之,是为学赵之始。后列诸城文清公门,尝领论书余绪,又尝侍公挥毫,略窥作字用笔之道。一日,公出赵迹二赞、二图诗、大字卷子,董华亭所称以鲁公《送明远序》,兼米海岳法者示观。余爱不释手,公即慨赠,有一生学之不尽,聊当衣钵之语。余拜受归,因名书舍曰"苍松"。《皇清书史》卷十九:师精于临池,少壮时书法得松雪之神,晚年兼以欧、柳,自成一家。当与成哲亲王、刘文清公并垂不朽。《皇清书史》卷十九:协揆书法松雪,而失之痴肥,尝倩钱梅溪为摹刻清华斋赵帖。公子奎照玉庭、奎耀芝圃,并习赵书

续表

序号	姓氏	名字	旗属	字号	科名	书法成就
19	索绰络氏	英和	满洲正白旗	德保子。幼名石桐，字树琴，号煦斋，别号粤溪生，晚号霄叟	乾隆五十八年癸丑科(1793)进士	《天咫偶闻》卷四：工书，得法于诸城相国，曾汇刻赵文敏剧迹入石，名《松雪斋法帖》
20		贵庆	满洲镶白旗	字月三，号云西，一号梦英	嘉庆四年己未科(1799)进士	《皇清书史》卷二十七：能诗及书，有砚癖，所居名醉石龛，藏佳石甚富。《天咫偶闻》卷三：贵云西侍郎庆平生有砚癖，刻有《咏研诗》一册
21	爱新觉罗氏	桂芳	满洲镶蓝旗	字子佩，号香东	嘉庆四年己未科(1799)进士	《皇清书史》卷二十八：行、楷书，颇流丽可喜
22	爱新觉罗氏	果齐斯欢	满洲镶蓝旗	字益庭，一字友三	嘉庆七年壬戌科(1802)进士	《皇清书史》卷首：工书
23	索绰络氏	奎耀	满洲正白旗	英和子。字仲华，号芝圃	嘉庆十六年辛未科(1811)进士	《皇清书史》卷十九：公子奎照玉庭、奎耀芝圃，并习赵书
24	索绰络氏	奎照	满洲正白旗	英和子。字伯冲，号玉亭	嘉庆十九年甲戌科(1814)进士	《皇清书史》卷十九：公子奎照玉庭、奎耀芝圃，并习赵书
25	觉罗氏	德厚	满洲正红旗	原名宁，字宗维，号远村	嘉庆十九年甲戌科(1814)进士	《皇清书史》卷三十一：前见远村临闲邪公小扇，颇得松雪笔意
26	伊尔根觉罗氏	鄂恒	满洲正黄旗	字松亭	道光六年丙戌科(1826)进士	《皇清书史》卷三十一：好作擘窠书或径七八尺。《天咫偶闻》卷四：善大书或径丈一字
27	叶赫纳喇氏	全庆	满洲正白旗	那清安子。字小汀	道光九年己丑科(1829)进士	《皇清书史》卷十一：工分隶

续表

序号	姓氏	名字	旗属	字号	科名	书法成就
28	乌齐格里氏	倭仁	蒙古正红旗	字良峰，号立厓	道光九年己丑科（1829）进士	《皇清书史》卷十三：晚年喜作擘窠大字，端凝正直，可谓书如其人
29	杨氏	庆勋	汉军正白旗	号渔衫	道光九年己丑科（1829）进士	《皇清书史》卷二十九：善书及诗
30	苏完瓜尔佳氏	铭岳	汉军正白旗	字东屏，号瘦仙	道光十五年乙未科（1835）进士	《皇清书史》卷十九：吴昆田师友记云：嗜金石篆刻，尤喜摹金石、残字画、印章，尝集毛诗句成印，列于屏幅。日下祝寿者争得之以为荣，一时为之纸贵
31	裕瑚鲁氏	承龄	满洲镶黄旗	字子久，一字叔度，号尊生，一号藏庵，别号净业渔人	道光十六年丙申恩科（1836）进士	《皇清书史》卷十九：恩元《藏庵石刻跋》云：攻书尤力，从政之暇，临池自娱。子久欠蚕词为饮水之亚，兼工北体书。卒后其子恩元搜集遗墨成《藏庵石刻》一册，其中有摹黄涪翁体者，远胜郭频伽
32	徐氏	徐荣	汉军正黄旗	原名鉴，字铁孙，号药垣，先世监利人。	道光十六年丙申恩科（1836）进士	《八旗画录》后编卷中：陈继聪撰传云：工诗，精隶书，善画梅，时人以"三绝"推之
33	杨氏	杨能格	汉军正红旗	字简侯，一字仲良，别号玉堂种竹生	道光十六年丙申恩科（1836）进士	《皇清书史》卷十四：工书，初法右军，晚兼鲁公。书法名重一时，子子通侍郎、儒子和太守霁均能传其衣钵
34	赫舍里氏	如山	满洲镶蓝旗	字冠九	道光十八年戊戌科（1838）进士	《天咫偶闻》卷五：书画冠当代。书学北派而不犷，参南派而不怯
35	爱新觉罗氏	载龄	满洲镶蓝旗	字鹤峰	道光二十一年辛丑恩科（1841）进士	《皇清书史》卷首：喜颜鲁公书，每日必临颜家庙碑数纸，阅数十年不辍

续表

序号	姓氏	名字	旗属	字号	科名	书法成就
36	马佳氏	宝珣	满洲镶黄旗	字东山	道光二十一年辛丑恩科（1841）进士	《皇清书史》卷二十五：楷法欧、褚，予藏其为绍葛民所作七言楹帖，葛民其从子也
37	完颜氏	崇实	满洲镶黄旗	字子华，号朴山	道光三十年庚戌科（1850）进士	《皇清书史》卷一：工书
38	戴佳氏	晋康	满洲正黄旗	字安舟，号少谷，一号蔗存	道光三十年庚戌科（1850）进士	《皇清书史》卷二十八：书摹砖塔铭
39	李氏	李慎	汉军正蓝旗	字勤伯，号柏孙	咸丰三年癸丑科（1853）进士	《皇清书史》卷二十三：工篆隶，精鉴赏，收藏名迹极富
40	爱新觉罗氏	延煦	满洲正蓝旗	字树南	咸丰六年丙辰科（1856）进士	《八旗画录》后编卷首：《绘境轩读画记》：工书画，尤擅山水。配完颜氏，亦精绘事，时有赵管之目，尝合作避暑山庄图，艺林珍赏焉
41	博尔济吉特氏	锡缜	满洲正蓝旗	榜名锡淳，字厚庵，号渌矼	咸丰六年丙辰科（1856）进士	《皇清书史》卷三十一：满洲近日如郎中德林砚香之八分，锡缜厚庵之篆，亦称能事（《越缦堂日记》）。《皇清书史》卷三十一：书法兼颜、柳之长，而变化之笔力古掘（《行素斋杂记》）。《皇清书史》卷三十一：工四体书，尝临苏斋手摹落水兰亭卷，长三丈余，亦剧迹也
42		乌拉布	满洲镶黄旗	字少云	同治十三年甲戌科（1874）进士	《皇清书史》卷六：工楷法
43	伊尔根觉罗氏	宝昌	满洲正黄旗	字兴谷，一字朗轩	同治十三年甲戌科（1874）进士	《皇清书史》卷二十五：精分隶铁笔
44	爱新觉罗氏	盛昱	满洲镶白旗	字伯羲（一作熙，又作兮），号意园，一号韵莳	光绪三年丁丑科（1877）进士	《皇清书史》卷首：工书，体势方峻，源出欧、苏

从表4-1可知，清代八旗进士书法名家有44人，80%都出现在清代中后期。清代初期，刚刚进入中原的八旗进士在书法方面的造诣就已初现端倪，经过顺治、康熙、雍正百年积淀，八旗进士的文化素养得到了大大提高，已经可以和中原士人比肩。乾嘉时代，八旗进士中出现了十多位著名书法名家，如那彦成、鄂容安、尹继善、英和、铁保、玉保等。道咸以降，八旗进士在书法方面的造诣更是精进，在清代末年八旗书坛上，满洲八旗进士、汉军八旗进士、蒙古八旗进士都在书法方面有所成就，这里尤其应该提到的是，蒙古八旗进士在书法方面开始崛起，不过满洲八旗进士的书法成就仍占据主导地位。这种情况说明，经过了两百年的文化积淀，八旗进士在艺术修养方面已经达到了和汉族同样的水平，这是汉文化对八旗子弟的吸引和八旗人士积极主动学习汉文化的成果。

一　八旗进士书法发展历程述略

（一）八旗进士书法发轫于清代初期

《国朝书人辑略》：书，一艺也，而世道之升降因之。[①] 作为艺术形式之一的书法，能够反映国家经济文化发展的水平。因八旗进士是在入关之后开始接触和学习书法的，相应地，八旗进士的书法水平也是在入关之后政治经济逐渐向好的过程中发展起来的。

清代初期有9位八旗进士书法家。顺治朝有2位：丁思孔和范承谟，同属汉军镶黄旗，同登顺治九年（1652）进士，关于丁思孔在书法方面的记载较少，仅有其"工书翰"的记载，但是这也说明其擅长书法。范承谟在书法方面的成就有很多记录。范承谟任福建总督，其书法有颜真卿、柳公权、米芾笔意，而且"同时书法专家亦未能远过"[②]。可见对范承谟在书法方面的成就评价之高。康熙朝有4位书法家：纳兰性德、喀尔喀、年羹尧、觉罗吴拜。其中吴拜是觉罗，属于爱新觉罗氏家族成员，为上层贵族。作为宗室贵胄，吴拜生活环境优越，较其他八旗子弟更有机会接触较高的汉族文化修养，德厚《一斋公书心经跋》：

---

① 周骏富辑：《清代传纪丛刊》艺林类之（清）震钧辑《国朝书人辑略》，明文书局1985年版，第5页。

② （清）李放纂录：《皇清书史》卷二十六，辽沈书社1985年版，第23页。

"雅好临池，得晋人三昧，一时书名大振，踵门来索者日不暇给。"①吴拜不仅是进士出身，而且汉文化功底深厚，成为八旗入关后走上书坛的第一位觉罗书法家。著名词人纳兰性德，康熙十五年（1676）进士，其书法学习王羲之和褚遂良，而且学会了拨灯法，达到"点画落纸，无一笔非古人者"②的高超水平。喀尔喀，满洲正白旗人，康熙三十年（1691）进士，书法学明代书法家董其昌。年羹尧，汉军镶黄旗人，康熙三十九年（1700）进士，擅长楷书、行书，笔致秀媚。雍正朝有3位八旗进士书法家：尹继善、佟介福、鄂容安。尹继善，满洲镶黄旗人，雍正元年（1723）进士，长期担任封疆大吏，深得雍正、乾隆赏识，乾隆高度评价其为"我朝百余年来，满洲科目中惟鄂尔泰与尹继善为真知学者"③。尹继善不仅仕宦生涯一帆风顺，而且他的书法造诣也很高，他的书法不仅学习文徵明、董其昌，而且有自己的特点，端秀工丽，非专门名家所可企及。

清代初期，9位八旗进士书法家中有4位是汉军八旗进士书法家，5位是满洲八旗进士书法家，可以说，清代初期的八旗进士书法家是满洲和汉军平分秋色。这是因为八旗子弟入关不久，还没有完全接受汉族较高的文化艺术，再加上全国战争没有结束，八旗进士在军旅仕宦生涯中较少有闲暇时间临池，因此出现了八旗进士书法家中汉军八旗进士书法家占大部分的情况。但是，八旗进士毕竟以群体的姿态第一次登上了书法舞台，开始了较高文化艺术之帆的航行。

（二）八旗进士书法繁荣于清代中期

八旗子弟入关后，经过了顺治、康熙、雍正百年的积累，迎来了乾隆、嘉庆盛世发展时期，随着满汉交往日益密切，满族上层人士以具备书画修养为风尚，客观环境使满族士人在文化艺术修养方面的造诣迅速提高，八旗进士书法家开始大量出现，其中不乏书法名家，从此书法艺术成为满族文化的重要组成部分。

乾隆朝有10位八旗进士书法家：满洲正白旗观保、满洲正白旗德保、满洲正蓝旗德保、汉军正红旗于宗瑛、汉军正黄旗马慧裕、满洲正黄旗铁

---

① （清）李放纂录：《皇清书史》卷五，辽沈书社1985年版，第9页。
② （清）李放纂录：《皇清书史》卷十九，辽沈书社1985年版，第7页。
③ 赵尔巽等撰：《清史稿》，中华书局1977年版，第10549页。

保、满洲正黄旗玉保、满洲镶黄旗清安泰、满洲正蓝旗那彦成、满洲正白旗英和；嘉庆朝有6位八旗进士书法家：满洲镶白旗贵庆、满洲镶蓝旗觉罗桂芳、满洲镶蓝旗宗室果齐斯欢、满洲正白旗奎照、满洲正白旗奎耀、满洲正红旗德厚。从书法家的数量来说已经大大超过了清代初期，而且16位八旗进士书法家中，只有2位是汉军八旗进士，其余14位都是满洲八旗进士书法家，说明清代初期八旗进士书法家以汉军八旗进士为主的状况，到了清代中期已经得到了根本性的转变，八旗进士书法家开始以满洲八旗进士为主，而且一直持续到清代末期。

（三）八旗进士书法全面发展于清代后期

清代后期八旗进士的书法成就超越了清代中期，出现了鼎盛发展的局面，一共出现了19位书法家，八旗进士书法家的构成更加丰富和完整，不仅有满洲八旗进士书法家和汉军八旗进士书法家，而且还出现了蒙古八旗进士书法家，宗室书法家更是以群体的姿态站在书坛一展风采。19位八旗进士书法家中，汉军八旗进士书法家5位：汉军正白旗庆勋、汉军正白旗铭岳、汉军正黄旗徐荣、汉军正红旗杨能格、汉军正蓝旗李慎。蒙古八旗进士书法家1位：蒙古正红旗倭仁。满洲八旗进士书法家13位：满洲正黄旗鄂恒、满洲正白旗全庆、满洲镶黄旗承龄、满洲镶蓝旗如山、满洲镶蓝旗载龄、满洲镶黄旗宝珣、满洲镶黄旗崇实、满洲正黄旗晋康、满洲正蓝旗延煦、满洲正蓝旗锡缜、满洲镶黄旗乌拉布、满洲正黄旗宝昌、满洲镶白旗盛昱，占清代后期八旗进士总数的68%，可见满洲八旗进士书法家仍然是八旗进士书法家的主力军，其中宗室书法家开始以群体姿态出现，宗室载龄、宗室延煦、宗室盛昱都是清代后期著名的书法家，载龄更是每日必临颜家庙碑数纸，阅数十年不辍。

有清一代，八旗进士书法造诣精进的过程就是八旗子弟提升自身文化修养的过程，这个过程呈现出直线上升的态势，并且持续到清代末期，从而使得八旗进士更加全面深入地学习汉族优秀文化。

二　八旗进士书法家群体的特色

（一）家族特色

八旗进士书法家与其家族关系紧密，八旗进士家族对于举业的学习有完整的学习内容和学习方式，因此八旗进士书法家多来自八旗进士家族。

表4-2　　　　　　　　清代八旗进士书法家家族表

序号	姓氏	旗属	成员	谱系	科名
1.	完颜氏	内务府满洲正黄旗	阿什坦（？—1683）		顺治九年策试满洲进士壬辰科（1652）进士
			留保（1689—？）	阿什坦孙	康熙六十年辛丑科（1721）
			麟庆（1791—1846）	阿什坦五世孙	嘉庆十四年己巳恩科（1809）进士
			1. 崇实（1820—？）	麟庆长子	道光三十年庚戌科（1850）进士
			嵩申（1841—？）	麟庆孙	同治七年戊辰科（1868）进士
2.	纳喇氏	满洲正黄旗	2. 成德（1655—1685）		康熙十五年丙辰科（1676）进士
			富尔敦（1685—？）	性德子	康熙三十九年庚辰科（1700）进士
3.	章佳氏	满洲正蓝旗	阿克敦（1685—1756）		康熙四十八年己丑科（1709）进士
			3. 那彦成（1764—1831）	阿克敦曾孙	乾隆五十四年己酉科（1789）进士
			崇绶（1785—？）	那彦成族弟	嘉庆十年乙丑科（1805）进士
			庆廉（1810—？）	那彦成孙	道光十六年丙申恩科（1836）进士
4.	西林觉罗氏	满洲镶蓝旗	鄂尔奇（1682—1735）	鄂尔泰弟	康熙五十一年壬辰科（1712）进士
			4. 鄂容安（1714—1755）	鄂尔泰长子	雍正十一年癸丑科（1733）进士
			鄂敏（？—1749）	鄂尔泰从子	雍正八年庚戌科（1730）进士
			鄂伦	鄂容安从弟	雍正十一年癸丑科（1733）进士
5.	索绰络氏	满洲正白旗	5. 观保（？—1776）		乾隆二年丁巳恩科（1737）进士
			6. 德保（1719—1789）	观保从弟	乾隆二年丁巳恩科（1737）进士
			7. 英和（1771—1840）	德保子	乾隆五十八年癸丑科（1793）进士
			8. 奎照（1790—？）	英和子	嘉庆十九年甲戌科（1814）进士
			9. 奎耀（1791—？）	英和子	嘉庆十六年辛未科（1811）进士

续表

序号	姓氏	旗属	成员	谱系	科名
5.	索绰络氏	满洲正白旗	锡祉（1809—?）	奎照子	道光十五年乙未科（1835）进士
6.	栋鄂氏	满洲正黄旗	10. 铁保（1752—1824）		乾隆三十七年壬辰科（1772）进士
			11. 玉保（1759—1798）	铁保弟	乾隆四十六年辛丑科（1781）进士
7.	叶赫纳喇氏	满洲正白旗	那清安（1767—?）		嘉庆十年乙丑科（1805）进士
			12. 全庆（1801—1886）	那清安子	道光九年己丑科（1829）进士
8.	乌齐格里氏	蒙古正红旗	13. 倭仁（1804—1871）		道光九年己丑科（1829）进士
			多仁（1807—?）	倭仁弟	道光二十一年辛丑恩科（1841）进士
			衡瑞（1855—?）	倭仁孙	光绪十八年壬辰科（1892）
9.	爱新觉罗氏	满洲正蓝旗	庆安（1805—?）		道光十二年壬辰恩科（1832）进士
			14. 延煦（1828—?）	庆安子	咸丰六年丙辰科（1856）进士
			会章	延煦子	光绪二年丙子恩科（1876）进士
10.	戴佳氏	满洲镶黄旗	慧成（1803—?）		道光十六年丙申恩科（1836）进士
			15. 晋康（1824—?）	慧成子	道光三十年庚戌科（1850）进士
11.	爱新觉罗氏	满洲镶蓝旗	16. 载龄（1812—?）		道光二十一年辛丑恩科（1841）进士
			锡龄（1819—?）	载龄从弟	道光二十一年辛丑恩科（1841）进士
12.	马佳氏	满洲镶黄旗	17. 宝珣（1815—?）		道光二十一年辛丑恩科（1841）进士
			绍祺（1826—?）	宝珣子	咸丰六年丙辰科（1856）进士

通过表4-2可以看出，17个八旗进士书法家是从12个八旗进士家族走出来的，八旗进士家族内部对于书法方面的教育是有继承传统的，一个

家族往往在书法方面有共同的学习对象，这也证明了家族教育的成功和代际传承的力量。

清代初期，八旗进士书法家人数较少。从清代中期以后，八旗进士书法家人才辈出，很多八旗进士书法家都是家学渊源深厚，从而形成了八旗进士书法家鲜明的家族特点，其中索绰络氏家族和栋鄂氏家族是其代表。

索绰络氏家族的观保、德保、英和、奎照、奎耀祖孙三代五人不仅都是进士，而且在书法方面都是名家，是名副其实的八旗文化世家。观保，满洲正白旗，乾隆二年（1737）进士，参编《石渠宝笈》初编。德保，观保从弟，与观保同登乾隆二年进士，其书法作品遗存很多，子英和将其书法作品缀辑成卷，编成《德文庄公遗墨》传世。英和，乾隆五十八年（1793）进士，参编《石渠宝笈》三编，根据《恩福堂笔记》（卷下）记载：

> 余幼时习字，临摹《多宝塔》，及冠，检先人书箧中得松雪与子英学士手札墨迹，遂日日仿之，是为学赵之始。后列诸城文清公门，尝领论书余绪，又尝侍公挥毫，略窥作字用笔之道。一日，公出赵迹二赞、二图、诗大字卷子，董华亭所称以鲁公《送明远序》，兼米海岳法者示观。余爱不释手，公即慨赠，有"一生学之不尽，聊当衣钵"之语。余拜受归，因名书舍曰"苍松"。①

从这段记载可以看出，英和擅长楷书和行书，初学颜真卿和赵孟頫，临摹颜真卿《多宝塔》。后拜学刘墉门下，并得刘墉亲授笔法，接着又得临摹颜真卿行书作品《鲁公送明远序》，又以米芾为师。《铁槎山房闻见录》又记其晚年学习欧阳询、柳公权，自成一家，并且英和与成亲王永瑆、刘墉齐名当时书坛。英和书法作品《杨慎乐清秋赋轴》以楷书传世，此作结字匀整平和，笔致潇洒俊朗，既有唐人楷法严整以及颜字端庄凝重的特征，又具赵孟頫书法遒美畅达之意，是清代中期馆阁体书法代表作之一，现藏北京故宫博物院。奎照，英和子，嘉庆十九年（1814）进士；奎耀，英和子，嘉庆十六年（1811）进士。两人的书法承其家学，都习赵书。索绰络氏家族一门三代五人皆以词林起家，而且在书法方面都有建

---

① （清）英和：《恩福堂笔记》卷下，北京古籍出版社1991年版，第61页。

树，既有参编《石渠宝笈》者，又有作品传世者，真正做到一门风雅，是真正意义上的"八旗士族之冠"①。不仅如此，英和在书法方面学习赵书，他的两个儿子奎照、奎耀也学习赵书，可见这个家族在书法学习方面已经形成了自己家族的特点，即以学赵书为主。

乾嘉时期，除了索绰络氏家族书法成就以外，八旗进士中书法成就最大的当属栋鄂氏家族的铁保和玉保兄弟，尤以铁保为翘楚。铁保，乾隆三十七年（1772）进士，二十一岁即中进士，不仅在诗文方面取得了煌煌之绩，而且在书法上也取得了重大突破，其书法以晋唐为宗，楷书学颜真卿，草书学王羲之、怀素、孙过庭，临池之工，天下莫及。刻苦练字，擅长各种字体，临摹《黄庭经》《曹娥碑》，神形兼备，刻《惟清斋帖》，为一代小楷正宗，与刘墉、翁方纲、永瑆并称书坛四大家，这是八旗进士在书法方面成就最高的人士。这也证明到了清代中期，八旗子弟在学习中原文化的基础上已经有了自己的特点，是八旗子弟中原化的标志。其弟玉保，乾隆四十六年（1781）进士，也工书法。

清代后期蒙古八旗进士倭仁，晚年喜作擘窠大字，端凝正直，可谓书如其人，其书法蕴涵了蒙古族粗犷豪放的民族特点，在长期临摹过程中形成了自己独特的民族风格和民族气派。

（二）以满洲八旗为主的特点

八旗进士包括满洲八旗进士、蒙古八旗进士和汉军八旗进士。清代八旗进士书法家共44人。满洲八旗进士32人：清代初期5人：纳兰性德、喀尔喀、吴拜、尹继善、鄂容安；清代中期14人：观保、德保（满洲正白旗）、德保（满洲正蓝旗）、铁保、玉保、清安泰、那彦成、英和、贵庆、桂芳、果齐斯欢、奎耀、奎照、德厚；清代后期13人：鄂恒、全庆、承龄、如山、载龄、宝珣、崇实、晋康、延煦、锡缜、乌拉布、宝昌、盛昱。蒙古八旗进士书家1人：倭仁，处于清代后期。汉军八旗进士11人：清代初期4人：丁思孔、范承谟、年羹尧、佟介福；清代中期2人：于宗瑛、马慧裕；清代后期5人：庆勋、铭岳、徐荣、杨能格、李慎。八旗进士书法家在清代各个时期比例详见表4-3。

---

① 赵尔巽等撰：《清史稿》卷三百六十三《列传》一百五十，中华书局1976年版，第11412页。

表 4-3 清代八旗进士书法家分期简表

时间	满洲八旗进士书法家（人）	蒙古八旗进士书法家（人）	汉军八旗进士书法家（人）	总计
清代初期	5	0	4	9
清代中期	14	0	2	16
清代后期	13	1	5	19
总计	32	1	11	44
比例（%）	72.73	2.27	25.00	

通过表 4-3 可以看出，清代八旗进士在书法方面的发展呈直线上升的趋势，从清初只有 9 位八旗进士书法家，发展到清代后期 19 位八旗进士书法家，可以说八旗进士在书法方面的成就是以大跃进式的方式取得的。有清一代，满洲八旗进士书法家达到 32 位，占总数的 72.73%，取得了重大成就。从横向历史空间来看，不论是清代初期，还是清代中后期，满洲八旗进士书法家都占二分之一以上的份额，满洲八旗进士到清代中后期所占比重更是庞大，并将这一优势保持到清代末期，这是满洲八旗进士自身努力的结果。但是汉军八旗进士书法家和蒙古八旗进士书法家，也是八旗进士的重要组成部分，尤其是蒙古八旗进士中也出现了重要的书法家，如倭仁，而且在继承的基础上又形成了自己的书法特点。

三 八旗进士书法家的成就

八旗进士书法家学习前代各体书法，楷书、行书、草书皆能，到了清代后期隶书和篆书的创作也是八旗进士书法家用力之处，同时能形成自己独特的民族风格和成就。

清代初期，八旗进士书法家主要学习的对象是颜真卿、褚遂良、米芾、赵孟𫖯、文徵明、董其昌、欧阳询等前代名家。值得一提的是，八旗进士书法家能够将北方民族的性格带入书法中来。范承谟学习颜真卿、米芾书法，端庄娜直，骨劲神清，直逼平原，字里行间有方正严毅之气，具有满族的尚武精神。纳兰性德的书法学习褚遂良、王羲之，楷书和行书皆擅长，因得"拨灯法"，字体临摹飞动，俊朗飘逸，写出了满洲上层贵公子的气概。鄂容安书法笔力峻拔，出入欧阳询、颜真卿之间，想见横身绝域，透爪握拳之状。其书法瘦硬通神，藏锋出力，能够看出刚刚进入中原的八旗进士在书法方面的创作具有明显的北方民族的豪气精神。

清代中期，八旗进士沿着清代初期学习的轨迹前行。铁保以楷书、草书擅长，楷书摹平原，草法右军，出入怀素、孙过庭。临池之工，天下莫及。正因如此用力，使得铁保在书法上面出入晋唐，并以董其昌为学习核心，最终成为清代四大书家之一，其书法"有上下百年，纵横万里之概"，体现出了处于盛世的乾隆朝纵横万里的民族气势。

清代后期，八旗进士书法家学习的范围超越了清代初期和中期，八旗进士书法家不仅学习楷书、行书、草书，还进一步学习隶书和篆书。隶书的学习从乾隆时期就开始了，乾隆四十六年（1781）进士清安泰就喜欢隶书创作。到了清代后期，隶书的创作在八旗进士中开始以群体的姿态出现。道光九年（1829）进士全庆喜欢作隶书，道光十六年（1836）进士徐荣更是精于隶书写作，咸丰三年（1853）进士李慎工篆隶。篆书也是此期着力创作的书体。除了李慎创作篆书外，闻名于世的就是咸丰六年（1856）进士锡缜。锡缜书法兼颜柳之长，而且还工篆书，达到真、草、隶、篆皆擅的高超水平。

清代中后期的书法成就蔚为大观，这里有宗室书法家的贡献。爱新觉罗氏在学习汉文化的过程中凭借其高贵的社会地位和经济优势，加之有皇帝的示范作用，到了清代中后期就形成了大量的宗室书法家，其中进士书法家就有6位：桂芳、果齐斯欢、德厚、载龄、盛昱和延煦。他们都是以书法著称的宗室进士。宗室果齐斯欢，嘉庆七年（1802）进士，官工部侍郎、黑龙江将军，谥文僖。"工书。"[1] 宗室载龄，道光二十一年（1841）进士，官至文渊阁大学士，谥文端。"喜颜鲁公书，每日必临颜家庙碑数纸，阅数十年不辍。"[2] 可见，载龄以学习颜真卿书法为主，而且能够坚持数十年，说明书法已成为宗室成员生活的一部分。宗室盛昱，光绪三年

---

[1] （清）李放纂录：《皇清书史》卷首，辽沈书社1985年版，第10页。
[2] （清）李放纂录：《皇清书史》卷首，辽沈书社1985年版，第10页。

（1877）进士，官国子监祭酒，"工书，体势方峻，源出欧、苏"①。盛昱不仅在诗文方面取得很高的成就，在书法方面也是成绩斐然，主要学习北宋书家。宗室子弟在书法方面以集团形式表现出来的成就说明，宗室子弟不仅在科举方面取得了令人赞叹的成绩，而且其书法水平也具有整体优势，从而在清末书坛占有重要地位。

作品传世至今的清代八旗进士书法家不乏其人。其中最著名的是那彦成。那彦成三次出任陕甘总督，在第二次任陕甘总督期间，重修了甘肃兰州和宁夏固原两城，并作《重修兰州城碑记》和《重修固原城碑记》纪念，两文都作于嘉庆十七年（1812），《重修兰州城碑记》现存于陕西博物馆，《重修固原城碑记》原碑已毁，仅存拓片。《重修兰州城碑记》书体遒劲谨严，秀丽工稳庄重，且藏有后魏遗风。细细品味，字体俊朗圆润，外柔内刚，活泼奔放。单看每个字，笔势展开，点化飞动，那彦成不愧是清代楷书大家。

第二节　八旗进士绘画成就考略

有清一代，八旗子弟在入关之前就开始了绘画创作，只不过彼时的绘画创作多与生产活动相关。入关之后，八旗子弟开始接触汉族文化艺术，绘画作为文化艺术领域的高级形式，逐渐成为八旗子弟热爱和学习的对象。但是，满族绘画在入关之后不是马上就获得了大发展，而是以缓慢、渐进的步伐向前发展的。因为绘画作为高级艺术形式，需要长期的学习和努力，不是一蹴而就的。经过顺治朝和康熙朝近百年的培养和积淀，八旗进士作为八旗画家的主力军开始在雍正朝正式登上清代画坛；乾嘉时代，八旗进士画家不论在画风，还是在总体水平上都有提高；清代后期，八旗进士画家更是以群体的态势左右着清代画坛，这也成为满族文化繁荣的标志。

笔者根据（清）李放纂录《八旗画录》、震钧著《天咫偶闻》、（清）李放纂录《皇清书史》②等文献资料，统计出八旗进士画家有22

---

① （清）李放纂录：《皇清书史》卷首，辽沈书社1985年版，第10页。
② （清）李放纂录：《八旗画录》，民国七年铅印本，中国国家图书馆藏；震钧著：《天咫偶闻》，北京古籍出版社1982年版；（清）李放纂录：《皇清书史》，辽沈书社1985年版。

位（参见表4-4）。

表4-4　　　　　　　　清代八旗进士画家简表

序号	姓氏	名字	旗属	字号	科名仕宦	绘画成就
1.	赫舍里氏	嵩寿	满洲正黄旗	字茂承，号云依	雍正元年癸卯恩科（1723）进士，官礼部尚书	《八旗画录》后编卷中：《绘境轩读画记》云：工山水，尝为佟景莽少宰作野园图，同时名流如沈文慤、钱文端、董文恭题者甚多
2.	博尔济吉特氏	博明	满洲正蓝旗	字晰之，一字晰斋，号西斋，又号西晢	乾隆十七年壬申恩科（1752）进士，官云南迤西道，降兵部员外郎	《八旗画录》后编卷中：《雪桥诗话》云：雅善绘事，有题自画灯屏八绝句：一牡丹、二水仙、三朱榴、四青莲花、五芭蕉、六柚、七青璞石、八红梅
3.	于氏	于宗瑛	汉军镶红旗	字英玉，号紫亭	乾隆十九年甲戌科（1754）进士，官江南道监察御史	《八旗画录》前编卷中：《墨香居画识》云：山水得清闷三昧，间作写意人物及花卉禽虫，颇有天趣
4.	栋鄂氏	铁保	满洲正黄旗	字冶亭，号梅庵，一号铁卿，旧谱姓觉罗氏，后改栋鄂	乾隆三十七年壬辰科（1772）进士，官至两江总督，吏部尚书	《八旗画录》前编卷中：《历代画史汇传》云：工画梅花
5.	富察氏	恭泰	满洲镶黄旗	榜名公春，字履安，一字伯震，号兰岩	乾隆四十三年戊戌科（1778）进士，官盛京兵部侍郎	《八旗画录》后编卷中：《绘境轩读画记》云：工诗画，与英煦斋参政友善

续表

序号	姓氏	名字	旗属	字号	科名仕宦	绘画成就
6.	索绰络氏	英和	满洲正白旗	幼名石桐,字树琴,更字煦斋,德保子	乾隆五十八年癸丑科(1793)进士,官户部尚书,协办大学士	《八旗画录》后编卷中:《绘境轩读画记》云:协揆书法松雪,名震当时。予读祁文恪及潘少白两家诗集,始知公于绘事亦复兼长。《缦欱亭集》题系煦斋先生以白菊花画帧属题其诗有"天教彩笔留明月"之句。《林阜间集》题系煦斋先生自龙沙寄惠书画幅,其诗有"左相丹青"之语。按公配萨克达夫人善丹青。公又与瑛梦禅交好,耳濡目染,其能画也固宜
7.	索绰络氏	奎照	满洲正白旗	英和子。字玉庭	嘉庆十九年甲戌科(1814)进士,官礼部尚书	《八旗画录》后编卷中:《绘境轩读画记》云:善丹青、韩桂舲司寇《还读斋诗稿》有题《玉庭画洗马图》及《闱中画桃李诗》
8.	赫舍里氏	赫特赫讷	满洲镶黄旗	号藕香	道光二年壬午恩科(1822)进士,官江安粮道	《八旗画录》后编卷中:《画林新咏》云:工山水,日夕坐西湖问水亭。人询之曰:烟云变幻,吾取作画本耳
9.	伍弥特氏	花沙纳	蒙古正黄旗	字毓仲,号松岑	道光十二年壬辰恩科(1832)进士,官吏部尚书	《八旗画录》后编卷中:《郎潜纪闻》云:文定诗画之外,兼善鼓琴。《八旗画录》后编卷中:《绘境轩读画记》云:文定与戴文节同年,见即讨论六法,见习苦斋画絮
10.	李氏	李恩庆	汉军正白旗	字季云,一作寄云	道光十三年癸巳科(1833)进士,官两淮盐运使	《八旗画录》后编卷中:《绘境轩读画记》云:工山水,尝临《山樵听雨楼图》,同时名流咸为之题。兼精鉴赏,辑有《爱吾庐书画记》,连平颜均伯藏其稿本

续表

序号	姓氏	名字	旗属	字号	科名仕宦	绘画成就
11.	苏完瓜尔佳氏	铭岳	汉军正白旗	字东屏,号瘦仙	道光十五年乙未科(1835)进士,官江苏记名道员	《八旗画录》后编卷中:齐学裘《见闻随笔》云:琴棋书画无一不精,尤善篆刻,印谱传世。《八旗画录》后编卷中:张鸣珂《景行录》云:工书,善画折枝花果极佳。金石书画网罗最富。《皇清书史》卷十九:吴崑田师友记云:嗜金石篆刻,尤喜摹金石、残字画、印章,尝集毛诗句成印,列于屏幅。日下祝寿者争得之以为荣,一时为之纸贵
12.	徐氏	徐荣	汉军正黄旗	原名鉴,字铁孙,号药垣,先世监利人。	道光十六年丙申恩科(1836)进士,官汀漳龙道	《八旗画录》后编卷中:陈继聪撰传云:工诗,精隶书,善画梅,时人以"三绝"推之。李慈铭《荀学斋日记》云:铁孙先生梅花画册凡四幅,其第一幅双句法最佳,余亦清老,题诗皆不俗
13.	赫舍里氏	如山	满洲镶蓝旗	字冠九	道光十八年戊戌科(1838)进士,官直隶按察使	《八旗画录》后编卷中:《续昭代名人尺牍小传》云:书学北魏指头画,欹奇有致,自谓追踪且园。《八旗画录》后编卷中:《景行录》云:书法追六朝,尤善写生,余见其遗桑根师纨扇作兰花一丛,设色淡冶,风致嫣然,一望而知为文人笔也。《天咫偶闻》卷五:书画冠当代。书学北派而不犷,参南派而不怯
14.		文格	满洲正黄旗	字式岩	道光二十四年甲辰科(1844)进士,官山东巡抚,库伦办事大臣	《八旗画录》后编卷中:《绘境轩读画记》云:工花鸟

第四章　清代八旗进士群体书画创作叙略 / 583

续表

序号	姓氏	名字	旗属	字号	科名仕宦	绘画成就
15.	瓜尔佳氏	文祥	满洲正黄旗	字博川	道光二十五年乙巳恩科（1845）进士，官武英殿大学士	《八旗画录》后编卷中：《绘境轩读画记》云：文忠与先光禄幼同学，长同榜，交谊之笃，不啻弟昆。放只知其为中兴贤相，从未闻其擅长艺事，近在南皮张抑仲中丞渊靖居忽睹公所作水墨山水一帧，笔踪苍润，逼肖华亭。中丞跋云：清穆简远，不减倪文贞、黄忠端，盖中丞亦娴六法，故评不苟下如此语云，惟贤知贤，允哉
16.		奎章	蒙古镶蓝旗	字少甫	道光二十五年乙巳恩科（1845）进士，官都统	《八旗画录》后编卷中：《绘境轩读画记》云：工花卉
17.	费莫氏	志和	满洲正蓝旗	字蔼云，号春圃	咸丰二年壬子恩科（1852）进士，官刑部尚书	《八旗画录》后编卷中：《绘境轩读画记》云：工绘事，尝为潘文勤画《东堂喜雨图》，题者甚众
18.	爱新觉罗氏	延煦	满洲正蓝旗	字树南	咸丰六年丙辰科（1856）进士，官礼部尚书	《八旗画录》后编卷首：《绘境轩读画记》：工书画，尤擅山水。配完颜氏，亦精绘事，时有赵管之目，尝合作避暑山庄图，艺林珍赏焉
19.	马佳氏	绍祺	满洲镶黄旗	号秋皋	咸丰六年丙辰科（1856）进士，官至理藩院尚书	《八旗画录》后编卷中：《绘境轩读画记》云：晚喜作画，亦厎峭有致
20.	阿鲁特氏	崇绮	蒙古正蓝旗，抬隶满洲镶黄旗	字文山	同治四年乙丑科（1865）一甲第一名进士，官吏部尚书	《八旗画录》后编卷中：《近代名人小传》：善画芦雁，追踪边寿民
21.	喜塔腊氏	熙元	满洲正白旗	字太初，一字吉甫	光绪十五年己丑科（1889）进士，官祭酒	《八旗画录》后编卷中：《绘境轩读画记》：善山水，规仿麓台，得其神髓
22.	尚氏	尚其亨	汉军镶蓝旗	字惠丞，晚号达庵	光绪十八年壬辰科（1892）进士，官福建布政使	《八旗画录》后编卷中：行状云：经史词章而外，阴阳医相、绘画金石均能窥其深奥

从表4-4可以详知：超过70%的清代八旗进士画家都在清代后期出现，其中雍正朝只有1人：嵩寿；乾嘉时代有6人：博明、于宗瑛、铁保、恭泰、英和、奎照；清代后期有15人：赫特赫讷、花沙纳、李恩庆、铭岳、徐荣、如山、文格、文祥、奎章、志和、延煦、绍祺、崇绮、熙元和尚其亨。大量八旗进士画家在清代后期出现，说明绘画作为高级艺术形式是需要长期培养的，这里面需要注意的是八旗进士的绘画属于文人画范围，因此其绘画必须要以作者文化素养的提高为基础。

清代八旗进士不仅在诗文、书法等方面成绩斐然，而且在更高的艺术领域——绘画方面也取得了重要成就。22位八旗进士画家中，17位都是满洲八旗进士画家，此外还有蒙古八旗进士画家、汉军八旗进士画家，需要指出的是在满洲八旗进士画家中还有宗室画家，八旗进士画家可谓类型完整，有力地说明了八旗进士在文化方面是有着深厚的汉文化功底和造诣的。

一 八旗进士画家类型

八旗进士画家仕宦各地，其中超过半数都在江南履职过，如于宗瑛、赫特赫讷、李恩庆等人都曾履职江南。江南山水的自然风光给了这些八旗进士画家以创作灵感，这是八旗进士画家在绘画创作上得江山之助的有利证明。

八旗进士画家不仅有良好的外部创作环境，良好的家族环境也是绘画创作的积极因素。八旗进士画家家族内部成员不仅诗文创作和书法水平较高，而且绘事水平亦高。

夫妻型八旗进士画家不乏其人。铁保，二十一岁即中式进士，不仅是清代著名诗人和书法家，而且还是著名画家。铁保擅画梅花，其绘画水平亦能得时人推崇。其妻莹川，字如亭，宁古塔氏，满洲正白旗人，《八旗画录》记载其不仅能书行、草，而且擅长画梅花和墨竹，画竹时笔意刚劲。可见，铁保和莹川夫妇都是画梅高手，堪称八旗夫妻伉俪情深的典型代表。英和与其妻萨克达氏也是如此。英和，在二十二岁中式进士，诗文、书法名震当时，而且还兼善绘画，尤其擅长花鸟画，其中白菊花是其较多涉及的素材。其妻萨克达氏，字介文，自号观生阁主人，满洲正白旗人，幼时画蝶，栩栩如生，摹古山水，能得其妙。后来看见了瑛宝所画的指画，领悟到了绘画的宗旨，扩大了自己的绘画范围，山水画、人物画、花鸟画无一不精。因此，英和夫妻的绘画在当时即被推崇。铁保夫妻、英和夫妻都是乾隆朝时人，说明八旗士人在入关后经过长达两百年的文化积累，不仅八旗进士，而且八旗女性的文化艺术水平都发生了质的飞跃，这是八旗文化发达的标志，是全体满族人经过长期艰苦学习取得的成就。

尤其应该注意的是，清代后期，夫妻型八旗进士家庭还有以延煦夫妻为代表的宗室家族。延煦，满洲正蓝旗人，咸丰六年（1856）进士，诗画兼善，尤工山水画。其妻佛芸保，字锦香，为恽珠孙女、完颜麟庆女儿。恽珠是当时著名的闺阁诗人和画家。麟庆中式嘉庆十四年（1809）进士，也工诗善画，良好的家庭教育使得佛芸保不仅工诗，而且工于绘事，当时就有"赵管之目"的美称。夫妻两人不仅诗画兼善，而且合作绘出《避暑山庄图》，被艺林珍赏。这是清代后期八旗进士宗室夫妻画家的楷模。宗室因为有着雄厚的经济实力和高贵的社会地位，不仅可以得到最好的教育资源，而且有机会欣赏到更好的艺术珍品。因此，宗室从清代初期就开始艺术创作，一直延续到清代末期，可谓历久不衰，保持了满族上层在文化艺术方面的辉煌历史。

父子型八旗进士画家也出现在乾嘉时代。英和，是八旗进士画家，工画花鸟。其子奎照，嘉庆十九年（1814）进士，在绘画方面也继承了父亲衣钵，以花鸟画为主，尤擅画马和桃李。《还读斋诗稿》就有题其《玉庭画洗马图》及《闱中画桃李诗》等诗句，可见对其画作有很多题诗，这也是对其画作的一种推崇和肯定。

家族的教育和传承有明显的家族痕迹，因此，家族内部的成员一旦在某方面成名成家，就会产生蝴蝶效应，对家族其他成员形成激励作用，从而带动整个家族在某个方面的繁荣，以便更好地维持家族声誉。

二 八旗进士画家成就

八旗进士画家登上画坛，以嵩寿为第一人。嵩寿，作为中式进士的朝廷大员，以画山水画著名。此后，山水画是八旗进士画家创作的主体，一直到清末都是如此，这和画家仕宦江南有极大关系。如道光朝的赫特赫讷，中进士后仕宦江南，就时常坐在西湖问水亭，别人问他为什么坐在这里时，他说："烟云变幻，吾取作画本耳。"① 他从西湖山水风云的变化中寻找作画的素材和灵感，因此，赫特赫讷的画以水墨山水为主。甚至有的八旗进士画家擅长各种画风，于宗瑛就是其中一位。于宗瑛，汉军正红旗人，乾隆十九年（1754）进士，是绘画方面的全才，绘画主要以山水画为主，此外还擅长人物画和花鸟画，形态自然逼真，形成自然天成的绘画风格，颇得时人赏鉴。

山水画之外，八旗进士画家还工花鸟画、人物画等。乾嘉时代，八旗进士画家有六位，都以花鸟画的创作为主，博明、铁保、英和都擅长画梅花。尤其是博明，不仅擅画梅花，牡丹、水仙、石榴、青莲、芭蕉、柚也画得生动自然。清代后期，八旗进士画家在创作山水画的同时，也创作了大量的花鸟画，梅花依然得到八旗进士画家的青睐，如八旗进士徐荣擅长画梅。其他素材也进入了八旗进士画家的视野。八旗进士如山擅长画兰花，设色淡冶，风致嫣然，一望而知为文人笔也。② 崇绮，蒙古正蓝旗人，抬隶满洲镶黄旗，同治四年（1865）一甲第一名进士，这是清代科举考试中唯一一个八旗状元，他不仅高中科名，而且是一位画家，他擅长花鸟画的创作，尤其是芦雁画得最好，直追边寿民，崇绮是八旗进士在文化艺术方面取得高峰的标志性人物，有大量书画作品存世。

八旗进士绘画初兴于入关之后的雍正朝，伴随着满族文化素质的迅速提高，到清代中期，八旗进士对绘画艺术的爱好、欣赏和创作，已经成为自己生活中的重要组成部分。八旗进士画家都是翰林出身，因此一般都身居高位，不是宰辅重臣，就是封疆大吏。绘画不是他们的职业，而是他们的爱好，爱画、作画是他们具备较高文化艺术修养的自然流露。道咸以降，满族学习和接受汉族文化的广度和深度继续向前发展，满蒙汉民族融合的脚步也没有停止，因此八旗进士画家更是以民族融合的群体姿态为绘画事业贡献着自己的力量。

第三节 八旗进士书家与时人交游考略

八旗进士书家与时人文士交游广泛。首先是八旗进士内部人员在书法

---

① （清）李放纂录：《八旗画录》后编卷中，中国国家图书馆藏铅印本，第47页。
② （清）李放纂录：《八旗画录》后编卷中，中国国家图书馆藏铅印本，第47页。

方面的交游，如铁保与那彦成、鄂恒之间是属于满洲八旗进士之间的交游；满蒙八旗进士之间的书法交游也有很多，如法式善和鄂容安、法式善和德保；汉军八旗和满洲八旗进士的交游也不乏其人，如锡缜和杨钟羲之间的书法交游；宗室之间也有交游，延煦和爱新觉罗如松就是宗室在书法方面交游的典型例子。其次是八旗进士和汉族文人名士在书法方面的交游，广泛的交游加强了满蒙汉文化交流的广度和深度，提高了八旗进士书法水平。

笔者根据（清）铁保辑《熙朝雅颂集》、赵尔巽等撰《清史稿》、（清）李放纂录《皇清书史》、徐世昌编《晚晴簃诗汇》、（清）王昶辑《湖海诗传》[①] 等文献资料，整理得出清代八旗进士书法家与时人交游简表。

表4-5　　　　　　　清代八旗进士书法家与时人交游简表

八旗进士书家	时人文士
1. 丁思孔	赵俞：江苏嘉定（今上海）人，康熙二十七年（1688）进士
2. 范承谟	陆光旭：浙江平湖人，顺治九年（1652）进士
	梁同书：钱塘（今杭州）人，乾隆十七年（1752）进士，书法家
	张廷济：浙江嘉兴人，嘉庆三年（1798）解元，书法家
	张在戊：山东安邱（今安丘）人，贡生，金石鉴赏家
3. 纳兰性德	徐乾学：江苏昆山人，康熙九年（1670）进士，学者、藏书家
	韩菼：长洲（今苏州）人，康熙十二年（1673）状元
	吴修：浙江海盐人，贡生，精于鉴别古今字画金石
4. 吴拜	德厚：京师八旗
5. 尹继善	袁枚：钱塘（今杭州）人，乾隆四年（1739）进士
6. 佟介福	钱载：秀水（今浙江嘉兴）人，乾隆十七年（1752）进士，书画家
7. 鄂容安	王昶：青浦（今上海）人，乾隆十九年（1754）进士
	法式善：京师（今北京）人，乾隆四十五年（1780）进士
8. 德保	法式善：京师（今北京）人，乾隆四十五年（1780）进士
9. 于宗瑛	冯金伯：康桥（今上海）人，贡生，善书、画、诗

---

① （清）铁保辑：《熙朝雅颂集》，清刻本，中国国家图书馆藏；赵尔巽等撰：《清史稿》，中华书局1977年版；（清）李放纂录：《皇清书史》，辽沈书社1985年版；徐世昌编：《晚晴簃诗汇》，中华书局1990年版；（清）王昶辑：《湖海诗传》，上海古籍出版社2013年版。

续表

八旗进士书家	时人文士
10. 铁保	那彦成：京师人，乾隆五十四年己酉科（1789）进士，工书
	汪廷珍：江苏山阳人，乾隆乙酉（1789）一甲二名进士
	王昶：青浦（今上海）人，乾隆十九年（1754）进士
	笪立枢，江苏句容人，乾隆五十七年（1792）举人
	鄂恒：京师八旗，道光六年丙戌科（1826）进士
11. 清安泰	钱泳：江苏金匮（今无锡）人，工诗词、篆、隶
12. 那彦成	张祥河：江苏娄县（今上海松江）人，嘉庆二十五年（1820）进士
13. 英和	于克襄：山东文登人，嘉庆乙丑（1805）进士
14. 德厚	斌良：京师人
15. 鄂恒	震钧：京师人
16. 铭岳	吴昆田：清河（今淮安）人，道光十四年（1834）顺天举人
17. 徐荣	陈继聪：镇海（宁波）人，同治九年（1870）举人
18. 延煦	爱新觉罗如松：京师人，工画山水
19. 锡缜	李慈铭：会稽（今浙江绍兴）人，光绪六年（1880）进士
	继昌：汉军正白旗，京师人，光绪三年（1877）进士
	杨钟羲，汉军正黄旗，京师人，光绪十五年（1889）进士

从表4-5可以看出：第一，八旗进士书法家交游的路线是从京师一路向南，经过山东，到达江苏，直到浙江，向东南呈直线状前进。江南自古为人文渊薮，八旗进士书家与江南文士交游自然也就占有很高比例，达到90%以上，证明了八旗进士书家已经融入中华文化的核心领域，并且在其中获得了一席之地。第二，八旗进士在书法方面的交游者基本上都有科考功名，大多是翰林出身，具有很高的儒学修养。八旗进士与这些文化人士交游，对提高其书法水平有很大裨益。徐乾学是纳兰性德的老师，对于纳兰性德的早逝，徐乾学自是伤心不已，在给纳兰性德写的《通议大夫一等侍卫进士纳兰君墓志铭》中，就特别提到了纳兰性德的书法成就：其书法摹褚河南临本禊帖，间出入于黄庭内景经，当入对殿廷，数千言立就，点画落纸，无一笔非古人者。韩菼，作为清代第十四位[1]状元，也与纳兰性德交谊深厚，其写的《通议大夫一等侍卫进士纳兰君神道碑铭》赞扬纳兰性德的书法是妙得拨灯法，临摹飞动。就连贡生吴修在《昭代名人尺牍

---

[1] 根据江庆柏编著《清朝进士题名录》（中华书局2007年版）统计得出。

小传》中也称赞其擅长书法。不同身份和阶层的人都肯定了纳兰性德的书法，证明纳兰性德不仅以词名世，也以书法称盛于当时。

清代八旗进士，不仅在书画创作方面有较高的成就，而且在金石鉴赏、篆刻艺术、琴艺和棋艺等方面都有研究，形成了八旗进士在文学艺术各个领域全面繁荣的局面。这不仅是八旗进士的骄傲，也代表了整个满族在清代文学艺术领域里面达到的高峰。

花沙纳，道光十二年（1832）进士，擅长鼓琴，这在八旗进士里面是不多见的一个艺术技能，应该是蒙古族能歌善舞特质的表现。铭岳，道光十五年（1835）进士，琴棋书画无一不精，尤其擅长篆刻艺术，还是艺术收藏家，多有金石书画方面的收藏。尚其亨，作为光绪末年的八旗进士，其艺术修养更高，而且范围更广，不仅经史词章名于当时，而且对阴阳医相、绘画金石都有研究。八旗进士因为读书的需要，多有藏书家，其中藏书量丰富的当属完颜氏家族，麟庆和崇实父子藏书达八万余册，达到了一个小型图书馆的藏书量，可见其藏书量之大。

清代八旗进士在其他方面的成就虽然没有书画方面成就高，但是也体现出了八旗进士文化艺术发展的广度和深度，不仅在广度上有了进一步的拓展，而且在深度上有更进一步的深入，证明了八旗子弟在清代三百年间的发展中，不仅快速赶上了汉族，而且可以和汉族共同发展进步，说明了中华民族灿烂辉煌的文化是各个民族共同创造的。

清代八旗进士群体是在入关之后形成的，不仅在举业方面取得了辉煌成就，而且承担起了满族文学艺术发展的任务，创作了大量的艺术作品，其中有着自己民族的风格和特点，有着独特的艺术价值。八旗进士群体在艺术领域里取得的成就是满蒙汉文化交融的成果，是民族融合的积极代表。可以说，八旗进士群体一直积极向儒家文化靠近，而且以中华民族的一部分积极参与中华文化的创造，是中华文化的共同缔造者。

参考文献

一　清代进士题名文献

《顺治九年壬辰科会试四百七名进士三代履历便览》（一册），国家图书馆善本特藏阅览室藏清顺治刻本，索书号：A00102。

《明清历科进士题名碑录》（四册），中国科学院文献情报中心藏华文书局股份有限公司1969年版。

《顺治十二年乙未科会试三百八十五名进士三代履历便览》（一卷），国家图书馆善本特藏阅览室藏清顺治刻本，索书号：A00101。

《康熙八年顺天己酉科乡试题名录》，上海图书馆古籍阅览室藏，索书号：线普长479734。

《康熙十二年癸丑科会试一百五十九名进士三代履历便览》（一卷），国家图书馆善本特藏阅览室藏清康熙刻本，索书号：A03843。

《康熙十五年丙辰科会试二百九名进士三代履历便览一卷》（一册），国家图书馆善本特藏阅览室藏清康熙刻本，索书号：SB02629胶片。

《康熙三十三年甲戌科会试墨卷》（1册），国家图书馆善本特藏阅览室藏清康熙刻本，索书号：SBA03332善本缩微。

《康熙三十九年庚辰科会试中式同年录》，上海图书馆古籍阅览室藏，索书号：线普长479734。

《癸未科会试闱墨》，国家图书馆善本特藏阅览室藏清康熙刻本，索书号：A03334胶片。

《乾隆七年壬戌科登科录》（2册），北京大学图书馆古籍馆阅览室藏清乾隆七年［1742］刻本，线装，索书号：Y/2253/1128.2。

《乾隆十九年甲戌科会试录》，国家图书馆古籍馆普通古籍阅览室藏，索书号：S1738善本缩微。

《乾隆丁丑科会试同年齿录》，南京图书馆藏稿本，索书号：GJLEB2009941。

《乾隆辛丑科会试同年齿录》，上海图书馆古籍阅览室藏，索书号：线普长47153。

《乾隆四十六年辛丑科会试录》（1册1函），北京大学图书馆古籍馆阅览室藏清乾隆间［1781—1795］刻本，索书号：SB/971.0385/1781。

《乾隆五十四年进士登科录》，浙江省图书馆古籍善本特藏阅览室藏，索书号：330000—1701—000865。

《嘉庆己未科会试录》（2册），中国科学院文献情报中心藏，索书号：264719—20。

《道光甲辰恩科直省同年录》，中国科学院文献情报中心藏，索书号：11156、史、780、023。

《嘉庆六年进士登科录》（1册），浙江省图书馆古籍善本特藏阅览室藏清嘉庆刻本，索书号：330000—1701—0008653，善6666。

《重订嘉庆七年壬戌科会试齿录》（二卷），国家图书馆善本特藏阅览室藏清嘉庆十九年刻本，索书号：SB02415善本缩微。

《嘉庆十年乙丑科会试同年齿录》（一函4册），清华大学图书馆古籍阅览室藏，索书号：已5577410。

《嘉靖二十三年康熙十五年嘉庆十三年道光十五年进士题名录》，上海图书馆古籍阅览室藏，索书号：线普长479796。

《嘉庆戊辰科会试同年齿录》（1函4册），北京大学图书馆古籍馆阅览室藏清嘉庆【1796—1820】刻本，索书号：X/971.0385/1808。

《嘉庆辛未科会试同年齿录》（一函四册），清华大学图书馆古籍阅览室藏，索书号：已5577416。

《嘉庆十九年甲戌科会试录》（一册），国家图书馆古籍馆普通古籍阅览室藏清嘉庆刻本，索书号：49501。

《嘉庆甲戌科会试同年齿录》，上海图书馆古籍阅览室藏，索书号：线普长088168。

《嘉庆癸酉科拔贡年谱》，上海图书馆古籍阅览室藏，索书号：线普长497537。

《嘉庆丙子科乡试齿录》，上海图书馆古籍阅览室藏，索书号：线普长32710—11。

《嘉庆丁丑科会试同年齿录》（1册1函），北京大学图书馆古籍馆阅览室藏清嘉庆间［1796—1820］刻本，索书号：X/971.0385/1817—1。

《嘉庆二十二年进士登科录》（1册1函），北京大学图书馆古籍馆阅览室藏清嘉庆间［1817—1820］刻本，索书号：X/971.0385/1817。

《嘉庆己卯科各省乡试同年谱》，上海图书馆古籍阅览室藏，索书号线普长30733。

《嘉庆己卯恩科会试齿录》（2册），中国国家图书馆古籍馆普通古籍阅览室藏，清嘉庆刻本，索书号：XD10349。

《重订嘉庆二十五年庚辰科会试齿录》（2册），北京大学图书馆古籍馆阅览室藏，清道光刻本，索书号：LX/3753。

《道光壬午恩科会试同年齿录》（二册），南京图书馆藏，索书号：2009212。

《道光二年进士登科录》，南京图书馆藏，索书号：2009840。

《道光三年癸未科会试同年齿录》（一函4册），清华大学图书馆古籍阅览室藏，索书号：巳5577503。

《道光三年进士登科录》（1册），浙江省图书馆古籍善本特藏阅览室藏清道光刻本，索书号：330000—1701—0008652，善6665。

《道光丙戌科会试同年齿录》（4册），国家图书馆古籍馆普通古籍阅览室藏清道光刻本，索书号：54242。

《道光六年进士登科录》（1册，1函），北京大学图书馆古籍馆阅览室藏清道光间【1826—1850】刻本，索书号：X/971.0385/1826。

《道光九年己丑科会试录》（1册1函），北京大学图书馆古籍馆阅览室藏清道光间［1829—1850］刻本，索书号：X/971.0385/1829。

《道光乙酉科各省乡试齿录》（1函6册），上海图书馆古籍阅览室藏，索书号：线普长32681—84。

《道光辛卯恩科直省同年录》（1函5册），上海图书馆古籍阅览室藏，索书号：线普长32372—76。

《道光戊子科直省同年录》，上海图书馆古籍阅览室藏，索书号：线普长32402—7。

《道光十二年壬辰恩科会试录》（4册），国家图书馆古籍馆普通古籍阅览室藏清道光12年刻本，索书号：50625。

《道光十二年壬辰恩科会试同年齿录》，浙江省图书馆古籍善本特藏阅览室藏，索书号：33000—1701—0008669，普6674。

《道光十三年进士登科录》，南京图书馆藏刻本，索书号：2009815。

《道光十三年癸巳科会试录》（一册），南京图书馆藏清道光13年（1833）

刊本，索书号：GJ/2009816。

《道光十二年直省同年录》（1函5册），浙江省图书馆古籍善本特藏阅览室藏清道光刻本，索书号：330000—1701—0008658，善6671。

《道光癸巳科同年齿录》（2册），国家图书馆藏古籍馆普通古籍阅览室藏清光绪三十四年［1908］刻本，索书号：50913。

《道光十五年乙未科会试同年齿录》（一函2册），清华大学图书馆古籍阅览室藏，索书号：55775153。

《道光乙未恩科直省同年录》（一函6册），国家图书馆古籍馆普通古籍阅览室藏，索书号：50143。

《道光十八年进士登科录》，国家图书馆古籍馆普通古籍阅览室藏归安钱氏刊本，索书号：34320。

《道光十八年戊戌科会试同年齿录》（4册1函），北京大学图书馆古籍馆阅览室藏清道光间［1821—1850］刻本，索书号：LX/1736。

《道光二十年庚子科会试同年齿录》，国家图书馆善本特藏阅览室藏，索书号：03045胶片。

《道光二十一年辛丑恩科会试同年齿录》（一函四册），清华大学图书馆古籍阅览室藏，索书号：已5577521。

《道光二十四年甲辰科进士同年录》（1卷），浙江省图书馆古籍善本特藏阅览室藏清抄本，索书号：857胶卷。

《道光甲辰科会试秩录》，上海图书馆古籍阅览室藏，索书号：线普长527023。

《道光癸卯科直省同年全录》（1函6册），上海图书馆古籍阅览室藏，索书号：线普长676526—31。

《道光二十三年癸卯科直省同年全录》（1函6册），上海图书馆古籍阅览室藏，索书号：线普长32269—74。

《道光乙巳恩科会试同年齿录》，国家图书馆古籍馆普通古籍阅览室藏清［1821—1850］刻本，索书号：46862。

《道光二十七年会试齿录》（一函4册），清华大学图书馆古籍阅览室藏，索书号：已5577527。

《道光三十年庚戌科会试官职录》（1册），国家图书馆古籍馆普通古籍阅览室藏清［1821—1850］刻本，索书号：50294。

《道光三十年庚戌会试题名录》，上海图书馆古籍阅览室藏，索书号：线普长35042。

《咸丰壬子恩科会试同年齿录》（4册），国家图书馆古籍馆普通古籍阅览室藏清咸丰间［1851—1861］刻本，索书号：35356。

《咸丰二年壬子恩科会试官职录》（1册），国家图书馆古籍馆普通古籍阅览室藏清咸丰二年［1852］刻本，索书号：49536。

《咸丰癸丑科会试同年齿录》（4册），国家图书馆古籍馆普通古籍阅览室藏清咸丰三年［1853］刻本，索书号：54256。

《咸丰六年丙辰科会试同年齿录》不分卷（四册），国家图书馆善本特藏阅览室藏清咸丰刻本，索书号：SB04000善本缩微。

《咸丰丙辰科同年官职录》，上海图书馆古籍阅览室藏，索书号：线普长32108。

《咸丰己未科会试同年齿录》（2册），国家图书馆古籍馆普通古籍阅览室藏清光绪四年［1878］刻本，索书号：147862。

《咸丰十年庚申恩科会试同年录》（1册），北京大学图书馆古籍馆阅览室清［1644—1911］刻本，索书号：LX/7566。

《同治二年癸亥恩科进士题名录》（一卷），国家图书馆善本特藏阅览室藏，索书号：SB03852。

《同治二年癸亥恩科会试同年齿录》，南京图书馆藏刻本，索书号：GJ/EB2010098。

《同治癸亥恩科会试同年录》（一册），南京图书馆藏刻本，索书号：GJ/2010068。

《重修同治乙丑科齿录》（四册），国家图书馆古籍馆普通古籍阅览室藏清同治间［1862—1874］刻本，索书号：51817。

《同治元年壬戌恩科各省乡试同年录》（一册），南京图书馆藏，索书号：2010377。

《同治戊辰科会试同年齿录》（3册），国家图书馆古籍馆普通古籍阅览室藏清同治间［1862—1874］刻本，索书号：53382。

《同治十年辛未科会试录》（1函1册），国家图书馆古籍馆普通古籍阅览室藏清末［1851—1911］索书号：21575。

《同治十年进士登科录》，上海图书馆古籍阅览室藏，索书号：线普长302720。

《同治十年辛未科会试同年齿录》（1册），北京大学图书馆古籍馆阅览室清同治间［1862—1874］刻本，索书号：LX/1727。

《同治十三年甲戌科会试同年官职录》（2册，抄本）国家图书馆古籍馆普通古籍阅览室藏，索书号：518187。

《同治十三年甲戌科会试同年齿录》（4册），北京大学图书馆古籍馆阅览室藏清同治间【1862—1874】刻本，1函，索书号：X/971.0385/1874。

《同治十三年甲戌科会试录》（一函1册），上海图书馆古籍阅览室藏，索书号：线普长470076。

《光绪二年丙子恩科金榜题名录》（1册），国家图书馆古籍馆普通古籍阅览室藏，索书号：54263。

《光绪丙子恩科会试同年齿录》（1函4册），国家图书馆古籍馆普通古籍阅览室藏，索书号：50210。

《光绪二年丙子恩科会试录》（1函2册）上海图书馆古籍阅览室藏，索书号：线普长559243——44。

《光绪二年丙子恩科登科录》（一册），南京图书馆藏清光绪二年（1876）刊本，索书号：2010382。

《光绪二年丙子恩科会试同年齿录》（1函3册），国家图书馆古籍馆普通古籍阅览室藏清光绪二年［1876］刻本，索书号：54237。

《光绪三年丁丑科会试同年齿录》，清华大学图书馆古籍阅览室藏，索书号：巳5577903。

《光绪丁丑科会试录》（1册），国家图书馆古籍馆普通古籍阅览室藏清光绪三年［1877］刻本，索书号：51762。

《光绪三年丁丑科会试同年齿录》，国家图书馆古籍馆普通古籍阅览室藏，索书号：50373。

《光绪三年丁丑科会试同年录》（1册），国家图书馆古籍馆普通古籍阅览室藏，索书号：50996。

《光绪六年庚辰科会试同年齿录》，国家图书馆善本特藏阅览室藏，索书号：4002胶片。

《光绪九年癸未科会试同年齿录》（4册），国家图书馆古籍馆普通古籍阅览室藏清光绪九年［1883］刻本，索书号：49564。

《光绪癸未殿试题名录》，中国科学院文献情报中心，索书号：5258、史、480、142。

《光绪十二年丙戌科会试同年齿录》，国家图书馆古籍馆普通古籍阅览室藏清光绪十二年［1886］刻本，索书号：49752。

《光绪十二年丙戌科会试录》（一册），南京图书馆藏清光绪十二年（1886）刊本，索书号：2010384。

《光绪十二年进士登科录》，南京图书馆藏，索书号：2010383。

《光绪己丑科会试同年齿录》（4册），国家图书馆古籍馆普通古籍阅览室藏清光绪十五年［1889］刻本，索书号：21985。

《光绪己丑科会试官职录》（2册），国家图书馆古籍馆普通古籍阅览室藏清光绪间［1875—1908］铅印本，索书号：53289。

《光绪十六年庚寅恩科会试同年齿录》（4册），国家图书馆古籍馆普通古籍阅览室藏清光绪十六年［1890］刻本，索书号：50137。

《光绪十六年进士登科录》（一册），南京图书馆藏清光绪十六年刊本，索书号：2009867。

《光绪壬辰科会试同年齿录》（4册），国家图书馆古籍馆普通古籍阅览室清光绪十八年［1892］刻本，索书号：53284。

《光绪甲午恩科会试同年齿录》（1函4册），中国科学院文献情报中心藏，索书号：480104。

《光绪乙未科会试录》（2册），国家图书馆古籍馆普通古籍阅览室藏清光绪二十一年［1895］刻本，索书号：21990。

《光绪乙未科登科录》（2册），国家图书馆古籍馆普通古籍阅览室藏清光绪二十一年［1895］刻本，索书号：21990。

《光绪乙未殿试题名录》，上海图书馆古籍阅览室藏，索书号：线普长465893。

《光绪乙未科会试同年齿录》，国家图书馆古籍馆普通古籍阅览室藏，索书号：50193。

《光绪二十四年进士登科录》（一册），南京图书馆藏，索书号：2010386。

《光绪戊戌科会试同年齿录》（一函四册），清华大学图书馆古籍阅览室藏，索书号：巳5577824。

《光绪辛丑壬寅恩正并科会试同年齿录》（4册），国家图书馆古籍馆普通古籍阅览室藏，索书号：9758。

《光绪二十九年进士登科录》（1册），国家图书馆古籍馆普通古籍阅览室藏，索书号：47801。

《光绪辛丑壬寅正并科会试题名录》，南京图书馆藏，索书号：2009851。

《光绪甲辰恩科会试同年齿录》（4册），国家图书馆古籍馆普通古籍阅览室藏清光绪三十年（1904）刻本，索书号：49427。

《光绪甲辰恩科登科录》（1函2册），国家图书馆古籍馆普通古籍阅览室藏，索书号：51759。

《光绪甲辰恩科会试录》（4册），国家图书馆古籍馆普通古籍阅览室藏清光绪三十年［1904］刻本，索书号：49427。

（清）李放纂录《八旗画录》，国家图书馆古籍馆普通古籍阅览室藏民国七年铅印本，索书号：58532。

二　一般文献

（清）恽珠辑：《国朝闺秀正始集》，国家图书馆藏清咸丰十一年［1861］刻本。

（清）长善等纂，马协弟、陆玉华点校注释：《驻粤八旗志》，辽宁大学出版社1990年版。

（清）陈康祺撰：《郎潜纪闻初笔二笔三笔》，中华书局1984年版。

（清）春光纂：《京口八旗志》卷上，辽宁大学出版社1994年版。

（清）福格撰：《听雨丛谈》，中华书局1959年版。

（清）黄曾成纂，马协弟点校：《琴江志》，辽宁大学出版社1990年版。

（清）梁章钜、朱智撰：《枢垣记略》，中华书局1980年版。

（清）乾隆官修：《清朝文献通考》，浙江古籍出版社2000年版。

（清）完颜留保著：《完颜氏文存》，国家图书馆藏三卷清【1644—1911】抄本。

（清）希元、祥亨等纂，马协弟、陆玉华点校注释：《荆州驻防八旗志》，辽宁大学出版社1990年版。

（清）张大昌辑，白辰文点校：《杭州八旗驻防营志略》，辽宁大学出版社1994年版。

（清）昭梿撰，何英芳点校：《啸亭杂录》，中华书局1980年版。

周骏富辑：《清代传纪丛刊》艺林类之（清）震钧辑：《国朝书人辑略》，明文书局1985年版。

［近］刘锦藻：《清朝续文献通考》，浙江古籍出版社2000年版。

《清会典事例》（光绪朝）卷381，《礼部九十二·学校》。

多洛肯撰著：《元明清少数民族汉语文创作诗文叙录》，中国社会科学出版社2014年版。

恩华纂辑，关纪新整理点校：《八旗艺文编目》，辽宁民族出版社2006年版。

江庆柏编著：《清朝进士题名录》，中华书局2007年版。

李放纂录：《皇清书史》卷二十六，辽沈书社1985年版。

李洵、赵德贵、周毓方、薛虹主校点：《钦定八旗通志》，吉林文史出版社2002年版。

钱实甫编：《清代职官年表》，中华书局1980年版。

商衍鎏著：《清代科举考试述录》，故宫出版社2014年版。

王德昭：《清代科举制度研究》，中华书局1984年版。

王炜编校：《〈清实录〉科举史料汇编》，武汉大学出版社2009年版。

王钟翰点校：《清史列传》卷三十九，中华书局1987年版。

萧一山：《清代通史》，中华书局1985年版。

云广英总编著：《清代蒙古族人物传记资料索引》，内蒙古大学出版社1998年版。

张杰：《清代科举家族》，社会科学文献出版社2003年版。

赵尔巽等撰：《清史稿》，中华书局1977年版。

朱保炯、谢沛霖编：《明清进士题名碑录索引》，上海古籍出版社1980年版。

朱彭寿编著：《清代人物大事纪年》，北京图书馆出版社2005年版。

附　　录

附录1　八旗翻译进士题名录[①]

乾隆四年己未翻译科（1739）

满洲翻译进士二十名

第一名：卓林[②]，镶蓝旗满洲文德佐领下人。

第二名：武纶布，镶蓝旗满洲色勒明阿佐领下人。

第三名：福泰，正黄旗满洲人。

第四名：傅森布[③]，镶红旗满洲满福佐领下人。

第五名：德尔泰，镶白旗满洲奇格佐领下人。

第六名：德明，正红旗满洲人。

第七名：富勒合，正黄旗满洲人。

第八名：永柱，正白旗满洲人。

第九名：赫著[④]，正黄旗满洲人。

第十名：胡尔鼐，镶黄旗满洲人。

第十一名：海龄，镶白旗满洲保成佐领下人。

[①] 翻译进士资料以朱保炯、谢沛霖编《明清进士题名碑录索引》（上海古籍出版社1979年版）为主，并参考赵尔巽等撰《清史稿》（中华书局1977年版），李洵、赵德贵、周毓方、薛虹主校点《钦定八旗通志》，吉林文史出版社2002年版和江庆柏编著《清朝进士题名录》，中华书局2007年版。其中乾隆四年己未翻译科（1739）、乾隆十年乙丑翻译科（1745）、乾隆十三年戊辰翻译科（1748）、乾隆十六年辛未翻译科（1751）、乾隆十七年壬申翻译科（1752）、乾隆四十四年己亥翻译科（1779）等科翻译进士是以名次排序，其他科名不是按照名次排序。

[②] 李洵、赵德贵、周毓方、薛虹主校点：《钦定八旗通志·选举志六》，卓林作"卓麟"。

[③] 李洵、赵德贵、周毓方、薛虹主校点：《钦定八旗通志·选举志六》，傅森布作"富森布"。

[④] 李洵、赵德贵、周毓方、薛虹主校点：《钦定八旗通志·选举志六》，赫著作"和著"，为正黄旗蒙古阿延泰佐领下人。

第十二名：三宝①，正红旗满洲世泰佐领下人。

第十三名：索禄，镶白旗满洲保住佐领下人。

第十四名：平治，正黄旗满洲人。

第十五名：福延，镶黄旗满洲人。

第十六名：增福，镶蓝旗满洲隆德佐领下人。

第十七名：双图，镶蓝旗满洲永恒佐领下人。

第十八名：阿华，正蓝旗满洲阿福佐领下人。

第十九名：锡尔璊，正蓝旗满洲增禄佐领下人。

第二十名：魏象乾，镶红旗满洲人。

蒙古翻译进士两名

第一名：伊升阿②，正黄旗蒙古阿延泰佐领下人。

第二名：端著克③，镶黄旗蒙古善福佐领下人。

乾隆十年乙丑翻译科（1745）

满洲翻译进士十七人

第一名：安福，满洲正白旗人。

第二名：丘诺尔④，正红旗满洲德惠佐领下人。

第三名：博文，镶白旗满洲五雅图佐领下人。

第四名：勒尔谨，镶白旗满洲那善佐领下人。

第五名：七达色，正蓝旗满洲阿福佐领下人。

第六名：萨哈产，正蓝旗满洲海庆佐领下人。

第七名：贝登额，镶蓝旗满洲人。

第八名：武极理，镶蓝旗满洲人。

第九名：舒宁安，镶白旗满洲白达色佐领下人。

第十名：苏敏，镶红旗满洲人。

---

① 赵尔巽等撰：《清史稿·列传》：三宝，伊尔根觉罗氏，满洲正红旗人。乾隆四年翻译进士，授内阁中书，袭世管佐领，迁内阁侍读，出为湖北驿盐道，入补户部郎中。

② 李洵、赵德贵、周毓方、薛虹主校点：《钦定八旗通志·选举志六》，伊升阿作"依升阿"。

③ 李洵、赵德贵、周毓方、薛虹主校点：《钦定八旗通志·选举志六》，端著克作"端朱克"。

④ 李洵、赵德贵、周毓方、薛虹主校点：《钦定八旗通志·选举志六》，丘诺尔作"吾诺尔"。

第十一名：玉麟①，镶蓝旗满洲满祥佐领下人。
第十二名：四达，镶红旗满洲德生佐领下人。
第十三名：富躬，镶红旗满洲人。
第十四名：觉罗雅尔图，正红旗满洲人。
第十五名：伊兰泰②，镶红旗满洲德隆保佐领下人。
第十六名：格图恳，镶蓝旗满洲朝克托佐领下人。
第十七名：郎图，镶黄旗满洲人。

蒙古翻译进士两名
第一名：额尔卿格，正黄旗蒙古色钦佐领下人。
第二名：佛尔卿格，正黄旗蒙古色钦佐领下人。

钦赐翻译进士一名
第一名：宗室玉鼎柱，镶蓝旗包衣托运太佐领下人。

乾隆十三年戊辰翻译科（1748）

满洲翻译进士十八人
第一名：武敬，正蓝旗满洲海福佐领下人。
第二名：经额立，正白旗满洲人。
第三名：觉罗敦岱，镶黄旗满洲人。
第四名：成善，镶白旗满洲额尔成额佐领下人。
第五名：国鼐，镶黄旗满洲觉罗岱成佐领下人。
第六名：德贤，镶黄旗觉罗岱成佐领下人。
第七名：赫龄，镶白旗满洲查哈立佐领下人。
第八名：九格，正蓝旗满洲海庆佐领下人。
第九名：郗通额，正白旗满洲珠尔杭阿佐领下人。
第十名：佟豫，镶白旗满洲成方佐领下人。
第十一名：永安，正白旗满洲伊里布佐领下人。
第十二名：官福，正蓝旗满洲多善佐领下人。

---

① 《枢垣记略·题名一》卷之十五：玉麟，字研农，满洲正黄旗人，乾隆乙卯进士，官至伊犁将军，谥"文恭"。李洵、赵德贵、周毓方、薛虹主校点：《钦定八旗通志·选举志六》，玉麟作"玉林"。

② 李洵、赵德贵、周毓方、薛虹主校点：《钦定八旗通志·选举志六》，伊兰泰作"依兰太"。

第十三名：傅尔瑚纳，镶白旗满洲巴什佐领下人。

第十四名：蒯亮，镶黄旗满洲人。

第十五名：永泰，正白旗满洲珠尔杭阿佐领下人。

第十六名：福兴阿，正黄旗满洲人。

第十七名：孝顺阿，正黄旗满洲苏隆阿佐领下人。

第十八名：李吉人，镶红旗汉军柯藩佐领下人。

蒙古翻译进士两人

第一名：明福，正黄旗蒙古万舒保佐领下人。

第二名：舒明，镶蓝旗蒙古穆通阿佐领下人。

钦赐翻译进士一名

第一名：玉奇。

乾隆十六年辛未翻译科（1751）

满洲翻译进士十六人

第一名：宁舞立，正蓝旗满洲禧住佐领下人。

第二名：书鲁，正白旗满洲人。

第三名：傅勒赫，正蓝旗满洲五十九佐领下人。

第四名：兆坊，正蓝旗满洲成德佐领下人。

第五名：武林布①，镶红旗满洲德仪佐领下人。

第六名：常世宁，镶红旗满洲人。

第七名：来图，正黄旗满洲人。

第八名：心常②，镶红旗满洲玛隆阿佐领下人。

第九名：伊拉器，镶白旗满洲人。

第十名：王承基，正黄旗汉军赵玉衡佐领下人。

第十一名：文敏，正黄旗满洲吉勒通阿佐领下人。

第十二名：伍明阿，镶红旗满洲人。

第十三名：安笃哈，镶白旗满洲人。

第十四名：新泰，镶蓝旗满洲人。

---

① 李洵、赵德贵、周毓方、薛虹主校点：《钦定八旗通志·选举志六》，武林布作"武霖布"。

② 李洵、赵德贵、周毓方、薛虹主校点：《钦定八旗通志·选举志六》，心常作"辛昌"。

第十五名：关保，镶白旗满洲人。
第十六名：黄之选，正红旗汉军人。
蒙古翻译进士两人
第一名：达赖，□□□蒙古人。
第二名：明安图，镶白旗蒙古常舒保佐领下人。

乾隆十七年壬申翻译科（1752）
满洲翻译进士十一人
第一名：清额，镶黄旗满洲鄂通务佐领下人。
第二名：额尔景额，镶黄旗满洲图必赫佐领下人。
第三名：德义，镶黄旗满洲常亮佐领下人。
第四名：关伦，镶黄旗满洲富尔敦佐领下人。
第五名：富德，正黄旗满洲常宁佐领下人。
第六名：伊琳，镶白旗满洲雅呼尔达佐领下人。
第七名：揆格，镶红旗满洲富海佐领下人。
第八名：琮玉，正蓝旗满洲海庆佐领下人。
第九名：佟国河，正蓝旗满洲达郎阿佐领下人。
第十名：觉罗永会，正蓝旗满洲觉罗毓昌佐领下人。
第十一名：诺穆亲，正蓝旗满洲巴克坦布佐领下人。
蒙古翻译进士一人
第一名：万福禄，正黄旗蒙古雅满泰佐领下人。
汉军翻译进士两人
第一名：张烈，正黄旗汉军马煋佐领下人。
第二名：姜凰，镶红旗汉军赵永麒佐领下人。

乾隆四十四年己亥翻译科（1779）
满洲翻译进士三人
第一名：文英，镶黄旗满洲福尔敏佐领下人。
第二名：木通阿，正黄旗满洲富常保佐领下人。
第三名：存柱[①]，正蓝旗满洲恒安佐领下人。

[①] 李洵、赵德贵、周毓方、薛虹主校点：《钦定八旗通志·选举志六》，存柱作"存住"。

蒙古翻译进士一人
富俊①，正黄旗蒙古万舒保佐领下人。

乾隆五十八年癸丑翻译科（1793）

满洲翻译进士一人
同麟②，镶红旗满洲人。

嘉庆八年癸亥翻译科（1803）

满洲翻译进士一人
讷尔经额③，正白旗满洲人。

嘉庆十年乙丑翻译科（1805）

满洲翻译进士一人
常德④，正红旗满洲人。

嘉庆十九年甲戌翻译科（1814）

奕毓⑤，宗室，镶蓝旗满洲人。

嘉庆二十二年丁丑翻译科（1817）

蒙古翻译进士一人
布延柏勒格⑥，正蓝旗蒙古人。

---

① 赵尔巽等撰：《清史稿·列传》一百二十九：富俊，字松岩，卓特氏，蒙古正黄旗人。翻译进士，授礼部主事，历郎中。累迁内阁蒙古侍读学士、内阁学士，兼副都统。嘉庆元年，擢兵部侍郎，充科布多参赞大臣。四年，授乌鲁木齐都统，调喀什噶尔参赞大臣。历叶尔羌办事大臣、乌里雅苏台参赞大臣。召署镶红旗汉军都统、兵部侍郎。八年，出为吉林将军，调盛京。……十八年，授黑龙江将军。十九年，调吉林将军。道光四年，复出为吉林将军，垦事既定，道光十四年，卒，帝悼惜，谥文诚，入祀贤良祠。富俊尚廉洁。

② 钱实甫编：《清代职官年表》，中华书局 1980 年版，第 3149 页：同麟，乾隆五十八年翻译科进士。

③ 赵尔巽等撰：《清史稿·列传》卷三百九十二，中华书局 1977 年版，第 11748 页：讷尔经额，字近堂，费莫氏，嘉庆八年翻译进士。

④ 王钟翰点校：《清史列传》卷三十九，中华书局 2016 年版，第 3042 页。

⑤ 朱彭寿编著：《清代人物大事纪年》，北京图书馆出版社 2005 年版，第 1112 页。

⑥ 云广英总编著：《清代蒙古族人物传记资料索引》，内蒙古大学出版社 1998 年版，第 39 页。

道光二十四年甲辰翻译科（1843）
满洲翻译进士一人
福善①，□□□满洲人。

道光二十七年丁未翻译科（1847）
满洲翻译进士三人
昆玉②，满洲正蓝旗人。
广凤③，镶蓝旗满洲人。
桂丰④，镶红旗满洲人。
蒙古翻译进士两人
伍忠阿⑤，正白旗蒙古人。
勒尔精阿⑥，正黄旗蒙古人。

道光三十年庚戌翻译科（1850）
满洲翻译进士四人
占梁⑦，荆州驻防，满洲镶白旗人。
清安⑧，镶黄旗满洲人。

---

① （清）春光纂：《京口八旗志》卷上，辽宁大学出版社1994年版，第487页：福善，甲辰（道光二十四年）翻译进士，刑部主事，江苏司员外郎，京察一等，记事御史。

② 昆玉，见（清）希元、祥亨等纂，马协弟、陆玉华点校注释《荆州驻防八旗志》卷十，辽宁大学出版社1990年版，第134页；道光二十七年丁未科翻译进士，满洲正蓝旗人，贵州石阡府知府。

③ 朱汝珍辑：《词林辑略》卷六，明文书局，第33页：广凤，字竹桐，散馆授编修。官至少詹事。

④ 朱汝珍辑：《词林辑略》卷六，明文书局，第33页：桂丰，字馨圃，散馆授编修。官至侍读。

⑤ 朱汝珍辑：《词林辑略》卷六，明文书局，第33页：伍忠阿，字卓峰，散馆授编修。官至内阁学士。

⑥ 朱汝珍辑：《词林辑略》卷六，明文书局，第33页：勒尔精阿，字润如。

⑦ （清）希元、祥亨等纂，马协弟、陆玉华点校注释：《荆州驻防八旗志》卷十，辽宁大学出版社1990年版，第134页：占梁，道光三十年庚戌科翻译进士，原任工部郎中，记名御史。

⑧ 朱汝珍辑：《词林辑略》卷六，明文书局，第35页：清安，字吉甫，号芝轩。散馆授编修，官至盛京工部侍郎。

依奇哩①，正黄旗满洲人。

许标②，广州驻防，镶黄旗汉军人。

蒙古翻译进士两人

联兴③，荆州驻防，蒙古镶蓝旗人。

贵成④，杭州驻防，蒙古正白旗人。

咸丰二年壬子翻译科（1852）

满洲翻译进士五人

桂清⑤，正白旗满洲人。

额勒和布⑥，镶蓝旗满洲人。

书禄⑦，正白旗满洲人。

舒康⑧，广州驻防，正白旗满洲人。

承泰⑨，广州驻防，正白旗满洲人。

蒙古翻译进士两人

文运⑩，镶黄旗蒙古人。

---

① 朱汝珍辑：《词林辑略》卷六，明文书局，第35页：依奇哩，字续斋，散馆授编修，官至侍读学士。

② （清）长善等纂，马协弟、陆玉华点校注释：《驻粤八旗志》卷十二，辽宁大学出版社1992年版，第410页：许标，道光三十年庚戌科翻译进士，候选主事。

③ （清）希元、祥亨等纂，马协弟、陆玉华点校注释：《荆州驻防八旗志》卷十，辽宁大学出版社1990年版，第134页：联兴，道光三十年庚戌科翻译进士，翰林院庶吉士，现任福建龙岩州知州。

④ （清）张大昌辑，白辰文点校：《杭州八旗驻防营志略》卷十，辽宁大学出版社1994年版，第105页：贵成，翻译会试中式。蒙古正白旗人，字锦泉。以主事用，签分户部职方司，升员外郎、堂郎中，监督仓务。简放热河兵备道。

⑤ 朱汝珍辑：《词林辑略》卷七，明文书局，第4页：桂清，字逆舫，散馆授编修。官至仓场侍郎。

⑥ 赵尔巽等撰：《清史稿》卷四百三十九，中华书局1977年版，第12397页：额勒和布，字筱山，觉尔察氏。咸丰二年翻译进士，改庶吉士。

⑦ 朱汝珍辑：《词林辑略》卷七，明文书局，第4页：书禄，散馆改主事。

⑧ （清）长善等纂，马协弟、陆玉华点校注释：《驻粤八旗志》卷十二，辽宁大学出版社1992年版，第410页：舒康，咸丰二年壬子恩科翻译进士，额外主事。

⑨ （清）长善等纂，马协弟、陆玉华点校注释：《驻粤八旗志》卷十二，辽宁大学出版社1992年版，第410页：承泰，咸丰二年壬子恩科翻译进士，额外主事。

⑩ 朱汝珍辑：《词林辑略》卷七，明文书局，第4页：文运，字蔚亭，散馆改内阁中书，官至四川候补道。

添寿①，荆州驻防，蒙古镶红旗人。

咸丰三年癸丑翻译科（1853）
满洲翻译进士两人
额哲克②，荆州驻防，满洲正红旗人。
李长安③，广州驻防，正黄旗汉军人。
蒙古翻译进士两人
讷仁④，镶黄旗蒙古人。
毓瑞⑤，镶黄旗蒙古人。
旗籍不确定翻译进士两人
达伦⑥，汉姓胡，字若泉，京口驻防。
善昌⑦，京口驻防。

咸丰六年丙辰翻译科（1856）
满洲翻译进士两人
铁魁⑧，荆州驻防，满洲镶白旗人。
毓孚⑨，正白旗满洲人。

---

① （清）希元、祥亨等纂，马协弟、陆玉华点校注释：《荆州驻防八旗志》卷十，辽宁大学出版社1990年版，第134页：添寿，咸丰二年壬子恩科翻译进士，原任理藩院员外郎。

② （清）希元、祥亨等纂，马协弟、陆玉华点校注释：《荆州驻防八旗志》卷十，辽宁大学出版社1990年版，第134页：额哲克，咸丰三年癸丑科翻译进士。工部员外郎，原任广东韶州府知府。

③ （清）长善等纂，马协弟、陆玉华点校注释：《驻粤八旗志》卷十二，辽宁大学出版社1992年版，第410页：李长安，咸丰三年癸丑科翻译进士，额外主事。

④ 朱汝珍辑：《词林辑略》卷七，明文书局，第7页：讷仁，字静山，散馆改主事，官至盛京工部侍郎。

⑤ 朱汝珍辑：《词林辑略》卷七，明文书局，第7页：毓瑞，散馆授编修，历官赞善，复降编修。

⑥ （清）春光纂，马协弟点校：《京口八旗志》，辽宁大学出版社1994年版，第487页：达伦，癸丑（咸丰三年）翻译进士，工部虞衡司主事。

⑦ （清）春光纂，马协弟点校：《京口八旗志》，辽宁大学出版社1994年版，第487页：善昌，癸丑翻译进士，历保直隶州知州，钦加府衔。赏戴花翎。现补太仆寺主事。

⑧ （清）希元、祥亨等纂，马协弟、陆玉华点校注释：《荆州驻防八旗志》卷十，辽宁大学出版社1990年版，第134页：铁魁，咸丰六年丙辰科中式翻译进士，四川补用知府。

⑨ 朱汝珍辑：《词林辑略》卷七，明文书局，第10页：毓孚，散馆改主事。

蒙古翻译进士一人
全顺①，正蓝旗蒙古人。

咸丰九年己未翻译科（1859）
满洲翻译进士两人
广寿②，镶黄旗满洲人
齐克慎③，正蓝旗满洲人
旗籍不确定翻译进士一人
额勒精额④，翻译进士。

咸丰十年庚申翻译科（1860）
满洲翻译进士一人
松湉⑤，镶蓝旗满洲人

同治二年癸亥翻译科（1863）
满洲翻译进士两人
张正纪⑥，广州驻防，正黄旗汉军人。
谈广庆⑦，广州驻防，镶白旗汉军人。

同治四年乙丑翻译科（1865）
满洲翻译进士一人

---

① 赵尔巽等撰：《清史稿》卷四百四，中华书局1977年版，第11903页：全顺，萨尔图拉氏，咸丰六年翻译进士。

② 朱汝珍辑：《词林辑略》卷七，明文书局，第12页：广寿，字绍彭，散馆改主事，官至吏部尚书，谥敏达。

③ 朱汝珍辑：《词林辑略》卷七，明文书局，第12页：齐克慎，字静轩，官至四川候补道。

④ 朱彭寿编著：《清代人物大事纪年》，北京图书馆出版社2005年版，第1454页。

⑤ 朱汝珍辑：《词林辑略》卷七，明文书局，第14页：松湉，字寿泉，散馆授编修，官至荆州将军。

⑥ （清）长善等纂，马协弟、陆玉华点校注释：《驻粤八旗志》卷十二，辽宁大学出版社1992年版，第410页：张正纪，同治二年癸亥恩科翻译进士，候选主事。

⑦ （清）长善等纂，马协弟、陆玉华点校注释：《驻粤八旗志》卷十二，辽宁大学出版社1992年版，第410页：谈广庆，同治二年癸亥恩科翻译进士，额外主事。

崇勋①，镶黄旗满洲人。

同治七年戊辰翻译科（1868）
汉军翻译进士三人
纪世光②，广州驻防，镶红旗汉军人。
谭广佩③，广州驻防，镶白旗汉军人。
双福④，正黄旗满洲人。

同治十年辛未翻译科（1871）
满洲翻译进士两人
冯濬⑤，广州驻防，正白旗汉军人。
潘文铎⑥，广州驻防，镶白旗汉军人。

同治十三年甲戌翻译科（1874）
满洲翻译进士四人
祥麟⑦，正黄旗满洲人。
左秉埏⑧，广州驻防，正黄旗汉军人。
王耀喜⑨，广州驻防，镶白旗汉军人。

---

① 朱汝珍辑：《词林辑略》卷八，明文书局，第9页：崇勋，字建侯，散馆授编修，官至刑部左侍郎。

② （清）长善等纂，马协弟、陆玉华点校注释：《驻粤八旗志》卷十二，辽宁大学出版社1992年版，第411页：纪世光，同治七年戊辰科翻译进士，额外主事。

③ （清）长善等纂，马协弟、陆玉华点校注释：《驻粤八旗志》卷十二，辽宁大学出版社1992年版，第411页：谭广佩，同治七年戊辰科翻译进士，候选主事。

④ 朱彭寿编著：《清代人物大事纪年》，北京图书馆出版社2005年版，第1523页。

⑤ （清）长善等纂，马协弟、陆玉华点校注释：《驻粤八旗志》卷十二，辽宁大学出版社1992年版，第411页：冯濬，同治十年辛未科翻译进士，额外主事。

⑥ （清）长善等纂，马协弟、陆玉华点校注释：《驻粤八旗志》卷十二，辽宁大学出版社1992年版，第411页：潘文铎，同治十年辛未科翻译进士，额外主事。

⑦ 朱汝珍辑：《词林辑略》卷八，明文书局，第21页：祥麟，字仁趾，散馆授检讨，官至察哈尔都统。

⑧ （清）长善等纂，马协弟、陆玉华点校注释：《驻粤八旗志》卷十二，辽宁大学出版社1992年版，第411页：左秉埏，同治十三年甲戌科翻译进士，候选主事。

⑨ （清）长善等纂，马协弟、陆玉华点校注释：《驻粤八旗志》卷十二，辽宁大学出版社1992年版，第411页：王耀喜，同治十三年甲戌科翻译进士，候选主事。

奎荣①，成都驻防，正红旗满洲人。

光绪二年丙子翻译科（1876）

满洲翻译进士一人

达信②，荆州驻防，满洲镶白旗人。

旗籍不确定翻译进士一人

英文③，翻译进士。

光绪三年丁丑翻译科（1877）

满洲翻译进士两人

禄坤④，荆州驻防，满洲正蓝旗人。

张缙⑤，广州驻防，正黄旗汉军人。

光绪六年庚辰翻译科（1880）

满洲翻译进士三人

长麟⑥，镶蓝旗满洲人。

春庆⑦，荆州驻防，满洲正红旗人。

冯琛⑧，广州驻防，正白旗汉军人。

光绪九年癸未翻译科（1883）

满洲翻译进士三人

---

① 赵尔巽等撰：《清史稿·列传》卷四百九十六，中华书局1977年版，第13706页。

② （清）希元、祥亨等纂，马协弟、陆玉华点校注释：《荆州驻防八旗志》卷十，辽宁大学出版社1990年版，第134页：达信，光绪二年丙子恩科会试中式翻译进士，工部主事，改选知县。

③ 朱彭寿编著：《清代人物大事纪年》，北京图书馆出版社2005年版，第1562页。

④ （清）希元、祥亨等纂，马协弟、陆玉华点校注释：《荆州驻防八旗志》卷十，辽宁大学出版社1990年版，第134页：禄坤，光绪三年丁丑科会试中式翻译进士。主事，改选知县。

⑤ （清）长善等纂，马协弟、陆玉华点校注释：《驻粤八旗志》卷十二，辽宁大学出版社1992年版，第411页：张缙，光绪三年丁丑科翻译进士，候选主事。

⑥ 赵尔巽等撰：《清史稿》卷四百四十二，中华书局1977年版，第12430页：长麟，光绪六年翻译进士，授编修。

⑦ （清）希元、祥亨等纂，马协弟、陆玉华点校注释：《荆州驻防八旗志》卷十，辽宁大学出版社1990年版，第135页：春庆，光绪六年庚辰翻译进士。户部主事。

⑧ （清）长善等纂，马协弟、陆玉华点校注释：《驻粤八旗志》卷十二，辽宁大学出版社1992年版，第411页：冯琛，光绪六年庚辰科翻译进士，候选主事。

恩顺①，镶白旗满洲人。
清锐②，镶黄旗满洲人。
薛启鸿③，广州驻防，正黄旗汉军人。

光绪十二年丙戌翻译科（1886）
满洲翻译进士两人
惠纯④，镶红旗满洲人。
伊克坦⑤，正白旗满洲人。

光绪十五年己丑翻译科（1889）
满洲翻译进士三人
文海⑥，镶蓝旗满洲人。
恩祥⑦，正黄旗满洲人。
嵩恩⑧，镶黄旗满洲人。

光绪十六年庚寅翻译科（1890）
满洲翻译进士两人
儒林⑨，镶蓝旗满洲人。

---

① 朱汝珍辑：《词林辑略》卷九，明文书局，第15页：恩顺，字子诚，散馆授检讨，官至弼德院顾问大臣。

② 朱汝珍辑：《词林辑略》卷九，明文书局，第15页：清锐，原名清安，字秋圃，散馆授编修，官至弼德院顾问大臣。

③（清）长善等纂，马协弟、陆玉华点校注释：《驻粤八旗志》卷十二，辽宁大学出版社1992年版，第411页：薛启鸿，光绪九年癸未科翻译进士，分部学习主事。

④ 朱汝珍辑：《词林辑略》卷九，明文书局，第19页：惠纯，字厚甫，散馆授编修，官至学士。

⑤ 朱汝珍辑：《词林辑略》卷九，明文书局，第19页：伊克坦，字仲平，散馆授编修，官至正白旗满洲副都统，谥文直。

⑥ 朱汝珍辑：《词林辑略》卷九，明文书局，第23页：文海，字星阶，号森陔，散馆授编修，官至内阁学士。

⑦ 朱汝珍辑：《词林辑略》卷九，明文书局，第23页：恩祥，字露芝，散馆授编修，官至侍读学士。

⑧ 朱汝珍辑：《词林辑略》卷九，明文书局，第23页：嵩恩，散馆授编修，官至侍读。

⑨ 朱汝珍辑：《词林辑略》卷九，明文书局，第27页：儒林，字子为，散馆授编修，官至山海关副都统。

启通①，正黄旗满洲人。

蒙古翻译进士一人

奎善②，正白旗蒙古人。

光绪十八年壬辰翻译科（1892）

满洲翻译进士三人

惠彬③，正蓝旗满洲人。

穆特贺④，镶白旗满洲人。

联泉⑤，正红旗满洲人。

光绪二十年甲午恩科（1894）

满洲翻译进士二人

崇山⑥，正红旗满洲人。

金林⑦，正蓝旗满洲人。

光绪二十一年乙未翻译科（1895）

满洲翻译进士一人

觉罗文华⑧，镶黄旗满洲人。

蒙古翻译进士一人

贵福⑨，镶黄旗蒙古人。

---

① 朱汝珍辑：《词林辑略》卷九，明文书局，第27页：启通，更名启廉，散馆授编修。
② 朱汝珍辑：《词林辑略》卷九，明文书局，第27页：奎善，字元卿，散馆授编修，官至典礼院直学士。
③ 朱汝珍辑：《词林辑略》卷九，明文书局，第31页：惠彬，未散馆。
④ 朱汝珍辑：《词林辑略》卷九，明文书局，第31页：穆特贺，字德卿，散馆授编修，官至陕西延榆绥道。
⑤ 朱汝珍辑：《词林辑略》卷九，明文书局，第31页：联泉，散馆改工部主事。
⑥ 朱汝珍辑：《词林辑略》卷九，明文书局，第35页：崇山，字乐之，散馆授编修，官至侍读。
⑦ 朱汝珍辑：《词林辑略》卷九，明文书局，第35页：金林，字品三，散馆改知县。
⑧ 朱汝珍辑：《词林辑略》卷九，明文书局，第38页：文华，字焕章，散馆授编修，官至侍讲学士。
⑨ 朱汝珍辑：《词林辑略》卷九，明文书局，第38页：贵福，字涛銮，散馆授编修，官至安徽宁国府知府。

光绪二十四年戊戌翻译科（1898）

满洲翻译进士一人

存霈①，正蓝旗满洲人。

蒙古翻译进士一人

荣光②，镶黄旗蒙古人。

光绪二十九年癸卯翻译科（1903）

满洲翻译进士二人

鸿志③，正蓝旗满洲人。

魁续④，镶白旗满洲人。

光绪三十年甲辰翻译科（1904）

满洲翻译进士一人

富尔逊⑤，正红旗满洲人。

附录2　清代八旗进士统计表

清代八旗进士统计表

科次	科名	满洲进士	蒙古进士	汉军进士	不确定旗属	进士总数
1	顺治九年壬辰科（1652）	0	0	22		22
2	顺治九年策试满洲进士壬辰科（1652）	6	2	0	42	50
3	顺治十二年乙未科（1655）	0	0	36		36
4	顺治十二年策试满洲进士乙未科（1655）	6	1		43	50
5	康熙九年庚戌科（1670）	4		4		8

---

① 朱汝珍辑：《词林辑略》卷九，明文书局，第42页：左霈，散馆改工部主事。
② 朱汝珍辑：《词林辑略》卷九，明文书局，第42页：荣光，字锦堂，散馆授编修，官至侍读。
③ 朱汝珍辑：《词林辑略》卷九，明文书局，第45页：鸿志，未散馆。
④ 朱汝珍辑：《词林辑略》卷九，明文书局，第45页：魁续，字秋三，未散馆。
⑤ 朱汝珍辑：《词林辑略》卷九，明文书局，第48页：富尔逊，字芄生，散馆授编修，官至侍讲。

续表

科次	科名	满洲进士	蒙古进士	汉军进士	不确定旗属	进士总数
6	康熙十二年癸丑科（1673）	3		3		6
7	康熙十五年丙辰科（1676）	8		6		14
8	康熙三十年辛未科（1691）	3		2		5
9	康熙三十三年甲戌科（1694）	7		3		10
10	康熙三十六年丁丑科（1697）	6		2		8
11	康熙三十九年庚辰科（1700）	12		5		17
12	康熙四十二年癸未科（1703）	7		3		10
13	康熙四十五年丙戌科（1706）	13		5		18
14	康熙四十八年己丑科（1709）	6		1		7
15	康熙五十一年壬辰科（1712）	4		2		6
16	康熙五十二年癸巳恩科（1713）	5		2		7
17	康熙五十四年乙未科（1715）	5		2		7
18	康熙五十七年戊戌科（1718）	4		2		6
19	康熙六十年辛丑科（1721）	5		2		7
20	雍正元年癸卯恩科（1723）	12	1	3		16
21	雍正二年甲辰科（1724）	16	3	4		23
22	雍正五年丁未科（1727）	10	1	3		14
23	雍正八年庚戌科（1730）	18	1	5		24
24	雍正十一年癸丑科（1733）	10	1	4		15
25	乾隆元年丙辰科（1736）	13	2	3		18
26	乾隆二年丁巳恩科（1737）	12		3		15
27	乾隆四年己未科（1739）	12	2	2		16
28	乾隆七年壬戌科（1742）	10	2	1		13
29	乾隆十年乙丑科（1745）	8	1	2		11
30	乾隆十三年戊辰科（1748）	8	1	1		10
31	乾隆十六年辛未科（1751）	7				7
32	乾隆十七年壬申恩科（1752）	6	1	1		8
33	乾隆十九年甲戌科（1754）	5	1	1		7
34	乾隆二十二年丁丑科（1757）	4	1	1		6
35	乾隆二十五年庚辰科（1760）	2	1	1		4
36	乾隆二十六年辛巳恩科（1761）	4		2		6
37	乾隆二十八年癸未科（1763）	4				4
38	乾隆三十一年丙戌科（1766）	3		1		4
39	乾隆三十四年己丑科（1769）	4				4

续表

科次	科名	满洲进士	蒙古进士	汉军进士	不确定旗属	进士总数
40	乾隆三十六年辛卯恩科（1771）	2	1	1		4
41	乾隆三十七年壬辰科（1772）	3		1		4
42	乾隆四十年乙未科（1775）	3		1		4
43	乾隆四十三年戊戌科（1778）	3		1		4
44	乾隆四十五年庚子恩科（1780）	2	1	1		4
45	乾隆四十六年辛丑科（1781）	3		1		4
46	乾隆四十九年甲辰科（1784）	2	1	1		4
47	乾隆五十二年丁未科（1787）	3		1		4
48	乾隆五十四年己酉科（1789）	4				4
49	乾隆五十五年庚戌恩科（1790）	3	1			4
50	乾隆五十八年癸丑科（1793）	1				1
51	乾隆六十年乙卯恩科（1795）	2	2	1		5
52	嘉庆元年丙辰科（1796）	5	1	2		8
53	嘉庆四年己未科（1799）	6	2	4		12
54	嘉庆六年辛酉恩科（1801）	7	2	2	1	12
55	嘉庆七年壬戌科（1802）	10	2	3		15
56	嘉庆十年乙丑科（1805）	10	2	3		15
57	嘉庆十三年戊辰科（1808）	11	2	3		16
58	嘉庆十四年己巳恩科（1809）	12	2	3		17
59	嘉庆十六年辛未科（1811）	10	2	4		16
60	嘉庆十九年甲戌科（1814）	10	2	3		15
61	嘉庆二十二年丁丑科（1817）	11	2	5		18
62	嘉庆二十四年己卯恩科（1819）	12	2	3		17
63	嘉庆二十五年庚辰科（1820）	12	2	4		18
64	道光二年壬午恩科（1822）	12	3	5		20
65	道光三年癸未科（1823）	13	3	5		21
66	道光六年丙戌科（1826）	14	4	6		24
67	道光九年己丑科（1829）	11	4	5		20
68	道光十二年壬辰恩科（1832）	12	3	5		20
69	道光十三年癸巳科（1833）	11	4	5		20
70	道光十五年乙未科（1835）	12	4	6		22
71	道光十六年丙申恩科（1836）	9	4	6		19
72	道光十八年戊戌科（1838）	9	3	5		17
73	道光二十年庚子科（1840）	8	3	5		16

续表

科次	科名	满洲进士	蒙古进士	汉军进士	不确定旗属	进士总数
74	道光二十一年辛丑恩科（1841）	10	3	5		18
75	道光二十四年甲辰科（1844）	7	2	4		13
76	道光二十五年乙巳恩科	8	2	5		15
77	道光二十七年丁未科（1847）	9	2	4		15
78	道光三十年庚戌科（1850）	9	1	5		15
79	咸丰二年壬子恩科（1852）	11	2	3		16
80	咸丰三年癸丑科（1853）	8	1	3		12
81	咸丰六年丙辰科（1856）	8	1	2		11
82	咸丰九年己未科（1859）	8	1	2		11
83	咸丰十年庚申恩科（1860）	8	1	2		11
84	同治元年壬戌科（1862）	7	1	3		11
85	同治二年癸亥恩科（1863）	10	2	4		16
86	同治四年乙丑科（1865）	10	1	6		17
87	同治七年戊辰科（1868）	8	1	5		14
88	同治十年辛未科（1871）	11	3	5		19
89	同治十三年甲戌科（1874）	11	3	6		20
90	光绪二年丙子恩科（1876）	9	2	6		17
91	光绪三年丁丑科（1877）	10	4	6		20
92	光绪六年庚辰科（1880）	10	3	5		18
93	光绪九年癸未科（1883）	10	1	7		18
94	光绪十二年丙戌科（1886）	11	3	5		19
95	光绪十五年己丑科（1889）	8	3	7		18
96	光绪十六年庚寅恩科（1890）	9	1	5		15
97	光绪十八年壬辰科（1892）	13	5	7		25
98	光绪二十年甲午恩科（1894）	13	4	5		22
99	光绪二十一年乙未科（1895）	13	6	6		25
100	光绪二十四年戊戌科（1898）	13	2	8		23
101	光绪二十九年癸卯科（1903）	6	4	2		12
102	光绪三十年甲辰恩科（1905）	5	2	1		8
总计		803	153	375	86	1417

附录3　八旗进士征录人名索引

人名拼音索引

1. 排列方式：以《汉语拼音方案》的《字母表》为序，排列音节。按照人名的第一个汉字排序。

2. 对于同名的八旗进士，以括号标注科名的方式区别，有的八旗进士不仅同名，又同科，在括号内标注名次以示区别。

3. 觉罗进士用括号标明。

A

ā

阿成峨　128

阿达布　86

阿尔达礼　87

阿尔赛　102

阿哈代　89

阿金　98

阿进泰（康熙三十六年丁丑科）　103

阿进泰（康熙四十二年癸未科）　112

阿克丹（道光二十七年丁未科）　312

阿克丹（咸丰十年庚申恩科）　333

阿克敦　117

阿里汉　321

阿联　420

阿林　184

阿萨里　64

阿思哈　84

阿肃　170

阿锡台　99

阿彦达　256

阿永阿（觉罗）　164

ài

爱仁　392

爱兴阿　417

ān

安龄　215

B

bā

八拜　88

八达里　71

巴海（康熙三十年辛未科）　99

巴海（顺治九年策试满洲进士壬辰科）　62

巴金泰　154

巴彦学（觉罗）　166

巴永阿　247

bái

白麟　175

白小子　93

bǎi

百龄　179

百勤　343

柏春　307

柏龄阿　192

柏寿　372

柏葰　244

bài

拜达儿　72

bān

班达礼 96

班第 89

班吉本 427

bāng

邦图 159

bǎo

宝昌 355

宝丰 394

宝龄 245

宝铭 414

宝森 333

宝善 151

宝廷 345

宝熙 401

宝兴（觉罗） 200

宝珣 295

宝瑛 331

宝鋆 283

保昌 359

保淳 227

保极 231

保良 127

保民 97

保谦 409

保清 265

保瑞 217

保善 226

葆平 396

葆谦 318

biān

边宝泉 336

边宝树 243

biàn

卞永宁 94

bīn

斌敏 344

斌桐 281

bǐng

秉彝 386

炳麟 377

bō

波勒 70

bó

博迪苏 267

博极 91

博明 167

博山 122

博通阿 143

bù

佈彦泰 293

C

cái

才住 113

cài

蔡珽 103

chāng

昌龄 129

cháng

长春 423

长萃 370

长庚 132

长麟（觉罗） 181

长瑞 209

长绍 405

长秀 373

长喆 276

常保住 136

常德 134
常恩 315
常哥 103
常贵 169
常珩 330
常禄 259
常山（光绪二年丙子恩科） 363
常山（嘉庆七年壬戌科） 200
常生 115
常泰 191
常英 196
常忠 340
常住 107

chē
车柏 130
车克出 84
车松 118

chén
陈国桢 80
陈还 106
陈居易 153
陈梦球 99
陈年榖 81
陈永命 59

chéng
成德（康熙十五年丙辰科） 93
成德（雍正八年庚戌科） 140
成福 307
成格 191
成朗 225
成琦 313
成山（道光三年癸未科） 240
成山（道光十二年壬辰恩科） 262
成善 311

成书 186
成文 122
成沂 422
呈麟 213
诚格 206
诚鉴 367
承德 387
承福 337
承翰 348
承厚 410
承霖 409
承龄 281
承先 384
承勋 407
承荫（光绪二年丙子恩科） 367
承荫（光绪九年癸未科） 381

chí
迟煌 54
迟煊 77
迟炤 77
迟之金 119

chóng
崇保 301
崇本 424
崇弼 201
崇芳 424
崇光 307
崇俊 353
崇宽 375
崇亮 292
崇绮 340
重谦 226
崇谦 333
崇实 314

崇寿　392

崇绶　203

崇硕　208

崇泰　362

崇文（道光十三年癸巳科）　263

崇文（咸丰十年庚申恩科）　334

chūn

春和　220

春辂　271

春溥　362

春山　119

春台　121

春熙（道光十三年癸巳科）　269

春熙（道光十五年乙未科）　270

椿龄　192

椿年　139

椿寿　290

cuī

崔国庆　333

崔永安　375

cún

存葆　266

存庆　404

D

dá

达春布　202

达椿　173

达尔布　84

达哈塔　67

达林　188

达麟图　161

达纶　238

达清阿　198

达时济　155

达寿　408

达舒　87

达嵩阿　340

达扬阿　85

达英　213

dài

岱金　133

戴斌　74

dé

得木图　84

德浚　349

德保（乾隆二年丁巳恩科）　151

德保（乾隆七年壬戌科）　156

德昌　180

德成　268

德成格（觉罗）　152

德诚　243

德春　221

德风　168

德刚阿　206

德格勒　90

德光　141

德恒　312

德弘　115

德惠　260

德俊　272

德克竞额　168

德棱额　276

德亮　224

德林　227

德龄（道光十三年癸巳科）　267

德龄（康熙五十四年乙未科）　122

德宁　185

德宁（觉罗）　214

德朋阿 199
德启 205
德锐 419
德润 350
德山 230
德生（乾隆四十三年戊戌科） 182
德生（同治四年乙丑科） 343
德寿 390
德文 188
德喜 227
德喜保 214
德遐 203
德新（道光六年丙戌科） 246
德新（康熙五十四年乙未科） 123
德兴 218
德荫 301
德瑛 165
德玉（道光二十四年甲辰科） 300
德玉（嘉庆二十二年丁丑科） 218
dīng
丁思孔 59
dìng
定保 332
定成 382
定纶 305
dǒng
董常国 77
董龄 150
董色 83
董泰 111
董执 342
董自超 124
dū
都尔巴 68

都麦 115
dòu
窦启瑛 122
duō
多尔技 144
多伦五 168
多仁 297
多山 190
多泰 351

E

é
额尔登额 139
额客青额 69
额库里 65
额滕 97
è
鄂尔端 223
鄂尔介 89
鄂尔奇 119
鄂芳 337
鄂恒 242
鄂伦 142
鄂络额湖 235
鄂敏 137
鄂木顺额 224
鄂容安 142
鄂山 191
ēn
恩承 325
恩丰 404
恩贵 209
恩桂（道光二年壬午恩科） 229
恩桂（光绪三年丁丑科） 369
恩华 427

恩吉　324
恩吉图　85
恩景　347
恩克参　88
恩来　250
恩霖　299
恩麟　287
恩龄　404
恩隆　305
恩宁　204
恩普　189
恩荣　331
恩寿　359
恩寿（觉罗）　125
恩钟　384

F

fǎ
法海　102
法克精额　195
fàn
范承谟　54
fāng
芳镇　405
fěi
斐仁　247
fēng
丰安　306
丰和　413
féng
冯端　393
冯健　361
冯锡芳　379
逢泰（觉罗）　106

fèng
凤柃　289
凤鸣　354
奉宽（觉罗）　157
fū
敷森布　178
fú
佛保　193
佛尔国保　229
佛尔国春　329
佛尔卿额　178
佛尔清格　148
福保（嘉庆十四年己巳恩科）　209
福保（乾隆三十一年丙戌科）　176
福昌阿　269
福臣　341
福淳　254
福海　145
福晖　264
福济　264
福锟　331
福楙　376
福明安　163
福全　308
福绍　280
福申　212
福升额　286
福寿　106
福兴（道光十八年戊戌科）　284
福兴（乾隆二十五年庚辰科）　172
福兴（乾隆六十年乙卯恩科）　190
福志（觉罗）　172
福柱礼　164
fù
付德　138

复蒙 227
傅兰泰 412
傅隆阿 154
傅敏 104
傅鼐 133
傅清 164
傅森 100
傅通 180
富尔敦 108
富魁 135
富敏 138
富明阿 236
富呢雅杭阿 299
富森泰 172
富升额 222
富炎泰 169

G

gá
噶尔噶图 86
噶尔萨 171

gāo
高陞 203
高殿臣 274
高鹗 190
高琦 95
高璜 89
高里 72
高其伟 109
高其文 154
高其倬 101
高尚瑛 103
高显贵 134
高瑜 81

gé
格哷铿额 390

gě
葛尔特 86
葛色特 85

gēng
赓勋 410

gěng
耿古德 111
耿劾忠 79

gōng
公春 181
功普 219
功袭 207

guān
关霖 144
关寿 162
观保 149
观光 147
观永 175

guǎng
广勇 265
广厚 182
广林 215
广麟 410
广明 141
广善 187
广照 346

guì
贵昌 130
贵诚 403
贵恒 350
贵龄 206
贵庆 193
贵贤 364
桂昂 335

桂彬　220
桂芳（觉罗）　193
桂福　415
桂霖　358
桂龄　191
桂楸　282
桂森（光绪十八年壬辰科）　403
桂森（嘉庆二十五年庚辰科）　227
桂馨　210
桂星　252
guō
郭操　124
郭洁　173
郭廷肇　296
郭维藩　302
郭兆　166
guó
国炳　369
国栋　159
国兴　334
国治　262
国柱　160
guǒ
果齐斯欢　198
果晟　430
果祥　332

H

hǎ
哈达翰　162
哈尔泰　117
哈晋　197
哈木伦　70
hǎi
海焕　339

海宝　101
海锟　359
海濂　213
海龄　199
海明　419
海朴　239
hán
韩椿　265
hàn
翰屏　410
háng
杭宜禄　115
hǎo
郝善　72
hé
合拉　71
何栋　166
何浩　126
何溥　125
何其惠　134
何其忠　131
何式篯　374
何讦　63
何锡谈　62
何毓福　321
何允元　236
和淳　279
和桂　200
和宁　178
和润　290
和色本　240
和尚　88
和绅布　428
和深　141

hè

赫成峨 144

赫特贺 240

赫特赫讷 232

鹤年（道光十二年壬辰恩科） 259

鹤年（乾隆元年丙辰科） 146

héng

恒春 226

恒德 130

恒福（道光二十年庚子科） 293

恒福（嘉庆六年辛酉恩科） 196

恒林 316

恒龄 336

恒善（道光十八年戊戌科） 285

恒善（光绪二十一年乙未科） 416

恒熙 224

恒祥（道光二年壬午恩科） 231

恒祥（嘉庆十三年戊辰科） 207

衡瑞 401

hóng

洪士铭 74

洪兆麟 406

hóu

侯黑 88

侯万福 220

hū

呼震 315

hú

胡俊章 366

胡良佐 129

胡麟征 98

胡西图 83

胡献瑶 59

瑚图礼 186

瑚图灵阿 186

huā

花沙纳 255

花尚 93

huà

华德 239

华实著 129

huái

怀荫布 148

淮清 77

huáng

黄浩 419

黄楷 174

黄烨 141

黄沛 199

黄曾源 397

huí

回长廉 388

huì

会章 363

惠林 333

惠霖 260

惠麟 262

惠荣 372

慧成 280

慧德 129

慧端 199

huò

豁穆欢 328

J

jī

积善（康熙四十八年己丑科） 118

积善（乾隆十年乙丑科） 161

绩兰　216

jí

吉达善　234
吉第　303
吉恒　209
吉惠　314
吉康　358
吉郎阿　170
吉禄（嘉庆十年乙丑科）　202
吉禄（乾隆七年壬戌科）　160
吉明　241
吉年　235
吉绅　387
吉泰　219
吉通额　68
吉祥　273
集兰（觉罗）　174

jǐ

济生　394
济中　382

jì

纪振边　55
际良　186
继昌　371
继格　320
继文　353
继曾　418
继志　230

jiǎ

贾勤　83

jiǎng

蒋霨远　274
蒋文庆　214
蒋攸铦　185

jiè

介福　143

jīn

金朝观　212
金奎　379
金梁　432
金锡蕃　344
金玉式　80

jìn

进州　71
晋康　313
晋荣　383
靳治岐　110

jīng

经闻　156
精一　352

jǐng

景福　167
景淮　416
景厚　388
景廉　318
景霖　274
景麟　209
景纶　208
景瑞　339
景润　430
景善　337
景闻　323
景星　243
景瀛　366
景媛　407
璥璐　397

jìng

敬和　293

jù
聚宁 195

K

Kā
喀尔喀 99
喀尔钦 128

kāi
开泰 129

kǎi
凯音布 195

kāng
康殿邦 76

kàng
亢保 158

kē
珂克僧额 326

kè
克明 302
克星额 261

kǔ
苦图克泰 70

kù
库察 86
库三那 88

kuā
夸喀 116

kuí
奎福 303
奎光 252
奎润 337
奎绶 250
奎耀 212
奎郁 358

奎章 305
奎照 213
魁德 150
魁龄 321
夔达 298

kūn
昆冈 334

kuò
阔普通武 386

L

lā
拉都立 100
拉自 87

lái
来秀 315

láng
郎廷弼 55

lè
勒福 153
勒腾额 113

léi
雷池昆 94

lí
黎永赞 220

lǐ
李昌瑞 322
李成芳 200
李恩继 245
李恩霖 266
李恩庆 263
李恩绥 210
李恩绎 204
李汾 395

李鹤亭 364
李祜 291
李基和 92
李家驹 407
李江 335
李玠 90
李津 384
李景晟 153
李九烈 409
李梦庚 91
李淇（咸丰三年癸丑科二甲第九十名） 325
李淇（咸丰三年癸丑科三甲第三十名） 326
李慎 323
李铄 281
李彤标 143
李希彬 293
李希增 229
李向荣 193
李延恺 105
李英 61
李祉 333
李质颖 149
李柱 87
李祝龄 291

lián
连甲 402
连捷 385
联捷 297
联凯 298
联英 288
联元 347
廉昌 295
廉慈 408

廉能 192
廉善 193
廉隅 330

liáng
良弼 350
良成 164
良贵 356
良卿 158
良镇 343
梁儒 79

liàng
亮保 183

lín
林朝 135
麟魁 242
麟庆 208
麟瑞 389
麟书 324

lǐn
廪格 154

líng
灵桂 282
灵秀 251
龄椿 253

liú
刘安科 387
刘保 130
刘广誉 78
刘弘绪 137
刘景荣 58
刘名世 60
刘汝巽 145
刘尚伦 380
刘世安 390

刘嵩龄 120
刘廷梁 155
刘锡龄 157
刘喜 87
刘瓒 160
刘之玠 114
刘植 114
留保 125
lǚ
吕继纯 418
吕承彦 423
lóng
龙光昱 140
龙云 246
隆安 197
隆渚 261
隆文 205
lú
卢演复 210
卢占 66
lù
禄保（觉罗） 131
禄成 152
禄德 406
lún
纶音惠 165
luó
罗文瑜 78

M

má
麻勒吉 61
mǎ
马丙 138

马慧裕 178
马骕 84
马相如 335
马祐 62
mài
迈因达 63
mán
蛮子 132
mǎn
满保 114
满保（觉罗） 100
mǎng
蟒吉六 69
蟒色 64
mén
门德礼 83
门都孙 72
门锜 172
mèng
孟述绪 80
孟缵祖 94
梦吉 177
梦麟 161
mián
绵文 380
绵宜 319
mǐn
敏保 174
敏德 207
敏登额 201
敏勤 206
míng
名昌（觉罗） 119

明安 192
明山 140
明通 213
明训 225
明谊 221
鸣泰 345
铭安 327
铭岳 275
mò
莫乐洪 83
莫镇疆 406
móu
牟瀜 125
mù
牧可登 128
穆成额 68
穆丹 165
穆兰泰 324
穆隆阿 198
穆通阿 250
穆馨阿 217
穆彰阿 201

N

nà
那丹珠（嘉庆二十二年丁丑科） 218
那丹珠（嘉庆十年乙丑科） 201
那峨 208
那尔代 86
那尔丰阿 191
那桂 368
纳国栋 149
纳冷额 67
纳麟宝 182
那穆齐礼 171

那鼐 85
那谦 369
那清安 202
那山 116
那善 107
那琇 258
那彦成 187
那瑛安 233
nài
奈曼 136
鼐郎阿 169
鼐满达 215
鼐音达 67
nè
讷布 69
讷勒亨额 222
讷钦 371
néng
能德 85
ní
倪教敷 389
nián
年常阿 162
年羹尧 109
年仲隆 75
niè
聂师尧 116
níng
宁古齐 196
宁心祖 76
niú
牛钮 90
nuò
诺敏 150

P

péi

培成　427

裴绍宗　75

píng

平泰　163

平住　109

pō

坡岱（觉罗）　113

pǔ

浦安　324

普保　194

溥岎　376

普庆（觉罗）　237

溥良　376

溥岳　405

Q

qī

七十　116

七十四　147

七十一（乾隆十九年甲戌科）　169

七十一（雍正元年癸卯恩科）　127

qí

齐斌达　238

齐达　137

齐洪勋　81

齐普松武　378

齐体物　98

齐赞宸　56

齐赞枢　58

奇丰额　177

奇勒伦　114

奇山　171

耆龄　403

麒庆　294

qǐ

岂他他　88

启宁　221

启绥　396

启泰　409

启文　300

启秀　342

qiān

谦福　272

谦惠　316

qiáo

乔保安　377

乔保印　378

乔有年　335

qīng

青麐　296

清安泰　184

清昌（觉罗）　191

qìng

庆安（道光六年丙戌科）　247

庆安（道光十二年壬辰恩科）　256

庆保　289

庆辰　228

庆春　399

庆恩（道光三年癸未科）　237

庆恩（光绪二年丙子恩科）　366

庆吉　351

庆廉（道光十六年丙申恩科）　281

庆廉（光绪二十四年戊戌科）　422

庆隆　414

庆禄　214

庆全　228

庆瑞（道光十五年乙未科） 277
庆瑞（同治十三年甲戌科） 360
庆善 222
庆文 325
庆熙 208
庆勋 248
庆颐（觉罗） 389
庆云 286
庆钟 336

qiū
邱仰嶙 155

qǔ
曲震 96

quán
全福 206
全奎 212
全魁 166
全林 334
全庆 248
全顺 249
全钰 218

R

rén
任暄猷 74

róng
荣保 352
荣第 211
荣禁 280
荣诰 325
荣光 397
荣贵 421
荣桂 374
荣濬 431
荣麟 188

荣庆（光绪十二年丙戌科） 387
荣庆（嘉庆十三年戊辰科） 206
荣禧 400
荣煜 424

rú
如麟 424
如山 286
儒芳 378

ruì
瑞宝 288
瑞保 181
瑞常 254
瑞存 307
瑞光 236
瑞联 326
瑞林 208
瑞麟 244
瑞麟保 225
瑞明 310
瑞庆 280
瑞贤 392
瑞兴 254
瑞洵 386
瑞征（道光十五年乙未科） 270
瑞征（光绪二十一年乙未科） 416

rùn
润芳 414

S

sà
萨彬图 183
萨炳阿 317
萨尔吉祥 219
萨廉 376
萨木哈 85

萨穆哈　152
sài
赛冲阿　64
赛花　64
赛沙敦　431
赛音达里　70
赛柱　72
sān
三都　63
三格（康熙六十年辛丑科）　126
三格（康熙五十一年壬辰科）　120
三格（乾隆元年丙辰科）　149
三寿　291
sāng
桑格　102
sāo
骚达子　117
sè
色卜星额　202
色诚　131
色黑得　86
色勒步　66
色楞阁　117
色泠　88
色通额　141
sēng
僧格勒　121
shā
沙记　73
shàn
善聪　176
善焘　257
善广　353

善恒　292
善庆（光绪二年丙子恩科）　365
善庆（嘉庆七年壬戌科）　197
善泰　292
shāng
商廷修　422
商衍鎏　429
商衍瀛　425
shàng
尚彬　128
尚其亨　405
shào
绍昌　395
绍祺　328
绍先　425
shé
佘松生　98
shěn
沈独立　91
沈竹　122
shéng
绳格　217
shèng
盛安　189
盛格　157
盛昱　368
盛元　280
shī
施沛霖　399
shí
石麟　140
石禄　95
石文桂　95

石之珂　161
shì
士魁　391
世昌　308
世臣　135
世禄　120
世纶　260
世荣　412
shǒu
守正　329
守忠　338
shòu
寿昌　314
寿椿　407
寿富　421
寿朋　409
寿耆　379
寿星保　192
寿颐　342
受庆　232
shū
书伦　233
书绅　244
书通阿　195
书英　246
舒贵　252
舒钧　268
舒禄　162
舒敏　158
舒明　133
舒荣　421
舒书（顺治九年策试满洲进士壬辰科）　66
舒书（顺治十二年策试满洲进士乙未科）　86

舒泰　383
舒文　272
舒兴阿　256
舒瞻　155
舒兆夒　132
shù
树德　216
shuāng
双顶　146
双庆　143
shùn
顺安　278
shuò
硕德（觉罗）　208
硕济　349
sī
思强（觉罗）　124
sōng
松阿达（觉罗）　334
松铎　408
松福　234
松峻　221
松龄（乾隆二十六年辛巳恩科）　174
松龄（同治二年癸亥恩科）　339
松年（道光六年丙戌科）　245
松年（光绪十六年庚寅恩科）　399
松森　341
松寿　126
松廷　388
松堉　374
嵩贵　173
嵩庆　177
嵩瑞　406
嵩申　346

song
宋国荣　75
宋苏保　68
宋文锦　136
宋绛　97

sū
苏德　151
苏海色　67
苏勒布　298
苏哱讷　267
苏清阿　284

sù
素博通额　213
随福　344

sūn
孙国玺　126
孙廷献　373

suǒ
所住　118
索济　66
索泰（康熙四十五年丙戌科）　113
索泰（顺治十二年策试满洲进士乙未科）　83
索柱（康熙十五年丙辰科）　96
索柱（康熙五十四年乙未科）　123

T

tǎ
塔必兔　73

tài
泰保　146

tán
谈国楫　411
谈国政　383

tè
特克慎　177
特克兴额　241
特亮　330
特秀　347
特者布　88

tiě
铁保　180
铁林　211
铁麟　222
铁祺　336

tíng
廷杰　363

tóng
同照（觉罗）　336
佟保　137
佟绰图　238
佟景文　194
佟濬　150
佟仑　143
佟文玫　409
佟元　258
童保　124

tú
图尔宸　82
图尔坤　89
图鞈布　164
图经阿（觉罗）　226
图克善　66
图隆阿　221
图敏　179
图南　128
图麒　127

tuō
托必泰 87
托浑布 224
托贤 108

W

wá
娃尔答 84

wǎ
瓦尔达（康熙三十九年庚辰科） 105
瓦尔达（雍正五年丁未科） 135

wàn
万年 311

wáng
王 瑞 56
王德纯 131
王国栋 121
王纪曾 172
王清选 264
王汝汉 402
王士铨 111
王士倧 144
王维珍 90
王文林 234
王彦宾 60
王懿德 167
王毓祥 60
王允琳 92
王允猷 104
王仲选 276
王宗灿 137

wéi
韦德成 224
惟勤 208

wèi
魏罗浑 65

wēn
温敏 160

wén
文保 132
文彬 323
文斌 420
文炳 207
文澂 337
文达 216
文岱 104
文格 300
文光（道光三年癸未科） 235
文光（同治十年辛未科） 350
文焕 377
文杰 423
文矩 396
文俊 418
文林 412
文铬 329
文纶 210
文明 105
文宁 185
文溥（道光三年癸未科） 242
文溥（光绪二十年甲午恩科） 408
文琦 346
文启 309
文起 304
文庆 228
文荣 347
文瑞 294
文蔚 225
文祥 306

文秀　269
文雅　223
文艺　231
文懿　239
文颖　306
文玉　311
文郁　378
文治　342

wō
倭仁　248

wū
乌大禅　83
乌尔登额　145
乌拉布　356
乌拉喜崇阿　329

wú
吴巴泰　136
吴把海　84
吴拜（觉罗）　120
吴达善　148
吴尔户　65
吴国珍　395
吴拉代　71
吴孝登　121
吴玥　101
吴宗阿　114

wǔ
五哥　101
五泰　180
武吉祥　370
武纳翰　163
武忠额　205

wù
悟勤喜淳　208

X

xī
西成　138
西库　111
西兰　176
西泰　139
锡檀　261
希廉　394
希灵阿　210
希哲　223
锡淳　327
锡铎　418
锡恩　382
锡碬　412
锡良　360
锡麟（道光九年己丑科）　251
锡麟（光绪二十年甲午恩科）　410
锡龄　297
锡荣　312
锡元　372
锡旆　223
锡珍（同治七年戊辰科）　345
锡珍（光绪三年丁丑科）　368
锡祉　273
熙麟（道光十八年戊戌科）　284
熙麟（光绪九年癸未科）　381
熙恬　293
熙彦　405
熙瑛　392
熙元　391

xí
习全史　57

xǐ
喜崇福（觉罗）　167

喜禄 233
xià
夏时雍 151
夏世安 56
xián
咸孚 282
xiáng
祥安 246
祥恩 290
祥龄 317
祥奈（觉罗） 176
祥宁 217
祥庆 175
祥庆（觉罗） 277
祥玉 253
xiàng
向贤 355
象曾 191
xīn
馨德 345
xīng
兴安 332
兴苍 311
兴恩 322
兴国 152
兴廉 411
兴泰 145
兴元 421
星德 136
xiù
秀宁 194
秀平 297
秀荫 367

xú
徐大枚 123
徐鉴 182
徐钧 202
徐琳 115
徐荣 278
徐受廉 385
徐桐 313
徐相 283
徐琰 139
徐元梦 92
徐瑷 130
xǔ
许普济 357
许清贵 253
许重华 56
xù
绪儒 410
续绵 409
续曾 389
xuě
雪格 165

Y

yǎ
雅尔纳 130
yān
鄢翼明 79
yán
延弻 189
延昌 426
延恒 285
延恺 292
延龄（道光二十七年丁未科） 310

延龄（道光十八年戊戌科） 288
延茂 339
延祺 398
延清 356
延燮 402
延煦 326
延誉 348
阎天祐 57

yǎn
衍恩 195
衍秀 319
衍豫 237

yàn
彦昌 310

yáng
杨殿邦 144
杨官 62
杨霁 341
杨能格 279
杨儒 249
杨森 73
杨书绍 196
杨万程 112
杨文玢 150
杨文桂 132
杨镇 204

yáo
姚宝煃 203
姚启盛 76

yào
药师保 173
耀年 335

yī
伊崇额 223

伊尔敦 123
伊福纳 139
伊贵绶 152
伊克唐阿 247
伊铿额 277
伊里布 194
伊麟泰 317
伊灵阿 162
伊桑阿 85
伊太 110
伊兴阿 153

yí
怡龄 386
宜绶 335
宜勋 422
宜振 304
贻谷 404

yì
奕蒂 238
奕书 247
奕泽 209

yīn
荫恒 419
音德布 279

yín
银文灿 82
寅保 163
寅康 332

yǐn
尹国珍 308
尹果 347
尹继善 127

yīng
英淳 271

英和　189
英绩　302
英继　274
英魁　228
英敏　281
英启　331
英瑞　268
英绶　275
英煦　349
英卓（红带子）　334
瑛彬（觉罗）　332
瑛桂（觉罗）　338
镁珍　398

yíng
迎喜　417

yǒng
永安　168
永惠　335
永宁　208
永世　127
永顺　320
永泰　220

yǒu
有庆　216
有瑞　426

yú
于廷琛　423
于宗绶　328
于宗瑛　170
余庆　357

yù
玉保　184
玉彬　408
玉衡　291

玉麟　190
玉启　378
玉山　279
玉绶　207
玉书　251
玉祥　374
玉藻　242
钰昶　395
喻珩　74
裕昌　351
裕德　362
裕经　400
裕丰　305
裕绂　401
裕连　381
裕泰　216
裕祥　365
煜纶　301
毓本　245
毓检　279
毓科　266
毓隆　408
毓禄　299
毓雯　290
豫师　320
豫泰　391
豫咸　416
豫益　230

yuán
元凯　154
袁桐　407

yuè
岳魁　239
岳龄　406

岳琪 344
岳兴阿 183
乐秀 423

yún
云代 69
云麟 215
云书 430
云祥 420

yùn
运昌 183
运太 131
蕴秀 248

Z

zài
载昌 395
载铿 309
载龄 296
载肃 316

zào
皂保 304

zēng
曾培祺 349
曾谊 343
增春 432
增禄（道光二十七年丁未科） 310
增禄（乾隆六十年乙卯恩科） 190

zhā
查汉 87
查克丹 133
查库兰 156
查赉 102

zhá
扎拉芬 348

扎拉丰阿 318
扎兰泰 191

zhàn
占木苏 89

zhāng
张登举 75
张登选 79
张恩斌 76
张洪谟 128
张怀德 80
张晋祺 295
张可立 78
张鹏翼 118
张平格 382
张圣训 133
张希颜 58
张应瑞 81
张堉 296
张足法 148

zhào
兆麟 147
兆元 211
赵德昌 153
赵尔萃 393
赵尔巽 354
赵尔震 361
赵馞鸿 413
赵继昌 186
赵士麟 133
赵世勋 116
赵毅 140
赵英祚 352
赵瓒 142
肇敏 142

zhé

折库纳（顺治九年策试满洲进士壬辰科三甲四） 64

折库纳（顺治九年策试满洲进士壬辰科一甲二） 61

哲成额 175

哲克登额 429

zhèng

郑文钦 398

郑兴祖 107

zhí

执谦 147

zhì

志琮 420

志和 322

志钧 379

志锐 375

治麟 370

致善 415

zhōng

中元 338

忠斌 343

忠兴 428

钟保 257

钟昌 207

钟广 393

钟麟 428

钟灵 376

钟庆 197

钟祥 205

钟秀 198

钟音 147

钟英 373

钟裕 249

zhōu

周昌 91

周祖荣 134

周祖寿 146

zhū

朱霭 245

朱朝玠 280

朱宏亮 135

朱兰泰 108

朱麟祥 74

朱马礼 86

朱三 65

朱天保 121

朱文镜 348

珠尔杭阿 192

珠隆阿 191

zhuāng

庄福 365

zhuàng

壮德 145

zhǔn

准良 380

zǔ

祖述尧 57

祖泽潣 55

祖泽潜 82

祖之麟 82

zǔ

左霈 424

后　　记

本书从写作到完成，得到了多家图书馆和个人的帮助与支持。

在查阅资料的过程中，本人多次带领硕士研究生吴伟、贺礼江等同学和博士研究生路凤华、丛淑洋赴中国国家图书馆、清华大学图书馆、北京大学图书馆、上海图书馆、南京图书馆、浙江省图书馆查阅相关资料，且路凤华同学完成了20万字的撰写工作。

中国国家图书馆馆藏清代进士题名文献较多，尤其是该馆收藏了一批清代初期进士题名文献，为本书研究清代初期八旗进士提供了翔实可征的资料。国家图书馆的工作人员认真、负责，帮忙查找清代进士题名文献，为本书的完成提供了大量帮助。

上海图书馆馆藏清代进士题名文献资料丰富翔实，在工作人员的支持下，能够顺利地看到这些珍贵的原始文献，为本书的写作提供了珍贵的原始依据。

南京图书馆收藏大量进士题名文献的电子资料，使我们可以顺利便捷地查阅所需资料。

浙江省图书馆所藏清代进士题名文献是他馆没有的，其珍贵的文献资料丰富了本书的内容。

在本书写作过程中，有些资料需要再次核实，路凤华同学咨询浙江省图书馆张群老师和上海图书馆工作人员，他们都积极热情地帮助查阅资料并且在最快的时间内回复，从而为本书的顺利写作提供了方便。

在本书写作过程中，尤其得到了清华大学图书馆冯瑞雪老师多次热情的帮助，使得本书的写作非常顺利。本书的写作还得到了南京一位藏书家龚建权先生的帮助，虽与他素未谋面，却得到他无私的帮助，免费提供珍贵的原始文献资料，令人感佩。

中国社会科学出版社对于本书的出版给予了大力支持和配合，出版社编校人员高度负责，认真审阅，字斟句酌，一丝不苟，保证了本书的出版质量。

值此本书付梓之际，谨向所有支持、关心过本书写作的人，表示深深的敬意和衷心的感谢。

多洛肯
二〇二一年十二月于西北民族大学